普通高等教育“十一五”国家级规划教材

SPSS在教育统计中的应用

The Application of SPSS in Educational Statistics

（第 3 版）

杨晓明　编著

中国教育出版传媒集团
高等教育出版社·北京

内容提要

本书介绍了社会科学统计软件包（SPSS）和教育统计方面的相关知识。本书采用“典型问题→统计方法→案例分析”的编写模式，以教育研究中的典型问题、典型统计方法为导向，着重介绍应用SPSS解决这些典型问题的基本方法。本书共分15章，主要内容包括SPSS与教育统计、数据文件的建立与处理、数据清理与基本统计分析、统计表与制表、统计图的绘制、t检验、方差分析、非参数检验、相关分析、卡方检验、回归分析、聚类分析、因子分析与主成分分析、信度与效度，以及综合问题。本书内容通俗易懂、实用性强，有助于读者掌握SPSS和教育统计的基本知识，提高在教育领域应用SPSS解决实际问题的能力。

本书可作为高等学校教育类专业本科生、研究生教育统计类课程的教材，也可作为教育工作者的参考读物。

图书在版编目（CIP）数据

SPSS在教育统计中的应用 / 杨晓明编著. --3版. -- 北京：高等教育出版社，2024.6（2025.2重印）.

ISBN 978-7-04-061599-9

Ⅰ. ①S… Ⅱ. ①杨… Ⅲ. ①教育统计-统计分析-软件包-高等学校-教材 Ⅳ. ①G40-051

中国国家版本馆CIP数据核字（2024）第023626号

SPSS zai Jiaoyu Tongji zhong de Yingyong

策划编辑 刘 艳　　责任编辑 刘 艳　　封面设计 李卫青　　版式设计 徐艳妮
责任绘图 马天驰　　责任校对 刁丽丽　　责任印制 耿 轩

出版发行 高等教育出版社
社　　址 北京市西城区德外大街4号
邮政编码 100120
印　　刷 河北信瑞彩印刷有限公司
开　　本 787mm×1092mm 1/16
印　　张 29.75
字　　数 590千字
购书热线 010-58581118
咨询电话 400-810-0598
网　　址 http://www.hep.edu.cn
　　　　 http://www.hep.com.cn
网上订购 http://www.hepmall.com.cn
　　　　 http://www.hepmall.com
　　　　 http://www.hepmall.cn
版　　次 2004年5月第1版
　　　　 2024年6月第3版
印　　次 2025年2月第3次印刷
定　　价 55.00元

物 料 号 61599-00

前言

本书第1版于2004年出版，第2版于2012年出版。作为国内较早介绍社会科学统计软件包（SPSS）在教育领域应用的教材，本书自出版以来，受到教育工作者的广泛关注和好评，并先后被评为普通高等教育“十一五”国家级规划教材和北京市高等教育精品教材。本书采用“典型问题→统计方法→案例分析”的编写模式，以教育研究中的典型问题、典型统计方法为导向，着重介绍应用SPSS解决这些典型问题的基本方法。本书叙述简明扼要、通俗易懂，使用者只需要关心解决问题应该采用何种统计方法、在SPSS中进行何种操作可以实现这种统计方法，以及如何解读输出结果，而无须了解其具体理论和运算过程，便能准确地分析相关数据，更好地开展教育研究工作。

编者在第2版的基础上，根据广大读者的反馈意见以及相关课程教学改革的需要，在第3版中重点进行了以下几个方面的调整：

1. 更新软件版本

本书前两版分别以SPSS Statistics 11和16英文版为操作软件，本书以SPSS Statistics 26中文版为操作软件。为了方便SPSS英文版用户使用，SPSS Statistics 26提供了中英文模式转换功能，本书也为SPSS的主要功能模块提供了中英文对照。

2. 更新和调整案例

本书对案例进行了较大的调整，将案例分为微观案例和宏观案例。微观案例大部分取自前两版，并进行了补充。宏观案例主要反映我国高等教育的发展状况；这部分案例取自作者所承担的国家社会科学基金项目的相关研究成果，所使用的分析数据主要来自国家统计局等部门公开发布的相关统计资料。

3. 调整内容

第3版与第2版相比，在内容上有了较大的调整：一是补充了非参数检验的内容；二是结合SPSS Statistics 26的基础配置，删除了需要另外配置软件包的内容，如偏最小二乘回归法；三是删除了部分应用程度不高或可替代的内容，前者如最优尺度回归模型，后者如层次聚类分析和快速聚类分析；四是丰富了每章的习题，使习题与该章所介绍的知识的匹配度更高，并尽可能涵盖更多的教育统计应用场景。

本书共有15章，对于每一章的内容，本书的编写模式是：首先，明确使用本章介绍的统计方法可以解决哪类问题，并明确解决此类问题的要求、条件、方法和原理；其次，给出典型案例；再次，给出统计分析过程，即说明为了解决案例所提出的问题，在 SPSS 中应该进行怎样的操作；最后，解释输出结果，即对 SPSS 输出的各种结果进行解释和分析。需要说明的是，为了帮助读者更好地理解 SPSS 的输出结果，本书案例中的"结果与讨论"部分给出的输出结果（包括图表和注释）均为 SPSS 生成的内容，其中关于统计量、统计方法等的表述，以及图形、数据的显示方式，均按 SPSS 的原始输出形式呈现。

本书由杨晓明主编。本书各章的具体编写分工如下：第 1、7、8、10、11、12、13 章由杨晓明编写；第 2 章由刘晶编写；第 3 章由刘晶、杨晓明编写；第 4 章由靳宏、杨晓明、毛建军编写；第 5 章由王立敏、杨晓明编写；第 6 章由杨晓明、毛建军编写；第 9 章由杨晓明、王立敏编写；第 14、15 章由杨晓明、靳宏编写。本书的编写得到北京科技大学教材建设经费资助，并得到北京科技大学教务处的全程支持。

由于作者水平所限，本书的不足之处在所难免，请读者批评指正。

杨晓明

2023 年 10 月于北京

联系方式：yxm40@sina.com

目录

■第1章　SPSS与教育统计……001
1.1　SPSS概述……001
1.1.1　启动SPSS……003
1.1.2　SPSS窗口……004
1.1.3　SPSS的系统选择……006
1.1.4　退出SPSS……008
1.2　统计学的基本概念……009
1.2.1　数据类型……010
1.2.2　常用概念……013
1.2.3　数据收集方法……014
1.2.4　统计学的基本原理……015
1.3　教育统计分析中的问题……016
1.3.1　分析问题的类型……016
1.3.2　分析的一般步骤……018
主要概念与术语……020
思考与练习……020
■第2章　数据文件的建立与处理……021
2.1　定义数据的结构……025
2.1.1　定义变量名……027
2.1.2　定义变量类型、变量宽度、列显示宽度……028
2.1.3　变量名标签……029
2.1.4　变量值标签……029
2.1.5　缺失值的定义方式……031
2.1.6　变量显示的对齐方式……032

2.1.7 变量的测量尺度 …… 032
2.1.8 变量角色 …… 032
2.1.9 变量名标签及变量值标签的显示 …… 033
2.2 数据的输入与编辑 …… 034
2.2.1 输入数据 …… 034
2.2.2 编辑数据 …… 035
2.3 变量的处理 …… 048
2.3.1 增加和删除一个变量 …… 048
2.3.2 变量值的重新编码 …… 049
2.3.3 变量计算 …… 052
2.3.4 产生计数变量 …… 055
2.3.5 离散化变量 …… 058
2.4 数据文件的拆分与合并 …… 063
2.4.1 数据文件的拆分 …… 063
2.4.2 数据文件的合并 …… 064
2.5 数据文件的存储与读取 …… 071
2.5.1 数据文件的存储 …… 071
2.5.2 其他类型数据文件的读入 …… 073
主要概念与术语 …… 085
思考与练习 …… 085
■ 第 3 章 数据清理与基本统计分析 …… 086
3.1 数据清理 …… 086
3.1.1 变量值合理性检查 …… 086
3.1.2 变量之间关系的逻辑检查与清理 …… 089
3.2 常用的描述性统计量 …… 090
3.2.1 刻画集中趋势的描述性统计量 …… 090
3.2.2 刻画离散程度的描述性统计量 …… 092
3.2.3 刻画分布形态的描述性统计量 …… 094

3.3 常用统计量的 SPSS 计算 …… 096
3.3.1 频数分析 …… 096
3.3.2 描述性分析 …… 099
3.4 探索性分析 …… 100
3.4.1 案例:“写论文期间每天的学习时间”比较 …… 101
3.4.2 统计分析过程 …… 101
3.4.3 结果与讨论 …… 104
3.5 多选项问题分析 …… 111
主要概念与术语 …… 118
思考与练习 …… 118
■第 4 章 统计表与制表 …… 119
4.1 统计表 …… 119
4.1.1 案例: 不同地区高等教育发展状况 …… 120
4.1.2 统计分析过程 …… 121
4.1.3 结果与讨论 …… 123
4.2 制表 …… 124
4.2.1 制表程序 …… 125
4.2.2 案例: 不同地区、不同规模省份高等教育发展状况 …… 130
4.2.3 统计分析过程 …… 130
4.2.4 结果与讨论 …… 133
主要概念与术语 …… 134
思考与练习 …… 134
■第 5 章 统计图的绘制 …… 135
5.1 案例: 大学教育研究竞争力 …… 136
5.2 条形图 …… 137
5.2.1 简单条形图 …… 137
5.2.2 群集条形图 …… 150
5.3 线图 …… 152

5.3.1 生成线图的过程 …… 152
5.3.2 输出并编辑结果 …… 153
5.4 面积图 …… 154
5.4.1 生成面积图的过程 …… 154
5.4.2 输出并编辑结果 …… 155
5.5 饼图 …… 156
5.5.1 生成饼图的过程 …… 156
5.5.2 输出并编辑结果 …… 157
5.6 散点图 / 点图 …… 159
5.6.1 生成散点图的过程 …… 159
5.6.2 输出并编辑结果 …… 161
5.7 直方图 …… 165
5.7.1 生成直方图的过程 …… 165
5.7.2 输出并编辑结果 …… 167
5.8 箱图 …… 169
5.8.1 生成箱图的过程 …… 169
5.8.2 输出并编辑结果 …… 169
5.9 双轴图 …… 171
5.9.1 生成双轴图的过程 …… 172
5.9.2 输出并编辑结果 …… 173
5.10 人口金字塔图 …… 174
5.10.1 案例：学历教育学生规模分布变化趋势 …… 174
5.10.2 生成人口金字塔图过程 …… 174
5.10.3 输出并编辑结果 …… 175
主要概念与术语 …… 177
思考与练习 …… 177
■第 6 章 *t* 检验 …… 178
6.1 配对样本 *t* 检验 …… 178

6.1.1 基本概念与方法 …… 178
6.1.2 案例：培训是否有效？ …… 179
6.1.3 统计分析过程 …… 180
6.1.4 结果与讨论 …… 182
6.2 独立样本 t 检验 …… 183
6.2.1 基本概念与方法 …… 183
6.2.2 案例：师范类高校教育类论文产出是否高于其他高校？ …… 184
6.2.3 统计分析过程 …… 184
6.2.4 结果与讨论 …… 186
主要概念与术语 …… 187
思考与练习 …… 188
■第 7 章 方差分析 …… 189
7.1 单因素方差分析 …… 190
7.1.1 基本概念与方法 …… 190
7.1.2 案例：哪种英语教学方法更有效？ …… 193
7.1.3 统计分析过程 …… 194
7.1.4 结果与讨论 …… 198
7.2 无重复实验的双因素方差分析 …… 201
7.2.1 基本概念与方法 …… 201
7.2.2 案例：英语成绩和学生来源地与教学方案之间有关系吗？ …… 204
7.2.3 统计分析过程 …… 205
7.2.4 结果与讨论 …… 212
7.3 重复实验的双因素方差分析 …… 219
7.3.1 基本概念与方法 …… 219
7.3.2 案例：班级规模、策略类型与班级绩效之间有关系吗？ …… 222
7.3.3 统计分析过程 …… 223
7.3.4 结果与讨论 …… 225
7.4 协方差分析 …… 228

7.4.1 基本概念与方法 …… 228
7.4.2 案例：教学方法对数学成绩有影响吗？ …… 229
7.4.3 统计分析过程 …… 231
7.4.4 结果与讨论 …… 232
主要概念与术语 …… 236
思考与练习 …… 236
■第 8 章 非参数检验 …… 237
8.1 二项分布检验 …… 238
8.1.1 基本概念与方法 …… 238
8.1.2 案例：农村学生所占的比例是多少？ …… 238
8.1.3 统计分析过程 …… 239
8.1.4 结果与讨论 …… 241
8.2 单样本 K-S 检验 …… 242
8.2.1 基本概念与方法 …… 242
8.2.2 案例：高校学生的月生活费支出是否服从正态分布？ …… 242
8.2.3 统计分析过程 …… 243
8.2.4 结果与讨论 …… 244
8.3 两独立样本非参数检验 …… 246
8.3.1 基本概念与方法 …… 246
8.3.2 案例：两所学校的学生每月各类支出是否相同？ …… 247
8.3.3 统计分析过程 …… 248
8.3.4 结果与讨论 …… 249
8.4 多独立样本非参数检验 …… 251
8.4.1 基本概念与方法 …… 251
8.4.2 案例：三个专业的毕业生的期望收入有差异吗？ …… 252
8.4.3 统计分析过程 …… 254
8.4.4 结果与讨论 …… 255
8.5 两配对样本非参数检验 …… 257

8.5.1 基本概念与方法 …… 257
8.5.2 案例：评比活动对提高教学效果有作用吗？ …… 258
8.5.3 统计分析过程 …… 260
8.5.4 结果与讨论 …… 261
8.6 多配对样本非参数检验 …… 264
8.6.1 基本概念与方法 …… 264
8.6.2 多配对样本的弗里德曼检验 …… 264
8.6.3 多配对样本的肯德尔协同系数检验 …… 268
8.6.4 多配对样本的科克伦 Q 检验 …… 271
主要概念与术语 …… 274
思考与练习 …… 274
■第 9 章 相关分析 …… 276
9.1 相关分析的内容 …… 277
9.1.1 相关关系的特点和分类 …… 277
9.1.2 相关分析的基本内容 …… 278
9.2 定量变量相关分析 …… 279
9.2.1 基本概念与方法 …… 279
9.2.2 案例：影响省域高校数的相关因素分析 …… 280
9.2.3 统计分析过程 …… 281
9.2.4 结果与讨论 …… 283
9.3 等级变量相关分析 …… 285
9.3.1 基本概念与方法 …… 285
9.3.2 案例：专家的评价标准一致吗？ …… 286
9.3.3 统计分析过程 …… 287
9.3.4 结果与讨论 …… 288
9.4 偏相关分析 …… 289
9.4.1 基本概念与方法 …… 289
9.4.2 案例：省域高校数与其经济规模相关吗？ …… 290

9.4.3 统计分析过程 …… 291
9.4.4 结果与讨论 …… 292
主要概念与术语 …… 294
思考与练习 …… 294
第 10 章 卡方检验 …… 295
10.1 基本概念与方法 …… 296
10.1.1 问题的数学描述 …… 296
10.1.2 卡方检验过程 …… 297
10.1.3 两定性变量相关性度量 …… 299
10.1.4 定性变量的记录格式 …… 299
10.2 一般卡方检验 …… 300
10.2.1 案例：攻读硕士学位的动因与对目前专业的态度 …… 300
10.2.2 统计分析过程 …… 302
10.2.3 结果与讨论 …… 306
10.3 分层卡方检验 …… 309
10.3.1 案例：教学方法是否有效与专业有关系吗？ …… 310
10.3.2 统计分析过程 …… 311
10.3.3 结果与讨论 …… 313
10.4 配对卡方检验与一致性检验 …… 318
10.4.1 案例：不同专家对高校学科的分级评估标准一致吗？有何差别？ …… 318
10.4.2 统计分析过程 …… 319
10.4.3 结果与讨论 …… 320
10.5 对应分析 …… 322
10.5.1 案例：学校生源特点 …… 323
10.5.2 统计分析过程 …… 323
10.5.3 结果与分析 …… 325
主要概念与术语 …… 328

思考与练习 ······ 329

■ 第 11 章　回归分析 ······ 331

11.1　多元线性回归分析 ······ 333

11.1.1　基本概念与方法 ······ 333

11.1.2　案例：高等教育毛入学率与其影响因素之间的关系 ······ 337

11.1.3　统计分析过程 ······ 338

11.1.4　结果与讨论 ······ 343

11.1.5　多重共线性 ······ 347

11.2　含虚拟自变量的回归分析 ······ 353

11.2.1　案例：高等教育规模与经济发展阶段的关系 ······ 353

11.2.2　案例：工资影响因素分析 ······ 357

11.3　曲线拟合 ······ 361

11.3.1　案例：高等教育规模发展趋势 ······ 362

11.3.2　统计分析过程 ······ 362

11.3.3　结果与讨论 ······ 366

11.3.4　时间序列的曲线拟合 ······ 368

11.4　二项逻辑斯谛回归分析 ······ 371

11.4.1　二项逻辑斯谛回归模型 ······ 371

11.4.2　案例：文科硕士研究生继续深造影响因素 ······ 373

11.4.3　统计分析过程 ······ 374

11.4.4　结果与讨论 ······ 377

主要概念与术语 ······ 382

思考与练习 ······ 382

■ 第 12 章　聚类分析 ······ 383

12.1　两步聚类法 ······ 384

12.1.1　两步聚类法的特点 ······ 384

12.1.2　基本原理 ······ 384

12.2　案例：高等教育资源发展水平分析 ······ 385

12.3 统计分析过程 …… 386
12.4 结果与讨论 …… 389
12.4.1 自动聚类结果 …… 389
12.4.2 设置聚类结果 …… 392
12.5 聚类分析的注意事项 …… 397
12.5.1 聚类结果的检验 …… 397
12.5.2 聚类结果的解释和描述 …… 397
12.5.3 聚类分析中应该注意的其他问题 …… 398
主要概念与术语 …… 398
思考与练习 …… 398
■第 13 章 因子分析与主成分分析 …… 399
13.1 基本原理 …… 400
13.1.1 因子分析 …… 400
13.1.2 主成分分析 …… 402
13.2 案例：高等教育发展实力分析 …… 403
13.2.1 统计分析过程 …… 404
13.2.2 结果与讨论 …… 409
13.3 典型相关分析 …… 412
13.3.1 基本原理 …… 412
13.3.2 案例：经济社会发展与高等教育发展的关系 …… 416
13.3.3 统计分析过程 …… 417
13.3.4 结果与讨论 …… 418
主要概念与术语 …… 423
思考与练习 …… 423
■第 14 章 信度与效度 …… 425
14.1 信度分析原理 …… 426
14.1.1 信度的概念 …… 426
14.1.2 信度的种类 …… 426

14.1.3 案例：研究生课程教学适应度评价量表的信度 …… 428

14.1.4 统计分析过程 …… 430

14.1.5 结果与讨论 …… 432

14.2 效度分析原理 …… 436

14.2.1 效度的种类 …… 436

14.2.2 案例：研究生培养适应度评价量表的效度 …… 437

14.2.3 统计分析过程 …… 438

14.2.4 量表设计的注意事项 …… 440

主要概念与术语 …… 441

思考与练习 …… 442

■ 第 15 章 综合问题 …… 443

15.1 研究的基本要素 …… 443

15.2 案例：研究生教育有效吗? …… 444

15.2.1 研究问题与研究假设 …… 444

15.2.2 研究设计 …… 445

15.2.3 统计验证 …… 446

15.3 案例：人力资源发展分析 …… 453

15.3.1 确定概念 …… 453

15.3.2 概念测量 …… 453

15.3.3 实证分析 …… 455

主要概念与术语 …… 457

思考与练习 …… 457

■ 参考文献 …… 459

第 1 章　SPSS 与教育统计

本章学习目标：

❶ 了解 SPSS 软件的发展概况。

❷ 熟知 SPSS 窗口及系统选择。

❸ 熟知统计学的基本概念和基本原理。

❹ 熟知教育统计分析中的问题类型。

❺ 熟知教育统计分析的一般步骤。

1.1 SPSS 概述

SPSS（Statistical Package for the Social Sciences，社会科学统计软件包）是著名的统计分析软件之一，也是世界上最早的统计分析软件，它是由美国斯坦福大学的三位研究生尼（N. H. Nie）、赫尔（C. H. Hull）和本特（D. H. Bent）于 1968 年共同开发的。三位开发者于 1975 年在美国芝加哥成立了 SPSS 公司。20 世纪 70 年代，SPSS 主要应用于企业等机构，1984 年 SPSS 公司推出了世界上第一个微机版本的统计分析软件 SPSS/PC+，开创了 SPSS 微机版本系列产品的研发方向，从而确立了该软件在个人用户市场的领先地位。1994 至 1999 年间，SPSS 公司陆续购并了 SYSTAT 公司、BMDP 软件公司、Quantime 公司、ISL 公司等，并将这些公司的主要产品集成起来，使 SPSS 公司由原来进行单一统计分析软件的开发与销售，转向为政府、企业、教育及科研机构提供全面的统计决策支持服务，成为走在数据仓库和数据挖掘领域前沿的一家综合性统计软件公司，其产品的服务领域不断扩大，服务深度也不断增加。目前，世界上最著名的统计分析软件是 SAS 和 SPSS。SAS 是为专业统计分析人员设计的，具有功能强大、灵活多样的特点，为专业人士所喜爱；SPSS 则是为广大非专业统计分析人士设计的，它操作简便，好学易懂，简单实用，用户只需要单击鼠标，即可得到所需的统计结果，因而受到非专业统计分析人士的青睐。

SPSS最突出的特点是操作界面极为友好，输出结果简洁美观。它以Windows窗口的方式展示各种数据管理和分析功能，用户只要掌握一定的Windows操作技能，粗通统计分析原理，就可以使用该软件为特定的科研工作服务，是非专业统计分析人士最常用的一种统计分析软件。在一项用户对SPSS、SAS、BMDP、GLIM、GENSTAT、Minitab、STATA等常用统计分析软件的总体印象分的调查中，SPSS的各项功能均获得了最高分。SPSS采用类似Excel表格的方式输入和管理数据，其数据接口较为通用，能方便地从其他数据库（尤其是Excel）中读入数据。其所提供的统计方法多为常用的、比较成熟的方法，完全可以满足非专业统计分析人士的工作需要。为了引进新功能、新方法，提升扩展性，SPSS还提供了与R、Python等可用于统计计算的语言的接口。

SPSS的基本功能包括数据管理、统计分析、输出管理等，其统计分析过程可分为描述性统计、均值比较、方差分析、非参数检验、相关分析、卡方检验、回归分析、聚类分析、因子分析、主成分分析等几个大类，对于每个大类又可以进一步划分。例如，可以将回归分析进一步分为线性回归分析、曲线拟合、二项逻辑斯谛回归等几个统计过程，并允许用户在每个统计分析过程中选择不同的方法及参数。SPSS还有专门的制表和绘图系统，能够根据数据产生各类统计表以及绘制各种统计图。

虽然SPSS原来的含义是社会科学统计软件包，强调其适合社会科学工作者使用，但实际上它在社会科学、自然科学的各个领域均能发挥巨大的作用。例如，它已经应用于经济学、生物学、教育学、心理学、医学以及体育、工业、农业、林业、商业和金融等各个领域。SPSS自推出以来，不断升级改进，SPSS公司也在不断地发展变化：

1992年，SPSS公司推出Windows版本SPSS，同时自SPSS Statistics 11.0起，SPSS的全称变为“Statistical Product and Service Solutions”，即“统计产品和服务解决方案”。

2009年，SPSS公司宣布重新包装旗下的SPSS产品线，将其定位为预测统计分析软件PASW（Predictive Analytics Software）。其包括4个部分：

① 统计分析：PASW Statistics（原名SPSS Statistics）；

② 数据挖掘：PASW Modeler（原名Clementine）；

③ 数据收集：Data Collection套件（原名Dimensions）；

④ 企业应用服务：PASW Collaboration and Deployment Services（原名Predictive Enterprise Services）。

同年，SPSS公司被IBM公司收购。

2010 年，SPSS 公司在被 IBM 公司收购后，其各子产品线的名称前面不再带有 PASW 字样，而统一带有 IBM SPSS 字样（在本书后面的描述中，将省略“IBM”字样）。自从 SPSS 公司被 IBM 公司收购之后，SPSS 的更新是一年一个版本。目前的版本为 SPSS Statistics 29。

SPSS 版本自 SPSS Statistics 10 以来，一直采用 Server/Client 结构体系。前者面对的是需要分析大数据量的用户，后者面对的是需要分析一般数据量的用户，绝大部分用户使用后者。SPSS 采用模块化结构，它把所有功能划分成几个模块，用户可以根据统计分析的需求，购买所需模块的使用许可（license）。如果没有购买相应模块的使用许可，该模块将无法运行。

本书基于 Windows 10 操作系统，以 SPSS Statistics 26 for Client 中文版（在本书中简称为 SPSS）为例，对 SPSS 进行介绍。

1.1.1 启动 SPSS

SPSS 安装完毕后，系统会自动在 Windows 菜单中创建目录，并在桌面上创建快捷方式。单击 Windows 的“开始”按钮打开“开始”菜单，选择菜单“程序”→“IBM SPSS Statistics”→“IBM SPSS Statistics 26”命令，如图 1.1.1 所示。也可以在桌面上双击所创建的快捷方式，如图 1.1.2 所示，启动 SPSS。

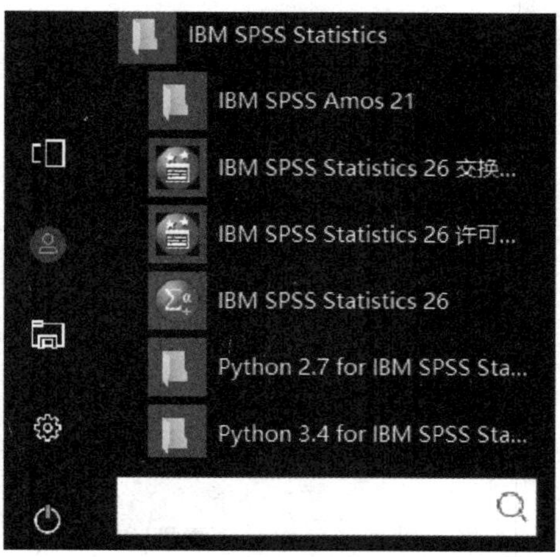

图 1.1.1 “开始”菜单启动

图 1.1.2 桌面快捷方式启动

1.1.2 SPSS 窗口

SPSS 的主界面主要有 4 个窗口：数据窗口、输出窗口、语法窗口和脚本窗口。使用者通常只使用前两个窗口，后两个窗口适用于专业统计分析人员，这里不做介绍。

1. 数据窗口

数据窗口又称为 SPSS 数据编辑器（SPSS data editor），该窗口由标题栏、菜单栏、工具栏、编辑栏、变量名栏、内容区、视图切换栏和状态栏组成。数据窗口功能区图如图 1.1.3 所示。

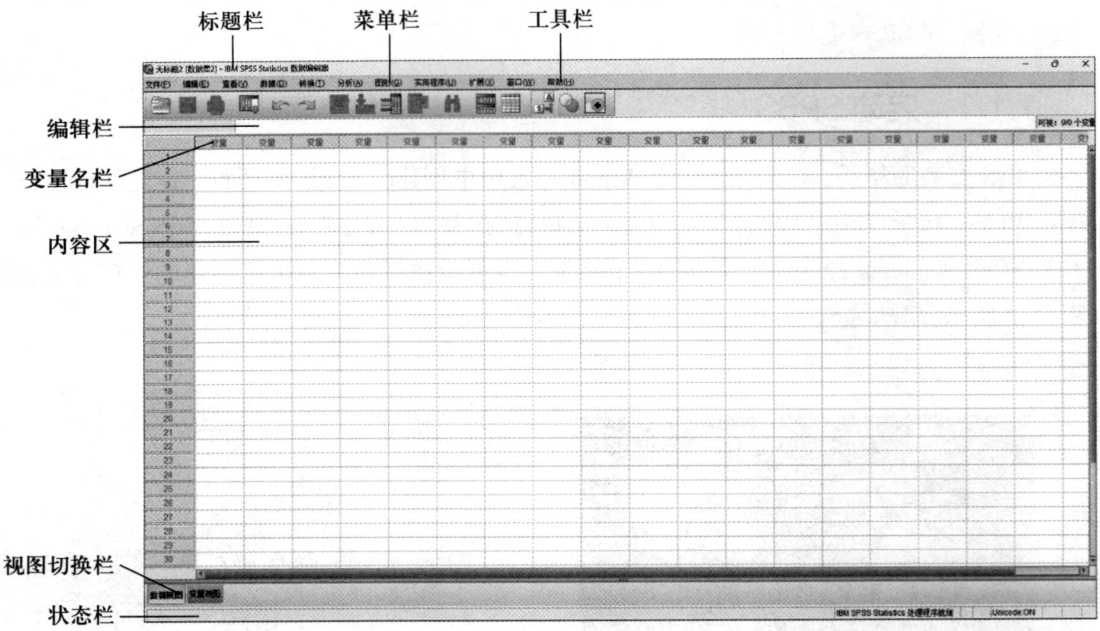

图 1.1.3 数据窗口功能区图

（1）标题栏

标题栏显示要编辑的数据文件名，图 1.1.3 所示的数据窗口中正在编辑的数据文件为一个未命名的空白数据文件。

（2）菜单栏

菜单栏列出了 SPSS 的菜单，每个菜单都包含一组命令，对应着一组功能模块，其中："文件" 是 SPSS 文件的操作模块；"编辑" 是 SPSS 文件的编辑模块；"查看" 是用户界面设置模块；"数据" 是数据文件的建立和编辑模块；"转换" 是数据的基本处理模块；"分析" 是统计分析模块，SPSS 主要的统计分析功能都集中于该模块；“图形”是统计图模块；“实用程序”是相关的应用和设置模块；“扩展”是在 SPSS Statistics 24 版本之后新增加的模块，主要用于提供扩展功能，如加载统计分析的新方法、与 R 及 Python 语言衔接等；“窗口”是 SPSS 的窗口切换模块；“帮助”是 SPSS 的帮助模块。

（3）工具栏

工具栏列出了一些工具按钮，如保存、粘贴、打印、返回、合并表格等按钮。

（4）编辑栏

在编辑栏中可以输入和修改数据。

（5）变量名栏

变量名栏列出了正在编辑的数据文件所包含的变量名。SPSS 自动将变量名命名为 VAR00001、VAR00002 等。用户可以自定义变量名。

（6）内容区

内容区中的一行表示一个样本的观测值（在 SPSS 中称为“个案”），一列表示一个属性（又称为特征，在 SPSS 称为“变量”）。

（7）视图切换栏

内容区的左下方是视图切换栏，它有两种视图：数据视图和变量视图。这两种视图提供了一种类似电子表格的方法，用于产生和编辑 SPSS 数据文件中的变量及数据。数据视图所对应的表格用于查看、录入和修改数据；变量视图所对应的表格用于输入和修改变量的定义，让用户能够非常方便地定义变量类型和输入数据。

（8）状态栏

状态栏在数据窗口的最下方，用于显示 SPSS 当前的运行状态。例如，当 SPSS 等待用户操作时，就会出现“IBM SPSS Statistics 处理程序就绪”的提示信息。

在数据窗口中完成变量定义、数据输入后，在菜单栏中选择提供数据处理及统计分析功能的菜单，利用其中相应的命令，就能够对数据进行统计分析，并弹出输出窗口。

2. 输出窗口

输出窗口又称为 SPSS输出结果查看器（SPSS output viewer），是用于显示和管理 SPSS 统计分析结果、报表及图形的窗口。用户可以将此窗口中的内容以结果文件 .spo 的形式保存，也可以将此窗口中的报表及图形复制后直接粘贴在 Word 文档中。

输出窗口分为两个部分，如图 1.1.4 所示。左边部分是索引输出区，用于显示统计分析结果的标题和内容索引，右边部分是各个具体的统计分析结果，称为详解输出区。

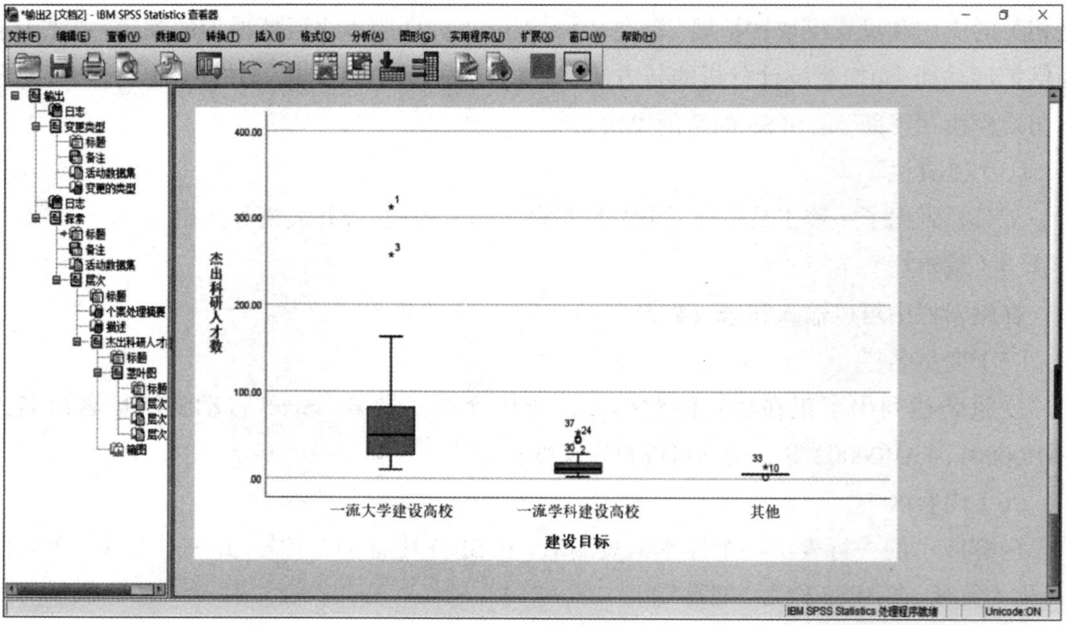

图 1.1.4 输出窗口

可以对详解输出区中的图表进行编辑。例如,可以通过单击鼠标左键来选中某个表格,当某个表格处于选中状态时,该表格的四周会出现黑色单线边框。此时,双击需要修改数据的单元格,即可对其中的数据进行修改。

启动 SPSS 时会默认打开数据窗口,其他窗口则可以通过在图 1.1.3 所示的数据窗口中选择菜单“文件”→“新建”中的相关命令(如“数据”“语法”“输出”和“脚本”)打开,如图 1.1.5 所示。

1.1.3 SPSS 的系统选择

从 SPSS Statistics 19 起,在 Windows 系统中安装 SPSS 时,可以选择安装中文包。这样在启动 SPSS 后,系统界面就是全中文状态。有的用户可能习惯使用英文的数据编辑界面(如图 1.1.6 所示)和中文的输出界面,这时可以在数据窗口菜单栏中选择菜单“编辑”→“选项”命令,弹出如图 1.1.7 所示的“选项”对话框。

在“选项”对话框的“语言”选项卡中,系统默认“输出”和“用户界面”均为“简体中文”,也可以将两者均设置为“英语”,或者将一个设置为“简体中文”,将另一个设置为“英语”。选择完毕后,单击“确定”按钮即可。

图 1.1.5 选择各类窗口

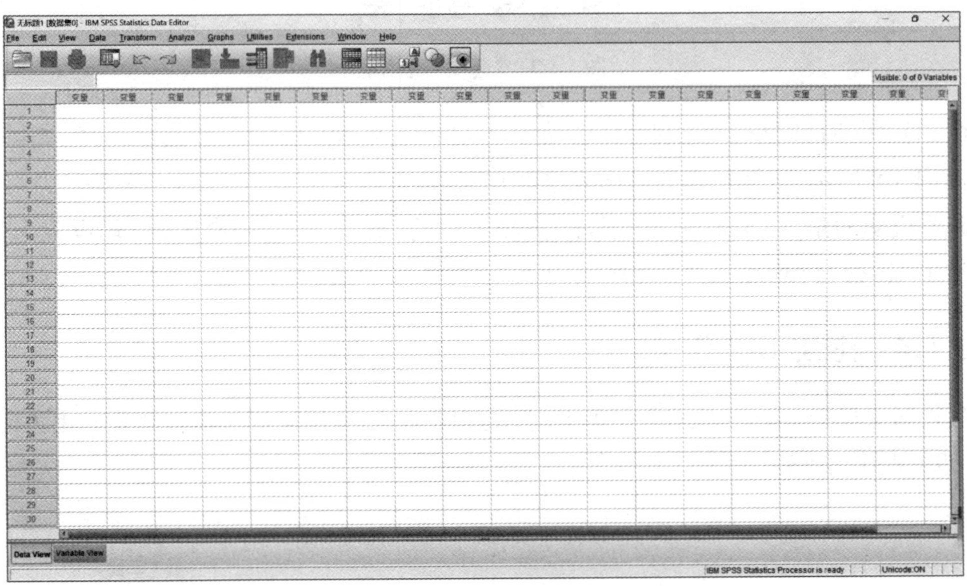

图 1.1.6 英文界面状态

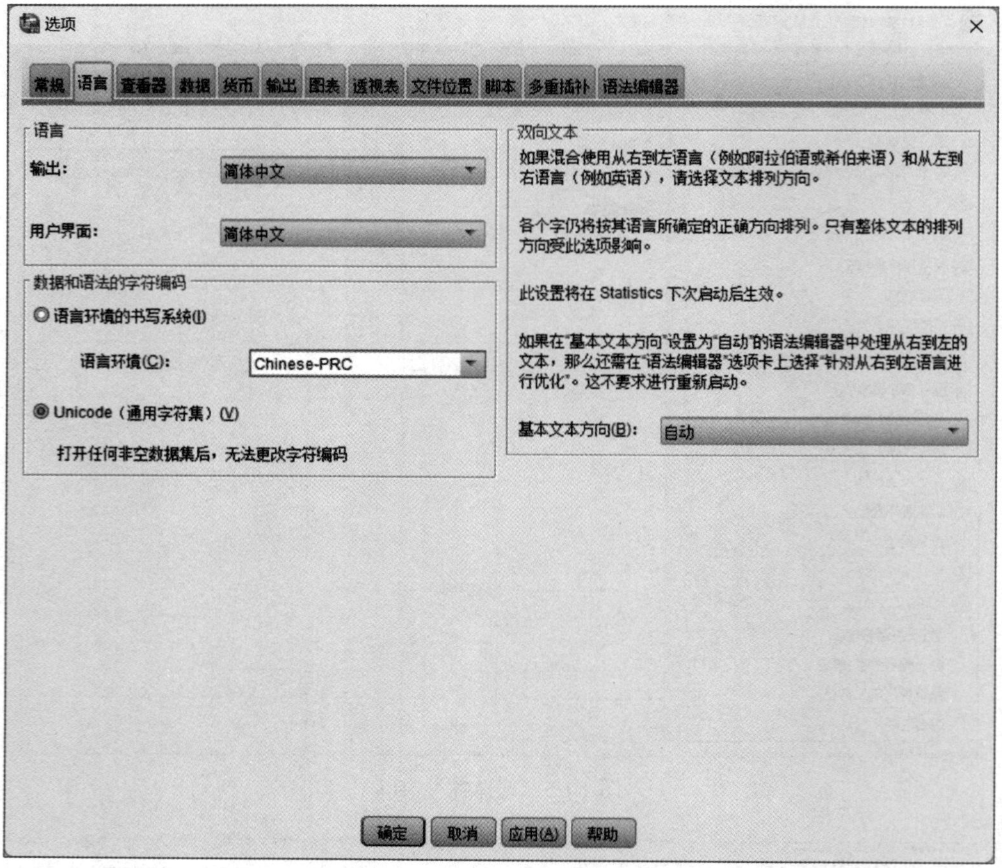

图 1.1.7 “选项”对话框

在“选项”对话框的“透视表”选项卡中，在“表外观”框中一般选择“< 经典缺省 >”项，如图 1.1.8 所示，这样最终的输出表格都有列。

需要说明的是，在本书中将“语言”选项卡中的“输出”和“用户界面”均设置为“简体中文”，在“透视表”选项卡的“表外观”框中选择“< 经典缺省 >”项。

1.1.4 退出 SPSS

在数据窗口中，选择“文件”菜单中的“退出”命令，或用鼠标单击标题栏右上方的关闭按钮，即可退出 SPSS。

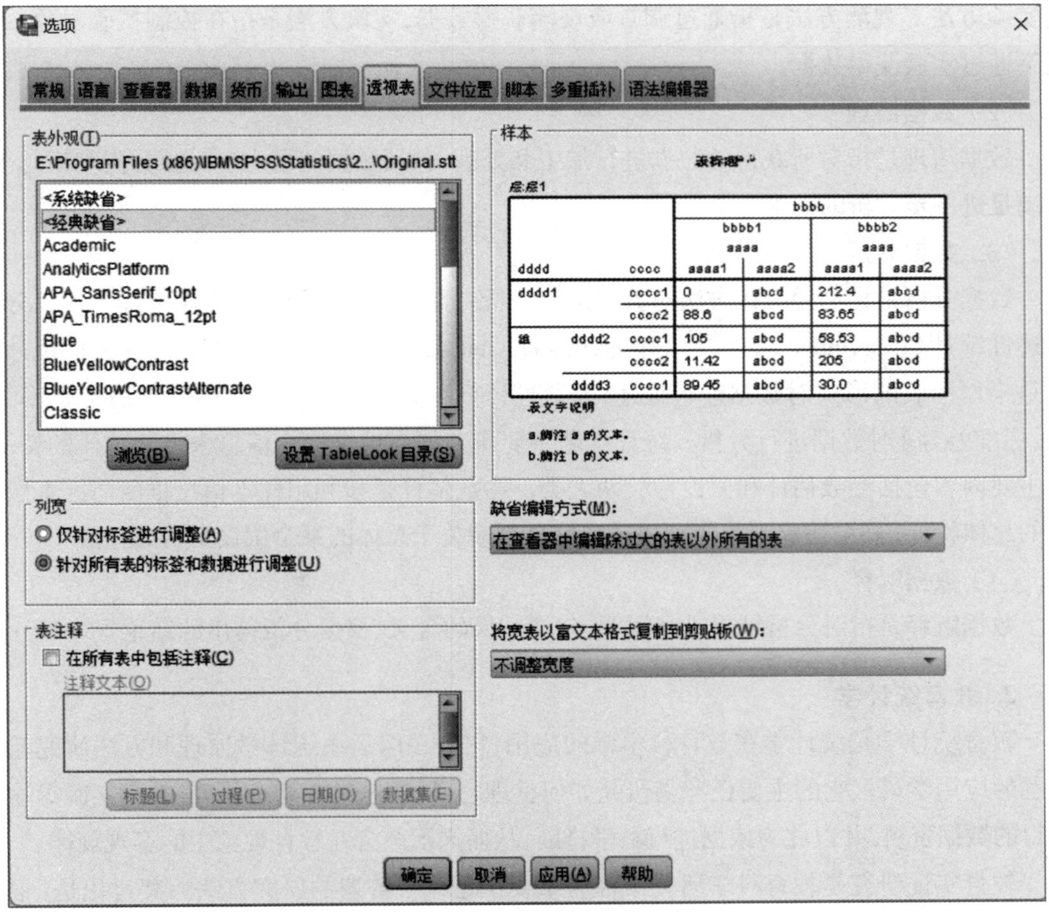

图 1.1.8 “选项”对话框“透视表”选项卡

1.2 统计学的基本概念

1. 统计学

统计学是一门收集、清理、分析、解释数据的科学，其目的是探索数据内在的数量规律，也称为“数据的科学”。

（1）数据收集

数据收集就是取得所需要的数据。数据的收集方法可以分为两大类：一是观测方法，二是实验方法。观测方法是指通过调查或观测获得数据,实验方法是指在控制实验对象的情况下通过实验获得数据。

（2）数据清理

数据清理是指对所获得的数据进行加工和处理,包括数据的录入、筛选、分类和汇总等,以满足进一步分析的需求。

（3）数据分析

数据分析是指利用统计方法对数据进行分析。数据分析所使用的方法大体上可以分为描述性统计（descriptive statistics）和统计推断（statistical inference）两大类。描述性统计主要是指以图表的形式对数据进行描述,或通过计算一些简单的统计量（诸如比例、比率、均值、标准差等）对数据进行分析。统计推断主要研究如何根据样本信息来推断总体的特征,其主要内容包括参数估计和假设检验两大类。参数估计是指利用样本信息推断研究者所关心的总体特征;假设检验则是指利用样本信息判断关于总体的某个假设是否成立。

（4）数据解释

数据解释是指对分析结果进行说明,包括结果的含义、根据分析得出的结论等。

2. 教育统计学

教育统计学是统计学在教育科学中的应用,它是一门运用统计学原理和方法研究教育问题的应用学科。它的主要任务是研究如何整理、分析通过教育调查研究、教育实验等途径获得的数据资料,并以此为依据进行科学推断,从而揭示蕴含在教育现象中的客观规律。

教育实证研究是教育科学研究中极为重要也是非常普遍的研究方法。其过程是:根据研究目的,利用特定的调查手段,收集所需要的数据,并利用定量分析的方法对所获得的数据进行处理、分析、判断,得出相关结论。教育统计学方法是教育实证研究中最主要的定量分析方法,从具体操作的角度可以将其分为数据的收集与整理、描述性统计和统计推断等几个部分。

本书主要对教育统计研究中的典型统计问题进行归类,然后说明可以采用何种统计方法来解决此类问题,最后说明在SPSS中的具体实现过程。

1.2.1 数据类型

1. 按测量尺度分类

统计数据是对客观现象进行测量的结果,在收集数据之前,要先对现象进行测量。对于不同的事物,使用的测量尺度也不同。按照对客观事物进行测量的尺度,可以将数据分为4

个层次：定类、定序、定距和定比，不同层次的数据所采用的测量尺度由低级到高级、由粗略到精确。

（1）定类数据

定类数据也称为名义（nominal）数据，其所采用的测量尺度是最低级的、粗略的，这种测量尺度称为名义测量尺度。定类数据仅仅是一种标志，其主要功能是区分事物，没有次序关系。名义测量尺度变量称为名义变量或分类变量。例如，性别就是名义变量，可以用 1 表示男性，用 2 表示女性；或者反过来编码，用 1 表示女性，用 2 表示男性；也可以用其他任意两个不同的数值或文字来表示男性和女性。不论采用上述哪一种编码方式，变量所包含的信息都没有任何损失。名义变量既可以是数值型变量，也可以是字符型变量。

（2）定序数据

定序数据也称为有序（ordinal）数据，其所采用的测量尺度是中等级别的，这种测量尺度称为有序测量尺度。有序测量尺度变量称为有序变量。例如，受教育程度就是有序变量，可以用数值编码表示其不同的取值，如文盲 / 半文盲 =1，小学 =2，初中 =3，高中 =4，大学 =5，硕士研究生 =6，博士研究生 =7。当然，也可以倒过来用 7 ~ 1 表示不同的受教育程度，不会造成信息损失。各个数值编码的序值，代表了受教育程度的高低。虽然不能准确描述定序数据间差异的大小，但是可以确定其次序。有序变量既可以是数值型变量，也可以是字符型变量。

（3）定距数据

定距数据也称为间距数据，是具有一定单位的实际测量值。其所采用的测量尺度是定距测量尺度。定距测量尺度变量称为定距变量，定距测量尺度能够测量两个不同的值之间的差异。对于定距变量，可以进行加法运算，也可以进行减法运算，两者都有实际意义，但是不能进行乘法和除法运算。这是因为定距变量所取的 0 值，不是物理意义上的绝对 0。例如，就考试成绩而言，不能说 100 分是 50 分的 2 倍。定距变量只能是数值型变量。

（4）定比数据

定比数据也称为比率数据，其所采用的测量尺度是最高等级的、精确的，这种测量尺度称为定比测量尺度，定比测量尺度是最高级的测度尺度。它也是具有一定单位（如收入、长度等）的实际测量值。定比测量尺度变量称为定比变量。对于定比变量，不仅可以进行加法和减法运算（例如，求差值），也可以进行乘法和除法运算。定比变量的值不能被指定为 0，如收入为 0 元、长度为 0 m，只有这样，其任意两个取值的比率（分母不为 0）才有确定的意义。

2. 定性数据与定量数据

一般说来，不同测量尺度的数据的应用范围不同：测量尺度等级越高，应用范围越广；

测量尺度等级越低,应用范围越受限。测量尺度等级高的数据,可以兼有测量尺度等级低的数据的功能;而测量尺度等级低的数据,不能兼有测量尺度等级高的数据的功能。在统计学中也将这4个层次的数据分为两种类型:定性数据和定量数据,如图1.2.1所示。

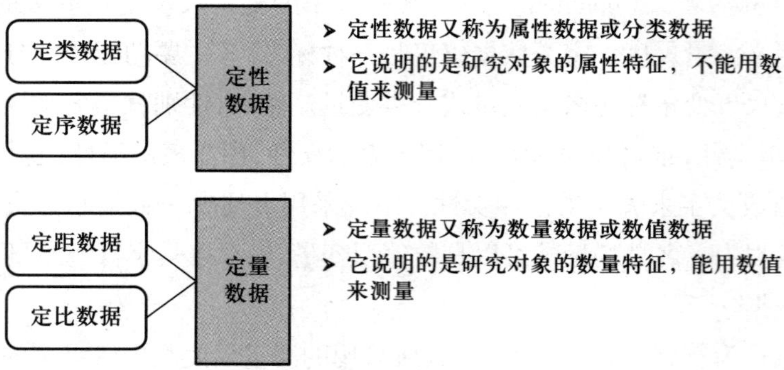

图1.2.1 数据分类

定性数据也称为属性数据或分类数据,它说明的是研究对象的属性特征,不能用数值来测量,主要包括定类数据和定序数据。定性数据一般包括:① 原发性分类数据(自然分类),如性别数据;② 操作性分类数据,指通过人为操作获得的分类数据,如学校类型;③ 虚拟化类别数据,指由其他类型的数据转换而来的分类数据,如由连续变量转换而来的分类变量。

定量数据也称为数量数据或数值数据,它说明的是研究对象的数量特征,能用数值来测量,主要包括定距数据和定比数据。定量数据既可以是连续变量,也可以是离散变量。

对于这两种类型的数据,在统计学中一般采用不同的方法来处理和分析。

3. 统计学中的数据分类

在统计学中,一般将数据分为定性的数据和定量的数据;其中定量的数据又分为服从正态分布或近似正态分布的数据,以及非正态分布的数据,如图1.2.2所示。对于定性的数据,通常用频数来进行描述性分析,而对于定量的数据,则可以用均值或其他更复杂的统计方法来进行描述性分析。

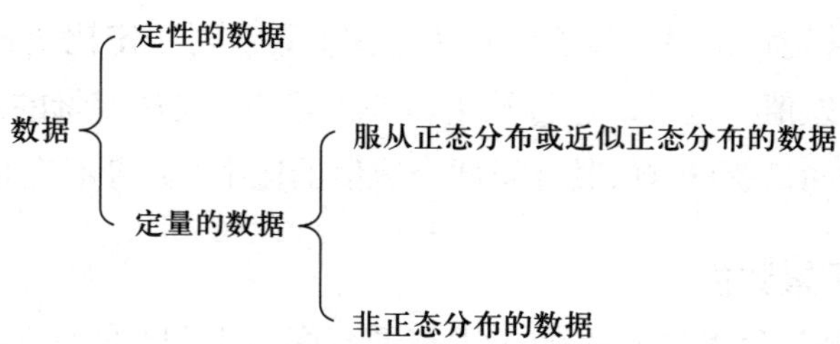

图1.2.2 统计学中的数据分类

随着数据科学的发展，特别是大数据技术的发展，数据的范围不断扩展，不仅有数值等普通数据，还有文字、音频、视频、图形等其他类型的数据。

1.2.2 常用概念

1. 总体

总体（population）又称为母体，是指研究对象的全体。例如，某专业同一年级的学生可以构成一个总体，所有的大学生、所有的中学生、某中学所有 18 岁的学生等也都分别可以构成一个总体。

2. 个体

个体（individual 或 case）即组成总体的元素（element）。在一个总体中，若个体的数目是有限的（finite），则将该总体称为有限总体。例如，某专业同一年级的学生、所有的大学生等都是有限总体的例子。

在一个总体中，若个体的数目是无限的（infinite），则将该总体称为无限总体。教育研究中的总体一般都是有限总体。

3. 变量及变量值

表征个体特征的量，称为变量（variable）或指标（index）。人们无论研究哪个总体，都必然会关注其个体的某些特征（当然也是总体的特征）。例如，对于"大学生"这个总体，人们会关注他们的学业信息，其中每名大学生（个体）的学业信息，就是个体特征（characteristics）。人们研究总体，其实就是研究总体中个体的这些特征（信息）。有时，人们要同时考察总体或个体的若干特征，如学生的全面发展情况，就需要记录学生在德、智、体、美、劳等方面的信息，这时人们所面对的就是指标，或称为变量（德、智、体、美、劳等）。

一个总体的每个特征（指标或变量），在每个个体上都有一个反映该特征的具体描述，这些特征的具体描述称为变量值（指标值）或数据（data）。取值为定性数据的变量是定性变量，又称为属性变量或分类变量。例如，变量"考生性别"是定性变量，取值为男或女。取值为定量数据的变量是定量变量，又称为数量变量或数值变量。定量变量又分为连续变量和离散变量，前者的取值范围是连续区间，如时间、体重、学习成绩等；后者的取值只能为自然数或以整数为单位计算，如学校个数、学生人数。

从来源看，变量又分为经验变量和理论变量。前者是根据人们日常经验设定的，如性别、身高、学习成绩等；后者则是由统计学家根据研究需要，在实际测量的基础上应用数学方法构造出来的，如 t 统计量、F 统计量等。

1.2.3 数据收集方法

收集的数据一般分为直接数据和间接数据。直接数据是直接通过调查或科学实验得到的数据，俗称一手数据；间接数据主要是指从公开出版或公开发布的渠道获取的数据，它们分布在公开出版物及各类网站上，俗称二手数据。受主客观条件的制约，得到一手数据比较困难，大部分研究者使用二手数据，在引用二手数据时一定要注明数据来源。

在收集直接数据时，一般采用一系列调查方法来获得现实世界中的观测数据，或者实验数据。

1. 观测数据

在获得数据的过程中，不对被调查者施加任何控制而得到的数据，称为观测数据。观测数据通常是诸多因素共同作用的结果。例如，通过调查农民年收入情况、受教育情况、教育费支出情况得到的数据，都是观测数据。

获得数据的方法有：

（1）普查

普查（census）是针对有限总体而言的。普查，是指收集有限总体中每个个体的有关指标的值（或变量值）。

（2）抽样调查

抽样调查（sampling survey）也称为部分调查，是指在总体中选择一部分个体进行调查，并根据调查得到的局部数据来了解和推断总体情况。在总体中，由部分个体组成的集合称为样本（sample）。抽样调查有两层含义：一是抽样（抽取部分个体）；二是调查（调查这些个体中反映了所要研究的特征的数据）。调查样本个体（抽样所得到的个体）所得到的数据，称为样本数据（观测值）。

如果总体中每个个体被抽中的概率是已知的，则此抽样方法称为概率抽样（probability sampling）。它又包括简单随机抽样、分层抽样、系统抽样、整群抽样等。

2. 实验数据

实验数据是指在获得数据的过程中，通过对数据产生的条件实施控制而得到的数据。要获得实验数据，就需要有实验组（experimental group）和对照组（control group）。

实验组是实验对象的一个随机选择的子集，其中的个体要接受对照组所没有的某种特殊操作（或变量变化）。对照组也是实验对象的一个随机选择的子集，但其中的个体没有接受特殊操作。需要对照组的原因是：没有对照组，就没有办法确定这样的特殊操作（或变量变化）是否产生了作用。

1.2.4 统计学的基本原理

1. 部分推断总体

要了解研究对象的总体状况，如大学生信息素养的高低，需要设计信息素养测试量表对全体大学生进行测试，但由于主客观条件的限制，人们只能对其中的部分学生进行测试，这就需要用这部分学生的测试成绩来推断全体大学生的信息素养。这部分学生就是抽样样本，测试成绩就是指标，部分推断总体就是指对该抽样样本（部分学生）的测试成绩进行数学变换，构建一个新的变量——样本统计量，以此来估计总体（全体大学生）的信息素养。部分推断总体需要估计误差，一般要考虑 4 种误差：一是抽样误差，是指样本与总体在数量上的差异所带来的误差；二是量具误差，如试卷出题过偏；三是测量误差，测试过程中分数记录得不准确；四是随机误差，如学生在测试过程中发挥失常等。

2. 小概率事件与小概率反证法

衡量一个事件发生的可能性大小的数量指标称为概率，一般用 p 表示，$0 \leqslant p \leqslant 1$；概率大的事件容易发生，概率小的事件不容易发生。特别地，事件在 $p=0$ 时称为不可能发生事件，在 $p=1$ 时称为必然发生事件。将发生概率很小的事件称为小概率事件，通常小概率的标准为 $p \leqslant 0.05$，相当于做 100 次实验一个事件至多发生 5 次。

一般情况下，小概率事件在一次实验的情况下发生的可能性很小或基本上不会发生，这称为小概率原理。如果小概率事件在一次实验中竟然发生了，则认为该事件不可能是小概率事件，即否定该事件是小概率事件，这就是小概率反证法。

3. 假设检验

假设检验的基本思想是统计学中的小概率反证法原理，其基本步骤如下：

第一，建立假设：提出原假设 H_0，以及对立的备择假设 H_1。

第二，确定检验标准：设立小概率事件的阈值，一般有 0.1、0.05、0.01 和 0.001 这 4 个值，其中 0.05 是最常用的，是 SPSS 中的默认选项。

第三，进行实验，得到统计分析的样本数量，也就是实验次数。

第四，选定检验方法，确定 p 值：计算样本统计量，并确定 p 值。

第五，根据 p 值做出推断。p 值是当对应的原假设成立时，出现观测样本以及更极端情况的概率，用于表示对原假设的支持程度。通常 p 值大于或等于 0.05，表示没有发生小概率事件，可以接受原假设；p 值小于 0.05，则表示小概率事件发生，拒绝原假设，接受备择假设。p 值也称为伴随概率或显著性概率，在 SPSS 的输出结果中会反复出现。

假设检验的主要目的是核实“部分推断总体”的正确性和准确性。

1.3 教育统计分析中的问题

1.3.1 分析问题的类型

分析问题一般分为4种类型：描述性问题、差异性问题、关联性问题及其他问题。

1. 描述性问题

描述性问题是最基本的分析问题，主要用于描述性统计分析。描述性统计分析一般在研究的开始阶段进行，其主要目的是探索所研究的对象的各种情况，试图找出所有可能的预测结论。例如，在针对“文科硕士研究生培养情况”的抽样调查中，其问卷调查项目有性别、所在学校、目前的专业、攻读硕士学位以前的工作年限、对目前专业的态度等多个问题（或数据项）。这些问题就是描述性问题。对于描述性问题，主要是利用频数、均值、方差等常用统计量进行描述性分析。

2. 差异性问题

差异性问题主要用于差异性分析。差异性分析是指比较两个或两个以上的组某项特征之间的差异。这涉及两个变量之间的关系，其中一个变量是分组变量（可以视为自变量），它由两个或两个以上的组构成，每个组都是由与本组自变量水平相同但与其他组自变量水平不同的个体组成的；另一个变量是特征变量（可以视为因变量），对应着自变量水平相同的个体的特征。

差异性问题试图证明各组的因变量是不一样的。以下教育问题均属于此类问题：

问题1：两类专业的大学毕业生收入有无差异的问题。

问题2：具有博士学位、硕士学位和学士学位的毕业生期望收入有无差异的问题。

问题3：不同学校、不同家庭背景的学生学习成绩有无差异的问题。

问题4：在测试量表中，不同测试题的区分度与难度。

3. 关联性问题

关联性问题是研究两个或两个以上的变量之间的关联性的问题。该类问题通常包括两个或两个以上的变量如何共变的问题，或者如何用一个或多个变量预测另一个变量的问题。

例如,以下教育问题均属于此类问题:

问题 1:个人受教育年限与个人收入之间关系的密切程度问题。

问题 2:受教育水平与就业岗位之间的关系问题。

问题 3:一个地区人均教育支出与人均国内生产总值(GDP)、人口受教育水平之间的近似函数关系问题。

4. 其他问题

问题 1:某变量是否服从特定分布。例如,某校学生的月生活费支出是否服从正态分布。

问题 2:利用变量对多个研究对象进行分类(聚类)。例如,将 31 个省份按人均教育经费分成五大类。

问题 3:如何用少量指标来描述由多个指标描述的对象。

问题 4:对用具有不同量纲的指标描述的多个研究对象进行综合排序。例如,衡量一个地区教育现代化水平的指标有多个,而且这些指标的量纲都不一样,现有几个地区,要按教育现代化水平对其排序,应该如何进行排序?

本书的内容基本上是按照解决以上问题展开的,解决问题所使用的统计方法和分析过程,以及在本书中对应的章节如表 1.3.1 所示。

表 1.3.1 问题类型以及相应的解决方法

<table>
<tr><th colspan="2" rowspan="3">问题类型</th><th colspan="3">解决方法</th></tr>
<tr><th rowspan="2">定性数据</th><th colspan="2">定量数据</th></tr>
<tr><th>服从正态分布或近似正态分布</th><th>非正态分布</th></tr>
<tr><td colspan="2">描述性问题</td><td>基本统计分析(第 3 章)
统计表与制表(第 4 章)
统计图的绘制(第 5 章)</td><td>基本统计分析(第 3 章)
统计表与制表(第 4 章)
统计图的绘制(第 5 章)</td><td>基本统计分析(第 3 章)
统计表与制表(第 4 章)
统计图的绘制(第 5 章)</td></tr>
<tr><td rowspan="4">差异性问题</td><td>问题 1</td><td>卡方检验(第 10 章)</td><td>t 检验:配对样本 t 检验、独立样本的 t 检验(第 6 章)</td><td>非参数检验:两独立样本非参数检验、两配对样本非参数检验(第 8 章)</td></tr>
<tr><td>问题 2</td><td>卡方检验(第 10 章)</td><td>方差分析:单因素方差分析(第 7 章)</td><td>非参数检验:多独立样本非参数检验、多配对样本非参数检验(第 8 章)</td></tr>
<tr><td>问题 3</td><td>卡方检验(第 10 章)</td><td>方差分析:双因素方差分析(第 7 章)</td><td></td></tr>
<tr><td>问题 4</td><td></td><td>信度与效度(第 14 章)</td><td></td></tr>
</table>

续表

问题类型		解决方法		
		定性数据	定量数据	
			服从正态分布或近似正态分布	非正态分布
关联性问题	问题 1	卡方检验(第 10 章)	相关分析(第 9 章)	卡方检验(第 10 章)
	问题 2	卡方检验(第 10 章)		卡方检验(第 10 章)
	问题 3	回归分析:二项逻辑斯谛回归分析(第 11 章)	回归分析:多元线性回归分析(第 11 章)	
其他问题	问题 1			非参数检验:二项分布检验、单样本 K-S 检验(第 8 章)
	问题 2	聚类分析(第 12 章)	聚类分析(第 12 章)	聚类分析(第 12 章)
	问题 3		因子分析与主成分分析(第 13 章)	因子分析与主成分分析(第 13 章)
	问题 4		因子分析与主成分分析(第 13 章)	因子分析与主成分分析(第 13 章)

1.3.2 分析的一般步骤

教育统计分析一般要经过收集数据、加工和整理数据、分析数据三个阶段,其具体步骤包括:明确数据分析目标,正确收集数据,加工和整理数据,选择恰当的统计方法进行分析,解读统计分析结果。其中,每一个步骤都对应着不同的 SPSS 操作。

1. 明确数据分析目标

明确数据分析目标是数据分析的出发点。明确数据分析目标,就是明确要进行数据分析的问题、该问题的类型,以及预期的分析目标等。例如,分析不同学生群体的消费行为是否存在显著性差异及其成因;分析不同学历和专业的大学毕业生的就业倾向和差异;等等。只有明确了数据分析目标,才能够正确地制定数据收集方案,即应当收集哪些数据,应当采用怎样的方式收集数据等,进而为数据分析做好准备。在这一步骤中,SPSS 操作的主要内容是根据数据分析目标确定变量或指标,以及准备 SPSS 数据文件。

2. 正确收集数据

正确收集数据是指从数据分析目标出发,排除干扰因素,正确收集服务于既定目标的数据。准确的数据对于实现数据分析目标来说十分关键。

例如,为了研究某种教学方法对于提高学生的信息素养是否具有显著效果,可通过以下方式获得实验数据:首先,测量一批学生的信息素养得分;其次,在对该批学生实施此教学方法一段时间后,再次测量他们的信息素养得分。对于两组数据,分析其均值是否存在显著性差异。若第二组数据的均值明显高于第一组数据的均值,则可认为该教学方法对于提高学生的信息素养具有显著效果,反之没有。显然,虽然由此获得的数据是准确的,但结论却无法令人信服,原因是该数据包含影响结论的因素:极端的情况是,所选择的这批学生的素质都比较好,所以效果比较好;如果所选择的学生的素质比较差,则结果可能不同。由此可见,结论之所以不同,是由于尽管数据是准确的,但其中掺杂了素质、智力、思维习惯等因素。要尽量对影响结论的诸多因素进行控制。

因此,排除数据中那些与目标关联的干扰因素是数据收集的重要环节。可见,数据分析并不仅仅关注数据建模问题,所收集的数据是否真正符合数据分析的目标,其中是否包含其他影响因素、影响程度怎样、应当如何消除这些影响等,都是数据分析过程中必须注意的问题。在这一步骤中,SPSS 操作的主要内容是将所收集的数据录入已设定的 SPSS 数据文件。

3. 加工和整理数据

对于在明确数据分析目标的基础上收集到的数据,只有进行必要的加工和整理才能用于分析。数据的加工和整理通常包括数据清理、缺失值处理、数据分组、基本描述性统计分析、基本统计图的绘制、数据变换等。人们通过加工和整理数据,能够大致掌握数据的整体分布特征,为对数据进行进一步的分析和建模打下基础。在这一步骤中,SPSS 操作的主要内容是对已录入 SPSS 数据文件的数据进行清理、数据展示、描述性统计分析。

4. 选择恰当的统计方法进行分析

一般在完成数据的加工和整理后,就可以进行数据分析了。在进行数据分析时,明确数据分析目标的类型,以及统计方法的含义和适用范围是非常关键的。应当明确每一种统计方法都能解决哪类问题,其使用的前提、对数据的要求,是否适用于本次分析等,以避免滥用和误用统计方法。否则,得出的结论可能会出现较大的偏差甚至是错误的。

另外,选择多种统计方法对数据进行探索性分析也是极为重要的。每一种统计方法都有自己的特点和局限性,仅依据一种统计方法的结果就断然下结论是不科学的,因此要选择多种统计方法进行反复分析。在这一步骤中,SPSS 操作的主要内容是根据数据分析目标的类型选择合适的统计方法模块,对已有数据进行统计分析。

5. 解读统计分析结果

数据分析的直接结果主要是统计量。正确理解统计量的含义,是理解一切结果的基础,同时也是证实结果正确和可信的依据。只有这样才能避免毫无根据地引用统计分析结果。而要正确理解统计量就要正确地把握统计方法的核心思想。在这一步骤中,SPSS操作的主要内容是针对SPSS统计方法模块所给出的统计结果,给出具体的含义和解读。

另外,将统计分析结果与实际问题相结合也是非常重要的。客观地说,统计方法仅仅是一种有用的数据分析工具,它并不是万能的。统计方法是否能正确地解决具体问题,不仅取决于统计方法的选择是否合适,还取决于应用统计方法的人是否具有能深刻了解实际问题的专业背景。只有将各个学科的专业知识与统计分析结果相结合,才能得出令人满意的分析结论。

/ 主要概念与术语 /

数据窗口,输出窗口,语法窗口,脚本窗口,系统选择;统计学,数据收集,数据清理,数据分析,描述性统计,统计推断,参数估计,假设检验,数据解释,教育统计学;定类数据,定序数据,定距数据,定比数据,定性数据和定量数据;总体和个体,变量和变量值,定性变量和定量变量,连续变量和离散变量,经验变量和理论变量;直接数据和间接数据,观测数据,普查,抽样调查,实验数据,实验组,对照组,部分推断总体,小概率事件,小概率反证法,伴随概率或显著性概率;描述性问题,差异性问题、关联性问题。

/ 思考与练习 /

1. 打开SPSS软件,熟悉其数据窗口、输出窗口、语法窗口和脚本窗口。
2. 如何在SPSS软件中进行中英文系统选择?
3. 什么是统计学?
4. 解释描述性统计和统计推断。
5. 数据有哪几种类型?各有何特点?试举例说明。
6. 举例说明总体、个体、样本、观测值。
7. 变量分为哪几类?
8. 什么是一手资料?什么是二手资料?使用二手资料时需要注意什么事项?
9. 什么是小概率事件?
10. 教育统计分析中的问题主要有哪几种类型?试举例说明。

第 2 章　数据文件的建立与处理

本章学习目标：

❶ 熟练掌握 SPSS 中数据的结构，并能够建立 SPSS 数据文件。

❷ 熟练掌握 SPSS 的数据输入与编辑操作。

❸ 熟练掌握变量的处理：增加、删除变量；变量计算；变量的重新编码；离散化变量等。

❹ 熟练掌握个案（观测值）子集的选择方法。

❺ 熟练掌握数据文件的拆分、合并、存储和读取方法。

建立数据文件是利用 SPSS 进行数据分析的首要工作。数据文件的建立是指把科研、教学工作过程中采集的各种信息（information）、数据（data）以某种方式存入计算机，建立可随时进行存取、修改、统计分析的数据文件的全过程。一般来说，它包括数据编码、建立数据文件的框架结构、数据录入、选定数据文件名及保存数据文件等几个步骤。

例 2.1　现针对 6 所高校进行文科硕士研究生培养情况调查，调查问卷的主要内容有被调查者所在学校、目前的专业、性别、入学方式、目前的专业与考研志愿之间的关系、对目前专业的态度、本科毕业学校的建设目标、本科毕业学校的类型、本科时的专业、攻读硕士学位的动因、攻读硕士学位以前的工作年限、攻读硕士学位期间的经济压力等。该调查问卷的内容如下：

A　基本情况

1. 所在学校：

（1）大学 A；（2）大学 B；（3）大学 C；（4）大学 D；（5）大学 E；（6）大学 F。

2. 目前的专业是________专业。

（1）公共管理类；（2）教育学类；（3）法学类；（4）其他类。

3. 性别：（1）男；（2）女。

4. 入学方式是：（1）推荐免试；（2）统一考试；（3）单独考试。

5. 目前的专业是：（1）第一志愿；（2）第一志愿，但是从外校调剂过来；（3）非第一志愿,从其他专业调剂过来。

6. 对目前专业的态度:(1)喜欢;(2)一般;(3)不喜欢。

7. 在攻读硕士学位以前有________年的工作经历。

8. 本科毕业学校的建设目标:(1)一流大学建设高校;(2)一流学科建设高校;(3)其他。

9. 本科毕业学校的类型:(1)综合类高校;(2)理工类高校;(3)其他类高校。

10. 本科时的专业是:(1)理工科专业;(2)与目前专业相同;(3)其他文科专业。

11. 攻读硕士学位的动因是:

(1)提高学术水平,争取读博,从事学术研究;(2)迫于就业压力,提高层次,找个好工作;(3)原先工作不顺心,换个工作岗位;(4)其他。

12. 攻读硕士学位期间的经济压力:(1)压力较大;(2)有些压力;(3)没有压力。

13. 攻读硕士学位期间外出兼职的时间:________月。

14. 外出兼职(如果有的话)的主要目的:

(1)实习,积累经验;(2)赚钱,补贴生活费;(3)闲得无聊,做些事;(4)其他。

15. 写论文期间,平均每天用于学习的时间是________小时。

B　培　养

1. 所在学校对硕士研究生发表论文的具体规定:(1)有;(2)没有。

2. 在硕士研究生学习期间,总共参与了________项课题研究。

3. 在硕士研究生学习期间,总共参加了________次国际学术会议、________次国内学术会议。

4. 在所学的专业课中,课程教学方式所占的比例(填数据):

(1)教师主讲占________%,(2)教师指导、以学生为主的研讨占________%,(3)教师指导、学生互动研讨占________%,(4)其他(请注明)________%。

5. 所在的学科是:(1)国家重点学科;(2)省部级重点;(3)其他。

C　指导教师

1. 您的导师目前指导的在读硕士研究生有________名。

2. 您选择导师的方式是:(1)双向选择;(2)学院分派。

3. 课程学习阶段结束后,您与导师就相关学术问题平均每月交流(指导)________次。

4. 您的导师一般采用何种方式指导:

(1)单独指导;(2)小组讨论;(3)学术例会;(4)其他。

5. 您的论文题目来自:

(1)国家级课题或省部级课题;(2)横向(或单位委托)课题;(3)导师拟定;(4)自选。

6. 您的硕士论文所采用的研究模式(方法):

(1)理论思辨式;(2)一般政策(或问题)分析;(3)定量的实证研究;(4)其他实证(访谈、调查等)研究。

D　总体感觉

请在表2.0.1中的评价等级处画"√"。

表2.0.1　总体感觉评价表

事实评价项	评价等级				
	完全不符	有点符合	符合	较多符合	完全符合
1. 所学课程的设计和管理制度有助于学科间的交叉与融合	1	2	3	4	5
2. 所学课程有助于了解本学科学术或技术发展的前沿	1	2	3	4	5
3. 所学课程的教学方式有助于启发思维	1	2	3	4	5
4. 教学内容有利于拓宽视野	1	2	3	4	5
5. 专业课程对写毕业论文很有帮助	1	2	3	4	5
6. 导师具有很高的学术水平	1	2	3	4	5
7. 导师认真负责,对我的学术指导很有力	1	2	3	4	5
8. 在毕业论文写作的过程中,导师在学术上对我的帮助很大	1	2	3	4	5
9. 我对硕士研究生学习期间的总体收获很满意	1	2	3	4	5
10. 我经常和周围的同学交流与探讨相关学术问题	1	2	3	4	5
11. 我们学院的学术氛围很浓	1	2	3	4	5

E　对自己的判断

请在表2.0.2中的评价等级处画"√"。

表2.0.2　对自己的判断评价表

事实评价项	评价等级				
	完全不符	有点符合	符合	较多符合	完全符合
1. 我在硕士研究生学习期间完善了知识结构	1	2	3	4	5
2. 在考虑问题时,我会较少地受思维定式的影响	1	2	3	4	5
3. 在遇到困难时,我经常能找到变通的方法	1	2	3	4	5
4. 面对突发事件,我能积极冷静地应对	1	2	3	4	5
5. 在表达问题时,我能很容易地让别人明白	1	2	3	4	5
6. 我的观点和行动对别人有很大的影响	1	2	3	4	5
7. 我注意观察周围环境的变化,能够把握机遇	1	2	3	4	5

续表

事实评价项	评价等级				
	完全不符	有点符合	符合	较多符合	完全符合
8. 我经常组织小型会议或专题讨论	1	2	3	4	5
9. 我经常从网上学习很多新知识	1	2	3	4	5
10. 我做事情有持续的动机和热情	1	2	3	4	5
11. 在遇到困难时,我会虚心地向他人请教	1	2	3	4	5
12. 我对很多新政有深入的理解	1	2	3	4	5
13. 我不怕承担风险	1	2	3	4	5
14. 我会向别人阐述自己的想法	1	2	3	4	5
15. 我能把握机会将创意展示于工作(学习或研究)中	1	2	3	4	5
16. 我会实施适当的计划和程序来落实我的新想法	1	2	3	4	5
17. 我时常有新的主意和创新的想法	1	2	3	4	5
18. 我时常能针对问题提出新的解决方法	1	2	3	4	5
19. 我时常能用新颖的方式去发现问题	1	2	3	4	5
20. 我时常能提出完成工作任务的新方法	1	2	3	4	5

F　学习收获

1. 您认为自己在硕士研究生学习期间,在以下哪几个方面有收获(请在表2.0.3中的评价等级处画“√”)。

表2.0.3　学习收获评价表

事实评价项	评价等级				
	很小	较小	一般	较大	很大
1. 基础和专业知识水平提高	1	2	3	4	5
2. 相关学科知识水平提高	1	2	3	4	5
3. 分析能力和批判性思维能力提高	1	2	3	4	5
4. 科研能力提高	1	2	3	4	5
5. 事务处理能力提高	1	2	3	4	5
6. 独立解决问题的能力提高	1	2	3	4	5
7. 总体来说,在知识及能力方面,硕士研究生阶段的学习让我有所收获	1	2	3	4	5

2. 在硕士研究生学习期间,您已发表论文(第一作者)________篇(写明数量),其中有______篇被CSSCI(中文社会科学引文索引)收录的论文。

3. 毕业后，您的发展方向是：

（1）企业就业；（2）在高校、科研机构工作；（3）做公务员；（4）继续考博；（5）自由职业；（6）出国留学；（7）其他。

4. 在以下几个方面，导师对您的影响程度（请在表 2.0.4 中的评价等级处画“√”）。

表 2.0.4 导师影响程度评价表

评价项	评价等级				
	很小	比较小	一般	比较大	很大
专业知识	1	2	3	4	5
学术兴趣	1	2	3	4	5
科研能力	1	2	3	4	5
治学态度	1	2	3	4	5
道德修养	1	2	3	4	5
其他	1	2	3	4	5

5. 在以下几个方面中，您认为对硕士研究生培养质量影响最大的是（请选择 2 项，并按重要性排序）：

① 学科水平；② 学术氛围；③ 导师指导；④ 教学管理；⑤ 科研条件；⑥ 研究训练；⑦ 奖学金。

（1）________；（2）________。

下面将依据上述调查问卷，建立 SPSS 数据文件。

2.1 定义数据的结构

SPSS 对数据的处理是以变量为基础的，其数据的结构是指对 SPSS 数据窗口中每列变量及其相关属性的描述，主要包括变量名、变量类型、变量宽度、列显示宽度、变量名标签、变量值标签、缺失值等信息。本节主要介绍如何定义变量及其属性。

启动 SPSS 后，打开数据编辑器，即 SPSS 的数据窗口。系统默认进入数据窗口的数据视图，如图 2.1.1 所示。由于目前还没有输入数据，因此显示的是一个空白数据文件。

在输入数据前要定义变量及其属性，具体操作步骤如下：

单击数据窗口左下方的“变量视图”标签或双击列的标题“变量”，进入如图 2.1.2 所示的变量视图，在此视图中可定义变量。

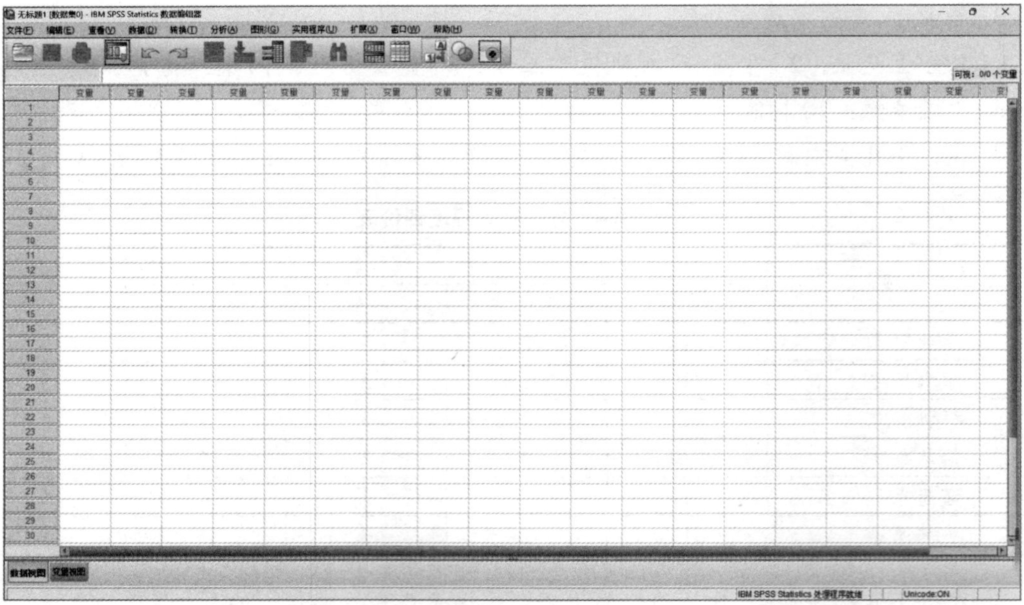

图 2.1.1　数据窗口的数据视图

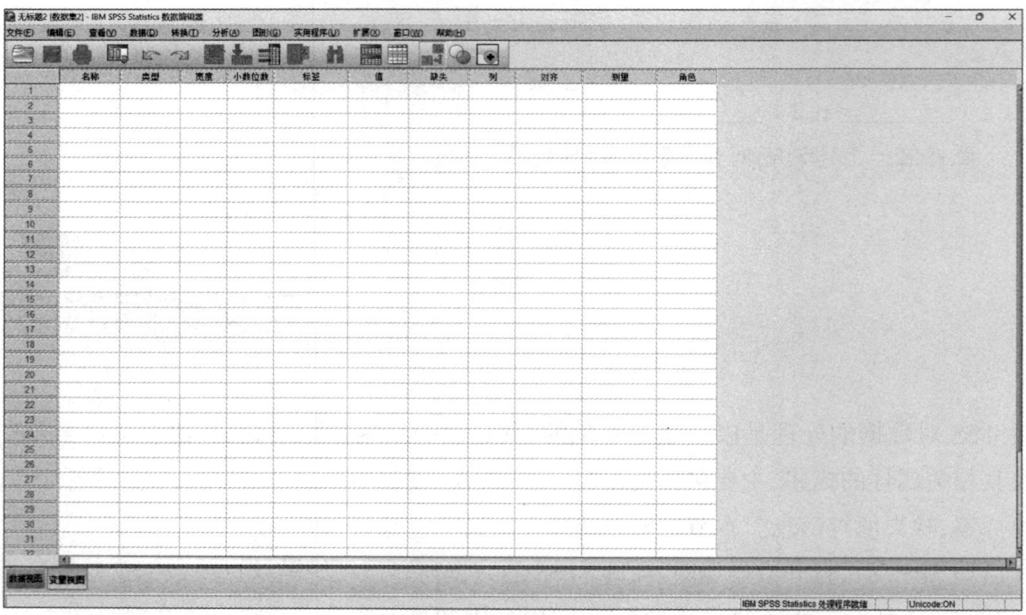

图 2.1.2　数据窗口的变量视图

在变量视图中，行表示一个变量的定义信息，包括名称、类型、宽度、小数位数、标签、值、缺失、列、对齐、测量和角色。

2.1.1 定义变量名

变量名是访问和分析变量的唯一标识。SPSS 默认的变量名为变量 1（VAR00001）、变量 2（VAR00002）等。用户可以根据自己的需要来命名变量。例 2.1 涉及很多数据项，这里以“A 基本情况”为例进行介绍。下面为每一个数据项确立一个变量名。本例中的变量名为：

A1（“所在学校”）：表示被调查者所在的学校。

A2（“目前专业”）：表示被调查者目前的专业。

A3（“性别”）：表示被调查者的性别。

A4（“入学方式”）：表示被调查者的入学方式。

A5（“目前专业与考研志愿的关系”）：表示被调查者目前的专业与考研志愿之间的关系。

A6（“对目前专业的态度”）：表示被调查者对目前专业的态度。

A7（“读硕士以前工龄”）：表示被调查者攻读硕士学位以前的工作年限。

A8（“本科毕业学校类型”）：表示被调查者本科毕业学校的类型。

A9（“本科毕业学校建设目标”）：表示被调查者本科毕业学校的建设目标。

A10（“本科专业”）：表示被调查者本科时的专业。

A11（“读硕士动因”）：表示被调查者攻读硕士学位的动因。

A12（“读硕士期间经济压力”）：表示被调查者攻读硕士学位期间的经济压力。

A13（“读硕士期间兼职时间”）：表示被调查者攻读硕士学位期间外出兼职的时间。

A14（“兼职的主要目的”）：表示被调查者攻读硕士学位期间外出兼职的主要目的。

A15（“写论文期间每天的学习时间”）：表示被调查者写论文期间平均每天用于学习的时间。

为数据项取变量名时可以使用汉语拼音或英文缩写，也可以使用汉字。取变量名时一般遵循以下原则：

① 变量名通常以英文字母开头，后面可以跟除“?”“!”和“*”之外的字符。但需要注意的是，不能用下画线“_”和点号“.”作为变量名的最后一个字符。

② 变量名不能使用 SPSS 的保留字。SPSS 的保留字有 ALL、AND、BY、OR、NOT、EQ、GE、GT、LE、LT、NE、TO、WITH 等以及一些常用的函数符号。

③ SPSS 不区分变量名中英文字母的大小写。例如，ABCD 与 abcd 被认为是同一变量。

④ 变量名必须唯一，不能有两个相同的变量名。

为了便于记忆，变量名最好与其所代表的数据项的含义相对应。

2.1.2 定义变量类型、变量宽度、列显示宽度

为变量命名后，接下来要设置每个变量的类型（type）。每种类型的变量都有默认的宽度（width）、小数位数和列显示宽度。其中，宽度（在变量视图中的“宽度”列中设置）是指变量值的最大长度（最大字符数），列显示宽度（在变量视图中的“列”列中设置）是指数据视图中每一列显示的最大字符数，默认值为 8。如果列显示宽度（如设置为 2）小于变量宽度（如设置为 6），则在数据视图中，相应变量列中的数据将被截去尾部而不完全显示。这两个宽度通常是一致的。

若要设置变量类型，则在变量视图中选中该变量“类型”列中的某个单元格，再单击该单元格右侧出现的 ... 按钮，弹出“变量类型”对话框，如图 2.1.3 所示。在该对话框中选择合适的变量类型并单击“确定”按钮，即可定义变量类型。

在“变量类型”对话框的左侧有可供选择的变量类型，主要变量类型的说明如表 2.1.1 所示。

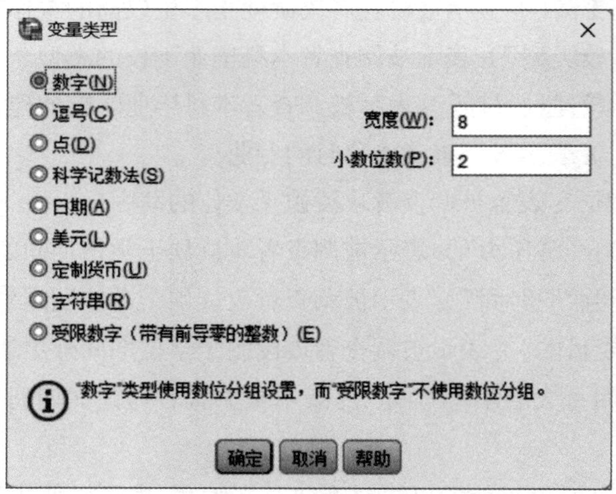

图 2.1.3 “变量类型”对话框

表 2.1.1 主要变量类型的说明

变量类型	说明
数字（numeric）	即数值型变量，是最常用的变量类型，默认宽度为 8，小数位数为 2
逗号（comma）	是加逗号的数值型变量，即对于整数部分，每 3 位加一个逗号，整数和小数之间用点号分隔，其他定义方式同“数字”类型
点（dot）	对于整数部分，每 3 位加一个点号，整数和小数之间用逗号分隔。例如，输入 1234，显示为 1.234，00

续表

变量类型	说明
科学记数法（scientific notation）	也是一种数值型变量。例如，输入 123，SPSS 会自动将其转换为科学记数法，表示为 1.23E+002
日期（date）	即日期型变量，用来表示日期或时间，可以从相应的日期格式列表中选择一种格式；输入日期时可以用斜杠、连字符、句号、逗号或空格作为分隔符
美元（dollar）	带有美元符号的数值型变量，用来表示货币数据。它在数据的前面附加美元符号 $
字符串（string）	即字符型变量，这种类型变量的值不是数值，因此不用于计算。字符型变量的值可以包含任何字符，可包含的最大字符数不超过所定义的变量宽度。字符型变量名区分英文字母的大小写

在“变量类型”对话框中，如果选择了“数字”项，则可在该对话框右侧出现的“宽度”（width）和“小数位数”（decimal places）文本框中，输入相应的数值型变量的宽度及小数位数。其中，宽度的默认值为 8，小数位数的默认值为 2。需要注意的是，数值型变量的宽度应当大于该变量值的整数位数 + 小数位数 +1。

如果选择了“字符串”项，则可在该对话框右侧出现的“字符数”文本框中输入字符串的长度。

“变量类型”对话框的底部有三个按钮，其作用如下：

“确定”按钮：表示确认所做的选择，单击后可返回数据窗口。

“取消”按钮：表示取消当前的设置，保持原来的状态，并返回数据窗口。

“帮助”按钮：可以为用户提供帮助。

2.1.3 变量名标签

变量名标签（label）是对变量名的进一步描述，它可增强变量名的可见性，以及统计分析结果的可读性。可以将变量名标签设置为中文，其总长度可达 120 个字符，可显示英文字母的大小写。变量名标签是一个可选择的（option）属性，可以定义变量名标签，也可以不定义变量名标签。

例 2.1 中的变量名标签如表 2.1.2 所示。

2.1.4 变量值标签

变量值标签是对变量的每个取值的进一步描述。当变量是名义变量或有序变量时，变量值标签是非常有用的。要设置变量值标签，可选中变量视图“值”列中的某个单元格，再单击该单元格右侧出现的  按钮，弹出“值标签”对话框，如图 2.1.4 所示。

表 2.1.2 例 2.1 中的变量名标签

变量名	变量名标签	变量名	变量名标签
A1	所在学校	A9	本科毕业学校建设目标
A2	目前专业	A10	本科专业
A3	性别	A11	读硕士动因
A4	入学方式	A12	读硕士期间经济压力
A5	目前专业与考研志愿的关系	A13	读硕士期间兼职时间
A6	对目前专业的态度	A14	兼职的主要目的
A7	读硕士以前工龄	A15	写论文期间每天的学习时间
A8	本科毕业学校类型		

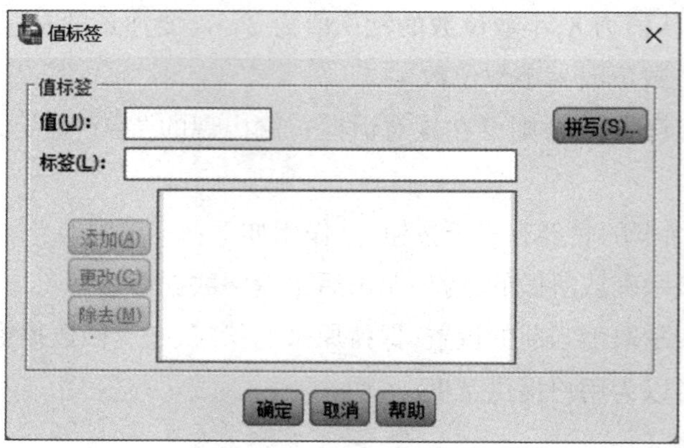

图 2.1.4 “值标签”对话框

在例 2.1 中，我们将“目前专业”分为“公共管理类”“教育学类”“法学类”“其他类”4 个类别，分别用 1、2、3、4 来代表这 4 个类别。“目前专业”的变量值标签如表 2.1.3 所示。

表 2.1.3 变量值标签示例

变量名标签	值	值标签
目前专业	1	公共管理类
	2	教育学类
	3	法学类
	4	其他类

具体操作步骤如下：

在“值标签”对话框的“值”文本框中输入 1，在“标签”文本框中输入“公共管理类”，然后再单击“添加”按钮。如此反复，直到输入全部变量值及其标签为止，如图 2.1.5 所示。

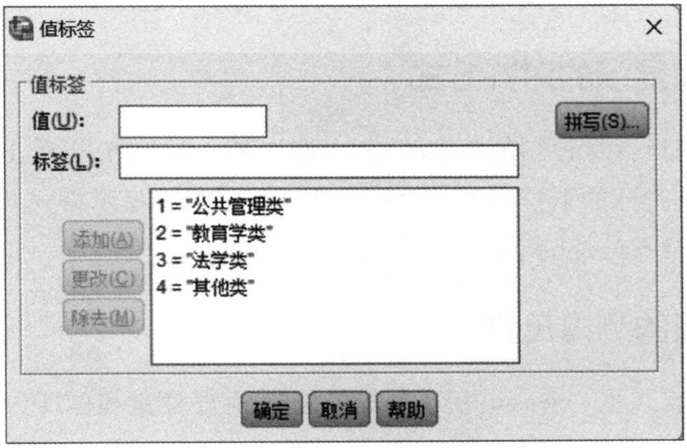

图 2.1.5　定义完毕的“值标签”对话框

如果定义的值标签有错误，则可以在“值标签”对话框中选中定义错误的值标签，然后单击“更改”或“除去”按钮对其进行修正。

2.1.5　缺失值的定义方式

SPSS 中的缺失值有两类，即系统缺失值和用户缺失值。在 SPSS 中，数据集中的任何空的数据单元都被认为是系统缺失值，用点号(.)表示。由于特殊原因而产生的信息缺失值，称为用户缺失值。例如，在统计过程中，需要找到一些被调查者不愿意回答或漏填、错填的数据项，然后将它们标为用户缺失值，带有缺失值的个案会被特别处理。需要注意的是，对于系统缺失值不需要定义，系统会自动生成；对于用户缺失值则需要定义。在 SPSS 中，有两种定义缺失值的方式：一是定义 3 个单独的缺失值，二是定义一个缺失值范围和一个单独的缺失值。

要设置变量的缺失值，可选中变量视图“缺失”列中的某个单元格，再单击该单元格右侧出现的 ⋯ 按钮，弹出“缺失值”对话框，如图 2.1.6 所示。

在“缺失值”对话框中，如果没有缺失值，则选择“无缺失值”项。

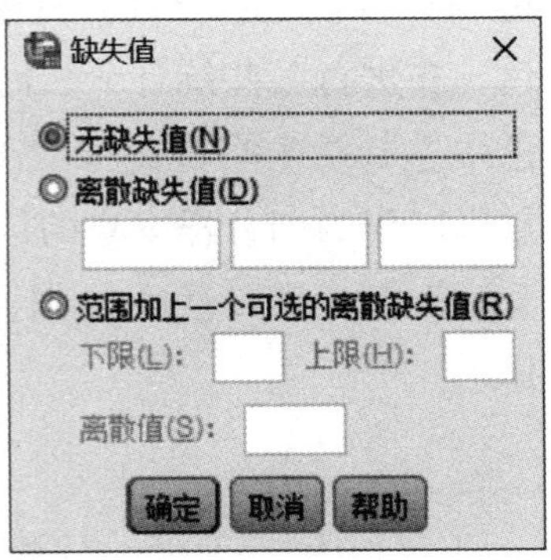

图 2.1.6　“缺失值”对话框

如果变量的取值是离散值，则选择“离散缺失值”项。

如果变量的取值既可能是连续值，也可能是离散值，则选择“范围加上一个可选的离散缺失值”（Range plus one optional discrete missing value）① 项。

由于在例 2.1 中不需要定义缺失值，故可以不进行缺失值设置。

2.1.6 变量显示的对齐方式

在 SPSS 数据窗口变量视图的“对齐”列中选中某个单元格，再单击该单元格右侧出现的下拉按钮，可以从打开的下拉列表中根据需要选择变量的显示格式。变量的显示格式有左对齐（left）、居中对齐（center）和右对齐（right）三种。

2.1.7 变量的测量尺度

变量可以按测量尺度（measure）分为名义变量、有序变量和标度（scale）变量（包括定距变量和定比变量）。在 SPSS 数据窗口变量视图的“测量”列中选中某个单元格，再单击该单元格右侧出现的下拉按钮，可以根据变量的类型从打开的下拉列表中选择合适的测量尺度。

SPSS 的变量设计比较灵活，即便事先定义好变量的测量尺度，之后也可以根据需要改变所定义的测量尺度（一般在使用不同的统计方法进行测量时会有这种需求），而变量值保持不变。

2.1.8 变量角色

变量角色（role）是指变量在建立模型时所承担的角色。在建立模型时，若变量（称为自变量，也称为输入变量）用于解释其他变量，则在变量角色中选择“输入”角色；若变量（称为因变量，也称为目标变量）是被其他变量解释的，则在变量角色中选择“目标”角色。在进行某些统计分析时，若变量既可以是输入变量，也可以是目标变量，则在变量角色中选择“两者”角色。若变量不参与建立模型，就选择“无”角色。此外，有的分类变量可以作为划分样本集的依据，承担“分区”角色；有的分类变量可以拆分数据，承担“拆分”角色。此属性在数据文件作为 SPSS MODELER（一种数据挖掘工具）数据源时有作用。

---

① 由于本书基于 SPSS 中文版进行介绍，因此对于书中介绍的 SPSS 的主要选项和命令，本书会给出其在 SPSS 英文版中显示的名称，以方便 SPSS 英文版用户使用。

2.1.9 变量名标签及变量值标签的显示

变量名一般十分简洁，通常用英文字母或英文字母和数字表示，变量名标签是对其含义的详细说明。在数据窗口的数据视图中，若将鼠标指针放置在某变量的列标题上，即可显示此变量名的标签。例如，在图 2.1.7 中，A2 的变量名标签为“目前专业”。

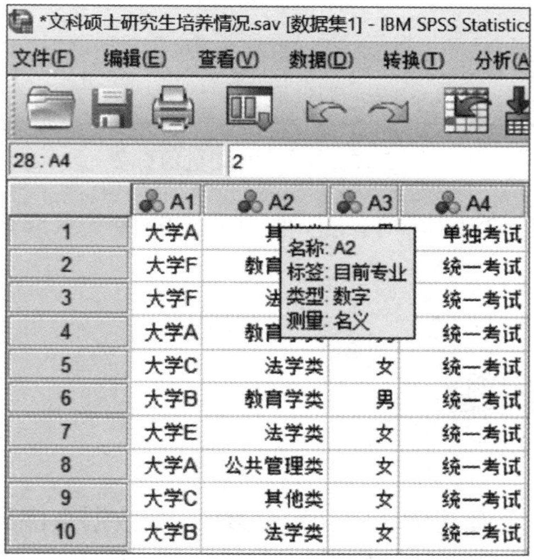

图 2.1.7 变量名标签的显示

变量值标签的显示可以通过菜单“查看”→“值标签”命令实现。将变量值直接显示为值标签，可以使用户清楚地了解其含义。A1、A2、A3 等变量的值标签如图 2.1.8 所示。

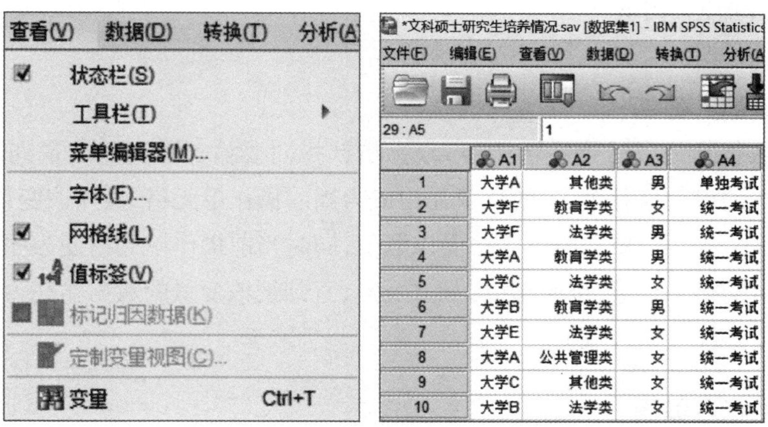

图 2.1.8 显示变量值标签

当然,也可以取消对“值标签”的选择,只显示变量值本身,如图 2.1.9 所示。

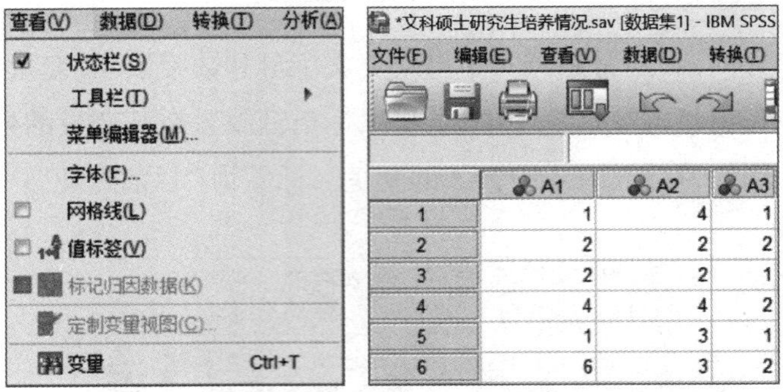

图 2.1.9　不显示变量值标签

本书将根据需要及便捷性的原则,交替使用上述两种显示形式。

2.2 数据的输入与编辑

在打开数据窗口并且定义变量之后,就会形成一个数据文件的二维表格:表格的顶部标有所定义的变量名,表格的最左侧为个案(case)或观测值的序号;相当于一个数据矩阵,一行为一个个案,一列为一个变量。一个变量名和一个个案序号就对应了数据二维表格(数据矩阵)中的一个单元格,反之亦然。SPSS 的数据输入操作在数据窗口的数据视图中实现,其操作方法与 Excel 类似。

2.2.1　输入数据

1. 按变量输入数据

在 SPSS 数据窗口的数据视图中,将鼠标指针指向要输入数据的变量列的第一个单元格,即序号为 1 的单元格并单击,使该单元格成为当前操作单元格,输入该变量的第一个值;按回车键后,序号为 1 的单元格就会接受该数值,同时当前操作单元格变为序号为 2 的单元格,输入该变量的第二个值,按回车键;如此反复,直到把该变量的数据输完为止。从二维表格的角度看,它是纵向输入数据。

2. 按个案输入数据

按个案输入数据,就是把一个个案的所有变量的值都输入后,再输入下一个个案的所有变量的值。从二维表格的角度看,它是横向输入数据。

具体的操作步骤是,先将鼠标指针指向第一个个案的第一个变量所在的单元格并单击,使之成为当前操作单元格,输入第一个个案的第一个变量的值,按 Tab 键,该单元格接受该值,同时激活右边的单元格(即成为当前操作单元格);接着,输入第一个个案的第二个变量的值,按 Tab 键;如此反复,直到输完第一个个案的最后一个变量的值。

然后利用键盘上的方向键,或直接将鼠标指针指向第二个个案的第一个变量所在的单元格并单击,使之成为当前操作单元格,输入第二个个案的第一个变量的值,按 Tab 键,该单元格接受该数据,同时激活右边的单元格;接着,输入第二个个案的第二个变量的值,按 Tab 键;如此反复,直到把最后一个个案的最后一个变量的值输完为止。

3. 按单元格输入数据

要想输入某个个案的某个变量的值,将鼠标指针指向二维表格中的相应单元格并单击,使之成为当前操作单元,输入变量值,按回车键即可。

此种方法主要用于修改某个数据或补充填写某个数据。

2.2.2 编辑数据

在建立数据文件之后,有时为了便于统计分析,需要对原来的数据文件进行编辑加工,这就涉及编辑数据。编辑数据主要包括数据的定位,个案的增加和删除,数据的剪切、复制和粘贴,数据的排序,数据的行列互换等。

1. 数据的定位

如果某个个案的某个变量的值输错了,只要找到该数据所在的单元格,激活该单元格(使它成为当前操作单元格),并输入正确的数据即可。

如果变量很多或个案很多,有限的尺寸使得数据窗口仅能显示数据文件的一部分。对于这种情况,当然可以通过方向键来查找某数据所在的单元格,但是操作起来比较麻烦。此时,就可以利用数据定位功能快速找到需要编辑的单元格。数据定位的目的是找到并使某个特定的单元格变为当前操作单元格。

(1)按个案或变量名定位

单击菜单栏中的菜单“编辑”(Edit),在其下拉菜单中选择“转到个案”(Go To Case)或“转到变量”(Go To Variable)命令,弹出如图 2.2.1 或图 2.2.2 所示的对话框,输入欲定位的个案序号或变量名并单击“跳转”(Go)按钮,SPSS 便会自动搜索该个案或变量名所在的位置。

(2)按变量值定位

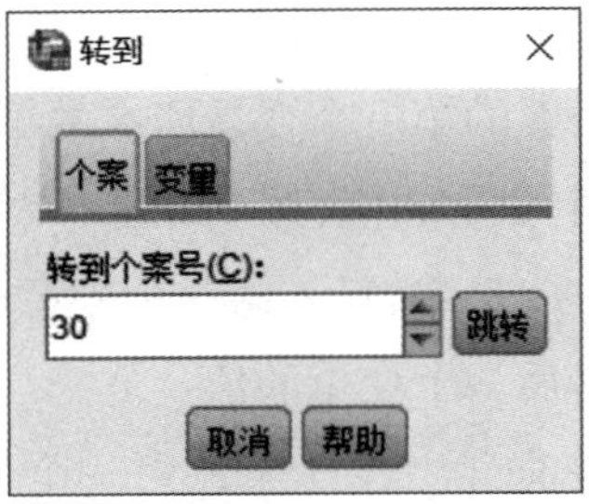

图 2.2.1 按个案序号定位对话框

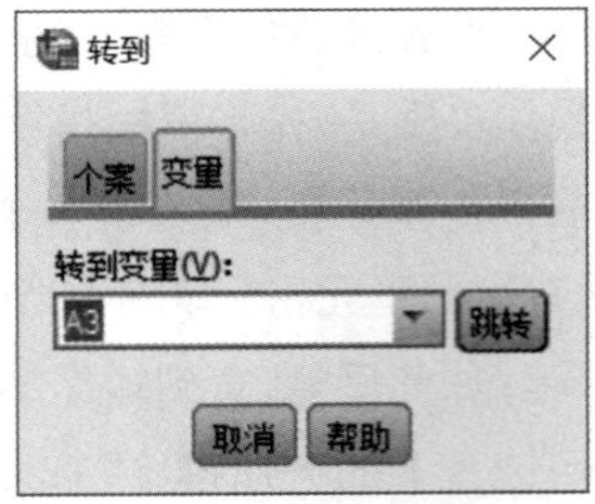

图 2.2.2 按变量名定位对话框

例如，对于例 2.1，要搜索变量 A13 取值为“5.00”的单元格，具体操作步骤如下：

① 单击变量 A13 所在列中的任意一个单元格。

② 选择菜单“编辑”→“查找”命令，弹出“查找和替换”（Find and Replace）对话框。

③ 在“查找”文本框中输入“5.00”，如图 2.2.3 所示，然后单击“查找下一个”（Find Next）按钮开始搜索数据，如果搜索到了，就会在数据文件中显示搜索到的变量值，而且该变量值所在的单元格就会自动成为当前操作单元格，用户可以对该变量的值进行编辑。

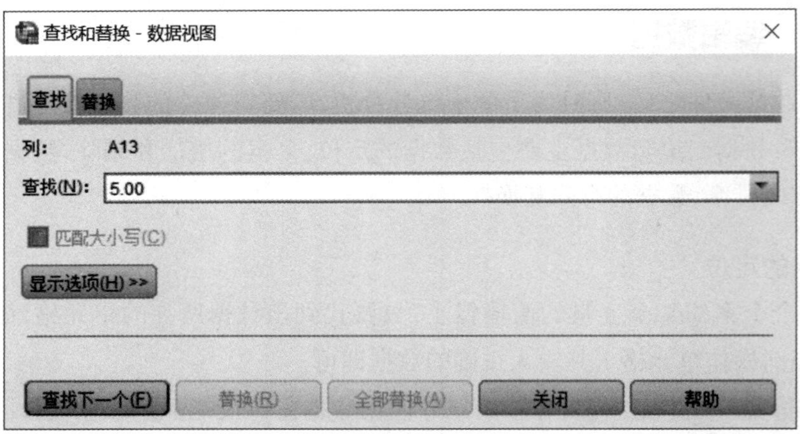

图 2.2.3 “查找和替换”对话框

2. 个案的增加和删除

当需要在已有的数据文件中增加或删除一个个案时，可以进行以下操作：

（1）增加一个个案（即增加一个新行）

在数据窗口的数据视图中选中任意一个单元格，选择菜单“编辑”→“插入个案”命令，就会在选中的单元格所在的行的上面增加一个空行，可以在此空行中输入该个案的各个变量的值。而原来选中的单元格所属的个案及其各个变量的值会自动下移一行。

（2）删除一个个案（即删除一行）

在数据窗口的数据视图中选中某个个案，然后选择菜单“编辑”→“剪切”或“清除”命令，即可删除此个案。需要注意的是，选择“剪切”命令时，选中的个案只是暂时消失（存入剪贴板），可以用“粘贴”命令恢复；而如果选择“清除”命令，则为不可恢复的删除。

在选中的个案被删除后，其下面个案的各个变量的值都会自动上移一行。

3. 数据的剪切、复制和粘贴

（1）选择操作对象

有时在对数据进行统计分析前，要对某些数据进行复制、剪贴和粘贴等处理，SPSS 菜单栏中的“编辑”菜单便提供了相关功能。在剪切、复制、粘贴数据之前，要先选定操作对象。选定操作对象时，可以进行如下操作：

① 选择变量。将鼠标指针指向要处理的变量的列标题并单击，则该变量列的各个单元格都会反相显示。

② 选择个案。将鼠标指针指向要处理的个案的序号并单击，则该个案的所有单元格都会反相显示。

③ 选择某个变量列的若干连续的单元格。如果要选择某个变量列的第 2 个至第 9 个单元格，则可以先将鼠标指针指向该变量列的第 2 个单元格，然后按住鼠标左键，向下拖动鼠标一直到该变量列的第 9 个单元格再松开鼠标左键，选中的单元格会全部反相显示。

④ 选择某个个案的若干连续的单元格。将鼠标指针指向开始的单元格，按住鼠标左键向右拖动鼠标，直到选中的单元格全部反相显示，即可松开鼠标左键。

（2）剪切、复制和粘贴

① 剪切包含两种状态：一种是单纯剪切，相当于删除；另一种是在原处剪切，再将其转移和粘贴到另一个位置上。剪切的具体操作步骤是：

选择菜单“编辑”→“剪切”命令，则选定的内容会从数据窗口中消失，并且暂时转到剪贴板中保存起来。

② 复制是指把选中的内容复制到另一个位置上，而该内容还保留在原来的位置上。复制的具体操作步骤是：

选择菜单“编辑”→“复制”命令，其结果是原来位置上的内容不变，而相同的内容被存储到剪贴板中。

需要注意的是，剪贴板上的内容是被暂时保存的，一旦新的剪切或复制的内容被存入剪贴板，剪贴板中原有的内容将会全部消失。

③ 粘贴是指把利用剪切或复制操作存入剪贴板的内容粘贴到新的位置上。

另外，利用快捷键 Ctrl+X、Ctrl+C、Ctrl+V、Ctrl+Z 可以分别执行剪切、复制、粘贴和撤销操作。

例 2.2 复制和粘贴一个变量。

① 选择一个变量，单击鼠标右键，弹出快捷菜单，如图 2.2.4 所示，选择其中的“剪切”或“复制”命令。

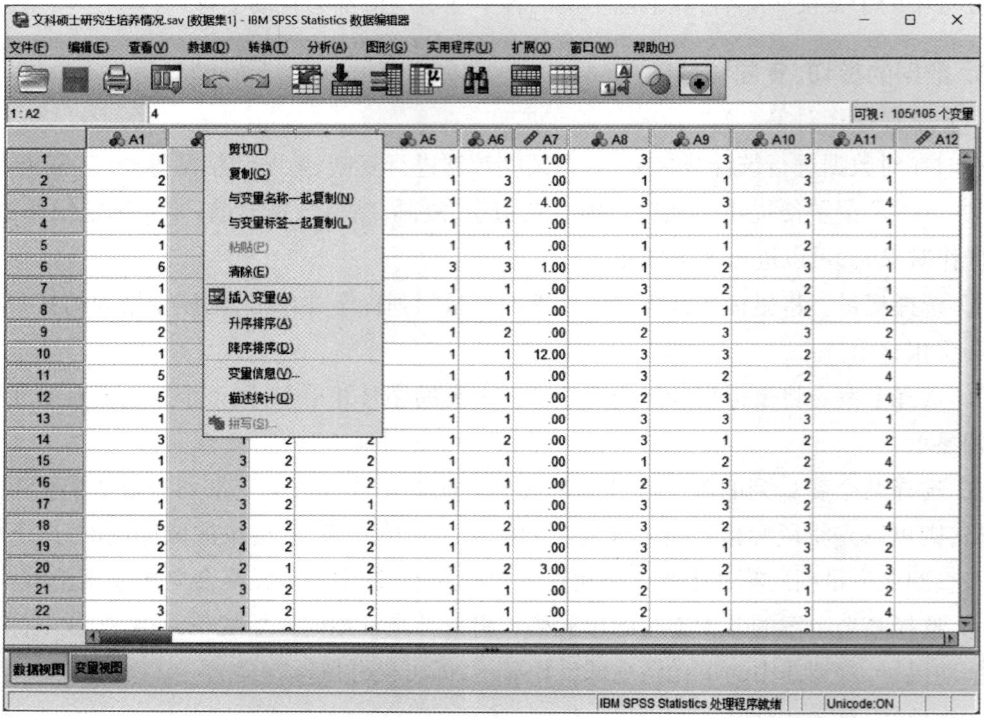

图 2.2.4 选择“剪切”或“复制”命令（变量）

② 执行剪切或复制操作，将其存入剪贴板。

③ 在适当的位置上单击鼠标右键，在弹出的快捷菜单中选择“插入变量”命令，插入一个新变量。

④ 选择菜单“编辑”→“粘贴”命令，即可将暂存在剪贴板上的变量值全部填充到插入的新变量列的各个单元格中。用户可以重新定义其变量名和属性。

例 2.3 复制和粘贴一个个案。

① 选择一个个案，单击鼠标右键，弹出快捷菜单，如图 2.2.5 所示，选择其中的“剪切”或“复制”命令。

② 执行剪切或复制操作，将其存入剪贴板。

③ 在适当的位置上单击鼠标右键，在弹出的快捷菜单中选择“插入个案”命令。

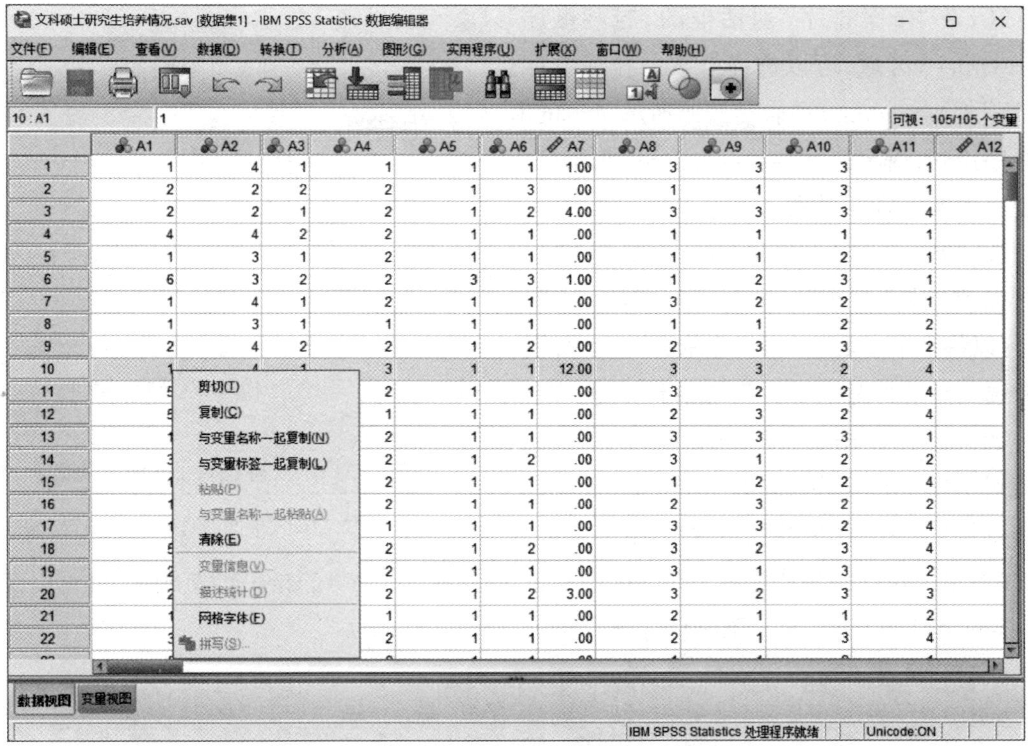

图 2.2.5 选择“剪切”或“复制”命令（个案）

④ 选择菜单“编辑”→“粘贴”命令，即可将暂存在剪贴板中的个案的各个变量的值，全部填充到插入的新个案中。

4. 数据的排序

在进行数据分析时，常常需要按照某个变量的取值，采用升序或降序的方式重新排列各个个案在数据文件中出现的顺序。对数据进行排序，便于用户浏览数据，找出数据的最大值和最小值，发现数据中的异常值。在数据文件中，根据一个或多个变量的取值重新对个案进行排序的具体操作步骤如下：

① 打开一个数据文件，如数据文件“文科硕士研究生培养情况 .sav”。

② 选择菜单“数据”（Data）→“个案排序”（Sort Cases）命令，弹出“个案排序”对话框，如图 2.2.6 所示。

③ 在“个案排序”对话框中，若将左侧变量列表框中的变量选入“排序依据”（Sort By）框，则表示按该变量的取值对个案进行排序。在例 2.1 中，若将变量 A7“读硕士以前工龄”选入“排序依据”框，则表示按攻读硕士学位以前的工作年限对个案进行排序。

④ 在“个案排序”对话框的“排列顺序”(Sort Order)区域,可以选择个案的排序顺序。“升序”(Ascending)项表示按照所选变量的取值升序排列,“降序”(Descending)项表示按所选变量的取值降序排列。

⑤ 单击“确定”按钮,即可按变量 A7“读硕士以前工龄”对个案进行排序。需要注意的是,可以将多个变量选入“排序依据”框,系统将按照选入变量的先后顺序依次进行排序操作。

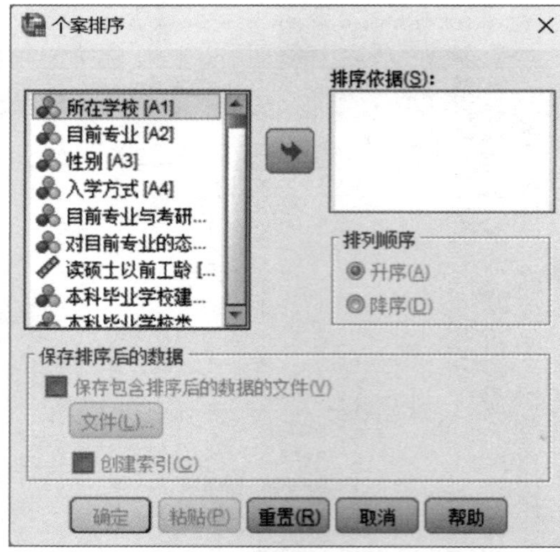

图 2.2.6 “个案排序”对话框

如果想在数据文件中只根据一个变量的取值对个案进行升序或降序排序,则可以选中这个变量(如例 2.1 中的变量 A7),单击鼠标右键,在弹出的快捷菜单中选择“升序排序”或“降序排序”命令,如图 2.2.7 所示,就可以实现按“读硕士以前工龄”对个案进行排序的操作。

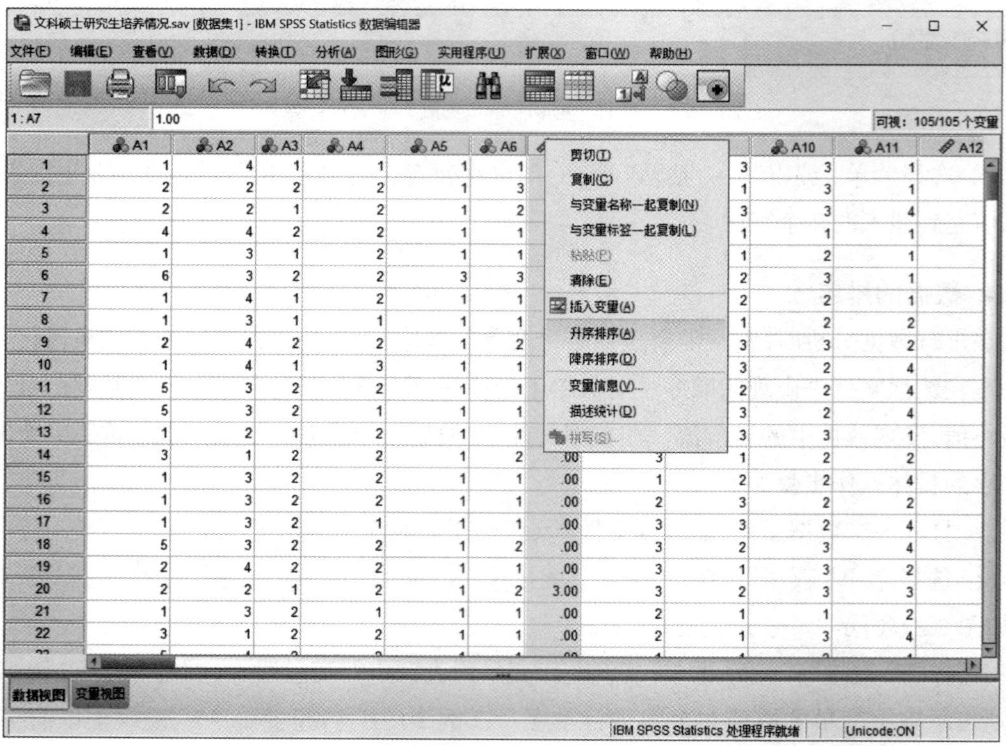

图 2.2.7 利用右键快捷菜单实现个案排序

5. 数据的行列互换

如果需要将数据文件中的变量(列)和个案(行)调换位置,即将数据文件中原先按照行(列)方向排序的数据转换为按列(行)方向排序,则可以选择菜单“数据”中的“转置”(Transpose)命令,弹出“转置”对话框。

在“转置”对话框中,在左侧变量列表框中选择一个或多个需要转换排列方式的变量,将其选入“变量”框,如图 2.2.8 所示,单击“确定”按钮。这时会在数据窗口的第一列出现一个名为 CASE_LBL 的新变量,用于放置原来的变量,如图 2.2.9 所示。也可以用这种办法再将数据转换成原来的排列方式。

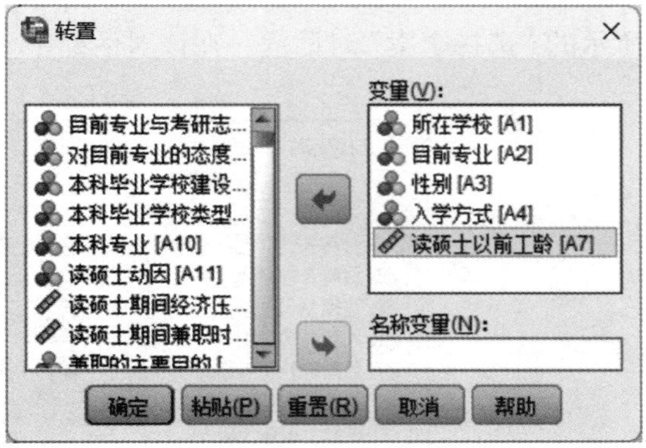

图 2.2.8 “转置”对话框

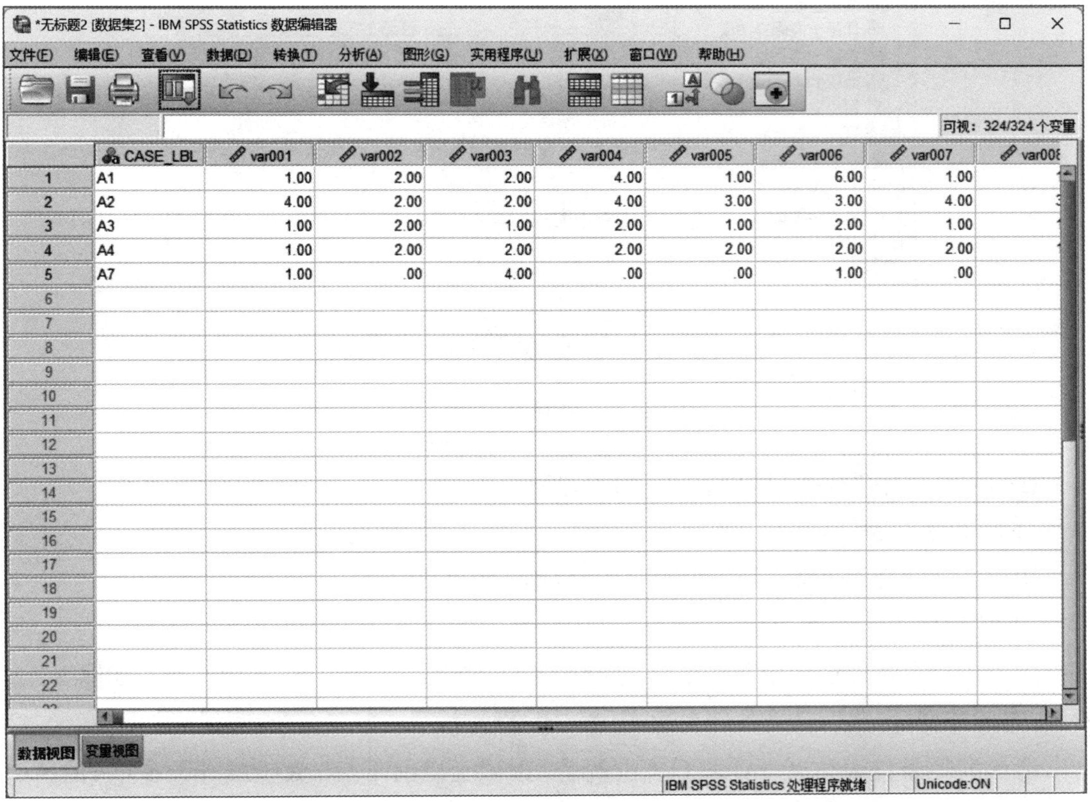

图 2.2.9 转置后的数据

6. 选择个案的子集

有时需要从收集到的数据中按照一定的规则选取部分个案的数据进行分析，SPSS 提供了数据选取功能。选择菜单“数据”中的“选择个案”（Select Cases）命令，弹出如图 2.2.10 所示的“选择个案”对话框。在该对话框中可设置用何种方式选择数据。

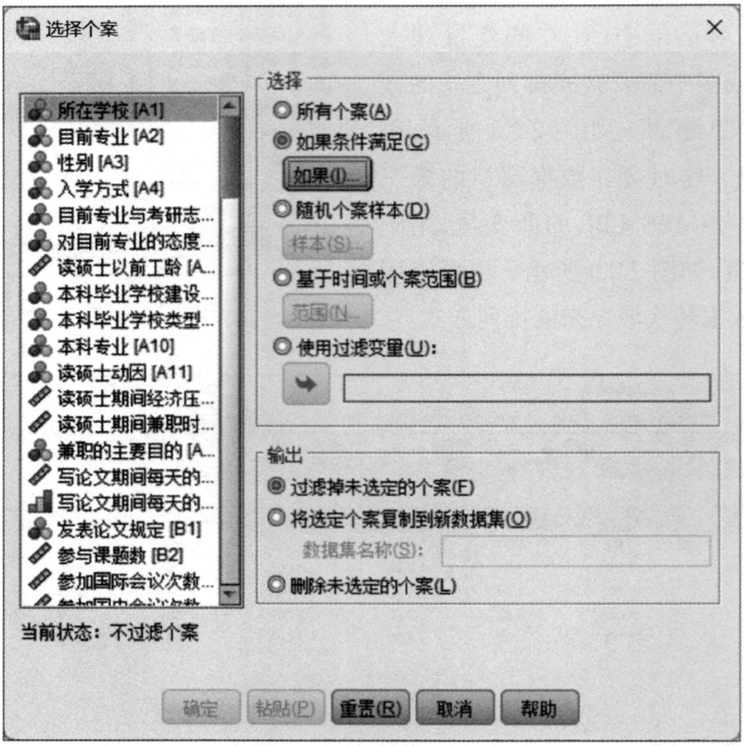

图 2.2.10 “选择个案”对话框

在该对话框中“选择”区域有以下几个选项：

（1）“所有个案”项

用于选择所有的个案，该选项也可用于取消先前的选择。

（2）“如果条件满足”项

用于按指定条件选择个案。单击“如果”按钮，弹出“选择个案：If”对话框，如图 2.2.11 所示，先选择变量，然后定义条件表达式（“A7>=3”）。

选择满足条件表达式“A7>=3”（也就是“读硕士以前工龄”大于或等于 3 年）的所有个案，单击“继续”按钮，返回“选择个案”对话框，再单击“确定”按钮，这时，原数据文件中

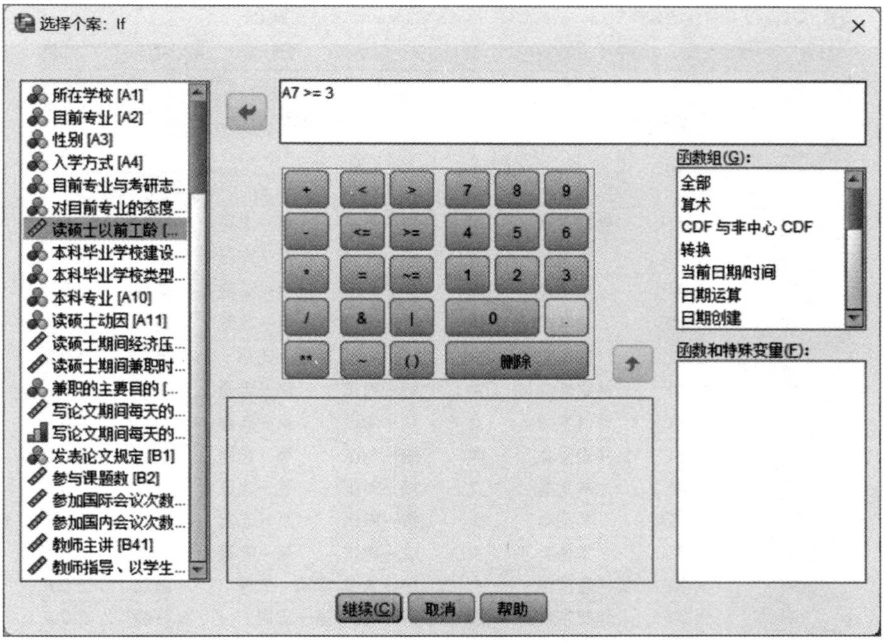

图 2.2.11 “选择个案：If” 对话框

只保留攻读硕士学位前工作年限大于或等于 3 年（即“A7>=3”）的数据，其他数据暂时冻结（用删除标志  表示）。当再次选择“所有个案”项时，冻结的数据会被解冻。具体结果如图 2.2.12 所示。

（3）“随机个案样本”项

用于对所有个案进行随机抽样。单击“样本”按钮，弹出“选择个案：随机样本”（Select Cases：Random Sample）对话框，如图 2.2.13 所示。其中有两种抽样方式：一种是近似抽样（approximately），即输入抽样比例后由系统随机抽取；另一种是精确抽样（exactly），即要求从第几个个案开始抽取多少个个案。

（4）“基于时间或个案范围”项

用于顺序抽样。单击“范围”（Range）按钮，弹出“选择个案：范围”对话框，如图 2.2.14 所示。在该对话框中，用户可以定义从第几个个案抽取到第几个个案。

（5）“使用过滤变量”项

将指定的变量作为过滤器。用户先选择一个变量，系统会自动在数据管理器中将该变量取值为 0 的个案标上删除标志，系统对于有删除标志的个案不做分析。

“输出”区域的选项用于设置对未选定个案的处理方式。用户可以选择以下选项来处理未选定的个案：

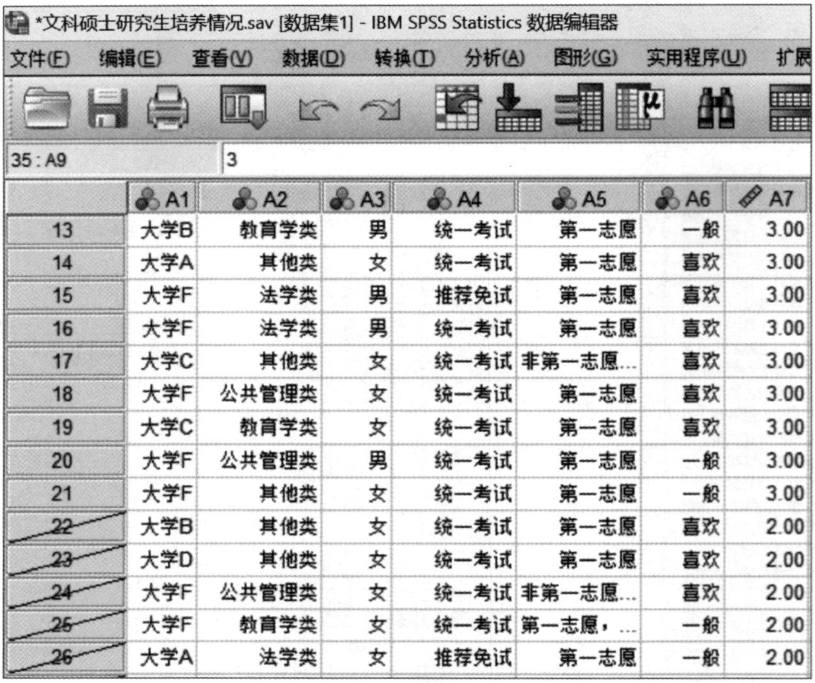

图 2.2.12 “A7>=3” 个案选择结果

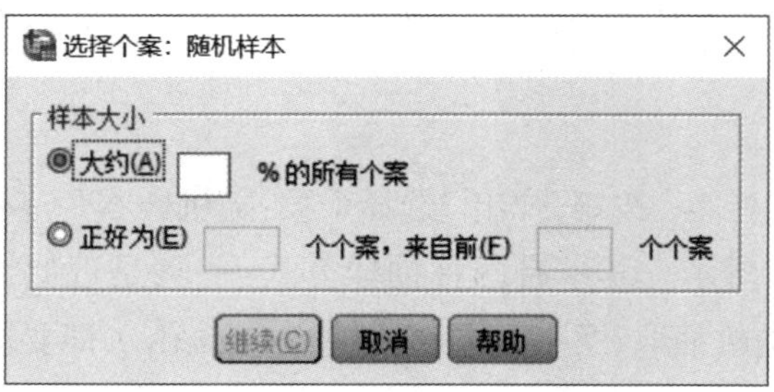

图 2.2.13 “选择个案：随机样本” 对话框

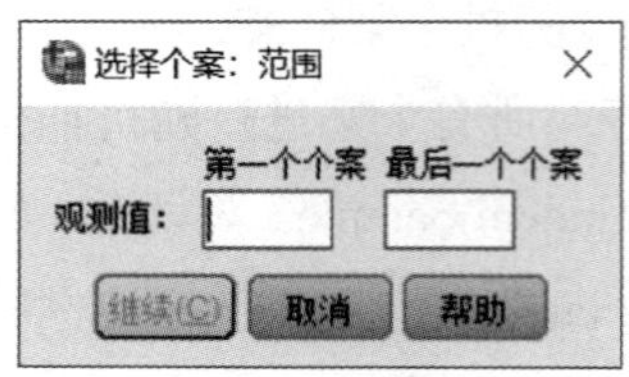

图 2.2.14 “选择个案：范围” 对话框

（1）“过滤掉未选定的个案”（Filter out unselected cases）项

选择该项，未选定的个案将不出现在分析中，但保留在数据文件中。如果不选择“使用过滤变量”项，则可以在分析中使用未选定的个案。如果选择“随机个案样本”项，或者基于条件表达式选择个案，则会生成名为 filter_$ 的变量：对于选定的个案，该变量的值为 1；对于未选定的个案，该变量的值为 0。

（2）“将选定个案复制到新数据集”（Copy selected cases to a new dataset）项

选择该项，在将选定的个案复制到新数据集后，原始数据集并不会受到影响，新数据集将不包含未选定的个案。

（3）“删除未选定的个案”（Delete unselected cases）项

选择该项，在删除未选定的个案后，若只是关闭数据文件而不保存所做的更改，则只要重新打开数据文件，就能恢复被删除的未选定的个案；若保存对数据文件的更改，则会永久删除未选定的个案。

7. 数据的分类汇总

数据的分类汇总是指按指定的分类变量对个案进行分组，然后计算各组中某些变量的描述性统计量，如均值、中位数、方差、标准差等。例如，在例 2.1 中，要了解不同专业的学生攻读硕士学位期间外出兼职时间的均值，就需要按照所在专业对数据进行分类，然后计算不同专业的学生攻读硕士学位期间外出兼职时间的均值。在 SPSS 中实现该功能的具体操作步骤如下：

① 选择菜单“数据”→“汇总”（Aggregate）命令，弹出“汇总数据”对话框。

② 在左侧的变量列表框中选择分类变量，在该例中为变量 A2“目前专业”，将其选入“分界变量”（Break Variable）框。

③ 在变量列表框中选择汇总变量，这里为变量 A13“读硕士期间兼职时间”，将其选入“汇总变量”（Aggregated Variables）区域的“变量摘要”（Summaries of Variable）框，如图 2.2.15 所示。

因为要计算的是学生攻读硕士学位期间外出兼职时间的均值，所以单击“函数”（Function）按钮，在弹出的“汇总数据：汇总函数”对话框中选择“平均值”项，如图 2.2.16 所示，然后单击“继续”按钮，返回“汇总数据”对话框。

图 2.2.16 所示的对话框中显示了分类汇总的函数形式，用户可以根据自己的需要选择合适的函数形式。

④ 设置分类汇总结果的保存位置。在“汇总数据”对话框的“保存”区域，有三个选项：第一个选项表示将分类汇总结果添加到当前数据集中；第二个选项表示将分类汇总结果保存到另一个数据集中，并在其下的“数据集名称”框中为新数据集命名；第三个选项表示将分类汇总结果保存到一个新的数据文件——系统默认名为 aggr.sav 的数据文件中，也可以通过“文件”按钮重新指定数据文件名。第三个选项很重要，它是指在原来数据文件的基础上，产生用户所需要的包含分类汇总结果的新数据文件。

⑤ 在“汇总数据”对话框中，单击“名称与标签”按钮，弹出“汇总数据：变量名和标签”对话框，在该对话框中可以重新指定分类汇总结果文件中的变量名或添加变量名标签。在分类汇总结果文件中，SPSS 默认的变量名为原变量名后加上“_”及函数名，如图 2.2.17 所示。

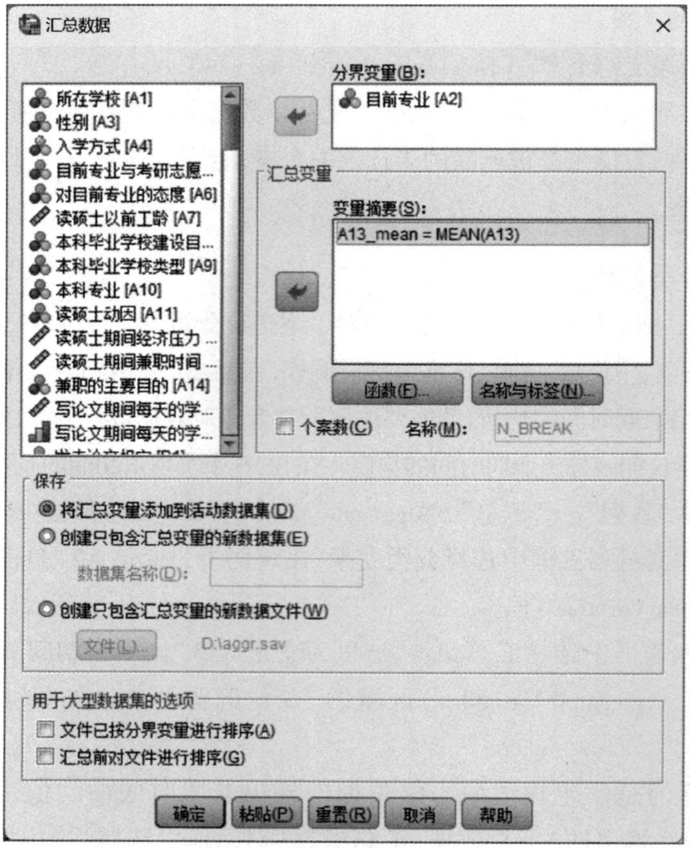

图 2.2.15 “汇总数据”对话框

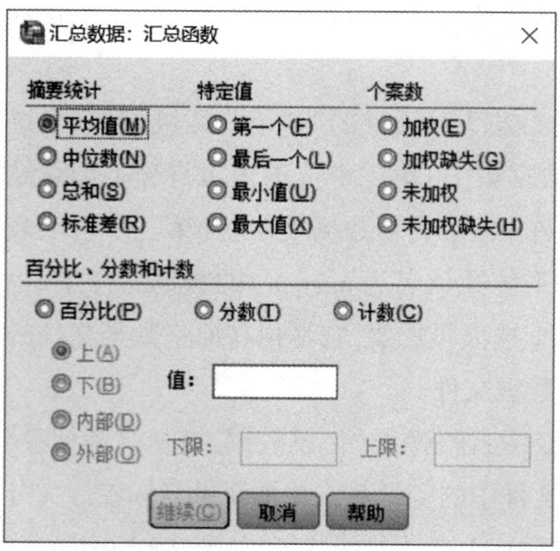

图 2.2.16 “汇总数据：汇总函数”对话框

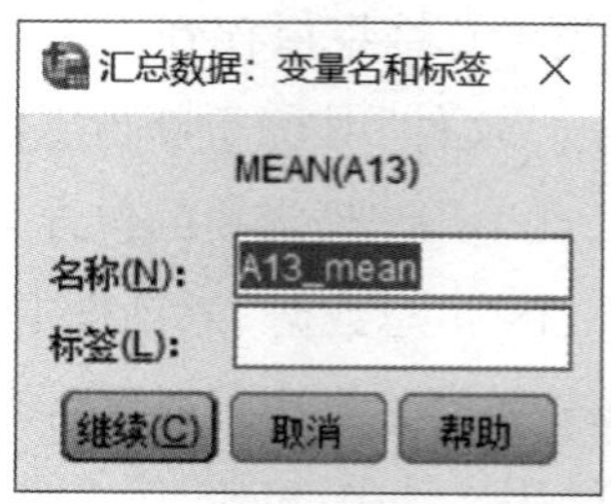

图 2.2.17 “汇总数据：变量名和标签”对话框

8. 选择缺失值的替代方式

待分析的数据中若存在较多的缺失值，则会影响数据分析的结果。因此，在进行数据分析之前需要对缺失值进行处理。对于缺失值，可以用多种方法替代。选择“转换”（Transform）菜单中的“替换缺失值”（Replace Missing Values）命令，弹出“替换缺失值”对话框，如图2.2.18所示。先在其变量列表框中选择一个或者多个存在缺失值的变量，将它们选入“新变量”框，这时系统会自动产生用于替代缺失值的新变量，也可以在“名称”文本框中自定义替代缺失值的新变量名，然后在“方法”下拉列表中选择缺失值的替代方式，主要有以下几个选项：

①“序列平均值”（Series mean）项：用该变量的所有非缺失值的均值来替代。

②“邻近点的平均值”（Mean of nearby points）项：用与缺失值相邻的若干非缺失值的均值来替代，取多少个相邻的非缺失值可以自由定义。

③“邻近点的中位数”（Median of nearby points）项：用与缺失值相邻的若干非缺失值的中位数来替代，取多少个相邻的非缺失值可以自由定义。

④“线性插值”（Linear interpolation）项：用与缺失值相邻的两个非缺失值的中点值来替代。

⑤“邻近点的线性趋势”（Linear trend at point）项：用线性拟合的方式来确定缺失值的替代值。

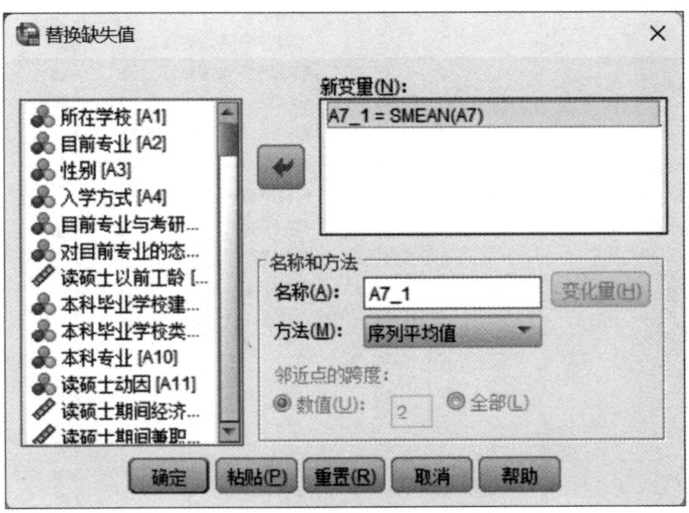

图 2.2.18 “替换缺失值”对话框

2.3 变量的处理

在数据文件建立好之后，通常还要对待分析或待建模的变量进行必要的处理或转换，从而产生一些包含丰富信息的新数据或经过变换的数据分布。

2.3.1　增加和删除一个变量

1. 增加一个变量

要把新的变量放在已经存在的两个变量之间，可按以下方法进行操作：

如果要在第 4 列前增加新的一列，那么先单击第 4 列的列标题，选中整个第 4 列，这时单击鼠标右键，在弹出的快捷菜单中选择“插入变量”命令，如图 2.3.1 所示，系统会自动在第 4 列前插入一个新的变量列，原第 4 列自动向右移动成为第 5 列。

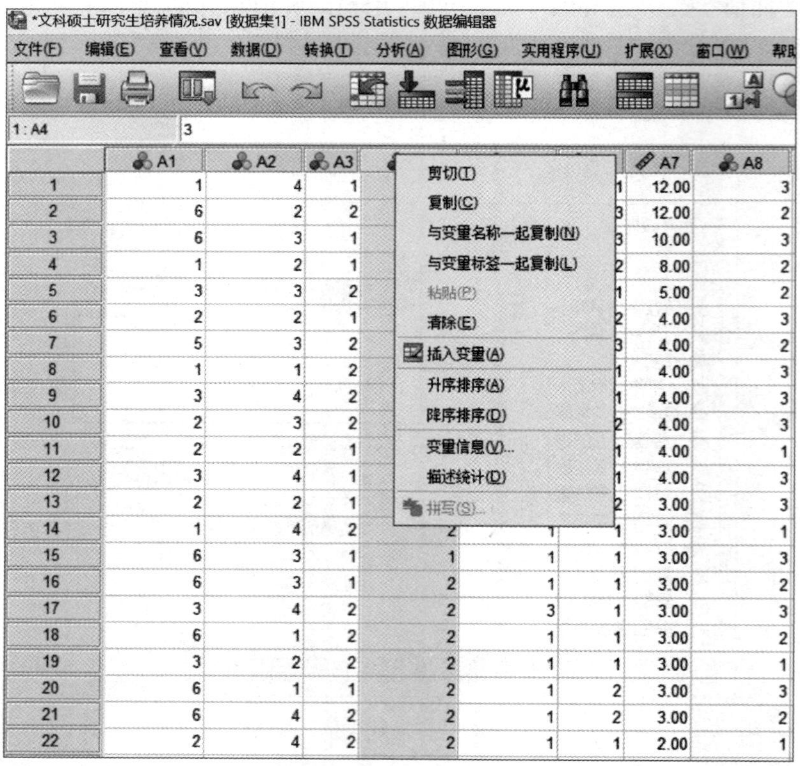

图 2.3.1　在快捷菜单中选择“插入变量”命令

2. 删除一个变量

删除一个变量的具体操作步骤如下:

① 将鼠标指针指向要删除的变量列,单击鼠标左键,该变量列的全部单元格均反相显示。

② 单击鼠标右键,在弹出的快捷菜单中选择“剪切”或“清除”命令。

如果选择“剪切”命令,则选中的变量列暂时消失(被存入剪贴板),其后面的变量列向左移动一列。这时还可用“粘贴”命令将该变量列粘贴到其他位置上。

如果选择“清除”命令,则选中的变量列消失,其后的变量列向左移动一列。这时的操作为不可恢复的删除,不能再使用“粘贴”命令。

2.3.2 变量值的重新编码

SPSS 可以对变量的已有取值进行重新编码(或称为赋值)。例如,例 2.1 中的变量 A13“读硕士期间兼职时间”,其最小值为 0,最大值为 30,取值范围较大,不便于统计分析。现要把它分为若干组,如每 6 个月为一个组,即分为“0~6”“7~12”“13~18”…“25~30”这几个组。

此时可通过对数据进行重新编码来建立新的变量,把每个个案按“读硕士期间兼职时间”分配到各组中。

在菜单“转换”中,用于对变量值重新编码的命令有两个:

① “重新编码为相同的变量”(Recode into Same Variables)命令:表示用新编码直接取代原始变量的原始取值。

② “重新编码为不同变量”(Recode into Different Variables)命令:表示将新编码存入新的变量。

若不需要再保存原始变量,可以选择第一个命令。在调查问卷中,为了保证被调查者填写的数据可信,经常会让他们进行正反不同的陈述以相互验证,但最后在进行统计分析时要统一陈述格式,将其全部变为正面陈述,或全部变为负面陈述,这时就需要用到这个功能。

此时,可以选择“重新编码为不同变量”命令,弹出“重新编码为不同变量”对话框。在该对话框中,把变量 A13“读硕士期间兼职时间”选入“数字变量→输出变量”框,如图 2.3.2 所示。

在“输出变量”区域的“名称”文本框中输入新变量名(在本例中为 B13),然后单击“变化量”按钮。此时“数字变量→输出变量”框中显示“A13 → B13”,并且激活“旧值和新值”(Old and New Values)按钮。

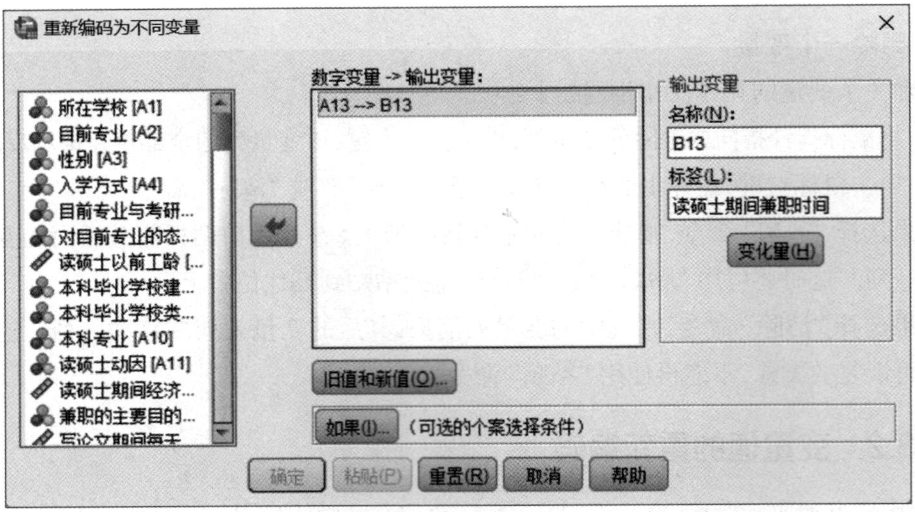

图 2.3.2 “重新编码为不同变量”对话框

单击“旧值和新值”按钮，打开“重新编码为不同变量：旧值和新值”对话框。该对话框的左半部分为旧变量值，右半部分为新变量值。用户可以对相应的新旧变量值进行操作。例如，针对例 2.1 中的变量 A13 的操作为：

① 选择“范围，从最低到值”项，在其下面的文本框中输入“6”。

② 在“新值”区域的“值”文本框中输入“1”。

③ 此时，“添加”按钮被激活（由不可用转为可用），单击“添加”按钮，则“旧→新”框中会出现“Lowest thru 6 → 1”。

④ 单击“旧值”区域的“范围”选项，在其下面的两个文本框中分别输入“7”和“12”。

⑤ 在“新值”区域的“值”文本框中输入“2”。

⑥ 此时，“添加”按钮被再次激活，单击“添加”按钮，则“旧→新”框中会出现“7 thru 12 → 2”。

重复上述三个步骤，将“13~18”重新编码为 3；将“19~24”重新编码为 4；将“25~30”重新编码为 5。如图 2.3.3 所示。

⑦ 单击“继续”按钮，返回“重新编码为不同变量”对话框。再单击“确定”按钮，系统开始执行重新编码操作。

此时，数据文件中出现新变量 B13，并且已完成对所有旧变量值的重新编码，如图 2.3.4 所示。之后可对变量 B13 的标签、类型、值的具体含义等进行设置。

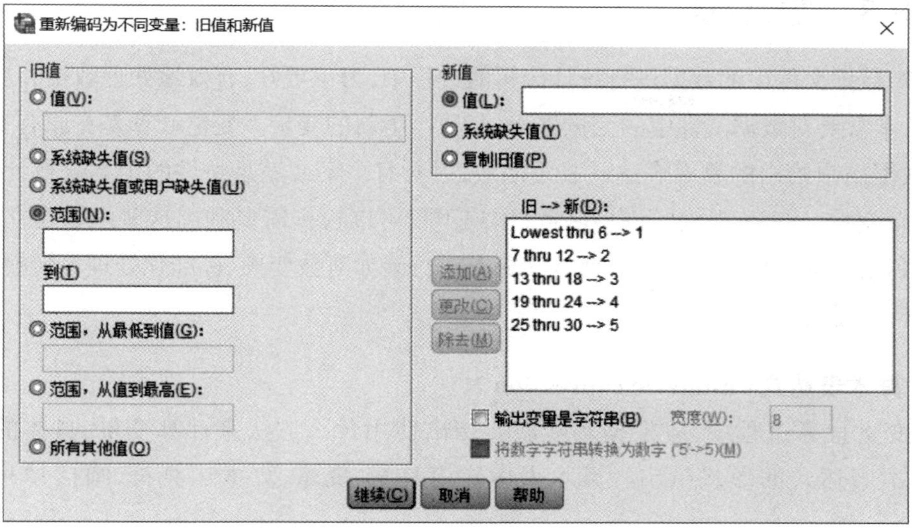

图 2.3.3 “重新编码为不同变量：旧值和新值”对话框

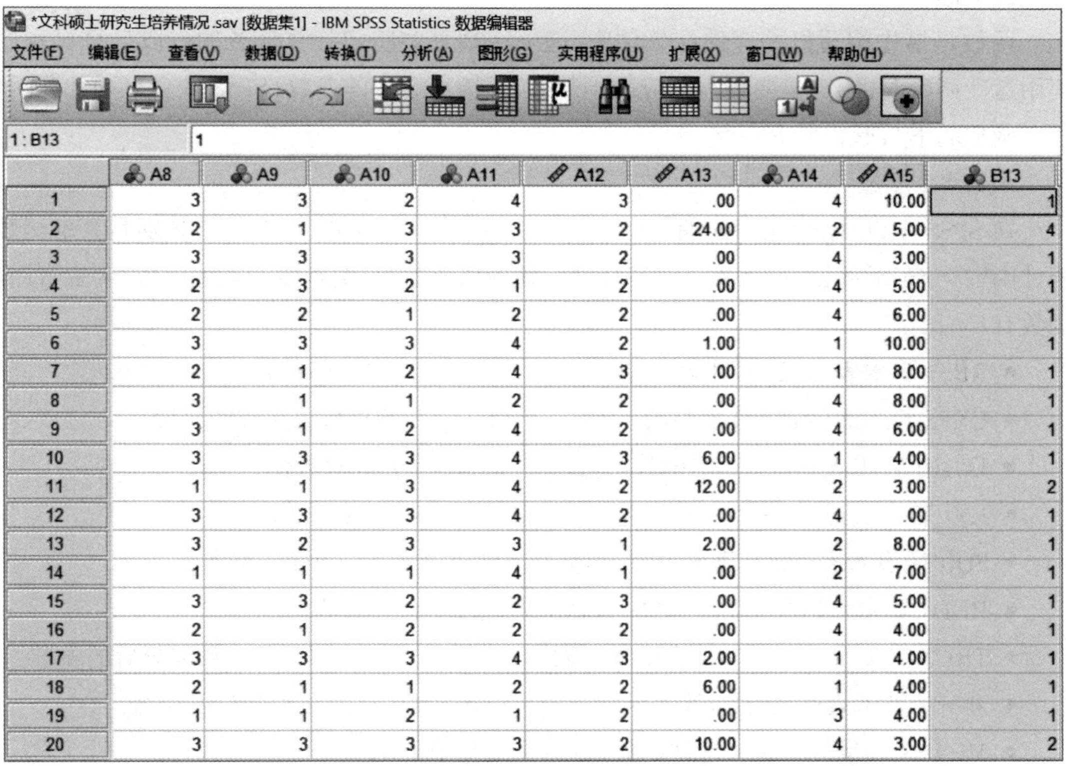

	A8	A9	A10	A11	A12	A13	A14	A15	B13
1	3	3	2	4	3	.00	4	10.00	1
2	2	1	3	3	2	24.00	2	5.00	4
3	3	3	3	3	2	.00	4	3.00	1
4	2	3	2	1	2	.00	4	5.00	1
5	2	2	1	2	2	.00	4	6.00	1
6	3	3	3	4	2	1.00	1	10.00	1
7	2	1	2	4	3	.00	1	8.00	1
8	3	1	1	2	2	.00	4	8.00	1
9	3	1	2	4	2	.00	4	6.00	1
10	3	3	3	4	3	6.00	1	4.00	1
11	1	1	3	4	2	12.00	2	3.00	2
12	3	3	3	4	2	.00	4	.00	1
13	3	2	3	3	1	2.00	2	8.00	1
14	1	1	1	4	1	.00	2	7.00	1
15	3	3	2	2	3	.00	4	5.00	1
16	2	1	2	2	2	.00	4	4.00	1
17	3	3	3	4	3	2.00	1	4.00	1
18	2	1	1	2	2	6.00	1	4.00	1
19	1	1	2	1	2	.00	3	4.00	1
20	3	3	3	3	2	10.00	4	3.00	2

图 2.3.4 生成新变量的编码结果

2.3.3　变量计算

在对数据文件中的数据进行统计分析的过程中,为了更好、有效地处理数据和反映事物的本质,常常要对数据文件中的变量进行加工,产生新的变量。变量计算是在原有变量的基础上,根据用户给出的算术表达式以及函数,对所有个案或满足条件的个案进行计算,产生一系列新变量。SPSS 提供了许多函数,用户不仅可以根据需要利用这些函数建立新变量,也可以利用变量计算功能对原有变量的分布进行诸如对数变换、标准化处理等转换,以便于数据分析或建模。

1. 算术表达式(numeric expression)

在变量计算过程中,应根据实际需要指出使用什么方法来计算变量,具体的方法一般以算术表达式的形式给出。算术表达式由常量、变量、算术运算符、圆括号和函数等组成。

2. 函数

函数是事先编写好并存储在软件中,能够实现某些特定计算任务的一段计算机程序。使用这些函数时,用户只要书写相应的函数名,并给出必要的参数,SPSS 便会自动计算函数值。函数的书写形式如下:

函数名(参数)

在 SPSS 中,根据功能和处理的变量类型,可以将函数大致分成 8 类,分别是算术函数、统计函数、分布函数、逻辑函数、字符串函数、缺失值函数、日期函数和其他函数,其中常用的函数有:

- ABS(算术表达式)算术函数:返回一个算术表达式的绝对值。
- EXP(算术表达式)算术函数:返回一个以 e 为底的指数表达式的幂值。
- LG10(算术表达式)算术函数:返回一个以 10 为底的对数值。
- LN(算术表达式)算术函数:返回一个以 e 为底的自然对数值。
- SQRT(算术表达式)算术函数:返回算术表达式的平方根(正数)。
- RND(算术表达式)算术函数:对算术表达式四舍五入取整。
- TRUNC(算术表达式)算术函数:返回一个算术表达式被截掉小数部分后的整数。
- MOD(算术表达式,模)算术函数:返回一个算术表达式被模除后的余数。
- MEAN(变量[, …])统计函数:求多个变量值的均值。
- SD(变量[, …])统计函数:求多个变量值的标准差。

- VARIANCE(变量[, …])统计函数：求多个变量值的方差。
- SUM(变量[, …])统计函数：求多个变量值的总和。
- MISSING(变量)缺失值函数：如果变量有缺失值，则返回 1 或 true。
- NMISS(变量[, …])缺失值函数：返回变量中缺失值的数目，此函数至少需要一个变量。
- LENGTH(字符串表达式)字符串函数：返回字符串表达式的长度(包括空格)。
- SUBSTR(字符串表达式, pos)字符串函数：返回字符串表达式中从 pos 开始到其结尾的子字符串。
- SUBSTR(字符串表达式, pos, length)字符串函数：返回字符串表达式中从 pos 开始、长度为 length 的子字符串。

3. 变量计算的基本操作

选择菜单“转换”→“计算变量”命令，打开如图 2.3.5 所示的“计算变量”对话框。

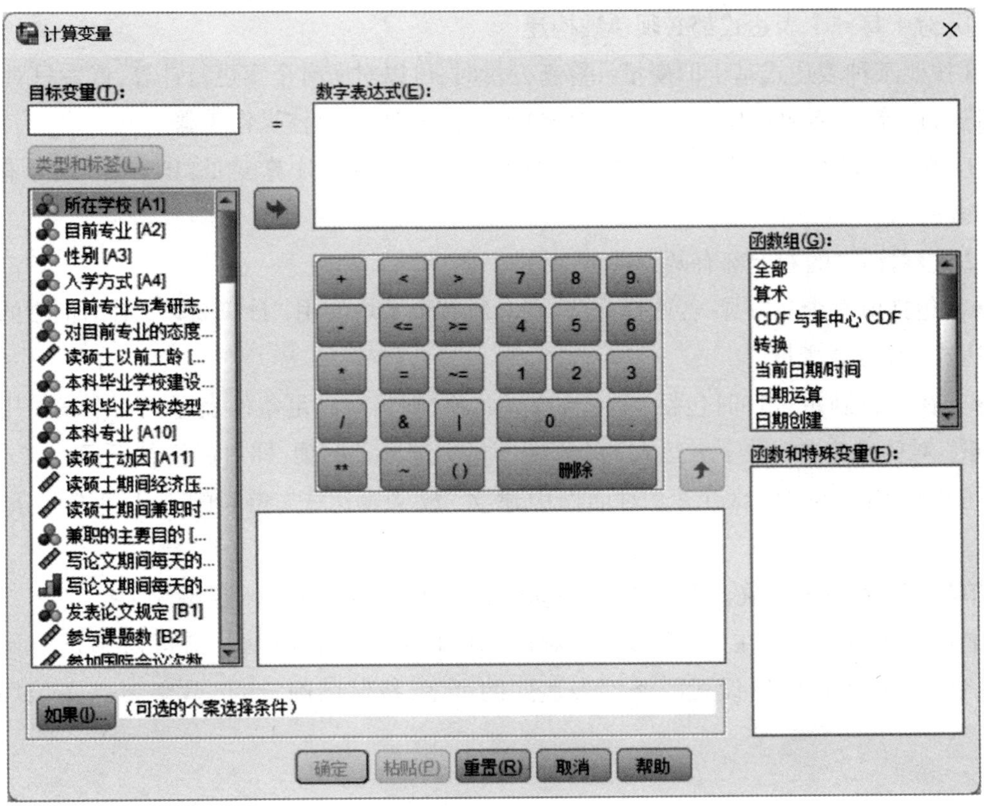

图 2.3.5 “计算变量”对话框

在“目标变量”(Target Variable)文本框中输入目标变量名,即新变量名。有时也可用已经存在的旧变量名,但是其值将替换旧变量原有的值。

在“数字表达式”(Numeric Expression)文本框中建立合理的表达式,具体操作步骤如下:

① 在左侧的变量列表框中将所需的原始变量选入“数字表达式”文本框。

② 该对话框中部的计算器面板中有数字,以及加、减、乘、除等各种符号,用户可以像使用计算器那样构建各种表达式。

③ 在“函数组”框中选择所需的函数,并将其选入“数字表达式”框。

④ 在已选择的函数后面的括号中输入或选入适当的自变量或符号。

在通过上述步骤建立表达式时,应该注意以下几个方面:

① 字符型变量在被引用时必须用双引号或单引号引起。

② 作为函数自变量的变量在被引用时必须用括号括起。

③ 如果一个函数中存在多个变量,那么变量之间要用冒号分隔。

④ 对于每一个表达式都必须单独构建。

在按照某种表达式基于旧变量计算新变量时,可以对所有个案进行计算,或者只对部分个案进行计算,后者可使用条件表达式(if)来选择个案,其具体操作步骤如下:

① 单击“计算变量”对话框中的“如果”按钮,弹出“计算变量:If个案”对话框,如图2.3.6所示。

② 该对话框的右上部有两个选项:

• “包括所有个案”项:若选择此项,则对所有个案均使用“计算变量”对话框中的“数字表达式”计算新变量。

• “在个案满足条件时包括”项:若选择此项,则只对满足条件表达式的个案使用“计算变量”对话框中的“数字表达式”计算新变量。选择了此项,即可激活其下面的文本框,用户可以使用与在“计算变量”对话框中建立“数字表达式”相同的方法建立此条件表达式。

单击“继续”按钮,确认上述条件表达式,并返回“计算变量”对话框。

上述操作完毕后,在“计算变量”对话框中单击“确定”按钮,即可对满足“计算变量:If个案”对话框中所设置的条件表达式的个案,按照已确定的“数字表达式”计算新变量。

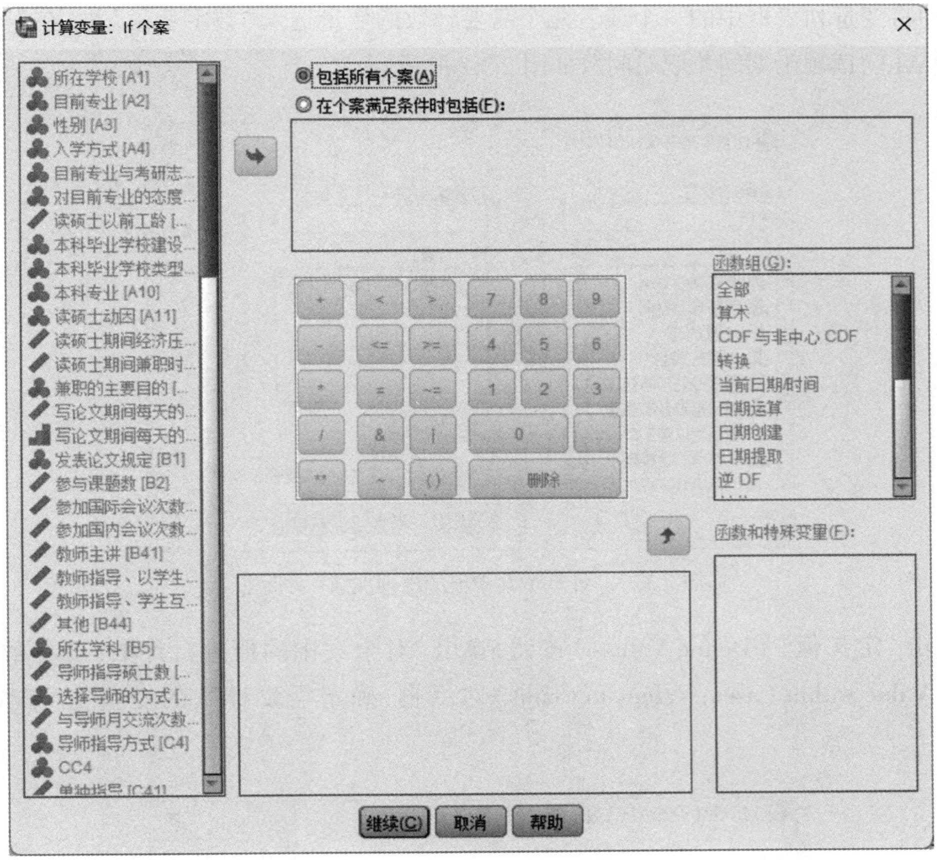

图 2.3.6 “计算变量：If 个案”对话框

2.3.4 产生计数变量

在对数据进行统计分析的过程中，有时需要进行一些计数工作。产生计数变量就意味着实现了计数功能，它对所有的个案或满足一定条件的个案，计算若干变量中有几个变量的值落在指定的区间内，并将计算的结果放入一个新的变量。计数功能便于人们把握个案各个方面的特征。

例如，在例 2.1 中，需要统计攻读硕士学位期间外出兼职时间在 6 个月以上的学生的人数，这时就需要运用 SPSS 的计数功能，其具体操作步骤如下：

选择“转换”→“对个案中的值进行计数”（Count Values within Cases）命令，弹出“计算个案中值的出现次数”对话框。

先在“目标变量”文本框中输入一个新的变量名，这里取名 tA13，然后指定需要计数的变量，即将变量列表框中的一个或者几个需要计数的变量选入“数字变量”框，在本例中选择变量 A13“读硕士期间兼职时间”，如图 2.3.7 所示。

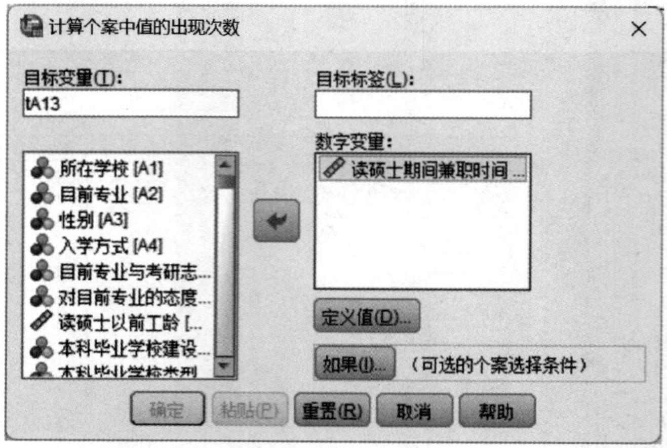

图 2.3.7　“计算个案中值的出现次数”对话框

单击“定义值”（Define Values）按钮，弹出“对个案中的值进行计数：要计数的值”（Count Value within Cases：Values to Count）对话框，确定需要计数的变量值，如图 2.3.8 所示。

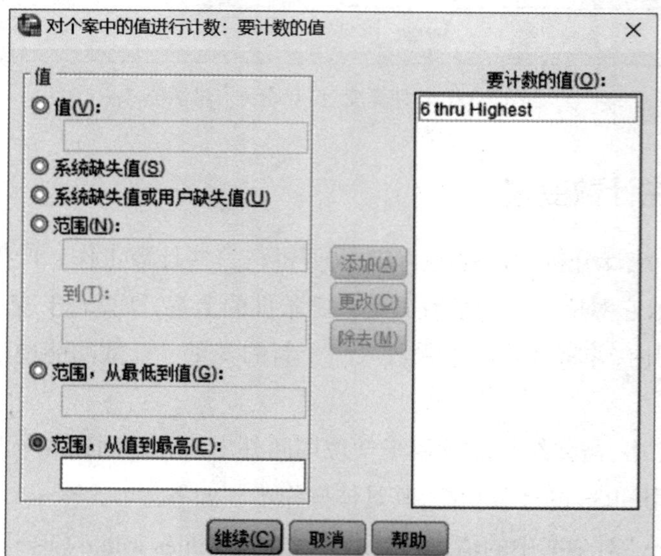

图 2.3.8　“对个案中的值进行计数：要计数的值”对话框

该对话框中的相关选项如下：

- “值”（Value）：输入某个数值作为计数对象。
- “系统缺失值”（System-missing）：表示以系统缺失值为计数对象。
- “系统缺失值或用户缺失值”（System- or user-missing）：表示以系统或用户指定的缺失值为计数对象。
- “范围”（Range）：将某一数值范围指定为计数区间。第一个范围选项需要指定最大值和最小值，是一个闭区间；第二个范围选项需要指定最大值，无须指定最小值；第三个范围选项需要指定最小值，无须指定最大值。

单击“计算个案中值的出现次数”对话框中的“如果”按钮，可以通过指定的条件来确定参与计数的个案。

最终的统计结果如图 2.3.9 所示。计数值为 1 的个案是满足统计要求的个案，即攻读硕士学位期间外出兼职时间大于 6 个月的学生。

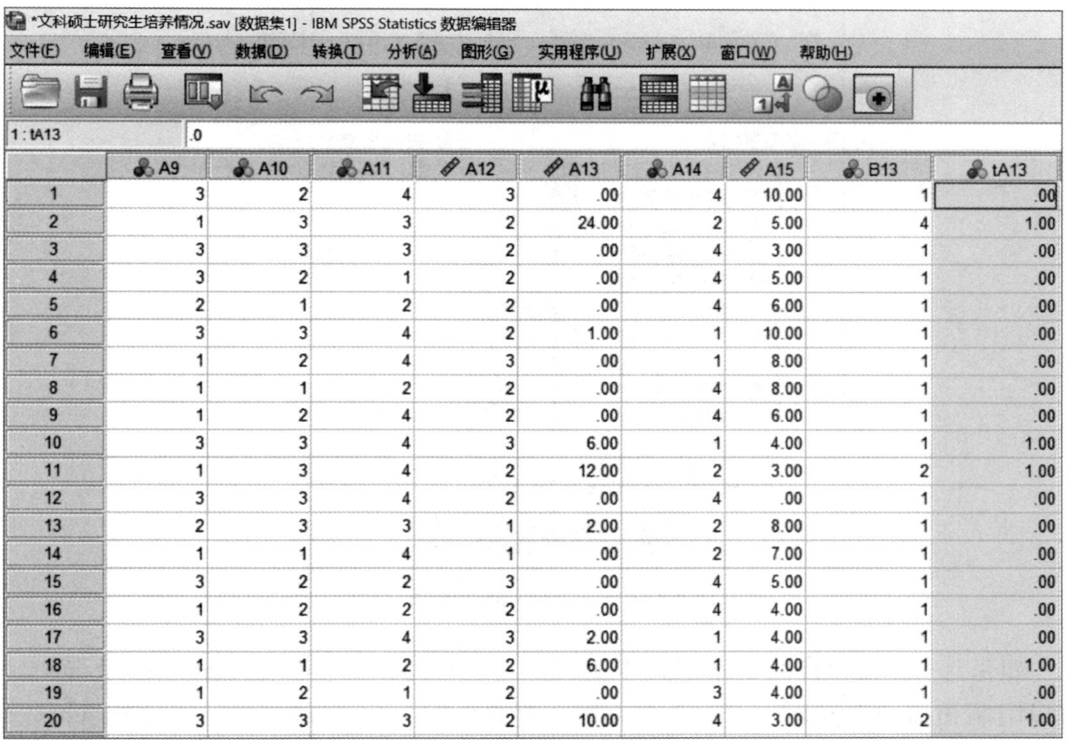

	A9	A10	A11	A12	A13	A14	A15	B13	tA13
1	3	2	4	3	.00	4	10.00	1	.00
2	1	3	3	2	24.00	2	5.00	4	1.00
3	3	3	3	2	.00	4	3.00	1	.00
4	3	2	1	2	.00	4	5.00	1	.00
5	2	1	2	2	.00	4	6.00	1	.00
6	3	3	4	2	1.00	1	10.00	1	.00
7	1	2	4	3	.00	1	8.00	1	.00
8	1	1	2	2	.00	4	8.00	1	.00
9	1	2	4	2	.00	4	6.00	1	.00
10	3	3	4	3	6.00	1	4.00	1	1.00
11	1	3	4	2	12.00	2	3.00	2	1.00
12	3	3	4	2	.00	4	.00	1	.00
13	2	3	3	1	2.00	2	8.00	1	.00
14	1	1	4	1	.00	2	7.00	1	.00
15	3	2	2	3	.00	4	5.00	1	.00
16	1	2	2	2	.00	4	4.00	1	.00
17	3	3	4	3	2.00	1	4.00	1	.00
18	1	1	2	2	6.00	1	4.00	1	1.00
19	1	2	1	2	.00	3	4.00	1	.00
20	3	3	3	2	10.00	4	3.00	2	1.00

图 2.3.9 最终的统计结果

2.3.5 离散化变量

在对数据进行统计分析的过程中,往往需要对某个连续变量进行分组,使其变成离散的分组变量。例如,例 2.1 中的变量 A15“写论文期间每天的学习时间”是一个连续变量,如果想了解文科硕士研究生每天的学习投入程度,可以将学习时间在 8 小时以上设定为高度投入,学习时间在 4 ~ 8 小时之间设定为正常投入,学习时间小于 4 小时设定为低度投入,这时就需要将变量 A15“写论文期间每天的学习时间”变成离散的分组变量。使用 SPSS 的离散化变量功能可以达到这一目的。其具体操作步骤如下:

选择“转换”→“可视分箱”(Visual Binning)命令,弹出如图 2.3.10 所示的“可视分箱”对话框,在其中的“变量”框中选择需要离散化的变量 A15,将其选入“要分箱的变量”框。

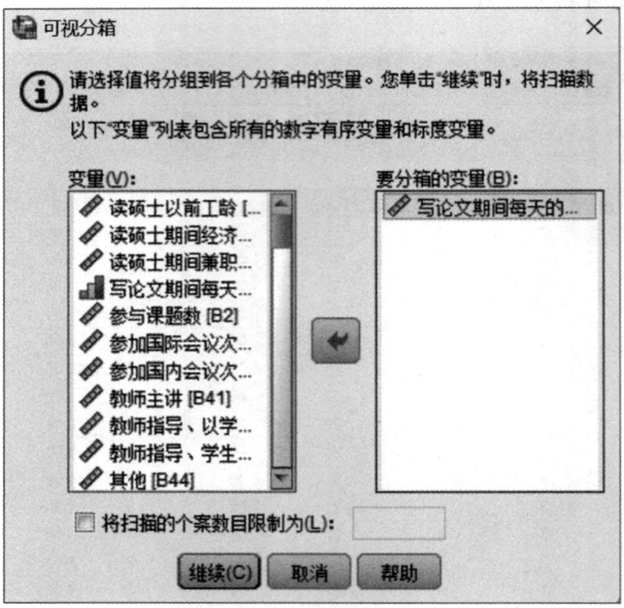

图 2.3.10 “可视分箱”初始对话框

如果选择“将扫描的个案数目限制为”(Limit number of cases scanned to)选项,则可以限制扫描的个案数。对于含有大量个案的数据文件,限制扫描个案的数目可以节省时间,但用户应尽量避免限制此数目,因为这会影响后续离散化计算所使用的值的分布。

单击“继续”按钮,弹出如图 2.3.11 所示的“可视分箱”参数设置对话框。

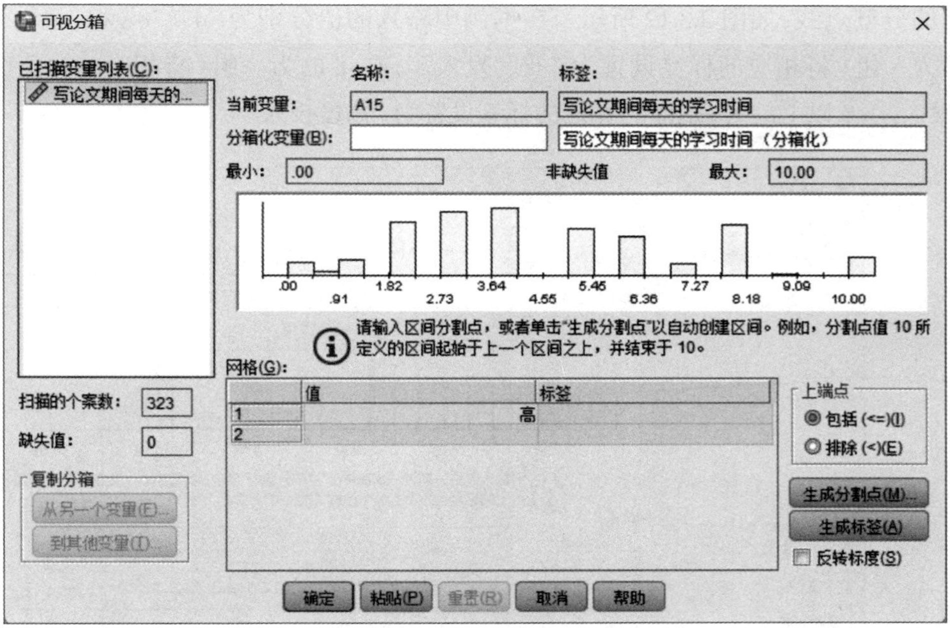

图 2.3.11 “可视分箱”参数设置对话框

该对话框提供了已扫描变量的以下信息：

“已扫描变量列表”（Scanned Variable List）框：用于显示在“可视分箱”对话框中选定的变量。

- “扫描的个案数”（Cases Scanned）框：系统将使用选定变量的所有不带用户缺失值或系统缺失值的已扫描个案，来生成离散化计算所使用的值的分布，包括在对话框中显示的直方图，以及基于百分位数或标准差的分割点。

- “缺失值”（Missing Values）框：带有用户缺失值或系统缺失值的已扫描个案的数目。缺失值不包含在任何离散化类别中。

该对话框右上部的“名称”和“标签”区域用于设置选定变量的名称和变量名标签，以及新的分组变量的名称和变量名标签。

- “最小”（Minimum）框和“最大”（Maximum）框：当前选定变量的最小值和最大值，它基于已扫描的个案，并且不包括用户缺失值。

用户可以通过手动和自动两种方式定义分割点，生成离散的分组变量。

（1）手动方式

用户可以在“网格”（Grid）区域的“值”和“标签”下输入值，定义每个分组的上限值，以及每个分组的值标签（默认自动包含值为“高”的分割点）。直方图中的垂直线表示已定义分组的分割点线，如图 2.3.12 所示。在本例中输入的值分别为“4”“8”和“高”，表示 4 以下的为一组（将相应的标签设置为“低度投入”），4 ~ 8 的为一组（将相应的标签设置为“正常投入”），8 以上的为一组（将相应的标签设置为“高度投入”）。

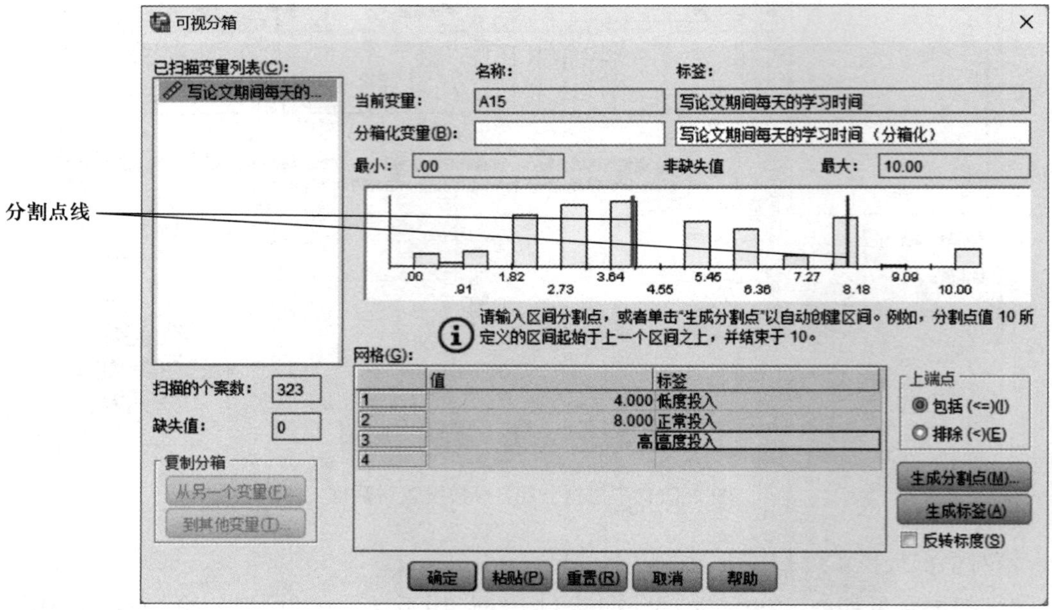

图 2.3.12 分割点线

用户可以单击分割点线并将其拖到直方图的其他位置上，以更改所定义的分组区间，还可以通过将分割点线拖到直方图外而移除所定义的分割点，或者用鼠标右键单击新输入的值或标签单元格，在弹出的快捷菜单中，选择“删除行”“删除所有标签”或“删除所有分割点”命令。

（2）自动方式

在“可视分箱”参数设置对话框的右下部有两个按钮：

①“生成分割点”（Make Cutpoints）按钮：自动为等宽度间隔、具有相等个案数目的区间或者基于标准差的区间生成离散化类别。如果未扫描任何个体，则此按钮不可用。

②“生成标签”（Make Labels）：基于网格中每个分组的上限值及指定的处理方式（包含或排除），为新的分组变量的连续整数值生成描述性标签。

单击“生成分割点”按钮，弹出如图 2.3.13 所示的“生成分割点”对话框。此对话框允许用户基于选定的标准自动生成离散化类别。

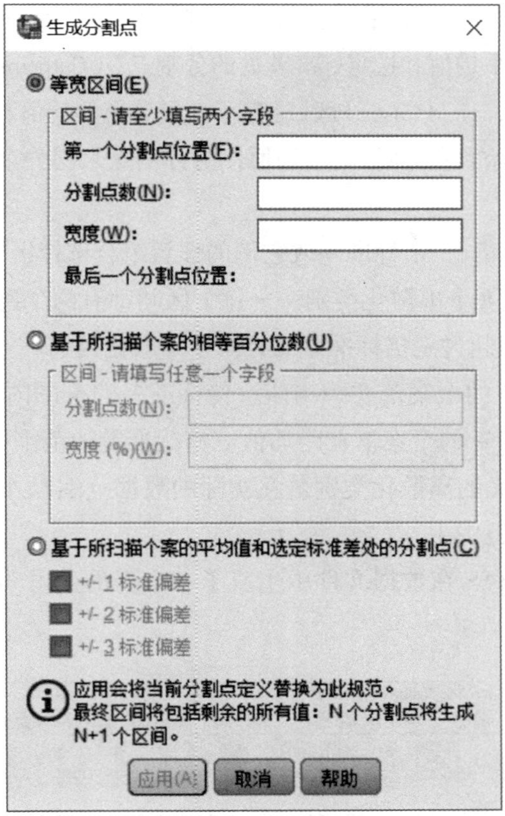

图 2.3.13 “生成分割点”对话框

“等宽区间”（Equal Width Intervals）区域：可以基于以下三个标准中的任意两个，生成等宽（如 1~10、11~20 和 21~30）的离散化类别：

- “第一个分割点位置”（First Cutpoint Location）文本框：用于定义离散化类别的上限值（例如，“10”表示所有不超过 10 的值）。
- “分割点数”（Number of Cutpoints）文本框：用于输入分割点的数目，离散化类别的数目等于分割点的数目加一。例如，9 个分割点会生成 10 个离散化类别。
- “宽度”（Width）文本框：用于输入每个区间的宽度。

“基于所扫描个案的相等百分位数”（Equal Percentiles Based on Scanned Cases）区域：基于以下标准之一，生成离散化类别：

- “分割点数”（Number of Cutpoints）文本框：离散化类别的数目等于分割点的数目加一。例如，3 个分割点会将个案分为 4 个部分（四分位数），每个部分包含 25% 的个案。
- “宽度”（Width）文本框：用于输入每个区间的宽度，表示其占个案总数的百分比。

例如，“33.3” 表示将生成三个离散化类别（两个分割点），每个类别包含 33.3% 的个案。

“基于所扫描个案的平均值和选定标准差处的分割点”（Cutpoints at Mean and Selected Standard Deviations Based on Scanned Cases）区域：基于变量分布的均值和标准差生成离散化类别。

- 如果不选择任何标准差区间，则用均值作为分割点来划分个案，从而创建两个离散化类别。

- 可以基于一倍、两倍、三倍标准差或它们的任意组合选择区间。例如，同时选择一倍、两倍、三倍标准差将生成 8 个离散化类别——每个区间都有两个离散化类别（3 个区间共有 6 个离散化类别），距均值超过三倍标准差的有两个离散化类别。

在正态分布中，68% 的个案落在距均值一倍标准差的范围内；95% 的个案落在距均值两倍标准差的范围内；99% 的个案落在距均值三倍标准差的范围内。基于标准差创建离散化类别可能导致一些定义的离散化类别落在实际的数据范围以外，甚至落在可能的数据范围以外（例如，负的薪金范围）。

完成各项设置后，SPSS 在数据文件中生成了一个新的变量 “B15”，用来保存离散化类别的值，如图 2.3.14 所示。

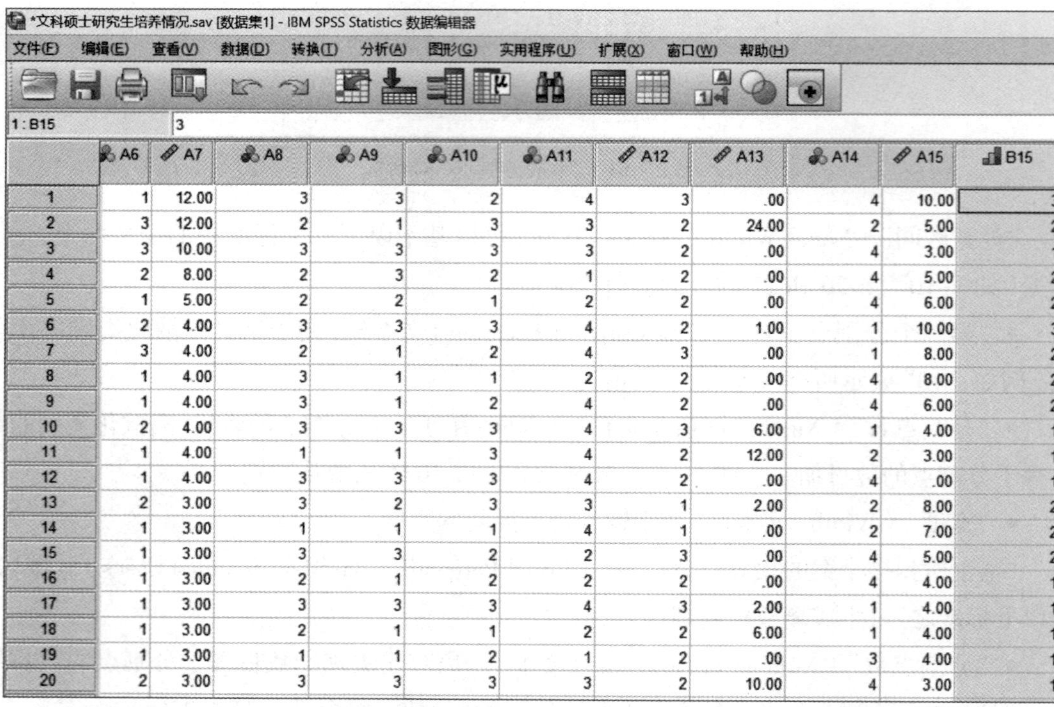

	A6	A7	A8	A9	A10	A11	A12	A13	A14	A15	B15
1	1	12.00	3	3	2	4	3	.00	4	10.00	3
2	3	12.00	2	1	3	3	2	24.00	2	5.00	2
3	3	10.00	3	3	3	3	2	.00	4	3.00	1
4	2	8.00	2	3	2	1	2	.00	4	5.00	2
5	1	5.00	2	2	1	2	2	.00	4	6.00	2
6	2	4.00	3	3	3	4	2	1.00	1	10.00	3
7	3	4.00	2	1	2	4	3	.00	1	8.00	2
8	1	4.00	3	1	1	2	2	.00	4	8.00	2
9	1	4.00	3	1	2	4	2	.00	4	6.00	2
10	2	4.00	3	3	3	4	3	6.00	1	4.00	1
11	1	4.00	1	1	3	4	2	12.00	2	3.00	1
12	1	4.00	3	3	3	4	2	.00	4	.00	1
13	2	3.00	3	2	3	3	1	2.00	2	8.00	2
14	1	3.00	1	1	1	4	1	.00	2	7.00	2
15	1	3.00	3	3	2	2	3	.00	4	5.00	2
16	1	3.00	2	1	2	2	2	.00	4	4.00	1
17	1	3.00	3	3	3	4	3	2.00	1	4.00	1
18	1	3.00	2	1	1	2	2	6.00	1	4.00	1
19	1	3.00	1	1	2	1	2	.00	3	4.00	1
20	2	3.00	3	3	3	3	2	10.00	4	3.00	1

图 2.3.14　产生新变量 “B15”

2.4 数据文件的拆分与合并

2.4.1 数据文件的拆分

在对数据进行处理时，经常要对数据文件中的个案进行分组分析。例如，在例 2.1 中要求按照所在学校分别计算学生攻读硕士学位期间外出兼职时间的均值，以及写论文期间每天学习时间的均值等。因此，在进行计算之前要对数据文件进行拆分。需要注意的是，此处的“拆分”并不是将数据文件在物理结构上分成两个数据文件，而只是对其做形式上的拆分。

数据文件拆分的具体操作步骤如下：

选择菜单“数据”→“拆分文件”（Split File）命令，打开“拆分文件”对话框，在该对话框中选择“按组来组织输出”（Organize output by groups）项，如图 2.4.1 所示。

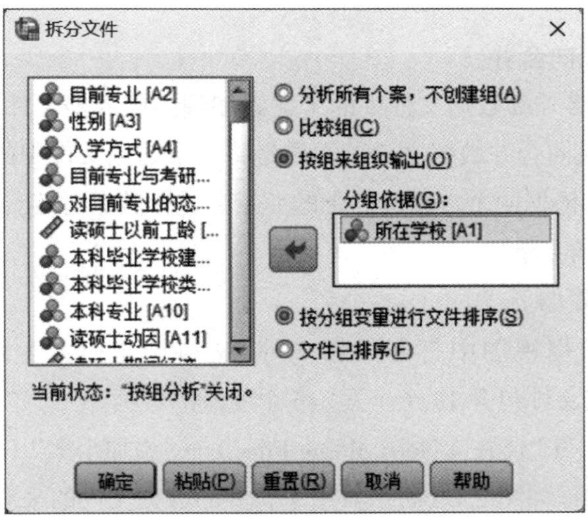

图 2.4.1 “拆分文件”对话框

另外两个选项的含义是：

- “分析所有个案，不创建组”（Analyze all cases, do not create groups）项：选择此项可恢复到未分组时的状态，这是系统的默认选项。
- “比较组”（Compare groups）项：将分组以对照组的形式显示。

从左侧的变量列表框中将变量 A1“所在学校”选入“分组依据”（Groups based on）框，其含义就是按照所在学校分组进行统计分析。

有时可以将多个变量选入“分组依据”框，如再选入变量 A2“目前专业”，那么之后将按所选变量的取值组合，即 A1=1，A2=1；A1=1，A2=2；A1=2，A2=1；A1=2，A2=2 等来分组进行统计分析。

在对数据文件进行拆分时，需要指明数据文件的当前状态。在“拆分文件”对话框中有两个选项可以指明数据文件的当前状态：

- “按分组变量进行文件排序”（Sort the file by grouping variables）项。
- “文件已排序”（File is already sorted）项。

用户可以选择其中一个，让系统进行计算。

单击“确定”按钮，即可执行数据文件拆分操作。

2.4.2　数据文件的合并

SPSS 可以将多个数据文件合并，合并的方式有两种：数据文件的纵向合并（增加个案）和数据文件的横向合并（增加变量）。

1. 数据文件的纵向合并

在 SPSS 中，可以将外部数据文件中的个案添加到当前数据文件中，称为纵向合并或增加个案（add case）。纵向合并数据文件的实质是将一个数据文件中的数据追加到当前数据文件中的数据的后面，依据两个数据文件中的变量名进行数据对接。在这种合并中，合并的数据文件应该有相同的变量。

其具体的操作步骤如下：

在数据窗口的数据视图中打开数据文件“文科硕士研究生培养情况表 1.sav”，如图 2.4.2 所示。该数据文件包含 17 个个案、15 个变量的数据。

选择菜单“数据”→“合并文件”（Merge Files）→“添加个案”（Add Cases）命令，读取外部文件，相应的对话框如图 2.4.3 所示。用于合并的数据文件的来源有两种：

- “打开数据集”（An open dataset）：从当前打开的数据文件中选择合并文件，其下的列表显示了当前打开的数据文件名称。
- “外部 SPSS Statistics 数据文件”（An external SPSS Statistics data file）：读取外部的数据文件并对其进行合并，单击右侧的“浏览”按钮可指定文件路径和文件名。

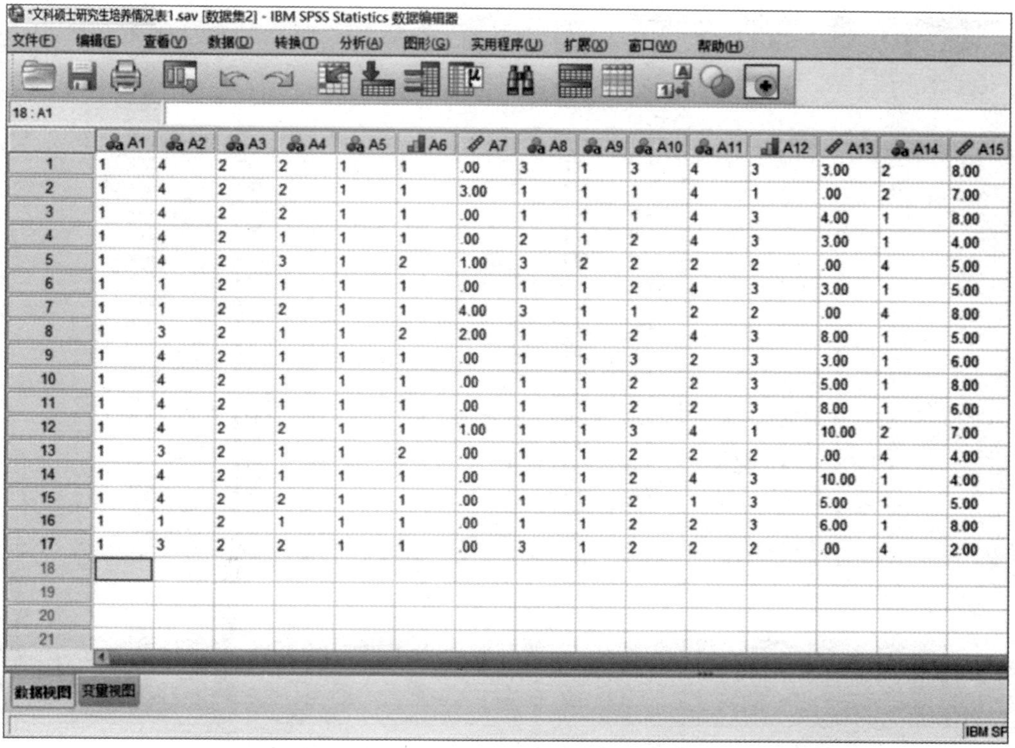

图 2.4.2 数据文件“文科硕士研究生培养情况表 1.sav”

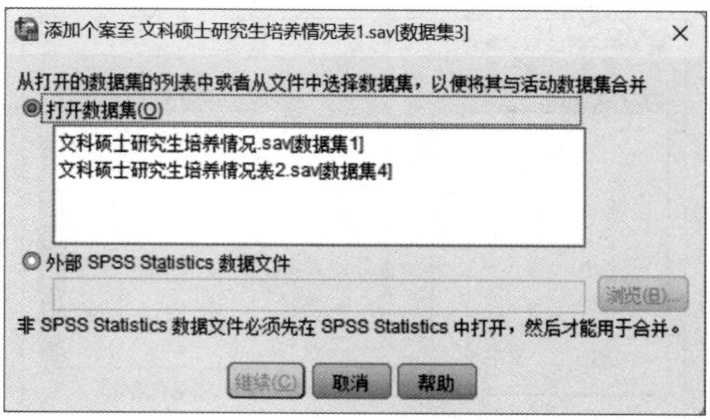

图 2.4.3 读取外部数据文件的对话框

通过该对话框读入外部数据文件“文科硕士研究生培养情况表 2.sav”，该数据文件如图 2.4.4 所示。该数据文件包含 18 个个案、15 个变量的数据。

读入外部数据文件后，单击“继续”按钮，弹出从指定数据文件中增加个案的对话框，如图 2.4.5 所示。

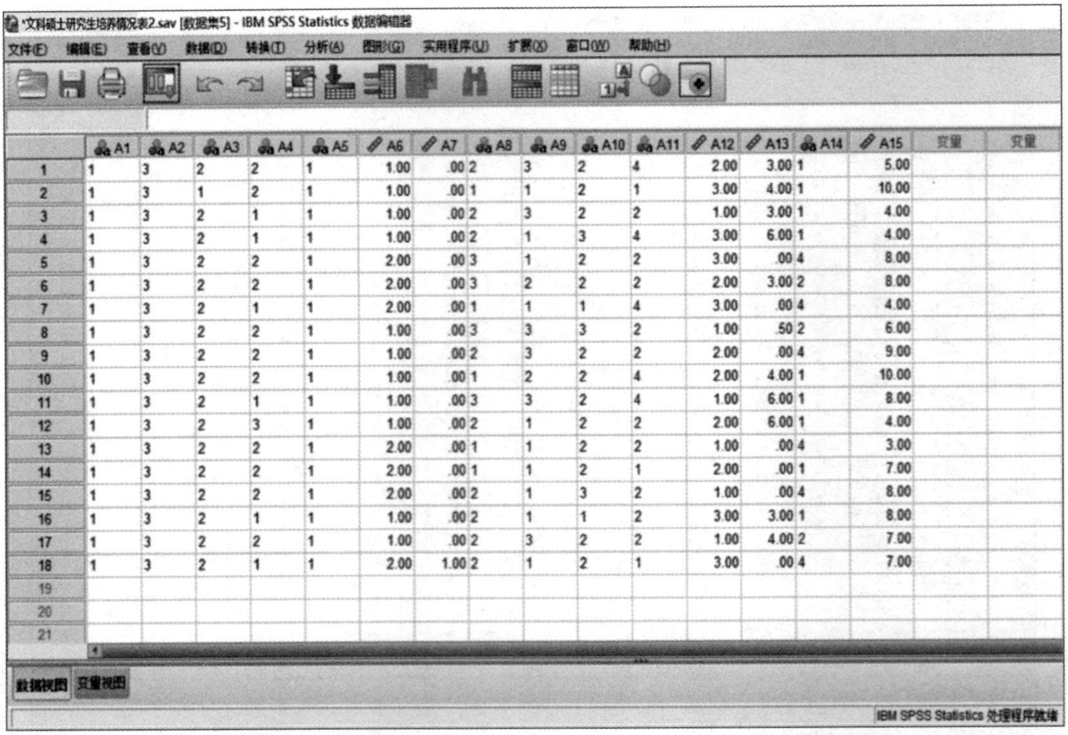

	A1	A2	A3	A4	A5	A6	A7	A8	A9	A10	A11	A12	A13	A14	A15	变量	变量
1	1	3	2	2	1	1.00	.00	2	3	2	4	2.00	3.00	1	5.00		
2	1	3	1	2	1	1.00	.00	1	1	2	1	3.00	4.00	1	10.00		
3	1	3	2	1	1	1.00	.00	2	3	2	2	1.00	3.00	1	4.00		
4	1	3	2	1	1	1.00	.00	2	1	3	4	3.00	6.00	1	4.00		
5	1	3	2	2	1	2.00	.00	3	1	2	2	3.00	.00	4	8.00		
6	1	3	2	2	1	2.00	.00	3	2	2	2	2.00	3.00	2	8.00		
7	1	3	2	1	1	2.00	.00	1	1	1	4	3.00	.00	4	4.00		
8	1	3	2	2	1	1.00	.00	3	3	3	2	1.00	.50	2	6.00		
9	1	3	2	2	1	1.00	.00	2	3	2	2	2.00	.00	4	9.00		
10	1	3	2	2	1	1.00	.00	1	2	2	4	2.00	4.00	1	10.00		
11	1	3	2	1	1	1.00	.00	3	3	2	4	1.00	6.00	1	8.00		
12	1	3	2	3	1	1.00	.00	2	1	2	2	2.00	6.00	1	4.00		
13	1	3	2	2	1	2.00	.00	1	1	2	2	1.00	.00	4	3.00		
14	1	3	2	2	1	2.00	.00	1	1	2	1	2.00	.00	1	7.00		
15	1	3	2	2	1	2.00	.00	2	1	3	2	1.00	.00	4	8.00		
16	1	3	2	1	1	1.00	.00	2	1	1	2	3.00	3.00	1	8.00		
17	1	3	2	2	1	1.00	.00	2	3	2	2	1.00	4.00	2	7.00		
18	1	3	2	1	1	2.00	1.00	2	1	2	1	3.00	.00	4	7.00		
19																	
20																	
21																	

图 2.4.4　外部数据文件“文科硕士研究生培养情况表 2.sav”

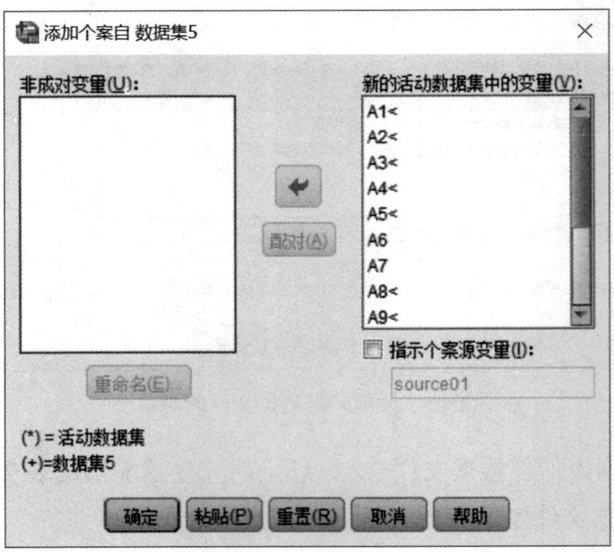

图 2.4.5　从指定数据文件中增加个案的对话框

该对话框右上部的“新的活动数据集中的变量”（Variables in New Active Dataset）框中列出的变量，是两个数据文件中名称和类型相同的变量（如 A1，A2，A3，A4，…，A15）。这些变量将包含在合并后的新数据文件中。该对话框左上部的“非成对变量”（Unpaired Variables）框中列出的变量，是非配对变量（本例中没有），标有“*”的是当前数据文件中的变量，标有“+”的是外部数据文件中的变量。

单击“确定”按钮，两个数据文件的合并结果如图 2.4.6 所示，将合并后的数据文件保存为“文科硕士研究生培养情况表 3.sav”。该数据文件包含 35 个个案、15 个变量的数据。

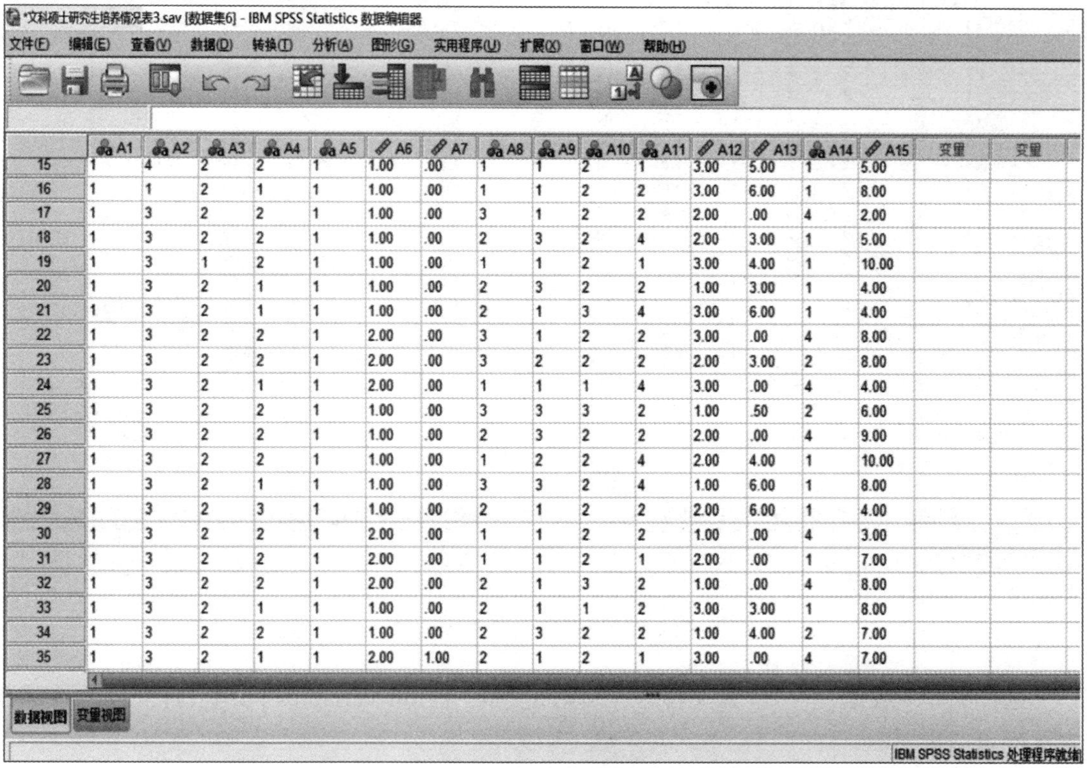

	A1	A2	A3	A4	A5	A6	A7	A8	A9	A10	A11	A12	A13	A14	A15	变量	变量
15	1	4	2	2	1	1.00	.00	1	1	2	1	3.00	5.00	1	5.00		
16	1	1	2	1	1	1.00	.00	1	1	2	2	3.00	6.00	1	8.00		
17	1	3	2	2	1	1.00	.00	3	1	2	2	2.00	.00	4	2.00		
18	1	3	2	2	1	1.00	.00	2	3	2	4	2.00	3.00	1	5.00		
19	1	3	1	2	1	1.00	.00	1	1	2	1	3.00	4.00	1	10.00		
20	1	3	2	1	1	1.00	.00	2	3	2	2	1.00	3.00	1	4.00		
21	1	3	2	1	1	1.00	.00	2	1	3	4	3.00	6.00	1	4.00		
22	1	3	2	2	1	2.00	.00	3	1	2	2	3.00	.00	4	8.00		
23	1	3	2	2	1	2.00	.00	3	2	2	2	2.00	3.00	2	8.00		
24	1	3	2	1	1	2.00	.00	1	1	1	4	3.00	.00	4	4.00		
25	1	3	2	2	1	1.00	.00	3	3	3	2	1.00	.50	2	6.00		
26	1	3	2	2	1	1.00	.00	2	3	2	2	2.00	.00	4	9.00		
27	1	3	2	2	1	1.00	.00	1	2	2	4	2.00	4.00	1	10.00		
28	1	3	2	1	1	1.00	.00	3	3	2	4	1.00	6.00	1	8.00		
29	1	3	2	3	1	1.00	.00	2	1	2	2	2.00	6.00	1	4.00		
30	1	3	2	2	1	2.00	.00	1	1	2	2	1.00	.00	4	3.00		
31	1	3	2	2	1	2.00	.00	1	1	2	1	2.00	.00	1	7.00		
32	1	3	2	2	1	2.00	.00	2	1	3	2	1.00	.00	4	8.00		
33	1	3	2	1	1	1.00	.00	2	1	1	2	3.00	3.00	1	8.00		
34	1	3	2	2	1	1.00	.00	2	3	2	2	1.00	4.00	2	7.00		
35	1	3	2	1	1	2.00	1.00	2	1	2	1	3.00	.00	4	7.00		

图 2.4.6 数据文件纵向合并的结果

2. 数据文件的横向合并

横向合并数据文件就是将当前数据文件中的数据与另一个数据文件中的数据进行左右对接，即将一个数据文件中的数据拼接到当前数据文件中的数据的右边，依据两个数据文件中的个案进行数据对接，实际上是增加变量（add variable）。需要注意的是，在横向合并数据文件时，两个数据文件中至少有一个名称相同的变量，这个变量称为关键变量。关键变量是两个数据文件横向合并的依据，而且这两个数据文件必须先按关键变量值升序排序。

横向合并数据文件的具体操作步骤如下：

在数据窗口中打开一个数据文件“文科硕士研究生培养情况表 4.sav”，如图 2.4.7 所示。该数据文件包含 15 个个案、13 个变量的数据。

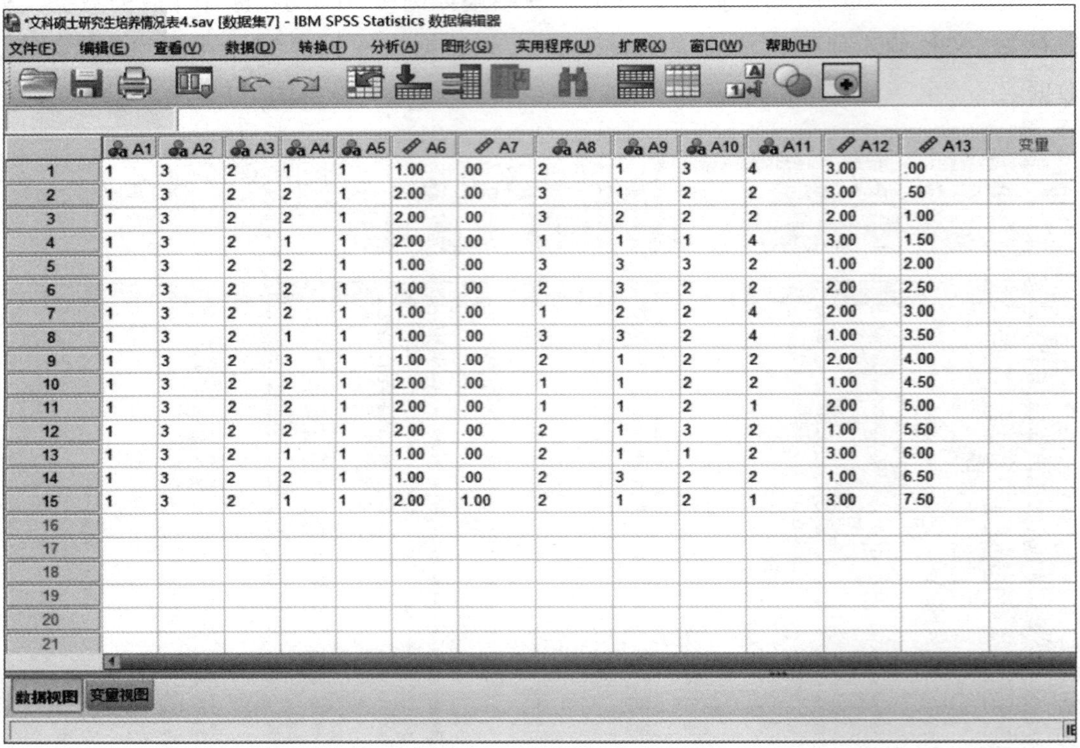

	A1	A2	A3	A4	A5	A6	A7	A8	A9	A10	A11	A12	A13	变量
1	1	3	2	1	1	1.00	.00	2	1	3	4	3.00	.00	
2	1	3	2	2	1	2.00	.00	3	1	2	2	3.00	.50	
3	1	3	2	2	1	2.00	.00	3	2	2	2	2.00	1.00	
4	1	3	2	1	1	2.00	.00	1	1	1	4	3.00	1.50	
5	1	3	2	2	1	1.00	.00	3	3	3	2	1.00	2.00	
6	1	3	2	2	1	1.00	.00	2	3	2	2	2.00	2.50	
7	1	3	2	2	1	1.00	.00	1	2	2	4	2.00	3.00	
8	1	3	2	1	1	1.00	.00	3	3	2	4	1.00	3.50	
9	1	3	2	3	1	1.00	.00	2	1	2	2	2.00	4.00	
10	1	3	2	2	1	2.00	.00	1	1	2	2	1.00	4.50	
11	1	3	2	2	1	2.00	.00	1	1	2	1	2.00	5.00	
12	1	3	2	2	1	2.00	.00	2	1	3	2	1.00	5.50	
13	1	3	2	1	1	1.00	.00	2	1	1	2	3.00	6.00	
14	1	3	2	2	1	1.00	.00	2	3	2	2	1.00	6.50	
15	1	3	2	1	1	2.00	1.00	2	1	2	1	3.00	7.50	
16														
17														
18														
19														
20														
21														

图 2.4.7 数据文件“文科硕士研究生培养情况表 4.sav”

选择菜单“数据”→“合并文件”→“添加变量”（Add Variables）命令，打开读入外部数据文件对话框。

按照对话框的要求读入外部数据文件“文科硕士研究生培养情况表 5.sav”，作为与数据文件“文科硕士研究生培养情况表 4.sav”横向合并的数据文件，该数据文件如图 2.4.8 所示。该数据文件包含的 15 个个案与“文科硕士研究生培养情况表 4.sav”相同；此外，其所包含的 6 个变量中有 4 个变量（A1、A2、A12、A13）与“文科硕士研究生培养情况表 4.sav”中的变量相同。

单击“继续”按钮，弹出从外部数据文件添加变量的对话框，如图 2.4.9 所示。

图 2.4.8 外部数据文件“文科硕士研究生培养情况表 5.sav”

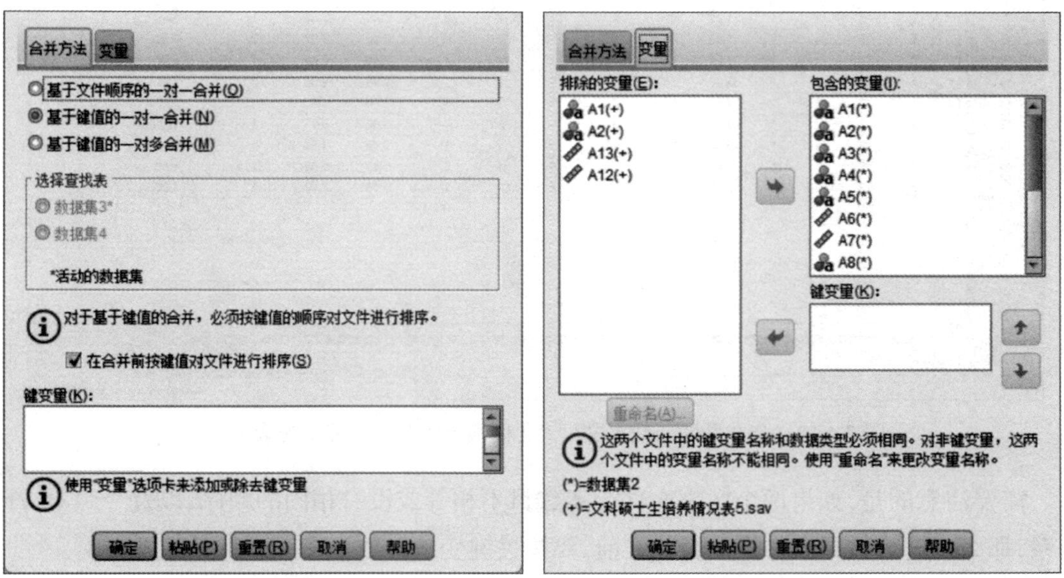

(a) (b)

图 2.4.9 从外部数据文件添加变量的对话框

在该对话框的“合并方法”选项卡中选择“基于文件顺序的一对一合并”项，如图 2.4.9（a）所示，单击“确定”按钮切换到“变量”选项卡，如图 2.4.9（b）所示，“包含的变量”框中是合并后的新数据文件中存在的变量，如 A1（*）、A2（*）、A3（*）、A4（*）、A5（*），…，A15（+），其中标有“*”的是当前数据文件（即“文科硕士研究生培养情况表 4.sav”）中的变量，标有“+”的是外部数据文件“文科硕士研究生培养情况表 5.sav”中的变量。

“排除的变量”（Excluded Variables）框中列出的变量 A1（+）、A2（+）、A12（+）、A13（+），是两个数据文件中的同名变量，只有这样的变量才能作为关键变量（key variables）。此处不涉及基于关键变量的合并。

单击“变量”选项卡中的“确定”按钮，即可执行数据文件的横向合并。将合并后的数据文件另存为“文科硕士研究生培养情况表 6.sav”，结果如图 2.4.10 所示。

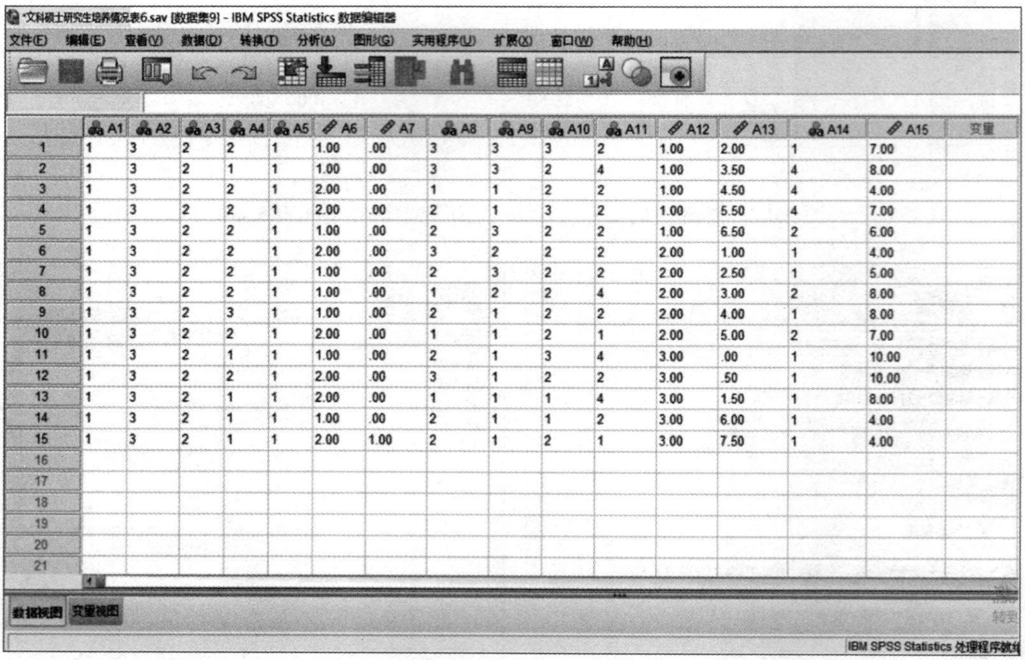

	A1	A2	A3	A4	A5	A6	A7	A8	A9	A10	A11	A12	A13	A14	A15	变量
1	1	3	2	2	1	1.00	.00	3	3	3	2	1.00	2.00	1	7.00	
2	1	3	2	1	1	1.00	.00	3	3	2	4	1.00	3.50	4	8.00	
3	1	3	2	2	1	2.00	.00	1	1	2	2	1.00	4.50	4	4.00	
4	1	3	2	2	1	2.00	.00	2	1	3	2	1.00	5.50	4	7.00	
5	1	3	2	2	1	1.00	.00	2	3	2	2	1.00	6.50	2	6.00	
6	1	3	2	2	1	2.00	.00	3	2	2	2	2.00	1.00	1	4.00	
7	1	3	2	2	1	1.00	.00	2	3	2	2	2.00	2.50	1	5.00	
8	1	3	2	2	1	1.00	.00	1	2	2	4	2.00	3.00	2	8.00	
9	1	3	2	3	1	1.00	.00	2	1	2	2	2.00	4.00	1	8.00	
10	1	3	2	2	1	2.00	.00	1	1	2	1	2.00	5.00	2	7.00	
11	1	3	2	1	1	1.00	.00	2	1	3	4	3.00	.00	1	10.00	
12	1	3	2	2	1	2.00	.00	3	1	2	2	3.00	.50	1	10.00	
13	1	3	2	1	1	2.00	.00	1	1	1	4	3.00	1.50	1	8.00	
14	1	3	2	1	1	1.00	.00	2	1	1	2	3.00	6.00	1	4.00	
15	1	3	2	1	1	2.00	1.00	2	1	2	1	3.00	7.50	1	4.00	
16																
17																
18																
19																
20																
21																

图 2.4.10　合并后的新数据文件“文科硕士研究生培养情况表 6.sav”

需要注意的是，如果两个数据文件个案数目不相等或没有相同的顺序，以及一一对应的关系，那么在进行数据文件横向合并之前，要按关键变量对数据文件进行升序排序。

如果需要添加的变量及个案不多，则可以采用更为简便的方法：复制需要添加的内容，然后将其直接粘贴到目标数据文件中的数据或变量连接处。

2.5 数据文件的存储与读取

2.5.1 数据文件的存储

保存数据文件,是指把数据窗口中的数据以文件的形式保存到外部存储介质中,以便需要时调用。SPSS 提供了两种数据保存方式,一种是保存为 SPSS 数据文件,另一种是保存为其他类型的数据文件。

1. 保存为 SPSS 数据文件

① 如果要保存一个新的数据文件,则可选择菜单"文件"(File)→"保存"(Save As)命令,弹出"将数据另存为"(Save Data As)对话框。

在该对话框的"文件名"文本框中输入文件名(对于例 2.1,可输入文件名"文科硕士研究生培养情况 .sav"),如图 2.5.1 所示。输入文件名后,单击"保存"按钮,即可保存数据文件。

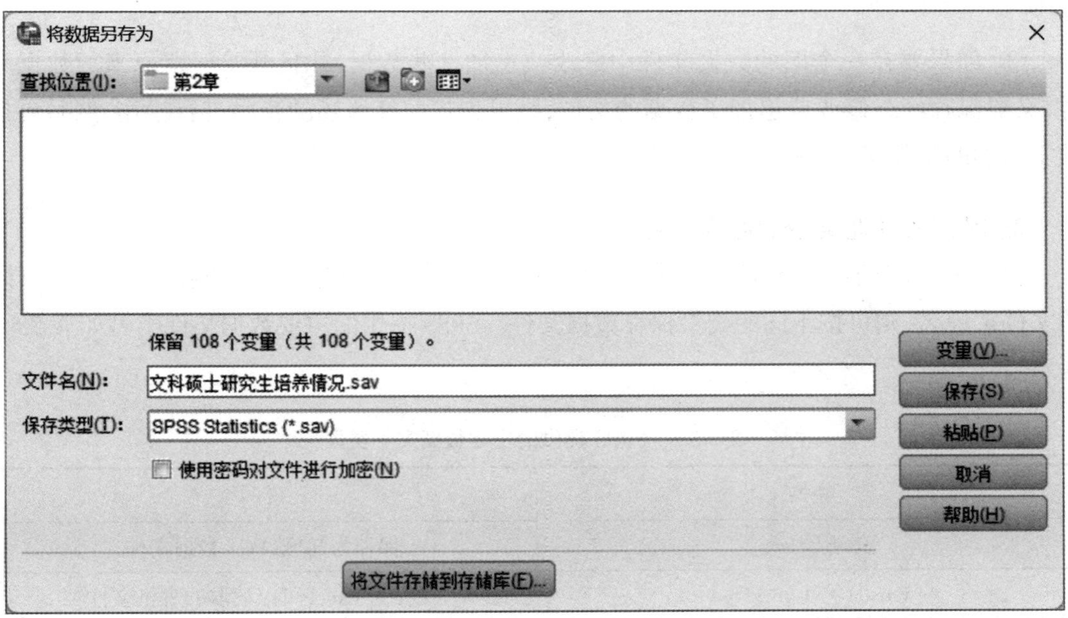

图 2.5.1 "将数据另存为"对话框

“变量”按钮的作用是允许用户指定保存哪些变量、不保存哪些变量，单击该按钮可打开“将数据另存为：变量”对话框，如图 2.5.2 所示。

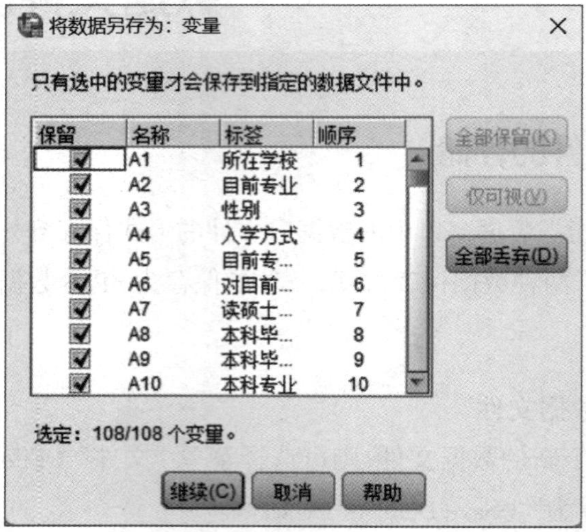

图 2.5.2 “将数据另存为：变量”对话框

② 如果要在一个旧的数据文件中修改或追加一些数据，并且不想再保留原来的数据文件，只想保存经过修改或追加了数据的文件，则可选择菜单“文件”→“保存所有数据”命令。

③ 如果要在一个旧的数据文件中修改或追加一些数据，并且既要保留原来的数据文件，又要保存经过修改或追加了数据的文件，则可先按照②所述的步骤进行操作，然后再按照①所述的步骤保存文件。

2. 保存为其他类型的数据文件

在“将数据另存为”对话框中单击“保存类型”框的下拉按钮，打开下拉列表，选择不同的文件扩展名，则可按不同的类型保存数据文件。SPSS 提供的主要数据文件类型如表 2.5.1 所示。

表 2.5.1 SPSS 提供的主要数据文件类型

类型	说明
SPSS(*.sys)	保存为 SPSS/PC+ 数据文件
Excel(*.xls, *.xlsx)	保存为 Excel 可以读取的表格文件
dBase(*dbf)	保存为 dBase 数据文件

续表

类型	说明
SAS(*.sd*, *.sas7bdat)	保存为 SAS 数据文件
Stata(*.dta)	Stata 数据文件
ASCII(*.dat)	文本文件

选择相应的数据文件类型,并输入数据文件名,单击“保存”按钮,便可把数据存储为相应类型的数据文件。

2.5.2 其他类型数据文件的读入

在 SPSS 中可以直接输入数据,也可以从多个不同的数据源中导入数据。除了可以读入以 SPSS 格式保存的数据文件,还可以读入 Excel 数据文件、文本文件、SAS 数据文件、Stata 数据文件、制表符分隔文件和其他文件,而无须将这些文件转换为中间格式或输入数据定义信息。下面就介绍几种读入其他类型数据文件的方法。

1. 读入固定格式的文本文件

文本文件是一种通用的计算机文件格式。文本文件很小,其数据均以 ASCII 码格式存储。各种软件,包括数据库软件、表格处理软件、文字处理软件等都可以将自己的数据保存为文本文件。因此,SPSS 若能够方便地读入文本文件,就可以大大提高读取其他软件数据的能力。

根据数据的排列方式,可以将文本文件分为固定格式的文本文件和自由格式的文本文件两种。

在固定格式的文本文件中,每一个个案的变量数目、排列次序、变量值长度都固定不变,一个个案的变量可以占据若干行,各个变量之间可以有定界符,也可以没有定界符。定界符一般为逗号、空格等。

例如,一个文本文件中有两行数据,分别为“3344477”和“1122211”。现要把这两行数据读入 SPSS,放到 3 个数值型变量中,其中第一个数值型变量为两位数,第二个数值型变量为三位数,第三个数值型变量为两位数,具体操作步骤如下:

① 选择菜单“文件”→“导入数据”→“文本数据”命令,如图 2.5.3 所示。

② 在弹出的“打开数据”对话框中,选择要打开的文本文件(如 gd.txt),弹出如图 2.5.4 所示的“文本导入向导”对话框。在该对话框中可以看到该文本文件中的数据信息。

图 2.5.3　选择菜单命令

③ 单击“下一步”按钮,弹出如图 2.5.5 所示的“文本导入向导”对话框,在其中的“变量如何排列？”(How are your variables arranged？)区域选择如何排列各个变量。这里选择“固定宽度”项。在“文件开头是否包括变量名？”(Are variable names included at the top of your file？)区域设置数据文件的第一行是否包含变量名。如果数据文件的第一行包含每个变量的描述性标签,则可以将这些标签作为变量名。对于不符合变量命名规则的标签,会将其转换为有效的变量名。在本例中,此处选择“否”。

④ 单击“下一步”按钮,弹出如图 2.5.6 所示的“文本导入向导”对话框,在其中的“第一个数据个案从哪个行号开始？”(The first case of data begins on which line number)框中输入 2,表示个案数据从第二行开始。

⑤ 单击“下一步”按钮,弹出如图 2.5.7 所示的“文本导入向导”对话框,在其中的“变量之间存在哪些定界符？”区域选中“空格”复选框。

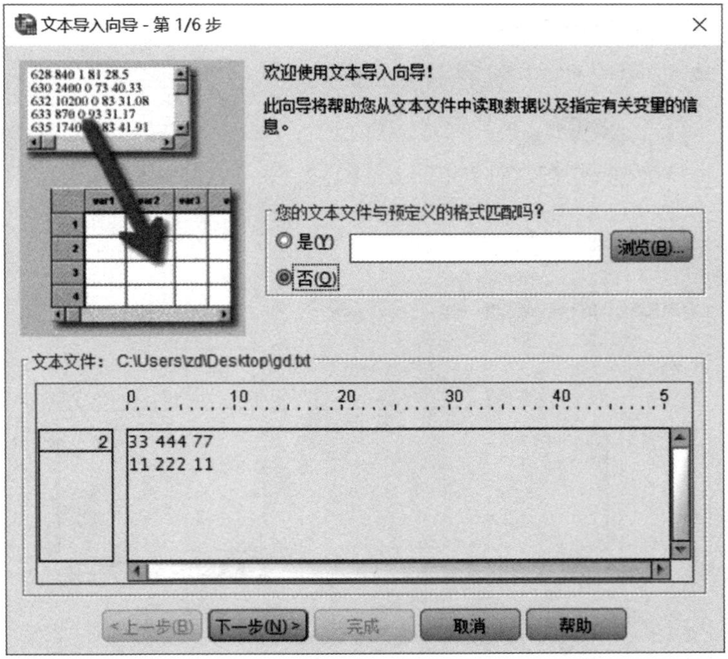

图 2.5.4 “文本导入向导”对话框 1（固定格式的文本文件）

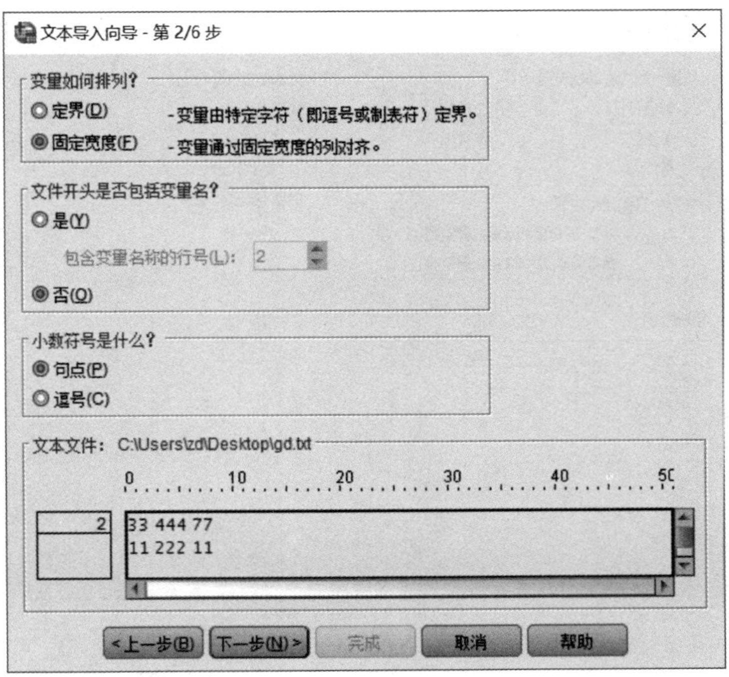

图 2.5.5 “文本导入向导”对话框 2（固定格式的文本文件）

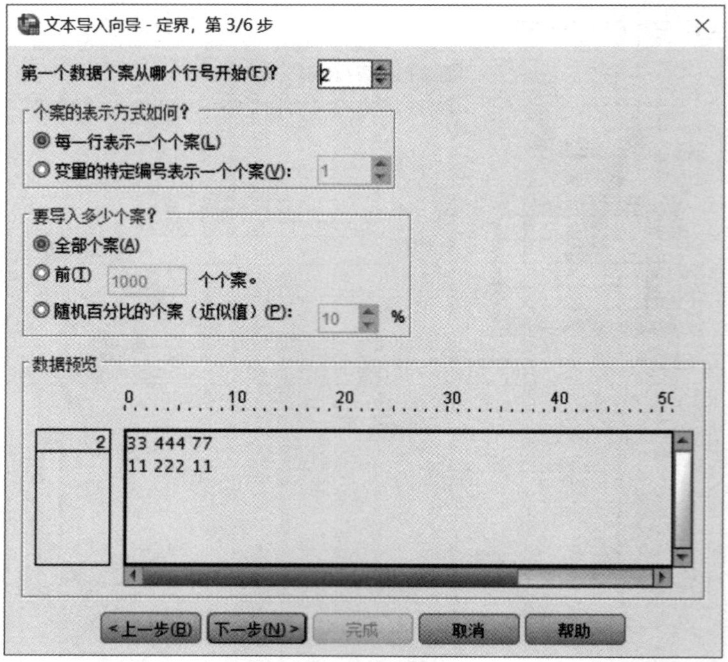

图 2.5.6 “文本导入向导”对话框 3（固定格式的文本文件）

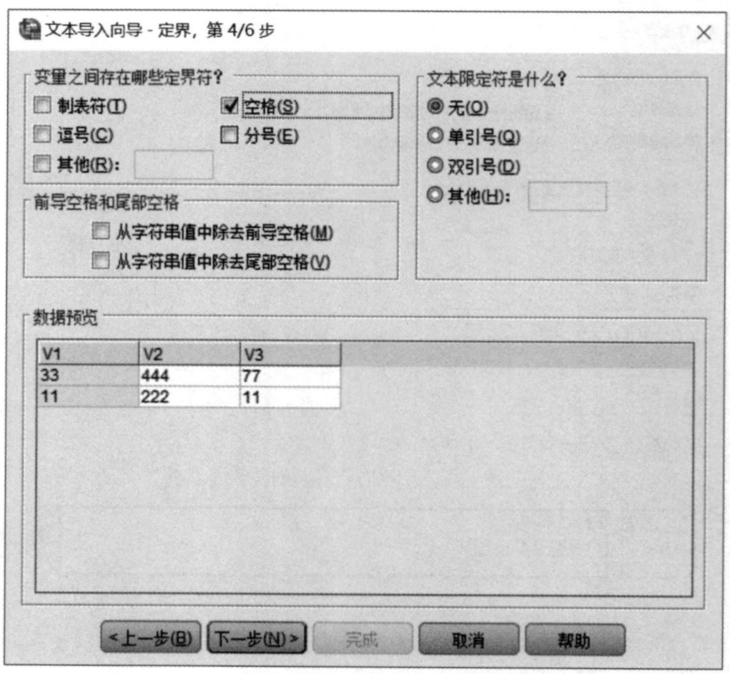

图 2.5.7 “文本导入向导”对话框 4（固定格式的文本文件）

⑥ 单击“下一步”按钮,弹出如图 2.5.8 所示的“文本导入向导”对话框。在该对话框的数据文件预览区域,可以看到 SPSS 已经将这两行数据读入,同时根据要求,将前两列的数据赋给第一个变量,将中间三列数据赋给第二个变量,将最后两列数据赋给第三个变量。

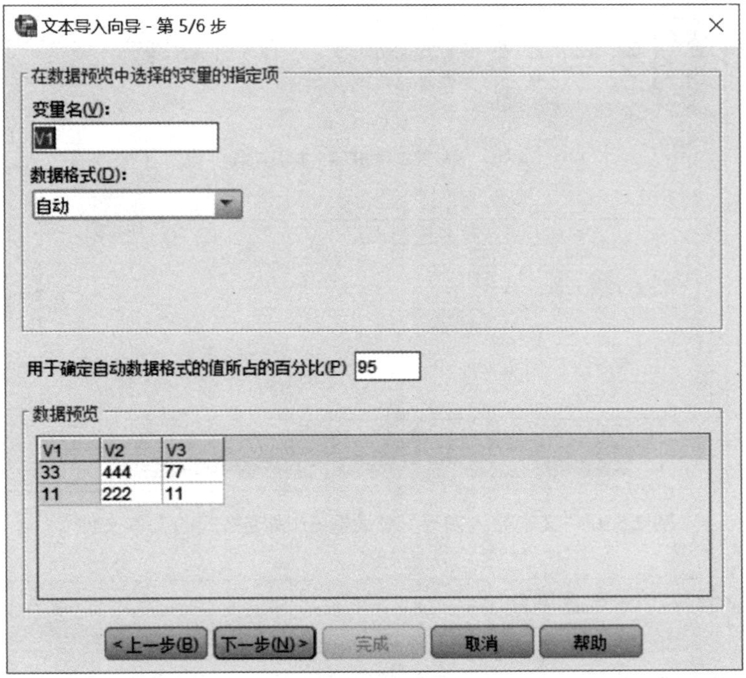

图 2.5.8 “文本导入向导”对话框 5(固定格式的文本文件)

⑦ 单击“下一步”按钮,弹出如图 2.5.9 所示的“文本导入向导”对话框。单击“完成”按钮,SPSS 就成功地读入了固定格式文本文件的内容。

2. 读入自由格式的文本文件

在自由格式的文本文件中,每一个个案的变量数目、排列次序固定不变,每个个案的变量可以占据若干行。与固定格式的文本文件不同的是,在自由格式的文本文件中变量之间必须有定界符,定界符一般为逗号、空格等,但变量的长度是可以变化的。

例如,一个文本文件中有两行数据,分别为“3,34,4,477”和“1,122,2,11”。要把这两行数据读入 SPSS 并放到 4 个数值型变量中,具体的操作步骤如下:

① 选择菜单“文件”→“导入数据”→“文本数据”命令,在弹出的“打开数据”对话框中,选择要打开的文本文件(如 free.txt),弹出如图 2.5.10 所示的“文本导入向导”对话框。在该对话框中可以看到该文本文件中的数据信息。

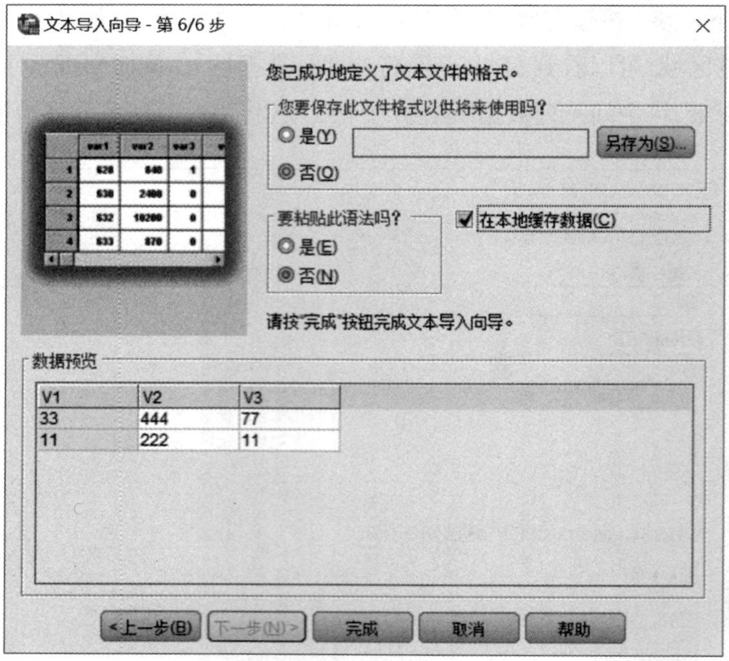

图 2.5.9 “文本导入向导”对话框 6（固定格式的文本文件）

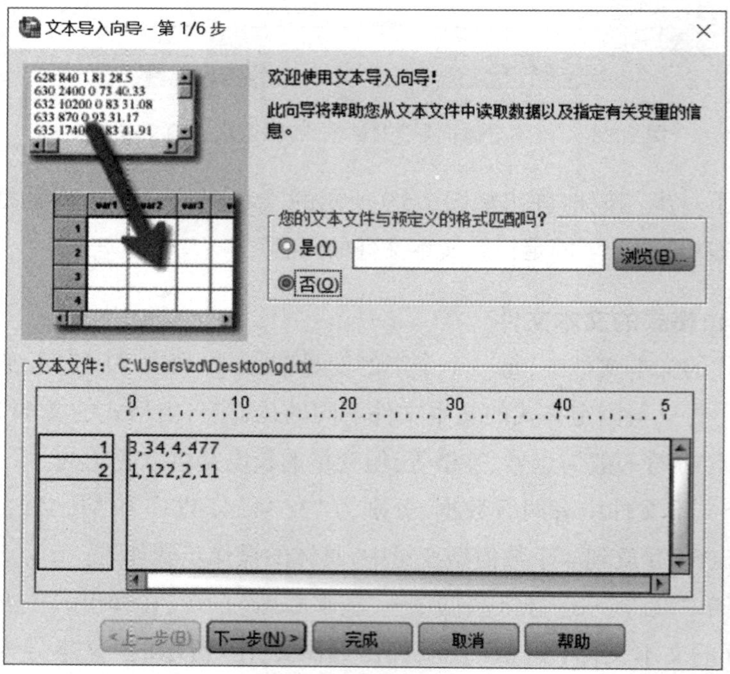

图 2.5.10 “文本导入向导”对话框 1（自由格式的文本文件）

② 单击“下一步”按钮，弹出如图 2.5.11 所示的“文本导入向导”对话框，在其中的“变量如何排列？”区域选择“定界”（Delimited）项，表示读入的是自由格式的文本文件的内容。

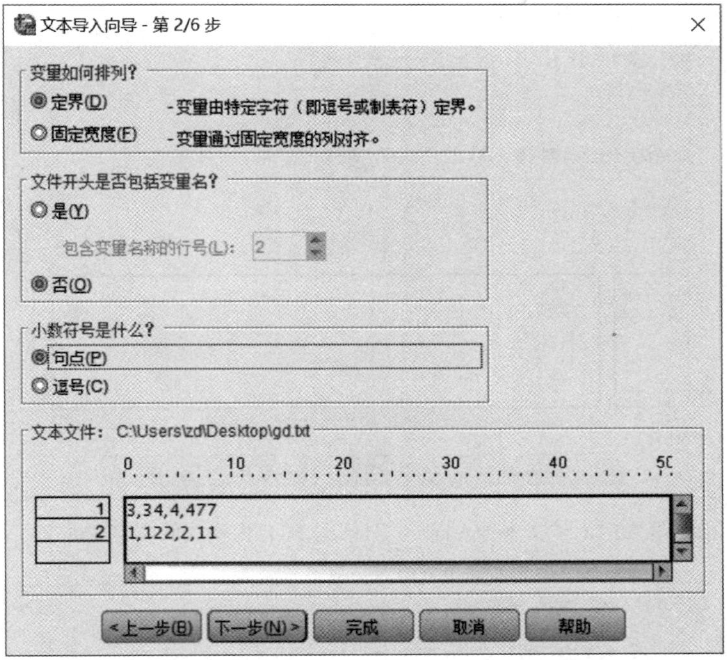

图 2.5.11 “文本导入向导”对话框 2（自由格式的文本文件）

③ 单击“下一步”按钮，弹出如图 2.5.12 所示的“文本导入向导”对话框，在其中的“第一个数据个案从哪个行号开始”框中输入“1”，表示个案数据从第一行开始，在“个案的表示方式如何？”（How are your cases represented？）区域选择“每一行表示一个个案”项，表示每一行代表一个个案。

④ 单击“下一步”按钮，弹出如图 2.5.13 所示的“文本导入向导”对话框。在“变量之间存在哪些定界符？”（Which delimiters appear between variables？）区域选择文本文件的定界符，包括制表符、空格、逗号等，在本例中选择的定界符为逗号（comma）。

⑤ 单击“下一步”按钮，弹出如图 2.5.14 所示的“文本导入向导”对话框。在该对话框中的“数据预览”区域，可以看到 SPSS 已经将这两行数据读入，同时根据要求，将用逗号分隔的数据分别赋给了 4 个数值型变量。

⑥ 单击“下一步”按钮，弹出如图 2.5.15 所示的“文本导入向导”对话框。单击“完成”按钮，SPSS 就成功地读入了自由格式的文本文件的内容。

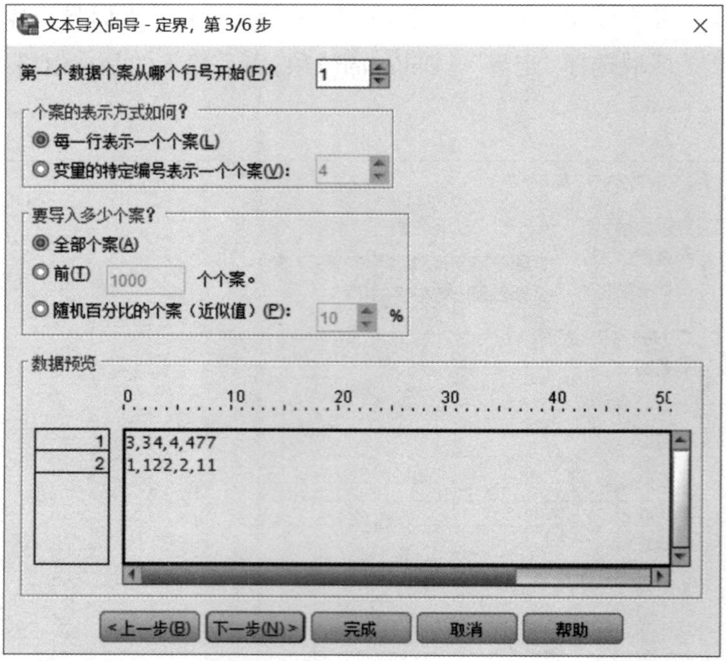

图 2.5.12 “文本导入向导”对话框 3（自由格式的文本文件）

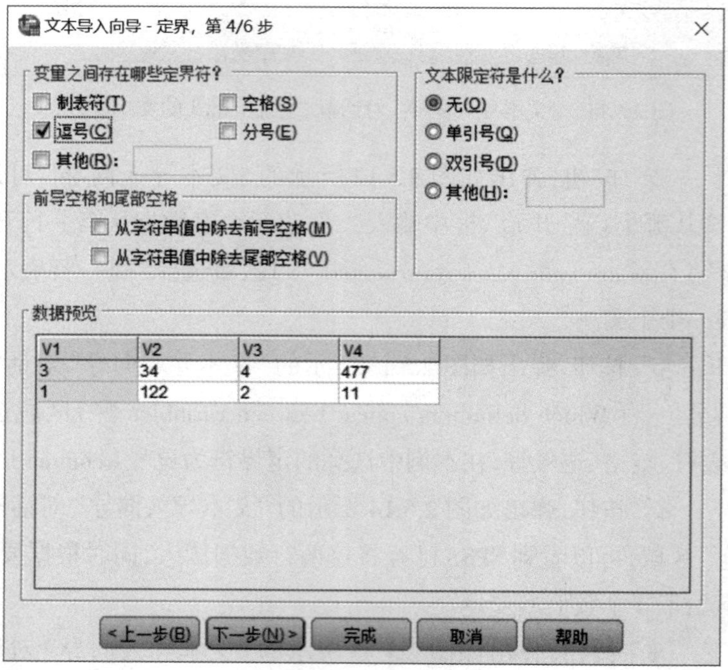

图 2.5.13 “文本导入向导”对话框 4（自由格式的文本文件）

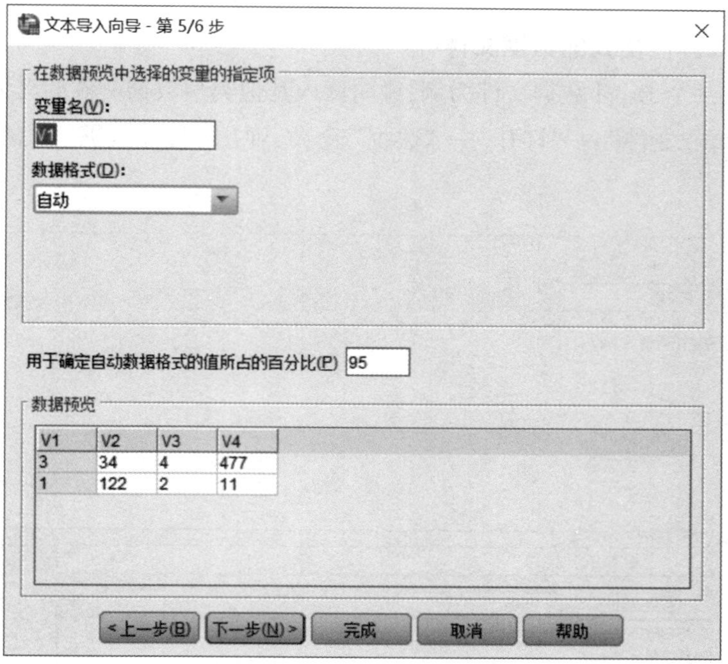

图 2.5.14　“文本导入向导”对话框 5（自由格式的文本文件）

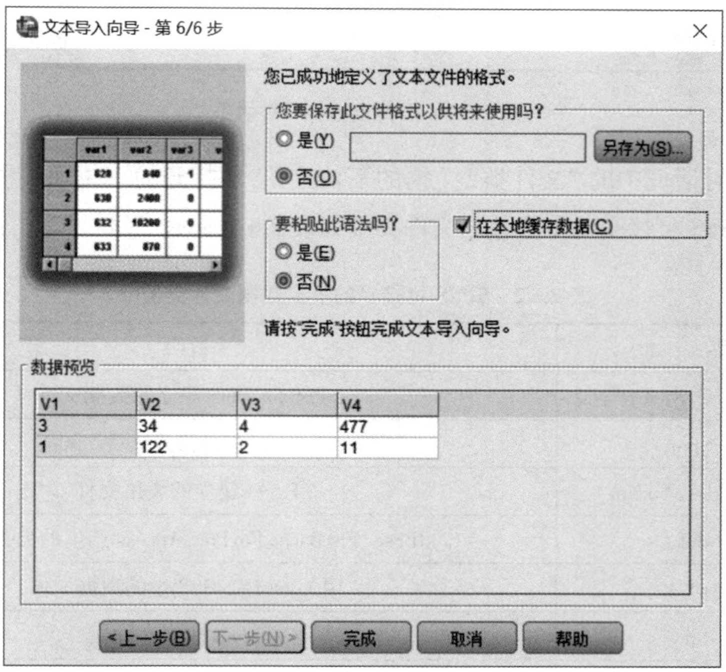

图 2.5.15　“文本导入向导”对话框 6（自由格式的文本文件）

3. 直接读入其他格式的数据文件

下面以读入一个 Excel 数据文件为例，说明读入其他类型数据文件的具体操作步骤。

① 选择菜单“文件”→“打开”→“数据”命令，弹出“打开数据”对话框，如图 2.5.16 所示。

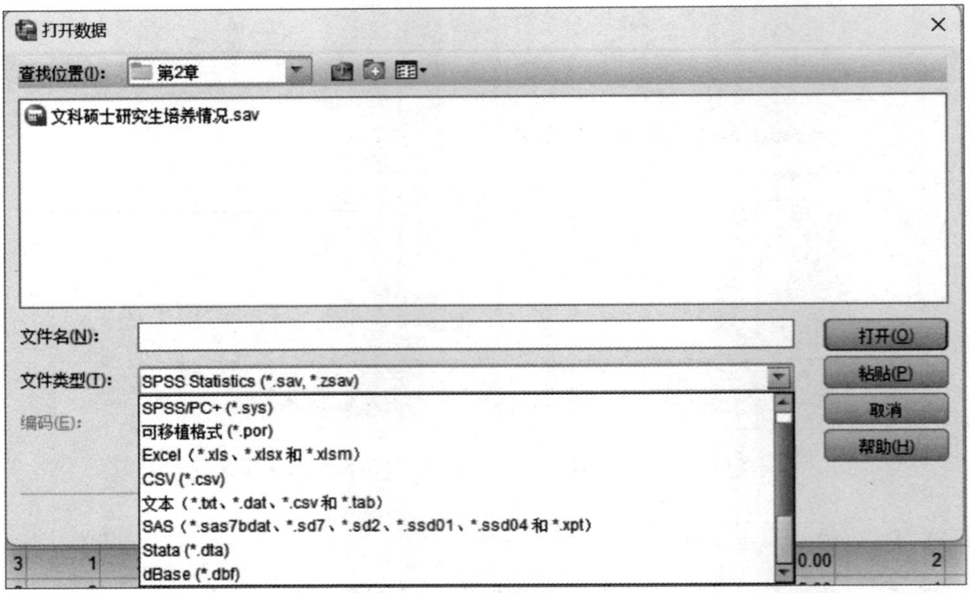

图 2.5.16 “打开数据”对话框

② 单击该对话框中的“文件类型”框的下拉按钮，在打开的下拉列表中选择相应的数据文件类型。SPSS 可接受的主要数据文件类型如表 2.5.2 所示。

表 2.5.2 SPSS 可接受的主要数据文件类型

类型	说明
SPSS/PC+(*.sys)	SPSS for DOS 建立的数据文件
Portable(*.por)	可移植格式文件
Excel(*.xls, *.xlsx, *.xlsm)	Excel 建立的表格文件
dBase(*.dbf)	dBase、FoxBase、FoxPor、Access 产生的数据文件
Lotus(*.w*)	用 Lotus1-2-3 产生的数据文件
Stata(*.dta)	Stata 数据文件
SAS(*.sd*, *.sas7bdat)	SAS 数据文件

③ 选择所要读入的文件,其文件名会出现在“文件名”文本框中,如图 2.5.17 所示。

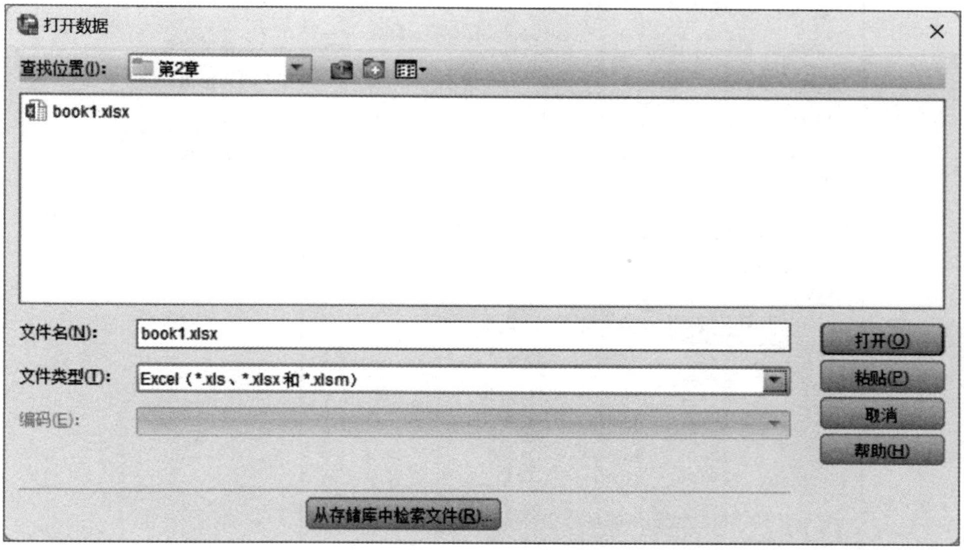

图 2.5.17 读入 Excel 文件(1)

④ 单击“打开”按钮,弹出如图 2.5.18 所示的“读取 Excel 文件”对话框。选择要读取的工作表及范围,同时选中“从第一行数据中读取变量名称”复选框,表示将 Excel 表格的第一行数据作为变量名读入,否则将第一行数据作为变量值读入。

⑤ 单击“确定”按钮,打开如图 2.5.19 所示的数据窗口,其中是导入的 Excel 数据文件的内容。

注意:

第一,数据文件被读入后,会出现一些不需要的数据项,用户可使用编辑数据文件的方法对其进行编辑。

第二,在存储读入的数据文件时,可以用前面介绍的存储数据文件的方法将其保存为 SPSS 数据文件。

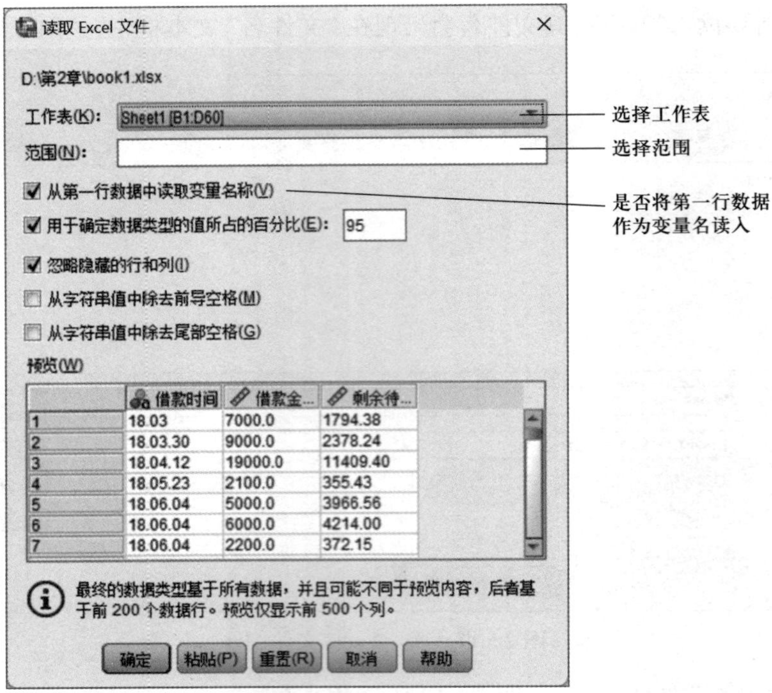

图 2.5.18 读入 Excel 文件（2）

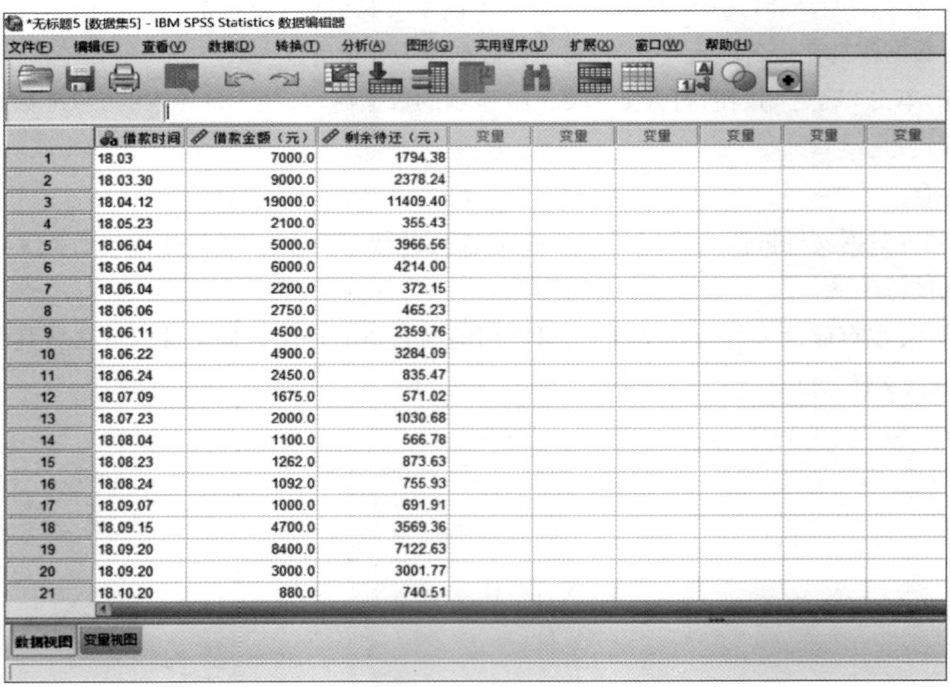

图 2.5.19 读入 Excel 文件（3）

主要概念与术语

变量名，变量名标签，变量类型，变量值；变量值标签，缺失值，变量的测量尺度，变量角色；个案；数据的排序；数据的行列互换（转置）；个案的子集；数据的分类汇总；变量值的重新编码；变量计算；计数变量；离散化变量；数据文件的拆分与合并。

思考与练习

1. 从测量尺度看，变量包括哪几种类型？举出实际的例子。如何在 SPSS 中指定变量的测量尺度？

2. 根据例 2.1 调查问卷的"A　基本情况"部分建立 SPSS 数据文件，将其保存为"练习 – 文科硕士研究生基本情况表 1.sav"文件，并添加相关数据。

3. 打开题 2 中所建立的数据文件，练习增加、删除、复制、粘贴一个变量，以及增加、删除、复制、粘贴一个个案的操作。

4. 打开题 2 中所建立的数据文件，对变量进行以下操作：

（1）选择变量 A7"读硕士以前工龄"并进行升序和降序排序。

（2）选择变量 A13"读硕士期间兼职时间"，按照所在专业汇总学生攻读硕士学位期间外出兼职时间的均值，并输出新的数据文件，将其命名为"各专业学生兼职时间"。

（3）利用计数功能找出攻读硕士学位期间外出兼职时间在 6 个月以上的学生。

（4）选择变量 A13"读硕士期间兼职时间"，以每 6 个月为一组，将其重新编码为不同的变量并命名为 A131。

（5）选择变量 A15"写论文期间每天的学习时间"，对其进行离散化。

（6）选择变量 A7"读硕士以前工龄"，对其进行重新编码。

（7）采用 SPSS 的数据选择功能将数据分成两个文件。其中，第一个数据文件存储的是所在学校为"大学 A"且攻读硕士学位以前工作年限"大于或等于 2 年"的数据；第二个文件存储的是按照简单随机抽样选取的 50% 的样本数据。

5. 从数据文件"文科硕士研究生基本情况表 .sav"中选择部分数据，将其复制到两个新的数据文件中，分别命名为"练习 – 文科硕士研究生基本情况表 1.sav"和"练习 – 文科硕士研究生基本情况表 2.sav"。将数据文件"练习 – 文科硕士研究生基本情况表 1.sav"和"练习 – 文科硕士研究生基本情况表 2.sav"中的数据合并为"练习 – 文科硕士研究生基本情况表 3.sav"。

6. 建立一个有关学生使用电子产品的 Excel 数据文件，输入相关数据，取名为"电子产品使用数据"，根据第一行是变量名的约定，将其中的数据复制到 SPSS 数据文件中。

第 3 章　数据清理与基本统计分析

本章学习目标:

❶ 了解数据清理的内容,掌握离群值与错误值的检查和清理方法。

❷ 掌握常用的描述性统计量的含义及其在 SPSS 中的计算过程。

❸ 熟练掌握描述性统计分析、探索性分析在 SPSS 中的实现过程。

❹ 熟练掌握多选项问题分析在 SPSS 中的实现过程。

数据清理与基本统计分析是进行进一步统计分析的基础和前提。本章主要介绍在 SPSS 中如何进行数据清理,如何进行基本统计量的计算,以及如何进行描述性统计分析和探索性分析等。

3.1 数据清理

在数据收集及数据录入的过程中,常常会存在这样或那样的差错。因此,无论进行何种统计分析,都必须先对数据文件中的数据进行清理。

清理数据具有两个方面的意义:一是使每个变量值都具有合理性(即能发现离群值与错误值);二是使各个变量值之间的关系在逻辑上具有合理性。

3.1.1　变量值合理性检查

根据变量类型,可以将变量值合理性检查分为定性变量值检查和定量变量值检查。

定性变量值是指只有有限个确定的数值,如果发现有与确定数值不同的值,则该值就是不合理值,需要对其进行修正或删除。例如,变量“性别”只取两个值:1(男)和 2(女),如果数据文件中有“性别”=3,则其就是不合理值。

定量变量值由于有具体的含义,因此会有取值区间,不在此区间的值就是不合理值。例如,变量 A15“写论文期间每天的学习时间”的取值区间为 0~24 小时。如果 A15 大于 24 小时,则其就是不合理值。

要对定性变量值进行检查,可以选择菜单“分析”→“描述统计”→“频率”命令,弹出“频率”对话框,如图 3.1.1 所示。将所有定性变量(名义变量或有序变量)选入“变量”框,单击“确定”按钮即可输出结果,从输出结果中可以看到每个定性变量的取值及其频数,此时可发现是否有不合理值。

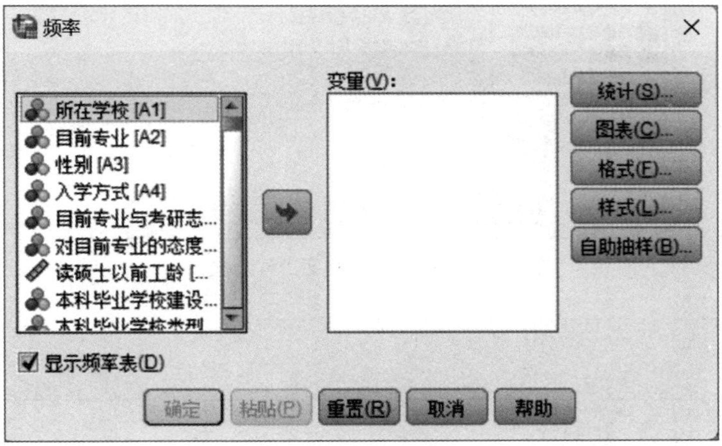

图 3.1.1 “频率”对话框

要对定量变量值进行检查,可以先选定目标变量,然后对该变量的值进行排序,发现是否有不合理值。也可以计算每个变量的最大值和最小值,发现是否有不合理值。

对离群值进行清理的步骤为:选择菜单“数据”→“选择个案”命令,弹出“选择个案”对话框,选择“如果条件满足”项,如图 3.1.2 所示。

单击“如果”按钮,弹出“选择个案:If”对话框,如图 3.1.3 所示。

将需要检查的目标变量(如 A15)选入条件表达式框,并定义条件表达式“A15>=24”,即可确定 A15≥24 的个案。

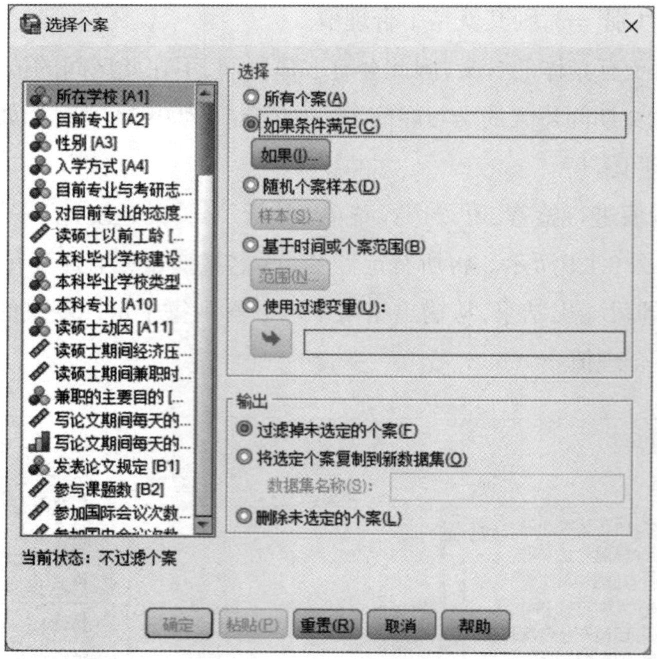

图 3.1.2 “选择个案”对话框

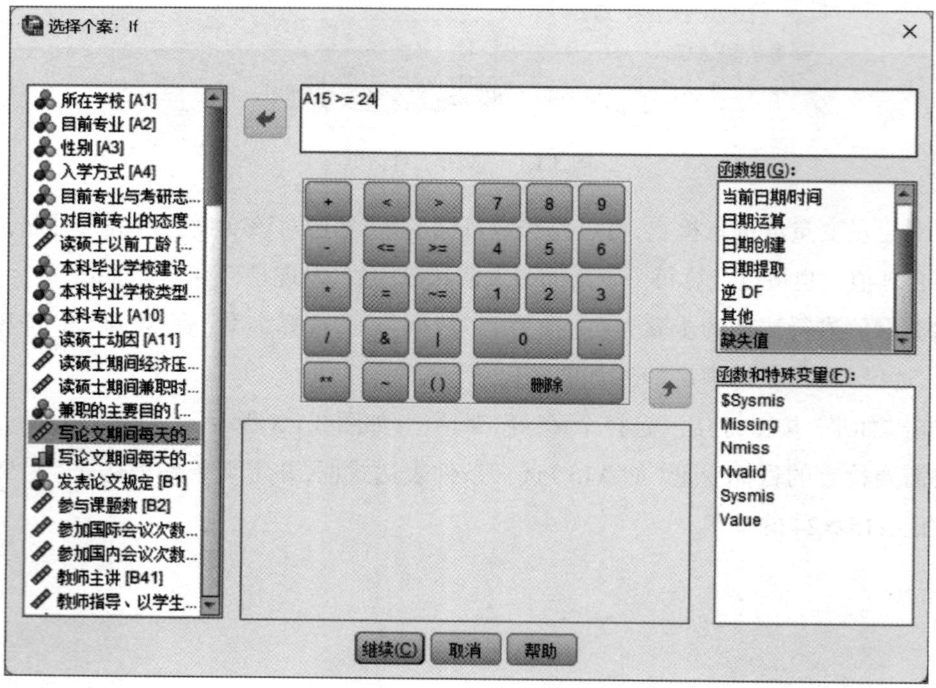

图 3.1.3 “选择个案：If”对话框

3.1.2 变量之间关系的逻辑检查与清理

可以通过“选择个案：If”对话框来对变量之间的关系进行逻辑检查和清理。

下面以数据文件“文科硕士研究生培养情况表 6.sav”为例进行介绍。在该数据文件的基础上，增加一个变量 A16“写论文期间每周的学习时间”，将增加变量后的数据文件保存为“文科硕士研究生培养情况表 7.sav”。在数据文件“文科硕士研究生培养情况表 7.sav”中，检查变量 A15“写论文期间每天的学习时间”和变量 A16“写论文期间每周的学习时间”之间的逻辑关系。在正常情况下，“写论文期间每周的学习时间”应大于“写论文期间每天的学习时间”，即“A16>A15”，异常数据为“A15>=A16”，如图 3.1.4 所示。

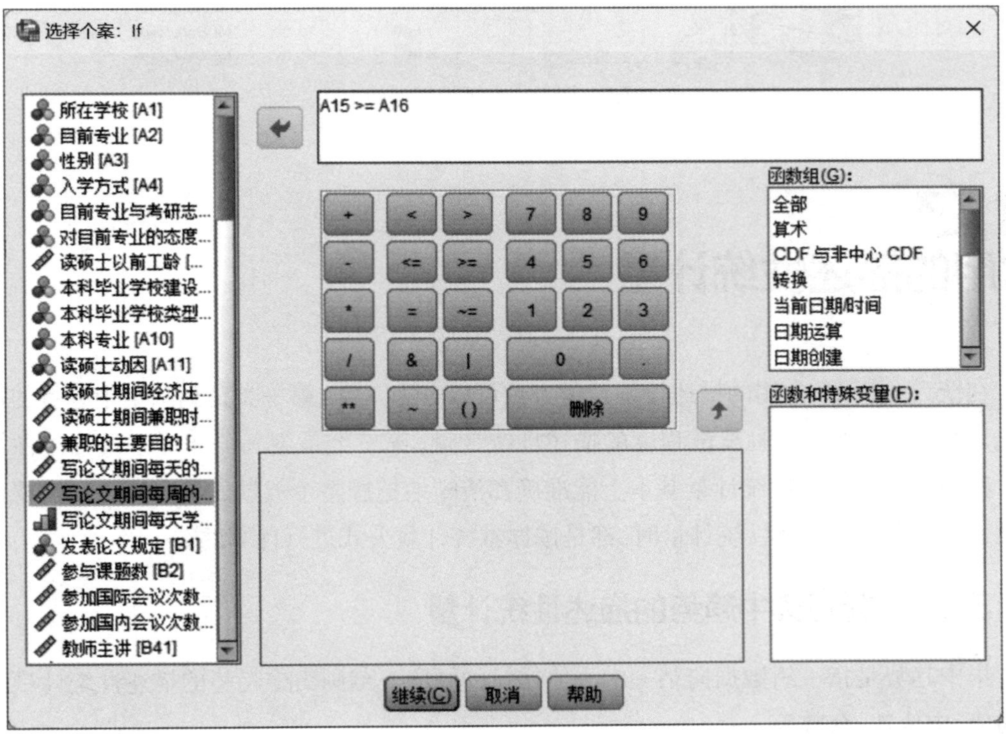

图 3.1.4 在“选择个案 :If”对话框中定义条件表达式

单击“继续”按钮，返回“选择个案”对话框。在“输出”区域采用默认设置，单击“确定”按钮，则搜索出有逻辑错误的个案（个案序号为 9）。运行结果如图 3.1.5 所示，此时可对该个案中的错误值进行修改。

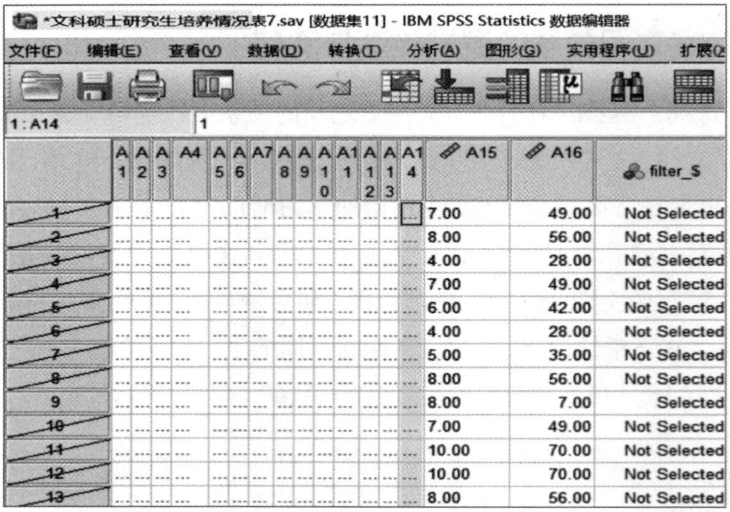

图 3.1.5 搜索出有逻辑错误的个案

3.2 常用的描述性统计量

在统计分析中,常用的描述性统计量大致可以分为三类:第一类是刻画集中趋势的描述性统计量;第二类是刻画离散程度的描述性统计量;第三类是刻画分布形态的描述性统计量。利用这三类描述性统计量基本上能准确和清晰地把握整个数据的分布特点。需要说明的是,SPSS 在计算描述性统计量时,都是按样本统计量公式进行计算的。

3.2.1 刻画集中趋势的描述性统计量

集中趋势是指一组数据向某一中心值靠拢的倾向。刻画集中趋势的描述性统计量主要有均值、中位数、众数等。

1. 均值

均值(mean)反映了某变量所有取值(总体)的集中趋势或者平均水平。例如,某班学生某门课程考试的平均成绩、某校教师的平均月收入等,都是均值的具体体现。均值的大小易受数据中极端值的影响。当总体中的个体较多时,总体均值不易计算,这时可以从总体中抽取出样本,通过计算样本观测值的均值来估计总体均值,即将样本均值作为总体均值的估计值。

- 对于服从正态分布的样本，其均值的计算公式为

$$\bar{x}=\frac{\sum_{i=1}^{n}x_i}{n}$$

其中：x_i 为第 i 个样本观测值；n 为样本量。

- 对于已分组的频数表资料，其均值的计算公式为

$$\bar{x}=\frac{\sum_{i=1}^{n}f_ix_i}{\sum_{i=1}^{n}f_i}$$

其中：x_i 为第 i 组的中心值；f_i 为第 i 组的频数；n 为组数。

2. 中位数

把一组样本观测值按照递增的次序排序，处于中间位置的值就是中位数（median）。中位数是一种次序统计量，不受极端值的影响，具有较高的稳定性。

中位数的计算方法如下：

（1）直接法

有以下两种情况：

若样本量 n 为奇数，则将样本观测值按大小次序排序后，位于中间的那个值即为中位数。

若样本量 n 为偶数，则将样本观测值按大小次序排序后，取位于中间的两个值，求其平均数，即为中位数。

（2）频数表法

其计算公式为

$$M=L+\frac{I}{f_{\mathrm{M}}}(50\%n-f_{\mathrm{c}})$$

其中：M 表示中位数；L 表示中位数所在组的下限值；I 表示中位数所在组的组距；f_{M} 表示中位数所在组的频数；f_{c} 表示中位数所在组前面各组的累积频数；n 表示分组数。

利用上面的中位数公式计算的是第 50 百分位数，用同样的方法可以计算第 25 百分位数、第 75 百分位数等。

3. 众数

众数（mode）是指在一组样本观测值中出现次数最多的那个值。众数在描述数据集中趋势方面具有一定的意义。

手工计算众数比较麻烦，需要统计数据的次数分布。

3.2.2 刻画离散程度的描述性统计量

离散程度是指一组数据远离其中心值的程度。除了用均值等中心值来描述数据，还应当考察数据分布的疏密程度。数据如果都集中在某个中心值的周围，即数据的离散程度较小，则说明该中心值对数据的代表性好；反之，则说明该中心值对数据的代表性不好。

常见的刻画离散程度的描述性统计量有以下几个：

1. 标准差

标准差（standard deviation）是表示一组数据离散程度的统计量。标准差的值越大，说明数据之间的差异越大，到均值这个中心值的距离就越远。

如果该组数据是样本，则标准差的计算公式为

$$S=\sqrt{\frac{\sum_{i=1}^{n}(x_i-\overline{x})^2}{n-1}}$$

其中：x_i 为第 i 个样本观测值；$\overline{x}$ 为均值；n 为样本量。

2. 方差

方差（variance）也是表示一组数据离散程度的统计量，是各个数据与其均值之差的平方的平均数。方差是标准差的平方，方差的值越大，说明数据之间的差异越大。如果该组数据是样本，则方差的计算公式为

$$S^2=\frac{\sum_{i=1}^{n}(x_i-\overline{x})^2}{n-1}$$

其中：x_i 为第 i 个样本观测值，$\overline{x}$ 为均值；n 为样本量。

3. 极差

极差（range）也称为全距，是一组数据中的最大值与最小值之差。在数量相同的两组数据中，极差大的一组数据比极差小的一组数据分散。极差非常小，就意味着数据基本上集中在一起。

极差的计算公式为

$$极差=最大值-最小值$$

其中：最小值（minimum）即一组数据中的最小值；最大值（maximum）即一组数据中的最大值。

4. 标准误差

在应用中,标准误差特指样本均值的标准差。样本是来自总体的,样本的描述性统计量可以反映总体的特征。但由于抽样误差的存在,样本观测值与总体实际值之间总存在一定的差异,样本均值与总体均值之间也存在差异。标准误差(standard error)就是描述样本均值与总体均值之间平均差异程度的统计量。

标准误差的计算公式为

$$SE=\frac{S}{\sqrt{n}},\quad 其中\ S=\sqrt{\frac{\sum_{i=1}^{n}(x_i-\bar{x})^2}{n-1}}$$

其中:SE 为标准误差;S 为标准差;n 为样本量。

5. 四分位数(quartile)、四分位差、十分位数(decile)和百分位数(percentile)

四分位数是指在将一组数据由小到大排序后,用 3 个分位点将全部数据分为四等份,与 3 个分位点相对应的数称为四分位数,分别记为 Q_1(上四分位数)、Q_2(中位数)、Q_3(下四分位数)。四分位差为下四分位数与上四分位数之差,即 Q_3-Q_1。

十分位数是指在将一组数据由小到大排序后,用 9 个分位点将全部数据分为十等份,与 9 个分位点相对应的数称为十分位数,分别记为 D_1、D_2、D_3、…、D_9,表示 10% 的数据落在 D_1 之下,20% 的数据落在 D_2 之下,……90% 的数据落在 D_9 之下。

百分位数是指在将一组数据由小到大排序后,用 99 个分位点将全部数据分为一百等份,与 99 个分位点相对应的数称为百分位数,分别记为 P_1、P_2、…、P_{99},表示 1% 的数据落在 P_1 之下,2% 的数据落在 P_2 之下,……99% 的数据落在 P_{99} 之下。

6. 变异系数

标准差反映了一组数据的离散程度的绝对值,其大小与原始数据的大小有关。通常原始数据越大,标准差就越大。此外,标准差与原始数据的计量单位相同。如果数据的计量单位不同,则不能对它们进行离散程度的比较。变异系数(coefficient of variation, CV)也称为离散系数,其主要功能是比较不同计量单位数据的离散程度,它是一个相对统计量,其计算公式为

$$CV=\frac{S}{\bar{x}}$$

其中:CV 为变量系数;S 为标准差;$\bar{x}$ 为均值。

变异系数越大,说明离散程度越大。

7. 标准分

有了均值和标准差后，就可以计算一组数据中每个数据的标准分(standard score)，标准分也称为标准化值或 Z 分数。它可以用于测度每个数据在整组数据中的相对位置，以判断该组数据中是否有离群值。标准分主要计算一个样本观测值与均值相差多少个标准差，即

$$z_i = \frac{x_i - \bar{x}}{S}$$

其中：x_i 为第 i 个样本观测值；$\bar{x}$ 为均值；S 为标准差。

对一组数据进行标准化处理，就是将该组数据转化成一组均值为 0、标准差为 1 的新数据。标准化处理并不改变各个数据在组中的相对位置及分布形态。

3.2.3　刻画分布形态的描述性统计量

集中趋势和离散程度是数据分布的两个重要特征，但为了更全面地了解数据分布的特点，还应把握数据的分布形态。数据的分布形态主要指数据分布是否对称、偏斜程度如何，以及分布的陡缓程度如何等。

刻画分布形态的描述性统计量主要有以下几个：

1. 偏度

偏度(skewness)也用于描述数据分布形态，它是描述某变量所有取值分布形态对称性或偏斜程度的统计量，由统计学家皮尔逊(K. Pearson)提出。偏度是与正态分布相比较而言的统计量。

偏度系数简记为 SK，其计算公式为

$$SK = \frac{1}{(n-1)S^3}\sum_{i=1}^{n}(x_i - \bar{x})^3$$

其中：x_i 为第 i 个样本观测值；$\bar{x}$ 为均值；n 为样本量；S 为标准差。

偏度系数为 0 表示数据分布呈正态分布，具有对称性。偏度系数大于 0 表示数据分布与正态分布相比为正偏态分布或者右偏态分布，偏度系数小于 0 表示数据分布与正态分布相比为负偏态分布或者左偏态分布，如图 3.2.1 所示。

偏度系数的绝对值越大表示数据分布的偏斜程度越大：偏度系数的绝对值大于 1，表示数据分布严重偏态；偏度系数的绝对值在 0.5 到 1 之间，表示数据分布中度偏态；偏度系数的绝对值小于 0.5 表示数据分布轻微偏态。

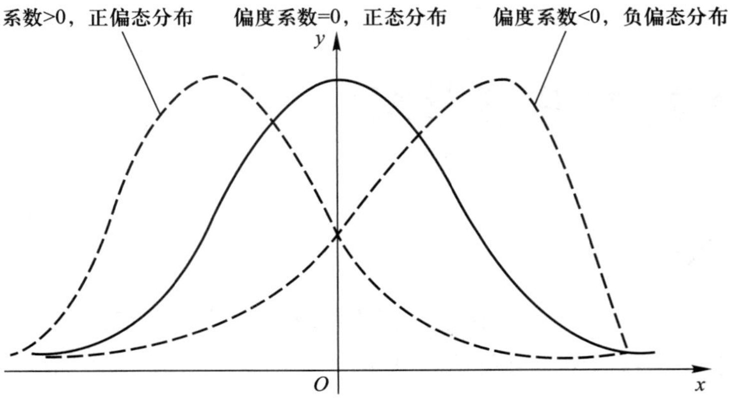

图 3.2.1 数据分布的偏态特征

2. 峰度

峰度（kurtosis）是描述某变量所有取值分布形态陡缓程度的统计量，也是与正态分布相比较而言的统计量。

峰度系数简记为 KU，其计算公式为

$$KU=\frac{1}{(n-1)S^4}\sum_{i=1}^{n}(x_i-\bar{x})^4-3$$

其中：x_i 为第 i 个样本观测值；$\bar{x}$ 为均值；n 为样本量；S 为标准差。

峰度系数为 0，表示数据分布与正态分布的陡缓程度相同，呈正态分布；峰度系数大于 0，表示数据分布比正态分布更加陡峭，呈尖峰态分布；峰度系数小于 0，表示数据分布比正态分布更加平坦，呈低峰态分布，如图 3.2.2 所示。

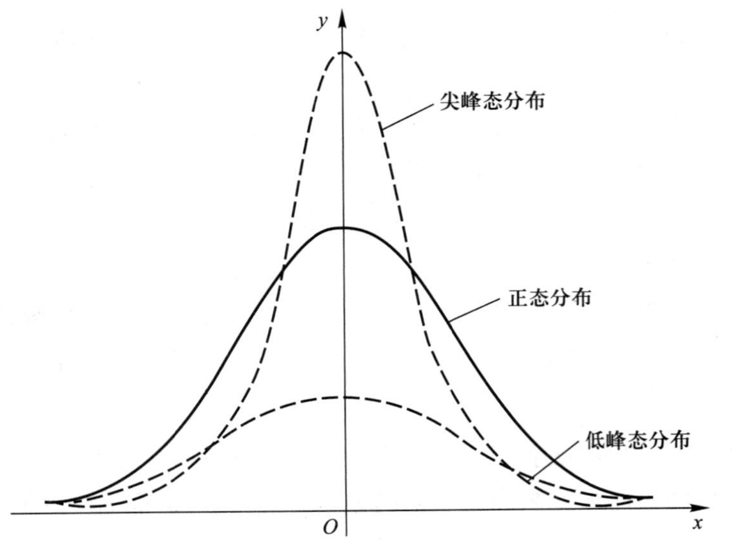

图 3.2.2 数据的峰态特征

3.3 常用统计量的 SPSS 计算

3.3.1 频数分析

频数是指一个变量在各个取值上的个案数,主要用于描述定性变量。通过频数分析能够了解变量取值的状况及其分布特征。例如,在对调查问卷结果进行分析时,要先对被调查者的特征,如性别、文化程度、专业等进行分析和总结。这些特征能够在一定程度上反映样本是否具有总体代表性、抽样是否存在系统偏差等,以此证明之后对相关问题的分析是否具有代表性和可信性。利用频数分析可以实现对上述特征的分析。

在 SPSS 中,可以利用“分析”菜单“描述统计”子菜单中的“频率”命令来实现频数分析功能。需要说明的是,虽然频数是用来描述定性变量的,但利用 SPSS 中的“频率”命令可以同时处理定性变量和定量变量,而且在处理后者时功能更强大。

例 3.1 计算文科硕士研究生的“写论文期间每天的学习时间”的各个统计量。所用的数据文件同例 2.1 中的“文科硕士研究生培养情况 .sav”。本例中的变量是连续变量,具体操作步骤如下:

第 1 步 打开数据文件“文科硕士研究生培养情况 .sav”。

第 2 步 选择频数分析功能模块。

选择菜单“分析”→“描述统计”→“频率”命令,弹出“频率”对话框。

第 3 步 确定分析变量。

在“频率”对话框左侧的变量列表框中选择需要分析的变量,将其选入右边的“变量”框中。在本例中,选择定量变量 A15“写论文期间每天的学习时间”,将其选入“变量”框(当然也可以选入多个变量进行分析,如再选入变量 A1“所在学校”)。如图 3.3.1 所示。

第 4 步 设置统计量。

对于定量变量,单击“频率”对话框中的“统计”按钮,打开“频率: 统计”对话框,该对话框涵盖了所有常用的统计量。在本例中,选择的统计量如图 3.3.2 所示。单击“继续”按钮,返回“频率”对话框。

单击该对话框右侧的“图表”按钮,打开如图 3.3.3 所示的“频率: 图表”对话框。利用该对话框,可以用图表的形式来展示数据的频数分布,该对话框提供的图表类型为“条形图”“饼图”“直方图”,在本例中选择“条形图”项。单击“继续”按钮,返回“频率”对话框。

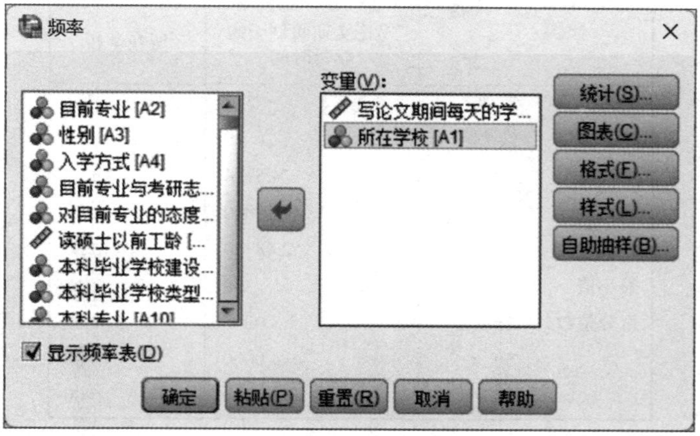

图 3.3.1 “频率”对话框

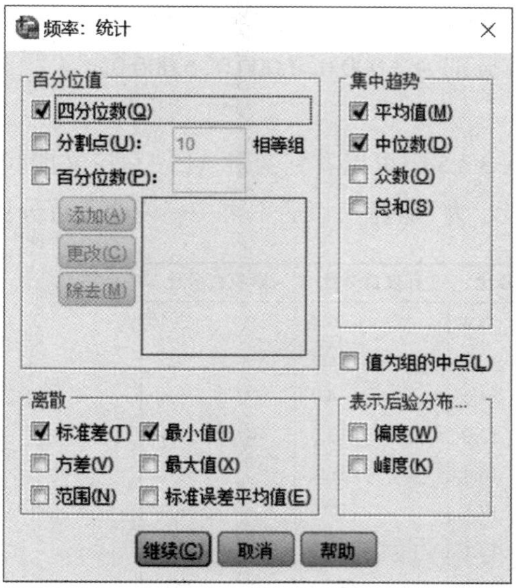

图 3.3.2 “频率：统计”对话框

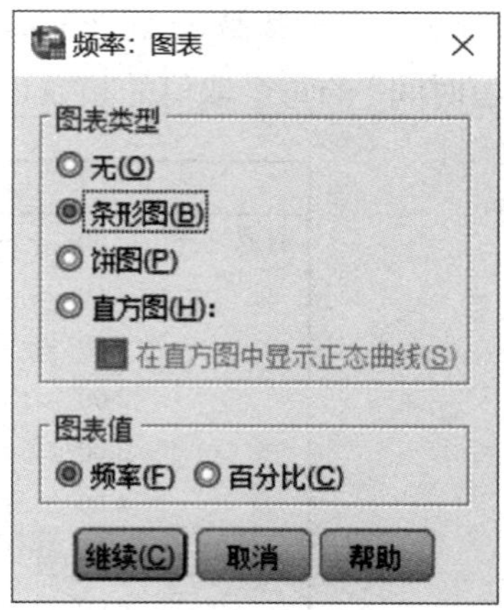

图 3.3.3 “频率：图表”对话框

在“频率”对话框中，选中“显示频率表”复选框，单击“确定”按钮，输出频数分析结果。

第 5 步 结果与讨论。

在 SPSS 的输出窗口中，可以看到如下统计数据：

（1）统计表

SPSS 输出的统计表如图 3.3.4 所示。

		写论文期间每天的学习时间	所在学校
个案数	有效	323	323
	缺失	0	0
平均值		4.5124	3.35
中位数		4.0000	3.00
标准偏差		2.48720	1.726
最小值		.00	1
百分位数	25	3.0000	2.00
	50	4.0000	3.00
	75	6.0000	5.00

图 3.3.4 统计表[①]

从图 3.3.4 中可以看到个案数为 323。文科硕士研究生在“写论文期间每天的学习时间”的均值（“平均值”行）为 4.512 4，中位数为 4，标准差（“标准偏差”行）为 2.487 20，最小值为 0，3 个分位点（“百分位数”的相应行）分别为 3.000 0、4.000 0、6.000 0。

（2）频数表

SPSS 输出的频数表如图 3.3.5 所示。从图 3.3.5 中可以看到变量 A15“写论文期间每天的学习时间”的每个取值的频数（在 SPSS 中显示为“频率”，以后不再一一说明）、百分比等。

		频率	百分比	有效百分比	累积百分比
有效	.00	11	3.4	3.4	3.4
	.50	3	.9	.9	4.3
	1.00	13	4.0	4.0	8.4
	2.00	45	13.9	13.9	22.3
	3.00	53	16.4	16.4	38.7
	4.00	57	17.6	17.6	56.3
	5.00	39	12.1	12.1	68.4
	6.00	33	10.2	10.2	78.6
	7.00	10	3.1	3.1	81.7
	8.00	43	13.3	13.3	95.0
	9.00	1	.3	.3	95.4
	10.00	15	4.6	4.6	100.0
	总计	323	100.0	100.0	

图 3.3.5 频数表

① 本书中的输出结果（包括图表和注释）均按 SPSS 的原始输出形式呈现，由于 SPSS 的中文界面和输出结果，在术语表述、图形和数据表示等方面存在不规范的问题，因此与本书正文的描述有所差异，请读者参照本书正文掌握相关内容。

需要说明的是,在 SPSS 中默认不显示小数的小数点之前的 0,若要显示小数点之前的 0,则可利用菜单“编辑”→“选项”命令,在打开的“选项”对话框的“常规”选项中,选择“对小数值显示前导零”项。

(3)条形图

SPSS 输出的条形图如图 3.3.6 所示。从该条形图中可以看出每天学习时间为 4 小时的文科硕士研究生最多。

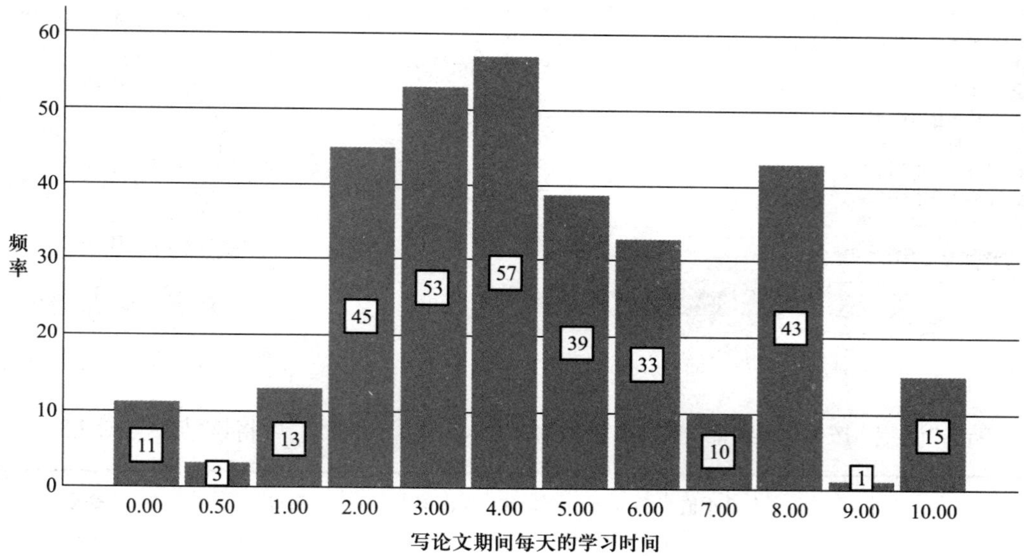

图 3.3.6 变量 A15“写论文期间每天的学习时间”的频数分布

3.3.2 描述性分析

描述性分析主要用于对定量变量进行描述性统计,它有相当一部分功能与频数分析的功能重合,但其提供的统计量没有后者全面,在此只做简单描述。

在 SPSS 中,可以利用“分析”菜单“描述统计”子菜单中的“描述”命令来实现描述性分析功能。

以例 3.1 为例。打开数据文件“文科硕士研究生培养情况 .sav”,选择菜单“分析”→“描述统计”→“描述”命令,打开“描述”对话框,将左侧变量框中的变量 A15“写论文期间每天的学习时间”选入“变量”框,如图 3.3.7 所示。

单击“选项”按钮,弹出“描述:选项”对话框,选择的统计量如图 3.3.8 所示。单击“继续”按钮,返回“描述”对话框。

在“描述”对话框中选中“将标准化值另存为变量”复选框,表示对变量 A15“写论文期间每天的学习时间”进行标准化处理，其标准分将以 ZA15 为名保存在数据文件“文科硕士研究生培养情况 .sav”中。

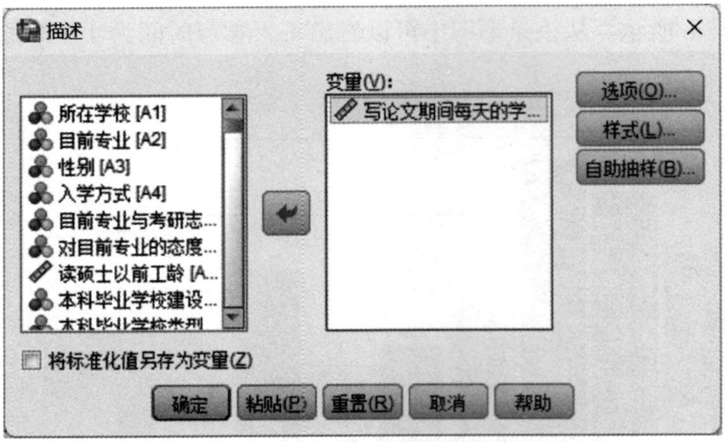

图 3.3.7 “描述”对话框

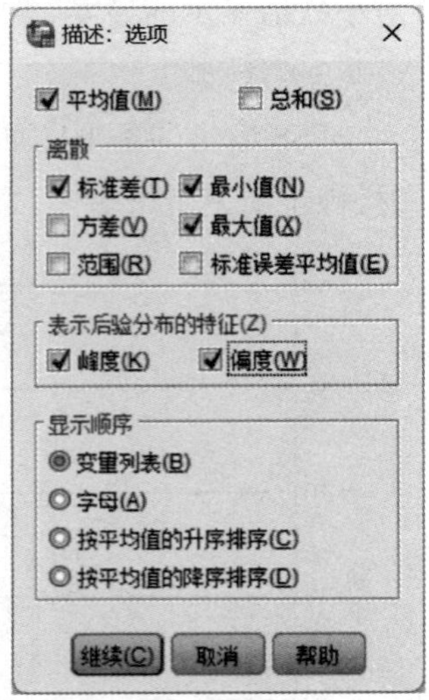

图 3.3.8 “描述：选项”对话框

单击“确定”按钮，输出描述性统计分析结果，如图 3.3.9 所示，可将该结果与图 3.3.4 对照。

	N	最小值	最大值	平均值	标准偏差	偏度		峰度	
	统计	统计	统计	统计	统计	统计	标准 错误	统计	标准 错误
写论文期间每天的学习时间	323	.00	10.00	4.5124	2.48720	.404	.136	−.522	.271
有效个案数(成列)	323								

图 3.3.9 描述性统计结果

3.4 探索性分析

探索性分析能够对变量进行更为深入、详尽的描述性统计分析。它在一般描述性统计量的基础上，增加了有关数据分布形态和规律的数值及图形描述，如离群值、箱图、茎叶图、正态分布检验图等，有助于人们对数据进行进一步的统计分析。

探索性分析既可以为所有个案,也可以分别为每个个案组,生成摘要、统计量和图形显示。利用探索性分析,可以进行数据筛选(通过数据筛选,人们可以确定离群值、极值等)、离群值识别、描述性统计、假设检验以及描述个案组之间的差异,有助于人们确定用于数据分析的统计方法是否合适。

在 SPSS 中,可以通过“分析”菜单的“描述统计”子菜单中的“探索”命令来实现探索性分析功能。

3.4.1 案例:“写论文期间每天的学习时间”比较

例 3.2 对不同性别的文科硕士研究生的“写论文期间每天的学习时间”进行探索性分析。

3.4.2 统计分析过程

第 1 步 打开数据文件“文科硕士研究生培养情况 .sav”。

第 2 步 选择探索性分析功能模块。

选择菜单“分析”→“描述统计”→“探索”命令,弹出“探索”对话框。

第 3 步 确定分析变量。

在“探索”对话框左侧的变量列表框中,选择一个或多个要分析的变量,并将其选入右侧的列表框。在本例中,将变量 A15“写论文期间每天的学习时间”作为分析变量选入“因变量列表”框,再将变量 A3“性别”作为分组变量选入“因子列表”框,如图 3.4.1 所示。

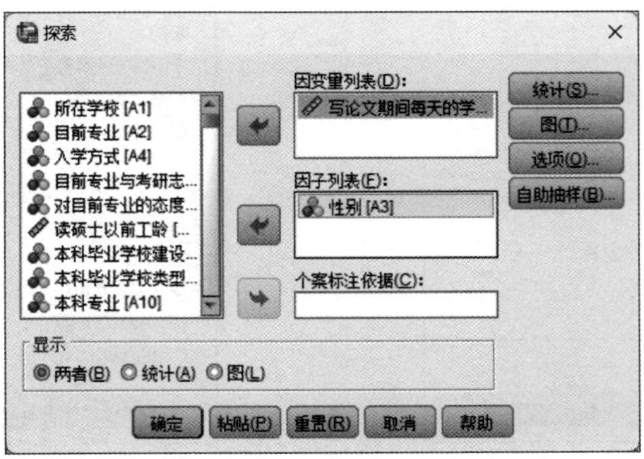

图 3.4.1 “探索”对话框

需要注意的是,如果将多个分组变量选入“因子列表”框,那么就会按照各个分组变量的各个取值的组合进行分组。例如,如果两个分组变量各有 2 个取值,那么就会有 4 个分组。

第 4 步 设置基本选项。

在“探索”对话框的“显示”区域有 3 个选项,用于提供 3 种输出结果,分别为“统计”“图”“两者”。本例选择“两者”项。

第 5 步 设置统计量。

单击“探索”对话框中的“统计”按钮,弹出如图 3.4.2 所示的“探索:统计”对话框,该对话框包含 4 个选项:

- 描述(Descriptives):该选项用于输出基本描述性统计量,包括均值、中位数、5% 修正均值、四分位数、标准误差、方差、标准差、最小值、最大值、极差、偏度和峰度等。均值的置信区间的置信度默认为 95%。
- M- 估计量(M-estimators):是比均值和中位数更稳健的数据中心估计值,用于判断数据中有无明显的离群值。需要注意的是,计算出的估计值在应用到不同个案中时权重有所不同。
- 离群值(Outliers):显示 5 个最大值和 5 个最小值。
- 百分位数(percentiles):显示第 5 百分位数、第 10 百分位数、第 25 百分位数、第 50 百分位数、第 75 百分位数、第 90 百分位数和第 95 百分位数。

在本例中,将上述选项全部选中,单击“继续”按钮返回“探索”对话框。

第 6 步 选择输出的统计图。

在“探索”对话框中单击“图”按钮,弹出“探索:图”对话框,如图 3.4.3 所示。

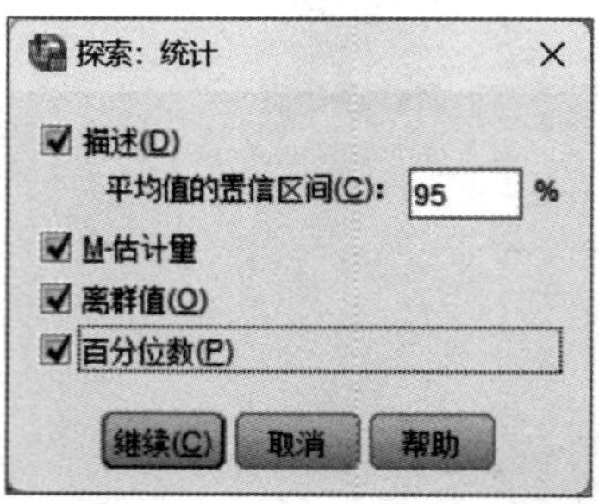

图 3.4.2 “探索:统计”对话框

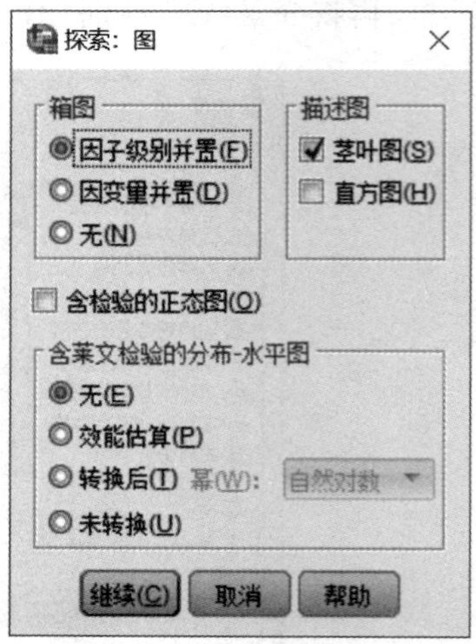

图 3.4.3 “探索:图”对话框

在此对话框中有以下选项:

①“箱图”(Boxplots)区域:用于确定箱图的绘制方式,包括以下 3 个选项:

● “因子级别并置”（Factor levels together）项：为系统默认选项。根据分组变量，为每个因变量生成一个箱图。

● “因变量并置”（Dependents together）项：为所有因变量生成一个箱图。

● “无”（None）项：不生成箱图。

② “描述图”区域：用于确定描述数据分布的统计图类型，包括两个复选框。

● “茎叶图”（Stem–and–leaf）复选框：系统默认选项，表示生成茎叶图。

● “直方图”（Histogram）复选框：表示生成直方图。

③ “含检验的正态图”（Normality plots with tests）复选框：输出正态分布图形，同时输出用于检验正态性的科尔莫戈罗夫 – 斯米尔诺夫检验（Kolmogorov–Smirnov test）统计量及其 Lilliefors 显著性水平。如果指定的权重是非整数权重，则当加权样本的大小在 3 到 50 之间时，计算夏皮洛 – 威尔克（Shapiro–Wilk）检验统计量；如果无权重或权重为整数权重，则当加权样本的大小在 3 到 5 000 之间时，计算夏皮洛 – 威尔克检验统计量。

④ “含莱文检验的分布 – 水平图”（Spread vs Level with Levene Test）区域：仅当存在分组变量时才被激活，用于生成分布 – 水平图。对于所有的分布 – 水平图，显示回归线的斜率和稳健的莱文（Levene）方差齐性检验。

● “无”（None）项：表示不生成分布 – 水平图。

● “效能估算”（Power estimation）项：表示进行幂估计转换。

● “转换后”（Transformed）项：表示先进行数据转换，再进行莱文检验。用户可在右侧的“幂”（Power）框中选择幂估计转换的幂值。

● “未转换”（Untransformed）项：表示不进行数据转换，直接进行莱文检验。

在本例中，选择“箱图”区域的“因子级别并置”项，要求按组别绘制箱图；同时选中“描述图”区域的“茎叶图”和“直方图”两个复选框，生成茎叶图和直方图；选中“含检验的正态图”复选框。在“含莱文检验的分布 – 水平图”区域选择“无”项。

单击“继续”按钮，返回“探索”对话框。

第 7 步 设置其他选项。

在“探索”对话框中单击“选项”按钮，弹出“探索：选项”对话框，如图 3.4.4 所示。

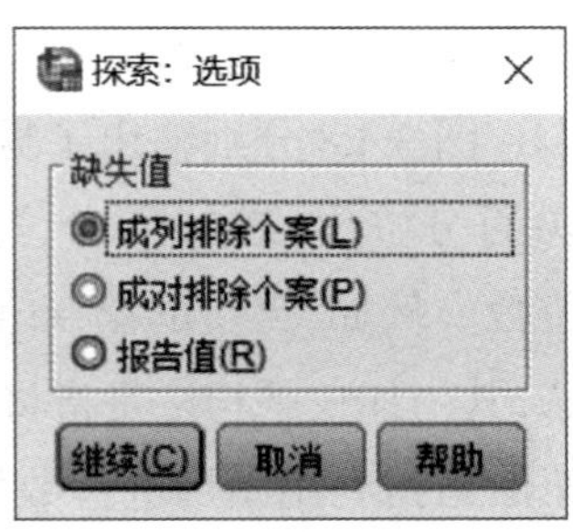

图 3.4.4 “探索：选项”对话框

此对话框用于选择缺失值的处理方式，它包括以下选项：

● “成列排除个案”（Exclude cases listwise）项：表示在所有分析中排除包含缺失值的个案。系统默认选择该项。

● 成对排除个案（Exclude cases pairwise）项：表示当分析

涉及包含缺失值的变量时,去除在该变量上是缺失值的个案。

- "报告值"(Report values)项:表示将分组变量的缺失值单独分为一组。输出的频数表包含缺失值,并标出分组变量的缺失值。

在本例中,选择"成列排除个案"项,单击"继续"按钮,返回"探索"对话框,再单击"确定"按钮,输出探索性分析结果。

3.4.3 结果与讨论

在 SPSS 输出窗口中将看到如下统计数据:

(1)个案处理摘要

个案处理摘要如图 3.4.5 所示。

		个案					
		有效		缺失		总计	
	性别	N	百分比	N	百分比	N	百分比
写论文期间每天的学习时间	男	71	100.0%	0	0.0%	71	100.0%
	女	252	100.0%	0	0.0%	252	100.0%

图 3.4.5 个案处理摘要

从图 3.4.5 中可以看到,在本次调查中,男生有 71 人,女生有 252 人,没有缺失个案。

(2)按性别分组的描述性统计结果

按性别分组的描述性统计结果如图 3.4.6 所示。根据图 3.4.6 中的数据可知,在写论文期间,女生比男生每天的学习时间长,各个统计量的含义读者可自行查阅。

(3)稳健估计量

图 3.4.7 给出了 4 种权重下因变量均值的稳健估计量。其下的注释 a、b、c、d 给出了权重的取值。当数据的离散程度较大或者数据中存在离群值时,用图 3.4.7 给出的输出结果替代均值或中位数比较合适。

(4)百分位数

图 3.4.8 分别输出了男生和女生的"写论文期间每天的学习时间"的第 5 百分位数、第 10 百分位数、第 25 百分位数、第 50 百分位数、第 75 百分位数、第 90 百分位数及第 95 百分位数。例如,男生的第 95 百分位数为 10 小时。需要说明的是,在图 3.4.8 中显示了两种方法,其中加权平均法是指将各数值乘以相应的权重,然后相加求和,再除以数值总数;图基枢纽法是指利用图形进行数据分析,这种方法的数据冗余度高。若数据量大且基本上无重复值,这两种方法的结果相同;否则加权平均法比图基枢纽法更准确。

性别				统计	标准误差
写论文期间每天的学习时间	男	平均值		4.3944	.33295
		平均值的 95% 置信区间	下限	3.7303	
			上限	5.0584	
		5%剪除后平均值		4.3271	
		中位数		4.0000	
		方差		7.871	
		标准偏差		2.80550	
		最小值		.00	
		最大值		10.00	
		范围		10.00	
		四分位距		4.00	
		偏度		.564	.285
		峰度		−.461	.563
	女	平均值		4.5456	.15087
		平均值的95% 置信区间	下限	4.2485	
			上限	4.8428	
		5%剪除后平均值		4.5088	
		中位数		4.0000	
		方差		5.736	
		标准偏差		2.39499	
		最小值		.00	
		最大值		10.00	
		范围		10.00	
		四分位距		3.00	
		偏度		.348	.153
		峰度		−.573	.306

图 3.4.6 按性别分组的描述性统计量

	性别	休伯M估计量[a]	图基双权[b]	汉佩尔M估计量[c]	安德鲁波[d]
写论文期间每天的学习时间	男	4.0717	4.0147	4.1722	4.0168
	女	4.3923	4.4035	4.4912	4.4040

a. 加权常量为 1.339。
b. 加权常量为 4.685。
c. 加权常量为 1.700、3.400 和 8.500。
d. 加权常量为 1.340*pi。

图 3.4.7 稳健估计量

		性别	百分位数 5	10	25	50	75	90	95
加权平均(定义1)	写论文期间每天的学习时间	男	.0000	1.2000	2.0000	4.0000	6.0000	9.6000	10.0000
		女	1.0000	2.0000	3.0000	4.0000	6.0000	8.0000	8.0000
图基枢纽	写论文期间每天的学习时间	男			2.0000	4.0000	6.0000		
		女			3.0000	4.0000	6.0000		

图 3.4.8 百分位数

(5)极值

图 3.4.9 给出了按性别分组后的 5 个最大值和 5 个最小值,并指明这些极值所在的个案的位置,以方便后续对极值进行处理。

性别				个案号	值
写论文期间每天的学习时间	男	最大值	1	1	10.00
			2	6	10.00
			3	35	10.00
			4	73	10.00
			5	74	10.00[a]
		最小值	1	323	.00
			2	318	.00
			3	316	.00
			4	67	.00
			5	12	.00
	女	最大值	1	36	10.00
			2	71	10.00
			3	72	10.00
			4	76	10.00
			5	77	10.00[a]
		最小值	1	322	.00
			2	321	.00
			3	320	.00
			4	319	.00
			5	317	.00[b]

a. 在较大极值的表中，仅显示了不完整的个案列表(这些个案的值为10.00)。
b. 在较小极值的表中，仅显示了不完整的个案列表(这些个案的值为.00)。

图 3.4.9 极值表

（6）正态分布的检验结果

图 3.4.10 给出了正态分布的检验结果。

	性别	柯尔莫戈洛夫–斯米诺夫(V)[a]			夏皮洛–威尔克		
		统计	自由度	显著性	统计	自由度	显著性
写论文期间每天的学习时间	男	.169	71	.000	.927	71	.000
	女	.154	252	.000	.954	252	.000

a. 里利氏显著性修正。

图 3.4.10 正态分布的检验结果

科尔莫戈罗夫–斯米尔诺夫（在 SPSS 中显示为“柯尔莫戈洛夫–斯米诺夫”）检验的概率（p 值）小于显著性水平 0.05，表明这组数据不服从正态分布。夏皮洛–威尔克检验的 p 值也小于显著性水平 0.05，同样表明这组数据不服从正态分布。

（7）直方图

图 3.4.11 分别给出了按性别分组后男生、女生的“写论文期间每天的学习时间”的直方图，可以看出男生每天的学习时间主要在 2 到 6 小时之间变动，女生每天的学习时间主要在 2 到 8 小时之间变动。

（8）茎叶图

图 3.4.12 分别给出了按性别分组后男生、女生的“写论文期间每天的学习时间”的茎叶图。茎叶图可以直观地描述数据的频数分布，它包括频数、茎（stem）和叶三部分。其中，茎表示数值的整数部分，叶表示数值的小数部分。每行中由茎和叶组成的数值乘以主干宽度就是实际数据的近似值。每个叶代表 1 个个案。

在图 3.4.12（a）所示的男生的“写论文期间每天的学习时间”的茎叶图中，第一行数据表示每天学习时间在 0 到 1 小时之间的有 7 人，其中学习时间为 0 小时的有 5 人，学习时间为 1 小时的有 2 人。

在男生中，写论文期间每天的学习时间为 2 ~ 3 小时（茎叶图中的第二行数据）的人数最多（27 人），为 4 ~ 5 小时（茎叶图中的第三行数据）的人数（15 人）次之。

可以用类似的方法分析图 3.4.12（b）所示的女生的“写论文期间每天的学习时间”的茎叶图。

（9）正态概率图

图 3.4.13（a）和（b）所示的分别是男生、女生的“写论文期间每天的学习时间”的正态概率图，正态概率图中的实线是正态分布的标准线，而散点则表示实际数据，散点分布越接近于标准线，说明数据分布越接近于正态分布。

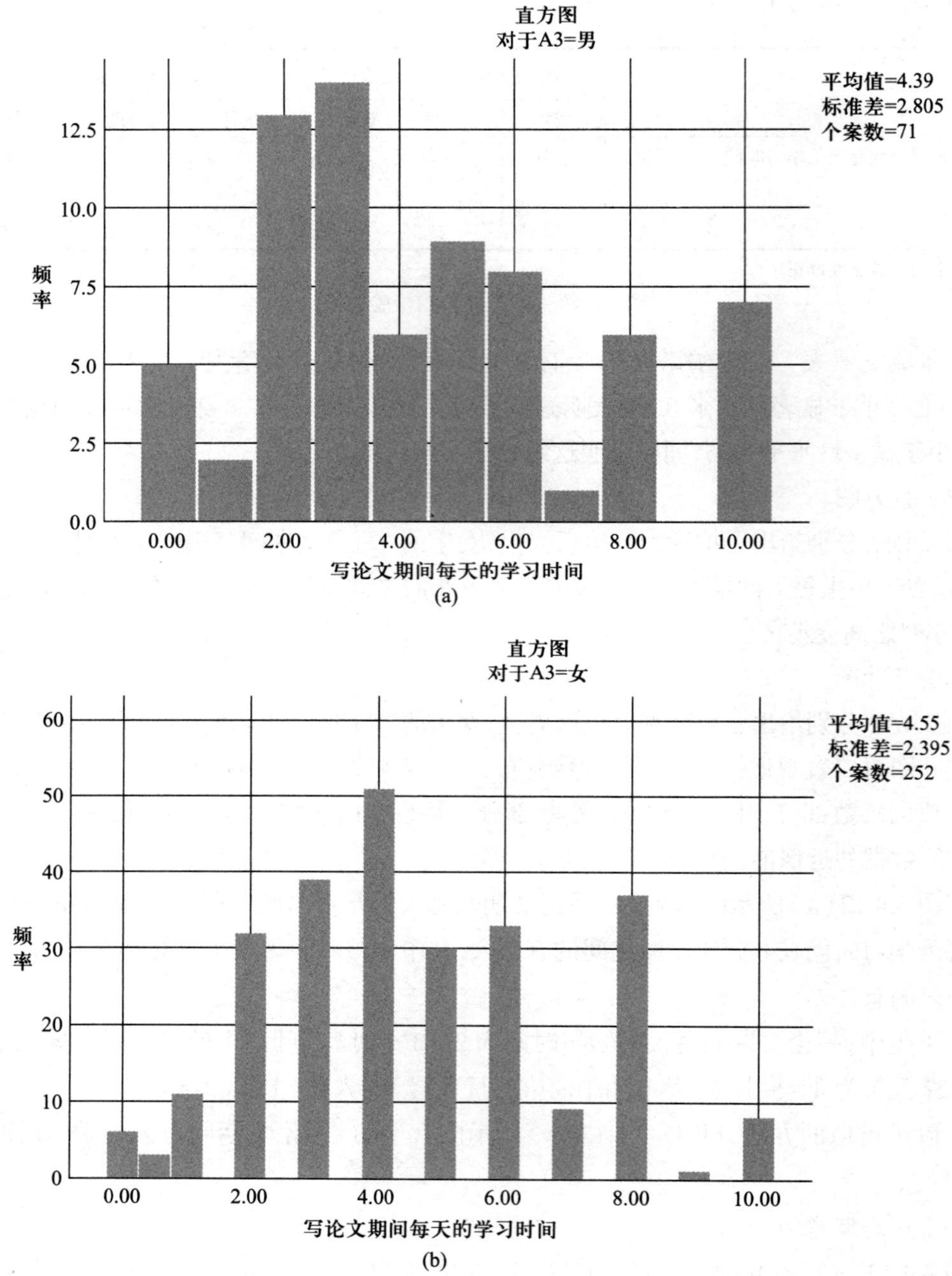

图 3.4.11　男生、女生的“写论文期间每天的学习时间”的直方图

```
写论文期间每天的学习时间 茎叶图：
A3＝男

 频率      Stem & 叶

   7.00     0 . 0000011
  27.00      0 . 222222222222223333333333333
  15.00      0 . 444444555555555
   9.00     0 . 666666667
   6.00     0 . 888888
   7.00     1 . 0000000

 主干宽度：    10.00
 每个叶：     1 个案
```

(a)

```
写论文期间每天的学习时间 茎叶图：
A3＝女

 频率      Stem & 叶

   9.00     0 . 000000555
  11.00      1 . 00000000000
  32.00      2 . 00000000000000000000000000000000
  39.00      3 . 000000000000000000000000000000000000000
  51.00      4 . 000000000000000000000000000000000000000000000000000
  30.00      5 . 000000000000000000000000000000
  25.00      6 . 0000000000000000000000000
   9.00     7 . 000000000
  37.00      8 . 0000000000000000000000000000000000000
   1.00     9 . 0
   8.00    10 . 00000000

 主干宽度：    1.00
 每个叶：     1 个案
```

(b)

图 3.4.12　男生、女生的“写论文期间每天的学习时间”的茎叶图

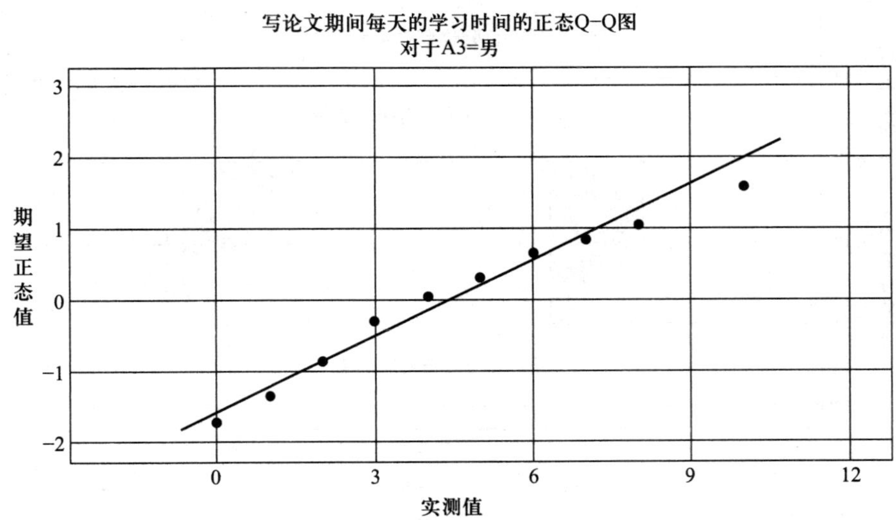

(a)

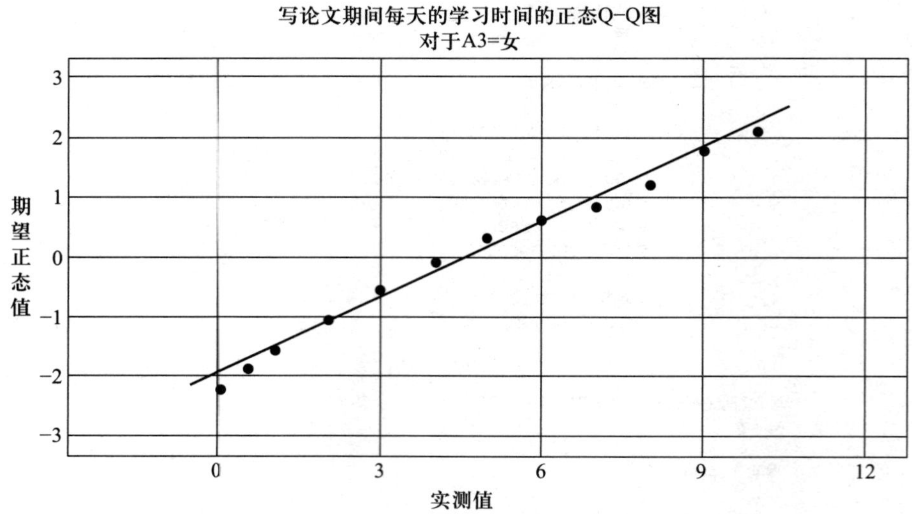

(b)

图 3.4.13 男生、女生的“写论文期间每天的学习时间”的正态概率图

（10）箱图

图 3.4.14 给出了男生、女生的“写论文期间每天的学习时间”的箱图。在该箱图中，矩形框的长度表示箱长，即四分位差，矩形框的上下边线分别表示第 75 百分位数对应的变量值和第 25 百分位数对应的变量值。矩形框中间的黑粗线表示中位数。矩形框之外的上下两条横线是除离群值和极端值之外的最大值和最小值。

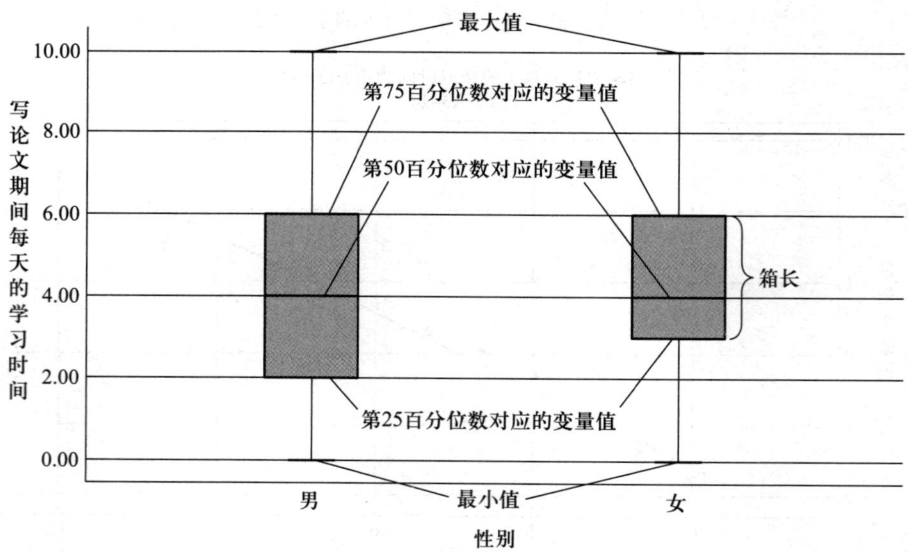

图 3.4.14 男生、女生的“写论文期间每天的学习时间”的箱图

离群值是指距离矩形框上下边线超过 1.5 倍箱长的大的变量值或小的变量值，在箱图中用小圆圈表示。极端值是指距离矩形框上下边线超过 3 倍箱长的大的变量值或小的变量值，在箱图中用“*”表示。

3.5 多选项问题分析

在调查问卷中，多选项问题是普遍存在的。多选项问题分析用于分析调查问卷中的多选项问题。在 SPSS 中，对多选项问题的分析主要是通过调用多重响应（multiple response）过程来进行的。对多选项问题进行分析的一般步骤是：首先，将多选项问题分解为若干问题；其次，对应设置若干 SPSS 变量，分别存放这些问题的备选答案；最后，利用频数分析或交叉表分析等方法对多选项问题进行分析。多选项问题的分解方法有两种：多重二分法和多重分类法。本节只对前者进行介绍。

例 3.3 导师指导文科硕士研究生主要采用以下哪几种方式（可多选）：

（1）单独指导； （2）小组讨论； （3）学术例会； （4）其他。

第 1 步 利用多重二分法建立数据文件。

多重二分法是指将多选项问题中的每个备选答案都设为一个变量，每个变量都只有 1 和 0 两个值，1 代表选择了此项，0 代表没选择此项。本例中有 4 个选项，对应设置 4 个变量，每个变量都取值为 1 或 0，具体设置如表 3.5.1 所示。

表 3.5.1 利用多重二分法设置变量

变量名	变量名标签	变量值
C41	单独指导	0/1
C42	小组讨论	0/1
C43	学术例会	0/1
C44	其他	0/1

例如，某个被调查者选择了“单独指导”和“其他”，则变量 C41、C44 的取值均为 1，其余变量的取值均为 0。

第 2 步　定义多重响应集。

（1）选择菜单“分析”→“多重响应”（Multiple Response）→“定义变量集”（Define Variable Sets）命令，弹出“定义多重响应集”对话框。

（2）设置变量集。在“集合定义”区域，将变量 C41~C44 选入“集合中的变量”框。在“变量编码方式”区域选择“二分法”项，在“计数值”文本框中输入 1。在“名称”文本框中输入变量集的名称“导师指导方式”，如图 3.5.1 所示，然后单击“添加”按钮，形成多重响应集“$导师指导方式”，如图 3.5.2 所示。最后单击“关闭”按钮。

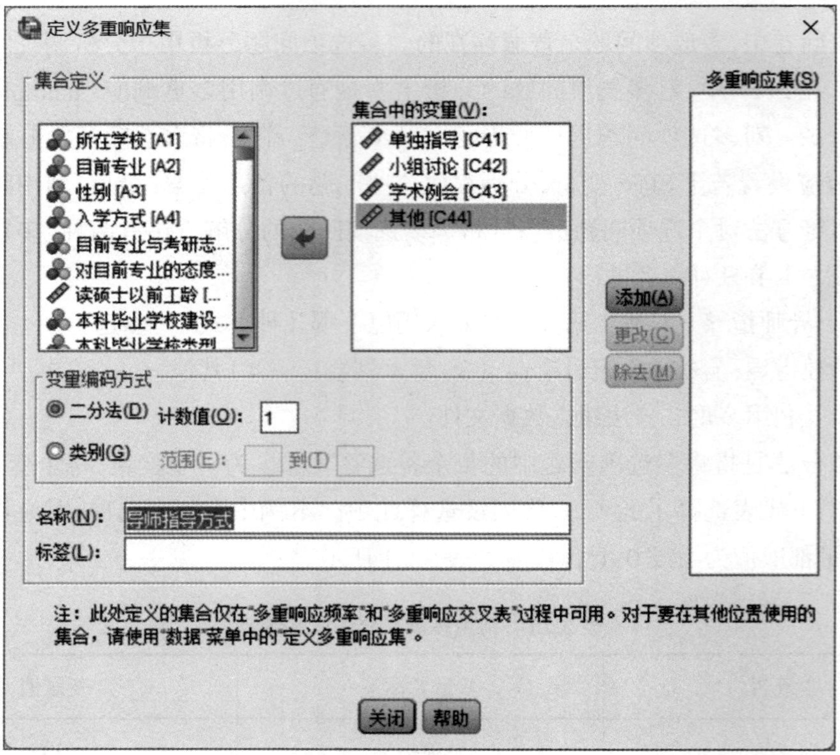

图 3.5.1　“定义多重响应集”对话框

第 3 步　频数分析。

选择菜单“分析”→“多重响应”→“频率”（Frequencies）命令，弹出如图 3.5.3（a）所示的“多重响应频率”对话框。将“多重响应集”框中的“$导师指导方式”选入“表”框，如图 3.5.3（b）所示，单击“确定”按钮，即可得到此变量集的个案摘要和频数统计结果，分别如图 3.5.4 和图 3.5.5 所示。

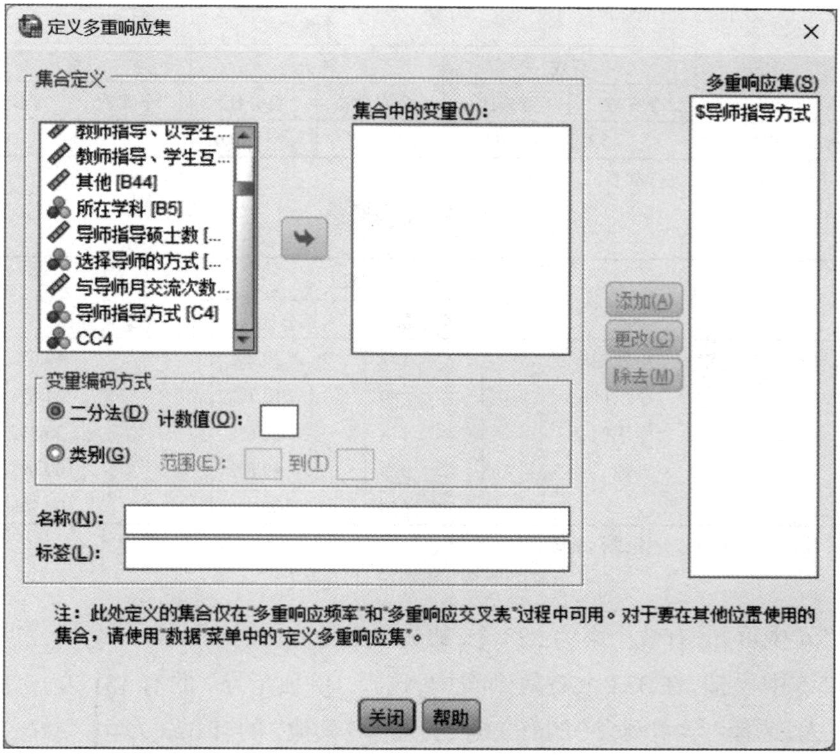

图 3.5.2 设置变量集

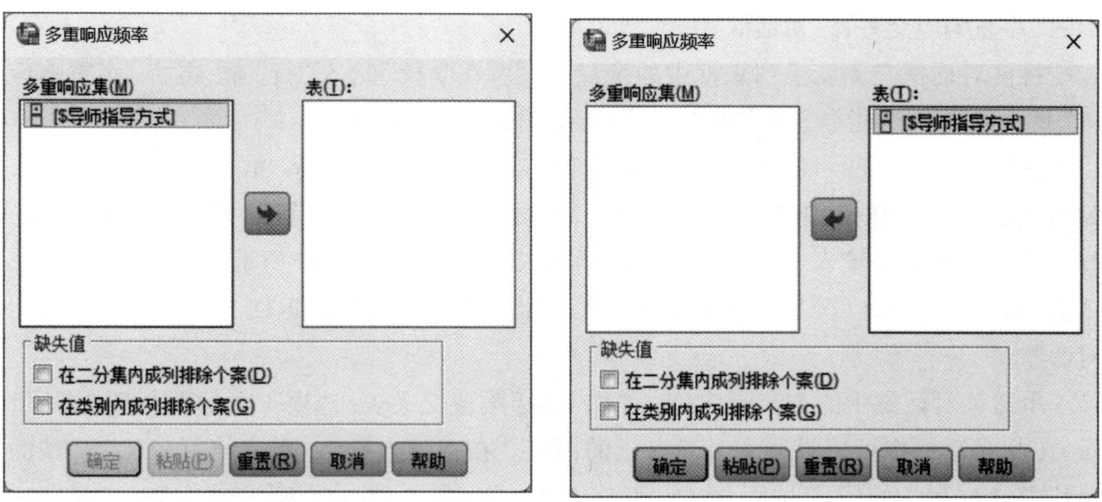

(a) (b)

图 3.5.3 “多重响应集频率”对话框

	个案					
	有效		缺失		总计	
	个案数	百分比	个案数	百分比	个案数	百分比
$导师指导方式[a]	323	100.0%	0	0.0%	323	100.0%

a. 使用了值 1 对二分组进行制表。

图 3.5.4 个案摘要

		响应		个案百分比
		个案数	百分比	
$导师指导方式[a]	单独指导	131	20.2%	40.6%
	小组讨论	80	12.3%	24.8%
	学术例会	114	17.6%	35.3%
	其他	323	49.8%	100.0%
总计		648	100.0%	200.7%

a. 使用了值 1 对二分组进行制表。

图 3.5.5 频数统计结果

从图 3.5.4 中可知,有效个案为 323 个,缺失个案为 0 个。

从图 3.5.5 中可知,在 323 个有效个案中,选择“单独指导”的有 131 人,选择“小组讨论”的有 80 人,选择“学术例会”的有 114 人,选择“其他”的有 323 人。

第 4 步 交叉表分析。

选择菜单“分析”→“多重响应”→“交叉表”(Crosstabs)命令,弹出如图 3.5.6(a)所示的“多重响应交叉表”对话框。

将该对话框左侧变量列表框中的变量 A1“所在学校”选入“行”框,再将“多重响应集”框中的“$导师指导方式”选入“列”框,如图 3.5.6(b)所示。

在图 3.5.6(b)所示的“多重响应交叉表”对话框中,单击“行”框中的变量 A1(??),激活“定义范围”按钮,单击此按钮,弹出“多重响应交叉表:定义范围”对话框。在其中的“最小值”文本框中输入 1,在“最大值”文本框中输入 6,如图 3.5.7 所示,表示变量 A1 取 6 个值:1, 2, 3, 4, 5, 6(分别代表 6 所大学)。单击“继续”按钮,即返回“多重响应交叉表”对话框。

单击该对话框中的“选项”按钮,弹出“多重响应交叉表:选项”对话框,如图 3.5.8 所示,在此对话框中可以设置交叉表显示的内容。在本例中选中“单元格百分比”区域的“行”复选框和“总计”复选框,选择“百分比基于”区域的“个案”项,选中“在响应集之间匹配变量”复选框,单击“继续”按钮,返回“多重响应交叉表”对话框。然后单击该对话框中的“确定”按钮,即可得到个案摘要和交叉表分析结果,分别如图 3.5.9 和图 3.5.10 所示。

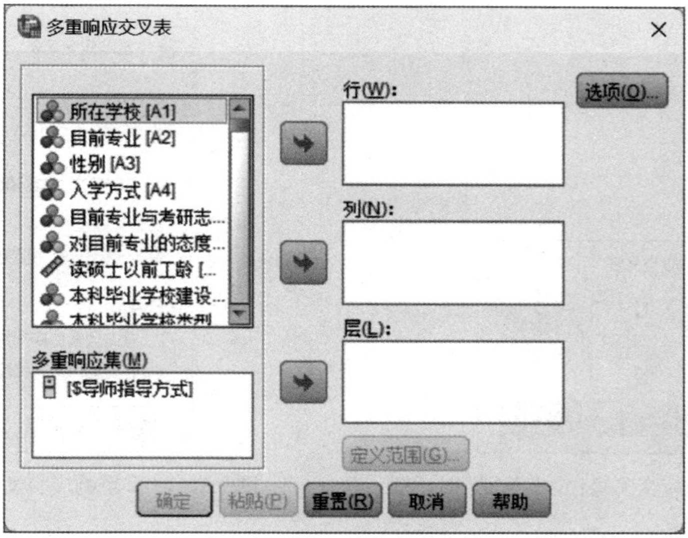

(a)

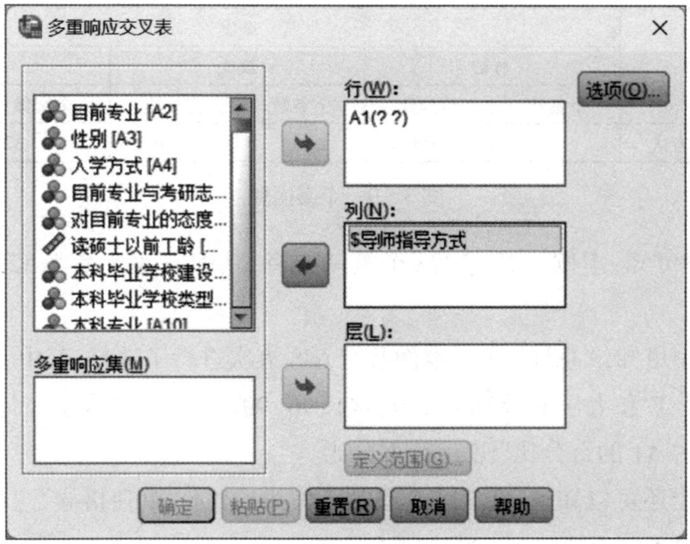

(b)

图 3.5.6 “多重响应交叉表”对话框

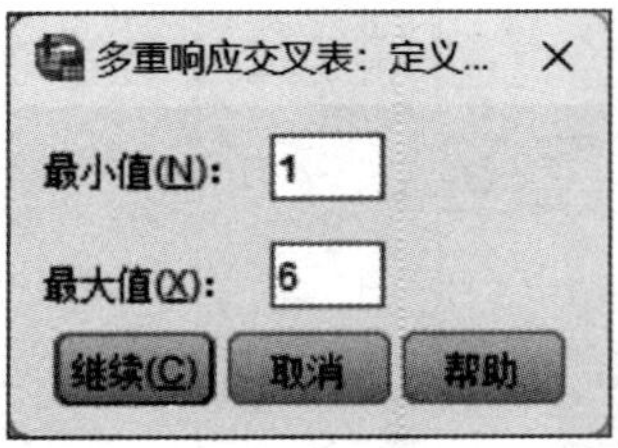

图 3.5.7　“多重响应交叉表：定义范围”对话框

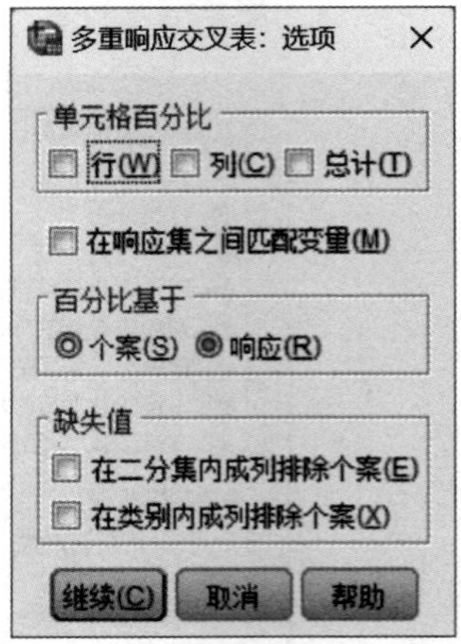

图 3.5.8　“多重响应交叉表：选项”对话框

	个案					
	有效		缺失		总计	
	个案数	百分比	个案数	百分比	个案数	百分比
A1*$导师指导方式	323	100.0%	0	0.0%	323	100.0%

图 3.5.9　个案摘要

从图 3.5.9 中可知，本例一共有 323 个被调查者，其中有效个案为 323 个，缺失个案为 0 个。

从图 3.5.10 中可知，“总计”表示本例共有 648 人次进行了选择，其中大学 A、大学 B、大学 C、大学 D、大学 E 和大学 F 分别为 110、141、96、99、94 和 108 人次；“计数”表示选择各个选项的人次；“占 A1 的百分比”表示行百分比。

从图 3.5.10 中还可以知道，在 323 个有效个案中，选择“单独指导”“小组讨论”“学术例会”“其他”的人数分别为 131、80、114 和 323。

			$导师指导方式[a]				总计
			单独指导	小组讨论	学术例会	其他	
所在学校	大学A	计数	31	8	14	57	110
		占 A1 的百分比	28.2%	7.3%	12.7%	51.8%	
		占总计的百分比	4.8%	1.2%	2.2%	8.8%	17.0%
	大学B	计数	20	23	28	70	141
		占 A1 的百分比	14.2%	16.3%	19.9%	49.6%	
		占总计的百分比	3.1%	3.5%	4.3%	10.8%	21.8%
	大学C	计数	23	11	14	48	96
		占 A1 的百分比	24.0%	11.5%	14.6%	50.0%	
		占总计的百分比	3.5%	1.7%	2.2%	7.4%	14.8%
	大学D	计数	13	11	25	50	99
		占 A1 的百分比	13.1%	11.1%	25.3%	50.5%	
		占总计的百分比	2.0%	1.7%	3.9%	7.7%	15.3%
	大学E	计数	28	9	11	46	94
		占 A1 的百分比	29.8%	9.6%	11.7%	48.9%	
		占总计的百分比	4.3%	1.4%	1.7%	7.1%	14.5%
	大学F	计数	16	18	22	52	108
		占 A1 的百分比	14.8%	16.7%	20.4%	48.1%	
		占总计的百分比	2.5%	2.8%	3.4%	8.0%	16.7%
总计		计数	131	80	114	323	648
		占总计的百分比	20.2%	12.3%	17.6%	49.8%	100.0%

百分比和总计基于响应。
a. 使用了值 1 对二分组进行制表。

图 3.5.10 按照学校分组的导师指导方式交叉表分析结果

主要概念与术语

数据清理；集中趋势的描述性统计量，如均值、中位数、众数；离散程度的描述性统计量，如标准差、方差、极差、标准误差、四分位差、变异系数、标准分等；数据分布形态的描述性统计量，如偏度、峰度；频数、频数表、条形图；探索性分析，离群值、箱图、茎叶图、直方图、正态概率图；多选项问题分析、多重响应、多重二分法。

思考与练习

1. 数据清理有什么作用？如何进行数据清理？试操作本章给出的数据清理案例。

2. 可以从哪几个方面对一组数据的分布特征进行描述？

3. 说明均值、中位数和众数的特点及应用范围。

4. 变异系数有何作用？

5. 标准分有哪些用途？

6. 利用数据文件“文科硕士研究生培养情况 .sav”，采用 SPSS 频数分析功能，分析被调查者目前专业、入学方式和本科毕业学校类型的分布特征，并绘制条形图。

7. 利用数据文件“文科硕士研究生培养情况 .sav”，从数据的集中趋势、离散程度以及分布形态，分析被调查者“读硕士期间兼职时间”的基本特征，并与标准正态分布进行对比。进一步地，对不同性别组、不同学校组的“读硕士期间兼职时间”进行探索性分析。

8. 将多选项问题分析中的例 3.3 重新操作一遍。

第 4 章　统计表与制表

本章学习目标：

❶ 掌握统计表的制作方法。

❷ 掌握制表过程，能够根据要求灵活设计表格，展示数据之间的内在关系。

统计表与制表是指根据原始数据文件，从众多的数据中抽取相关数据进行加工，最后将其以表格的形式呈现出来，其功能就是数据展示，使用户能够对数据所反映的问题一目了然。SPSS 提供了统计表和制表功能。

4.1 统计表

对通过统计调查得到的原始资料进行整理，可以得到说明社会现象及其发展过程的数据，将这些数据按照一定的顺序排列在表格中，就形成了“统计表”。统计表是最常用的一种表现数据资料整理结果的表格。人们在分析数据时，除了要对总体进行描述性统计，还要对总体的各个部分进行分类汇总统计，得到一系列统计表，从而获得有价值的信息，以便做更深入的分析。

SPSS 提供了基本的统计表功能，利用该功能用户可以根据原始数据制作各种实用的统计表。SPSS 的统计表功能模块主要集中在“分析”菜单的“报告”子菜单中，如图 4.1.1 所示。

报告（report）用于按给定的定量变量对一个或多个分组变量做出摘要分析。根据报表制作的侧重点不同，可以将报告分为 OLAP 立方体（OLAP cubes）、个案摘要（case summaries）、按行显示的报告摘要（report summaries in rows）和按列显示的报告摘要（report summaries in columns）4 个功能模块，其中用途最广泛且使用最方便的是个案摘要。

图 4.1.1 统计表功能模块

利用个案摘要,可以按照用户的要求对数据进行整理和分析。也就是说,它可以为一个或多个分组变量计算各类统计量,并对结果进行记录和交叉汇总。个案摘要的功能强大,不仅可以计算描述性统计量,还可以进行分类汇总,并给出详细的列表。用户在利用个案摘要对数据进行统计分析之前,要先确定研究对象的类别、相应的定量变量以及交叉表的显示形式,以便直观地掌握数据的特征。

4.1.1 案例:不同地区高等教育发展状况

例 4.1 根据国家统计局等部门发布的有关统计数据[①],整理得到 SPSS 数据文件 “2018

---

① 本案例的数据主要来自国家统计局编印的《中国统计年鉴》,教育部财务司、国家统计局社会科技和文化产业统计司编印的《中国教育经费统计年鉴》和教育部发展规划司编印的《中国教育统计年鉴》等资料。

年 31 省份经济社会与高等教育发展状况 .sav”，其变量格式如图 4.1.2 所示。该数据文件包括代码、省份、地区、地级市数、人口规模、年末常住人口、城镇人口、乡村人口、地区生产总值、人均地区生产总值、高校数（本书中的高校如不做特别说明，均指普通高等学校）、高校在校生数、每十万人口高校在校生数、公共教育经费（指高校公共教育经费）、生均公共教育经费（指高校生均公共教育经费）、城镇化率和每百万人口高校数等数据。现希望对不同地区的高等教育发展状况数据进行分类汇总。

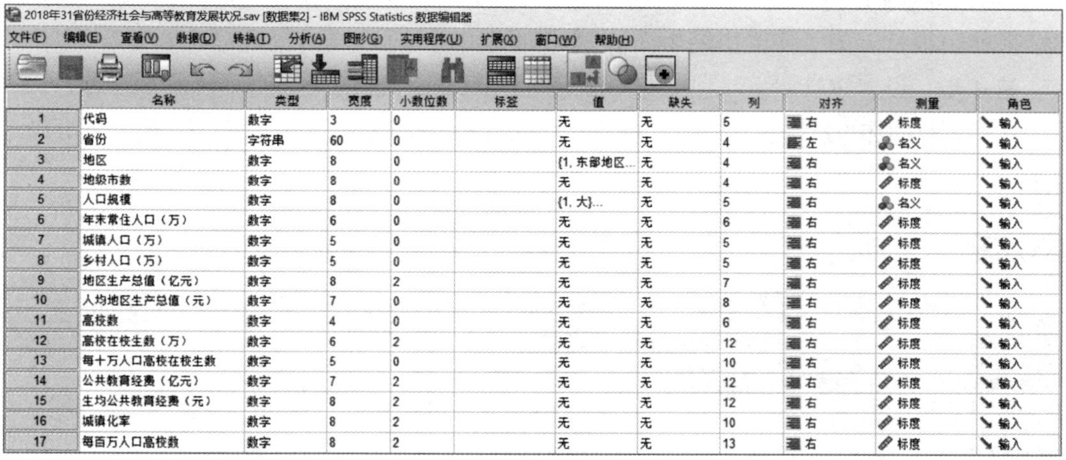

	名称	类型	宽度	小数位数	标签	值	缺失	列	对齐	测量	角色
1	代码	数字	3	0		无	无	5	右	标度	输入
2	省份	字符串	60	0		无	无	4	左	名义	输入
3	地区	数字	8	0		{1, 东部地区...	无	4	右	名义	输入
4	地级市数	数字	8	0		无	无	4	右	标度	输入
5	人口规模	数字	8	0		{1, 大}...	无	5	右	名义	输入
6	年末常住人口（万）	数字	6	0		无	无	6	右	标度	输入
7	城镇人口（万）	数字	5	0		无	无	5	右	标度	输入
8	乡村人口（万）	数字	5	0		无	无	5	右	标度	输入
9	地区生产总值（亿元）	数字	8	2		无	无	7	右	标度	输入
10	人均地区生产总值（元）	数字	7	0		无	无	8	右	标度	输入
11	高校数	数字	4	0		无	无	6	右	标度	输入
12	高校在校生数（万）	数字	6	2		无	无	12	右	标度	输入
13	每十万人口高校在校生数	数字	5	0		无	无	10	右	标度	输入
14	公共教育经费（亿元）	数字	7	2		无	无	12	右	标度	输入
15	生均公共教育经费（元）	数字	8	2		无	无	12	右	标度	输入
16	城镇化率	数字	8	2		无	无	10	右	标度	输入
17	每百万人口高校数	数字	8	2		无	无	13	右	标度	输入

图 4.1.2 数据文件“2018 年 31 省份经济社会与高等教育发展状况 .sav”的变量格式

本例的分析目标是，对不同“地区”的“每十万人口高校在校生数”“高校数”“生均公共教育经费（元）”“每百万人口高校数”进行描述性统计分析。其中，“地区”是定性变量，它把整体分为东部地区、中部地区、西部地区和东北地区 4 个地区；“每十万人口高校在校生数”“高校数”“生均公共教育经费（元）”和“每百万人口高校数”是 4 个定量变量，也是本次分析的目标变量。

4.1.2 统计分析过程

第 1 步 打开数据文件“2018 年 31 省份经济社会与高等教育发展状况 .sav”。

第 2 步 选择统计表功能模块。

在 SPSS 的数据窗口中，选择菜单“分析”→“报告”→“个案摘要”命令，弹出“个案摘要”对话框。

第 3 步 设置变量。

在“个案摘要”对话框中，将左侧变量列表框中的变量“高校数”“每十万人口高校在校生数”“生均公共教育经费(元)”“每百万人口高校数”,作为目标变量选入右侧的“变量”框;将变量“地区”选入“分组变量”框,如图 4.1.3 所示。

选中“显示个案”复选框,将显示个案信息,其中包括:

- “将个案限制为前”复选框:表示只显示前面多少个(如 100 个)个案的信息。
- “仅显示有效个案”复选框:表示仅显示有效的个案信息。
- “显示个案号”复选框:表示显示个案个数。

系统默认选中“显示个案”复选框。通常情况下,个案数会很多,如果都显示出来,输出的结果就会很长。为了使输出结果简洁,本例不选中“显示个案”复选框。

第 4 步 设置统计量。

在“个案摘要”对话框中单击“统计”按钮,弹出“摘要报告:统计”对话框,如图 4.1.4 所示。

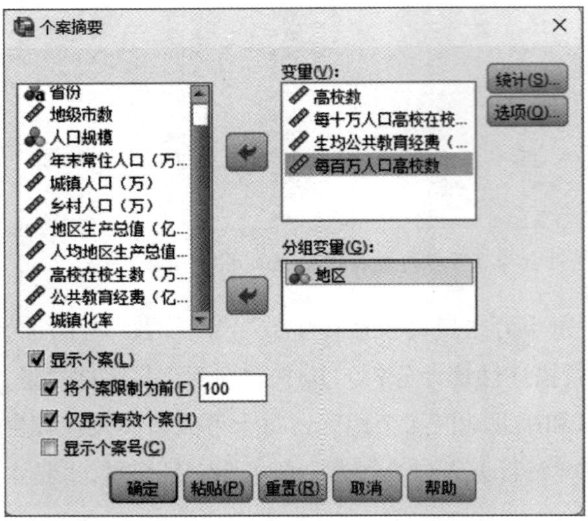

图 4.1.3 “个案摘要”对话框

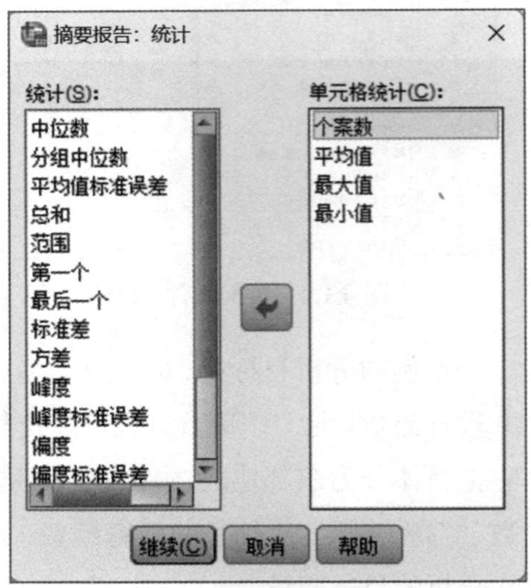

图 4.1.4 “摘要报告:统计”对话框

在该对话框的“统计”(Statistics)框中列出了多种统计量,在本例中将左侧“统计”框中的“个案数”“平均值”“最大值”“最小值”选入右侧的“单元格统计”框,单击“继续”按钮,返回“个案摘要”对话框。

第 5 步 输出结果。

在“个案摘要”对话框中单击“确定”按钮,输出结果。

4.1.3 结果与讨论

1. 个案处理摘要

个案处理摘要如图 4.1.5 所示。在图 4.1.5 中列出了参与分析的有效个案数、缺失的个案数,以及全部个案数和它们所占的百分比。由于不存在个案缺失情况,所有个案均被纳入分析。

	个案					
	包括		排除		总计	
	个案数	百分比	个案数	百分比	个案数	百分比
高校数 * 地区	31	100.0%	0	0.0%	31	100.0%
每十万人口高校在校生数 * 地区	31	100.0%	0	0.0%	31	100.0%
生均公共教育经费(元) * 地区	31	100.0%	0	0.0%	31	100.0%
每百万人口高校数 * 地区	31	100.0%	0	0.0%	31	100.0%

图 4.1.5 个案处理摘要

2. 各地区高等教育发展统计表

各地区高等教育发展统计表如图 4.1.6 所示,该统计表按地区给出了变量“高校数”“每十万人口高校在校生数”“生均公共教育经费(元)”和“每百万人口高校数”的“个案数”“平均值”“最大值”和“最小值”。

从图 4.1.6 中可以看到,东部地区有 10 个样本,也就是包含 10 个省份。在这 10 个省份中,“高校数”平均为 101.50 所,其中“高校数”最多的省份有 167 所高校,最少的省份有 20 所高校;“每十万人口高校在校生数”平均为 3 069.50 人,最高的省份为 5 268 人,最低的省份为 2 305 人;“生均公共教育经费(元)”平均为 27 813.760 0,最高的省份为 63 273.24,最低的省份为 15 210.02;“每百万人口高校数”平均为 2.325 4 所,最高的省份为 4.27 所,最低的省份为 1.34 所。

类似地,可以解读中部地区、西部地区、东北地区和全部样本的相应结果。

通过对东部地区、中部地区、西部地区和东北地区的相关数据进行比较可以发现,在本例中,从均值的角度看,东部地区除“高校数”外,其他指标均高于中部地区、西部地区和东北地区,说明东部地区的高等教育发展水平总体上高于其他地区。中部地区除“高校数”高于其他地区外,“生均公共教育经费(元)”和“每百万人口高校数”均低于其他地区,说明中部地区高等教育资源投入水平较低。

地区		高校数	每十万人口高校在校生数	生均公共教育经费(元)	每百万人口高校数
东部地区	个案数	10	10	10	10
	平均值	101.50	3069.50	27813.7600	2.3254
	最大值	167	5268	63273.24	4.27
	最小值	20	2305	15210.02	1.34
中部地区	个案数	6	6	6	6
	平均值	115.83	2625.00	16228.0567	1.9527
	最大值	139	3088	19563.96	2.23
	最小值	83	2245	14946.34	1.45
西部地区	个案数	12	12	12	12
	平均值	57.92	2307.58	22611.2242	1.9905
	最大值	119	3562	51107.57	2.76
	最小值	7	1426	14606.90	1.43
东北地区	个案数	3	3	3	3
	平均值	86.00	2800.67	17518.3967	2.3593
	最大值	115	3131	21270.21	2.64
	最小值	62	2405	14580.39	2.15
总计	个案数	31	31	31	31
	平均值	85.90	2662.52	22561.1555	2.1269
	最大值	167	5268	63273.24	4.27
	最小值	7	1426	14580.39	1.34

图 4.1.6　各地区高等教育发展统计表

需要注意的是，在“个案摘要”对话框的“分组变量”框中，若除变量“地区”之外再选入其他定性变量，如变量“人口规模”，则可得到进一步的分层统计分析结果。

4.2 制表

统计表功能主要用于对定量变量产生记录报表，以及计算一些简单的描述性统计量，但若要同时对定量变量与定性变量进行分析，就会力不从心。利用制表功能，则可以同时分析定量变量与定性变量，并能以清晰的格式分层次、有条理地生成各种复杂的报表，为统计分析提供强有力的支持。

制表功能可以生成由行、列、层交叉形成的一维、二维或三维表格。在制表过程中，只需将待分析的变量拖到表格预览窗口中，就可以直接进行变量添加、交换、嵌套等操作，而且每进行一次操作，表格预览窗口就会同步显示更新的表格。此外，在制表过程中，还可以自定义信息的展示方式，改变变量类型，进行分类及排序，从而得到能够满足用户需求的表格。在 SPSS 中，制表功能是通过“分析”菜单的“表”子菜单中的“定制表”命令实现的。

4.2.1 制表程序

第 1 步 打开数据文件。例如，打开数据文件“2018 年 31 省份经济社会与高等教育发展状况 .sav”。

第 2 步 选择制表功能模块。

在 SPSS 的数据窗口中，选择菜单“分析”→“表”→“定制表”命令，弹出“定制表”对话框，如图 4.2.1 所示。

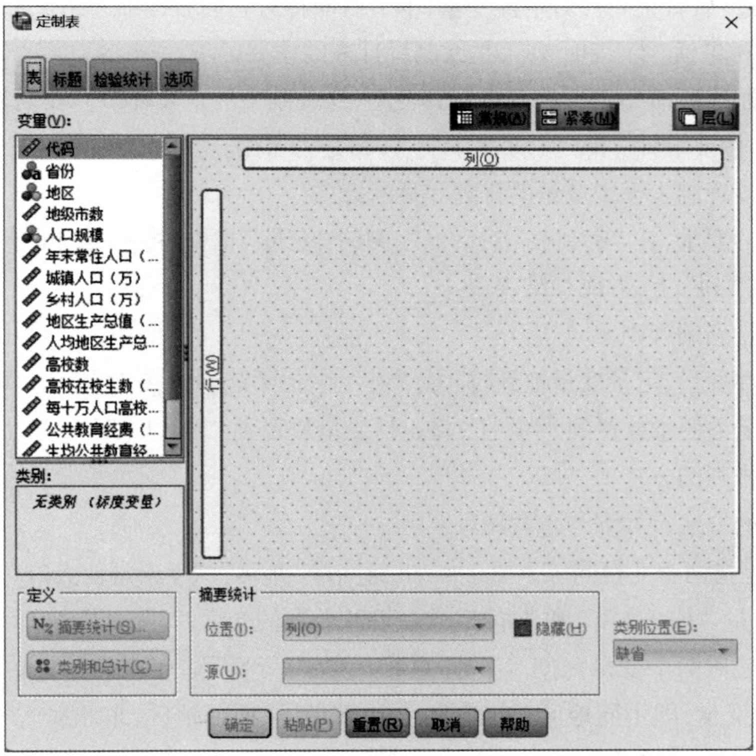

图 4.2.1 “定制表”对话框

第 3 步 设置变量。

在“定制表”对话框中有 4 个选项卡：“表”选项卡、“标题”选项卡、“检验统计”选项卡和“选项”选项卡。

"表" 选项卡：为系统默认的当前选项卡，后面对 "定制表" 对话框的操作，若不做说明，均指在 "表" 选项卡中进行操作。

"标题" 选项卡：用于定义表格的标题。

"检验统计" 选项卡：主要用于进行列联表相关性检验，本章暂不做介绍。

"选项" 选项卡：主要用于进行表格的外观设计、缺失值处理等，一般按系统默认的方式设置。

下面对 "表" 选项卡中的相关选项进行介绍：

① "变量" 框：显示所有打开的数据文件中的各个变量，制表主要依据它们来进行。

② "常规" 按钮、"紧凑" 按钮、"层" 按钮：对于这些按钮本节后面将做详细介绍。

③ "定义" 区域：有两个按钮，分别是 "N% 摘要统计" 和 "类别和总计" 按钮。前者主要针对定量变量，后者主要针对定性变量，本节后面将对它们做详细介绍。

④ 制表框：包括 "行" 和 "列"，是绘制统计表的主要区域。

事先确定制表所需要用到的变量及其类型，这是制表的重要环节。在制表时，变量的类型决定了 "N% 摘要统计" 和 "类别和总计" 按钮是否可用。

第 4 步 设置制表框中变量的排列和显示方式。

根据制表的要求，在 "定制表" 对话框左侧的 "变量" 框中，将所需的变量拖至右侧制表框中的 "行" 或 "列" 上，形成二维表。

（1）变量排列的规则

可以将定性变量、定量变量拖到行" 或 "列" 上，但不能同时在 "行" 和 "列" 上放置定量变量。通常将定量变量放置到 "列" 上，将定性变量放置到 "行" 上。

（2）变量排列的方法

变量排列的方法有并列与包含两种：

"并列"：是指两个变量同等重要。例如，行变量 "地区" "年末常住人口（万）" 是两个单独的变量，列变量 "人口规模" 和 "省份" 也是两个单独的变量，如图 4.2.2 所示。

"包含"：是指两个变量之间是从属关系。例如，行变量 "年末常住人口（万）" 是变量 "地区" 的次级变量，即不同地区（东部地区、中部地区、西部地区、东北地区）的 "年末常住人口（万）"。列变量 "省份" 是变量 "人口规模" 的次级变量，即不同人口规模（大、中、小）的省份。如图 4.2.3 所示。

（3）制表框中变量的显示方式

在 "定制表" 对话框中，制表框中的变量有两种显示方式：常规和紧凑。单击 "常规" 按钮，变量以 "常规" 方式显示，这时不仅显示变量名，还显示变量值，如图 4.2.4 所示。单

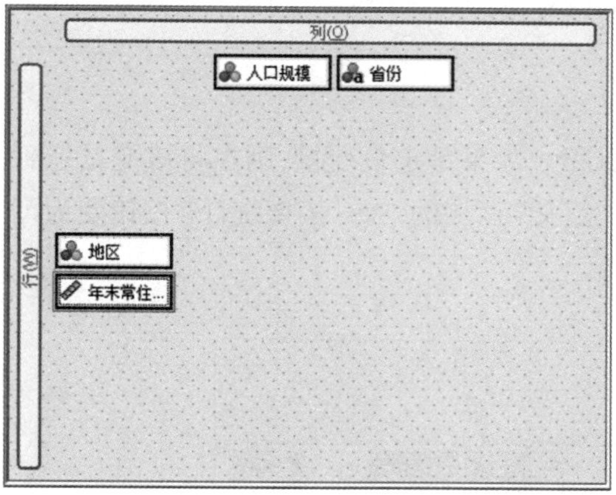

图 4.2.2 变量并列

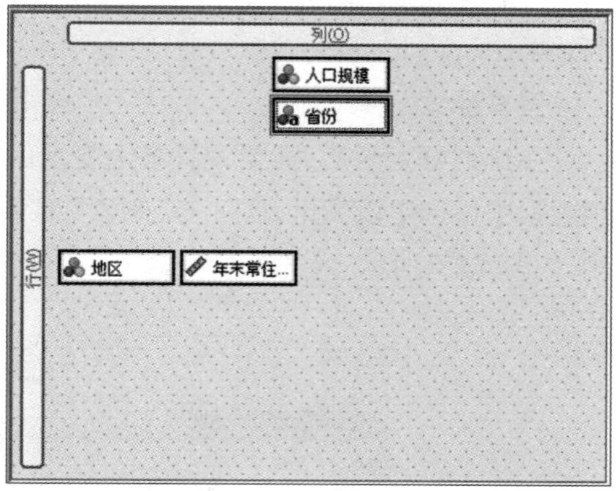

图 4.2.3 变量包含

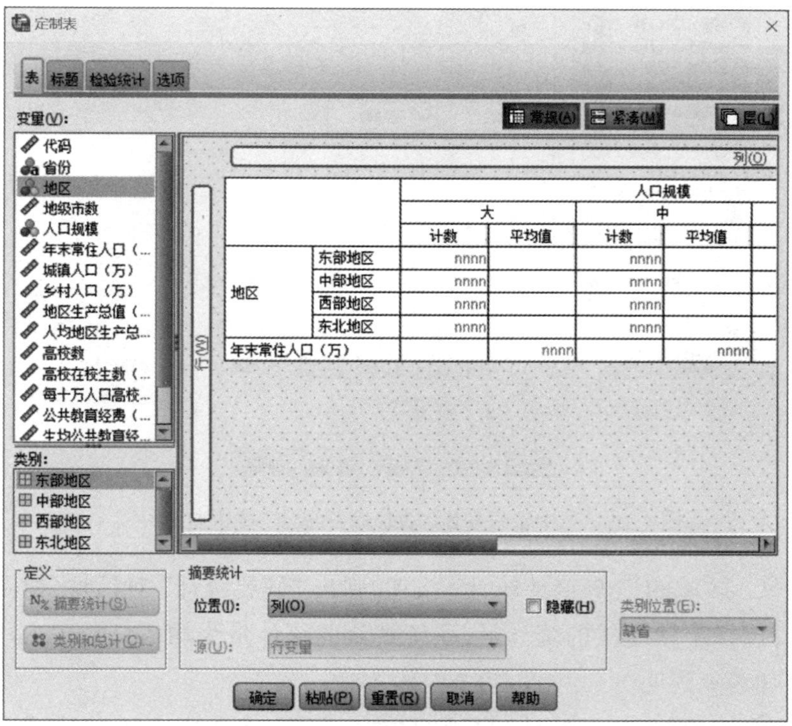

图 4.2.4 变量以“常规”方式显示

击“紧凑”按钮，变量以“紧凑”方式显示，这时只显示变量名。系统默认按“常规”方式显示。一般交替使用两种方式，利用“紧凑”方式看统计表的布局，利用“常规”方式看统计表的效果。

第 5 步 设置统计量。

在排列好变量后，需要设置各个变量的统计量。如果是定量变量，则在将该变量拖到制表框中后选中该变量，这时“定制表”对话框“定义”区域的“N% 摘要统计”按钮变为可用，如图 4.2.5 所示。

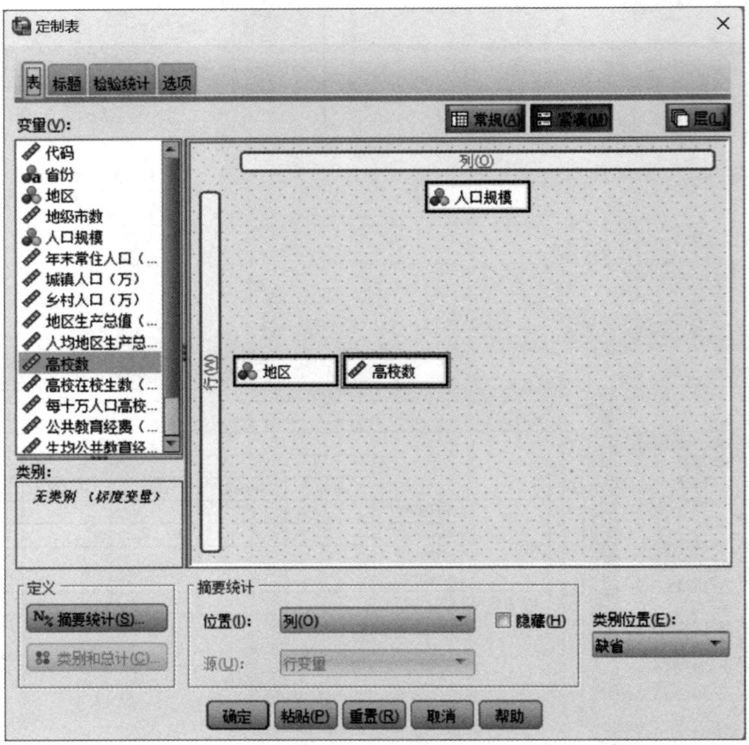

图 4.2.5 选中定量变量，“N% 摘要统计”按钮变为可用

单击“定义”区域的“N%摘要统计”按钮，弹出“摘要统计”对话框，如图 4.2.6 所示。可以根据需要选择定量变量的统计量，系统默认的统计量为均值（在 SPSS 中显示为“平均值”，之后不再一一说明）。

在“定制表”对话框“摘要统计”区域的“位置”下拉列表中选择“列”或“行”项，表示所选择的统计量是放在表格的“列”上还是放在表格的“行”上，系统默认选择“列”项。

类似地，选中制表框中的定性变量，如“人口规模”，可以使“定义”区域的“类别和总计”按钮变为可用，单击此按钮，弹出“分类和总计”对话框，如图 4.2.7 所示。系统默认只统计总体部分，此时可单击“添加小计”按钮添加小计。这样，统计结果不仅有总体数据，还有定性变量的各个值。单击“应用”按钮，返回“定制表”对话框。

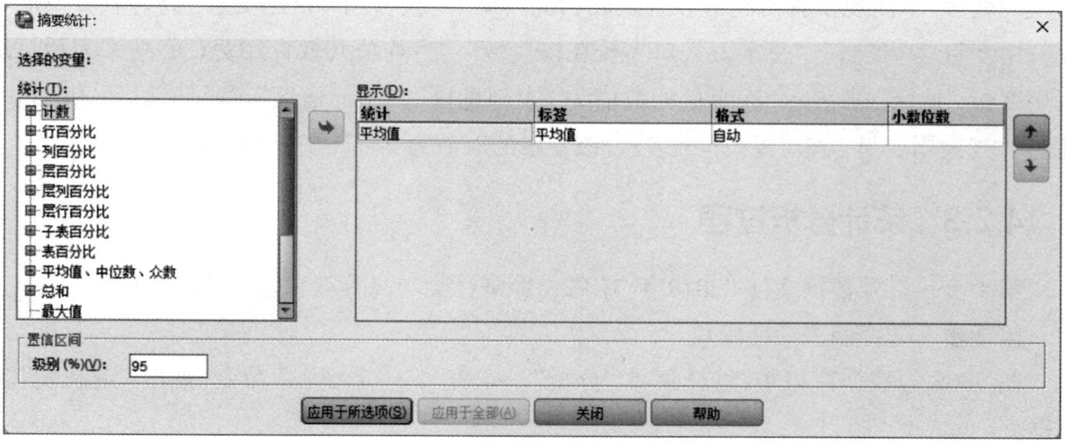

图 4.2.6 选择定量变量的统计量

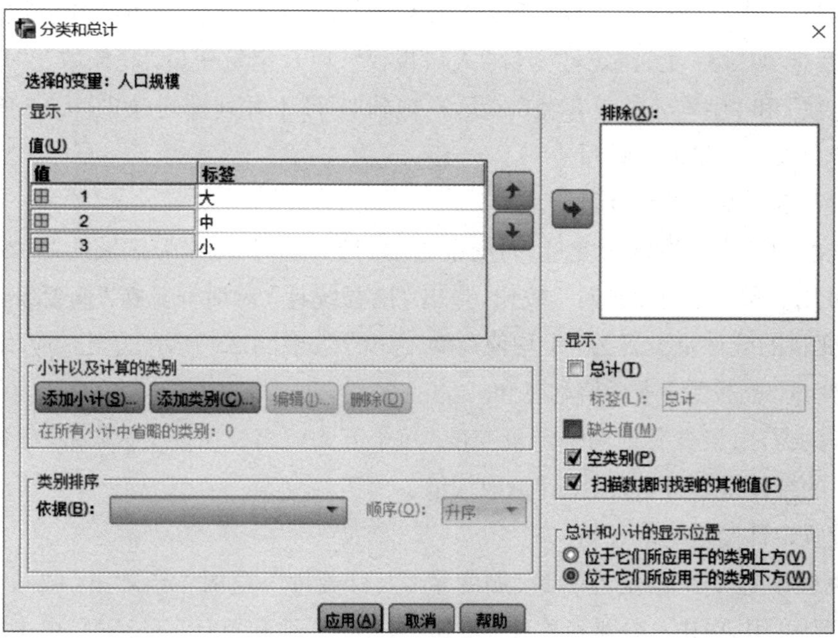

图 4.2.7 “类别和总计”选项

第 6 步 输出制表结果。

以上各步骤完成后，在“定制表”对话框中单击“确定”按钮，输出结果。

4.2.2 案例：不同地区、不同规模省份高等教育发展状况

例 4.2 利用数据文件“2018 年 31 省份经济社会与高等教育发展状况 .sav”，制作显示不同地区、不同规模省份高等教育发展状况的统计表。其中，目标变量“高等教育发展状况”，用变量“高校数”“每十万人口高校在校生数”“生均公共教育经费（元）”来表示。地区用变量“地区”来表示，该变量的取值为“东部地区”“中部地区”“西部地区”和“东北地区”；规模用变量“人口规模”来表示，该变量的取值为“大”“中”和“小”。

4.2.3 统计分析过程

第 1 步 打开数据文件“2018 年 31 省份经济社会与高等教育发展状况 .sav”。

第 2 步 选择制表功能模块。

在 SPSS 的数据窗口中，选择菜单“分析”→“表”→“定制表”命令，弹出“定制表”对话框。

第 3 步 设置变量。

在制表框中单击“紧凑”按钮，即以“紧凑”方式显示变量，将左侧“变量”框中的定性变量“地区”拖到“行”上，将定性变量“人口规模”，以及定量变量“高校数”“每十万人口高校在校生数”和“生均公共教育经费（元）”拖到“列”上并列排列，如图 4.2.8 所示。

第 4 步 设置变量的统计量。

（1）设置定量变量的统计量

在制表框中选中一个定量变量，如变量“高校数”，这时“定义”区域的“N% 摘要统计”按钮变为可用。单击“摘要统计”按钮，弹出“摘要统计”对话框。在“摘要统计”对话框中，将定量变量的统计量设置为“平均值”和“总和”，如图 4.2.9 所示，单击“应用于所选项”按钮，即对变量“高校数”求均值和总和。

用同样的方法，设置其他两个定量变量“每十万人口高校在校生数”和“生均公共教育经费（元）”的统计量，对两者的统计量取均值。

（2）设置定性变量的统计量

在制表框中选中一个定性变量，如变量“人口规模”，这时“定义”区域的“类别和总计”按钮变为可用，单击“类别和总计”按钮，弹出“分类和总计”对话框，单击其中的“添加小计”按钮，弹出“定义小计”对话框，如图 4.2.10 所示，设置“小计”项，单击“继续”按钮，返回“分类和总计”对话框，如图 4.2.11 所示，然后单击“应用”按钮，返回“定制表”对话框。

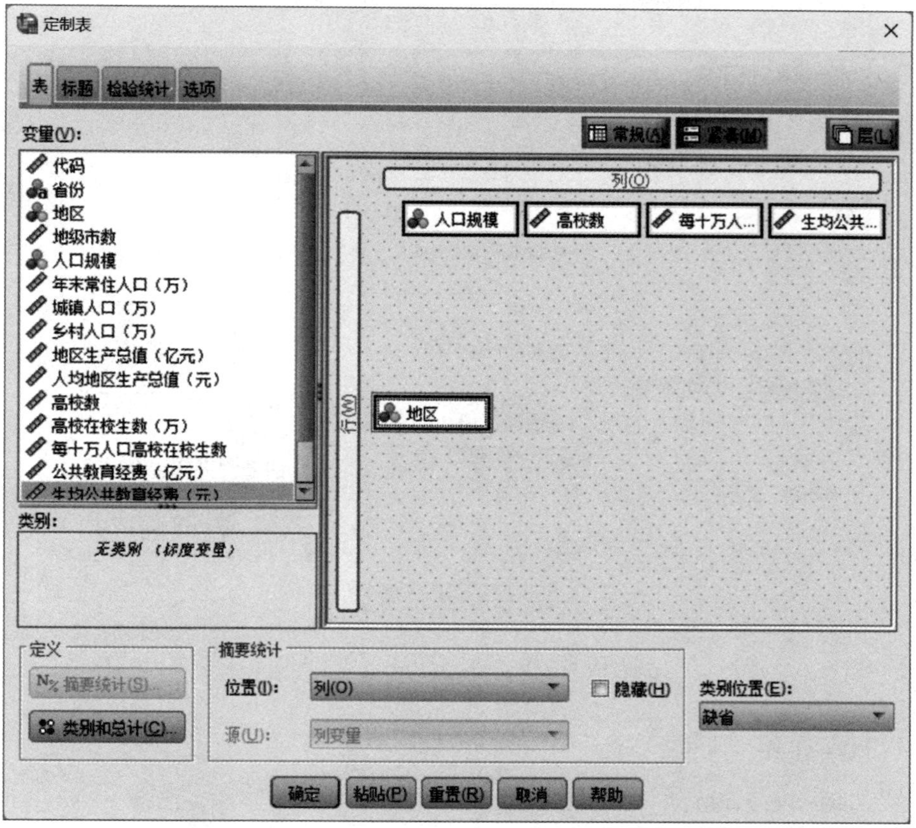

图 4.2.8 在“定制表”对话框中设置变量

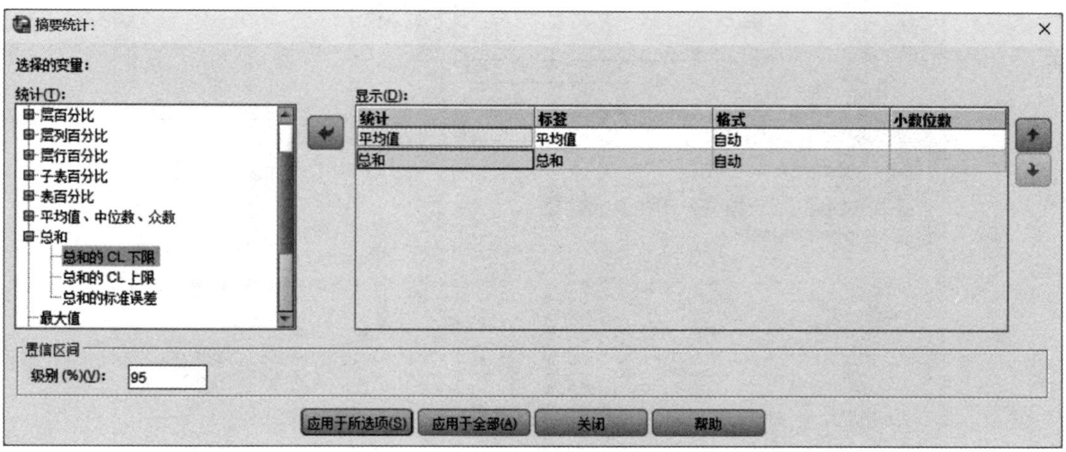

图 4.2.9 设置定量变量的统计量

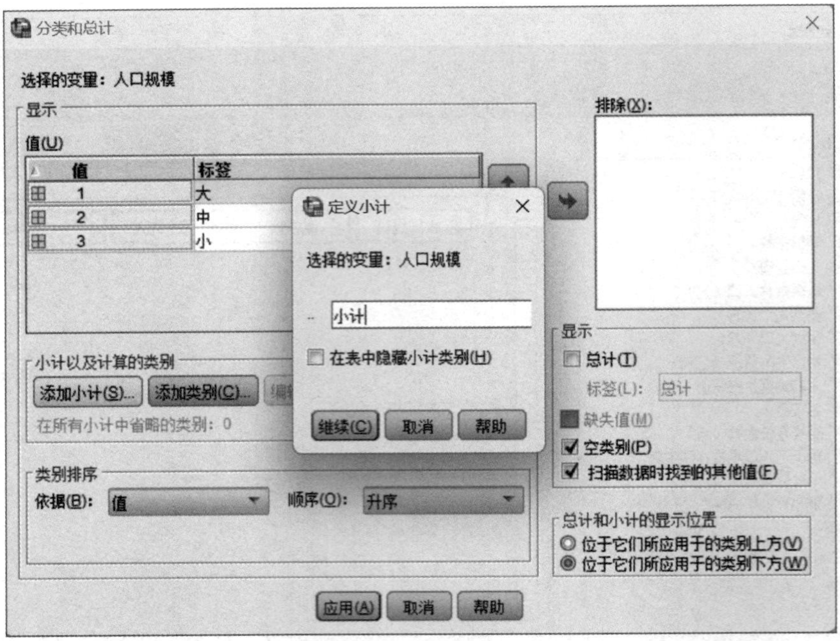

图 4.2.10 “定义小计”对话框

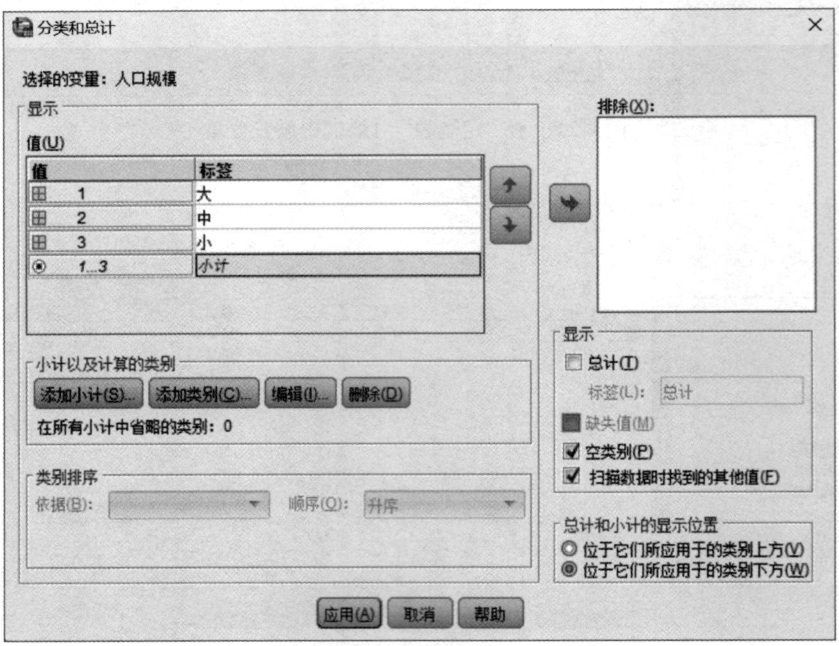

图 4.2.11 添加“小计”项

用同样的方法为定性变量"地区"添加"小计"项。

第 5 步 输出制表结果。

以上各步骤完成后,在"定制表"对话框中单击"确定"按钮,输出结果。

4.2.4 结果与讨论

输出的结果如图 4.2.12 所示。

		人口规模				高校数		每十万人口高校在校生数	生均公共教育经费(元)
		大	中	小	小计				
		计数	计数	计数	计数	平均值	总和	平均值	平均值
地区	东部地区	3	2	5	10	102	1015	3070	27813.76
	中部地区	1	4	1	6	116	695	2625	16228.06
	西部地区	1	2	9	12	58	695	2308	22611.22
	东北地区	0	1	2	3	86	258	2801	17518.40
	小计	5	9	17	31	86	2663	2663	22561.16

图 4.2.12 高等教育发展状况统计表 1

在图 4.2.8 所示的"定制表"对话框中,将变量"地区"与"人口规模"互换位置,进行同样的操作,输出的结果如图 4.2.13 所示。

		地区					高校数		每十万人口高校在校生数	生均公共教育经费(元)
		东部地区	中部地区	西部地区	东北地区	小计				
		计数	计数	计数	计数	计数	平均值	总和	平均值	平均值
人口规模	大	3	1	1	0	5	144	722	2667	19386.29
	中	2	4	2	1	9	108	972	2575	16920.42
	小	5	1	9	2	17	57	969	2708	26481.21
	小计	10	6	12	3	31	86	2663	2663	22561.16

图 4.2.13 高等教育发展状况统计表 2

从图 4.2.12 和图 4.2.13 中可以看出:

(1) 对于变量"人口规模"的统计情况

从地区的角度看,东部地区有 3 个人口规模大的省份、2 个人口规模中等省份、5 个人口规模小的省份，中部地区有 1 个人口规模大的省份、4 个人口规模中等省份、1 个人口规模小的省份，西部地区有 1 个人口规模大的省份、2 个人口规模中等省份、9 个人口规模小的省份，东北地区没有人口规模大的省份，有 1 个人口规模中等的省份、2 个人口规模小的省份。很明显，东部地区是我国人口聚集地区。

（2）对于变量“高校数”的统计情况

31 个省份共有 2 663 所高校，平均每个省份有 86 所高校。其中，东部地区共有 1 015 所高校，平均每个省份有 102 所高校；中部地区共有 695 所高校，平均每个省份有 116 所高校；西部地区共有 695 所高校，平均每个省份有 58 所高校，东北地区共有 258 所高校，平均每个省份有 86 所高校。

（3）对于变量“每十万人口高校在校生数”的统计情况

就每十万人口高校在校生数而言，31 个省份平均每个省份为 2 663 人，其中东部地区平均每个省份为 3 070 人，中部地区平均每个省份为 2 625 人，西部地区平均每个省份为 2 308 人，东北地区平均每个省份为 2 801 人。

（4）对于变量“生均公共教育经费（元）”的统计情况

就生均公共教育经费而言，31 个省份平均每个省份为 22 561.16 元，其中东部地区平均每个省份为 27 813.76 元，中部地区平均每个省份为 16 228.06 元，西部地区平均每个省份为 22 611.22 元，东北地区平均每个省份为 17 518.40 元。

/ 主要概念与术语 /

统计表，简单分类汇总，分层分类汇总；定制表，摘要统计，类别和总计。

/ 思考与练习 /

1. 统计表的主要功能是什么？
2. 简述制表的主要程序及注意事项。
3. 将本章中的案例重新操作一遍。
4. 对于例 4.1，另选目标变量和分组变量，制作分类汇总统计表。
5. 对于例 4.2，将行变量和列变量互换，制作新表的统计表。
6. 基于数据文件“文科硕士研究生培养情况 .sav”，自选主题，制作统计表并对输出结果进行分析。

第 5 章　统计图的绘制

本章学习目标：

❶ 了解条形图、线图、面积图、饼图、散点图 / 点图、直方图、箱图、双轴图和人口金字塔图的数据展示特点和适用范围。

❷ 掌握以上各类统计图的绘制、输出以及结果编辑过程，了解输出结果的具体含义。

统计图是数据展示的主要形式。它用点的位置、线段的升降、直条的长短或面积的大小等来表示数据的内容，可以把数据所反映的变化趋势、数量多少、分布状态和相互关系等形象直观地表现出来，以便用户阅读、比较和分析。使用直观的统计图，可以使表述更形象具体、简明生动、通俗易懂。SPSS 提供了许多统计图，如条形图（bar chart）、线图（line chart）、面积图（area chart）、饼图（pie chart）、散点 / 点图（scatter/dot chart）、直方图（histogram）、箱图（box plot）、人口金字塔图（population pyramid chart）以及上述图形的交互（interactive）图形。SPSS 的统计图功能模块包括图表构建器和对话框模式。利用图表构建器绘制统计图十分便捷，本书主要介绍此功能模块。但由于此模块缺少人口金字塔图部分，因此本章最后采用对话框模式，给出人口金字塔图案例。

绘制统计图的一般操作步骤如下：

① 选择“图形”（Graphs）→“图表构建器”（Chart Builder）命令，弹出“图表构建器”（Chart Builder）对话框。

② 在“图表构建器”对话框中单击“图库”（Gallery）按钮，在“选择范围”（Choose from）区域选择一种类型的统计图，每种类型的统计图都提供了多种具体的统计图。

③ 可以将选择的统计图拖到“图表构建器”对话框的画布上，也可以在“选择范围”区域选择并双击所需的统计图，将其自动选入画布。如果画布上已经有了一个统计图，则其会被新拖入或自动选入的统计图所替换。

④ 将变量从“变量”框中拖入画布上的轴放置区或分组放置区。在 x 轴放置区中，一定要放置变量；在 y 轴放置区中，可以放置变量，也可以不放置变量，是否在 y 轴放置区中放

置变量，取决于为 x 轴放置区中的变量设置的统计量（可以通过“图表构建器”对话框“元素属性”选项卡的“统计”下拉列表框设置）：

- 不需要在 y 轴放置区中放置变量的统计量有计数（count）、累积计数（cumulative count）、百分比（percentage）和累积百分比（cumulative percentage）。
- 需要在 y 轴放置区中放置变量的统计量有值（value）、均值（mean）、中位数（median）、总和（sum）、最小值（minimum）等 20 种。如果统计量名称的旁边有一个问号（？），则需要单击“统计”下拉列表框下方的“设置参数”（Set Parameters）按钮，在弹出的“元素属性：集合参数”对话框中设置参数。

⑤ 如果需要更改统计图中的统计量，或者修改轴、图注等对象的属性（如刻度范围），则可以在“元素属性”选项卡中先选择相应的对象，然后再重新对其相关参数进行设置。

⑥ 单击“确定”按钮，生成统计图。

双击所创建的统计图，即可在弹出的“图表编辑器”窗口中按照使用需求对其进行编辑，以生成最终的统计图。

5.1 案例：大学教育研究竞争力

现有 40 所高校（2014—2018 年）在 CSSCI（《中文社会科学引文索引》）收录的教育类期刊上发表论文的数量、论文被引用的次数、高被引论文的数量，以及被《新华文摘》转载和被《中国人民大学复印报刊资料》转载的论文数量等数据资料，建立数据文件“大学教育研究竞争力（2014—2018）.sav”，其变量格式如图 5.1.1 所示。

	名称	类型	宽度	小数位数	标签	值	缺失	列	对齐	测量	角色
1	大学	字符串	46	0		无	无	10	左	名义	输入
2	学校类型	数字	8	0		{1, 师范类}...	无	8	右	名义	输入
3	建设目标	数字	8	0		{1, 一流大学...	无	9	右	名义	输入
4	国内核心期刊论文数	数字	8	2		无	无	5	右	标度	输入
5	国内核心期刊论文被引数	数字	8	2		无	无	7	右	标度	输入
6	国内核心期刊高被引论文数	数字	8	2		无	无	7	右	标度	输入
7	新华文摘转载数	数字	8	2		无	无	6	右	标度	输入
8	人大复印报刊资料转载数	数字	8	2		无	无	8	右	标度	输入
9											

图 5.1.1　数据文件“大学教育研究竞争力（2014—2018）.sav”的变量格式

相关变量说明如下：变量“大学”表示高校，其取值有40个；变量“学校类型”表示样本高校的类型，其取值有4个：“师范类高校”“综合类高校”“理工类高校”“其他类高校”；变量“建设目标”表示样本高校的建设目标，其取值有3个：“一流大学建设高校”“一流学科建设高校”“其他”；变量“国内核心期刊论文数”表示在CSSCI收录的教育类期刊上发表论文的数量；变量“国内核心期刊论文被引数”表示在CSSCI收录的教育类期刊上发表的论文被引用的次数；变量“国内核心期刊高被引论文数”表示在CSSCI收录的教育类期刊上发表的高被引论文的数量；变量“新华文摘转载数”和“人大复印报刊资料转载数”分别表示被《新华文摘》转载和被《中国人民大学复印报刊资料》转载的论文数量。

下面介绍如何利用各类统计图来展示数据文件“大学教育研究竞争力(2014—2018).sav”中的数据。

5.2 条形图

条形图是用宽度相同的条带的长短或高低来表示统计数据大小的图形。它适于对定性变量进行汇总统计。若要绘制条形图，x轴变量（x轴放置区中的变量）必须是定性变量，包括名义变量和有序变量；y轴变量（y轴放置区中的变量）则为要分析的目标变量。

在SPSS中，绘制条形图的功能是通过图表构建器中的“条形图”模块来实现的。

5.2.1 简单条形图

例5.1 构建图形，根据数据文件“大学教育研究竞争力(2014—2018).sav”，生成反映高校建设目标（变量“建设目标”）与高校在CSSCI收录的教育类期刊上发表论文的数量（变量“国内核心期刊论文数”）之间关系的简单条形图。

1. 绘制简单条形图

第1步 打开数据文件“大学教育研究竞争力(2014—2018).sav”。

第2步 选择绘制简单条形图功能模块。

在 SPSS 的数据窗口中，选择菜单“图形”→“图表构建器”命令，弹出“图表构建器”对话框，如图 5.2.1 所示。

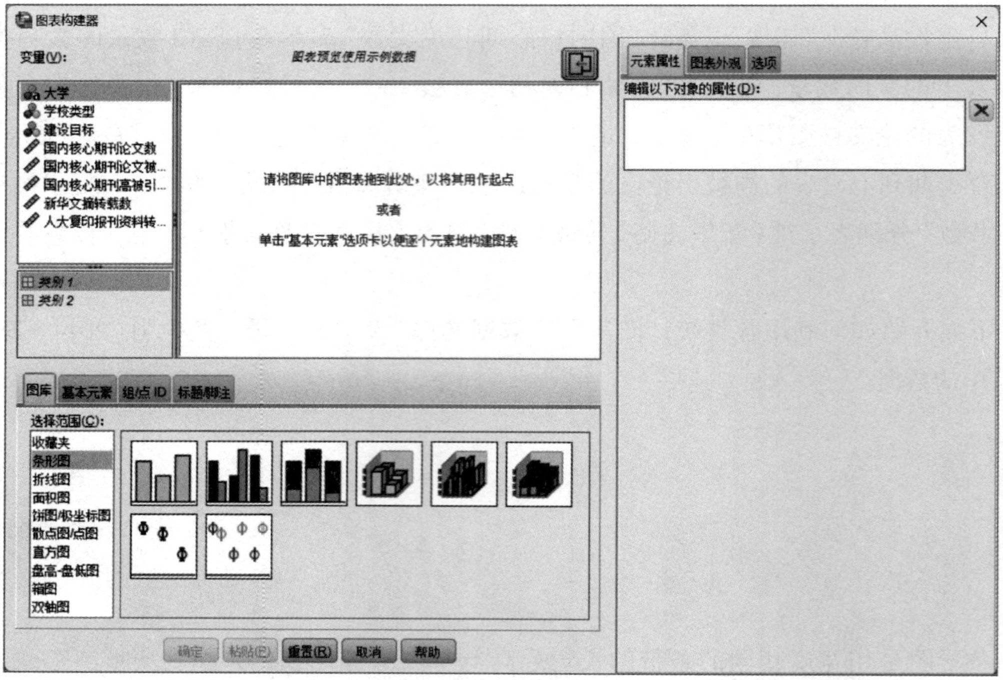

图 5.2.1 “图表构建器”对话框

第 3 步 选择条形图。

在“图表构建器”对话框中单击“图库”选项卡，在“图库”选项卡的“选择范围”区域选择“条形图”项。这时其右侧将显示 8 种条形图，依次为简单条形图（simple bar）、群集条形图（clustered bar）、堆积条形图（stacked bar）、简单 3-D 条形图（simple 3-D bar）、群集 3-D 条形图（clustered 3-D bar）、堆积 3-D 条形图（stacked 3-D bar）、简单误差条形图（simple error bar）和群集误差条形图（clustered error bar）。其中，简单条形图和群集条形图比较常用。

选择并双击所需的条形图类型，即可将该类型条形图自动选入位于“图表构建器”对话框中部的画布。在本例中，选择简单条形图。

第 4 步 设置 x 轴和 y 轴变量。

在“图表构建器”对话框中，将相关变量从“变量”框拖到轴放置区中。如果轴放置区中已经有所需的统计量，则不必再将变量拖到轴放置区中。

在本例中,将“变量”框中的变量“建设目标”拖到 x 轴放置区中,将变量“国内核心期刊论文数”拖到 y 轴放置区中。此时,y 轴的文本编辑区中自动显示变量“国内核心期刊论文数”的均值,且 x 轴和 y 轴的文本编辑区都变为可编辑状态,如图 5.2.2 所示。

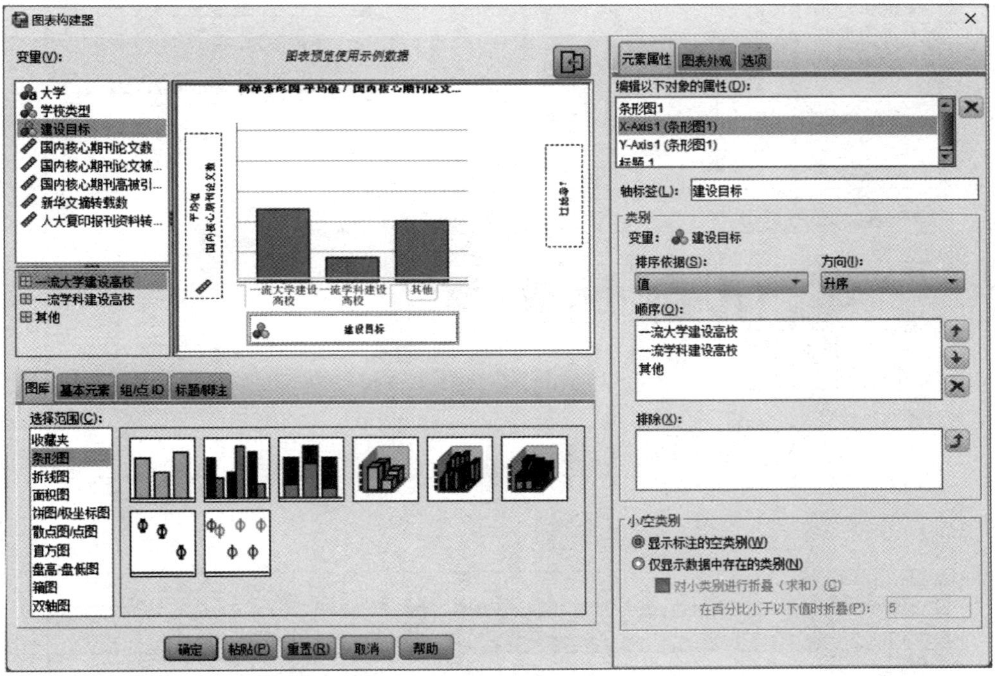

图 5.2.2 设置 x 轴变量和 y 轴变量

第 5 步 设置 y 轴变量的统计量。

在“图表构建器”对话框中选中 y 轴变量,即变量“国内核心期刊论文数”,在“元素属性”选项卡的“统计”下拉列表框中选择所需的统计量,如图 5.2.3 所示。

在本例中,将变量“国内核心期刊论文数”的统计量设置为“平均值”。

第 6 步 输出结果。

在“图表构建器”对话框中单击“确定”按钮,所生成的条形图即可显示在 SPSS 的输出窗口中,如图 5.2.4 所示。这就是反映高校建设目标与高校在 CSSCI 收录的教育类期刊上发表论文的数量之间关系的简单条形图。

2. 图形编辑

对于生成的统计图,可以使用图表编辑器进行编辑,以增强图表内容的可读性。在进行

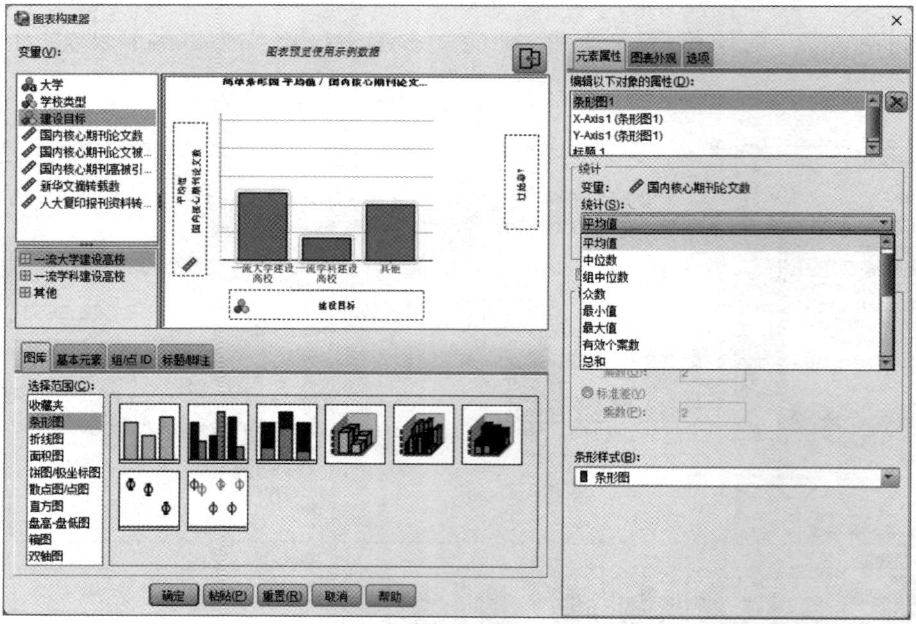

图 5.2.3 选择统计量

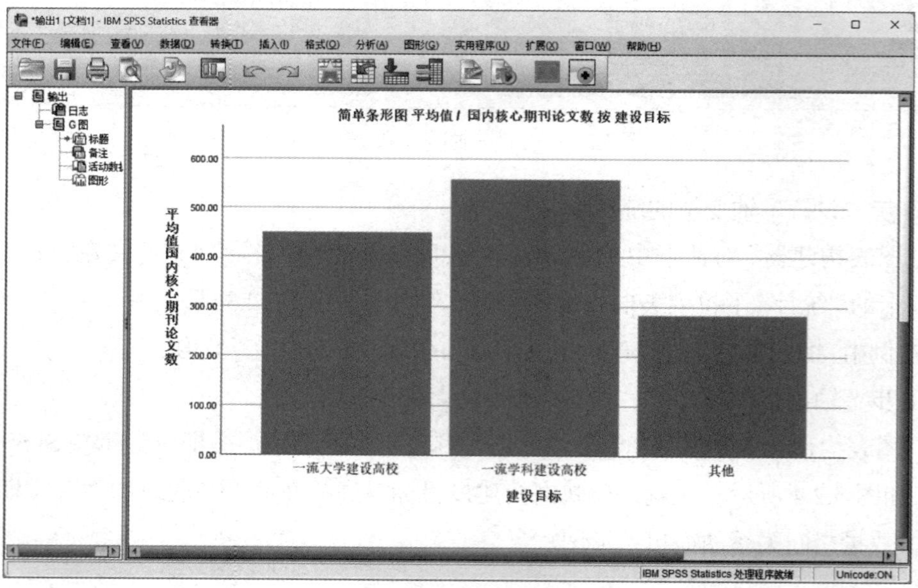

图 5.2.4 输出简单条形图

图形编辑时，除了可以添加标题、脚注等常规信息，还可以在图形中添加相关数据，设置数据及坐标轴的显示方式。

图形编辑的具体操作步骤如下：

第 1 步 进入图表编辑器。

在图 5.2.4 所示的 SPSS 输出窗口中，选中并双击输出结果图，即可打开“图表编辑器”窗口，如图 5.2.5 所示。

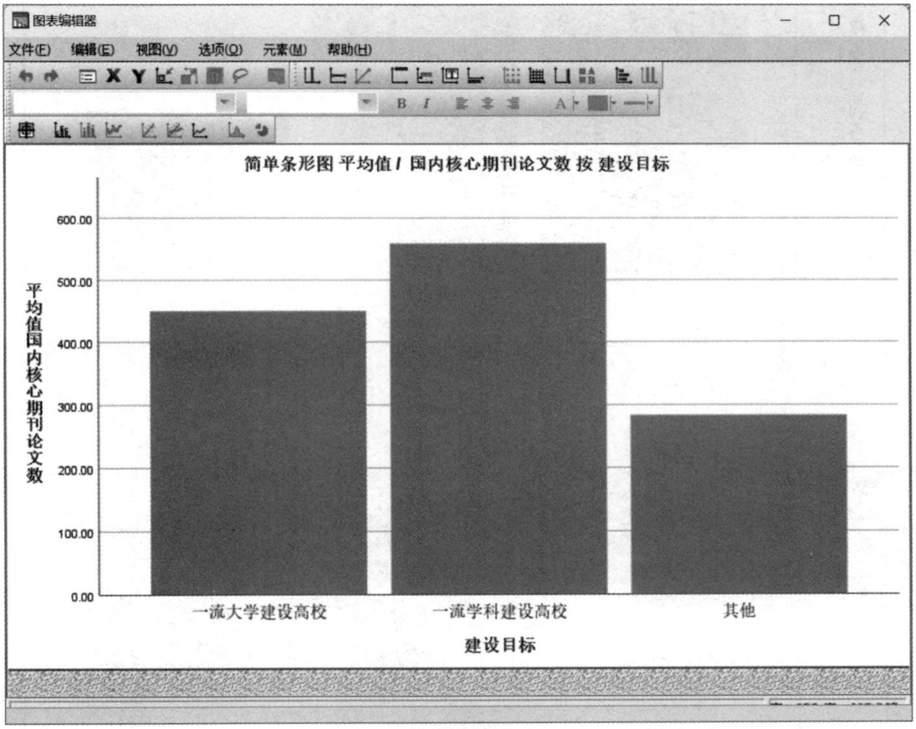

图 5.2.5 “图表编辑器”窗口

“图表编辑器”窗口中的菜单栏，包括文件、编辑、视图、选项、元素和帮助这几个子菜单。菜单栏的下面是工具栏，利用工具栏中的按钮，可以快速地查找并启动相应的功能。

第 2 步 设置数据的显示方式。

在“图表编辑器”窗口中，选择菜单“元素”（Elements）→“显示数据标签”（Show Data Labels）命令，如图 5.2.6 所示，或者在工具栏中单击“显示数据标签”按钮。

这时可以看到统计图中显示出目标变量的相关统计数据，同时弹出“属性”对话框，系统默认打开“数据值标签”选项卡，如图 5.2.7 所示。

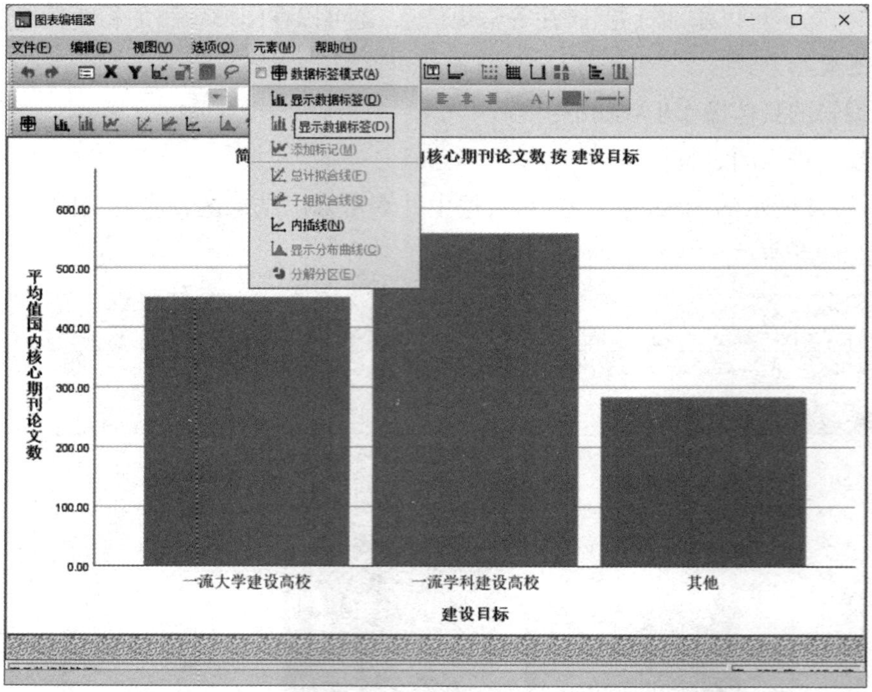

图 5.2.6 “显示数据标签”命令

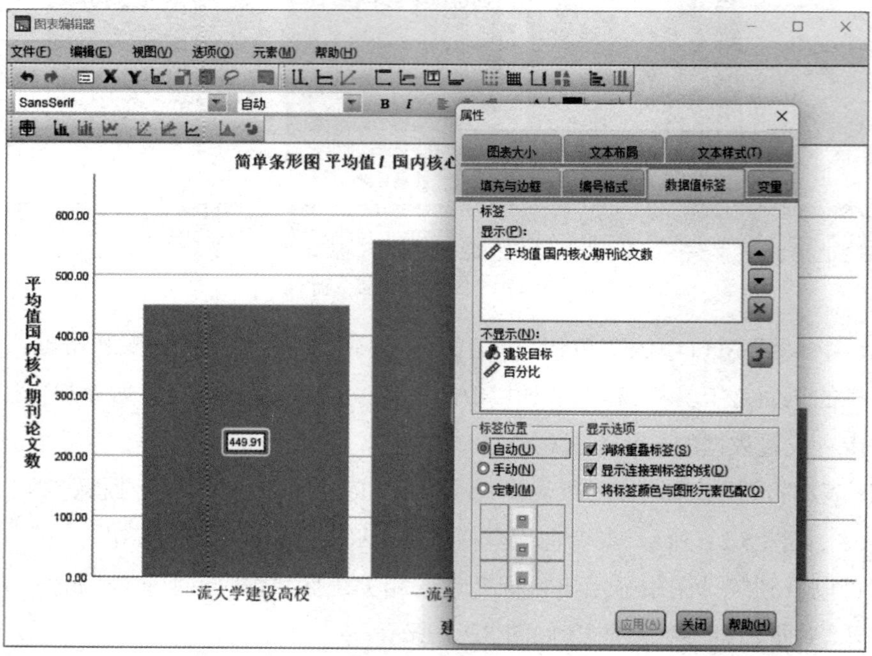

图 5.2.7 设置数据的显示方式

“属性”对话框“数据值标签”选项卡的主要内容如下：

“标签”区域：“显示”框中有变量“平均值 国内核心期刊论文数”，表示该统计图中显示的内容是目标变量“国内核心期刊论文数”的均值。如果“显示”框中的变量多于一个，则可用右侧的向上、向下箭头按钮来调整变量的显示次序，也可单击删除按钮 来删除要显示的变量。“不显示”框中有变量“建设目标”和“百分比”。可以将该框中的变量选入“显示”框，此时统计图中就会显示相应的数据。

“标签位置”区域：用于设置数据在统计图中的显示位置，系统默认选择“自动”项，即中间位置。如果需要调整数据的显示位置，则可以选择“手动”项，将要显示的数据拖到合适的位置上；或者选择“定制”项，指定数据的显示位置。

设置完毕后，单击“属性”对话框中的“关闭”按钮，设置了数据显示方式后的条形图如图 5.2.8 所示。

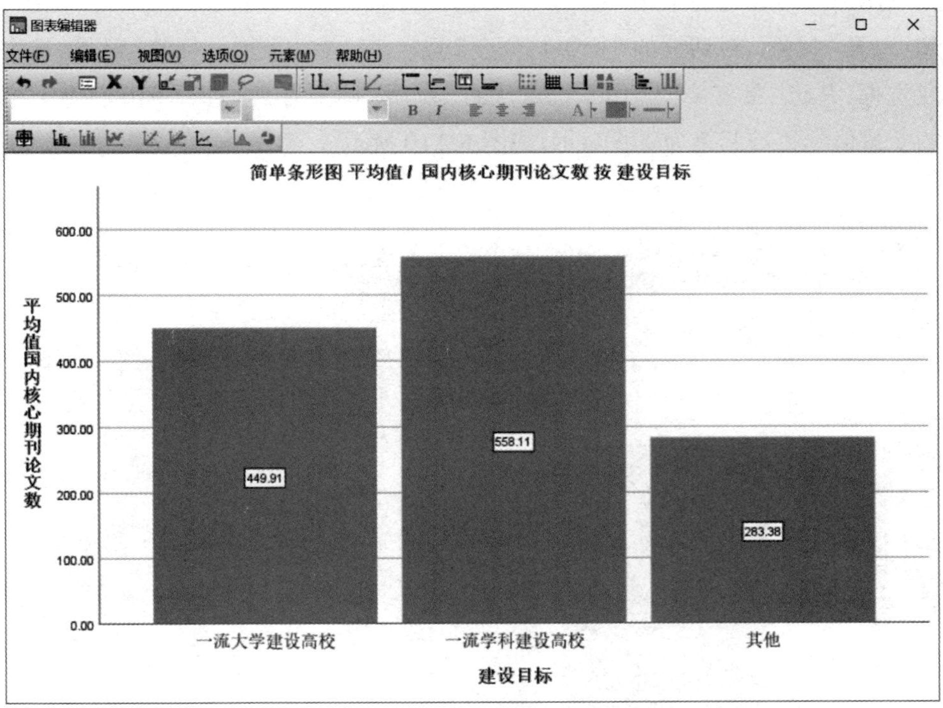

图 5.2.8 设置了数据显示方式后的条形图

第 3 步 调整 x 轴和 y 轴的显示方式。

调整 x 轴的显示方式，主要包括以下内容：

① 调整图形次序。例如，在图 5.2.8 所示的图形中，中间的条带高、两侧的条带低，如果

要将条带从高到低排列,或从低到高排列,就需要对图形的次序进行调整。

② 调整变量值标签的显示方式。例如,变量“建设目标”的值标签“一流大学建设高校”“一流学科建设高校”和“其他”,当前是水平显示,如果需要可以将其设置为垂直显示、斜显示等。

③ 调整图形的展示方式。图形当前是纵向展示,如果需要可以将其设置为横向展示。

对于情况①,可以选择菜单“编辑”→“选择 X 轴”命令或者在工具栏中单击“选择 X 轴”按钮,打开“属性”对话框的“类别”选项卡。在“类别”区域的“顺序”框中,选择需要调整次序的变量,使用右侧的向上、向下箭头按钮调整变量次序,如将“一流学科建设高校”上移,如图 5.2.9(a)所示。也可以按照“排序依据”(如选择“标签”)及“方向”(如选择“降序”)对图形次序进行调整,如图 5.2.9(b)所示。单击“应用”按钮,然后单击“属性”对话框的“关闭”按钮。此时,图形按照从高到低的次序显示。

对于情况②,可以选择菜单“编辑”→“选择 X 轴”命令或者在工具栏中单击“选择 X 轴”按钮,打开“属性”对话框的“标签与刻度”选项卡。在“主增量标签”区域,选中“显示标签”复选框,并将“标签方向”由系统默认的“自动”调整为“垂直”,单击“应用”按钮,则 x 轴上的变量值标签被调整为垂直显示,如图 5.2.10 所示。

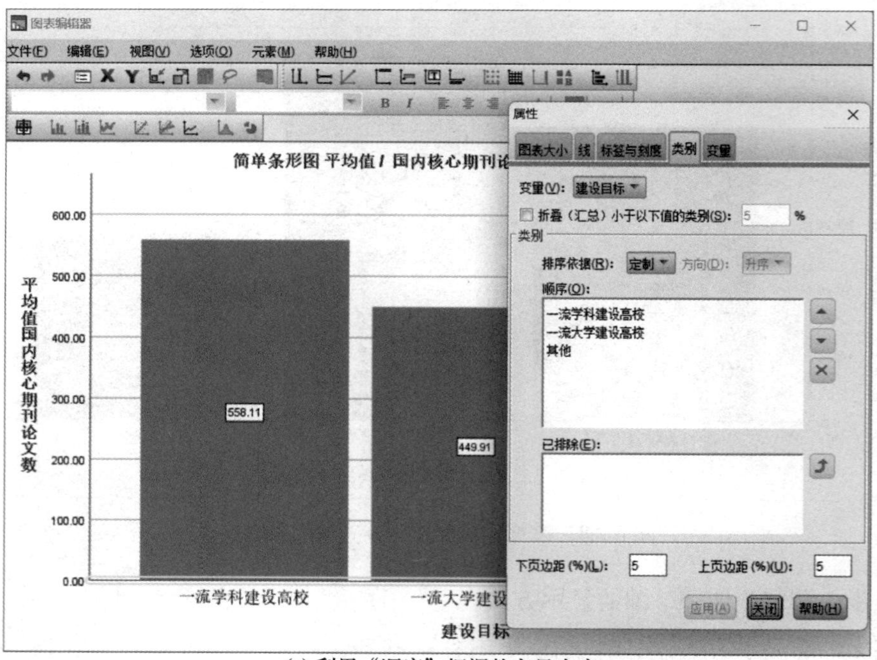

(a) 利用“顺序”框调整变量次序

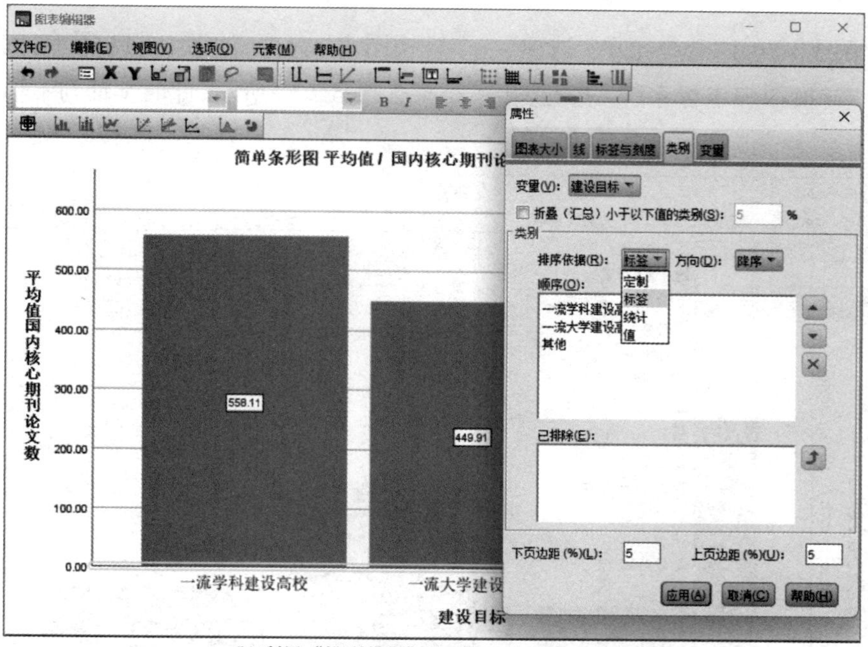

(b) 利用“排列依据”及“方向”调整变量次序

图 5.2.9 结果显示图

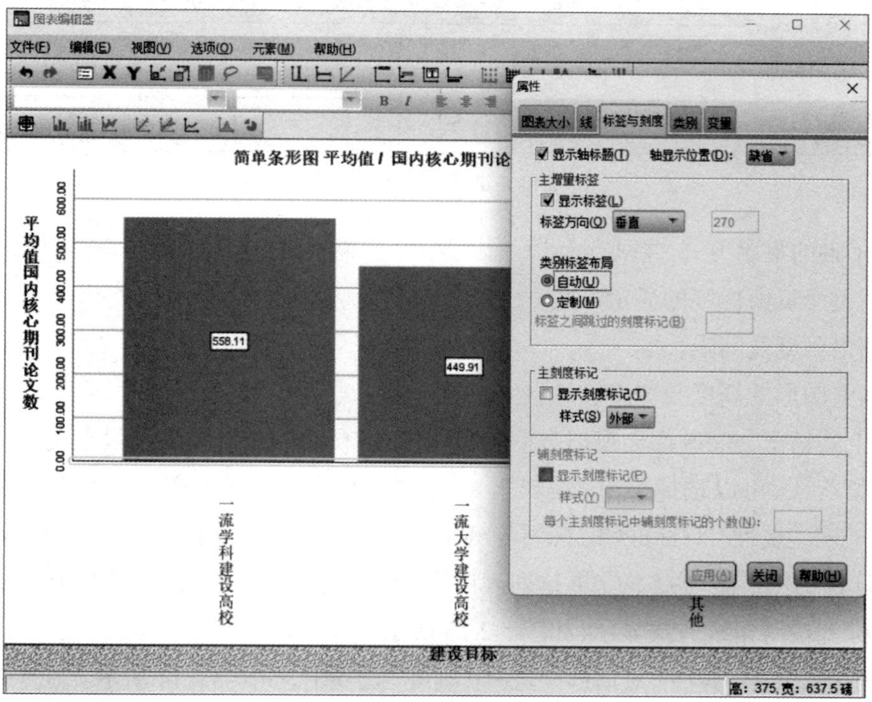

图 5.2.10 将变量值标签的显示方向调整为“垂直”

对于情况③,可以选择菜单“选项”→“转换图表”命令,如图 5.2.11 所示,或者在工具栏中单击“转换图表坐标系统”按钮,转换结果如图 5.2.12 所示,此时 x 轴与 y 轴上的变量互换。

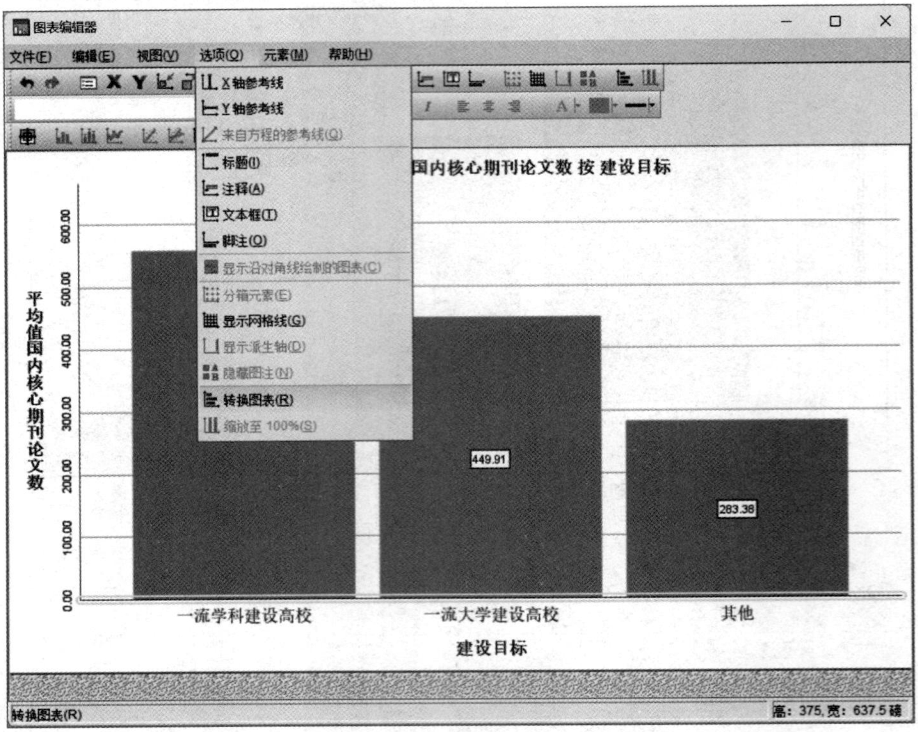

图 5.2.11 选择“转换图表”命令

调整 y 轴的显示方式,主要包括以下内容:

① 调整变量值标签的显示方式。

② 调整刻度及间隔。

③ 调整图形的高度与宽度。

对于上述情况,SPSS 都会根据数据的实际情况,自动生成相应的显示方式:

对于情况①,可以选择菜单“编辑”→“选择 Y 轴”命令或者在工具栏中单击“选择 Y 轴”按钮,打开“属性”对话框的“标签与刻度”选项卡。在“主增量标签”区域,选中“显示标签”复选框,并在“标签方向”下拉列表中选择“对角线”项,单击“应用”按钮,则 y 轴上的变量值标签按对角线方式显示,如图 5.2.13 所示。

对于情况②,在“属性”对话框中选择“刻度”选项卡,如图 5.2.14 所示。在“范围”区域调整最大值、最小值、主增量(间隔)及原点的值,在本例中按照系统默认的方式进行设置。

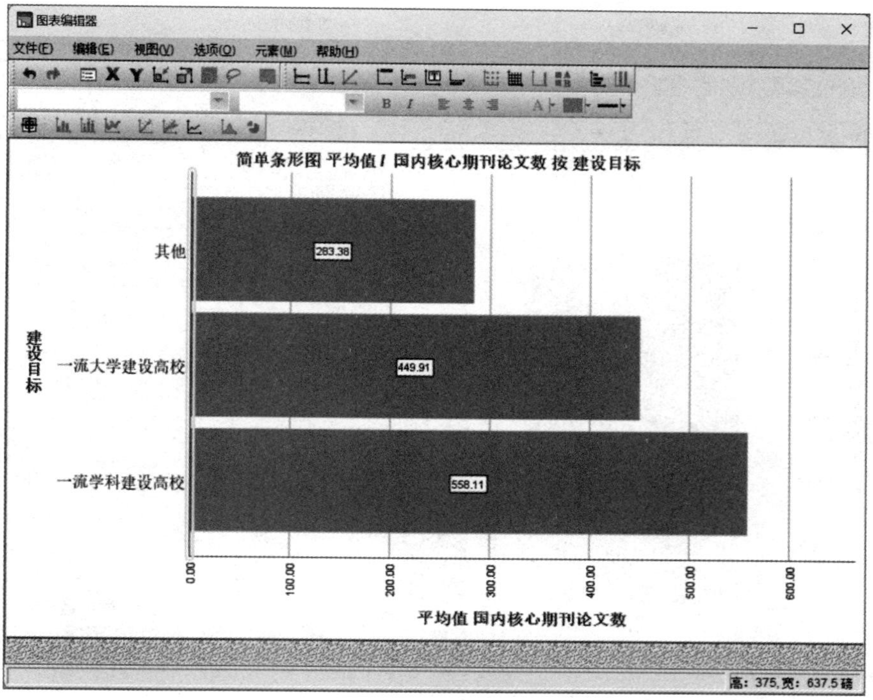

图 5.2.12 x 轴与 y 轴上变量互换的结果

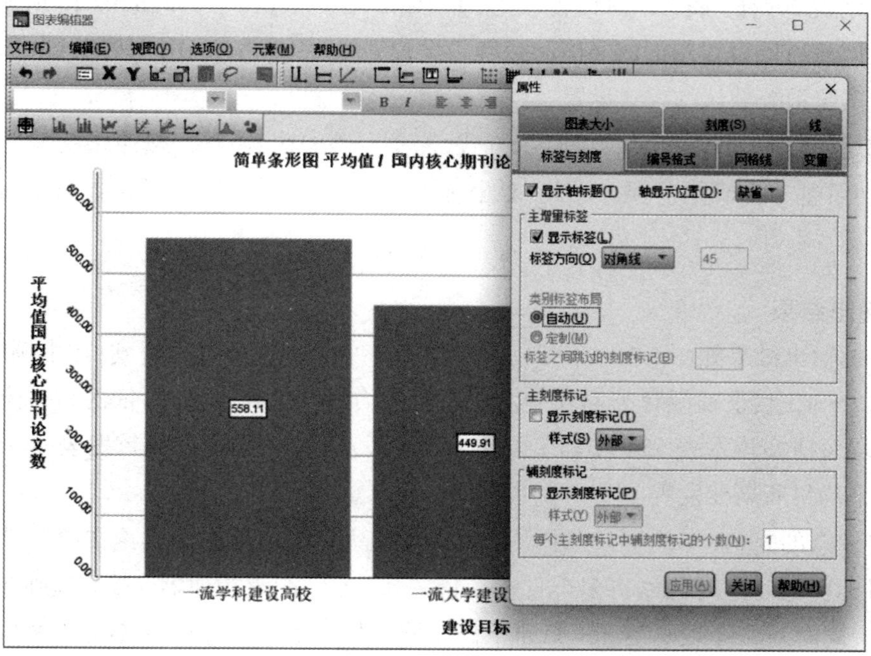

图 5.2.13 调整显示方式后的变量值标签

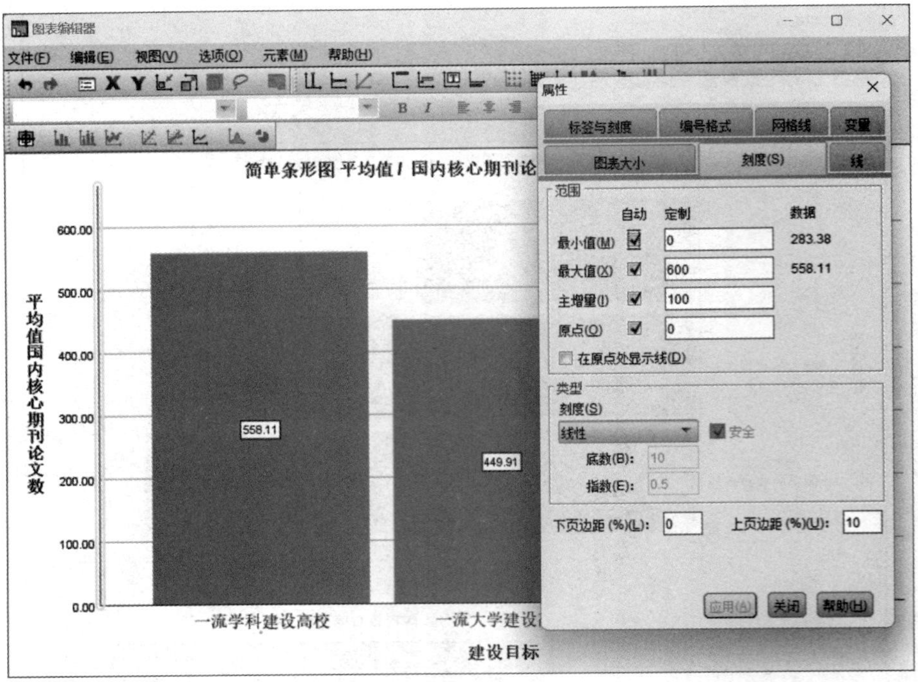

图 5.2.14 设置刻度

对于情况③，在“属性”对话框中选择“图表大小”选项卡，如图 5.2.15 所示。在“单位 厘米”区域可以设置图形的高度和宽度。设置完毕后，单击“应用”按钮，即可完成调整。在本例中按照系统默认的方式设置。

由上述操作可知，对于 y 轴的显示方式，需要调整的内容较少，按照系统默认的方式进行设置，即可基本上满足需要。因此，对坐标轴显示方式的调整，主要是指对 x 轴显示方式的调整。

3. 输出结果

最终的输出结果如图 5.2.16 所示。从图 5.2.16 中可以很直观地看到，在本例中，按照每所高校在 CSSCI 收录的教育类期刊上发表论文的均值由多到少排序，依次为一流学科建设高校（平均每所高校发表 558.11 篇）、一流大学建设高校（平均每所高校发表 449.91 篇）、其他高校（平均每所高校发表 283.38 篇）。

需要注意的是，在本例中只选择了一个目标变量“国内核心期刊论文数”，其实可以选择多个目标变量。这时可以将多个目标变量一起拖到“图表构建器”对话框画布上的 y 轴置放区中，同时对多个目标变量（只要单位相同）进行设置。例如，将变量“国内核心期刊论文数”和“人大复印报刊资料转载数”同时拖到 y 轴置放区中，结果如图 5.2.17 所示。

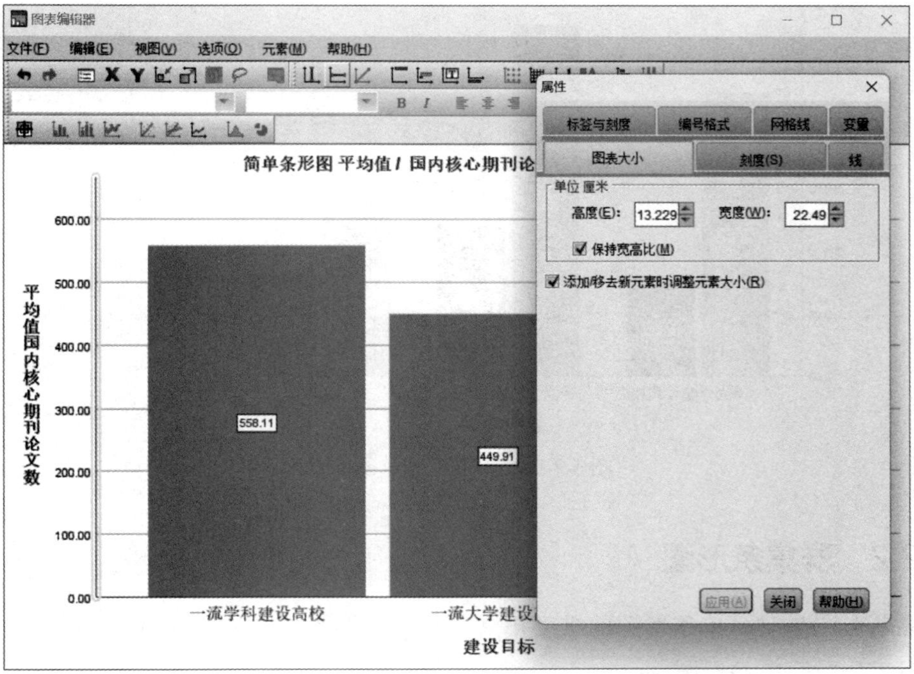

图 5.2.15　设置图表大小

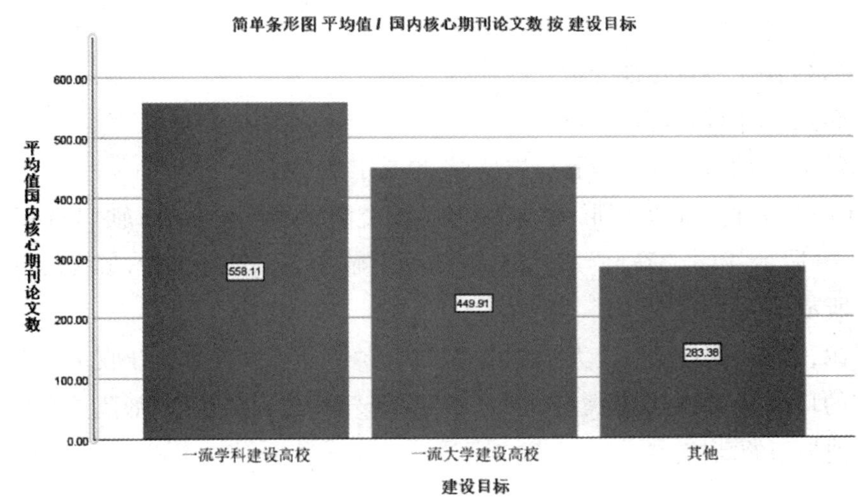

图 5.2.16　最终结果

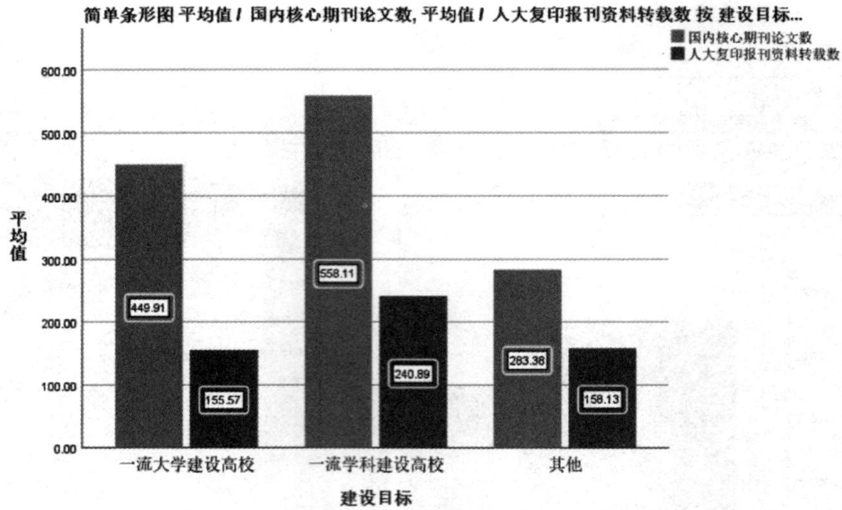

图 5.2.17 多目标变量条形图

5.2.2 群集条形图

群集条形图是对简单条形图的维度拓展。简单条形图是二维的，群集条形图是三维的，后者相当于分层简单条形图。

在 SPSS 的数据窗口中，选择菜单“图形”→“图表构建器”命令，弹出“图表构建器”对话框，在其中的“图库”选项卡的“选择范围”区域，选择并双击“群集条形图”，群集条形图将出现在画布上，如图 5.2.18 所示。此时，图表构建器的画布上有三个变量放置区：

x 轴放置区：用于放置定性变量；

y 轴放置区：用于放置定量变量；

z 轴放置区（INDEX）：用于放置分层变量，也是定性变量。

在 5.2.1 小节生成的简单条形图中增加“学校类型”，并将其拖到 z 轴（INDEX）放置区中，如图 5.2.19 所示，单击“确定”按钮输出结果，对输出结果进行编辑，最终的群集条形图如图 5.2.20 所示。

可以看出，在本例中，在一流大学建设高校中，师范类高校在 CSSCI 收录的教育类期刊上发表论文的均值，远多于其他类型的高校；在一流学科建设高校中，师范类高校的这一指标也高于其他类型的高校。

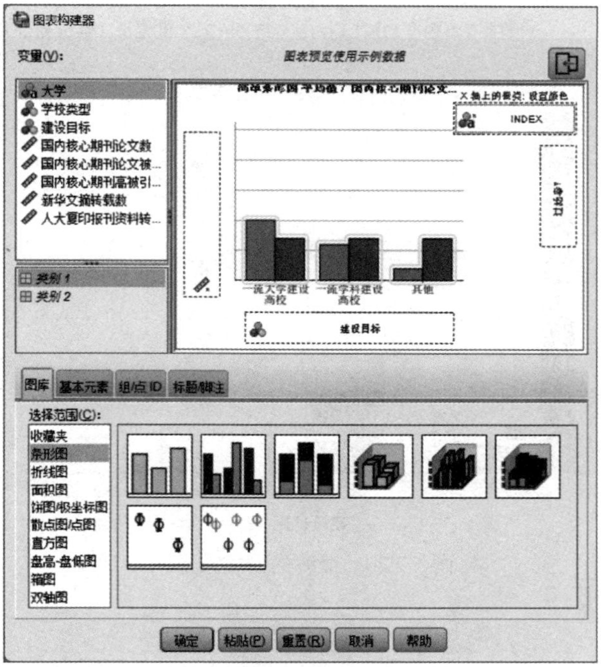

图 5.2.18 选择群集条形图

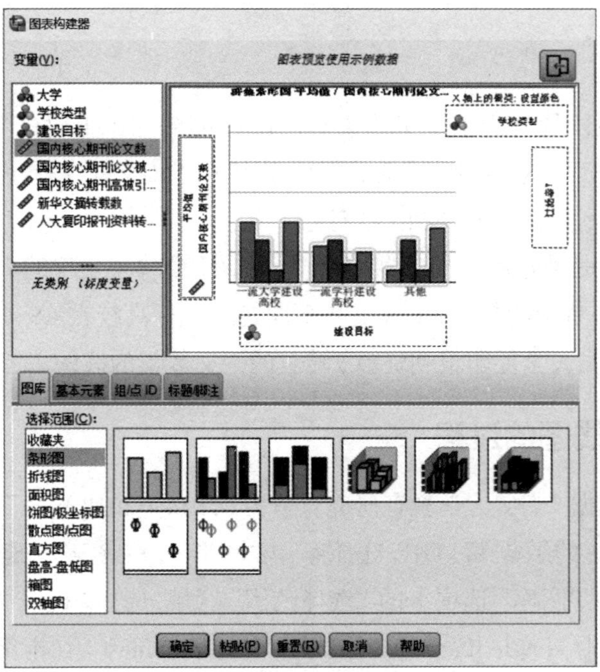

图 5.2.19 设置变量

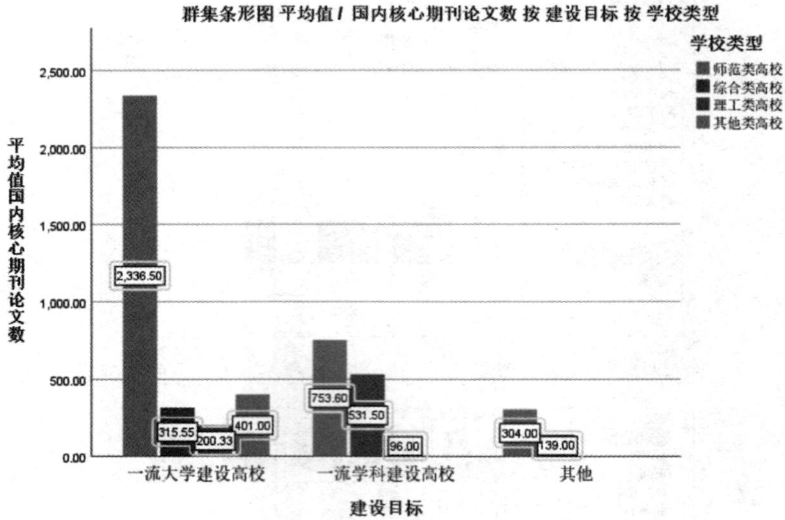

图 5.2.20　最终的群集条形图

5.3 线图

线图是一种用线段的升降来说明现象变化趋势的统计图，它适于对包含名义变量或有序变量的数据文件进行汇总统计。x 轴数据用于表示名义变量或有序变量（特别是时间变量），y 轴数据用于表示目标变量及相关统计量。

在 SPSS 中，线图是通过图表构建器中的“折线图”模块来实现的。

例 5.2　根据 5.1 节中的数据，生成反映不同建设目标高校在 CSSCI 收录的教育类期刊上发表的被《中国人民大学复印报刊资料》转载的论文数量的线图。

5.3.1　生成线图的过程

第 1 步　打开数据文件“大学教育研究竞争力（2014—2018）.sav”。

第 2 步　在 SPSS 的数据窗口中，选择菜单“图形”→“图表构建器”命令，在弹出的“图表构建器”对话框“图库”选项卡的“选择范围”区域，选择“折线图”项，该项有两种类型的线图，即简单线图（simple line）和多重线图（multiple line）。在本例中选择简单线图，双击“简单线图”，画布中就会显示简单线图。

第 3 步 将相关变量拖至相应的放置区。

在“图表构建器”对话框中，将“变量”框中的变量“建设目标”拖到 x 轴放置区中，将变量“人大复印报刊资料转载数”拖到 y 轴放置区中，将统计量设置为“平均值”，如图 5.3.1 所示。

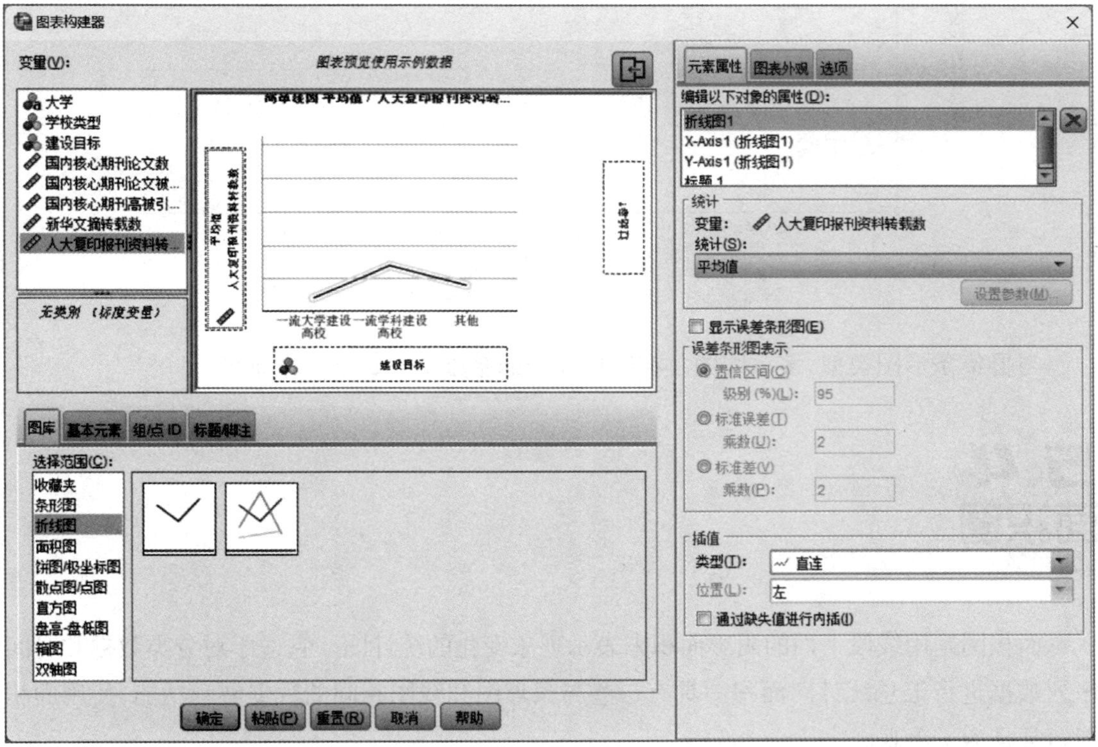

图 5.3.1 设置线图选项

5.3.2 输出并编辑结果

设置完毕后，在“图表构建器”对话框中单击“确定”按钮输出结果，并对输出结果进行编辑，得到最终的线图，如图 5.3.2 所示。

从图 5.3.2 中可以看出，在本例中，一流大学建设高校在 CSSCI 收录的教育类期刊上发表的被《中国人民大学复印报刊资料》转载的论文数平均每所为 155.57 篇，一流学科建设高校平均每所为 240.89 篇，其他高校平均每所为 158.13 篇。

需要注意的是，线图常用于展示时间序列数据，即在 x 轴上放置日期型变量，在 y 轴上放置目标变量，这样就能发现目标变量随时间的变化趋势。

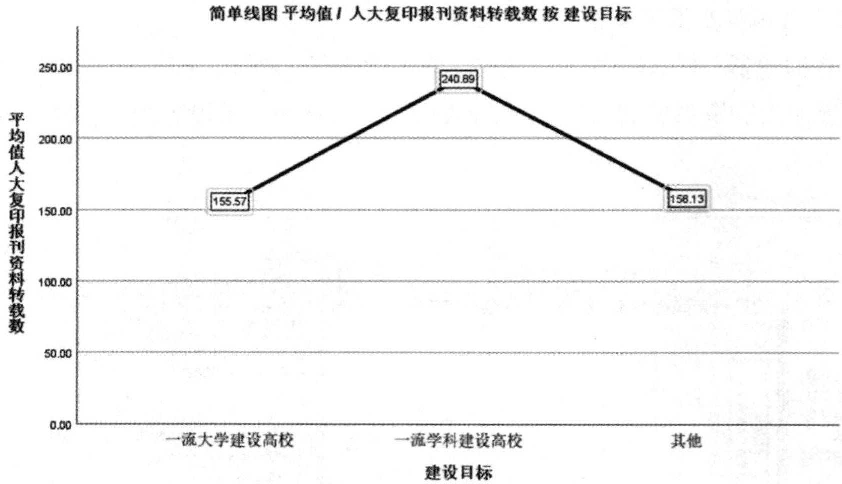

图 5.3.2 最终的线图

与群集条形图类似，多重线图是在简单线图的基础上增加了一个维度。

5.4 面积图

面积图是用线段下面的阴影面积来表示现象变化的统计图。它适于对分类数据和时间序列数据进行汇总统计。面积图具有一些与条形图和线图相同的数据展示功能，使用面积图通常是为了美观。

在 SPSS 中，面积图是通过图表构建器中的“面积图”模块来实现的。

例 5.3 根据 5.1 节中的数据，生成反映不同建设目标高校在 CSSCI 收录的教育类期刊上发表的论文被引用次数的面积图。

5.4.1 生成面积图的过程

第 1 步 打开数据文件“大学教育研究竞争力（2014—2018）.sav”。

第 2 步 在 SPSS 的数据窗口中，选择菜单“图形”→“图表构建器”命令，弹出“图表构建器”对话框，在“图库”选项卡的“选择范围”区域选择“面积图”项，该项有两种类型的面积图，即简单面积图（simple area）和堆积面积图（stacked area），在本例中选择简单面积图，双击“简单面积图”，画布上就会显示简单面积图。

第 3 步 将相关变量拖至相应的放置区。

在“图表构建器”对话框中,将“变量”框中的变量“建设目标”拖到 x 轴放置区中,将变量“国内核心期刊论文被引数”拖到 y 轴放置区中,将统计量设置为“平均值”,如图 5.4.1 所示。

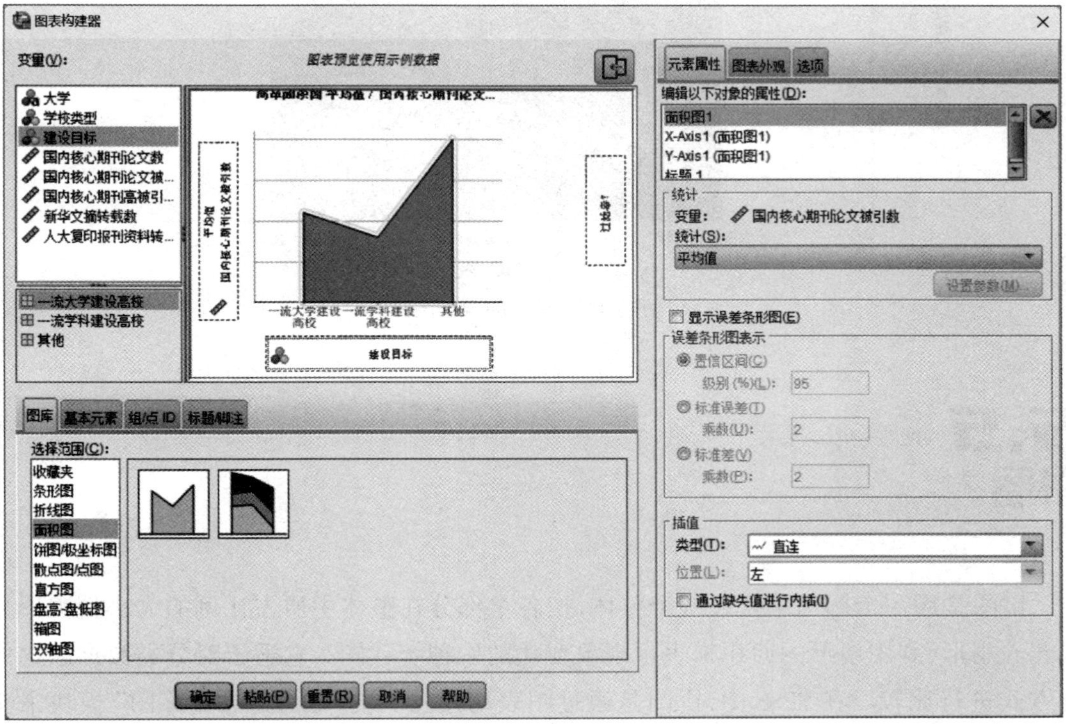

图 5.4.1 设置面积图选项

5.4.2 输出并编辑结果

在“图表构建器”对话框中单击“确定”按钮,输出结果,并对输出的结果进行编辑,得到最终的面积图,如图 5.4.2 所示。

从图 5.4.2 中可以看出,在本例中,一流学科建设高校在 CSSCI 收录的教育类期刊上发表的论文被引次数平均每所为 3 961.00 次,一流大学建设高校发表的论文被引次数平均每所为 3 561.39 次,其他高校发表的论文被引次数平均每所为 2 174.75 次。

与群集条形图类似,堆积面积图是在简单面积图的基础上增加了一个维度。

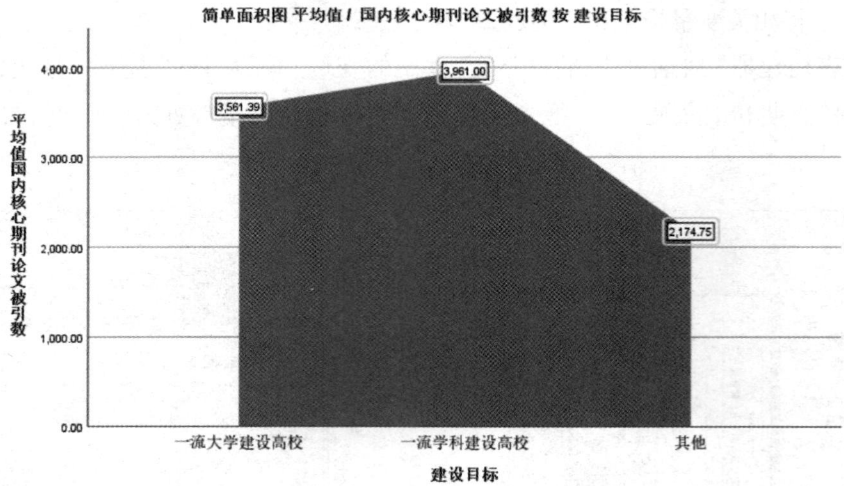

图 5.4.2 最终的面积图

5.5 饼图

饼图是用一个圆形来代表一个整体，按各个部分在整体中所占比例的大小把圆形分成若干扇形，利用扇形的面积来表示现象变化的一种统计图。它适于对分类数据以比例的方式进行比较。在 SPSS 中，饼图是通过图表构建器中的"饼图 / 极坐标图"模块来实现的。

例 5.4 根据 5.1 节中的数据，生成反映不同建设目标高校在 CSSCI 收录的教育类期刊上发表的高被引论文数量的饼图。

5.5.1 生成饼图的过程

第 1 步 打开数据文件"大学教育研究竞争力（2014—2018）.sav"。

第 2 步 在 SPSS 的数据窗口中，选择菜单"图形"→"图表构建器"命令，在"图表构建器"对话框"图库"选项卡的"选择范围"区域，选择"饼图 / 极坐标图"项，该项只提供了一种类型的饼图，双击该"饼图"图标，画布上就会出现饼图。

第 3 步 将相关变量拖至相应的放置区。

在"图表构建器"对话框中，将"变量"框中的变量"建设目标"拖到 x 轴放置区中，将变量“国内核心期刊高被引论文数”拖到 y 轴放置区中，将统计量设置为“总和”，如图 5.5.1 所示。

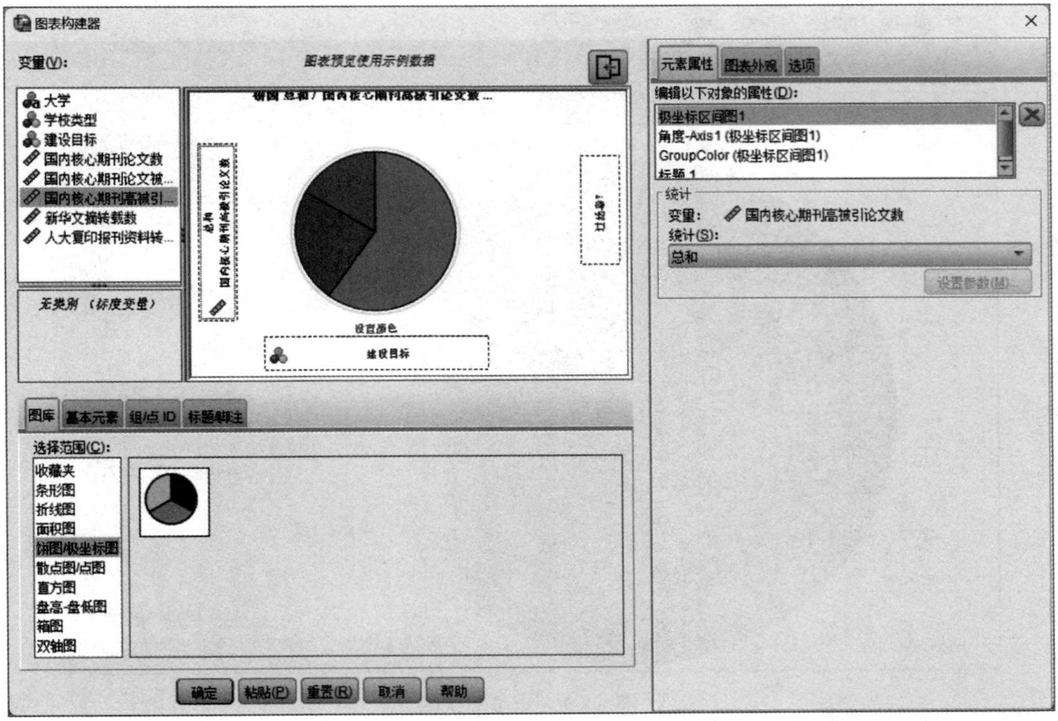

图 5.5.1 设置饼图选项

5.5.2 输出并编辑结果

在“图表构建器”对话框中单击“确定”按钮，输出结果，并对输出结果进行编辑，得到初步的饼图，如图 5.5.2 所示。

但图 5.5.2 所示的饼图中只有三类高校各自“国内核心期刊高被引论文数”所占的百分比，没有具体的数量，需要添加“国内核心期刊高被引论文数”。这时可在“属性”对话框的“数据值标签”选项卡中，将“标签”区域“不显示”框中的定量变量“总和 国内核心期刊高被引论文数”选入“显示”框，然后单击“应用”按钮，再单击“属性”对话框的“关闭”按钮，得到最终的饼图，如图 5.5.3 所示。

从图 5.5.3 可以看出：在本例中，一流大学建设高校在 CSSCI 收录的教育类期刊上发表的高被引论文数最多，为 163 篇，占 65.46%；一流学科建设高校次之，为 53 篇，占 21.29%；其他高校最少，为 33 篇，占 13.25%。

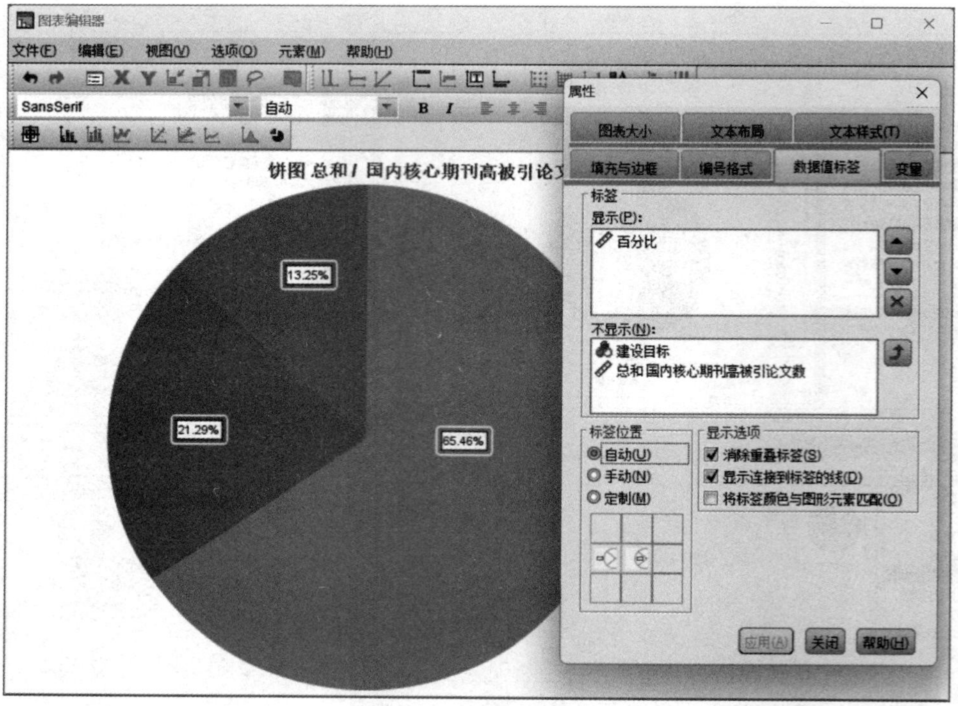

图 5.5.2　初步的饼图

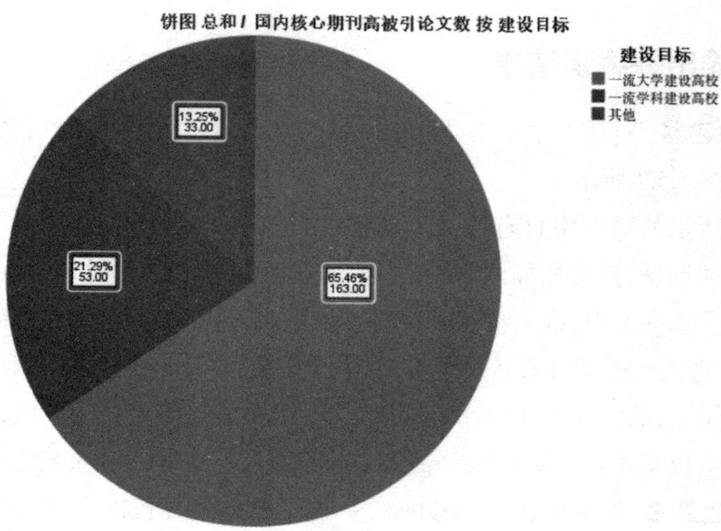

图 5.5.3　最终的饼图

5.6 散点图 / 点图

散点图 / 点图是一种以点的分布状况来反映变量之间相关关系的统计图。根据统计图中点的分布情况和密集程度,来判定变量之间相关关系的类型。它适于分析两个或两个以上的定量变量之间的相关关系。在 SPSS 中,散点图 / 点图是通过图表构建器中的"散点图 / 点图"模块来实现的。

例 5.5 根据 5.1 节中的数据,生成以下散点图:

(1)高校被《中国人民大学复印报刊资料》转载的论文数量与其在 CSSCI 收录的教育类期刊上发表的论文被引用次数的散点图。

(2)高校在 CSSCI 收录的教育类期刊上发表的论文数量、论文被引用次数、高被引论文数量、被《新华文摘》转载的论文数量和被《中国人民大学复印报刊资料》转载的论文数量的两两散点图。

5.6.1 生成散点图的过程

第 1 步 打开数据文件"大学教育研究竞争力(2014—2018).sav"。

第 2 步 在 SPSS 的数据窗口中,选择菜单"图形"→"图表构建器"命令,弹出"图表构建器"对话框。在"图表构建器"对话框"图库"选项卡的"选择范围"区域,选择"散点图 / 点图"项。该项有 9 种类型的散点图 / 点图:简单散点图、包含拟合线的简单散点图、分组散点图、简单 3-D 散点图、组 3-D 散点图、摘要点图、简单点图、散点图矩阵、垂线图。

在本例中选择两种常用的散点图:简单散点图和散点图矩阵。前者用于绘制两个定量变量的散点图,后者用于绘制多个定量变量的两两散点图。

对于例 5.5 中的问题(1):绘制简单散点图,即在"散点图 / 点图"项中双击"简单散点图"。

对于例 5.5 中的问题(2):绘制散点图矩阵,即在"散点图 / 点图"项中双击"散点图矩阵"。

第 3 步 将相关变量拖至相应的放置区。

在"图表构建器"对话框中,对于问题(1):将"变量"框中的变量"国内核心期刊论文被引数"拖到 x 轴放置区中,将变量"人大复印报刊资料转载数"拖到 y 轴放置区中,如图 5.6.1 所示。

对于问题(2):将"变量"框中的变量"国内核心期刊论文数""国内核心期刊论文被引数""国内核心期刊高被引论文数""新华文摘转载数"和"人大复印报刊资料转载数"依次拖到 x 轴放置区中,如图 5.6.2 所示。

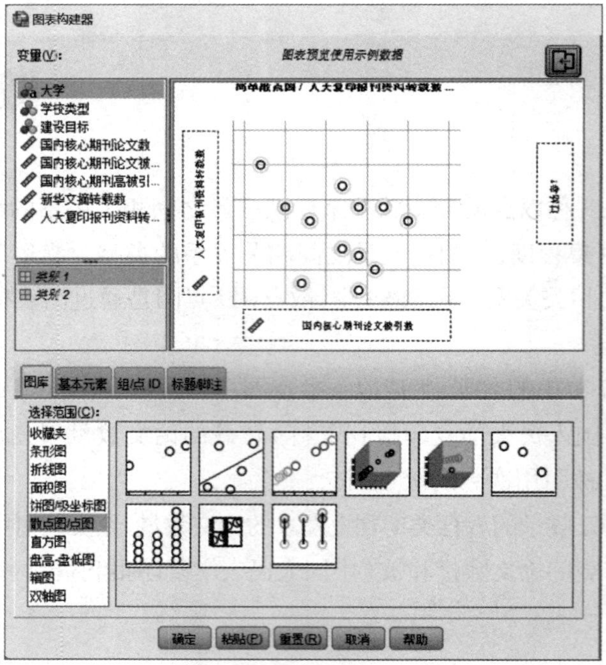

图 5.6.1 设置简单散点图的变量

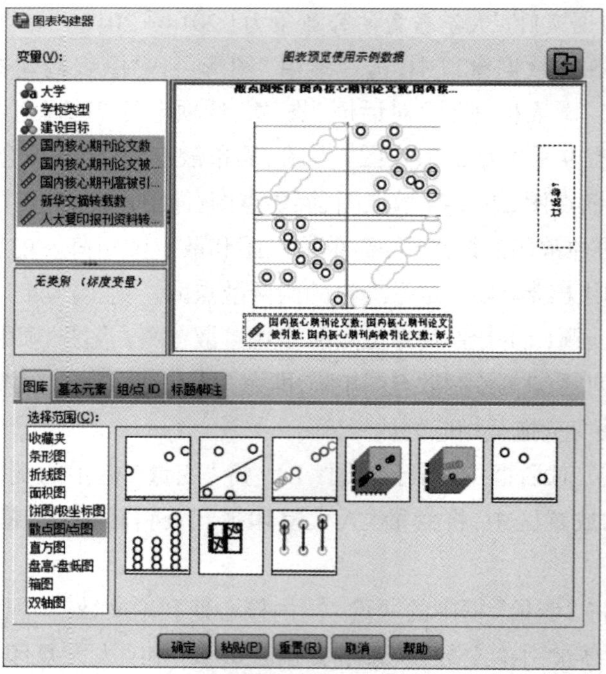

图 5.6.2 设置散点图矩阵的变量

5.6.2 输出并编辑结果

1. 问题（1）：简单散点图

在图 5.6.1 所示的“图表构建器”对话框中单击“确定”按钮，输出初步的结果，如图 5.6.3 所示。

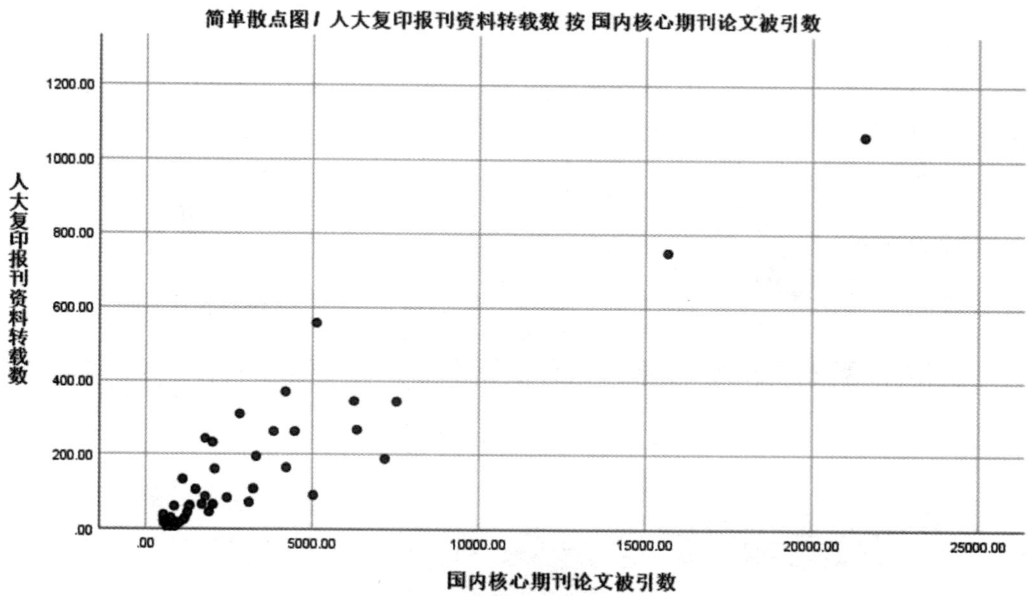

图 5.6.3 初步的简单散点图

双击该散点图，打开“图表编辑器”窗口，在该窗口中选择菜单“元素”→“总计拟合线”命令，如图 5.6.4 所示，或者在工具栏中单击“添加总计拟合线”按钮，在弹出的“属性”对话框的“拟合线”选项卡中进行设置，即可展示散点图的拟合线，如图 5.6.5 所示。在“属性”对话框的“拟合线”选项卡中，有 5 种拟合方法，包括均值拟合（“Y 的平均值”项）、线性拟合（“线性”项）、Loess 拟合（“Loess”项）、二次曲线拟合（“二次项”项）和三次曲线拟合（“立方”项），用户可以根据需要进行选择。这些拟合方法在相关分析和回归分析中起到很大的作用。系统默认为线性拟合，在本例中按照系统默认的方式进行设置，然后单击“关闭”按钮，关闭“图表编辑器”窗口，即可得到最终的散点图及拟合直线，如图 5.6.6 所示。

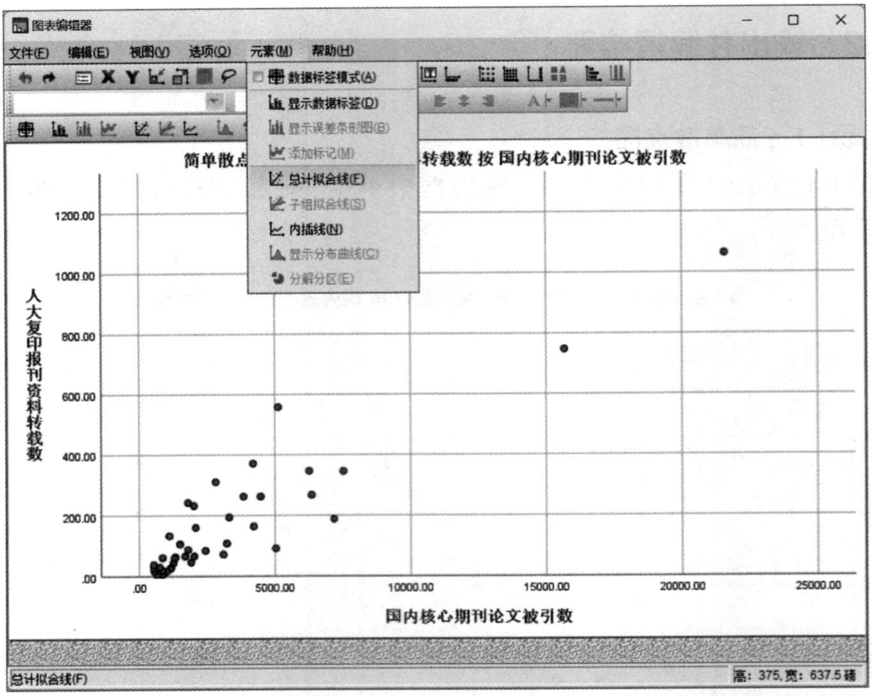

图 5.6.4 选择“总计拟合线”命令

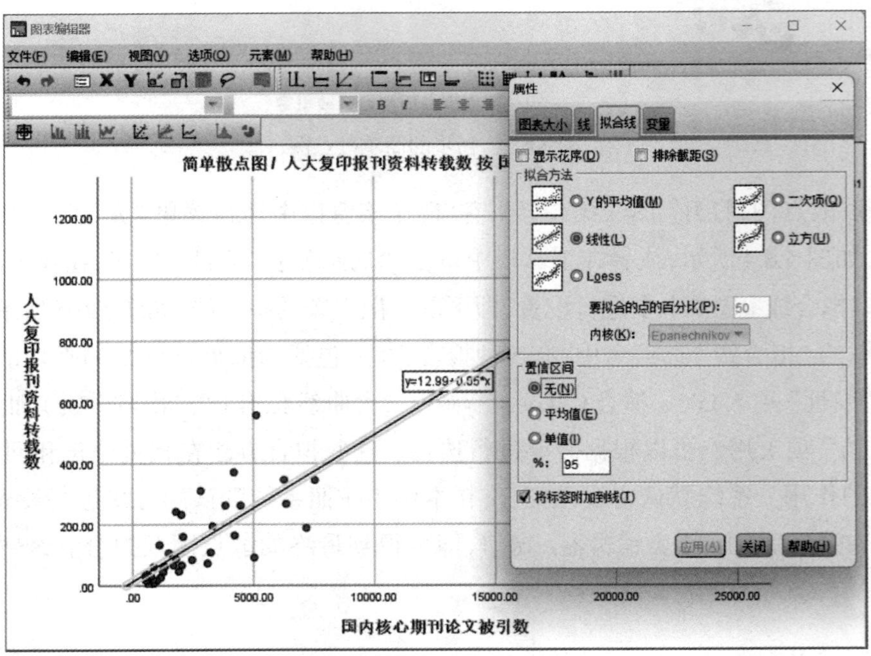

图 5.6.5 选择拟合线

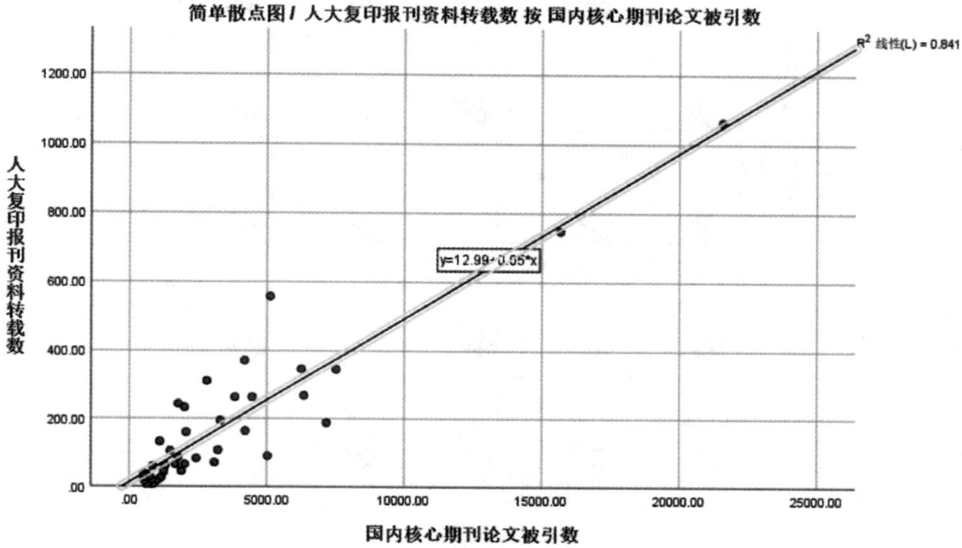

图 5.6.6 最终的简单散点图

从图 5.6.6 中可以明显看出，高校被《中国人民大学复印报刊资料》转载的论文数量与在 CSSCI 收录的教育类期刊上发表的论文被引用次数之间，存在近似的线性正相关关系。从总体上看，在 CSSCI 收录的教育类期刊上发表的论文被引用次数多的高校，被《中国人民大学复印报刊资料》转载的论文数量也多；反之也成立。

2. 问题（2）：散点图矩阵

在图 5.6.2 所示的“图表构建器”对话框中，单击“确定”按钮，输出初步的结果，如图 5.6.7 所示。对初步的结果进行编辑，最终的结果如图 5.6.8 所示。

从图 5.6.8 中可以看出，变量“国内核心期刊论文数”“国内核心期刊论文被引数”“国内核心期刊高被引论文数”“新华文摘转载数”和“人大复印报刊资料转载数”两两之间均存在线性正相关关系。

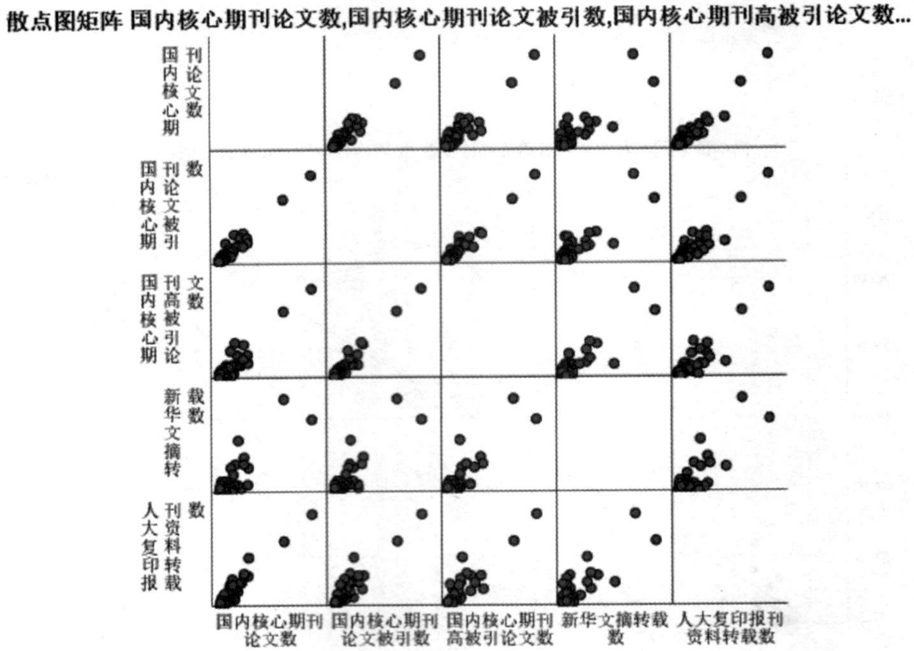

图 5.6.7 初步的散点图矩阵

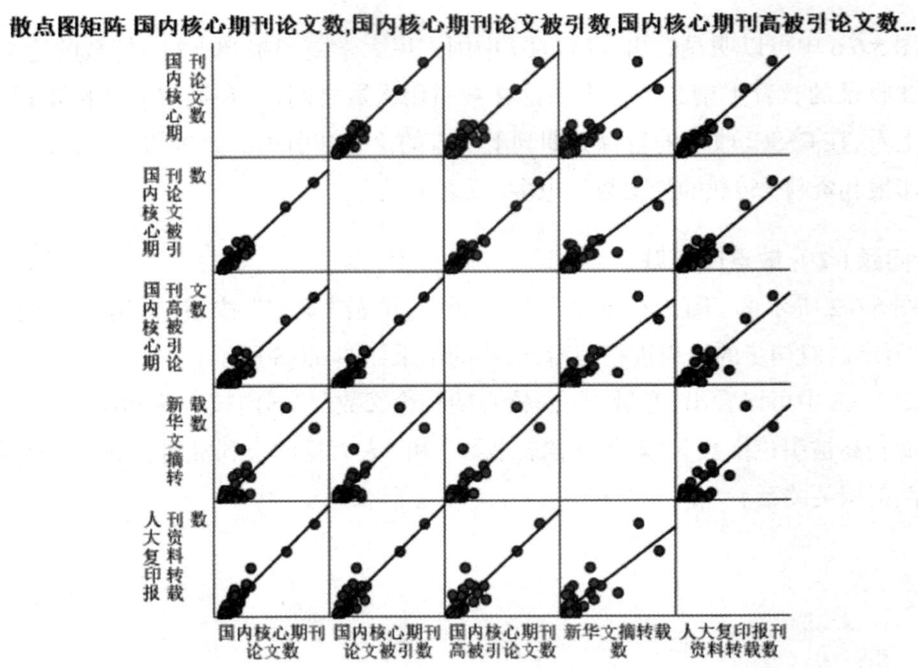

图 5.6.8 最终的散点图矩阵

5.7 直方图

直方图是用一组无间隔的直条来表现频数分布特征的统计图。直方图中的一个直条的高度代表相应组的频数,它的主要功能是分析连续变量的分布特征。直方图与条形图类似,两者的主要区别有以下几点:首先,条形图是用条带的高度表示各类别频数的多少,其宽度(表示类别)是固定的;直方图则用直条的高度表示各组的频数,用直条的宽度表示各组间的组距,因此其高度与宽度均有意义。其次,由于分组数据具有连续性,因此直方图中的直条通常是连续排列的,而条形图中的条带则是分开排列的。最后,条形图主要用于展示定性数据,而直方图则主要用于展示定量数据。

在 SPSS 中,直方图是通过图表构建器中的"直方图"模块来实现的。直方图可以实现条形图的几乎所有功能,只是两者的多层(三维)显示方式有所不同。

例 5.6 根据 5.1 节中的数据,生成以下直方图:

(1)反映各高校在 CSSCI 收录的教育类期刊上发表的论文数量的直方图。

(2)反映不同建设目标高校在 CSSCI 收录的教育类期刊上发表的论文数量的直方图。

5.7.1 生成直方图的过程

第 1 步 打开数据文件"大学教育研究竞争力(2014—2018).sav"。

第 2 步 在 SPSS 的数据窗口中,选择菜单"图形"→"图表构建器"命令,弹出"图表构建器"对话框。在"图表构建器"对话框"图库"选项卡的"选择范围"区域,选择"直方图"项。该项有 4 种类型的直方图:简单直方图、堆积直方图、频数多边形图和总体锥形图。

对于例 5.6 中的问题(1):绘制简单直方图,即在"直方图"项中双击"简单直方图"。

对于例 5.6 中的问题(2):绘制堆积直方图,即在"直方图"项中双击"堆积直方图"。

第 3 步 将相关变量拖至相应的放置区。

在"图表构建器"对话框中,对于问题(1):将"变量"框中的变量"国内核心期刊论文数"拖到 x 轴放置区中;在 y 轴上显示的统计量,系统默认为"直方图",如图 5.7.1 所示。

对于问题(2):将"变量"框中的变量"国内核心期刊论文数"拖到 x 轴放置区中,将变量"建设目标"拖到 z 轴放置区中;在 y 轴上显示的统计量,系统默认为"直方图",如图 5.7.2 所示。

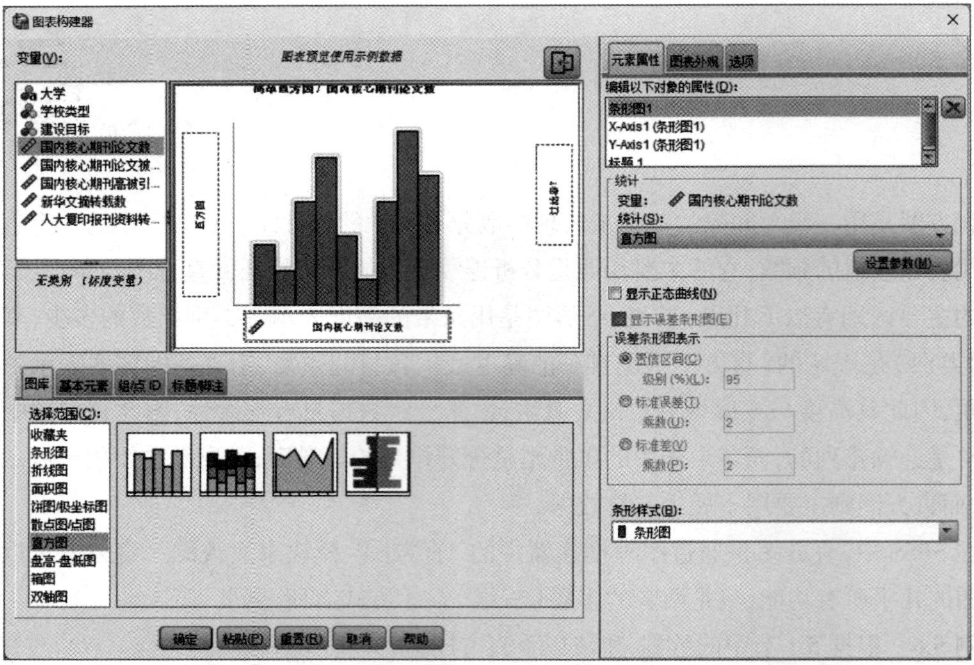

图 5.7.1 设置简单直方图选项

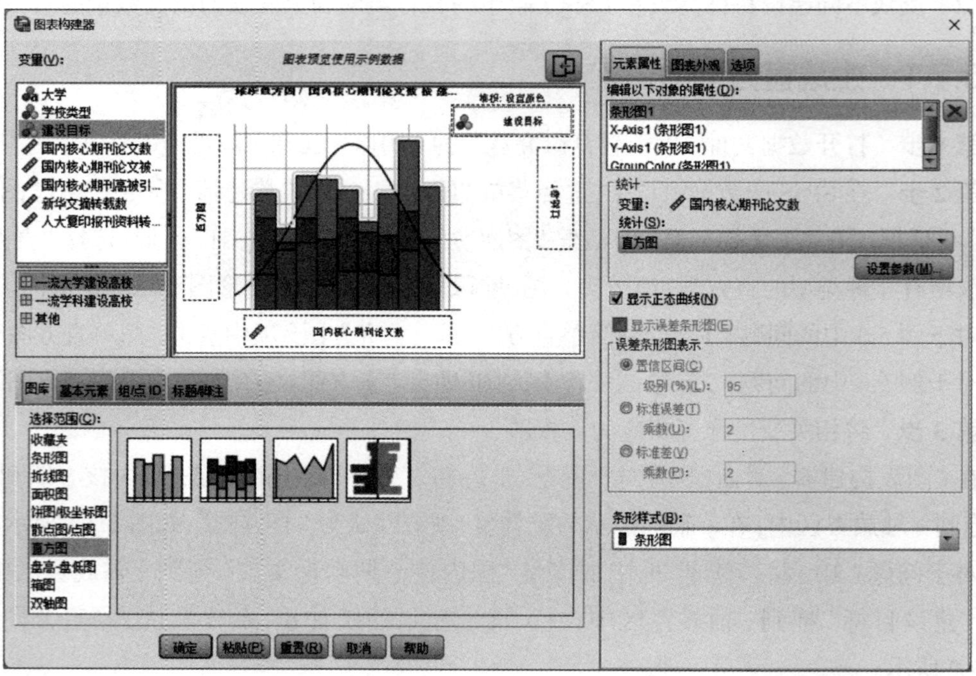

图 5.7.2 设置堆积直方图选项

需要注意的是,在分析连续变量的分布时,由于一般会先从直观上判断此变量是否服从正态分布,所以要在“图表构建器”对话框的“元素属性”选项卡中,选中“显示正态曲线”复选框。

5.7.2 输出并编辑结果

1. 问题(1):简单直方图

在图 5.7.1 所示的“图表构建器”对话框中,单击“确定”按钮,输出初步的结果,然后对其进行编辑,得到最终的简单直方图,如图 5.7.3 所示。

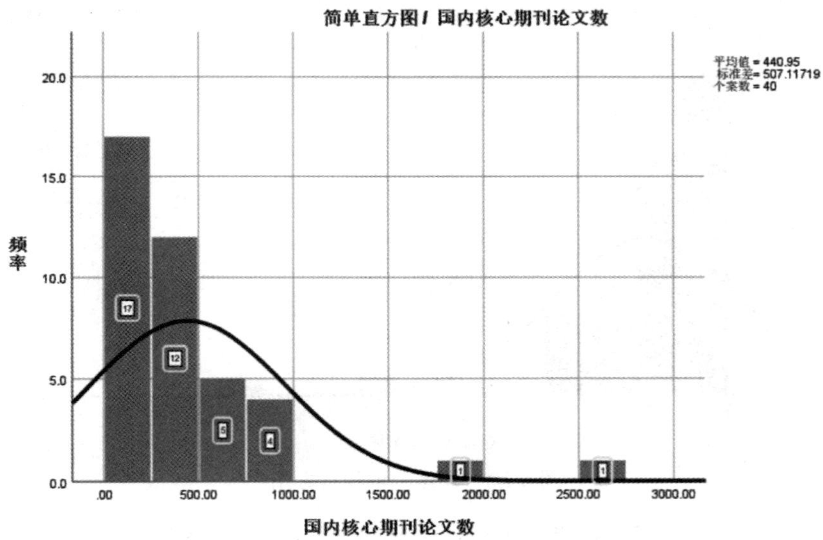

图 5.7.3 最终的简单直方图

从图 5.7.3 中可以看出,系统自动以 250 篇为单位(直条宽度),统计变量“国内核心期刊论文数”的所有取值在每个单位中的频数(直条高度)。各高校在 CSSCI 收录的教育类期刊上发表的论文数量分布在 0 ~ 2 750 篇区间,其中发表的论文数量在 0 ~ 250 篇区间的高校有 17 所,在 250 ~ 500 篇区间的高校有 12 所, ……在 2 500 ~ 2 750 篇区间的高校有 1 所;整个图形呈右偏态分布。

2. 问题(2):堆积直方图

在图 5.7.2 所示的“图表构建器”对话框中,单击“确定”按钮,输出结果,然后对其进行编辑,得到初步的堆积直方图,如图 5.7.4 所示。

该堆积直方图与图 5.7.3 所示的简单直方图基本相同,唯一的区别就是将各个直条中的高校数量,按照“建设目标”进一步分类。例如,在 CSSCI 收录的教育类期刊上发表的论文数量在 0 ~ 250 篇区间的高校有 17 所，从相应的直条高度来看，在这 17 所高校中，有一流大学建设高校 12 所、一流学科建设高校 2 所、其他学校 3 所。

需要注意的是，直方图功能包含了大部分条形图功能。例如，若在如图 5.7.2 所示的堆积直方图的设置中，将变量“学校类型”拖到 x 轴放置区中，将变量“国内核心期刊论文数”拖到 y 轴放置区中，将变量“建设目标”拖到 z 轴放置区中，可绘制如图 5.7.5 所示的条形图。可将其与 5.2.2 小节中的图 5.2.20 所示的群集条形图进行对照。

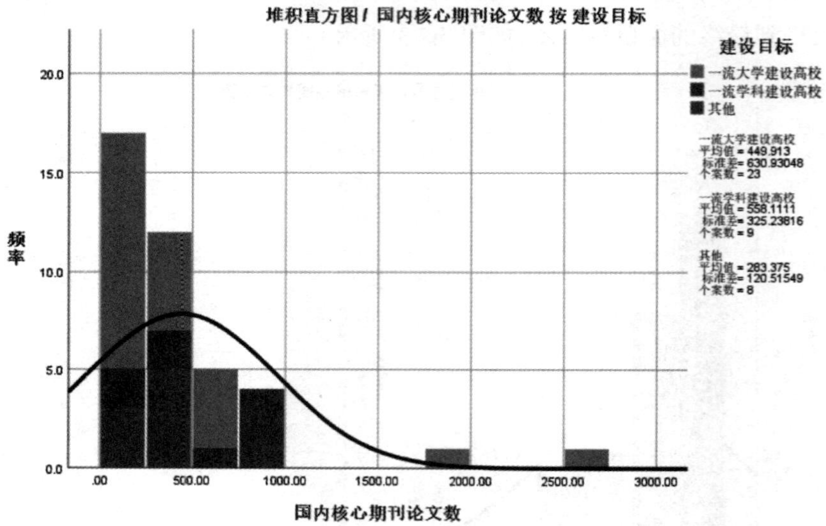

图 5.7.4　初步的堆积直方图

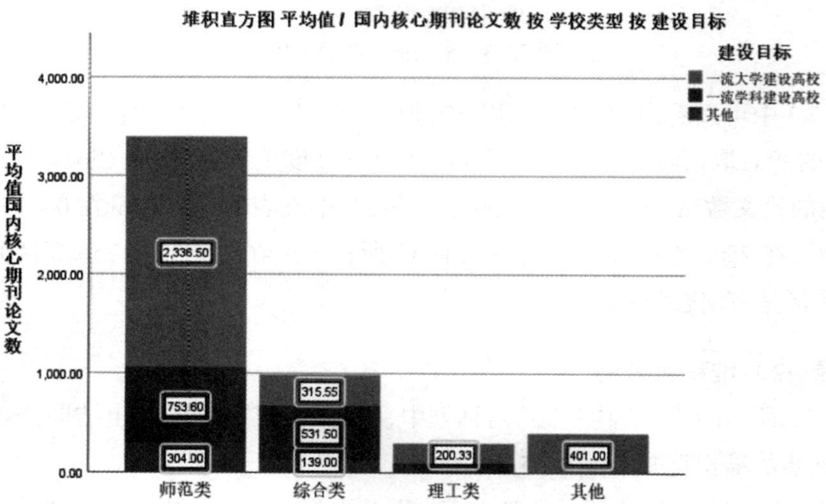

图 5.7.5　用直方图绘制条形图

5.8 箱图

箱图是一种描述变量值分布的统计图。借助于箱图可以观察到变量值的中位数、四分位数,还可以探索和发现一些异常或者极端的变量值。在 SPSS 中,箱图是通过图表构建器中的“箱图”来实现的。

例 5.7 根据 5.1 节中的数据,生成反映不同建设目标高校在 CSSCI 收录的教育类期刊上发表的论文数量的箱图。

5.8.1 生成箱图的过程

第 1 步 打开数据文件“大学教育研究竞争力(2014—2018).sav”。

第 2 步 在 SPSS 的数据窗口中,选择菜单“图形”→“图表构建器”命令,弹出“图表构建器”对话框。在“图表构建器”对话框“图库”选项卡的“选择范围”区域,选择“箱图”项。该项有三种类型的直方图:简单框图、群集框图和 1–D 框图。其中,1–D 框图是反映一个变量信息的单一箱图,简单框图是分组箱图,前者是后者的特殊情况。在本例中,选择“简单框图”。

第 3 步 将相关变量拖至相应的放置区。

在“图表构建器”对话框中,将“变量”框中的变量“建设目标”拖到 x 轴放置区中,将变量“国内核心期刊论文数”拖到 y 轴放置区中,如图 5.8.1 所示。

5.8.2 输出并编辑结果

在图 5.8.1 所示的“图表构建器”对话框中,单击“确定”按钮,输出结果,然后对其进行编辑,得到初步的箱图。这只是一个框图,需要为其添加数据。双击该图形,打开“图表编辑器”窗口,选择菜单“元素”→“显示数据标签”命令,或者在工具栏中单击“显示数据标签”按钮,在弹出的“属性”对话框的“数据值标签”选项卡中,将变量“建设目标”“国内核心期刊论文数”从“不显示”框中选入“显示”框,如图 5.8.2 所示。然后单击“关闭”按钮,得到最终的箱图,如图 5.8.3 所示。

生成的箱图的结构如下:

① 矩形框:为箱图主体,其上边线与下边线之差称为箱长。矩形框包含了 50% 的变量值。矩形框上边线、中间线、下边线三条平行线,依次表示第 75 百分位数、第 50 百分位数和第 25 百分位数。

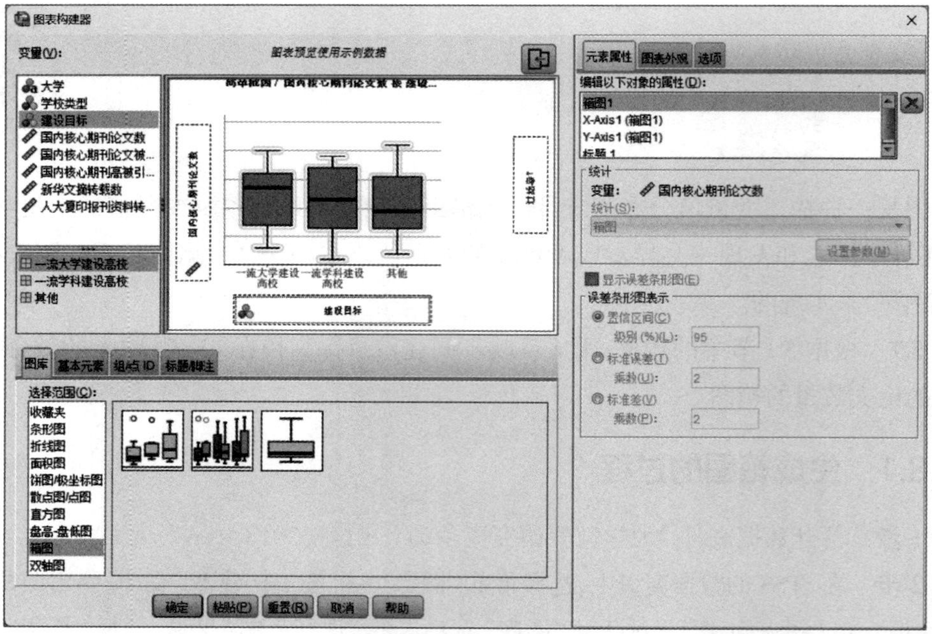

图 5.8.1 设置箱图选项

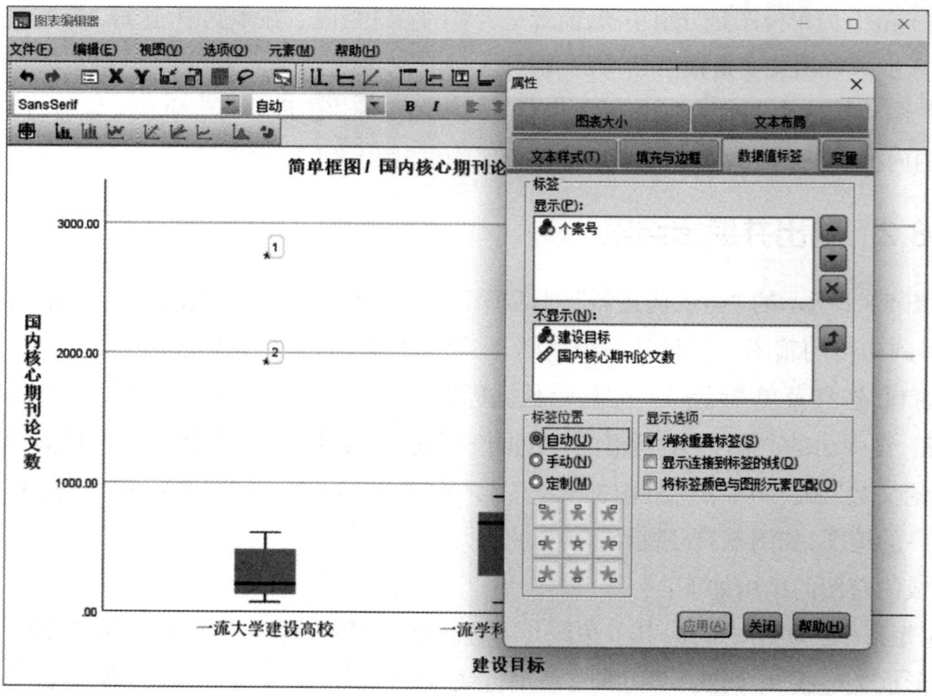

图 5.8.2 编辑箱图

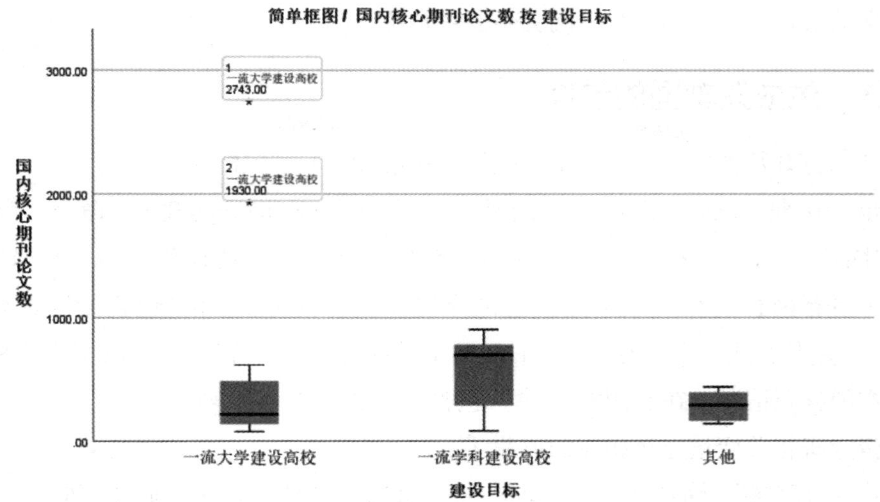

图 5.8.3 最终的箱图

② 触须线：也就是箱图中间的竖线。它向上触及的横线和向下触及的横线分别表示变量的最大值和最小值。

③ 离群值：位于矩形框上下用小圆圈标记的点，是指从矩形框的上下边线算起，大小超过箱长 1.5 倍的那些变量值。

④ 极端值：用“*”标记的点，是指从矩形框的上下边线算起，大小超过箱长 3 倍的那些变量值。在本例中，极端值为数据文件中的第 1 个个案和第 2 个个案，它们都是一流大学建设高校，其在 CSSCI 收录的教育类期刊上发表的论文数分别为 2 743 篇和 1 930 篇。

从图 5.8.3 中可以看出：在本例中，一流学科建设高校在 CSSCI 收录的教育类期刊上发表的论文数量最多，变化幅度也最大；其他高校在 CSSCI 收录的教育类期刊上发表的论文数量最少，变化幅度也最小；一流大学建设高校处于两者之间，但有两个“超级”高校，在 CSSCI 收录的教育类期刊上发表的论文数量远超其他两类高校。

5.9 双轴图

双轴图是一种包含两个 Y 轴的统计图，它可以同时表示两个变量的变化情况。在 SPSS 中，双轴图是通过图表构建器中的“双轴图”模块来实现的。

例 5.8 根据 5.1 节中的数据，生成反映不同建设目标高校在 CSSCI 收录的教育类期刊上发表论文的数量与被引用次数之间关系的双轴图。

5.9.1 生成双轴图的过程

第 1 步 打开数据文件“大学教育研究竞争力(2014—2018).sav”。

第 2 步 在 SPSS 的数据窗口中,选择菜单“图形”→“图表构建器”命令,弹出“图表构建器”对话框。在“图表构建器”对话框“图库”选项卡的“选择范围”区域,选择“双轴图”项。该项有两种类型的双轴图:“包含分类 X 轴的双 Y 轴”和“包含刻度 X 轴的双 Y 轴”。前者主要用于显示按分类变量同时对两个目标变量进行统计的情况;后者主要用于显示各个样本的分布情况。在本例中,选择“包含分类 X 轴的双 Y 轴”。

第 3 步 将相关变量拖至相应的放置区。

在“图表构建器”对话框中,将“变量”框中的变量“建设目标”拖到 x 轴放置区中,将变量“国内核心期刊论文数”拖到 y 轴放置区中,将变量“国内核心期刊论文被引数”拖到另一个 y 轴放置区中,如图 5.9.1 所示。

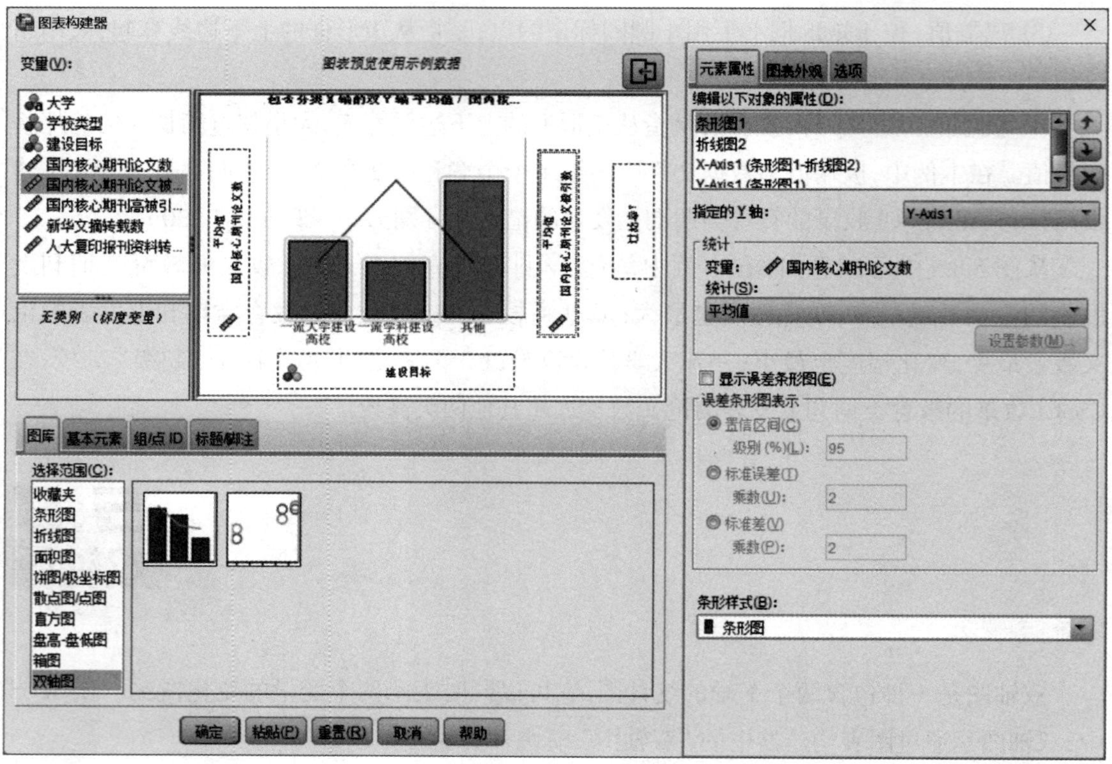

图 5.9.1 设置双轴图选项

这里分类变量为“建设目标”；两个目标变量分别为“国内核心期刊论文数”和“国内核心期刊论文被引数”，均为定量变量。在本例中，将两个目标变量的统计量均设置为“平均值”。当然用户也可以根据需要，将统计量设置为“有效个案数”或其他统计量。

5.9.2 输出并编辑结果

在图 5.9.1 所示的“图表构建器”对话框中，单击“确定”按钮，输出初步结果，然后对其进行编辑，得到最终的双轴图，如图 5.9.2 所示。

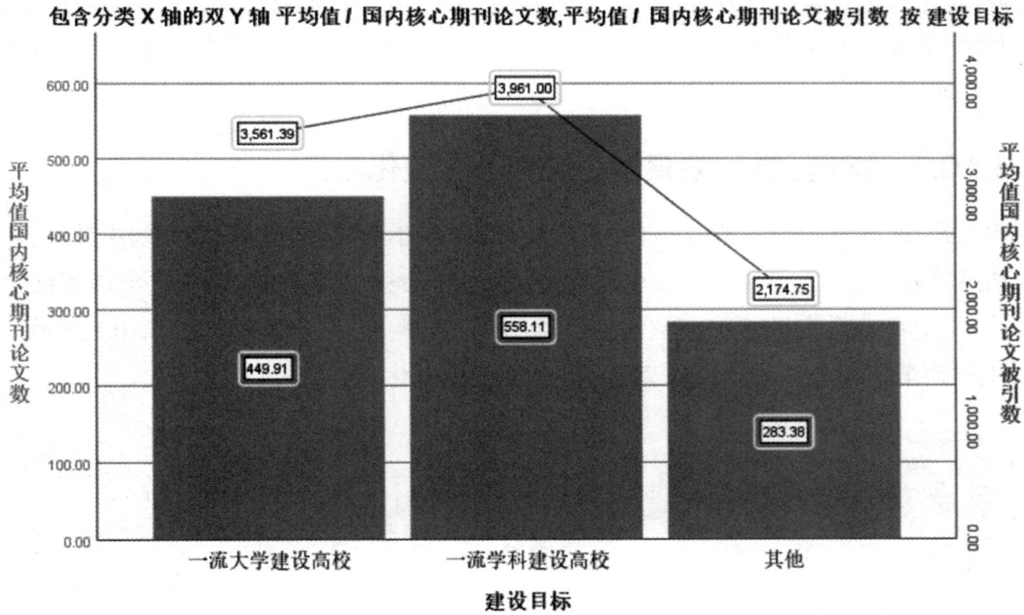

图 5.9.2 最终的双轴图

在图 5.9.2 所示的双轴图中，x 轴表示高校的建设目标，左侧的 y 轴表示高校在 CSSCI 收录的教育类期刊上发表的论文数量的均值，右侧的 y 轴表示高校在 CSSCI 收录的教育类期刊上发表的论文被引用次数的均值。从中可以看出，在本例中，一流大学建设高校在 CSSCI 收录的教育类期刊上发表的论文数平均每所为 449.91 篇，论文被引次数平均每所为 3 561.39 次。类似地，可以得到一流学科建设高校和其他高校的情况。此外，对于两个目标变量的均值，一流学科建设高校均高于一流大学建设高校和其他高校。

5.10 人口金字塔图

人口金字塔图在人口统计学中主要用于展示男性人口和女性人口数在不同年龄段分布的对比情况。人口金字塔图的参数主要有三个，一是高度，也就是层数；二是宽度；三是对比，即以塔中心线为轴，对比左右两种事物的宽度。在人口金字塔图中，高度即年龄，宽度即人数，对比的两种事物即男性人口和女性人口。图表构建器没有提供人口金字塔图功能，需要利用 SPSS 的旧对话框来完成，即通过“图形”菜单“旧对话框”子菜单中的“人口金字塔”命令来实现。

5.10.1 案例：学历教育学生规模分布变化趋势

例 5.9 现有 2001 年、2010 年和 2018 年我国四级学历教育（初等教育、初中教育、高中教育和高等教育）的在学男生和女生人数数据，建立 SPSS 数据文件“各层次学历教育学生分布 .sav”，其中包含变量“层次”“性别”“年份”“在学人数”，其格式如图 5.10.1 所示。构建人口金字塔图，分析我国学历教育学生规模分布的变化趋势。

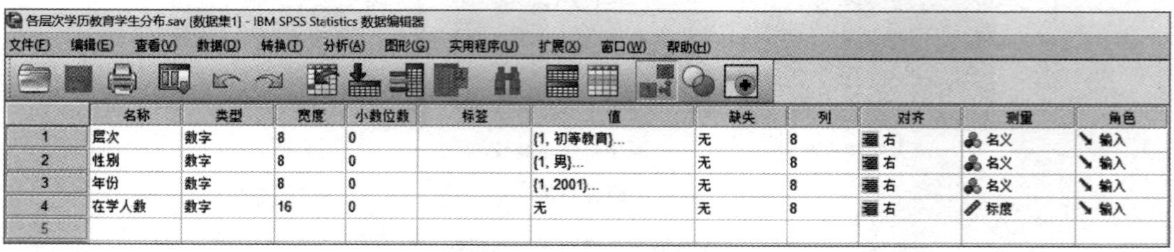

	名称	类型	宽度	小数位数	标签	值	缺失	列	对齐	测量	角色
1	层次	数字	8	0		{1, 初等教育}...	无	8	右	名义	输入
2	性别	数字	8	0		{1, 男}...	无	8	右	名义	输入
3	年份	数字	8	0		{1, 2001}...	无	8	右	名义	输入
4	在学人数	数字	16	0		无	无	8	右	标度	输入
5											

图 5.10.1 数据文件“各层次学历教育学生分布 .sav”的变量格式

5.10.2 生成人口金字塔图过程

第 1 步 打开数据文件“各层次学历教育学生分布 .sav”。

第 2 步 在 SPSS 的数据窗口中选择菜单“图形”→“旧对话框”→“人口金字塔”命令，弹出“定义人口金字塔”对话框。

第 3 步 将相关变量拖至相应的放置区。

在“定义人口金字塔”对话框中，选中“计数”区域的“从变量中获取计数”复选框；将左侧变量列表框中的变量“在学人数”选入“变量”框，也就是设置宽度；将变量“层次”选入“显示基于下列各项的分布”框,也就是设置高度;将变量“性别”选入“拆分依据”框,也就是设置对比;将变量“年份”选入“面板划分依据”区域的“行”框,如图 5.10.2 所示。

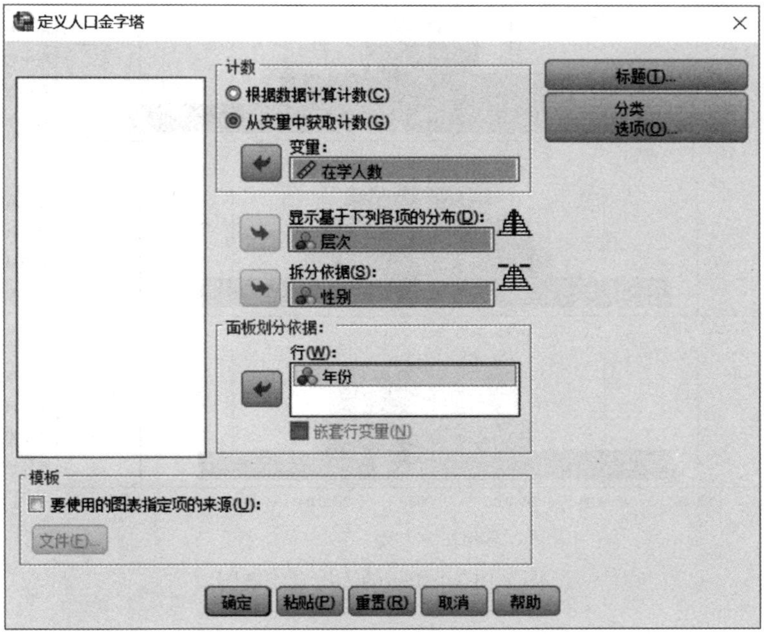

图 5.10.2 设置人口金字塔图选项

需要注意的是,这里要将变量“层次”“性别”和“年份”均设置为名义变量,否则,输出的图形不美观。

5.10.3 输出并编辑结果

在图 5.10.2 所示的“定义人口金字塔”对话框中,单击“确定”按钮,输出初步的金字塔图,如图 5.10.3 所示。可以对该图进行编辑,为其添加数据,具体操作步骤此处不再详述。

从图 5.10.3 中可以看出,每个金字塔从上到下依次表示高等教育、高中教育、初中教育、初等教育的在学人数,左侧为男学生人数,右侧为女学生人数。随着时间的变化,近 20 年(2001 → 2010 → 2018),我国教育事业快速发展,整个图形从尖顶金字塔、梯形向倒 T 形发展,说明我国高等教育的在学人数逐渐增多,高等教育培养规模逐步扩大。

需要注意的是,如果将变量“层次”与变量“年份”互换轴放置区,则可以得到每个层次在学人数的变化趋势,如图 5.10.4 所示。

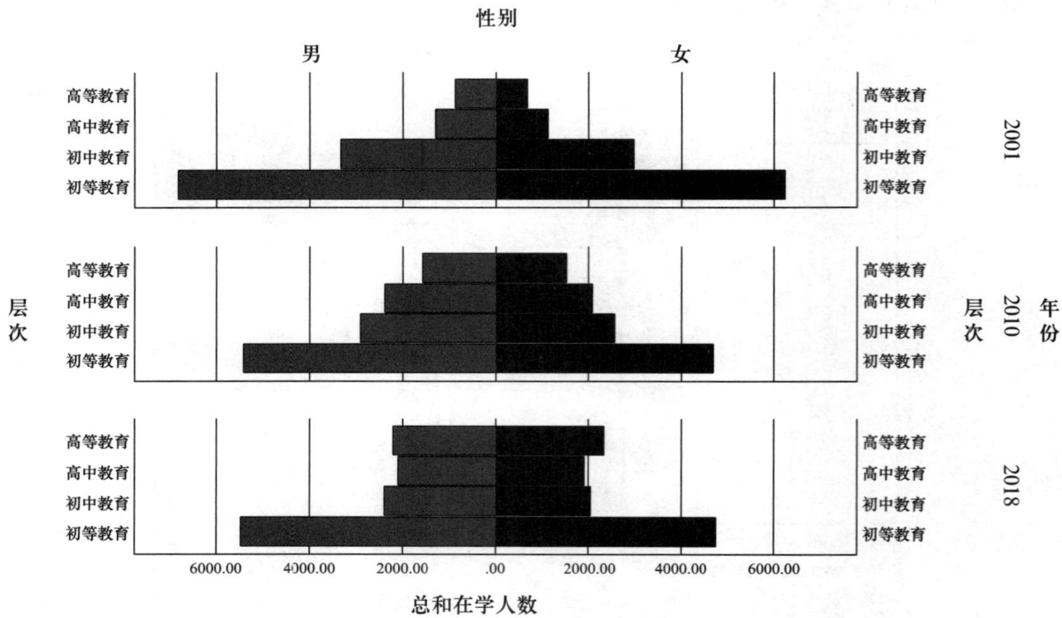

图 5.10.3　初步的人口金字塔图

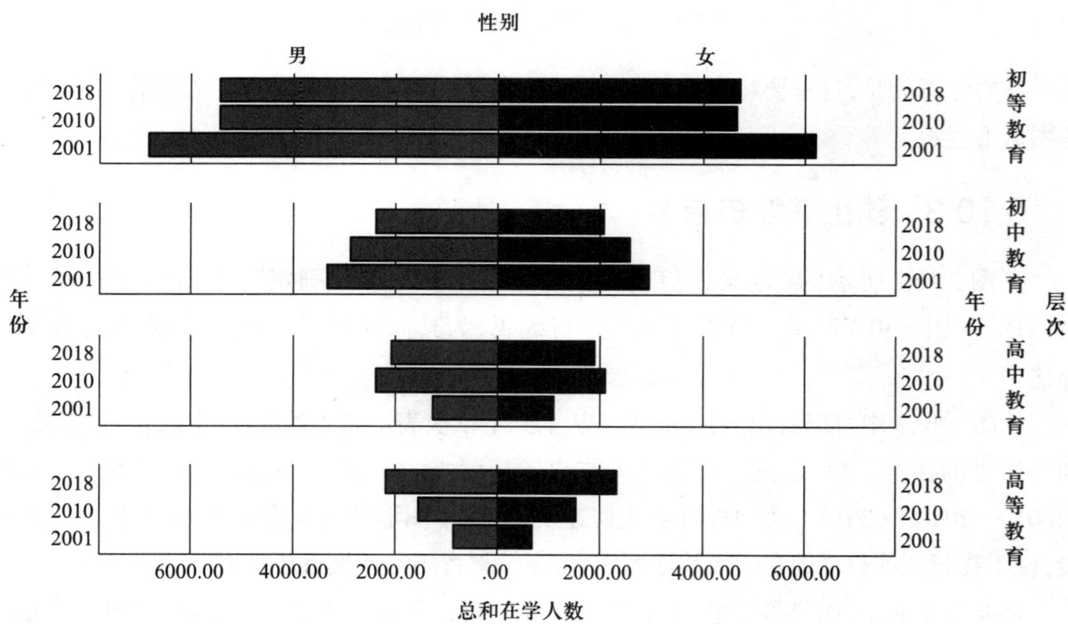

图 5.10.4　分层次的人口金字塔图变化趋势

主要概念与术语

简单条形图、群集条形图；简单线图、多重线图；简单面积图、堆积面积图；饼图；简单散点图、散点图矩阵；简单直方图、堆积直方图；简单框图、群集框图；双轴图；人口金字塔图。

思考与练习

1. 条形图与饼图各有什么用途？

2. 能够反映定量变量分布特点的统计图有哪些？

3. 直方图与条形图有何区别？

4. 对于本章中的例题，将定量变量的统计量设置为中位数等其他统计量后，重新操作一遍。

5. 应用 5.1 节中的数据，绘制堆积条形图、多重线图、堆积面积图。

6. 根据数据文件“2018 年 31 省份经济社会与高等教育发展状况 .sav”，应用本章介绍的各类统计图生成方法，展示并分析 2018 年各省份高等教育发展状况。

第 6 章　*t* 检验

本章学习目标：

❶ 了解各类 *t* 检验的适用范围和适用条件。

❷ 掌握两类 *t* 检验在 SPSS 中的实现过程，并能够解读输出结果。

本章主要解决两个总体的均值之间是否存在显著性差异的问题。在统计数据资料中，经常需要进行组与组之间的平均水平或均值比较等，因为各组中的数据一般来自抽样数据，而要基于此对总体进行判断，就需要对两组数据的均值进行显著性检验，这时可以使用 t 检验。t 检验属于统计推断，它要求两组数据都服从正态分布或近似正态分布，并且要求两组数据方差齐性（即方差相等），如果两组数据方差不齐，则要进行校正，常用的校正方法有校正界限值和校正自由度，后者的本质也是校正界限值。t 检验可以分为配对样本 t 检验、独立样本 t 检验。

6.1 配对样本 *t* 检验

6.1.1　基本概念与方法

这里所说的配对样本，是指样本$\{x_1, x_2, \cdots, x_n\}$与样本$\{y_1, y_2, \cdots, y_n\}$的各个观测值一一对应，不能独立颠倒次序。如果独立颠倒次序，就会改变问题的性质。例如，用两套问卷对 30 名学生的素质进行测试，两套问卷的满分都是 100 分。两套问卷的测试结果$\{x_1, x_2, \cdots, x_n\}$与$\{y_1, y_2, \cdots, y_n\}$就不能独立颠倒次序。因为每一名被测试的学生都有两个分数(x_i, y_i)。如果独立地颠倒其中任何一个样本的观测值的次序，被测试的学生的分数就被改变了。

配对样本的数据（观测值）的形式如下：

样本 1：$x_1, x_2, \cdots, x_n$；

样本 2：$y_1, y_2, \cdots, y_n$。

配对样本 t 检验适用于以下几种情况：

① 自身比较，即同一受试者接受处理前和接受处理后的比较（即自身配对）。

② 配对的两个受试者分别接受两种不同的处理。

③ 同一受试者接受两种不同的处理。

④ 将同一个样本分成两个部分，用两种不同的方法分别对这两个部分进行处理。

配对样本 t 检验的主要目的是检验实验方法的有效性，其统计量的计算公式为

$$t=\frac{\bar{d}}{S_{\bar{d}}}$$

这个统计量服从自由度为 $N-1$ 的 t 分布，即 $t(N-1)$ 分布。上式中，$\bar{d}$ 是两个样本的配对观测值之差的均值：$\bar{d}=\frac{\sum_{i=1}^{N} d_i}{N}$，$d_i$ 为每对配对观测值之差，即配对差值；N 为配对观测值的对数。$S_{\bar{d}}$ 是两个样本的配对观测值之差的标准误差：$S_{\bar{d}}=\frac{S}{\sqrt{N}}$，$S$ 为两个样本的配对观测值之差的标准差。

6.1.2 案例：培训是否有效？

例 6.1 对 12 名学生进行培训，这 12 名学生在培训前后接受某项心理测试的得分如表 6.1.1 所示，现希望了解该培训是否引起学生心理的变化。

表 6.1.1 学生在培训前后接受某项心理测试的得分

学生编号	培训前心理测试得分	培训后心理测试得分
1	11.3	15.1
2	15.0	14.9
3	15.0	14.0
4	13.6	13.7
5	12.8	11.5
6	11.2	12.4

续表

学生编号	培训前心理测试得分	培训后心理测试得分
7	12.6	13.1
8	11.8	12.8
9	12.5	12.6
10	13.2	13.6
11	14.2	12.0
12	14.8	14.2

首先,建立数据文件“培训 .sav”,此处有两个变量,即培训前心理测试得分(变量名为 before,保留一位小数)、培训后心理测试得分(变量名为 after,保留一位小数)。建立数据文件“培训 .sav”,如图 6.1.1 所示。

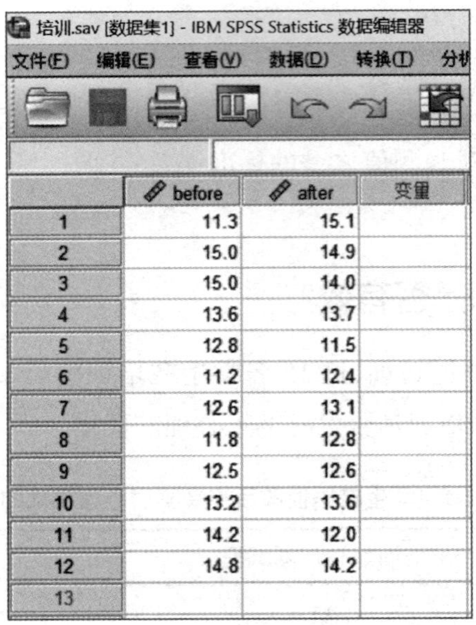

图 6.1.1 数据文件“培训 .sav”

6.1.3 统计分析过程

第 1 步 打开数据文件“培训 .sav”。

第 2 步 选择配对样本 t 检验功能模块。

在 SPSS 的数据窗口中,选择菜单“分析”→“比较平均值”(Compare Means)→“成对样本 T 检验”(Paired-Samples T Test)命令,弹出“成对样本 T 检验”对话框,如图 6.1.2 所示。

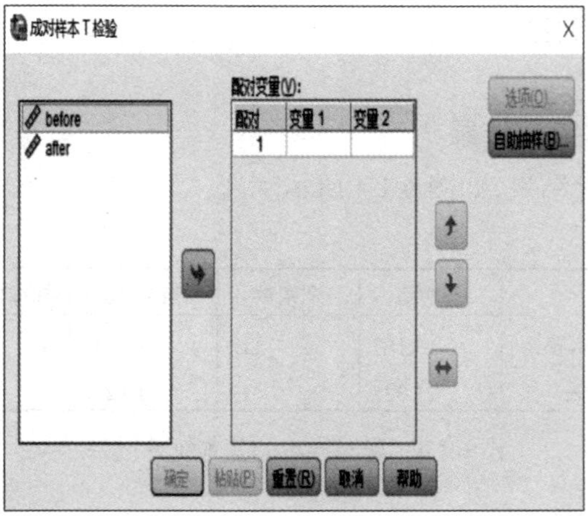

图 6.1.2 “成对样本 T 检验”对话框

第 3 步 设置变量与相关选项。

在“成对样本 T 检验”对话框中,将左侧变量列表框中的变量“before”和“after”选入右侧的“配对变量”框,如图 6.1.3 所示。

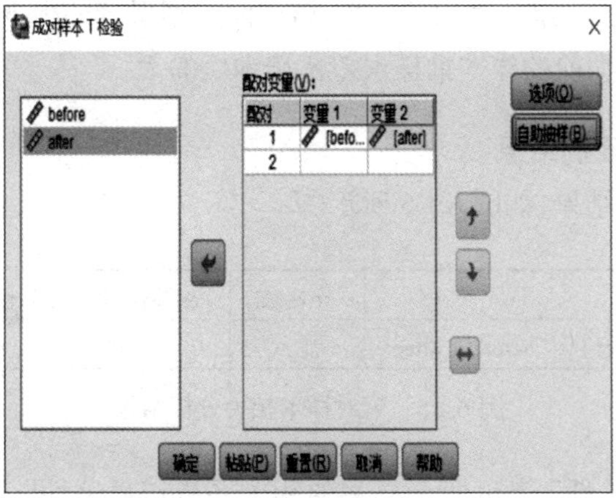

图 6.1.3 设置变量

单击该对话框中的“选项”按钮,弹出“成对样本 T 检验:选项”对话框。该对话框主要用于设置置信区间的置信度和缺失值的处理方式。系统默认“95%”的置信区间。单击“自助抽样”（Bootstrap）按钮，可弹出“自动抽样”对话框。“自助抽样”是一种参数估计方法，在该对话框中采用系统默认设置即可。

第 4 步 单击“成对样本 T 检验”对话框中的“确定”按钮，输出结果。

6.1.4 结果与讨论

1. 配对样本的基本统计结果

配对样本的基本统计结果，如图 6.1.4 所示。

		平均值	个案数	标准偏差	标准误差平均值
配对1	before	13.167	12	1.3740	.3966
	after	13.325	12	1.1226	.3241

图 6.1.4 配对样本的基本统计结果

在图 6.1.4 中，对于一个样本而言：“平均值”表示各个观测值的均值；“个案数”表示观测值的数量；“标准偏差”表示标准差，可反映样本的离散程度；“标准误差平均值”表示均值的标准差。

在本例中，培训前后的观测值的数量都为 12，12 名学生接受培训前后的心理测试得分的均值分别为 13.167 和 13.325。培训前心理测试得分的标准差 1.374 0 大于培训后的 1.122 6，说明培训前心理测试得分的差异程度较大。培训前心理得分的标准误差为 0.396 6，比培训后的 0.324 1 大，说明培训前的样本抽样误差比培训后的大。

2. 配对样本相关分析结果

配对样本相关分析结果，如图 6.1.5 所示。

		个案数	相关性	显著性
配对 1	before & after	12	.286	.367

图 6.1.5 配对样本相关分析结果

在图 6.1.5 中：“相关性”表示两个样本的相关系数；“显著性”表示相关系数显著性检验概率（p 值）。在本例中，12 名学生接受培训前后心理测试得分的相关系数为 0.286，有关“相关系数”的内容详见第 9 章；p 值为 0.367（大于显著性水平 0.05），说明两者之间的相关性不显著。

3. 配对样本 *t* 检验结果

配对样本 *t* 检验结果，如图 6.1.6 所示。

	配对差值					t	自由度	Sig.(双尾)
	平均值	标准偏差	标准误差平均值	差值95%置信区间 下限	差值95%置信区间 上限			
配对 1 before–after	–.1583	1.5048	.4344	–1.1144	.7978	–.364	11	.722

图 6.1.6 配对样本 *t* 检验结果

在图 6.1.6 中："平均值" 表示配对观测值之差的均值；"标准偏差" 表示为配对观测值之差的标准差；"标准误差平均值" 表示配对观测值之差的均值的标准差；"差值 95% 置信区间" 表示配对观测值之差的置信度为 95% 的置信区间。"t" 表示 *t* 统计量的值；"自由度" 表示配对观测值之差的自由度。"Sig.(双尾)" 表示双侧检验的 *p* 值，它是判断配对观测值之间的差异是否显著的关键指标。

在本例中，12 名学生接受培训前后的心理测试得分之差的均值为 –0.158 3。双侧检验的 *p* 值为 0.722，大于显著性水平 0.05，差异无显著性意义，因此有 95% 的把握认为，培训前后学生的心理没有变化，即本例中的培训没有引起学生的心理变化。

6.2 独立样本 *t* 检验

6.2.1 基本概念与方法

这里所说的独立样本，是指两个样本分别从两个总体中抽取，它们彼此之间相互独立，没有任何关联，而且每个样本都可以独立地颠倒次序而不对问题性质产生影响。例如，针对某高校的教师，调查男教师和女教师之间的工资差异。现将教师分为两个总体，即由男教师组成的总体和由女教师组成的总体，观测变量为工资，从男教师总体中抽取一组教师观测其工资，从女教师总体中抽取一组教师观测其工资，然后判断男教师和女教师的平均工资之间是否存在差异。

独立样本 *t* 检验的一般要求如下：

① 两个样本必须相互独立，即没有配对关系。

② 两个样本的观测值服从正态分布或近似正态分布。

③ 两个样本的观测值的方差齐性（方差相等）；当方差不齐时，SPSS 会进行校正。

独立样本的观测值的形式如下：

样本 1：$x_1, x_2, \cdots, x_n$

样本 2：$y_1, y_2, \cdots, y_m$

独立样本 t 检验的计算公式为

$$t=\frac{\overline{x}-\overline{y}}{S_{\overline{x}-\overline{y}}}$$

上式中：$\overline{x}$、$\overline{y}$ 分别为样本 1 和样本 2 的均值；$S_{\overline{x}-\overline{y}}$为两个均值之差的联合标准误差：

$$S_{\overline{x}-\overline{y}}=\sqrt{S^2\left(\frac{1}{n}+\frac{1}{m}\right)}$$

其中，S^2 为方差：

$$S^2=\frac{\sum_{i=1}^{n}(x_i-\overline{x})^2+\sum_{j=1}^{m}(y_j-\overline{y})^2}{n+m-2}$$

其自由度 $v=n+m-2$。

6.2.2 案例：师范类高校教育类论文产出是否高于其他高校？

例 6.2 师范类高校是进行教育研究的主要机构之一，现有 2014—2018 年 40 所高校在 CSSCI 收录的教育类期刊上发表论文的数据，欲了解其中师范类高校与其他高校之间在教育类论文产出方面有无显著性差异。

对于独立样本 t 检验，建立数据文件的方法与配对样本 t 检验有所不同。进行独立样本 t 检验时，要先设置两个变量，分别为分组变量和目标变量。在本例中，分组变量是“学校类型”，目标变量是“国内核心期刊论文数”。其中：变量“学校类型”的组别值为 1 表示师范类高校（值标签为“师范”），组别值为 2 表示其他高校（值标签为“其他”）；变量“国内核心期刊论文数”表示在 CSSCI 收录的教育类期刊上发表论文的数量。

数据文件为“大学教育研究竞争力（2014—2018）.sav”。

6.2.3 统计分析过程

第 1 步 打开数据文件“大学教育研究竞争力（2014—2018）.sav”。

第 2 步 选择独立样本 t 检验功能模块。

在 SPSS 的数据窗口中,选择菜单“分析”→“比较平均值”→“独立样本 T 检验”(Independent Samples T Test)命令,弹出“独立样本 T 检验”对话框。

第 3 步 设置变量与相关选项。

将用于比较的目标变量“国内核心期刊论文数”,从左侧的变量列表框中选入“检验变量”框。将分组变量“学校类型”选入“分组变量”框,如图 6.2.1 所示。此时其下面的“定义组”(Define Groups)按钮变为可用,单击此按钮,弹出“定义组”对话框。

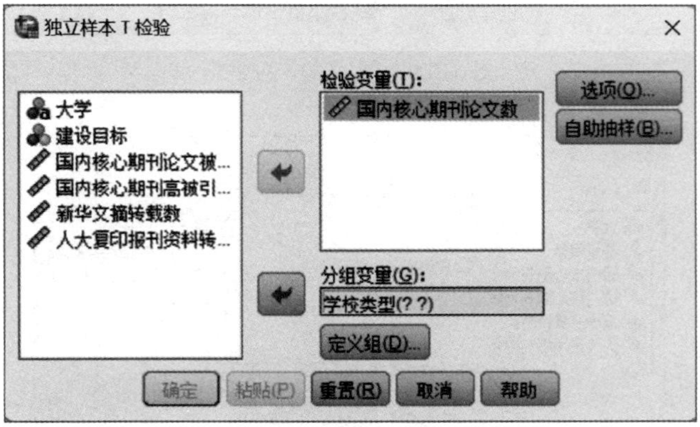

图 6.2.1 “独立样本 T 检验”对话框

独立样本 t 检验要定义待分析的两个样本。对于数值型分组变量来说,需要分别在“定义组”对话框的“组 1”文本框和“组 2”文本框中输入两个数值,或者设置分割点,以定义进行独立样本 t 检验的两个组。

① 如果指定的分组变量是名义变量,且只有两个值,则选择“使用指定的值”(Use specified values)项,并在“组 1”文本框和“组 2”文本框中分别输入分组变量的组别值。在本例中,分别输入“1”和“2”来表示师范类高校和其他高校(如果变量的取值多于 2 个,则可以任取两个值),如图 6.2.2 所示。

② 如果指定的分组变量是连续变量,或没有明确的分组变量,则选择“分割点”(Cut point)项,在其文本框中输入一个值,以此作为分割点将变量的取值分成两个组,即小于分割点的为一组,大于或等于分割点的为另一组。

选择完毕后,单击“继续”按钮,返回“独立样本 T 检验”对话框。

需要注意的是,在本例中也可以利用“定义组”对话框中的“分割点”项进行分组。在“分割点”项的文本框中输入“2”,如图 6.2.3 所示,表示将变量“学校类型”(其取值为 1、2、3、4,分别表示“师范类高校”“综合类高校”“理工类高校”“其他类高校”)的取值一分为

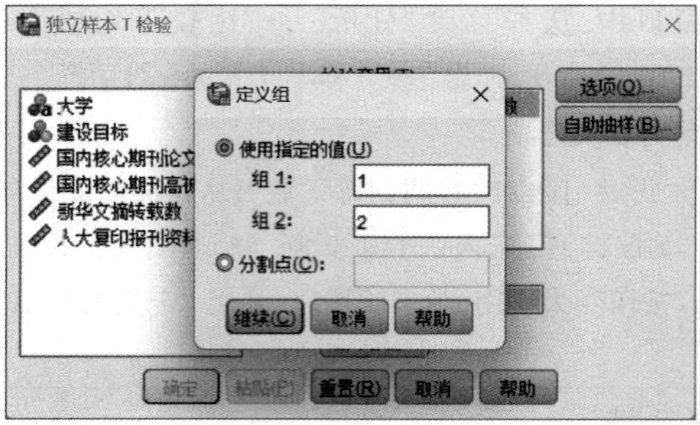

图 6.2.2 “定义组”对话框

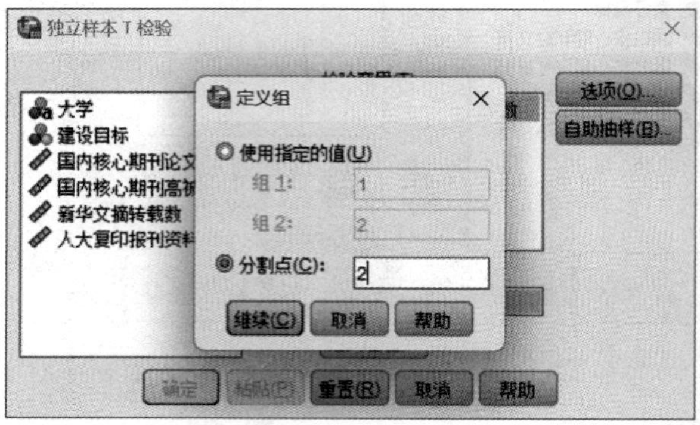

图 6.2.3 分割点选择

二,其中“师范类高校”为一组(<2),其他高校(包括“综合类高校”“理工类高校”“其他类高校”)为另一组。

第 4 步 单击“独立样本 T 检验”对话框中的“确定”按钮,输出结果。

6.2.4 结果与讨论

独立样本 t 检验的输出结果,包括独立样本的基本统计结果和独立样本 t 检验结果。

1. 独立样本的基本统计结果

独立样本的基本统计结果,如图 6.2.4 所示。

从图 6.2.4 中可看出,在本例中,师范类高校有 14 所,平均每所高校在 CSSCI 收录的教育类期刊上发表论文 754.928 6 篇,标准差为 730.809 72,说明师范类高校内部差别较大。类似地,其他高校有 26 所,平均每所高校在 CSSCI 收录的教育类期刊上发表论文 271.884 6 篇,标准差为 196.280 68,说明其内部差别较小。

	学校类型	个案数	平均值	标准偏差	标准误差平均值
国内核心期刊论文数	>= 2	26	271.8846	196.28068	38.49381
	< 2	14	754.9286	730.80972	195.31711

图 6.2.4　独立样本的基本统计结果

2. 独立样本 t 检验结果，如图 6.2.5 所示。

		莱文方差等同性检验		平均值等同性t检验						
									差值95%置信区间	
		F	显著性	t	自由度	Sig.(双尾)	平均值差值	标准误差差值	下限	上限
国内核心期刊论文数	假定等方差	10.240	.003	−3.195	38	.003	−483.04396	151.20711	−789.14675	−176.94116
	不假定等方差			−2.426	14.019	.029	−483.04396	199.07423	−909.96283	−56.12508

图 6.2.5　独立样本 t 检验结果

在图 6.2.5 中，通过“莱文方差等同性检验”（Levene's test for equality of variances）列可知，F 统计量的值为 10.240，p 值为 0.003，表示使用方差分析方法进行两组方差齐性检验，由于方差不齐，需要进行校正。因此按最下面一行“不假定等方差”解读结果。

对于图 6.2.5，需要说明的是：

① “显著性”表示 F 检验的 p 值，主要用来检验方差齐性。若 p 值大于或等于显著性水平 0.05，则按“假定等方差”（equal variances assumed）进行分析；若 p 值小于显著性水平 0.05，则按“不假定等方差”（equal variances not assumed）进行分析。

② “Sig.（双尾）”表示双侧检验的 p 值，是判断差异是否显著的关键指标。若 p 值大于或等于显著性水平 0.05，则没有显著性差异；若 p 值小于显著性水平 0.05，则表示有显著性差异。在本例中，双侧检验的 p 值为 0.029，小于显著性水平 0.05，差异具有显著性意义。在本例中，由于师范类高校发表的论文数平均为 754.928 6 篇，其他高校发表的论文数平均为 271.884 6 篇，故可以认为师范类高校在 CSSCI 收录的教育类期刊上发表论文的数量显著高于其他高校。

/ 主要概念与术语 /

配对样本 t 检验，独立样本 t 检验；方差齐性，莱文方差等同性检验；分割点；双侧检验的 p 值。

思考与练习

1. 对两个总体进行均值差异的显著性检验，一般使用什么方法？并给出使用这些均值差异的显著性检验方法的前提条件？

2. 如果独立样本 t 检验的样本方差不齐，应该如何处理？

3. 将本章中的案例重新操作一遍。

4. 对于数据文件“大学教育研究竞争力（2014—2018）.sav”，将“学校类型”一分为二，“师范类高校”和“综合类高校”为一组，“理工类高校”和“其他类高校”为另一组。对于变量“人大复印报刊资料转载数”而言，两组高校之间是否存在显著性差异？

5. 对于数据文件“大学教育研究竞争力（2014—2018）.sav”，将“建设目标”一分为二，“一流大学建设高校”“一流学科建设高校”为一组，“其他”为另一组。对于变量“国内核心期刊论文被引数”而言，两组高校之间是否存显著性差异？

6. 抽样调查所在年级的学生学习成绩，并按姓名、性别、班级、学习习惯等统计各科学习成绩，同时依据一定的原则将其分成两组（例如，男生与女生），应用本章所介绍的知识，判断两组学生的学习成绩之间是否存在显著性差异，并给出建议。

第7章　方差分析

本章学习目标：

❶ 了解单因素方差分析、双（多）因素方差分析（无重复、可重复）和协方差分析适用问题的类型、适用条件，以及变量的选择方法。

❷ 掌握单因素方差分析、双（多）因素方差分析（无重复、可重复）和协方差分析的基本思想，以及其在SPSS中的数据组织方式。

❸ 掌握单因素方差分析、双（多）因素方差分析（无重复、可重复）和协方差分析在SPSS中的实现过程，并能够解读输出结果。

方差分析又称为变异分析，它是英国统计学家费希尔（R. A. Fisher）提出的一种统计方法，有时也称为F检验。方差分析（analysis of variance）简写为ANOV，有时也简写为ANOVA，它既可用于多个样本均值差异的显著性检验，也可用于方差的显著性检验。本章介绍多个样本均值差异的显著性检验方法，它同样要求各个样本的观测值服从正态分布或近似正态分布。

由于受到不同因素的影响，研究得到的结果会有所不同。导致结果不同的原因有两类：一类是研究过程中人为施加的可控因素对结果的影响，即自变量；另一类是受到不可控的随机因素的影响，即随机变量。在方差分析中，受自变量和随机变量影响的变量称为因变量。例如，在学校教学中，希望找到一种有效的教学方法和手段，使教学效果最好。这就需要分析教学效果会受到哪些因素的影响，不同的教学方法、不同的教材（自变量）、不同学生的接受能力（随机变量），都会对教学效果产生影响。如果知道在众多的影响因素中，哪些因素起着主要作用，就可以采取有效的教学方法和手段提高教学效果（因变量）。再如，一个地区的小学辍学率，与该地区的经济发展水平、教育投入水平、文化教育水平等因素都有关系，需要找到其中哪些因素起主要作用，这样就可以制定相关政策来解决小学辍学的问题。

方差分析的基本思想是把所有观测值的变异（总变异）分解为几个部分，即把描述观测值变异的偏差平方和，分解为某些因素的偏差平方和，以及随机抽样误差平方和，进而计算其均方(mean square),然后相互比较,做统计学处理,确定各个因素对结果影响的大小。通过方差分析,分析各个因素的不同水平是否对结果产生了显著的影响。

方差分析可分为单因素方差分析、双因素和多因素方差分析。

7.1 单因素方差分析

7.1.1 基本概念与方法

1. 问题的提出

设有 k 个教学方案,各个教学方案的实验效果如表 7.1.1 所示,其中:x_{ij} 表示教学方案 i 在第 j 次实验中的观测值,$i=1, 2, \cdots, k, j=1, 2, \cdots, n_k$;$n_i$ 表示教学方案 i 的实验次数。问:这 k 个教学方案的实验效果是否有显著性差异(即 k 个教学方案下的观测值的均值是否相同)?

表 7.1.1 单因素方差分析的实验效果

教学方案	观测值
教学方案 1	$x_{11}, x_{12}, \cdots, x_{1n_1}$
教学方案 2	$x_{21}, x_{22}, \cdots, x_{2n_2}$
⋮	⋮
教学方案 k	$x_{k1}, x_{k2}, \cdots, x_{kn_k}$

可以将该问题中的 k 个教学方案视为 k 项决策,x_{ij} 是被调查者 j 对决策 i 所起作用的评分,用 μ_i 表示被调查者对决策 i 的平均评分。还可以将 k 个教学方案视为 k 个班级的学生,x_{ij} 是班级 i 的学生 j 对同一个教师的评分,用 μ_i 表示班级 i 的学生对该教师的平均评分。也可以将 k 个教学方案视为 k 种教学方法,x_{ij} 是教学方法 i 对学生 j 的教学效果,用 μ_i 表示教学方法 i 的不同水平的平均效果。总之,可以将上述问题中的"教学方案"视为许多教育问题。

所谓的单因素,是指只有"教学方案"这一个因素(自变量)。不同的教学方案就是"教学方案"这个因素的不同取值。这些不同的"取值"又称为因素"教学方案"的不同"水平"。因素是实验效果(因变量)变化的客观条件,水平为因素的不同等级。单因素方差分析一定包含一个因素,以及一个或多个因变量。例如,在培训是否对学生的成绩产生了显著的影响的单因素方差分析中,自变量为培训,因变量为学生的成绩。单因素方差分析用于检验受单一因素影响的一个或几个相互独立的因变量。使用这种方法可以对某个因素不同水平下的观测值的均值进行比较,以确定该因素对因变量的影响是否显著。

单因素方差分析一般应满足以下三个条件:

① 独立样本:每个样本都是从总体中随机抽样而来的,各个样本相互独立。可以通过对样本的分析,去推断总体的情况。

② 正态分布或近似正态分布:因变量在因素的不同水平下均呈正态分布或近似正态分布。

③ 方差齐性:因变量在因素的不同水平下方差相等。

2. 具体算法

(1)提出假设

原假设 $H_0:\mu_1=\mu_2=\cdots=\mu_i=\cdots=\mu_k$($i$=1, 2, …, k),即因变量在因素的不同水平下的均值无显著性差异,其中 μ_i 表示因变量在因素的第 i 个水平下的均值。

备择假设 $H_1:\mu_i$(i=1, 2, …, k)不全相等,即因变量在因素的不同水平下的均值有显著性差异。

原假设若成立,则意味着因变量在因素的不同水平下的均值没有显著性差异,因素对因变量不产生影响;原假设若被拒绝,则意味着因变量在因素的不同水平下的均值存在显著性差异,因素对因变量产生影响。

(2)构造检验统计量

单因素方差分析把总变异分解成组间变异和组内变异两部分,即

$$SS_{总}=SS_{组间}+SS_{组内}$$

其中:$SS_{总}$为总的偏差平方和,它是各观测值与总均值之差的平方和,反映了全部观测值的离散程度;$SS_{组间}$为组间偏差平方和;$SS_{组内}$为组内偏差平方和。

在方差分析中,是否拒绝原假设,关键是判断组间偏差与组内偏差的比值是否超过了某一临界值,如果超过了这一临界值,则说明组间偏差与组内偏差有显著性差异,能够拒绝原假设;如果没有超过这一临界值,则说明组间偏差与组内偏差的差异并不显著,不能拒绝原假设。

因此,方差分析的检验统计量应该是一个比值,并且这一比值应该服从某一个分布,只有这样才能确定用于判断是否拒绝原假设的临界值。该检验统计量的形式为

$$F=\frac{MS_{组间}}{MS_{组内}}$$

其中，$MS_{组间}$和$MS_{组内}$分别表示组间均方和组内均方。

F统计量的具体计算过程如下：

① 计算总变异：

$$SS_{总}=\sum_{i=1}^{k}\sum_{j=1}^{n_i}(x_{ij}-\overline{x})^2=\sum_{i=1}^{k}\sum_{j=1}^{n_i}x_{ij}^2-\frac{\left(\sum_{i=1}^{k}\sum_{j=1}^{n_i}x_{ij}\right)^2}{N}$$

② 计算组内变异和组间变异：

$$SS_{组内}=\sum_{i=1}^{k}\sum_{j=1}^{n_i}(x_{ij}-\overline{x}_i)^2$$

$$SS_{组间}=\sum_{i=1}^{k}n_i(\overline{x}_i-\overline{x})^2=\sum_{i=1}^{k}\frac{\left(\sum_{j=1}^{n_i}x_{ij}\right)^2}{n_i}-\frac{\left(\sum_{i=1}^{k}\sum_{j=1}^{n_i}x_{ij}\right)^2}{N}$$

其中：x_{ij}为第i组的第j个观测值，$i=1, 2, \cdots, k$，$j=1, 2, \cdots, n_i$；$\overline{x}$为所有观测值的均值；$\overline{x}_i$为第i组观测值的均值；N为观测值总数。

当各组的观测值数n_i相等时，也可以将$SS_{组间}$的计算公式写成：

$$SS_{组间}=\frac{\sum_{i=1}^{k}\left(\sum_{j=1}^{n_i}x_{ij}\right)^2}{n_i}-\frac{\left(\sum_{i=1}^{k}\sum_{j=1}^{n_i}x_{ij}\right)^2}{N}$$

从理论上讲，$SS_{总}=SS_{组内}+SS_{组间}$。

③ 计算自由度：

总自由度为

$$v_{总}=N-1$$

组间自由度为

$$v_{组间}=k-1$$

组内自由度为

$$v_{组内}=(N-1)-(k-1)=N-k$$

④ 计算均方：

$$MS_{组内}=\frac{SS_{组内}}{v_{组内}}$$

$$MS_{组间}=\frac{SS_{组间}}{v_{组间}}$$

⑤ 计算 F 统计量：

$$F=\frac{MS_{组间}}{MS_{组内}}$$

于是得到单因素方差分析表，如表 7.1.2 所示。其中，n_i 为各组的观测值数，N 为观测值总数，k 为组数。

表 7.1.2 单因素方差分析表

变异来源	平方和（SS）	自由度	均方（MS）	F
总变异	$SS_{总}=\sum_{i=1}^{k}\sum_{j=1}^{n_i}x_{ij}^2-\frac{\left(\sum_{i=1}^{k}\sum_{j=1}^{n_i}x_{ij}\right)^2}{N}$	$N-1$		
组间变异	$S_{组间}=\sum_{i=1}^{k}\frac{\left(\sum_{j=1}^{n_i}x_{ij}\right)^2}{n_i}-\frac{\left(\sum_{i=1}^{k}\sum_{j=1}^{n_i}x_{ij}\right)^2}{N}$	$k-1$	$\frac{SS_{组间}}{k-1}$	$\frac{MS_{组间}}{MS_{组内}}$
组内变异	$SS_{组内}=SS_{总}-SS_{组间}$	$N-k$	$\frac{SS_{组内}}{N-k}$	

SPSS 会自动计算 F 统计量，并给出对应的 p 值。如果 p 值小于显著性水平 α（一般为 0.05 或 0.01），则拒绝原假设，支持备择假设，即因变量在因素的不同水平下的均值有显著性差异；如果 p 值大于或等于显著性水平 α，则接受原假设。

7.1.2 案例：哪种英语教学方法更有效？

例 7.1 研究三组学生（分别接受了三种不同的教学方法）在英语成绩上是否有显著性差异，各组均有 6 名学生，相关数据如表 7.1.3 所示。

表 7.1.3 教学效果数据

组别	教学方法	英语成绩
1	教学方法 1	99，88，79，59，54，89
2	教学方法 2	70，72，87，66，54，92
3	教学方法 3	79，56，89，99，23，89

建立数据文件“英语教学 .sav”，其中的两个变量分别为“英语”和“group”，变量“英语”表示学生的英语成绩，变量“group”表示组别，其取值分别为1、2、3，如图7.1.1所示。

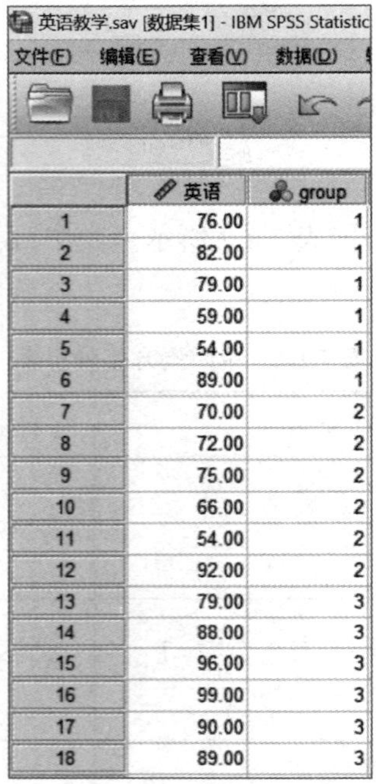

	英语	group
1	76.00	1
2	82.00	1
3	79.00	1
4	59.00	1
5	54.00	1
6	89.00	1
7	70.00	2
8	72.00	2
9	75.00	2
10	66.00	2
11	54.00	2
12	92.00	2
13	79.00	3
14	88.00	3
15	96.00	3
16	99.00	3
17	90.00	3
18	89.00	3

图7.1.1 数据文件“英语教学 .sav”

对于例7.1，提出以下假设：

原假设 H_0：三组学生在英语成绩上没有显著性差异。

备择假设 H_1：三组学生在英语成绩上有显著性差异。

7.1.3 统计分析过程

第1步 打开数据文件“英语教学 .sav”。

第2步 选择方差分析功能模块。

在SPSS的数据窗口中，选择菜单“分析”→“比较平均值”→“单因素ANOVA检验”（One-Way ANOVA）命令，弹出“单因素ANOVA检验”对话框，如图7.1.2所示。

第3步 设置变量。

在“单因素ANOVA检验”对话框中，将左侧变量列表框中的变量“英语”选入右侧的“因变量列表”（Dependent List）框；把变量“group”选入右侧的“因子”（Factor）框，如图7.1.3所示。

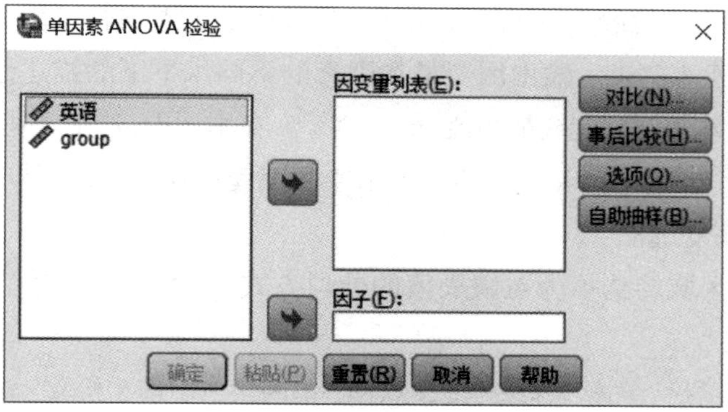

图 7.1.2 “单因素 ANOVA 检验”对话框

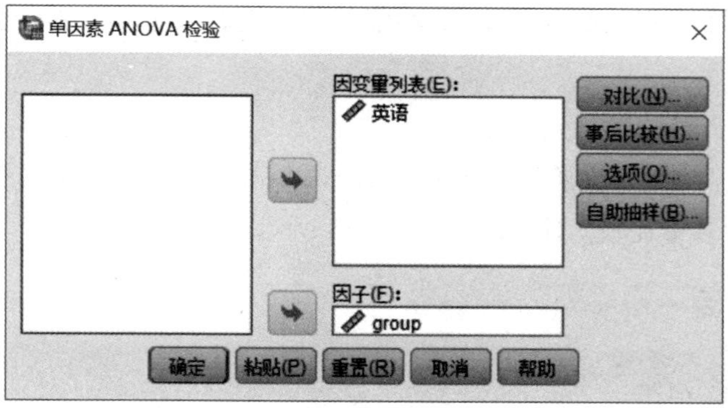

图 7.1.3 设置变量

第 4 步 设置相关选项。

（1）设置统计量

单击“单因素 ANOVA 检验”对话框中的“选项”按钮，弹出“单因素 ANOVA 检验：选项”对话框，如图 7.1.4 所示。

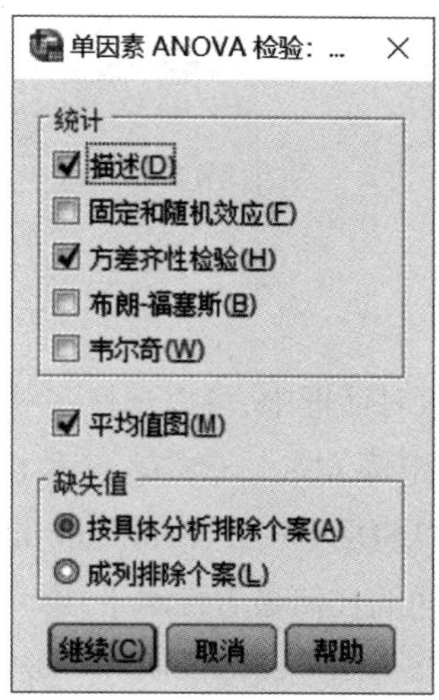

图 7.1.4 “单因素 ANOVA 检验：选项”对话框

“单因素 ANOVA 检验：选项”对话框用于设置需要输出的统计量，对于其中的相关选项，进行如下说明：

① “统计”区域的“方差齐性检验”（Homogeneity of variance test）复选框表示要求进行方差齐性检验，并输出检验结果。方差齐性检验方法是一种统计推断方法，其原假设是因变量在因素的不同水平下的方差没有显著

性差异。在 SPSS 中,该检验方法与独立样本 t 检验中的方差齐性检验方法完全相同。“描述”(Descriptive)复选框表示输出因变量在因素的不同水平下的描述性统计量,如观测值的数量、均值、标准差、标准误差、最小值、最大值等。在本例中,选中上述两个复选框。

② “平均值图”(Means plot)复选框表示绘制因变量在因素的不同水平下的均值的线图,在本例中选中该复选框。

③ “缺失值”区域的选项为对缺失值的处理方式,在本例中选择“按具体分析排除个案”项。

设置好相关选项后,单击“继续”按钮返回“单因素 ANOVA 检验”对话框。

经过上面的步骤,只能判断因素的不同水平是否对因变量产生了显著的影响。如果想进一步了解究竟是哪个组(或哪些组)的均值与其他组有显著性差异,就需要进行多个均值两两之间的比较。

(2)设置检验方法

单击“单因素 ANOVA 检验”对话框中的“事后比较”(Post Hoc)按钮,弹出“单因素 ANOVA 检验:事后多重比较”对话框,如图 7.1.5 所示。

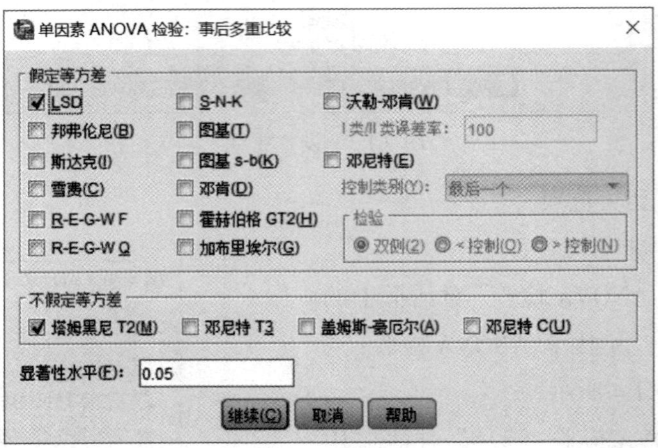

图 7.1.5　“单因素 ANOVA 检验:事后多重比较”对话框

在该对话框中,可以选择一种或几种用于比较分析的检验方法。

“假定等方差”区域有 14 种检验方法,其中常用的有以下 3 种:

① “LSD”(least-significant difference)项:最小显著性差异法(即 LSD 法)。可指定 0~1 之间的任何显著性水平,默认的显著性水平为 0.05。

② “S-N-K”(Student-Newman-Keuls)项:Student-Newman-Keuls 检验,即 q 检验。在这种检验方法中,显著性水平只能为 0.05。

③“雪费”(Scheffe)项：差别检验法。可指定 0～1 之间的任何显著性水平，默认的显著性水平为 0.05。

“不假定等方差”区域有 4 种检验方法，其中常用的检验方法是塔姆黑尼 T2(Tamhane's T2)法，即基于 t 检验的保守的多重比较方法。

在方差相等(齐性)的情况下，常用 LSD 法；在方差不相等的情况下，常用塔姆黑尼 T2 法。

在本例中，选择 LSD 法和塔姆黑尼 T2 法，单击“继续”按钮，返回“单因素 ANOVA 检验”对话框。

(3) 设置多项式比较项

单击“单因素 ANOVA 检验”对话框中的“对比”(Contrasts)按钮，弹出“单因素 ANOVA 检验：对比”对话框，如图 7.1.6 所示。该对话框用于设置均值的多项式比较。均值的多项式比较是指两个或两个以上的均值的比较。

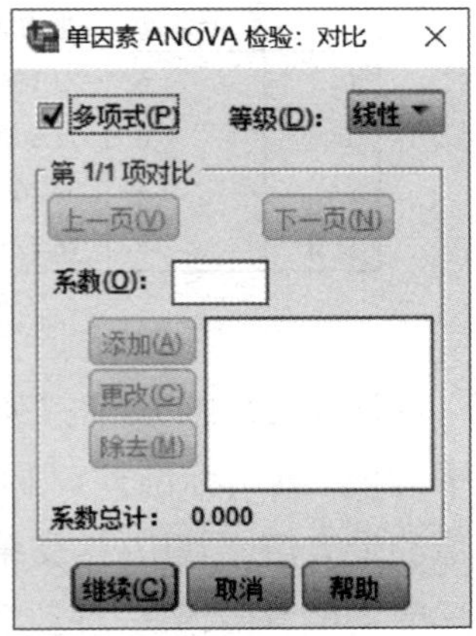

图 7.1.6 “单因素 ANOVA 检验：对比”对话框

在此对话框中，有下列选项：

①“多项式”(Polynomial)项：用于确定是否在方差分析中进行趋势检验，即随着组别的变化，各组均值是否会呈现出某种变化趋势。其后的“等级”下拉列表，用于定义需要检验的趋势曲线的最高次项，其选项包括线性、二次、三次、四次、五次。通过设置该选项，可以将组间偏差平方和分解为线性、二次、三次或更高次的多项式。这样在方差分析结果中，不仅可以输出组间偏差平方和，还可以显示组间偏差平方和的分解结果，以及相应的 F 统计量的值和 p 值。

②“系数”(Coefficients)项：可精确地进行某些组间均值的比较。系数的次序非常重要，它与自变量的值的次序相对应。系数列表框中的第一个系数与自变量组别中的最低值相对应，而最后一个系数则与自变量组别中的最高值相对应，系数的总和应该为 0。此功能是一般 t 检验的推广，较少用到。

在“单因素 ANOVA 检验：对比”对话框中，选中“多项式”复选框，在其后的“等级”下拉列表框中选择“线性”项，其实质是对结果与自变量进行一次线性回归分析，计算回归平方和，并对回归方程进行检验，给出相应的 F 统计量的值和 p 值。p 值若大于或等于显著性水平 α，说明自变量的不同水平无法反映结果的线性变化，也就是认为自变量的不同水平对结果的线性影响不显著；相反，则认为结果随着自变量水平的不同产生了线性变化。

当然也可以进行二次、三次或更高次的分解。设置完毕后，单击“继续”按钮，返回“单因素 ANOVA 检验”对话框。

第 5 步 单击“单因素 ANOVA 检验”对话框中的“确定”按钮，输出结果。

7.1.4 结果与讨论

1. 基本统计结果

因变量“英语”的基本统计结果如图 7.1.7 所示。

	个案数	平均值	标准偏差	标准错误	平均值的95%置信区间		最小值	最大值
					下限	上限		
1	6	73.1667	13.70280	5.59414	58.7865	87.5469	54.00	89.00
2	6	71.5000	12.42176	5.07116	58.4642	84.5358	54.00	92.00
3	6	90.1667	6.96898	2.84507	82.8532	97.4802	79.00	99.00
总计	18	78.2778	13.79175	3.25075	71.4193	85.1363	54.00	99.00

图 7.1.7 因变量的基本统计结果

在图 7.1.7 中，从第三列起，依次是接受不同教学方法的三组学生的英语成绩的均值（“平均值”列）、标准差（“标准偏差”列）、标准误差（“标准错误”列）、均值的置信区间、最小值和最大值。其中，接受第三种教学方法的那组学生的英语成绩的均值最大，为 90.166 7。由标准差可看出，第一种教学方法和第二种教学方法的内部差异较大。

2. 方差齐性检验结果

方差齐性检验结果如图 7.1.8 所示。

		莱文统计	自由度 1	自由度 2	显著性
英语	基于平均值	1.304	2	15	.301
	基于中位数	.718	2	15	.504
	基于中位数并具有调整后自由度	.718	2	12.304	.507
	基于剪除后平均值	1.249	2	15	.315

图 7.1.8 方差齐性检验结果

在图 7.1.8 中，最后一列（“显著性”列）为方差齐性检验的 p 值，该值均大于显著性水平 0.05，因此可以认为三种教学方法所产生的三个组的方差是相等的，即方差齐性。

3. 单因素方差分析结果

单因素方差分析结果如图 7.1.9 所示。

			平方和	自由度	均方	F	显著性
组间	（组合）		1280.444	2	640.222	4.917	.023
	线性项	对比	867.000	1	867.000	6.658	.021
		偏差	413.444	1	413.444	3.175	.095
组内			1953.167	15	130.211		
总计			3233.611	17			

图 7.1.9 单因素方差分析结果（因变量：英语）

从图 7.1.9 中可以看出，方差分析的 F 统计量的值为 4.917（“F”列），p 值为 0.023（“显著性”列）。p 值小于显著性水平 0.05，表示拒绝原假设，也就是说，三个组中至少有一个组和其他两个组有显著性差异，也有可能三个组之间都存在显著性差异。

另外，还可以看出三个组的总偏差平方和为 3 223.611（“平方和”列），其中由自变量的不同水平引起的组间偏差平方和为 1 280.444，由随机变量引起的组内偏差平方和为 1 953.167。而在组间偏差平方和中，能被自变量线性解释的偏差平方和为 867.000，不能被自变量线性解释的偏差平方和为 413.444。

4. 各组两两之间的均值比较结果

各组两两之间的均值比较结果如图 7.1.10 所示。

						95%置信区间	
	(I)group	(J)group	平均值差值(I−J)	标准错误	显著性	下限	上限
LSD	1	2	1.66667	6.58815	.804	−12.3756	15.7090
		3	−17.00000*	6.58815	.021	−31.0423	−2.9577
	2	1	−1.66667	6.58815	.804	−15.7090	12.3756
		3	−18.66667*	6.58815	.013	−32.7090	−4.6244
	3	1	17.00000*	6.58815	.021	2.9577	31.0423
		2	18.66667*	6.58815	.013	4.6244	32.7090
塔姆黑尼	1	2	1.66667	7.55057	.995	−19.9692	23.3026
		3	−17.00000	6.27606	.083	−36.2293	2.2293
	2	1	−1.66667	7.55057	.995	−23.3026	19.9692
		3	−18.66667*	5.81473	.038	−36.2137	−1.1197
	3	1	17.00000	6.27606	.083	−2.2293	36.2293
		2	18.66667*	5.81473	.038	1.1197	36.2137

*. 平均值差值的显著性水平为0.05。

图 7.1.10 各组两两之间的均值比较结果（因变量：英语）

由图 7.1.8 所示的方差齐性检验结果可知,各组方差齐性,所以采用LSD法检验。图 7.1.10 上半部分就给出了利用 LSD 法进行多重比较的结果。

① "显著性"列:表示用于检验的 p 值,主要用来检验组与组之间是否存在显著性差异,若 p 值大于或等于显著性水平 0.05 则无显著性差异,若 p 值小于显著性水平 0.05 则有显著性差异,这是关键的判别值。

② "平均值差值(I–J)"列:表示均值差。对于均值在显著性水平 0.05 上有显著性差异的组用"*"来标注。

在本例中,从该结果的"显著性"列可以看出,组 1 和组 3 之间的 p 值,以及组 2 和组 3 之间的 p 值都小于显著性水平 0.05,说明组 1 和组 3 之间、组 2 和组 3 之间都存在显著性差异,组 1 和组 2 之间不存在显著性差异。

5. 均值图

均值图如图 7.1.11 所示。

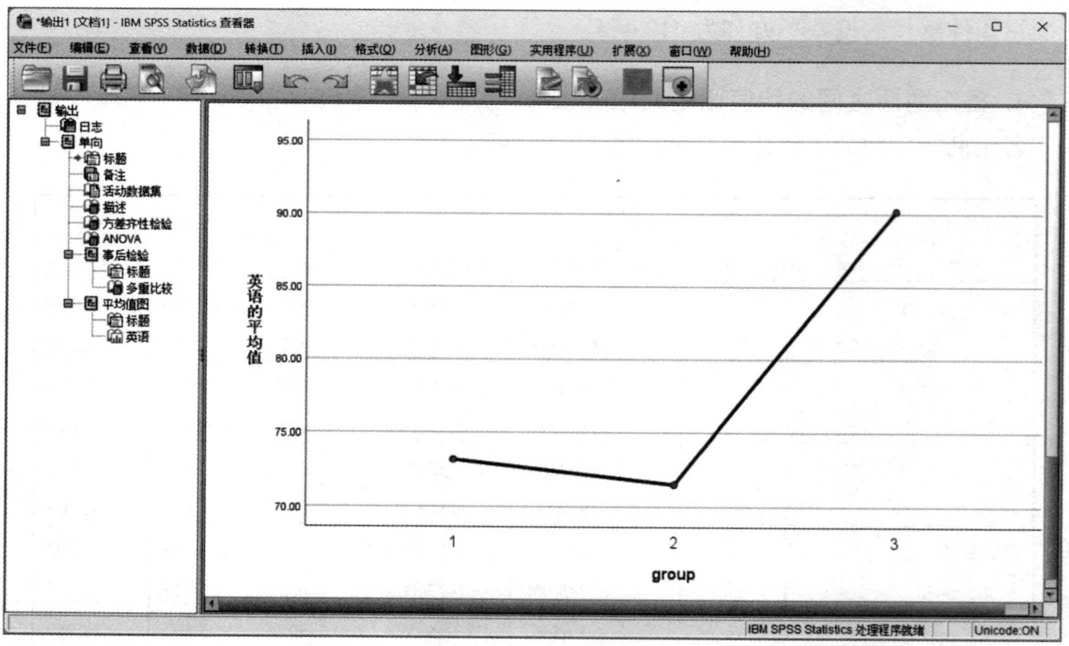

图 7.1.11 均值图

从图 7.1.11 中可以看出,接受第三种教学方法的学生的英语成绩的均值明显高于接受第一种教学方法和第二种教学方法的学生。

由此可得出结论:在三种英语教学方法中,第三种教学方法更有效。

7.2 无重复实验的双因素方差分析

7.2.1 基本概念与方法

1. 问题的提出

为了便于理解，下面先举一个具体的例子：对学生进行训练的效果，不仅与训练方法有关，还与学生特质有关。如果选出 n 组学生，每组学生都有相同的特质，用 s 种方法对其进行训练，就会得到 sn 种不同的训练效果，这样就涉及两个因素：训练方法和学生特质。如何判断不同的训练方法是否有显著的效果，不同的学生特质对训练效果是否有显著的影响呢？

可以把这些已知条件概括为如表 7.2.1 所示的统计学结构。其中，x_{ij} 表示在因素 A_i 和因素 B_j 作用下的观测值，i=1，2，…，s，j=1，2，…，n。

表 7.2.1 无重复实验的双因素方差分析的实验效果

因素 A	观测值			
	因素 B_1	因素 B_2	…	因素 B_n
因素 A_1	x_{11}	x_{12}	…	x_{1n}
因素 A_2	x_{21}	x_{22}	…	x_{2n}
…	…	…	…	…
因素 A_s	x_{s1}	x_{s2}	…	x_{sn}

问：

因素 A 的不同水平的实验效果（均值），有无显著性不同？

因素 B 的不同水平的实验效果（均值），有无显著性相同？

所谓“双因素”，是指问题中有两个自变量：变量 A 与变量 B。A_i 是变量 A 的一个取值（又称为因素 A 的一个水平），B_j 是变量 B 的一个取值（又称为因素 B 的一个水平）。

不同教学方法的效果与受教育者的特质（或文化环境、传统观念）有关，这是一个双因素问题。在一个问题中，若因素多于两个，如对学生进行训练的效果，不仅与教学方法、学生特质有关，还与年级、性别等因素有关，就称该问题为多因素问题，可以用类似双因素的方法来处理多因素的问题。

在分析双因素问题时有两种情况：一是只考虑两个因素对因变量的单独效应，即"主效应"（main effect），称为"无重复实验的双因素方差分析"；二是除了两个因素的主效应，还要考虑两个因素搭配对因变量产生的交互效应（interaction），称为"重复实验的双因素方差分析"。本小节介绍无重复实验的双因素方差分析。

2. 具体方法

（1）提出假设

若因素 A 或因素 B 对实验效果的影响不显著，则其各水平下的观测值的均值应完全相等。可以对因素 A 或因素 B 分别提出假设。

针对因素 A 的假设：

原假设 $H_0: \mu_{i1}=\mu_{i2}=\cdots=\mu_{is}=\mu_{i\cdot}$（$i=1,2,\cdots,s$），其中 $\mu_{i\cdot}$ 表示因变量在因素 A 的第 i 个水平下的均值；即因变量在因素 A 的不同水平下的均值完全相等。

备择假设 $H_1: \mu_{i\cdot}$（$i=1,2,\cdots,s$）不全相等，即因变量在因素 A 的不同水平下的均值不全相等。

针对因素 B 的假设：

原假设 $H_0: \mu_{1j}=\mu_{2j}=\cdots=\mu_{nj}=\mu_{\cdot j}$（$j=1,2,\cdots,n$），其中 $\mu_{\cdot j}$ 表示因变量在因素 B 的第 j 个水平下的均值；即因变量在因素 B 的不同水平下的均值完全相等。

备择假设 $H_1: \mu_{\cdot j}$（$j=1,2,\cdots,n$）不全相等，即因变量在因素 B 的不同水平下的均值不全相等。

（2）构造检验统计量

为了检验原假设是否成立，需要分别确定检验因素 A（行因素）和因素 B（列因素）的统计量。

与单因素方差分析构造检验统计量的方法一样，也需要从总偏差平方和的分解入手。

将总均值记为

$$\bar{x}=\frac{1}{ns}\sum_{i=1}^{s}\sum_{j=1}^{n}x_{ij}$$

将因素 A 和因素 B 的各水平下的观测值的均值分别记为

$$\bar{x}_{i\cdot}=\frac{1}{n}\sum_{j=1}^{n}x_{ij},\quad i=1,2,\cdots,s$$

$$\bar{x}_{\cdot j}=\frac{1}{s}\sum_{i=1}^{s}x_{ij},\quad j=1,2,\cdots,n$$

对总偏差平方和 SS_T 进行分解：

$$SS_T=SS_A+SS_B+SS_E$$

其中，因素 A 的偏差平方和为

$$SS_A=n\sum_{i=1}^{s}(\bar{x}_{i\cdot}-\bar{x})^2$$

因素 B 的偏差平方和为

$$SS_B=s\sum_{j=1}^{n}(\bar{x}_{\cdot j}-\bar{x})^2$$

误差平方和为

$$SS_E=\sum_{i=1}^{s}\sum_{j=1}^{n}(x_{ij}-\bar{x}_{i\cdot}-\bar{x}_{\cdot j}+\bar{x})^2$$

需要说明的是，SS_A 和 SS_B 分别反映因素 A 和因素 B 的不同水平所引起的系统差异；而 SS_E 则反映各种随机因素所引起的实验误差。

计算 F 统计量：

$$F_A=\frac{(n-1)SS_A}{SS_E},\ F_A \text{ 服从 } F((s-1),(s-1)(n-1)) \text{ 分布}$$

$$F_B=\frac{(s-1)SS_B}{SS_E},\ F_B \text{ 服从 } F((n-1),(s-1)(n-1)) \text{ 分布}$$

判断：

若 $F_A>F_\alpha((s-1),(s-1)(n-1))$，则拒绝原假设，即因变量在因素 A 的各水平下的均值不全相等，因素 A 对实验效果有显著的影响。

若 $F_B>F_\alpha((n-1),(s-1)(n-1))$，则拒绝原假设，即因变量在因素 B 的各水平下的均值不全相等，因素 B 对实验效果有显著的影响。

于是，得到如表 7.2.2 所示的方差分析表。

表 7.2.2 无重复实验的双因素方差分析表

变异来源	平方和（SS）	自由度	均方（MS）	F
因素 A	SS_A	$s-1$	$MS_A=\frac{SS_A}{s-1}$	$\frac{MS_A}{MS_E}$
因素 B	SS_B	$n-1$	$MS_B=\frac{SS_B}{n-1}$	$\frac{MS_B}{MS_E}$
误差	SS_E	$(s-1)(n-1)$	$MS_E=\frac{SS_E}{(s-1)(n-1)}$	
总计	SS_T	$sn-1$		

7.2.2 案例：英语成绩和学生来源地与教学方案之间有关系吗？

例 7.2 某教育部门决定对英语教学效果进行测评，选择分别位于城市甲、城市乙、城市丙、城市丁的 4 个班级作为测试对象，应用三种不同的教学方案。经过一个学期的教学实践，在不同来源地应用不同教学方案的各个班级的英语成绩（该班学生的英语成绩的平均分）如表 7.2.3 所示。现在想知道不同来源地和不同教学方案对英语成绩的影响，是否有显著性差异。

表 7.2.3 不同来源地应用不同教学方案后的英语成绩

来源地	教学方案	英语成绩	来源地	教学方案	英语成绩
城市甲	A	103	城市丙	A	71
城市甲	B	106	城市丙	B	100
城市甲	C	135	城市丙	C	106
城市乙	A	82	城市丁	A	52
城市乙	B	102	城市丁	B	66
城市乙	C	118	城市丁	C	85

建立数据文件“学生来源地、教学方案与英语成绩 .sav”。其中有三个变量，分别为“来源地”“教学方案”和“英语成绩”。变量“来源地”表示测试对象所在的城市，变量“教学方案”表示所应用的教学方案，变量“英语成绩”表示测试对象的英语成绩。建立的数据文件如图 7.2.1 所示，这种变量设置方式的优点是，当问题为三因素、四因素问题时，也可以比较方便地将其表达出来。

图 7.2.1 数据文件“学生来源地、教学方案与英语成绩 .sav”

对于例 7.2，提出以下假设：

原假设 H_0：不同来源地和不同教学方案对英语成绩的影响无显著性差异。

备择假设 H_1：不同来源地和不同教学方案对英语成绩的影响有显著性差异。

7.2.3 统计分析过程

第 1 步 打开数据文件“学生来源、教学方案与英语成绩 .sav”。

第 2 步 选择多因素方差分析功能模块。

在 SPSS 的数据窗口中,选择菜单“分析”→“一般线性模型”(General Linear Model)→“单变量”(Univariate),弹出“单变量”对话框,如图 7.2.2 所示。

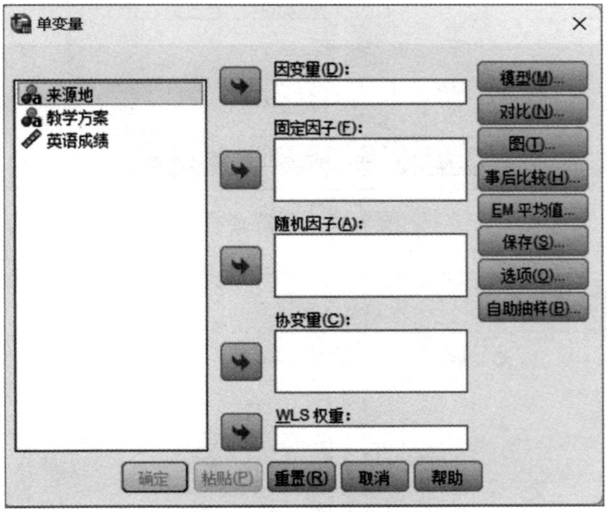

图 7.2.2 “单变量”对话框

第 3 步 设置变量与相关选项。

在“单变量”对话框中,将因变量(由于这是一个一元问题,所以只需要选择一个定量变量),选入“因变量”框;在本例中,选择变量“英语成绩”。将变量“来源地”和“教学方案”作为自变量,选入“固定因子”框,如图 7.2.3 所示。

这是一个无重复实验问题(注意此时不要单击“确定”按钮)。

(1)设置“模型”选项

单击“单变量”对话框中的“模型”(Model)按钮,弹出“单变量:模型”对话框,如图 7.2.4 所示。

在“单变量:模型”对话框的“指定模型”区域,系统默认选择“全因子”(Full factorial)项(即建立全模型,分析所有自变量的主效应和交互效应),这是系统的默认设置。由于本例是无重复实验问题,不存在分析交互效应的问题,所以不选择此项,而选择“构建项”(Build terms)项。

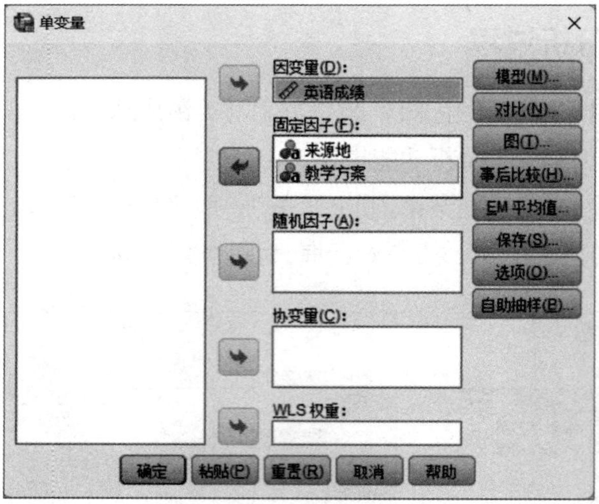

图 7.2.3 设置变量

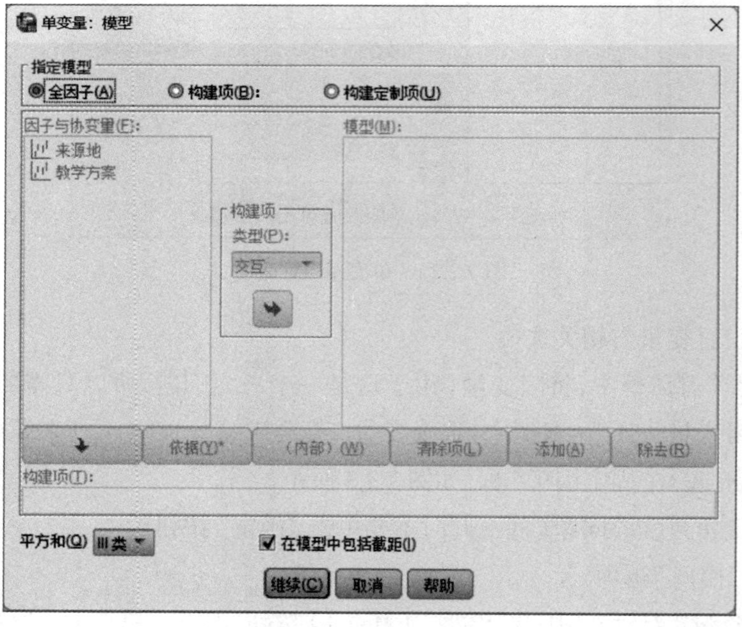

图 7.2.4 “单变量：模型”对话框

单击“构建项”项，则“构建项”区域会被激活，同时“因子与协变量”框中的变量也会被激活。

① 选择要分析的效应。单击“构建项”框中的“类型”下拉按钮，打开如图 7.2.5 所示的下拉列表。

图 7.2.5 选择“构建项”类型

- “交互”项：指定要分析的交互效应。
- “主效应”项：指定要分析的主效应，在本例中选择此项。

② 选择要分析的变量。将“因子与协变量”框中的变量“教学方案”和“来源地”选入“模型”框。

③ 在“平方和”下拉列表中，选择平方和的处理方法。一般选择系统默认的“Ⅲ类”，这种处理方法的适用面比较广。

④ 选中“在模型中包括截距”（Include intercept in model）复选框，这是系统的默认设置。如果不选择此项，则相当于假设数据过原点。可根据问题的具体情况决定是否选择此项，在本例中选中该复选框。

⑤ 单击“继续”按钮，返回“单变量”对话框。

（2）设置“对比”选项

在“单变量”对话框中，单击“对比”按钮，弹出“单变量：对比”对话框，如图 7.2.6 所示。

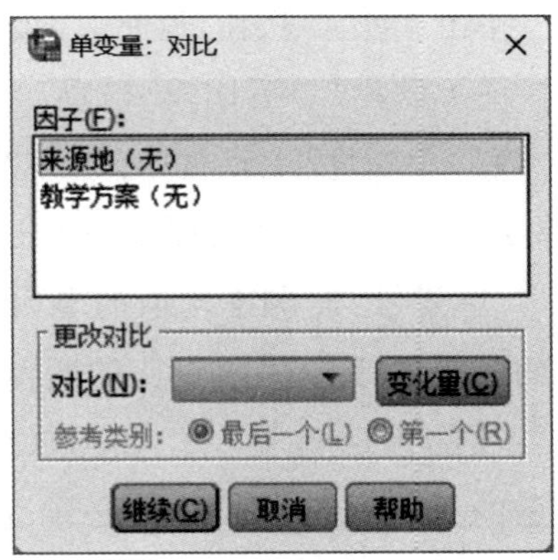

图 7.2.6 “单变量：对比”对话框

在“单变量：对比”对话框“更改对比”区域的“对

比”下拉列表中有7个选项：

①“无”(None)项：表示不进行均值比较。

②“偏差”(Deviation)项：表示在计算因变量在因素的不同水平下的均值时，将因素的第一个水平与最后一个水平作为忽略的水平。

③“简单”(Simple)项：选择因素的最后一个水平(或第一个水平)作为参考类别(reference category)，然后将因变量在该因素的其他水平下的均值，都与其在参考类别下的均值进行比较(实际上是计算均值之差，进行显著性检验)。

④“差值”(Difference)项：表示除第一个水平外，将因变量在因素的每个水平下的均值，都与其在因素的前面所有水平下的均值进行比较。

⑤“赫尔默特”(Hermert)项：与“差值”项的比较方向相反。除最后一个水平外，将因变量在因素的每个水平下的均值，都与其在因素的后面所有水平下的均值进行比较。

⑥“重复”(Repeated)项：表示将因变量在因素的每个水平下的均值，都与其在因素的前面一个水平下的均值进行比较，但第一个水平除外。

⑦“多项式”(Polynomial)项：略。

在本例中，选择“简单”项。确定参考类别为“最后一个”水平，即将因变量在因素的其他水平下的均值，都与其在因素的最后一个水平下的均值进行比较。

在“因子”框中选择变量，单击“变化量”(Change)按钮，这时所选变量的尾部会出现“简单”字样。在本例中，选择变量“来源地”和“教学方案”，结果如图7.2.7所示。

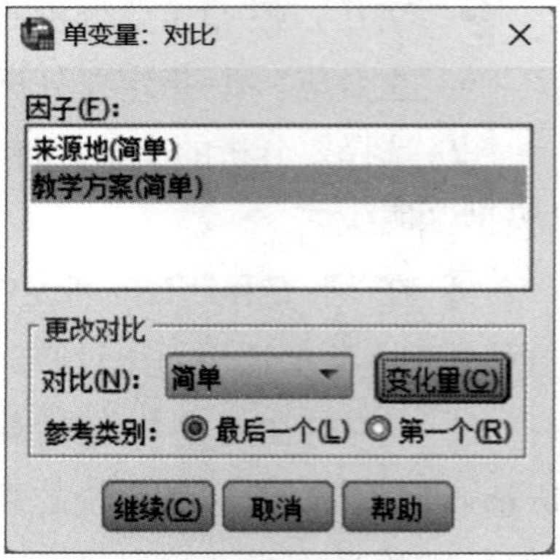

图7.2.7　设置相关选项

单击“继续”按钮，返回“单变量”对话框。

(3)设置“事后比较”选项

在“单变量”对话框中，单击“事后比较”按钮，弹出“单变量：实测平均值的事后多重比较”对话框。

“单变量：实测平均值的事后多重比较”对话框的上半部分选项，主要用于选择对因素的各个水平做两两对比的变量。在本例中，将变量“来源地”和“教学方案”选入“下列各项的事后检验”框，如图7.2.8所示，这时该对话框的下半部分选项被激活。需要注意的是，在该对话框中，必须先设置上半部分选项，才能对下半部的t检验结果进行设置。

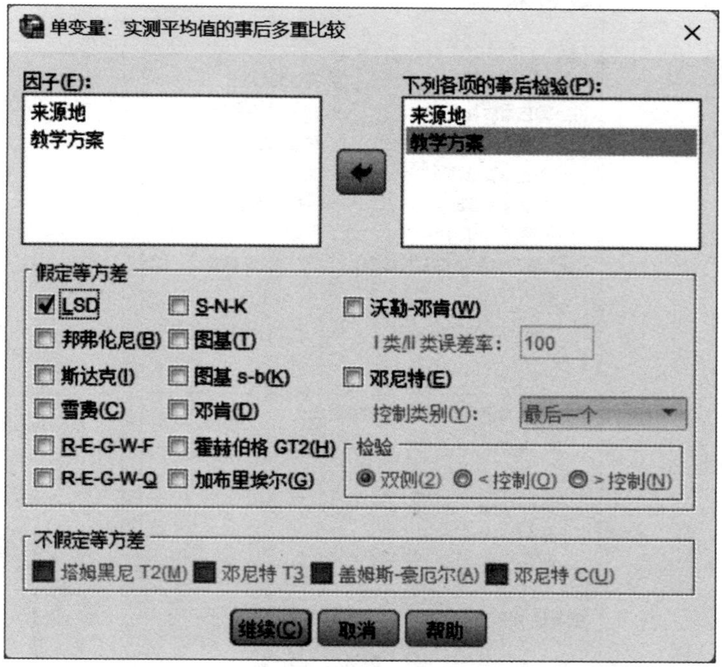

图 7.2.8 “单变量：实测平均值的事后多重比较”对话框

在“单变量：实测平均值的事后多重比较”对话框中，在“假定等方差”区域选择“LSD”项，表示用 LSD 法构造 t 检验统计量，来两两检验因变量在因素的各水平下的均值是否具有显著性差异。

当不满足方差齐性或正态分布的假设时，在“单变量：实测平均值的事后多重比较”对话框中，选择“不假定等方差”区域的“塔姆黑尼 T2”项，表示输出基于 t 检验的保守成对比较结果。

单击“继续”按钮，返回“单变量”对话框。

（4）设置“选项”选项

在“单变量”对话框中单击“选项”按钮，弹出“单变量：选项”对话框。

在“单变量：选项”对话框中，在“显示”区域选中“描述统计”“齐性检验”和“分布－水平图”复选框，如图 7.2.9 所示。需要说明的是，由于本例是无重复实验问题，并不需要进行方差齐性检验。这里选中“齐性检验”复选框，只是为了查看输出结果。

单击“继续”按钮，返回“单变量”对话框。

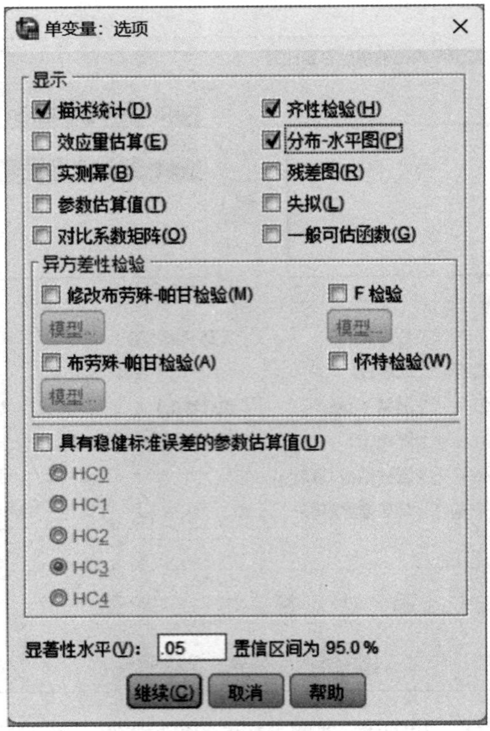

图 7.2.9　“单变量: 选项”对话框

（5）设置“EM 平均值”选项

在“单变量”对话框中单击“EM 平均值”按钮，弹出“单变量: 估算边际平均值”对话框，如图 7.2.10 所示。

在“单变量: 估算边际平均值”对话框的“估算边际平均值”（Estimated Marginal Means）区域，将变量“来源地”和“教学方案”选入“显示下列各项的平均值”框，以便计算边际均值（即无视其中一个因素的存在，求因变量在另一个因素的不同水平下的均值）；同时选中“比较主效应”复选框，如图 7.2.11 所示。

单击“继续”按钮，返回“单变量”对话框。

（6）设置“图”选项

在“单变量”对话框中单击“图”按钮，弹出“单变量: 轮廓图”对话框，如图 7.2.12 所示。在“单变量: 轮廓图”对话框中，将“因子”框中的变量“来源地”和“教学方案”选入“图”框，在“图表类型”区域选择“条形图”项，如图 7.2.13 所示。

单击“继续”按钮，返回“单变量”对话框。

第 4 步　在“单变量”对话框中单击“确定”按钮，输出结果。

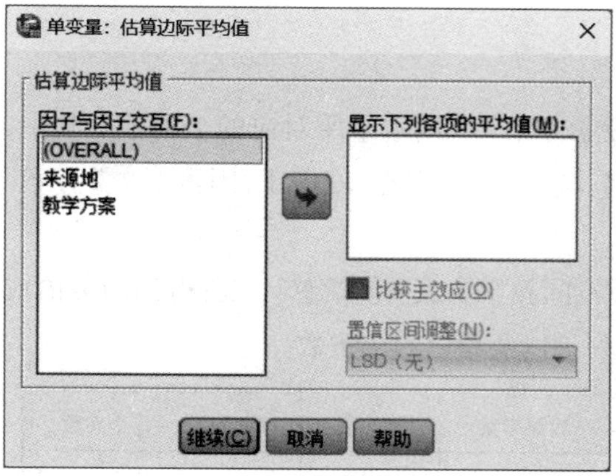

图 7.2.10 “单变量：估算边际平均值”对话框

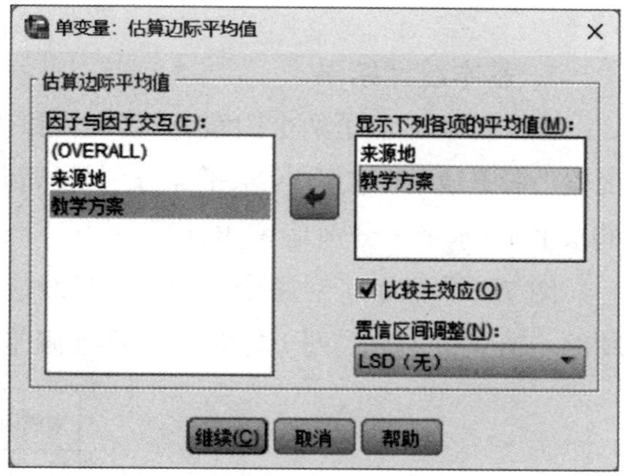

图 7.2.11 设置变量和相关选项

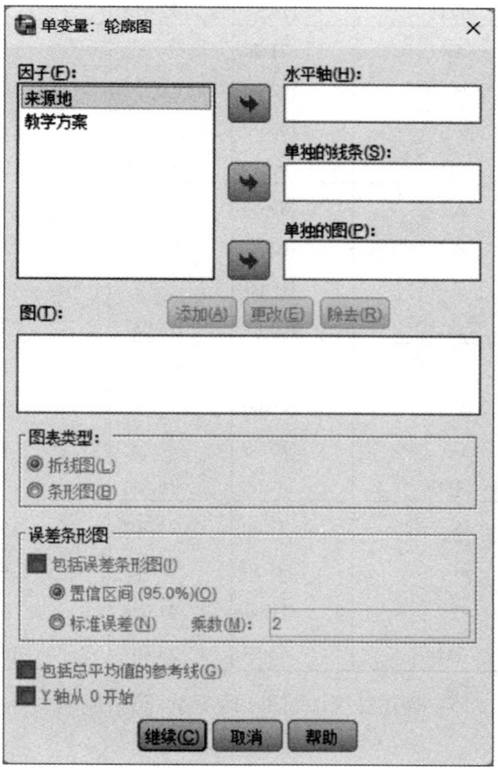

图 7.2.12 “单变量：轮廓图”对话框

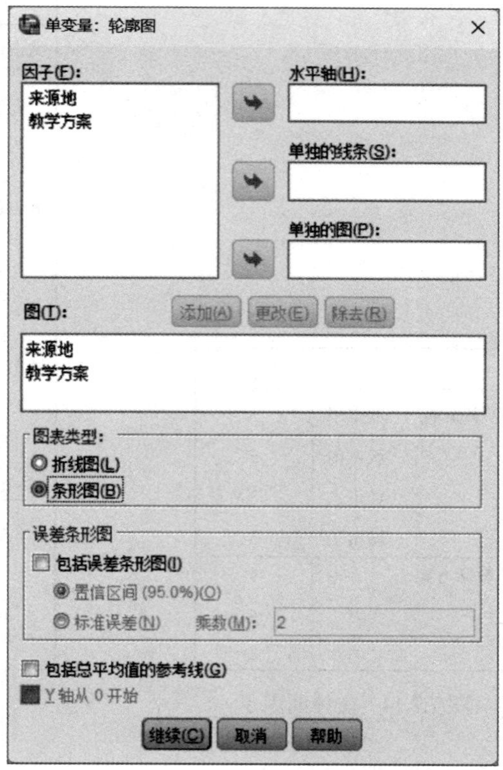

图 7.2.13 设置变量及选项

7.2.4 结果与讨论

1. 基本统计结果

图 7.2.14 显示了两个因素“来源地”和“教学方案”不同水平所对应的个案数。其中，因素“来源地”的水平 1~ 水平 4 分别是城市甲、城市丙、城市乙、城市丁，因素“教学方案”的水平 1~ 水平 3 分别是 A、B、C。

图 7.2.15 显示了对每个来源地的班级应用不同教学方案（包括总计）所得到的英语成绩的均值（“平均值”列）、标准差（“标准偏差”列），以及相应的个案数。

		个案数
来源地	城市甲	3
	城市丙	3
	城市乙	3
	城市丁	3
教学方案	A	4
	B	4
	C	4

图 7.2.14 主体间因子

来源地	教学方案	平均值	标准偏差	个案数
城市甲	A	103.00	.	1
	B	106.00	.	1
	C	135.00	.	1
	总计	114.67	17.673	3
城市丙	A	71.00	.	1
	B	100.00	.	1
	C	106.00	.	1
	总计	92.33	18.717	3
城市乙	A	82.00	.	1
	B	102.00	.	1
	C	118.00	.	1
	总计	100.67	18.037	3
城市丁	A	52.00	.	1
	B	66.00	.	1
	C	85.00	.	1
	总计	67.67	16.563	3
总计	A	77.00	21.307	4
	B	93.50	18.502	4
	C	111.00	21.024	4
	总计	93.83	23.409	12

图 7.2.15 描述性统计结果（因变量：英语成绩）

2. 总体检验结果

因变量“英语成绩”的总体检验结果，即主体间效应检验结果，如图 7.2.16 所示。

源	Ⅲ类平方和	自由度	均方	F	显著性
修正模型	5815.667[a]	5	1163.133	32.919	.000
截距	105656.333	1	105656.333	2990.274	.000
来源地	3503.000	3	1167.667	33.047	.000
教学方案	2312.667	2	1156.333	32.726	.001
误差	212.000	6	35.333		
总计	111684.000	12			
修正后总计	6027.667	11			

a.R方=.965(调整后R方 =.936)。

图 7.2.16 主体间效应检验结果(因变量:英语成绩)

图 7.2.16 中的第一列注明了变异的来源:

"修正模型"项:修正模型的偏差平方和包括变量"来源地"的偏差平方和与变量"教学方案"的偏差平方和,相当于把"截距"项修正掉了。如果有交叉效应项,还应当增加交叉效应项的偏差平方和。

"截距"项:相当于总体均值,它不随因素水平的变化而变化。

"来源地"项:指变量"来源地"的偏差平方和 SS_A。

"教学方案"项:指变量"教学方案"的偏差平方和 SS_B。

"误差"项:指误差平方和 SS_E。

"总计"项:指总偏差平方和 SS_T。

"修正后总计"项:即修正的偏差平方和,用于描述考虑了某个自变量后总体变异的分布情况。在这种情况下,修正的偏差平方和 = 修正模型的偏差平方和 + 误差平方和,其中修正模型的偏差平方和代表被自变量解释的变异,误差平方和代表未被自变量解释的变异。

图 7.2.16 中的第二列是"Ⅲ类平方和";第三列是"自由度";第四列是"均方",即偏差平方和与相应的自由度之比);第五列是"F",即 F 统计量的值(相应的均方与误差均方之比);第六列是"显著性",即 F 统计量的 p 值,其中"修正模型"项的 p 值小于显著性水平 0.05,说明在两个因素的不同水平的不同搭配中,存在实验效果有显著性差异的搭配;"来源地"项的 p 值小于显著性水平 0.05,说明不同来源地的班级的英语成绩均值有显著性差异;"教学方案"项的 p 值小于显著性水平 0.05,说明应用不同教学方案所得到的班级英语成绩均值有显著性差异。

图 7.2.16 中的"R 方 =.965(调整后 R 方 =.936)",表示英语学习整体效果的 93.6% 可以由"来源地"和"教学方案"的共同作用来解释。

3. 方差齐性检验结果

图 7.2.17 给出了方差齐性的检验结果。该检验的原假设为:各组中的因变量误差方差

相等，但是本例中的个案总数是12，因素向量（二维向量）数也是12，因此在该检验中误差项的自由度（即“自由度2”列）为 $n-s=12-12=0$。这样，计算 F 统计量时作为分母的误差均方就不存在了，F 统计量也就无法显示。

误差方差的莱文等同性检验[a]

F	自由度 1	自由度 2	显著性
.	11	0	.

检验“各个组中的因变量误差方差相等”这一原假设。

a.设计：截距+来源地+教学方案。

图 7.2.17 误差方差的莱文等同性检验结果（因变量：英语成绩）

4. 各个因素的方差分析结果

（1）来源地差异方差分析结果

来源地差异方差分析结果如图 7.2.18 所示。

源	平方和	自由度	均方	F	显著性
对比	3503.000	3	1167.667	33.047	.000
误差	212.000	6	35.333		

图 7.2.18 来源地差异方差分析结果（因变量：英语成绩）

从图 7.2.18 中可以看到，p 值（“显著性”列）小于显著性水平 0.05，说明不同来源地的班级的英语成绩均值有显著性差异。其具体差异如图 7.2.19 所示。

图 7.2.19 给出了不同来源地的班级的英语成绩均值的比较结果。其底部的注释指出，比较的对象是水平（在图 7.2.19 中显示为“级别”）4，即“城市丁”。

①“级别 1 与级别 4”栏：给出水平 1（“城市甲”）的班级的英语成绩均值和水平 4（“城市丁”）的班级的英语成绩均值，求两者的差值，为 47.00。p 值小于显著性水平 0.05（见“显著性”行），表示水平 1（“城市甲”）与水平 4（“城市丁”）的班级的英语成绩均值有显著性差异。

②“级别 2 与级别 4”栏：给出了“城市丙”与“城市丁”的班级的英语成绩均值的比较结果，由于 p 值（0.002）小于显著性水平 0.05，因此两者有显著性差异。

③“级别 3 与级别 4 行”栏：给出了“城市乙”与“城市丁”的班级的英语成绩均值的比较结果，由于 p 值小于显著性水平 0.05，因此两者有显著性差异。

（2）教学方案差异方差分析结果

教学方案差异方差分析结果如图 7.2.20 所示。

来源地 简单对比[a]			因变量 英语成绩
级别1与级别4	对比估算		47.000
	假设值		0
	差值（估算-假设）		47.000
	标准误差		4.853
	显著性		.000
	差值的95%置信区间	下限	35.124
		上限	58.876
级别2与级别4	对比估算		24.667
	假设值		0
	差值（估算-假设）		24.667
	标准误差		4.853
	显著性		.002
	差值的95%置信区间	下限	12.791
		上限	36.543
级别3与级别4	对比估算		33.000
	假设值		0
	差值（估算-假设）		33.000
	标准误差		4.853
	显著性		.000
	差值的95%置信区间	下限	21.124
		上限	44.876

a.参考类别=4。

图 7.2.19 来源地比较结果（K 矩阵）

源	平方和	自由度	均方	F	显著性
对比	2312.667	2	1156.333	32.726	.001
误差	212.000	6	35.333		

图 7.2.20 教学方案差异方差分析结果（因变量：英语成绩）

从图 7.2.20 中可以看到，p 值（0.001）小于显著性水平 0.05，说明应用不同教学方案所得到的班级的英语成绩均值是有显著性差异的，其具体差异如图 7.2.21 所示。

① “级别 1 与级别 3” 栏：给出了应用教学方案 A 与教学方案 C 所得到的班级的英语成绩均值的比较结果，p 值小于显著性水平 0.05（见“显著性” 行），因此两者有显著性差异。

教学方案 简单对比[a]			因变量 英语成绩
级别1与级别3	对比估算		−34.000
	假设值		0
	差值（估算−假设）		−34.000
	标准误差		4.203
	显著性		.000
	差值的95%置信区间	下限	−44.285
		上限	−23.715
级别2与级别3	对比估算		−17.500
	假设值		0
	差值（估算−假设）		−17.500
	标准误差		4.203
	显著性		.006
	差值的95%置信区间	下限	−27.785
		上限	−7.215

a.参考类别=3。

图 7.2.21 教学方法比较结果（K 矩阵）

② “级别 2 与级别 3” 栏：给出了应用教学方案 B 与教学方案 C 所得到的班级英语成绩均值的比较结果，p 值（0.006）小于显著性水平 0.05，因此两者有显著性差异。

5. 估算边际均值

（1）来源地的估算边际均值（因变量：英语成绩）

① 来源地的估算边际均值如图 7.2.22 所示。

② 来源地两两之间的比较结果如图 7.2.23 所示。

③ 来源地的估算边际均值图如图 7.2.24 所示。

来源地	平均值	标准误差	95%置信区间 下限	95%置信区间 上限
城市甲	114.667	3.432	106.269	123.064
城市丙	92.333	3.432	83.936	100.731
城市乙	100.667	3.432	92.269	109.064
城市丁	67.667	3.432	59.269	76.064

图 7.2.22 来源地的估算边际均值（因变量：英语成绩）

(I)来源地	(J)来源地	平均值差值(I−J)	标准误差	显著性[b]	差值的 95%置信区间[b]	
					下限	上限
城市甲	城市丙	22.333*	4.853	.004	10.457	34.209
	城市乙	14.000*	4.853	.028	2.124	25.876
	城市丁	47.006*	4.853	.000	35.124	58.876
城市丙	城市甲	−22.333*	4.853	.004	−34.209	−10.457
	城市乙	−8.333	4.853	.137	−20.209	3.543
	城市丁	24.667*	4.853	.002	12.791	36.543
城市乙	城市甲	−14.000*	4.853	.028	−25.876	−2.124
	城市丙	8.333	4.853	.137	−3.543	20.209
	城市丁	33.000*	4.853	.000	21.124	44.876
城市丁	城市甲	−47.000*	4.853	.000	−58.876	−35.124
	城市丙	−24.667*	4.853	.002	−36.543	−12.791
	城市乙	−33.000*	4.853	.000	−44.876	−21.124

基于估算边际平均值

*.平均值差值的显著性水平为.05。

b.多重比较调节：最低显著差异法(相当于不进行调整)。

图 7.2.23　来源地两两之间的比较结果(因变量:英语成绩)

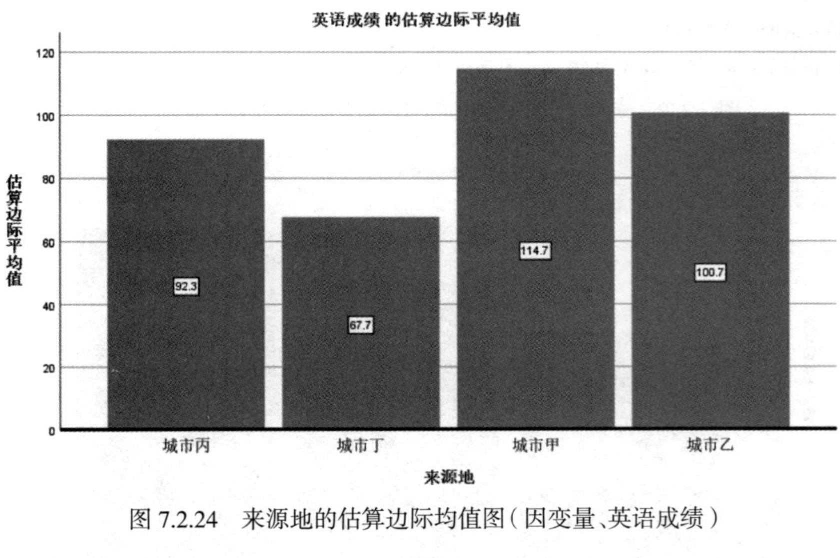

图 7.2.24　来源地的估算边际均值图(因变量、英语成绩)

(2)教学方案的估算边际均值(因变量:英语成绩)

① 教学方案的估算边际均值如图 7.2.25 所示。

② 教学方案两两之间的比较结果如图 7.2.26 所示。

③ 教学方案的估算边际均值图如图 7.2.27 所示。

教学方案	平均值	标准误差	95%置信区间	
			下限	上限
A	77.000	2.972	69.728	84.272
B	93.500	2.972	86.228	100.772
C	111.000	2.972	103.728	118.272

图 7.2.25 教学方案的估算边际均值(因变量:英语成绩)

(I)教学方案	(J)教学方案	平均值差值(I−J)	标准误差	显著性	差值的95%置信区间[b]	
					下限	上限
A	B	−16.500*	4.203	.008	−26.785	−6.215
	C	−34.000*	4.203	.000	−44.285	−23.715
B	A	16.500*	4.203	.008	6.215	26.785
	C	−17.500*	4.203	.006	−27.785	−7.215
C	A	34.000*	4.203	.000	23.715	44.285
	B	17.500*	4.203	.006	7.215	27.785

基于估算边际平均值

*.平均值差值的显著性水平为.05。

b.多重比较调节：最低显著差异法(相当于不进行调整)。

图 7.2.26 教学方案两两之间的比较结果(因变量:英语成绩)

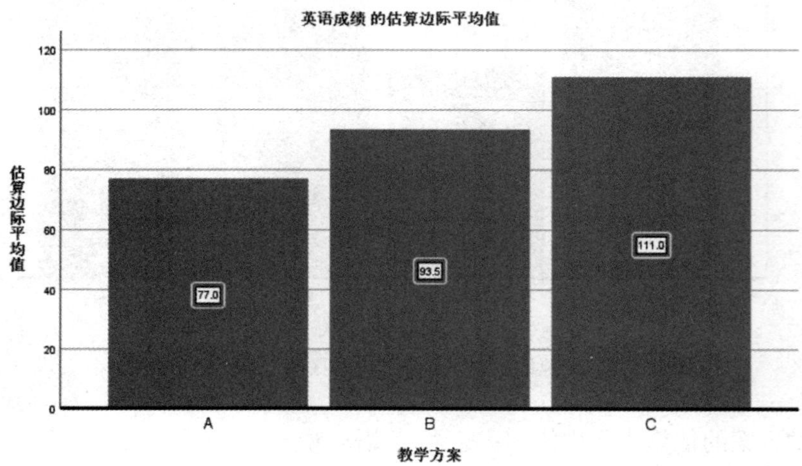

图 7.2.27 教学方案的估算边际均值图(因变量:英语成绩)

6. 本例结论

来源地和教学方案均对班级的英语成绩有显著的影响。从教学效果看,因素“教学方案”:教学方案 A< 教学方案 B< 教学方案 C;因素“来源地”:城市丁 < 城市丙、城市乙 < 城市甲。班级英语成绩的 93.6% 由来源地和教学方案决定。

7.3 重复实验的双因素方差分析

7.3.1 基本概念与方法

1. 问题的提出

为了便于理解,下面还是举关于训练效果的例子:对学生进行训练的效果,不仅与训练方法有关,还与学生特质有关。在该问题中,仍然有两个因素:因素 A 为训练方法,有 s 种;因素 B 为学生特质,有 n 种,将具有相同特质的学生分在同一组,即共有 n 组学生。为了便于比较,每组都安排 st 个具有相同特质的学生,也就是说,对每组内的 t 个学生(实际上,各组的学生数可以不同,这里为了便于理解和处理而假设各组的学生数相同)都用 s 种训练方法进行了训练。这样就会得到 snt 种不同的训练效果。如何判断不同的训练方法是否有显著的效果?不同学生特质对训练效果是否有显著的影响?

可以把这些已知条件概括如表 7.3.1 所示的统计学结构。其中,x_{ijk} 表示在因素 A_i 和因素 B_j 的作用下第 k 次实验的观测值,$i=1, 2, \cdots, s, j=1, 2, \cdots, n, k=1, 2, \cdots, t$。

表 7.3.1 有重复实验的双因素方差分析的实验效果

因素 A	观测值			
	因素 B_1	因素 B_2	…	因素 B_n
因素 A_1	$x_{111}, x_{112}, \cdots, x_{11t}$	$x_{121}, x_{122}, \cdots, x_{12t}$	…	$x_{1n1}, x_{1n2}, \cdots, x_{1nt}$
因素 A_2	$x_{211}, x_{212}, \cdots, x_{21t}$	$x_{221}, x_{222}, \cdots, x_{22t}$	…	$x_{2n1}, x_{2n2}, \cdots, x_{2nt}$
…	…	…	…	…
因素 A_s	$x_{s11}, x_{s12}, \cdots, x_{s1t}$	$x_{s21}, x_{s22}, \cdots, x_{s2t}$	…	$x_{sn1}, x_{sn2}, \cdots, x_{snt}$

问：

因素 A 的不同水平的实验效果（均值），有无显著性不同？

因素 B 的不同水平的实验效果（均值），有无显著性不同？

因素 A 和因素 B 的交互效应如何？

需要说明的是，不仅在教育科学领域，在管理科学及其他社会科学、农学、医学、生物学、工学等诸多领域，可以概括为上述统计学结构的问题非常之多。

2. 具体方法

（1）提出假设

要检验两个因素及两个因素交互效应对因变量是否有影响，需要提出三对假设，分别说明如下。

针对因素 A（行因素）的假设：

原假设 H_0：$\mu_{i1}=\mu_{i2}=\cdots=\mu_{is}=\mu_{i\cdot}$（$i=1,2,\cdots,s$），其中 $\mu_{i\cdot}$ 表示因变量在因素 A 的第 i 个水平下的均值；即因变量在因素 A 的不同水平下的均值完全相等。

备择假设 H_1：$\mu_{i\cdot}$（$i=1,2,\cdots,s$）不全相等，即因变量在因素 A 的不同水平下的均值不全相等。

针对因素 B（列因素）的假设：

原假设 H_0：$\mu_{1j}=\mu_{2j}=\cdots=\mu_{nj}=\mu_{\cdot j}$（$j=1,2,\cdots,n$），其中 $\mu_{\cdot j}$ 表示因变量在因素 B 的第 j 个水平下的均值；即因变量在因素 B 的不同水平下的均值完全相等。

备择假设 H_1：$\mu_{\cdot j}$（$j=1,2,\cdots,n$）不全相等，即因变量在因素 B 的不同水平下的均值不全相等。

针对两个因素交互效应的假设：

原假设 H_0：$c_{11}=c_{12}=\cdots=c_{ij}=0$（$i=1,2,\cdots,s,j=1,2,\cdots,n$），其中 c_{ij} 表示因素 A 的第 i 个水平和因素 B 的第 j 个水平的交互效应。

备择假设 H_1：c_{ij} 不全等于 0（$i=1,2,\cdots,s,j=1,2,\cdots,n$）。

（2）构造检验统计量

为了检验原假设是否成立，需要分别确定检验因素 A、因素 B 和两个因素交互效应的统计量。

假设重复实验的次数都是 t。

将总均值记为

$$\overline{x}=\frac{1}{nst}\sum_{i=1}^{s}\sum_{j=1}^{n}\sum_{k=1}^{t}x_{ijk}$$

将因素 A 和因素 B 的各水平下的观测值的均值分别记为

$$\bar{x}_{i\cdot\cdot}=\frac{1}{nt}\sum_{j=1}^{n}\sum_{k=1}^{t}x_{ijk},\quad i=1,2,\cdots,s$$

$$\bar{x}_{\cdot j\cdot}=\frac{1}{st}\sum_{i=1}^{s}\sum_{k=1}^{t}x_{ijk},\quad j=1,2,\cdots,n$$

将因素 A 和因素 B 交互效应的均值记为

$$\bar{x}_{ij\cdot}=\frac{1}{t}\sum_{k=1}^{t}x_{ijk},\quad i=1,2,\cdots,s,j=1,2,\cdots,n$$

对总偏差平方和 SS_T 进行分解：

$$SS_T=SS_A+SS_B+SS_E$$

① 计算因素 A 的偏差平方和：

$$SS_A=nt\sum_{i=1}^{s}(\bar{x}_{i\cdot\cdot}-\bar{x})^2$$

② 计算因素 B 的偏差平方和：

$$SS_B=st\sum_{j=1}^{n}(\bar{x}_{\cdot j\cdot}-\bar{x})^2$$

③ 计算两个因素交互效应的偏差平方和：

$$SS_{A\times B}=t\sum_{i=1}^{s}\sum_{j=1}^{n}(\bar{x}_{ij\cdot}-\bar{x}_{i\cdot\cdot}-\bar{x}_{\cdot j\cdot}+\bar{x})^2$$

④ 计算误差平方和：

$$SS_E=\sum_{i=1}^{s}\sum_{j=1}^{n}\sum_{k=1}^{t}(\bar{x}_{ijk}-\bar{x}_{ij\cdot})^2$$

⑤ 计算 F 统计量：

$$F_A=\frac{sn(t-1)SS_A}{(s-1)SS_E}\text{，服从 }F((s-1),sn(t-1))\text{分布}$$

$$F_B=\frac{sn(t-1)SS_B}{(n-1)SS_E}\text{，服从 }F((n-1),sn(t-1))\text{分布}$$

$$F_{A\times B}=\frac{sn(t-1)SS_{A\times B}}{(s-1)(n-1)SS_E}\text{，服从 }F((s-1)(n-1),sn(t-1))\text{分布}$$

判断：

若 $F_A>F_\alpha((s-1),sn(t-1))$，则拒绝原假设，即因变量在因素 A 的第 i 个水平下的均值不全相等。

若 $F_B>F_\alpha((n-1),sn(t-1))$，则拒绝原假设，即因变量在因素 B 的第 j 个水平下的均值不全相等。

若 $F_{A\times B}>F_\alpha((s-1)(n-1), sn(t-1))$,则 c_{ij} 不全等于 0,即因素 A 与因素 B 的交互效应,至少有一个明显不等于 0。

有重复实验的双因素方差分析表如表 7.3.2 所示。

表 7.3.2 有重复实验的双因素方差分析表

变异来源	平方和(SS)	自由度	均方(MS)	F
因素 A	SS_A	$s-1$	$MS_A=\frac{SS_A}{s-1}$	$\frac{MS_A}{MS_E}$
因素 B	SS_B	$n-1$	$MS_B=\frac{SS_B}{n-1}$	$\frac{MS_B}{MS_E}$
两个因素的交互效应	$SS_{A\times B}$	$(s-1)(n-1)$	$MS_{A\times B}=\frac{SS_{A\times B}}{(s-1)(n-1)}$	$\frac{MS_{A\times B}}{MS_E}$
误差	SS_E	$sn(t-1)$	$MS_E=\frac{SS_E}{sn(t-1)}$	
总计	SS_T	$snt-1$		

7.3.2 案例:班级规模、策略类型与班级绩效之间有关系吗?

例 7.3 有三种规模的班级(大规模班级、中规模班级和小规模班级),每种规模都有足够数量的班级,共实行三种管理策略。已知这些班级的与管理策略密切相关(先验判断密切相关)的班级绩效(指标 U)。现在想知道不同类型管理策略对不同规模班级的指标 U 的作用(均值)之间有无显著性差异。

这是一个典型的有重复实验的双因素方差分析问题。而且,对于不同规模的班级、不同类型的管理策略,重复实验的次数(即不同类型管理策略与不同规模班级所对应的班级数)是不相同的。相关数据如表 7.3.3 所示。

表 7.3.3 不同规模班级、不同类型管理策略的指标 U

策略类型	大规模班级	中规模班级	小规模班级
管理策略 1	1.8, 1.6, 1.9, 2.0	0.9, 1.8, 1.7, 1.2, 1.6	1.3, 0.6, 1.1
管理策略 2	1.9, 1.3, 1.5, 0.9, 1.1	0.9, 1.1, 1.0, 1.3	1.1, 0.9, 0.7, 0.5
管理策略 3	0.8, 1.0, 0.6	1.1, 0.8, 0.9, 1.0	0.6, 0.7, 0.8, 0.9

需要注意的是,表 7.3.3 所示的数据在 SPSS 中的存放形式为:两个因素(变量"策略类型"、变量"班级规模")和因变量"班级绩效"(变量名标签为"指标 U")各占一列。其中,变量"策略类型"的取值分别为 1(变量值标签为"管理策略 1")、2(变量值标签为"管理策略 2")、3(变量值标签为"管理策略 3"),变量"班级规模"的取值分别为 1(变量值标签为"小规模")、2(变量值标签为"中规模")、3(变量值标签为"大规模")。重复实验中的"重

复”,就表现在相同班级规模对相同类型管理策略的“重复”上。建立数据文件“班级规模、策略类型与班级绩效 .sav”,如图 7.3.1 所示。

*班级规模、策略类型和班级绩效.sav [数据集1] - IBM SPSS

文件(F) 编辑(E) 查看(V) 数据(D) 转换(T) 分析

	策略类型	班级规模	班级绩效
1	管理策略3	大规模	1.80
2	管理策略3	大规模	1.60
3	管理策略3	大规模	1.90
4	管理策略3	大规模	2.00
5	管理策略3	中规模	.90
6	管理策略3	中规模	1.80
7	管理策略3	中规模	1.70
8	管理策略3	中规模	1.20
9	管理策略3	中规模	1.60
10	管理策略3	小规模	1.30
11	管理策略3	小规模	.60
12	管理策略3	小规模	1.10
13	管理策略2	大规模	1.90
14	管理策略2	大规模	1.30
15	管理策略2	大规模	1.50

图 7.3.1 数据文件“班级规模、策略类型与班级绩效 .sav”

对于例 7.3,提出以下假设:

原假设 H_0:不同类型管理策略对不同规模班级的指标 U 的作用(均值)无显著性差异。

备择假设 H_1:不同类型管理策略对不同规模班级的指标 U 的作用(均值)有显著性差异。

7.3.3 统计分析过程

第 1 步 打开数据文件“班级规模、策略类型与班级绩效 .sav”。

第 2 步 选择多因素方差分析模块。

在 SPSS 的数据窗口中,选择菜单“分析”→“一般线性模型”→“单变量”命令,弹出“单变量”对话框。

第 3 步 设置变量与相关选项。

在“单变量”对话框中,将左侧变量列表框中的“指标 U[班级绩效]”选入右边的“因变量”框。将变量“策略类型”和“班级规模”选入“固定因子”框,如图 7.3.2 所示。

在“单变量”对话框中单击“模型”按钮,弹出“单变量:模型”对话框。在“指定模型”区域,系统默认选择“全因子”项,该项包括交互效应。由于本例属于重复实验问题,可以按系统默认的方式进行设置,如图 7.3.3 所示。

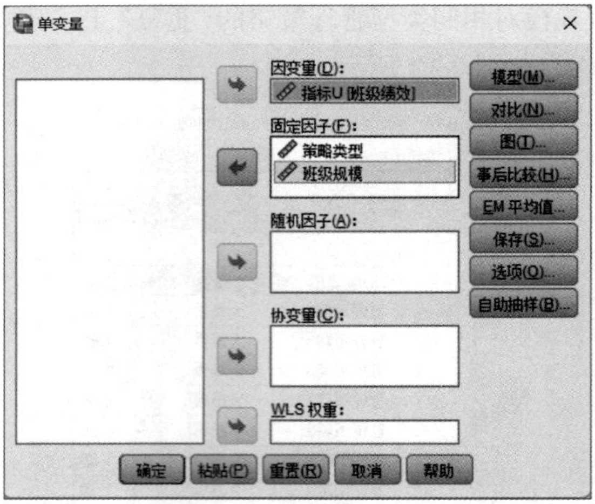

图 7.3.2 设置变量

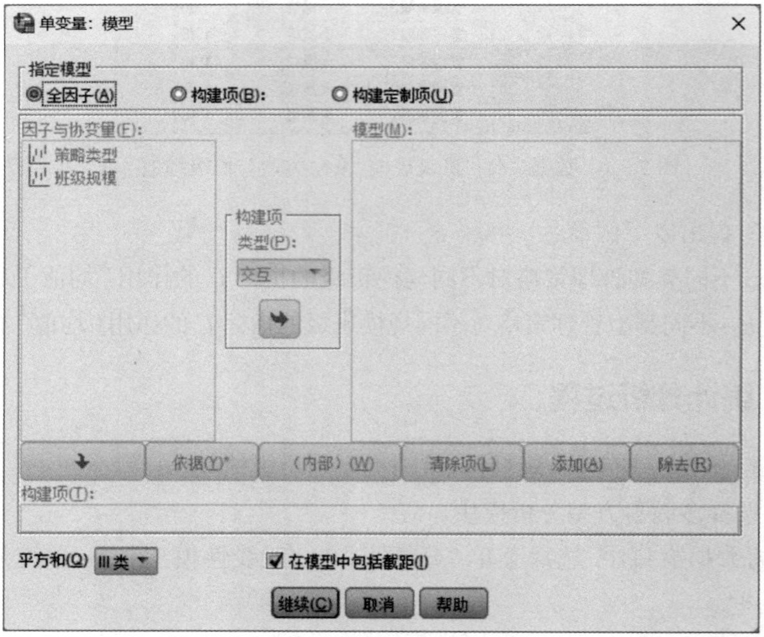

图 7.3.3 “单变量：模型”对话框

“模型”选项设置的其他操作步骤基本上同 7.2.3 小节，这里不再赘述。其他选项，如“对比”选项、“图”选项、“事后比较”（多选 S–N–K 方法）选项、“EM 平均值”选项（多选策略类型与班级规模的交互效应）、“选项”选项等的设置也基本上同 7.2.3 小节。设置完成后，单击“单变量”对话框中的“确定”按钮，输出结果。

7.3.4 结果与讨论

1. 基本统计结果

图 7.3.4 显示了两个因素“策略类型”和“班级规模”不同水平交叉搭配所对应的个案数。图 7.3.5 显示了每种规模的班级实行不同类型管理策略（包括总计）所得到的班级绩效（指标 U）的均值（“平均值”列）、标准差（“标准偏差”列），以及个案数（“个案数”列）等描述性统计结果。

		值标签	个案数
策略类型	1	管理策略1	11
	2	管理策略2	13
	3	管理策略3	12
班级规模	1	小规模	11
	2	中规模	13
	3	大规模	12

图 7.3.4 主体间因子

策略类型	班级规模	平均值	标准偏差	个案数
管理策略1	小规模	.7500	.12910	4
	中规模	.9500	.12910	4
	大规模	.8000	.20000	3
	总计	.8364	.16293	11
管理策略2	小规模	.8000	.25820	4
	中规模	1.0750	.17078	4
	大规模	1.3400	.38471	5
	总计	1.0923	.35698	13
管理策略3	小规模	1.0000	.36056	3
	中规模	1.4400	.37815	5
	大规模	1.8250	.17078	4
	总计	1.4583	.43580	12
总计	小规模	.8364	.25009	11
	中规模	1.1769	.32953	13
	大规模	1.3667	.48305	12
	总计	1.1361	.41895	36

图 7.3.5 描述性统计结果（因变量：指标 U）

2. 总体检验结果

因变量“指标 U”的总体检验结果（主体间效应检验结果）如图 7.3.6 所示。

源	Ⅲ类平方和	自由度	均方	F	显著性
修正模型	4.164[a]	8	.521	7.101	.000
截距	42.993	1	42.993	586.564	.000
策略类型	1.961	2	.981	13.379	.000
班级规模	1.270	2	.635	8.661	.001
策略类型*班级规模	.564	4	.141	1.925	.135
误差	1.979	27	.073		
总计	52.610	36			
修正后总计	6.143	35			

a.R方=.678（调整后R方=.582）。

图 7.3.6 主体间效应检验结果（因变量：指标 U）

图 7.3.6 中的数据表明：

① 总体 F 统计量的值为 7.101（“F”列），相应的 p 值（“显著性”列）小于显著性水平 0.05，说明在不同的策略类型和不同的班级规模中，至少有一个因素对指标 U 的作用是显著的。

② 策略类型的 F 统计量的值为 13.379，相应的 p 值小于显著性水平 0.05，说明策略类型对指标 U 的作用是显著的。

③ 班级规模的 F 统计量的值为 8.661，相应的 p 值小于显著性水平 0.05，说明班级规模对指标 U 的作用是显著的。

④ 策略类型与班级规模交互效应的 F 统计量的值为 1.925，相应的 p 值（0.135）大于 0.05，没有显著性差异，说明策略类型与班级规模的交互效应对指标 U 没有影响。

3. 估算边际均值

（1）策略类型的估算边际均值（因变量：指标 U）

从图 7.3.7 和图 7.3.8 中可以看出，三种类型管理策略的效果有显著性差异：管理策略 1<管理策略 2<管理策略 3。

策略类型	平均值	标准误差	95%置信区间 下限	95%置信区间 上限
管理策略1	.833	.082	.664	1.002
管理策略2	1.072	.076	.917	1.227
管理策略3	1.422	.080	1.258	1.586

图 7.3.7 策略类型的估算边际均值（因变量：指标 U）

(I)策略类型	(J)策略类型	平均值差值(I−J)	标准误差	显著性 b	差值的95%置信区间b	
					下限	上限
管理策略1	管理策略2	−.238*	.112	.042	−.468	−.009
	管理策略3	−.588*	.115	.000	−.824	−.353
管理策略2	管理策略1	.238*	.112	.042	.009	.468
	管理策略3	−.350*	.110	.004	−.576	−.124
管理策略3	管理策略1	.588*	.115	.000	.353	.824
	管理策略2	.350*	.110	.004	.124	.576

基于估算边际平均值

*.平均值差值的显著性水平为.05。

b.多重比较调节：最低显著差异法（相当于不进行调整）。

图 7.3.8 策略类型的两两成对比较结果(因变量:指标 U)

(2)班级规模的估算边际均值(因变量:指标 U)

从图 7.3.9 和图 7.3.10 中可以看出,三种班级规模的效果有显著性差异:小班级规模 < 中班级规模、大班级规模。

班级规模	平均值	标准误差	95%置信区间	
			下限	上限
小规模	.850	.082	.681	1.019
中规模	1.155	.076	1.000	1.310
大规模	1.322	.080	1.158	1.486

图 7.3.9 班级规模的估算边际均值(因变量:指标 U)

(I)班级规模	(J)班级规模	平均值差值(I−J)	标准误差	显著性 b	差值的95%置信区间b	
					下限	上限
小规模	中规模	−.305*	.112	.011	−.534	−.076
	大规模	−.472*	.115	.000	−.707	−.236
中规模	小规模	.305*	.112	.011	.076	.534
	大规模	−.167	.110	.141	−.392	.059
大规模	小规模	.472*	.115	.000	.236	.707
	中规模	.167	.110	.141	−.059	.392

基于估算边际平均值

*.平均值差值的显著性水平为.05。

b.多重比较调节：最低显著差异法（相当于不进行调整）。

图 7.3.10 班级规模的两两成对比较结果(因变量:指标 U)

4. 本例结论

班级规模、策略类型对班级绩效有显著的作用，其中：中班级规模和大班级规模的效果好于小班级规模；管理策略3的效果最好，管理策略2的效果次之，管理策略3的效果最差；班级规模与策略类型之间没有交互效应，即没有发现哪个类型的管理策略更适用于（或最不适用于）哪种规模的班级。

需要注意的是，在进行双因素方差分析时，考虑交互效应的方差分析与分别对每个因素进行单因素方差分析是不同的。两个单因素方差分析实际上是假定两个单因素之间不存在交互效应，当两个单因素之间存在交互效应时可能会得出错误的结论。因此，在进行双因素方差分析时，应先考虑使用交互效应的方差分析模型，当交互效应不显著时，再考虑使用主效应方差分析模型，或使用两个因素各自的单因素方差分析模型。

7.4 协方差分析

7.4.1 基本概念与方法

协方差分析是指将那些很难控制的因素作为协变量，在排除协变量影响的情况下，分析自变量（实验设计）对因变量的影响，从而更加准确地对自变量的作用进行评价。

无论是单因素方差分析还是多因素方差分析，都有一些人为控制的变量，如例7.2中的来源地和教学方案。在实际问题中，一些随机变量是很难控制的，但它们又会对结果产生显著的影响。如果忽略这些随机变量的影响，则有可能得出不正确的结论。

例如，研究三种教学方法的教学效果的好坏。教学效果是通过学生的考试成绩来反映的，而学生的考试成绩又受其知识基础的影响，在考察教学效果时必须排除这种影响。再如，在考察受教育程度对个人工资是否有显著的影响时必须考虑工作年限因素。一般情况下，工作年限越长，工资就越高。在研究此问题时只有排除工作年限因素的影响，才能得出正确的结论。

为了更加准确地研究自变量的不同水平对结果的影响，要尽量排除随机变量对结果的影响。利用协方差分析就可以实现这样的功能。协方差将那些很难控制的随机变量作为协变量，在分析中予以排除，然后再分析自变量对因变量的影响，从而实现对自变量效果的准确评价。

协方差分析要求协变量是定量变量，各个协变量之间互相独立，且它们与自变量也没有交互效应。前面介绍的单因素方差分析和多因素方差分析涉及的自变量都是定性变量。而协方差分析涉及的自变量则既包含定性变量(自变量),又包含定量变量(协变量)。

协方差的计算方法如下:

以单因素协方差分析为例,总变异包含自变量的变异、协变量的变异和随机变量的变异,用公式表示为

$$SS_{总}=SS_{自变量}+SS_{协变量}+SS_{随机变量}$$

协方差分析仍然采用 F 检验,其原假设为:因变量在自变量的不同水平下的均值没有显著性差异。F 统计量的计算公式为

$$F_{自变量}=\frac{SS_{自变量}}{SS_{随机变量}}$$

$$F_{协变量}=\frac{SS_{协变量}}{SS_{随机变量}}$$

以上各 F 统计量服从 F 分布。SPSS 将自动计算 F 统计量,并根据 F 分布表给出相应的 p 值。

如果 $F_{自变量}$的 p 值小于显著性水平 α,则自变量的不同水平对因变量产生了显著的影响;如果 $F_{协变量}$的 p 值小于显著性水平 α,则协变量的不同水平对因变量产生了显著的影响。

7.4.2 案例:教学方法对数学成绩有影响吗?

例 7.4 研究一个班的三组学生(分别接受了三种不同的教学方法)的数学成绩是否有显著性差异。另外,还知道这些学生的其他课程的入学成绩,相关数据如表 7.4.1 所示。

表 7.4.1 三组学生的数学成绩

姓名	数学成绩	入学历史成绩	入学数学成绩	入学物理成绩	组别
刘静	99	98	93.00	94.00	1
杨洋	88	89	86.00	82.00	1
何莉	99	80	94.00	90.00	1
陈华	89	78	82.00	84.00	1
贾月	94	78	90.00	88.00	1
任涛	90	89	83.00	78.00	1
孙强	79	87	70.00	78.00	2
李昆	56	76	68.00	65.00	2
孙昊	89	56	90.00	86.00	2
郭剑	99	76	94.00	96.00	2

续表

姓名	数学成绩	入学历史成绩	入学数学成绩	入学物理成绩	组别
卢伟	70	89	65.00	68.00	2
盛佳	89	89	87.00	85.00	2
许可	55	99	53.00	65.00	3
杨杰	50	89	54.00	45.00	3
曹冰	67	88	70.00	70.00	3
姜东	67	98	65.00	73.00	3
陈瑞	56	78	54.00	63.00	3
严楠	56	89	62.00	78.00	3

根据表 7.4.1 中的数据,建立数据文件“数学成绩 .sav”,其中有 6 个变量:“姓名”“数学成绩”“入学历史成绩”“入学物理成绩”“入学数学成绩”和“组别”,分别表示学生的姓名、当前数学成绩、入学历史成绩、入学物理成绩、入学数学成绩和所属的组别(表示所接受的教学方法),如图 7.4.1 所示。

	姓名	数学成绩	入学历史成绩	入学物理成绩	入学数学成绩	组别
1	刘静	99.00	98.00	94.00	93.00	1
2	杨洋	88.00	89.00	82.00	86.00	1
3	何莉	99.00	80.00	90.00	94.00	1
4	陈华	89.00	78.00	84.00	82.00	1
5	贾月	94.00	78.00	88.00	90.00	1
6	任涛	90.00	89.00	78.00	83.00	1
7	孙强	79.00	87.00	78.00	70.00	2
8	李昆	56.00	76.00	65.00	68.00	2
9	孙昊	89.00	56.00	86.00	90.00	2
10	郭剑	99.00	76.00	96.00	94.00	2
11	卢伟	70.00	89.00	68.00	65.00	2
12	盛佳	89.00	89.00	85.00	87.00	2
13	许可	55.00	99.00	65.00	53.00	3
14	杨杰	50.00	89.00	45.00	54.00	3
15	曹冰	67.00	88.00	70.00	70.00	3
16	姜东	67.00	98.00	73.00	65.00	3
17	陈瑞	56.00	78.00	63.00	54.00	3
18	严楠	56.00	89.00	78.00	62.00	3

图 7.4.1 数据文件“数学成绩 .sav”

对于例 7.4,提出以下假设:

原假设 H_0: 三组学生的数学成绩无显著性差异。

备择假设 H_1: 三组学生的数学成绩有显著性差异。

7.4.3 统计分析过程

第 1 步 打开数据文件“数学成绩 .sav”。

第 2 步 选择协方差分析模块。

在 SPSS 的数据窗口中,选择菜单“分析”→“一般线性模型”→“单变量”命令,弹出“单变量”对话框,如图 7.4.2 所示。

在“单变量”对话框中,将左侧变量列表中的变量“数学成绩”选入“因变量”框,表示该变量是因变量。将变量“组别”选入“固定因子”框,表示其为自变量(表示以教学方法为自变量)。将变量“入学历史成绩”选入“协变量”框,表示将其设为协变量。

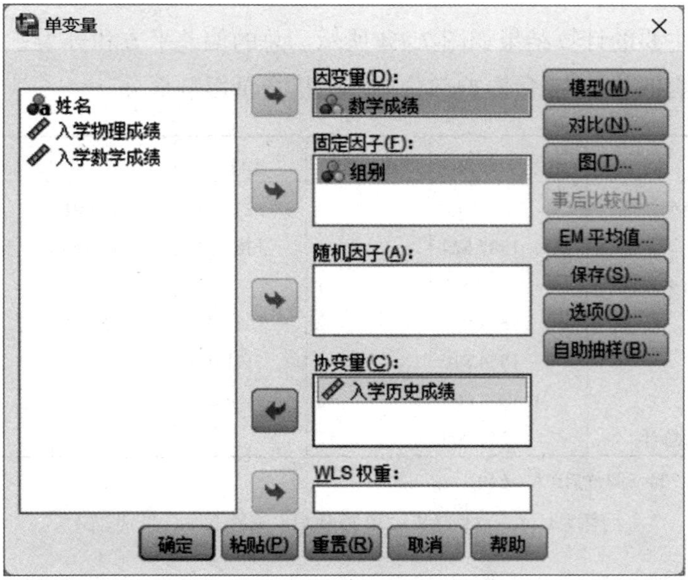

图 7.4.2 “单变量”对话框

第 3 步 在“单变量”对话框中,按照默认方式设置“模型”选项,其他选项,如“对比”选项、“图”选项、“EM 平均值”选项、“选项”选项等的设置基本上同 7.2.3 小节。

第 4 步 单击“单变量”对话框中的“确定”按钮,输出结果。

7.4.4 结果与讨论

1. 初步结果分析

(1) 基本统计结果

图 7.4.3 显示了三组学生数学成绩的均值("平均值"列)、标准差("标准偏差"列)及个案数("个案数"列)。

组别	平均值	标准偏差	个案数
1	93.1667	4.95648	6
2	80.3333	15.48763	6
3	58.5000	6.94982	6
总计	77.3333	17.57338	18

图 7.4.3 描述性统计结果(因变量:数学成绩)

(2) 协方差分析主要的计算结果

协方差分析主要的计算结果如图 7.4.4 所示。总的偏差平方和分为三个部分:自变量对因变量的独立影响部分、协变量影响部分以及随机变量影响部分。

源	Ⅲ类平方和	自由度	均方	F	显著性
修正模型	3695.190[a]	3	1231.730	11.091	.001
截距	1387.824	1	1387.824	12.496	.003
入学历史成绩	8.857	1	8.857	.080	.782
组别	3364.083	2	1682.041	15.146	.000
误差	1554.810	14	111.058		
总计	112898.000	18			
修正后总计	5250.000	17			

a.R方=.704(调整后R方=.640)。

图 7.4.4 主体间效应检验结果(因变量:数学成绩)

① 自变量对因变量的独立影响部分:教学方法(对应于变量"组别")影响的偏差平方和为 3 364.083("Ⅲ类平方和"列),均方为 1 682.041("均方"列),对应的 F 统计量的值("F"列)、p 值("显著性"列)分别为 15.146 和 0。p 值小于显著性水平 0.05,说明不同教学方法对数学成绩产生了显著的影响。

② 协变量影响部分:协变量"入学历史成绩"影响的偏差平方和为 8.857,均方为 8.857,对应的 F 统计量的值、p 值分别为 0.080 和 0.782。p 值大于显著性水平 0.05,说明协

变量“入学历史成绩”没有对数学成绩产生显著的影响。

③ 随机变量影响部分:随机变量(“误差”行)影响的偏差平方和为 1 554.810,均方为 111.058。

因为协变量“入学历史成绩”对数学成绩没有产生显著的影响,不同的教学方法(自变量)对数学成绩产生了显著的影响,因此得出结论:教学方法对于提高数学成绩是有效的。

协变量“入学历史成绩”虽然没有对数学成绩产生显著的影响,但还是有一定的影响,可以继续查看“EM 平均值”选项的结果,如图 7.4.5 所示。与图 7.4.3 中的相关数据进行对照可以看出,已对相关数据做了修正(受协变量的影响)。

组别	平均值	标准误差	95%置信区间	
			下限	上限
1	93.210 [a]	4.305	83.977	102.444
2	79.865 [a]	4.610	69.977	89.754
3	58.924 [a]	4.557	49.150	68.698

a.按下列值对模型中出现的协变量进行求值:入学历史成绩=84.7778。

图 7.4.5 组别修正值(因变量:数学成绩)

(3)均值修正图

均值修正图如图 7.4.6 所示。

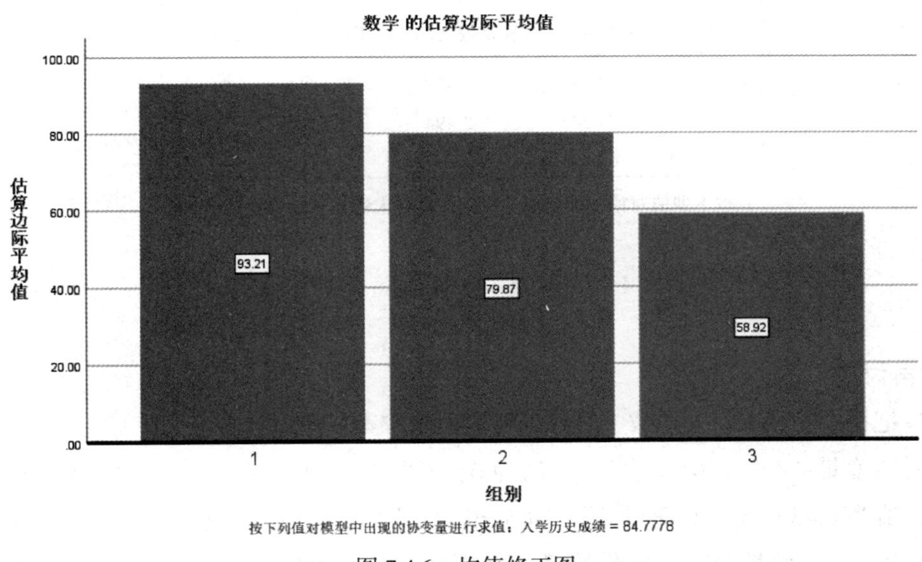

图 7.4.6 均值修正图

2. 进一步讨论

如果把协变量换成“入学物理成绩”,则有如图 7.4.7 所示的结果。这时协变量“入学物理成绩”的 p 值为 0,说明它对结果产生了显著的影响。但是教学方法的 p 值为 0.007,说明不同教学方法对数学成绩产生了显著的影响。也就是说,虽然协变量“入学物理成绩”对数学成绩有显著的影响,但教学方法仍然有效,只是效果没有那么大,可以继续查看“EM 平均值”选项的结果,如图 7.4.8 所示。与图 7.4.5 和图 7.4.3 中的相关数据进行对照,可以看出组间均值差异没有那么大。

源	Ⅲ类平方和	自由度	均方	F	显著性
修正模型	4740.871[a]	3	1580.290	43.455	.000
截距	42.730	1	42.730	1.175	.297
入学物理成绩	1054.537	1	1054.537	28.998	.000
组别	517.880	2	258.940	7.120	.007
误差	509.129	14	36.366		
总计	112898.000	18			
修正后总计	5250.000	17			

a.R方=.903(调整后R方=.882)。

图 7.4.7　主体间效应检验(因变量:数学成绩)

组别	平均值	标准误差	95%置信区间	
			下限	上限
1	85.755[a]	2.821	79.705	91.804
2	78.202[a]	2.494	72.854	83.550
3	68.043[a]	3.033	61.537	74.549

a. 按下列值对模型中出现的协变量进行求值:入学物理成绩=77.1111。

图 7.4.8　组别修正值(因变量:数学成绩)

3. 再讨论

如果把协变量换成“入学数学成绩”,则有如图 7.4.9 所示的结果。

这时协变量“入学数学成绩”的 p 值为 0,说明它对结果产生了显著的影响。此时教学方法的 p 值为 0.435,大于显著性水平 0.05,说明不同教学方法对数学成绩没有产生显著的影响,也就是说三种教学方法的作用没有差别。三组学生的数学成绩差异,主要是由各组学生自身的数学基础不同造成的。此时，可以继续查看“EM 平均值”选项的结果，在“入学数学成绩”的影响下，对三组学生的数学成绩进行修正，如图 7.4.10 所示。与图 7.4.5 和图 7.4.3 进行对比，可以看出图 7.4.10 中各组间数学成绩的差异已经很小了。

源	Ⅲ类平方和	自由度	均方	F	显著性
修正模型	4897.115[a]	3	1632.372	64.761	.000
截距	.220	1	.220	.009	.927
入学数学成绩	1210.781	1	1210.781	48.035	.000
组别	44.565	2	22.283	.884	.435
误差	352.885	14	25.206		
总计	112898.000	18			
修正后总计	5250.000	17			

a.R方=.933(调整后R方=.918)

图 7.4.9 主体间效应检验（因变量：数学成绩）

组别	平均值	标准误差	95%置信区间	
			下限	上限
1	80.600[a]	2.737	74.731	86.469
2	76.855[a]	2.110	72.329	81.381
3	74.545[a]	3.092	67.913	81.177

a. 按下列值对模型中出现的协变量进行求值：入学数学成绩=75.5556。

图 7.4.10 组别修正值（因变量：数学成绩）

4. 本例结论

上述数据表明：在没有考虑其他因素的条件下，三种教学方法的效果有显著性差异；考虑协变量“入学历史成绩”后，这种差异基本上不变；考虑协变量“入学物理成绩”后，这种差异仍然显著，但差距没有原来那么大；考虑协变量“入学数学成绩”后，这种差异就不显著了，基本上没有了，也就是说三种教学方法的效果没有差别。这表明，三组学生的数学成绩的差异不是由教学方法造成的，而是由分组造成的，把数学基础好、中、差的学生各分为一组，导致了教学效果的差异。

因此，研究自变量的不同水平对结果的影响，应该尽量排除其他因素的影响。其关键是确定“其他因素”，也就是选择协变量。

主要概念与术语

方差分析、F 检验、ANOV；随机变量、自变量、因变量；单因素方差分析；总变异、组内变异、组间变异；F 统计量；方差齐性检验；事后多重比较；LSD 法；塔姆黑尼 T2 法；双因素方差分析、无重复实验的双因素方差分析、有重复实验的双因素方差分析；主效应、交互效应；协方差分析、协变量。

思考与练习

1. 什么是方差分析？它能解决哪类问题？
2. 单因素方差分析中有哪些基本假定？
3. 说明总变异分解的基本原理。
4. 解释主效应和交互效应。
5. 对两个因素（因子）分别进行单因素方差分析与双因素（因子）分析有何区别？
6. 什么是协方差分析？进行协方差分析需要满足什么条件？它能解决哪类问题？
7. 将本章中的案例重新操作一遍。
8. 利用数据文件“文科硕士研究生培养情况 .sav”，设置因变量为“写论文期间每天的学习时间”，分别对自变量“性别”和“对目前专业的态度”进行双因素方差分析。此外，再考虑协变量“读硕士期间兼职时间”，进行协变量分析。
9. 尝试采用两种或两种以上的方法进行教学改革，确定效果评价变量，试用本章所介绍的方法对教学改革的效果进行比较分析。

第 8 章 非参数检验

本章学习目标：

❶ 了解参数检验与非参数检验的区别。

❷ 了解二项分布检验、单样本 K-S 检验的基本原理，以及适用问题的类型，熟练掌握其在 SPSS 中的数据组织方式、实现过程，并能够解释输出结果。

❸ 了解两独立样本和多独立样本非参数检验的基本原理，以及适用问题的类型，熟练掌握其在 SPSS 中的数据组织方式、实现过程，并能够解释输出结果。

❹ 了解两配对样本和多配对样本非参数检验的基本原理，以及适用问题的类型，熟练掌握其在 SPSS 中的数据组织方式、实现过程，并能够解释输出结果。

前面介绍的大多数统计方法对总体都有特殊的要求，如 t 检验要求总体服从正态分布，F 检验要求两个样本所在的总体均服从正态分布且方差齐性，等等。这些方法常用来估计或检验总体参数，统称为参数检验。

但许多通过教育调查或实验得到的数据，其分布不服从正态分布，或者总体分布是未知的或无法确定的。这样在对总体分布做出假定的情况下进行推断有可能产生错误的结论。因此，人们希望在做检验时，不对总体的分布形态进行限制。非参数检验就是指在总体方差未知或知道甚少的情况下，利用样本数据对总体分布形态等进行推断的方法。由于非参数检验方法在推断过程中不涉及有关总体分布的参数，因而得名“非参数”检验。

非参数检验（nonparametric test）是统计方法的一个重要组成部分，它与参数检验共同构成了统计推断的基本内容。根据样本数量以及样本之间的关系，可以将非参数检验分为单样本非参数检验、两独立样本非参数检验、多独立样本非参数检验、两配对样本非参数检验、多配对样本非参数检验等。

非参数检验所要解决的问题是：

① 两个（或两个以上）总体的分布未知，它们是否相同（用两个或两个以上的样本来检验）。

②（由一个样本）猜出总体的分布（假设），然后用（另一个）样本来检验它是否正确。

需要注意的是,两个总体分布是否相同,一般涉及参数(均值、方差等)是否相同的问题。两个总体如果分布函数形式相同而参数不同,则也被判定为不同。

本章介绍二项分布(binomial)检验、单样本K-S(Kolmogorov-Smirnov)检验、两独立样本非参数检验、多独立样本非参数检验、两配对样本非参数检验、多配对样本非参数检验六类常用的非参数检验方法,其中前两类方法属于单样本非参数检验方法。

8.1 二项分布检验

8.1.1 基本概念与方法

在教育统计中,有很多变量是二分类变量,其取值只有两个,如录取与落榜、农村学生与城镇学生、男生与女生、自费与公助等。从这种二分类总体中抽取的所有可能的结果,要么是对立分类中的这一类,要么是另一类,其结果频数(如一届学生中的高考录取人数)的分布称为二项分布。

二项分布检验就是根据收集到的样本数据,推断总体分布是否服从某个指定的二项分布。一般地,原假设为:样本所在的总体与指定的二项分布无显著性差异。

SPSS将自动计算检验统计量,并给出相应的p值。如果p值小于显著性水平α,则拒绝原假设;如果p值大于或等于显著性水平α,则接受原假设。

8.1.2 案例:农村学生所占的比例是多少?

例8.1 通过调查了解城镇学生和农村学生接受高等教育的情况。在某地区随机抽取21名大学生,其中农村学生(C=1)有12名,城镇学生(C=0)有9名。问:在这个地区,城镇学生和农村学生的比例(总体概率为0.5)是否相同?

学生来源分布数据如表8.1.1所示。

根据表8.1.1中的数据,建立数据文件“生源分布.sav”,其中有2个变量:“学生代码”和“来源”,分别表示学生的代码和学生的来源,其中变量“学生代码”的取值为1至21,变量“来源”的取值为“农村”和“城镇”,如图8.1.1所示。

对于例8.1,提出以下假设:

原假设H_0:城镇学生和农村学生所占的比例相同,均为0.5。

备择假设H_1:城镇学生和农村学生所占的比例不相同。

表 8.1.1 学生来源分布数据

学生代码	来源（C）	学生代码	来源（C）	学生代码	来源（C）
1	1	8	1	15	0
2	0	9	1	16	0
3	1	10	1	17	0
4	1	11	1	18	0
5	0	12	1	19	0
6	1	13	1	20	0
7	1	14	1	21	0

图 8.1.1 数据文件“生源分布 .sav”

8.1.3 统计分析过程

第 1 步 打开数据文件“生源分布 .sav”。

第 2 步 选择二项分布检验功能模块。

在 SPSS 的数据窗口中，选择菜单“分析”→“非参数检验”（Nonparametric Tests）→“旧对话框”（Legacy Dialogs）→“二项”（Binomial）命令，弹出“二项检验”（Binomial Test）对话框，如图 8.1.2 所示。

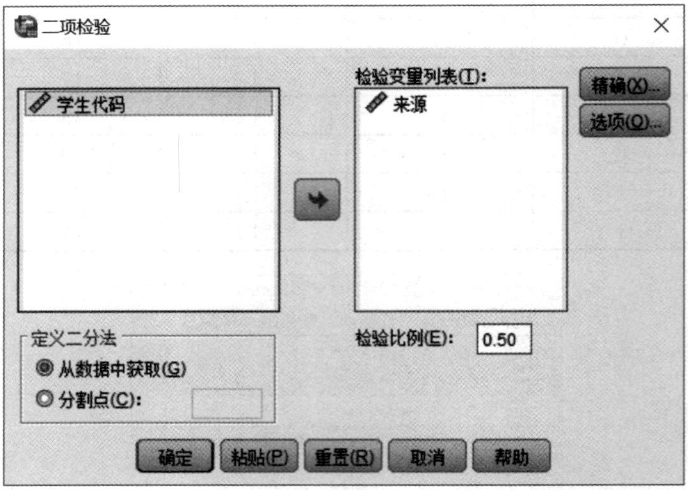

图 8.1.2　“二项检验”对话框

第 3 步　设置变量及相关选项。

（1）设置变量

在“二项检验”对话框中，将左侧变量列表框中的二分类变量“来源”选入“检验变量列表”（Test Variable List）框。

“检验比例”（Test Proportion）框：用于输入二分类变量“来源”的检验比例。在其中输入“0.50”，也就是城镇学生、农村学生各占一半。

“定义二分法”（Define Dichotomy）区域用来确定待检验样本的取值范围，其中：

“从数据中获取”（Get from data）项：表示所有观测值都参与检验，而且这些观测值本身就是二分类数据。在本例中选择“从数据中获取”项，因为输入的数据本身就是二分类数据。

“分割点”（Cut point）项：如果观测值不是二分类数据，则可以选择该项，并在这里输入一个分割值，小于或等于该值的观测值为一组，大于该值的观测值为另一组。

SPSS 将检验第一个观测值所在的组的占比，看其是否与输入的检验比例有显著性差异。在具体操作时，需要根据第一个观测值来输入相应的检验比例。在本例中，输入的检验比例为 0.50。

（2）设置“选项”选项

在“二项检验”对话框中单击“选项”按钮，弹出“二项检验：选项”对话框，如图 8.1.3 所示。

“统计”区域用于设置输出的分析结果，其中：

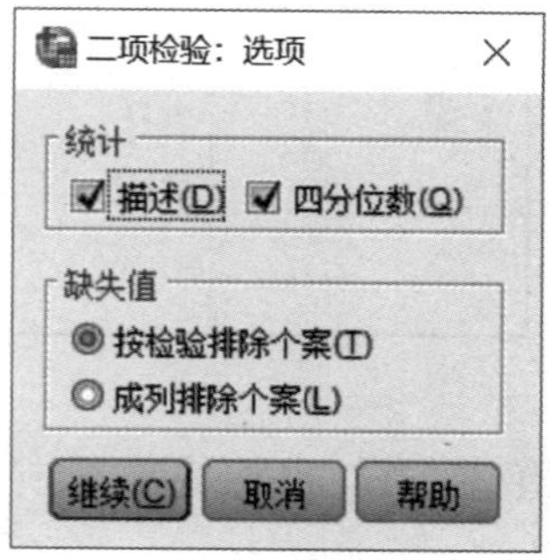

图 8.1.3 “二项检验：选项”对话框

① “描述”(Descriptive)复选框：表示输出待检验变量的描述性统计量。在本例中，选中此复选框。

② “四分位数”(Quartiles)复选框：表示输出待检验变量的四分位数。在本例中，选中此复选框。

“缺失值”区域用于说明缺失值如何处理，其中：

① “按检验排除个案”(Exclude cases test-by-test)项：表示若分析过程涉及含缺失值的变量，则去掉在该变量上是缺失值的个案。系统默认选择此项。

② “成列排除个案”项：表示在去除了所有含缺失值的个案之后再进行分析。

在“二项检验：选项”对话框中单击“继续”按钮，返回“二项检验”对话框。

第 4 步 单击“二项检验”对话框中的“确定”按钮，输出结果。

8.1.4 结果与讨论

1. 基本统计结果

图 8.1.4 显示了二分类变量“来源”的描述性统计结果，如个案数、均值(“平均值”列)、标准差(“标准偏差”列)、最小值(“最小值”列)、最大值(“最大值”列)，以及百分位数(“百分位数”列)。

						百分位数		
	个案数	平均值	标准偏差	最小值	最大值	第25个	第50个(中位数)	第75个
来源	21	.57	.507	0	1	.00	1.00	1.00

图 8.1.4 描述性统计结果

从图 8.1.4 中可以看出：共有 21 名学生，21 名学生所在的组的占比平均为 0.57，标准差为 0.507；最小值为 0，最大值为 1；第 25 百分位数(四分位数)为 0，第 50 百分位数(中位数)为 1；第 75 百分位数为 1。

2. 检验结果

二项分布的检验结果如图 8.1.5 所示。

从图 8.1.5 中可以看出，本例总共有 21 个观测数据(即“个案数”列)，其中农村学生有 12 名，城镇学生有 9 名，所占的比例(即“实测比例”列)分别为 0.57 和 0.43。最后一列“精确显著性(双尾)”给出了 p 值，可以看到 p 值为 0.664，大于显著性水平 0.05，因此不能

		类别	个案数	实测比例	检验比例	精确显著性(双尾)
来源	组1	农村	12	.57	.50	.664
	组2	城镇	9	.43		
	总计		21	1.00		

图 8.1.5 二项分布的检验结果

拒绝原假设,也就是说,农村学生所占的比例为 0.5。

3. 本例结论

农村学生所占的比例为 0.5,农村学生和城镇学生接受高等教育的机会均等。

8.2 单样本 K-S 检验

8.2.1 基本概念与方法

单样本 K-S 检验是由数学家科尔莫戈罗夫(Kolmogorov,在 SPSS 中显示为“柯尔莫戈洛夫”)和斯米尔诺夫(Smirnov,在 SPSS 中显示为“斯米诺夫”)提出来的,它是一种拟合优度的非参数检验方法,这种方法主要利用样本数据推断总体是否服从某一理论分布,适于探索随机变量的总体分布形态。

单样本 K-S 检验将样本数据的实际频数分布与正态(normal)分布、均匀(uniform)分布、泊松(Poisson)分布、指数(exponential)分布进行比较,以确定其是否服从某一分布。单样本 K-S 检验适于分析连续数据,其检验功效比较强。一般地,提出原假设:样本来自某一分布的总体,或与某一分布无显著性差异。SPSS 将自动计算检验统计量(Z 统计量),并给出相应的 p 值。如果 p 值小于显著性水平 α,则拒绝原假设;如果 p 值大于或等于显著性水平 α,则接受原假设。

8.2.2 案例:高校学生的月生活费支出是否服从正态分布?

例 8.2 某高校随机抽查了 144 名学生某月的生活费支出情况,相关数据如表 8.2.1 所示,问:该高校学生的月生活费支出是否服从正态分布?

根据表 8.2.1 中的数据,建立数据文件“高校学生支出分布.sav”,其中有 2 个变量:“支出区间”和“频数”,分别表示学生的生活费支出区间(单位:元)和相应的学生人数,如图 8.2.1 所示。

对于例 8.2,提出以下假设:

表 8.2.1 某高校学生的月生活费支出数据

支出区间 / 元	人数
0~340	2
341~380	4
381~390	7
391~400	16
401~410	20
411~420	25
421~430	24
431~440	22
441~460	16
461~480	2
481~490	6
491~530	1

图 8.2.1 数据文件“高校学生支出分布 .sav”

原假设 H_0: 某高校学生的月生活费支出服从正态分布。

备择假设 H_1: 某高校学生的月生活费支出不服从正态分布。

8.2.3 统计分析过程

第 1 步 打开数据文件“高校学生支出分布 .sav”。

第 2 步 选择单样本 K–S 检验功能模块。

在 SPSS 的数据窗口中,选择菜单“分析”→“非参数检验”→“旧对话框”→“单样本 K–S”(1–Sample K–S)命令,弹出“单样本柯尔莫戈洛夫 – 斯米诺夫检验”对话框,如图 8.2.2 所示。

第 3 步 设置变量及相关选项。

(1)设置变量

在“单样本柯尔莫戈洛夫 – 斯米诺夫检验”对话框中,将左侧变量列表框中的变量“频数”选入“检验变量列表”框。

在“单样本柯尔莫戈洛夫 – 斯米诺夫检验”对话框的“检验分布”(Test Distribution)区域选择所需的理论分布,其中:

①“正态”复选框:表示与正态分布进行比较。

②“均匀”复选框:表示与均匀分布进行比较。

③“泊松”复选框:表示与泊松分布进行比较。

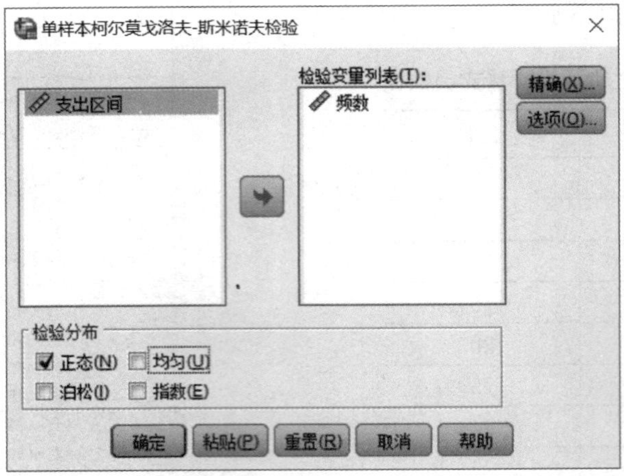

图 8.2.2　“单样本柯尔莫戈洛夫 – 斯米诺夫检验” 对话框

④ “指数” 复选框：表示与指数分布进行比较。

在本例中选中 “正态” 复选框，表示与正态分布进行比较。

（2）设置 “选项” 选项

在 “单样本柯尔莫戈洛夫 – 斯米诺夫检验” 对话框中，单击 “选项” 按钮，弹出 “单样本 K–S：选项” 对话框，该对话框的设置如图 8.2.3 所示。单击 “继续” 按钮，返回 “单样本柯尔莫戈洛夫 – 斯米诺夫检验” 对话框。

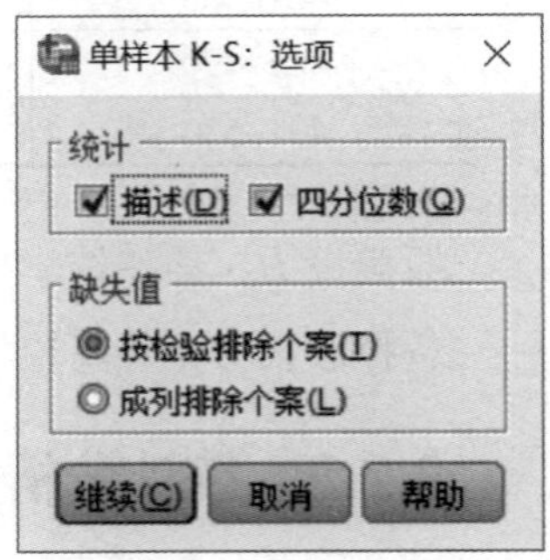

图 8.2.3　“单样本 K–S：选项” 对话框

第 4 步　在 “单样本柯尔莫戈洛夫 – 斯米诺夫检验” 对话框中，单击 “确定” 按钮，输出结果。

8.2.4　结果与讨论

1. 基本统计结果

图 8.2.4 显示了变量 “频数” 的描述性统计结果，如个案数、均值（“平均值” 列）、标准差（“标准偏差” 列）、最小值、最大值，以及百分位数。

	个案数	平均值	标准偏差	最小值	最大值	百分位数		
						第25个	第50个（中位数）	第75个
频数	12	12.08	9.317	1	25	2.50	11.50	21.50

图 8.2.4　描述性统计结果

从图 8.2.4 中可以看出：12 个支出区间的平均学生数为 12.08，标准差为 9.317；最小值为 1，最大值为 25；第 25 百分位数为 2.50，中位数为 11.50，第 75 百分位数为 21.50。

2. 检验结果

单样本 K-S 检验结果如图 8.2.5 所示。

从图 8.2.5 中可以看出，单样本 K-S 检验的 Z 统计量为 0.207，对应的 p 值为 0.163，大于显著性水平 0.05，因此不能拒绝原假设，可以认为 144 名学生的月生活费支出服从正态分布。

也可根据本例中的数据绘制条形图，参照第 5 章的方法绘制学生月生活费支出频数条形图，如图 8.2.6 所示，可以看出学生的月生活费支出服从近似正态分布。

		频数
个案数		12
正态参数[a,b]	平均值	12.08
	标准偏差	9.317
最极端差值	绝对	.207
	正	.207
	负	−.163
检验统计		.207
渐近显著性(双尾)		.163[c]

a. 检验分布为正态分布。

b. 根据数据计算。

c. 里利氏显著性修正。

图 8.2.5 单样本 K-S 检验结果

3. 本例结论

该高校学生的月生活费支出服从近似正态分布。

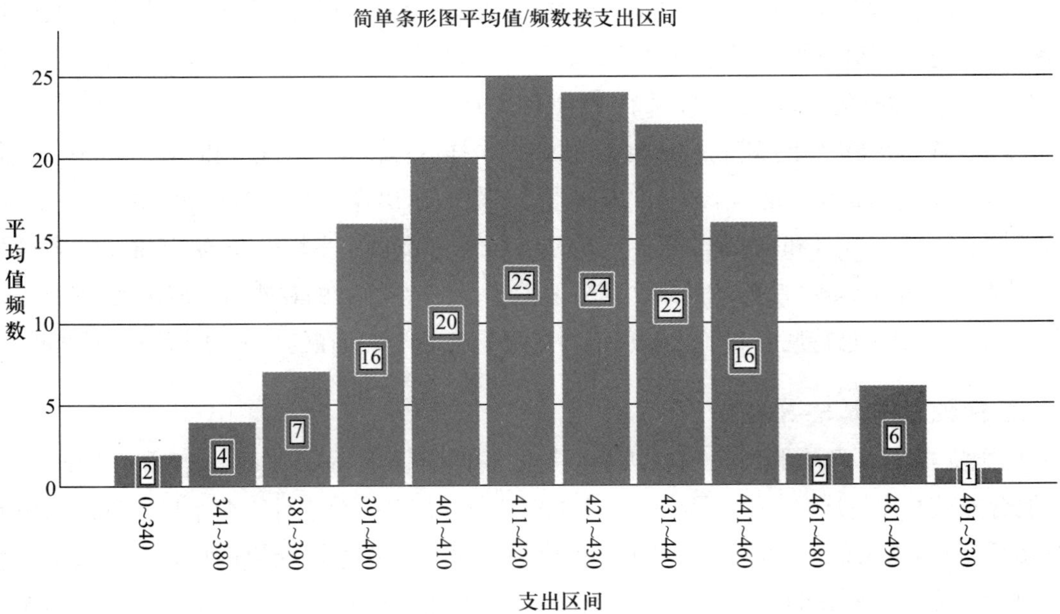

图 8.2.6 学生月生活费支出频数条形图

8.3 两独立样本非参数检验

8.3.1 基本概念与方法

两独立样本非参数检验，是指在不了解总体分布的情况下，通过对两个独立的样本进行分析，推断样本所在的两个总体的分布是否存在显著性差异。这种检验方法一般通过对两个独立样本的均值、中位数、离散程度、偏度等进行差异显著性检验来实现。

一般地，提出原假设：两个独立样本所在的总体的均值或中位数无显著性差异。SPSS 将自动计算检验统计量，并给出对应的 p 值。如果 p 值小于显著性水平 α，则拒绝原假设；如果 p 值大于或等于显著性水平 α，则接受原假设。

要判断两个样本是否独立，主要是看从一个总体中抽取的样本，对从另一个总体中抽取的样本有无影响。如果没有影响，则可以认为两个样本是独立的。

SPSS 提供了多种两独立样本非参数检验方法，下面主要介绍其中的两种检验方法。

1. 曼 – 惠特尼 *U* 检验

曼 – 惠特尼（Mann–Whitney）U 检验主要通过对平均秩进行测算来实现推断。秩就是名次，如果把一组数据按照升序排序，则每一个具体的数据都会有一个位置或名次，该位置或名次就是该数据的秩，数据有多少个，秩便有多少个。

曼 – 惠特尼 U 检验的实现方法是：首先，将两个样本 $\{x_1, x_2, \cdots, x_m\}$ 和 $\{y_1, y_2, \cdots, y_n\}$ 混合并按升序排序（m 和 n 是两个样本的样本量）；其次，求出样本的每个观测值的秩 R_i；最后，分别对 $\{x_1, x_2, \cdots, x_m\}$ 和 $\{y_1, y_2, \cdots, y_n\}$ 的秩求均值，得到两个平均秩 W_x/m 和 W_y/n。若这两个平均秩相差很大，如一个样本的观测值普遍偏小，另一个样本的观测值普遍偏大，则原假设不一定成立。曼 – 惠特尼 U 检验主要用于判别两个独立样本所在的总体的均值是否相同。

2. 两独立样本 K–S 检验

两独立样本 K–S 检验的实现方法是：首先，将两个样本 $\{x_1, x_2, \cdots, x_m\}$ 和 $\{y_1, y_2, \cdots, y_n\}$ 混合并按升序排序（m 和 n 是两个样本的样本量）；其次，分别计算两个样本秩的累积频数；最后，将两个累积频数相减，得到差值的序列数据。如果这个差值序列数据很大，则原假设（两个独立样本所在的总体的均值或中位数无显著性差异）不一定成立。两独立样本 K–S 检验适用于大样本（一般指样本量大于或等于 30 的样本）的情况，主要用于推测两个样本是否来自具有相同分布的总体。

8.3.2 案例：两所学校的学生每月各类支出是否相同？

例 8.3 研究两所学校的学生每月各类支出是否有显著性差异。从每所学校中各随机抽取 7 名学生，调查得到的学生每月各类支出数据如表 8.3.1 所示。

表 8.3.1 两所学校的学生每月各类支出数据

学校编号	月支出 / 元	学校编号	月支出 / 元
1	675	2	649
1	682	2	680
1	691	2	630
1	670	2	650
1	650	2	646
1	693	2	651
1	650	2	620

根据表 8.3.1 中的数据，建立数据文件“两所学校学生支出差异 .sav”，其中有 2 个变量：“月支出”和“学校编号”，分别表示学生每月各类支出（单位：元）和学校编号，其中变量“月支出”的取值有 14 个；变量“学校编号”的取值有 2 个，即 1 和 2，分别代表学校 1 和学校 2，如图 8.3.1 所示。

	月支出	学校编号	变量
1	675.00	1	
2	682.00	1	
3	691.00	1	
4	670.00	1	
5	650.00	1	
6	693.00	1	
7	650.00	1	
8	649.00	2	
9	680.00	2	
10	630.00	2	
11	650.00	2	
12	646.00	2	
13	651.00	2	
14	620.00	2	

图 8.3.1 数据文件“两所学校学生支出差异 .sav”

对于例 8.3，提出以下假设：

原假设 H_0：两所学校的学生每月各类支出无显著性差异。

备择假设 H_1：两所学校的学生每月各类支出有显著性差异。

8.3.3　统计分析过程

第 1 步　打开数据文件“两所学校学生支出差异 .sav”。

第 2 步　选择两独立样本非参数检验功能模块。

在 SPSS 的数据窗口中，选择菜单“分析”→“非参数检验”→“旧对话框”→“2 个独立样本”（2 Independent Samples）命令，弹出“双独立样本检验”对话框，如图 8.3.2 所示。

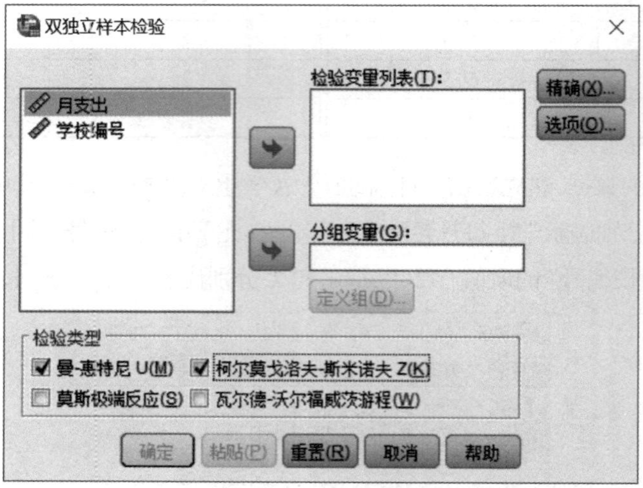

图 8.3.2　“双独立样本检验”对话框

第 3 步　设置变量及相关选项。

（1）设置变量

在“双独立样本检验”对话框中，将左侧变量列表框中的变量“月支出”选入“检验变量列表”框；将变量“学校编号”选入“分组变量”框，如图 8.3.3 所示。

单击“分组变量”框下面的“定义组”按钮，弹出“双独立样本：定义组”对话框，如图 8.3.4 所示。在“组 1”文本框中输入 1，在“组 2”文本框中输入 2，用来区分不同的学校，单击“继续”按钮，返回“双独立样本检验”对话框。

在“双独立样本检验”对话框的“检验类型”区域，选中“曼 – 惠特尼 U”和“柯尔莫戈洛夫 – 斯米诺夫”两个复选框，以便对两种检验方法的结果进行比较。

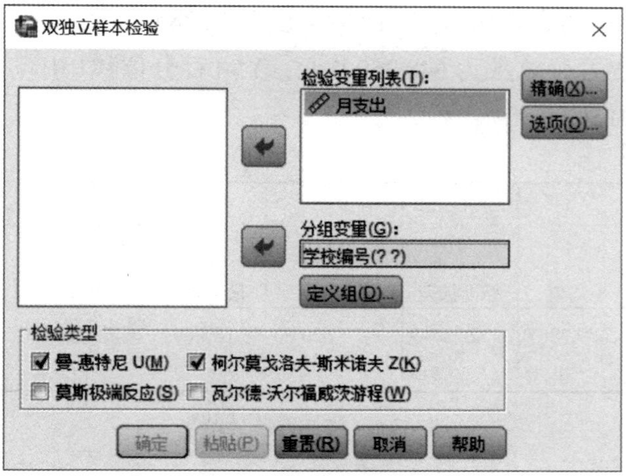

图 8.3.3 设置变量及相关选项

（2）设置“选项”选项

单击“双独立样本检验”对话框中的“选项”按钮，弹出“双独立样本：选项”对话框，如图 8.3.5 所示。

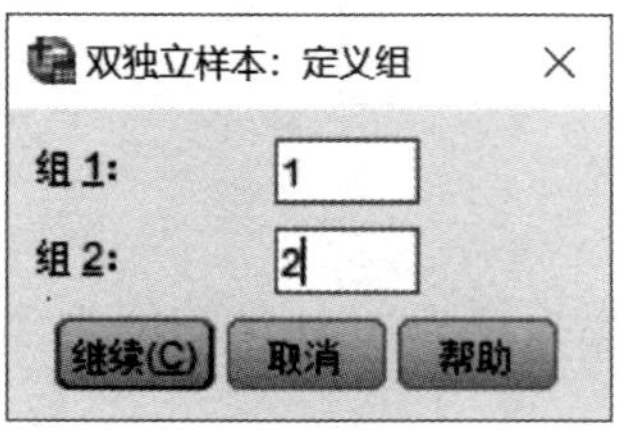

图 8.3.4 “双独立样本：定义组”选项

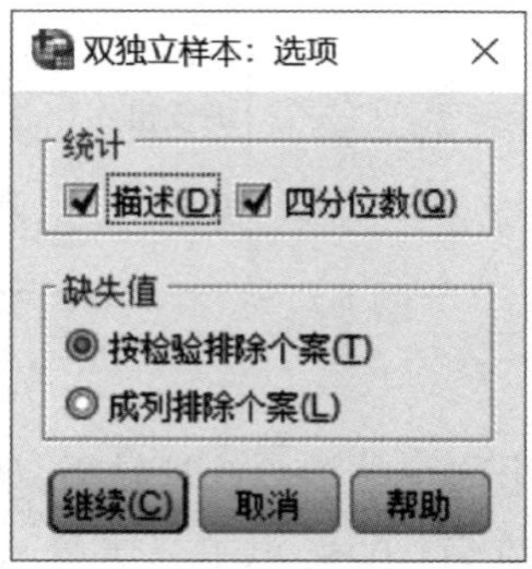

图 8.3.5 “双独立样本：选项”对话框

在本例中，在“统计”区域选中“描述”和“四分位数”复选框，在“缺失值”区域选择“按检验排除个案”项，单击“继续”按钮，返回“双独立样本检验”对话框。

第 4 步 单击“双独立样本检验”对话框中的“确定”按钮，输出结果。

8.3.4 结果与讨论

1. 基本统计结果

图 8.3.6 给出了所有学生每月各类支出的描述性统计结果。从图 8.3.6 中可以看出：14

名学生每月各类支出平均为 659.785 7 元,标准差为 22.285 49 元;最小值为 620.00 元,最大值为 693.00 元;第 25 百分位数为 648.250 0 元,第 50 百分位数(中位数)为 650.500 0 元;第 75 百分位数为 680.500 0 元。

	个案数	平均值	标准偏差	最小值	最大值	百分位数		
						第25个	第50个(中位数)	第75个
月支出	14	659.7857	22.28549	620.00	693.00	648.2500	650.5000	680.5000
学校编号	14	1.50	.519	1	2	1.00	1.50	2.00

图 8.3.6 描述性统计结果

2. 曼 – 惠特尼 *U* 检验结果

曼 – 惠特尼 *U* 检验结果包括以下两个部分:

第一个部分是秩表,如图 8.3.7 所示,学校 1 和学校 2 的平均秩("秩平均值"列)分别为 10.00 和 5.00,秩和("秩的总和"列)分别为 70.00 和 35.00。

	学校编号	个案数	秩平均值	秩的总和
月支出	1	7	10.00	70.00
	2	7	5.00	35.00
	总计	14		

图 8.3.7 秩表

第二个部分是检验统计结果,如图 8.3.8 所示,曼 – 惠特尼 *U* 统计量的值为 7.000,双侧检验的 p 值为 0.025,小于显著性水平 0.05,拒绝原假设,可以认为两所学校的学生每月各类支出有显著性差异。

检验统计[a]

	月支出
曼-惠特尼U	7.000
威尔科克森W	35.000
Z	−2.246
渐近显著性(双尾)	.025
精确显著性[2*(单尾显著性)]	.026[b]

a. 分组变量:学校编号。

b. 未针对绑定值进行修正。

图 8.3.8 检验统计结果(曼 – 惠特尼 *U* 检验)

3. 两独立样本 K–S 检验结果

两独立样本 K–S 检验结果也包括两个部分:

第一个部分是频数表,如图 8.3.9 所示,学校 1 和学校 2 的个案数都是 7。

第二个部分是检验统计结果,如图 8.3.10 所示,可以看到,计算得到的最大绝对值差为 0.571,

最大正差为 0，最大负差为 –0.571。得到的两独立样本 K–S 检验 Z 统计量的值为 1.069，双侧检验的 p 值为 0.203，大于显著性水平 0.05，接受原假设，可以认为两所学校的学生每月各类支出没有显著性差异。

学校编号		个案数
月支出	1	7
	2	7
	总计	14

图 8.3.9　频数表

检验统计[a]

		月支出
最极端差值	绝对	.571
	正	.000
	负	–.571
柯尔莫戈洛夫–斯米诺夫Z		1.069
渐近显著性(双尾)		.203

a. 分组变量：学校编号。

图 8.3.10　检验统计结果（两独立样本 K–S 检验结果）

需要注意的是，两独立样本 K–S 检验适用于大样本的情况，因此这里所得到的结果是否合适，还需要参考其他检验的结果。

根据上述两独立样本非参数检验的结果，曼 – 惠特尼 U 检验结果表明两所学校的学生每月各类支出有显著性差异；两独立样本 K–S 检验结果表明两所学校的学生每月各类支出没有显著性差异。

4. 本例结论

可以认为两所学校的学生每月各类支出有显著性差异，学校 1 的学生每月各类支出比学校 2 的多。

8.4 多独立样本非参数检验

8.4.1　基本概念与方法

多独立样本非参数检验，是指推断多个独立样本所在的总体的分布是否有显著性差异。SPSS 提供的多独立样本非参数检验方法，一般通过推断多个独立样本的均值或中位数是否有显著性差异来实现。如果从一个总体中抽取的样本对从其他总体中抽取的样本没有影响，则认为这些样本之间是独立的。一般地，提出原假设：多个独立样本所在的总体的均值或中位数无显著性差异。SPSS将自动计算检验统计量，并给出相应的p值。如果p值小于显著性水平α，则拒绝原假设；如果p值大于或等于显著性水平α，则接受原假设。

下面介绍SPSS提供的两种多独立样本非参数检验方法。

1. 多独立样本中位数检验

多独立样本中位数检验的原理是，如果多个独立样本的中位数没有显著性差异，那么多个独立样本有共同的中位数，这时这个中位数就处于每个样本的中间位置。在进行独立样本的中位数检验时，首先，将多个样本的观测值混合并按升序排序；其次，求混合观测值的中位数，并假设它是一个共同的中位数；最后，计算每个样本的大于和小于这个中位数的观测值数。如果每个样本的大于这个中位数的观测值数，与小于该中位数的观测值数大致相等，则认为多个独立样本所在的总体的中位数没有显著性差异；反之，则认为它们有显著性差异。

2. 多独立样本 K–W 检验

多独立样本K–W检验是克鲁斯卡尔－沃利斯（Kruskal–Wallis）检验的缩写，是一种推广的平均秩检验方法。其基本方法是：首先，将各个样本的观测值混合并按升序排序；其次，求每个观测值的秩；最后，求各个样本的平均秩。如果各个样本的平均秩大致相等，则可以认为多个独立样本所在的总体的分布没有显著性差异。如果各个样本的平均秩相差很大，则认为多个独立样本所在的总体的分布有显著性差异。

8.4.2 案例：三个专业的毕业生的期望收入有差异吗？

例 8.4 某高校对各个专业的毕业生进行关于期望收入的调查，随机抽取了三个专业的学生，得到22名学生的期望收入样本，如表8.4.1所示，问：三个专业的毕业生的期望收入是否有显著性差异？

表 8.4.1 三个专业的毕业生的期望收入

专业编码	期望收入/元	专业编码	期望收入/元
1	2 060.00	1	3 090.00
1	1 870.00	2	2 480.00
1	1 971.00	2	2 885.00
1	2 880.00	2	2 081.00
1	2 675.00	2	1 983.00
1	1 965.00	2	3 090.00

续表

专业编码	期望收入 / 元	专业编码	期望收入 / 元
2	3 196.00	3	3 096.00
2	2 070.00	3	2 888.00
3	2 085.00	3	1 989.00
3	3 092.00	3	2 680.00
3	3 097.00	3	2 234.00

根据表 8.4.1 中的数据，建立数据文件“高校三专业学生期望收入差异 .sav”，其中有 2 个变量：“期望收入”和“专业编码”，分别表示毕业生期望的月收入（单位：元）和所在专业，其中变量“期望收入”的取值有 22 个，变量“专业编码”的取值有三个：1、2 和 3，分别代表专业 1、专业 2 和专业 3，如图 8.4.1 所示。

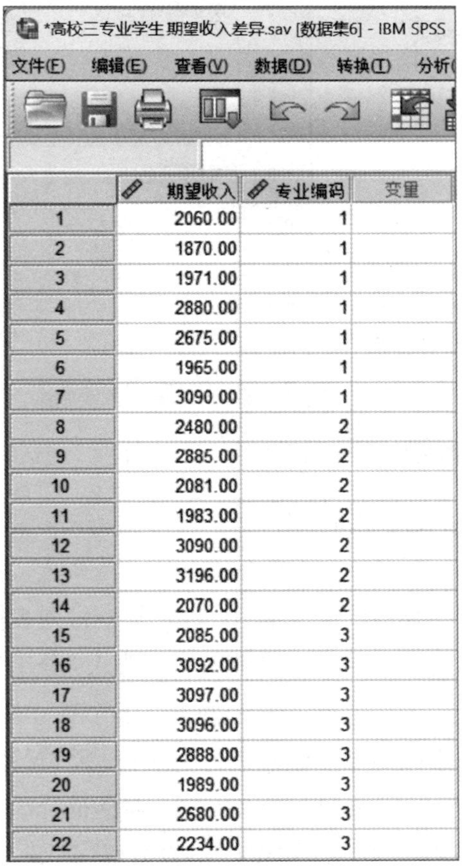

图 8.4.1 数据文件“高校三专业学生期望收入差异 .sav”

对于例 8.4,提出以下假设:

原假设 H_0: 三个专业的毕业生的期望收入无显著性差异。

备择假设 H_1: 三个专业的毕业生的期望收入有显著性差异。

8.4.3 统计分析过程

第 1 步 打开数据文件"高校三专业学生期望收入差异 .sav"。

第 2 步 选择多独立样本非参数检验模块。

在 SPSS 的数据窗口中,选择菜单"分析"→"非参数检验"→"旧对话框"→"K 个独立样本"(K Independent Samples)命令,弹出"针对多个独立样本的检验"对话框,如图 8.4.2 所示。

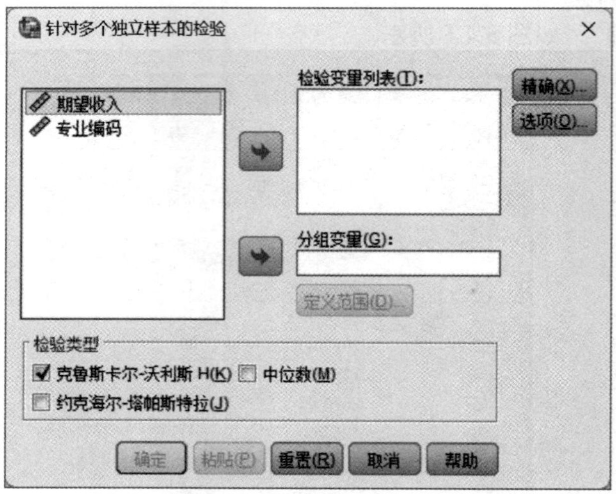

图 8.4.2 "针对多个独立样本的检验"对话框

第 3 步 设置变量及相关选项。

(1)设置变量

在"针对多个独立样本的检验"对话框中,将左侧变量列表框中的变量"期望收入"选入右侧的"检验变量列表"框;将变量"专业编码"选入"分组变量"框,如图 8.4.3 所示。单击"分组变量"框下面的"定义范围"按钮,弹出"多个独立样本:定义范围"对话框,如图 8.4.4 所示。在该对话框中按照专业编码进行定义:设置"最小值"为 1,"最大值"为 3,单击"继续"按钮,返回"针对多个独立样本的检验"对话框。

在"多个独立样本:定义范围"对话框的"检验类型"区域,有三个复选框,在本例中选中以下两个复选框:

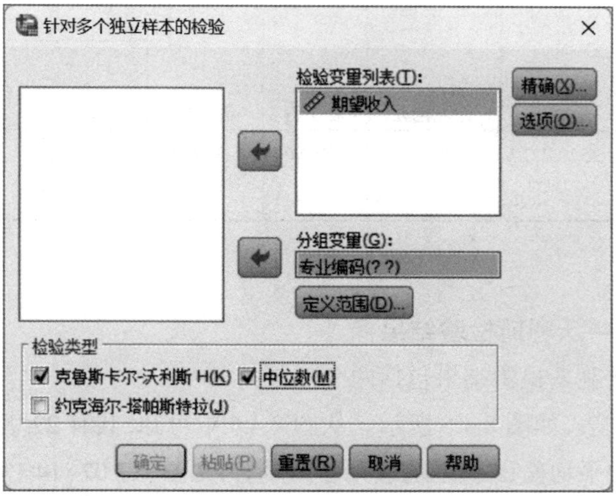

图 8.4.3　设置变量

① “克鲁斯卡尔－沃利斯”复选框：检验多个独立样本所在的总体的分布是否有显著性差异。

② “中位数”复选框：检验多个独立样本是否来自具有相同中位数的总体。

（2）设置“选项”选项

单击“针对多个独立样本的检验”对话框中的“选项”按钮，其相关选项的设置同 8.3.3 小节，此处不再重复介绍。

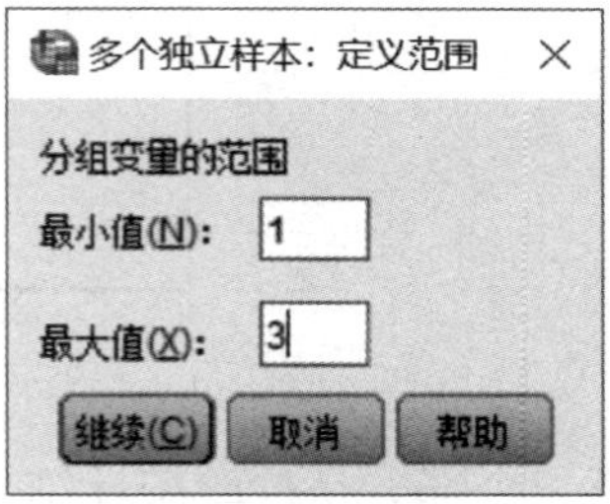

图 8.4.4　“多个独立样本：定义范围”对话框

第 4 步　单击“针对多个独立样本的检验”对话框中的“确定”按钮，输出结果。

8.4.4　结果与讨论

在本例中，选择了两种多独立样本非参数检验方法，因此将在输出窗口中看到两种检验方法的结果。

1. 基本统计结果

图 8.4.5 给出了所有毕业生的期望收入的描述性统计结果。从图 8.4.5 中可以看出：22 名毕业生期望的月收入平均为 2 520.772 7 元，标准差为 489.325 28 元；最小值为 1 870.00 元，最大值为 3 196.00 元；第 25 百分位数为 2 042.250 0 元，第 50 百分位数（中位数）为 2 577.500 0 元；第 75 百分位数为 3 090.000 0 元。

	个案数	平均值	标准偏差	最小值	最大值	百分位数		
						第25个	第50个(中位数)	第75个
期望收入	22	2520.7727	489.32528	1870.00	3196.00	2042.2500	2577.5000	3090.0000
专业编码	22	2.05	.844	1	3	1.00	2.00	3.00

图 8.4.5 描述性统计结果

2. 克鲁斯卡尔 – 沃利斯检验结果

克鲁斯卡尔 – 沃利斯检验结果包括两个部分：

第一个部分是秩表，如图 8.4.6 所示。从图 8.4.6 中可知，共有 22 名毕业生，三个专业的毕业生的期望收入的平均秩（“秩平均值”列）分别为 7.93、12.07、14.13。

	专业编码	个案数	秩平均值
期望收入	1	7	7.93
	2	7	12.07
	3	8	14.13
	总计	22	

图 8.4.6 秩表

第二个部分是检验统计结果，如图 8.4.7 所示，卡方统计量的值（“克鲁斯卡尔 – 沃利斯 H（K）”行）为 3.481，自由度为 2，p 值为 0.175，大于显著性水平 0.05，所以接受原假设，可以认为三个专业的毕业生的期望收入没有显著性差异。

检验统计[a,b]

	期望收入
克鲁斯卡尔-沃利斯H(K)	3.481
自由度	2
渐近显著性	.175

a.克鲁斯卡尔-沃利斯检验。

b.分组变量：专业编码。

图 8.4.7 检验统计结果（克鲁斯卡尔 – 沃利斯检验）

3. 多独立样本中位数检验结果

多独立样本中位数检验结果包括两个部分：

第一个部分为频数表，如图 8.4.8 所示，从图 8.4.8 中可以看出，第一个样本和第二个样本的大于共同中位数的观测值均有 3 个，小于或等于共同中位数的观测值均有 4 个；第三个样本的大于共同中位数的观测值有 5 个，小于或等于共同中位数的观测值有 3 个。

		专业编码		
		1	2	3
期望收入	>中位数	3	3	5
	<=中位数	4	4	3

图 8.4.8　频数表

第二个部分为检验统计结果，如图 8.4.9 所示，从图 8.4.9 中可以看出，共同的中位数为 2 577.500 0，计算出的卡方统计量为 0.786，p 值为 0.675，大于显著性水平 0.05，因此接受原假设，认为三个专业的毕业生的期望收入的中位数没有显著性差异，即三个专业的毕业生的期望收入分布没有显著性差异。

检验统计[a]

	期望收入
个案数	22
中位数	2577.5000
卡方	.786[b]
自由度	2
渐近显著性	.675

a. 分组变量：专业编码。
b. 6个单元格(100.0%)的期望频率低于5。期望的最低单元格频率为3.5。

图 8.4.9　检验统计结果（多独立样本中位数检验）

需要注意的是，多独立样本中位数检验方法一般要求大样本，即频数表所涉及的频数都不低于 5，但本例中这些频数均低于 5。由此可知，本例中的中位数检验结果不可靠。

4. 本例结论

三个专业的毕业生的期望收入没有显著性差异。

8.5 两配对样本非参数检验

8.5.1　基本概念与方法

两配对样本（2-related samples）非参数检验，是指在不清楚总体分布的情况下，对两个配对样本所在的总体的分布分别进行检验。一般地，提出原假设：两个配对样本所在的总体的分布无显著性差异。SPSS 将自动计算检验统计量，并给出相应的 p 值。如果 p 值小于显著性水平 α，则拒绝原假设；如果 p 值大于或等于显著性水平 α，则接受原假设。

两配对样本非参数检验一般用于对同一研究对象分别进行两种处理的效果比较，以及对同一研究对象进行处理前后的效果比较。前者可以推断两种处理的效果有无差别，后者可以推断某种处理是否有效。两配对样本非参数检验的前提是两个样本是配对的。也就是说：首先，两个样本的观测值数相同；其次，每个样本的观测值的次序不能随意改变。

例如，要检验某种训练方法对提高学习成绩是否有显著的效果，可以对一批学生使用这种训练方法进行训练，然后对使用这种训练方法前后的学生成绩进行两配对样本非参数检验，以分析该训练方法是否有效。

SPSS 提供了多种两配对样本非参数检验方法，下面介绍两种两配对样本非参数检验方法。

1. 麦克尼马尔检验

麦克尼马尔（McNemar）检验，是指以研究对象自身为对照，检验两个样本的变化是否显著。由于麦克尼马尔检验要求待检验的两个样本的观测值是二分类数据，因此这种方法在实际应用中有一定的局限性。

2. 威尔科克森符号平均秩检验

当两个配对样本的观测值不是二分类数据时，无法利用前面一种检验方法，应采用威尔科克森（Wilcoxon）符号平均秩检验。使用威尔科克森符号平均秩检验时，首先，按照符号检验的方法，用第二个样本的各个观测值分别减去第一个样本的对应观测值，如果得到的差值是正数，则记为正号；如果得到的差值为负数，则记为负号；同时，保存差值的绝对值。其次，将差值的绝对值按升序排序，并求出相应的秩。最后，分别计算正号秩总和 W^+、负号秩总和 W^-，以及正号平均秩和负号平均秩。如果正号平均秩和负号平均秩大致相当，则可以认为两个配对样本的观测值正负变化程度基本上相当，分布差距较小。反之，则分布差距显著。

8.5.2 案例：评比活动对提高教学效果有作用吗？

例 8.5 某地区教育行政部门开展评比活动。选取 10 所学校开展这项活动。现收集到这些学校在开展活动前和开展活动后的教学成绩，如表 8.5.1 所示。表 8.5.1 中的一行表示一所学校的 4 项成绩。其中：第一列表示开展活动前学校的教学成绩是否合格，0 表示不合格，1 表示合格；第二列表示开展活动后学校的教学成绩是否合格，0 表示不合格，1 表示合格；第三列表示开展活动前学校的具体教学成绩；第四列表示开展活动后学校的具体教学成绩。问：开展评比活动前后学校的教学成绩是否有显著性差异？

根据表 8.5.1 中的数据，建立数据文件“教学评比成绩效应（配对）.sav”，其中有 4 个变量:“前合格”“后合格”“前成绩”和“后成绩”,分别表示开展活动前学校的教学成绩是否合格、开展活动后学校的教学成绩是否合格,以及开展活动前学校的具体教学成绩、开展活动后学校的具体教学成绩,其中变量“前合格”和“后合格”的取值有 2 个,分别为 0 和 1,变量“前成绩”和“后成绩”的取值各有 10 个,如图 8.5.1 所示。

表 8.5.1 评比活动前后的成绩

学校	开展活动前是否合格	开展活动后是否合格	开展活动前的成绩	开展活动后的成绩
1	0	1	58.00	70.00
2	1	1	70.00	71.00
3	0	1	45.00	65.00
4	0	1	56.00	68.00
5	0	0	45.00	50.00
6	0	0	50.00	55.00
7	1	1	61.00	75.00
8	1	1	70.00	70.00
9	0	1	55.00	65.00
10	1	1	60.00	70.00

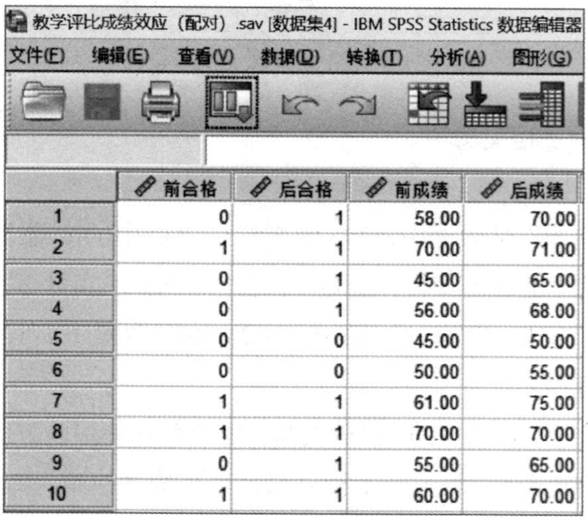

教学评比成绩效应（配对）.sav [数据集4] - IBM SPSS Statistics 数据编辑器

文件(F) 编辑(E) 查看(V) 数据(D) 转换(T) 分析(A) 图形(G)

	前合格	后合格	前成绩	后成绩
1	0	1	58.00	70.00
2	1	1	70.00	71.00
3	0	1	45.00	65.00
4	0	1	56.00	68.00
5	0	0	45.00	50.00
6	0	0	50.00	55.00
7	1	1	61.00	75.00
8	1	1	70.00	70.00
9	0	1	55.00	65.00
10	1	1	60.00	70.00

图 8.5.1 数据文件“教学评比成绩效应(配对).sav”

对于例 8.5,提出以下假设:

原假设 H_0: 开展评比活动前后学校的教学成绩无显著性差异。

备择假设 H_1：开展评比活动前后学校的教学成绩有显著性差异。

8.5.3 统计分析过程

第 1 步 打开数据文件“教学评比成绩效应（配对）.sav”。

第 2 步 选择两配对样本非参数检验功能模块。

在 SPSS 的数据窗口中，选择菜单“分析”→“非参数检验”→“旧对话框”→“两个相关样本”（2 Related Samples）命令，弹出“双关联样本检验”对话框，如图 8.5.2 所示。

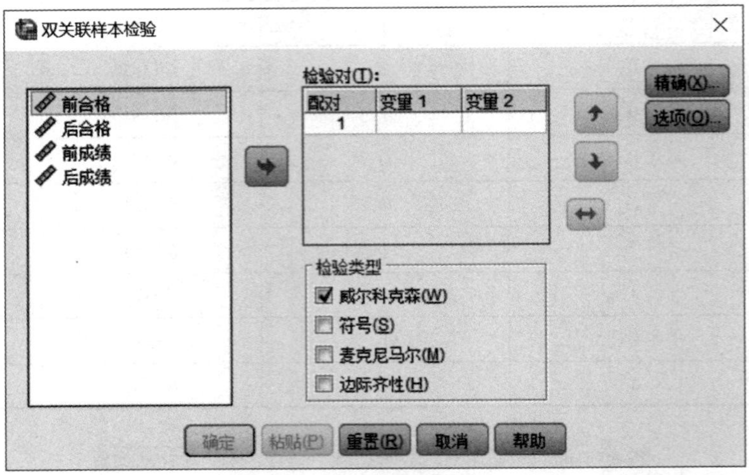

图 8.5.2 “双关联样本检验”对话框

第 3 步 设置变量及相关选项。

（1）设置变量

在“双关联样本检验”对话框中，将左侧变量列表框中的变量“前合格”选入右侧“检验对”框的配对 1 行的“变量 1”列，将变量“后合格”选入“变量 2”列。同时，将变量列表框中的变量“前成绩”选入“检验对”框的配对 2 行的“变量 1”列，将变量“后成绩”选入“变量 2”列，如图 8.5.3 所示。

在“双关联样本检验”对话框的“检验类型”区域有 4 种检验方法：

①“威尔科克森”复选框：表示威尔科克森符号平均秩检验。

②“符号”复选框：表示符号检验。

③“麦克尼马尔”复选框：表示麦克尼马尔检验，它将研究对象自身作为对照，检验其在开展活动前后的变化是否显著。该方法适用于二分类变量。

④“边际齐性”复选框：是麦克尼马尔检验从二分类变量向多分类变量的推广。

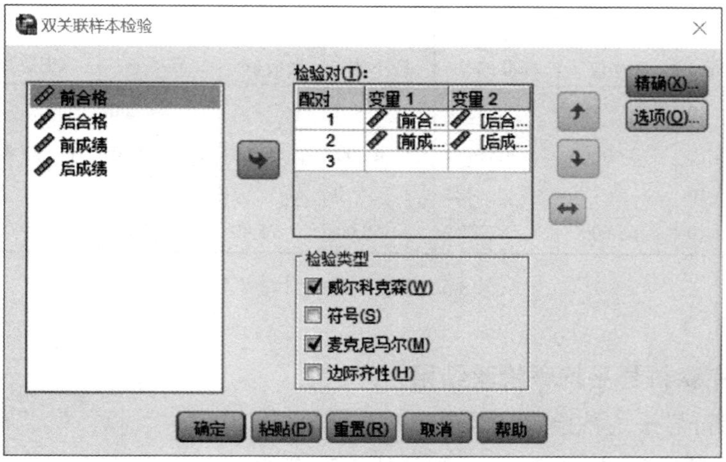

图 8.5.3 设置变量

“双关联样本检验”对话框左侧的变量列表中列出了 4 个变量。其中,变量“前合格”和变量“后合格”是二分类变量,适合使用麦克尼马尔检验;变量“前成绩”和变量“后成绩”是反映具体教学成绩的定量变量,适合使用威尔科克森符号平均秩检验。

在本例中,选择威尔科克森符号平均秩检验和麦克尼马尔检验,以便根据具体情况对输出结果进行解读。

(2) 设置“选项”选项

在“双关联样本检验”对话框中单击“选项”按钮,弹出“双关联样本:选项”对话框,具体设置如图 8.5.4 所示。单击“继续”按钮返回“双关联样本检验”对话框。

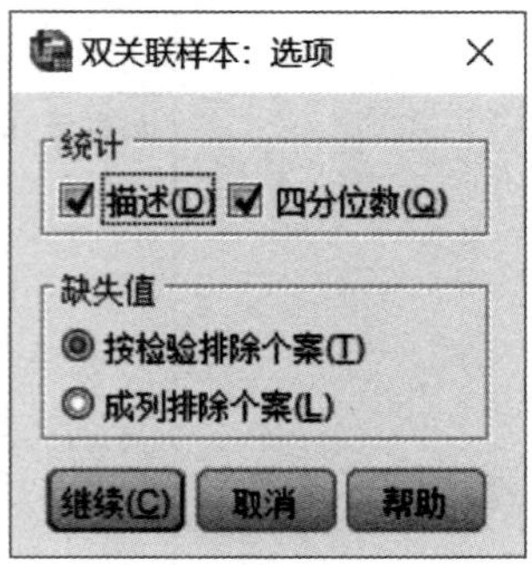

图 8.5.4 “双关联样本:选项”对话框

第 4 步 单击“双关联样本检验”对话框中的“确定”按钮,输出结果。

8.5.4 结果与讨论

1. 基本统计结果

图 8.5.5 给出了相关变量的描述性统计结果。从图 8.5.5 中可以看出:开展评比活动前学校的平均成绩为 57.000 0,标准差为 8.856 89,最小值为 45.00,最大值为 70.00;开展评比活动后学校的平均成绩为 65.900 0,标准差为 7.723 70,最小值为 50.00,最大值为 75.00。

	个案数	平均值	标准偏差	最小值	最大值	百分位数		
						第25个	第50个(中位数)	第75个
前合格	10	.40	.516	0	1	.00	.00	1.00
前成绩	10	57.0000	8.85689	45.00	70.00	48.7500	57.0000	63.2500
后合格	10	.80	.422	0	1	.75	1.00	1.00
后成绩	10	65.9000	7.72370	50.00	75.00	62.5000	69.0000	70.2500

图 8.5.5 描述性统计结果

2. 威尔科克森符号平均秩检验结果

威尔科克森符号平均秩检验结果包括两个部分：

第一个部分是秩表，如图 8.5.6 所示。从该秩表的上半部分可以看出：对于“后合格 – 前合格”，“负秩”（negative rank）为 0，“正秩”（positive rank）为 4，“绑定值”（tie）为 6，表示在 10 所学校中，4 所学校的教学成绩提高，6 所学校的教学成绩保持不变，没有一所学校的教学成绩下降；平均秩分别为 0 和 2.50。

		个案数	秩平均值	秩的总和
后合格-前合格	负秩	0[a]	.00	.00
	正秩	4[b]	2.50	10.00
	绑定值	6[c]		
	总计	10		
后成绩-前成绩	负秩	0[d]	.00	.00
	正秩	9[e]	5.00	45.00
	绑定值	1[f]		
	总计	10		

a.后合格<前合格；b. 后合格>前合格；c. 后合格=前合格；

d.后成绩<前成绩；e. 后成绩>前成绩；f. 后成绩=前成绩。

图 8.5.6 秩表

从该秩表的下半部分可以看出：对于“后成绩 – 前成绩”，“负秩”为 0，“正秩”为 9，“绑定值”为 1，表示在 10 所学校中，9 所学校的教学成绩提高，1 所学校的教学成绩保持不变，没有一所学校的教学成绩下降；平均秩分别为 0 和 5。

第二个部分是检验统计结果，如图 8.5.7 所示。

检验统计[a]

	后合格-前合格	后成绩-前成绩
Z	−2.000[b]	−2.673[b]
渐近显著性(双尾)	.046	.008

a. 威尔科克森符号秩检验；b.基于负秩。

图 8.5.7 检验统计结果（威尔科克森符号平均秩检验）

从图 8.5.7 中可以看出，对于“后合格 – 前合格”，Z 统计量的值为 –2.000，相应的 p 值为 0.046，小于显著性水平 0.05，因此拒绝原假设，认为开展评比活动前后学校的教学成绩有显著性差异。

对于“后成绩 – 前成绩”，Z 统计量的值为 –2.673，相应的 p 值为 0.008，小于显著性水平 0.05，因此拒绝原假设，认为开展评比活动前后学校的教学成绩有显著性差异。

从图 8.5.5 给出的描述性统计结果可以看到，变量“后合格”的均值大于变量“前合格”的均值；变量“后成绩”的均值大于变量“前成绩”的均值。因此，可以得出结论：开展评比活动有助于提高学校的教学成绩。

3. 麦克尼马尔检验结果

麦克尼马尔检验结果包括两个部分：

第一个部分是变量“前合格”× 变量“后合格”频数表，如图 8.5.8 所示。从图 8.5.8 中可以看出，通过开展评比活动，教学成绩仍然不合格的学校有 2 所，教学成绩由不合格变为合格的学校有 4 所，教学成绩都合格的学校有 4 所，没有一所学校的教学成绩由合格变为不合格。

第二部分为检验统计结果，如图 8.5.9 所示。

前合格	后合格 0	后合格 1
0	2	4
1	0	4

图 8.5.8 变量“前合格”× 变量“后合格”频数表

检验统计[a]

	前合格&后合格
个案数	10
精确显著性(双尾)	.125[b]

a. 麦克尼马尔检验。

b. 使用了二项分布。

图 8.5.9 检验统计结果（麦克尼马尔检验）

从图 8.5.9 中可以看出，二项分布检验的 p 值为 0.125，大于显著性水平 0.05，因此不能拒绝原假设，可以认为开展评比活动前后学校的教学成绩没有发生显著性变化。

需要注意的是，因为开展评比活动前后的教学成绩不是二分类变量，所以没有对“后成绩 – 前成绩”进行麦克尼马尔检验。

4. 本例结论

在上述两种检验方法中，利用前一种方法得出了开展评比活动前后教学成绩发生了显著的变化的结论，而根据后一种方法的结论，则可以认为教学成绩没有发生显著的变化。这是因为前一种方法认为只要开展评比活动后的教学成绩比开展评比活动前的教学成绩有所提高，就是发生了变化（正秩）。而按照后一种方法，教学成绩只有由不合格变成合格才算发生了变化，如果教学成绩在开展评比活动前后都不合格，即使教学成绩有了提高也算是没有发生变化。

本例结论：可以认为开展评比活动对提高学校的教学成绩有作用。

8.6 多配对样本非参数检验

8.6.1 基本概念与方法

多配对样本非参数检验，是指对多个配对样本所在的总体的分布是否有显著性差异进行检验。该检验的原假设为：多个配对样本所在的总体的分布无显著性差异。SPSS 将自动计算检验统计量，并给出相应的 p 值。如果 p 值小于显著性水平 α，则拒绝原假设；如果 p 值大于或等于显著性水平 α，则接受原假设。

SPSS 提供了三种多配对样本非参数检验方法：

① 多配对样本的弗里德曼（Friedman）检验。

② 多配对样本的肯德尔（Kendall）协同系数检验。

③ 多配对样本的科克伦 Q（Cochran's Q）检验。

8.6.2 多配对样本的弗里德曼检验

多配对样本的弗里德曼检验，是一种利用秩对多个配对样本所在的总体的分布进行检验的方法，多配对样本的弗里德曼检验要求样本的观测值是定距数据。

多配对样本的弗里德曼检验的原理是：首先，以样本为单位，将每个样本的观测值按照升序排序；其次，求出每个样本的每个观测值的秩；最后，计算每个样本的秩和及平均秩。如果多个配对样本所在的总体的分布有显著性差异，那么观测值普遍偏大的样本的秩和必然偏大，观测值普遍偏小的样本的秩和也必然偏小，各个样本的秩就会有显著性差异。如果各个配对样本的平均秩大致相当，那么可以认为各个配对样本所在的总体的分布没有显著性差异。

1. 案例：检验教学方法在提高学生记忆力方面的功效

例 8.6 为了检验某种教学方法在提高学生记忆力方面的功效，挑选了 10 名学生在应用该方法前以及应用该方法一个月后、两个月后、三个月后的记忆时间。问：在这 4 个时期，10 名学生的记忆时间有无发生显著的变化。

相关数据如表 8.6.1 所示。

表 8.6.1 4 个时期的记忆时间

pre	post1	post2	post3
80.00	80.00	70.00	69.00
79.00	75.00	71.00	70.00
85.00	80.00	75.00	75.00
80.00	75.00	68.00	70.00
75.00	75.00	74.00	70.00
74.00	74.00	70.00	69.00
65.00	65.00	63.00	61.00
70.00	70.00	70.00	70.00
80.00	70.00	65.00	65.00
75.00	72.00	70.00	60.00
80.00	80.00	70.00	69.00

根据表 8.6.1 中的数据，建立数据文件“记忆时间多体配对实验 .sav”，其中有 4 个变量：“pre”“post1”“post2”和“post3”，分别表示应用该教学方法前学生的记忆时间、应用该教学方法一个月后学生的记忆时间、应用该教学方法两个月后学生的记忆时间，以及应用该教学方法三个月后学生的记忆时间，这 4 个变量的取值各有 11 个，如图 8.6.1 所示。

对于例 8.6，提出以下假设：

原假设 H_0：这 4 个时期，10 名学生的记忆时间没有发生显著性变化。

备择假设 H_1：这 4 个时期，10 名学生的记忆时间发生了显著性变化。

2. 统计分析过程

第 1 步 打开数据文件“记忆时间多体配对实验 .sav”。

第 2 步 选择多配对样本非参数检验功能模块。

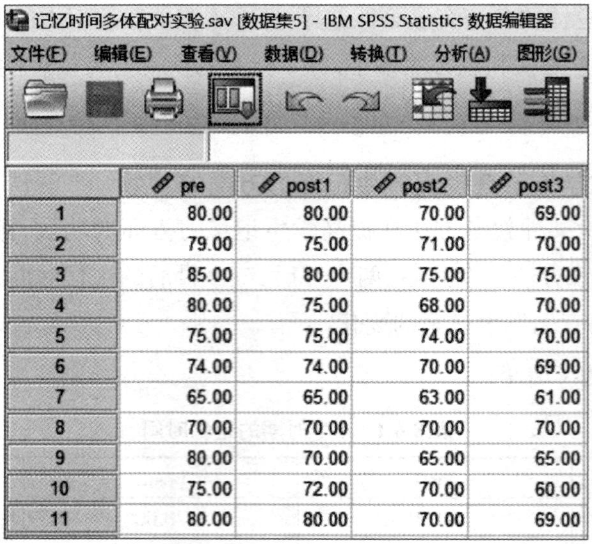

	pre	post1	post2	post3
1	80.00	80.00	70.00	69.00
2	79.00	75.00	71.00	70.00
3	85.00	80.00	75.00	75.00
4	80.00	75.00	68.00	70.00
5	75.00	75.00	74.00	70.00
6	74.00	74.00	70.00	69.00
7	65.00	65.00	63.00	61.00
8	70.00	70.00	70.00	70.00
9	80.00	70.00	65.00	65.00
10	75.00	72.00	70.00	60.00
11	80.00	80.00	70.00	69.00

图 8.6.1 数据文件“记忆时间多体配对实验 .sav”

在 SPSS 的数据窗口中，选择菜单“分析”→“非参数检验”→“旧对话框”→“K 个相关样本”（K Related Samples）命令，弹出“针对多个相关样本的检验”对话框，如图 8.6.2 左侧对话框所示。

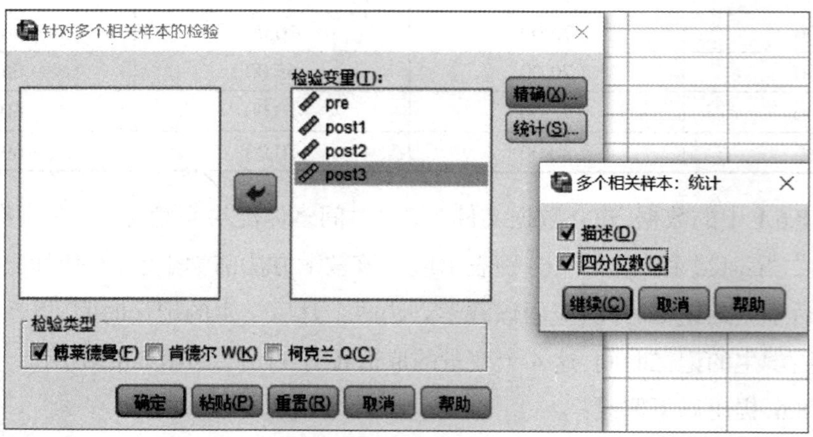

图 8.6.2 “针对多个相关样本的检验”对话框和“多个相关样本：统计”对话框

第 3 步 设置变量与相关选项。

（1）设置变量

在“针对多个相关样本的检验”对话框中，将左侧变量列表框中的变量“pre”“post1”“post2”“post3”选入右侧的“检验变量”框。

在“检验类型”区域有三种检验方法:

① “傅莱德曼”复选框:表示弗里德曼检验。

② “肯德尔 W”复选框:表示肯德尔(Kendall)协同系数检验。

③ “柯克兰 Q”复选框:表示科克伦 Q(Cochran's Q)检验。

在本例中,选中“傅莱德曼”复选框,即选择弗里德曼检验。

(2)设置“统计”选项

单击“针对多个相关样本的检验”对话框中的“统计”按钮,打开“多个相关样本:统计”对话框,具体设置如图 8.6.2 中的右侧对话框所示,单击“继续”按钮,返回“针对多个相关样本的检验”对话框。

第 4 步 单击“针对多个相关样本的检验”对话框中的“确定”按钮,输出结果。

3. 结果与讨论

(1)基本统计结果

图 8.6.3 给出了应用该教学方法前,以及应用该教学方法后一个月、两个月、三个月这 4 个时期学生记忆时间的描述性统计结果。可以看到,这 4 个时期学生的平均记忆时间越来越少,且有一定的差异。至于是否达到了显著性差异,需要看后面的检验结果。

	个案数	平均值	标准偏差	最小值	最大值	百分位数		
						第25个	第50个(中位数)	第75个
pre	11	76.6364	5.59058	65.00	85.00	74.0000	79.0000	80.0000
post1	11	74.1818	4.77113	65.00	80.00	70.0000	75.0000	80.0000
post2	11	69.6364	3.44304	63.00	75.00	68.0000	70.0000	71.0000
post3	11	68.0000	4.35890	60.00	75.00	65.0000	69.0000	70.0000

图 8.6.3 描述性统计结果

(2)弗里德曼检验结果

弗里德曼检验(在 SPSS 中显示为“傅莱德曼检验”)结果包括两个部分:

第一个部分是秩表,如图 8.6.4 所示。从该秩表中可以看到 4 个时期的平均秩分别为 3.64、3.18、1.86、1.32。

第二个部分是检验统计结果,如图 8.6.5 所示。从该检验统计结果可以看出,卡方统计量的值为 27.774,p 值小于显著性水平 0.05,因此拒绝原假设,可以认为 4 个时期学生的记忆时间有显著的变化(记忆时间显著减少)。结合描述性统计结果,可得出本例结论。

	秩平均值
pre	3.64
post1	3.18
post2	1.86
post3	1.32

图 8.6.4 秩表

个案数	11
卡方	27.774
自由度	3
渐近显著性	.000

图 8.6.5 检验统计结果（弗里德曼检验）

（3）本例结论

该教学方法具有提高学生记忆力的功效。

8.6.3 多配对样本的肯德尔协同系数检验

多配对样本的肯德尔（Kendall）协同系数检验是一种多配对样本非参数检验方法，其主要用于分析评价者的评价标准是否一致。一个评价者对不同评价对象的分数构成一个样本，其原假设为：多个配对样本所在的总体的分布无显著性差异，即评价者的评价标准不一致。

例如，在某学术论文评奖活动中，有 10 篇论文，共有 5 名评委参与打分。肯德尔协同系数检验，用于检验这 5 名评委的评价标准是否一致，而不是用于检验这 10 篇论文之间是否存在显著性差异。在肯德尔协同系数检验中，如果 p 值小于显著性水平 α，则拒绝原假设，认为评价标准一致；如果 p 值大于或等于显著性水平 α，则不能拒绝原假设，认为评价标准不一致。

1. 案例：专家的评价标准是否具有一致性？

例 8.7 在某高校的某次博士论文答辩中，有 5 名专家对三篇论文进行评分。问：这 5 名专家的评价标准是否一致？

相关数据如表 8.6.2 所示。

表 8.6.2 5 名专家的评分表（10 分制）

专家	评分		
	论文 1	论文 2	论文 3
专家 1	8.75	8.25	8.80
专家 2	10.00	9.50	9.50
专家 3	9.60	9.10	9.10
专家 4	9.20	8.50	8.90
专家 5	9.65	9.20	9.10

根据表 8.6.2 中的数据，建立数据文件“专家评价标准一致性 .sav”，其中有 4 个变量：“专家”“论文 1”“论文 2”和“论文 3”，分别表示专家，以及专家对论文 1、论文 2 和论文 3 的评分，如图 8.6.6 所示。

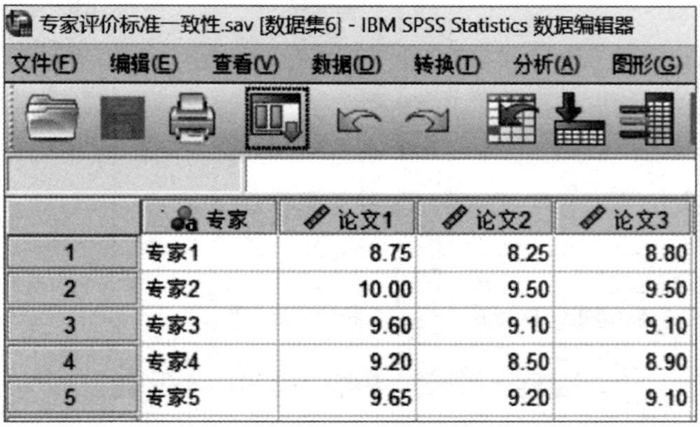

图 8.6.6 数据文件“专家评价标准一致性 .sav”

对于例 8.7，提出以下假设：

原假设 H_0：这 5 名专家的评价标准不一致。

备择假设 H_1：这 5 名专家的评价标准一致。

2. 统计分析过程

第 1 步 打开数据文件“专家评价标准一致性 .sav”。

第 2 步 选择肯德尔协同系数检验功能模块。

在 SPSS 的数据窗口中，选择菜单“分析”→“非参数检验”→“旧对话框”→“K 个相关样本”命令，弹出“针对多个相关样本的检验”对话框。

第 3 步 设置变量与相关选项。

（1）设置变量

在“针对多个相关样本的检验”对话框中，将左侧变量列表中的变量“论文 1”“论文 2”“论文 3”选入右侧的“检验变量”框，如图 8.6.7 所示。

在“检验类型”区域选中“肯德尔 W”复选框，即选择肯德尔协同系数检验。

（2）设置“统计”选项

在“针对多个相关样本的检验”对话框中，单击“统计”按钮，弹出“多个相关样本：统计”对话框，选中“描述”和“四分位数”复选框，单击“继续”按钮，返回“针对多个相关样本的检验”对话框。

第 4 步 单击“针对多个相关样本的检验”对话框中的“确定”按钮，输出结果。

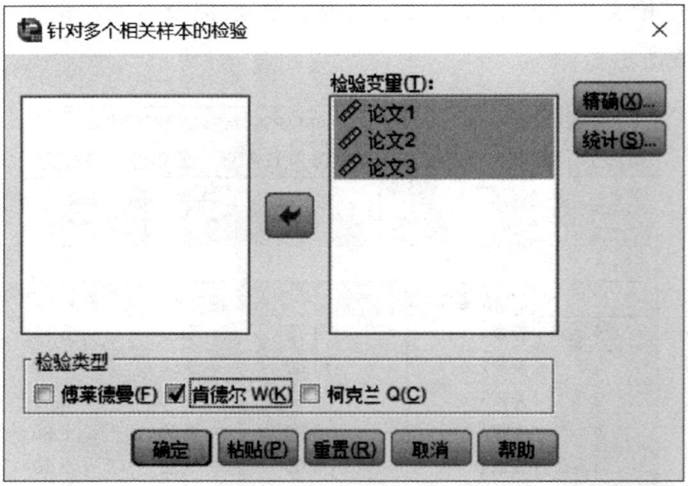

图 8.6.7 “针对多个相关样本的检验”对话框

3. 结果与讨论

（1）基本统计结果

图 8.6.8 给出了 5 名专家对三篇论文评分的描述性统计结果。

	个案数	平均值	标准偏差	最小值	最大值	百分位数		
						第25个	第50个（中位数）	第75个
论文1	5	9.4400	.47880	8.75	10.00	8.9750	9.6000	9.8250
论文2	5	8.9100	.51769	8.25	9.50	8.3750	9.1000	9.3500
论文3	5	9.0800	.26833	8.80	9.50	8.8500	9.1000	9.3000

图 8.6.8 描述性统计结果

（2）肯德尔协同检验结果

肯德尔协同检验结果包括两个部分：

第一个部分是秩表，如图 8.6.9 所示。从该秩表中可以看到，论文 1、论文 2 和论文 3 的平均秩分别为 2.80、1.40、1.80。

第二个部分是检验统计结果，如图 8.6.10 所示。从该检验统计结果可以看出：卡方统计量的值为 5.778；肯德尔协同系数为 0.578，小于 1；p 值为 0.056，大于显著性水平 0.05，因此不能拒绝原假设，可以认为 5 名评委的评价标准不够一致。

	秩平均值
论文 1	2.80
论文 2	1.40
论文 3	1.80

图 8.6.9 秩表

个案数	5
肯德尔 W[a]	.578
卡方	5.778
自由度	2
渐近显著性	.056

a. 肯德尔协同系数。

图 8.6.10 检验统计结果

肯德尔 *W* 系数小于或等于 1。一般认为，肯德尔 *W* 系数小于 0.2，说明一致性程度较低；在 0.2 至 0.4 之间，说明一致性程度一般；在 0.4 至 0.6 之间说明一致性程度中等；在 0.6 至 0.8 之间说明一致性程度较高；在 0.8 至 1.0 之间说明一致性程度很高。

（3）本例结论

专家评价标准不具有一致性。

需要注意的是，如果降低要求，将显著性水平设置为 0.1，则可以认为专家评价标准具有一致性。

8.6.4 多配对样本的科克伦 *Q* 检验

多配对样本的科克伦 *Q* 检验，也是指对多个配对样本所在的总体的分布是否有显著性差异进行检验。与前两种检验方法不同的是，多配对样本的科克伦 *Q* 检验处理的数据是二分类数据 0 和 1。

1. 案例：不同专家对三所高校的评估结果有无差异？

例 8.8 10 名专家对三所高校进行合格评估，评估结果如表 8.6.3 所示。“1” 表示合格，“0” 表示不合格。问：不同专家对三所高校的评估结果有无显著性差异？

表 8.6.3 10 名专家对三所高校的评估结果

专家	高校 1	高校 2	高校 3
专家 1	1	0	0
专家 2	0	1	1
专家 3	1	0	0
专家 4	1	1	1
专家 5	1	1	0
专家 6	1	1	0

续表

专家	高校 1	高校 2	高校 3
专家 7	1	0	1
专家 8	1	1	1
专家 9	1	1	0
专家 10	1	0	1

根据表 8.6.3 中的数据，建立数据文件“三所高校评估 .sav”，其中有 4 个变量：“专家”“高校 1”“高校 2”和“高校 3”，变量“高校 1”“高校 2”和“高校 3”分别表示高校 1、高校 2 和高校 3 的评估结果，其取值为 0 或 1（合格或不合格），如图 8.6.11 所示。

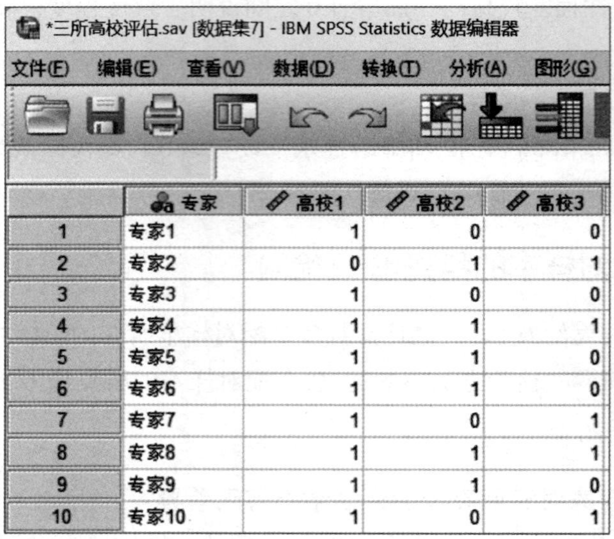

	专家	高校1	高校2	高校3
1	专家1	1	0	0
2	专家2	0	1	1
3	专家3	1	0	0
4	专家4	1	1	1
5	专家5	1	1	0
6	专家6	1	1	0
7	专家7	1	0	1
8	专家8	1	1	1
9	专家9	1	1	0
10	专家10	1	0	1

图 8.6.11 数据文件“三所高校评估 .sav”

对于例 8.8，提出以下假设：

原假设 H_0：不同专家对三所高校的评估结果无显著性差异。

备择假设 H_1：不同专家对三所高校的评估结果有显著性差异。

2. 统计分析过程

第 1 步 打开数据文件“三所高校评估 .sav”。

第 2 步 选择科克伦 Q 检验功能模块。

在 SPSS 的数据窗口中，选择菜单“分析”→“非参数检验”→“旧对话框”→“K 个相关样本”命令，弹出“针对多个相关样本的检验”对话框。

第 3 步 设置变量与相关选项。

在“针对多个相关样本的检验”对话框中,将左侧变量列表框中的变量“高校 1”“高校 2”“高校 3”选入右侧的“检验变量”框,如图 8.6.12 所示。

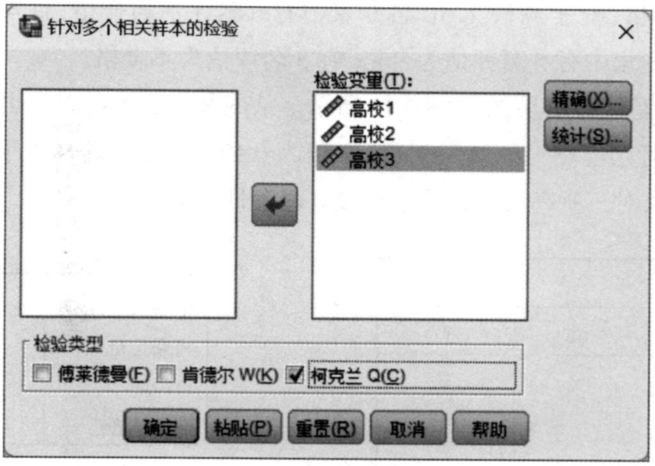

图 8.6.12 “针对多个相关样本的检验”对话框

由于是二分类数据,因此在“检验类型”区域选中“柯克兰 Q”复选框,即选择科克伦 Q 检验。单击“统计”按钮,弹出“多个相关样本:统计”对话框,选中“描述”和“四分位数”复选框,单击“继续”按钮,返回“针对多个相关样本的检验”对话框。

第 4 步 单击“针对多个相关样本的检验”对话框中的“确定”按钮,输出结果。

3. 结果与讨论

(1)基本统计结果

图 8.6.13 给出了不同专家对三所高校的评估结果的描述性统计结果。例如,“高校 1”的评估结果平均为 0.9,表示除 1 名专家评估为不合格外,其余 9 名专家均评估为合格。对“高校 2”与“高校 3”的分析类似,这里不再赘述。

	个案数	平均值	标准偏差	最小值	最大值	百分位数		
						第25个	第50个(中位数)	第75个
高校 1	10	.90	.316	0	1	1.00	1.00	1.00
高校 2	10	.60	.516	0	1	.00	1.00	1.00
高校 3	10	.50	.527	0	1	.00	.50	1.00

图 8.6.13 描述性统计结果

（2）科克伦 Q 检验结果

科克伦 Q 检验结果包括两个部分：

第一个部分是频数表，如图 8.6.14 所示。对于高校 1，10 名专家中有 9 名评估为合格，有 1 名评估为不合格；对于高校 2，10 名专家中有 6 名评估为合格，有 4 名评估为不合格；对于高校 3，10 名专家中有 5 名评估为合格，有 5 名评估为不合格。

第二部分是检验统计结果，如图 8.6.15 所示。从图 8.6.15 中可以看出，科克伦 Q 统计量（SPSS 中显示为“柯克兰 Q”）的值为 3.250，p 值为 0.197，大于显著性水平 0.05，因此接受原假设，认为不同专家对三所高校的评估结果没有显著性差异。

	值	
	0	1
高校 1	1	9
高校 2	4	6
高校 3	5	5

图 8.6.14　频数表

个案数	10
柯克兰 Q	3.250[a]
自由度	2
渐近显著性	.197

a. 1被视为成功。

图 8.6.15　检验统计结果

（3）本例结论

在此轮评估中，10 名专家对三所高校的评估结果没有显著性差异。

/ 主要概念与术语 /

非参数检验；单样本非参数检验，二项分布检验；单样本 K–S 检验，正态分布，均匀分布，泊松分布，指数分布；两独立样本非参数检验，曼 – 惠特尼 U 检验，两独立样本 K–S 检验；多独立样本非参数检验，多独立样本中位数检验，独立样本 K–W 检验；两配对样本非参数检验，麦克尼马尔检验，威尔科克森符号平均秩检验；多配对样本非参数检验，弗里德曼检验，肯德尔协同系数检验，科克伦 Q 检验。

/ 思考与练习 /

1. 什么是非参数检验？
2. 二项分布检验、单样本 K–S 检验主要解决哪类问题？
3. 试说明独立样本 t 检验与两独立样本非参数检验之间的异同。
4. 试说明单因素方差分析与多独立样本非参数检验之间的异同。

5. 试说明配对样本 t 检验与两配对样本非参数检验之间的异同。

6. 弗里德曼检验、肯德尔协同系数检验、科克伦 Q 检验各适合于检验哪类问题?

7. 将本章中的案例重新操作一遍。

8. 将第 6 章中的所有案例及第 7 章中的例 7.1,采用非参数检验方法重新做一遍,并将其结果与采用参数检验方法得到的结果进行比较。

第 9 章　相关分析

本章学习目标：

❶ 理解相关分析的主要含义及主要类型。

❷ 理解皮尔逊（Pearson）相关系数、斯皮尔曼（Spearman）等级相关系数和肯德尔（Kendall）相关系数的基本原理，熟练掌握三种相关分析方法在 SPSS 中的数据组织方式、实现过程，并能解释输出结果。

❸ 理解偏相关分析的主要目标以及其与相关分析的关系；熟练掌握其在 SPSS 中的数据组织方式、实现过程，并能够解释输出结果。

任何事物的发展变化都不是孤立的，而是相互联系和相互影响的，描述事物数量特征的变量之间也存在一定的关系。变量之间的关系可以归纳为两种类型：函数关系和统计关系。

函数关系是一一对应的确定性关系，如圆的半径与其面积、生均公共教育经费与总公共教育经费之间的关系等，比较容易分析和度量。可是在现实中，变量之间的关系往往并不是那么简单。例如，家庭收入与支出、一个人的受教育程度与其收入、子女身高与父母身高、一个人的家庭背景与其所学的专业等，它们之间确定存在某种关系，但这些关系无法像函数关系那样，能够用一个确定的函数公式来描述。当变量 x 取一个确定的值时，变量 y 的值可能有几个。这样，变量 x 的值不能由变量 y 的值唯一确定（也就是说，还有其他因素在起作用），这种不确定的关系称为统计关系。事物之间的统计关系不像函数关系那样直接，但通过对大量数据进行观测和研究，就会发现许多变量之间确实存在某种统计关系，并且有的关系强，有的关系弱，关系的强弱程度有所差异。如何判定事物之间的统计关系，以及度量这种关系的强弱程度，成为人们关注的问题。

相关分析是指度量事物或变量之间相关关系的强弱并用适当的统计指标表示出来。为了更加准确地描述变量之间的相关关系，可以通过计算相关系数来进行相关分析。在实际应用中，由于研究目的不同、变量的类型不同，所采用的相关分析方法也不同。

9.1 相关分析的内容

相关分析主要研究两个或两个以上的变量之间的相关关系，下面先介绍相关关系的特点和分类，再介绍相关分析的内容。

9.1.1 相关关系的特点和分类

相关关系具有以下特点：

① 变量之间确实存在着数量上的依存关系。也就是说，一个变量发生数量上的变化，另一个变量也会相应地发生数量上的变化。

② 变量之间数量上的依存关系是不确定的。也就是说，对于一个变量的某个值，另一个变量会有几个可能的值与之对应，而不是有唯一一个确定的值与之对应。

③ 相关关系不存在方向性，即 A 与 B 相关和 B 与 A 相关是一致的，它们都体现了 A 和 B 之间的相互依存关系。

④ 相关关系不存在传递性，即虽然 A 与 B 相关、B 与 C 相关，但 A 与 C 不一定相关。

⑤ 相关关系中没有自变量与因变量之分，即所研究的各个变量的地位是同等的。

根据不同的衡量标准，可以将相关关系分为以下几种：

（1）根据变量的多少分类

根据变量的多少，可以将相关关系分为简单相关关系和复相关关系。简单相关关系反映了一个变量与另一个变量之间的相关关系，复相关关系反映了一个变量和一组变量之间的相关关系。

（2）根据相关形态分类

对于连续变量，根据相关形态的不同可以将相关关系分为线性相关关系和非线性相关关系。线性相关关系是指当一个变量变化时，另一个变量也随之变化，两个变量基本上是按同等比例变化的。非线性相关关系也称为曲线相关关系，是指当一个变量变化时，另一个变量也随之变化，但这种变化不是均等的。

（3）根据相关方向分类

对于连续变量，根据相关方向的不同可以将相关关系分为正相关关系和负相关关系。当两个变量同时变化时，如果两个变量同时增大或减小，则称为正相关关系；如果一个变量增大,另一个变量减小,则称为负相关关系。

(4) 根据相关程度分类

根据变量之间的相关程度,可以将相关关系分为不相关、低度相关关系、中低度相关关系、高度相关关系和完全相关关系。

9.1.2 相关分析的基本内容

相关分析有定性分析和定量分析两个方面的内容。定性分析就是根据研究者的理论知识、专业知识和实践经验,对现象之间是否存在相关关系,以及有何种相关关系做出判断。定量分析就是将相关关系进一步量化,也就是计算相关系数。

1. 定性分析

定性分析一般利用相关表和相关图进行相关分析。

相关表是指根据某一现象的原始资料,将一组数据按照升序或降序排序,观测另一组数据的变化趋势。

相关图又称为散点图(scatter diagram),它是将相关表中的所有数据,在一个将一个变量作为 x 轴、将另一个变量作为 y 轴的直角坐标系中描绘出来的图形,如图 9.1.1 所示。相关图可以直观而形象地显示两个变量之间相关关系的性质和大致的密切程度。忽视散点图的作用而直接进行分析,可能会得出错误的结论。

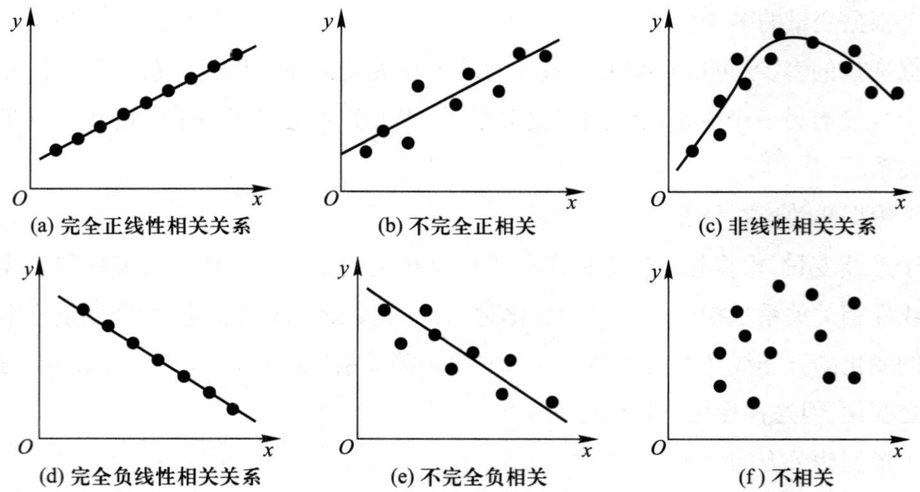

(a) 完全正线性相关关系　(b) 不完全正相关　(c) 非线性相关关系

(d) 完全负线性相关关系　(e) 不完全负相关　(f) 不相关

图 9.1.1 相关图示例

2. 定量分析

虽然能够根据相关表和相关图大致判断出相关关系的方向、形式、密切程度，但是这种判断并不精确。因此，需要一种能够将相关关系数值化的工具，这就是相关系数。定量分析就是通过计算相关系数来判断变量之间的相关关系。

相关系数是用来反映变量之间相关关系密切程度的统计量。对于连续变量，根据相关形态的不同，可以将相关系数分为线性相关系数和非线性相关系数，本节主要介绍线性相关系数，它是反映两个变量之间线性相关关系的统计量。

计算完相关系数之后，还需要通过显著性检验来确认这些相关系数在统计上是否显著不为0。如果相关系数不同，则用于假设检验的统计量也不相同。SPSS会自动根据统计量计算相应的 p 值。将 p 值和显著性水平 α 进行比较就能够完成假设检验了。若 p 值小于显著性水平 α 则表示相关性显著（可以判定为相关）；否则表示相关性不显著（可以判定为不相关）。

9.2 定量变量相关分析

9.2.1 基本概念与方法

定量变量是定距变量与定比变量的统称，其取值可以用来比较大小，即可以用加法或减法计算出差异的大小。例如，变量“年龄”、变量“收入”、变量“成绩”等都是典型的定量变量。

1. 定量相关系数

变量之间的相关程度由相关系数来度量。相关系数 r 介于 −1 与 1 之间，其绝对值越趋于 1 表明相关程度越高，其绝对值越趋于 0 表明相关程度越低。相关系数的正负号代表相关方向，即正相关关系或负相关关系。

在实际应用中，人们通常认为：相关系数 r 的绝对值小于 0.3 为低度相关关系；相关系数 r 的绝对值在 0.3 至 0.5（不包含 0.5）之间为中低度相关关系；相关系数 r 的绝对值在 0.5 至 0.8（不包含 0.8）之间为中度相关关系；相关系数 r 的绝对值大于或等于 0.8 为高度相关关系。

2. 皮尔逊（Pearson）相关系数

皮尔逊（Pearson）相关系数是最简单、最常用的一种相关系数，它用于检验连续变量之间的线性相关程度。例如,度量国民收入与居民储蓄存款、身高与体重、高中成绩与高考成绩等变量之间的线性相关关系。

使用皮尔逊相关系数的一般要求如下:

① 正态分布:皮尔逊相关系数适用于服从正态分布的两个变量。

② 样本独立性:测试样本必须是来自某个总体的随机样本,而且样本之间相互独立。

③ 替换极端值:变量中的极端值如离群值对相关系数的影响较大,最好将其剔除或代之以均值或中位数。

通常使用假设检验的方法对皮尔逊相关系数进检验。在皮尔逊相关系数的假设检验中,提出如下假设,即

原假设 H_0:相关系数等于 0,即相关性不显著。

备择假设 H_1:相关系数不等于 0,即相关性显著。

然后,计算皮尔逊相关系数 r 和相应的检验统计量 t:

皮尔逊相关系数的计算公式如下:

$$r=\frac{\sum_{i=1}^{n}(x_i-\bar{x})(y_i-\bar{y})}{\sqrt{\sum_{i=1}^{n}(x_i-\bar{x})^2\sum_{i=1}^{n}(y_i-\bar{y})^2}}$$

上式中,x_i、y_i 分别为变量 x 和变量 y 的取值,$\bar{x}$、$\bar{y}$ 分别为变量 x 和变量 y 的均值,n 为样本量。

检验统计量 t 的计算公式如下:

$$t=\frac{r\sqrt{n-2}}{\sqrt{1-r^2}}$$

检验统计量 t 服从自由度为 $n-2$ 的 t 分布。

根据 t 值的大小,得到对应的 p 值,将其与显著性水平 α(通常取 0.05 或 0.01)进行比较,如果 p 值小于显著性水平 α,则拒绝原假设,认为相关系数不等于 0,即相关性显著。

9.2.2 案例:影响省域高校数的相关因素分析

例 9.1 根据相关经验及理论分析,影响省域高校数的因素主要有人口、教育和经济。现收集到 2018 年 31 个省份年末常住人 口、地区生产总值、高校数、高校在校生数,以及公共教育经费等数据,试分析高校数与其他因素之间的相关关系。

根据第 4 章例 4.1 中的数据文件,建立数据文件“31 省份高校发展状况 .sav”,其中的变量主要有“年末常住人口(万)”“地区生产总值(亿元)”“高校在校生数(万)”“公共教育经费(亿元)”和“高校数”等,变量格式如图 9.2.1 所示。

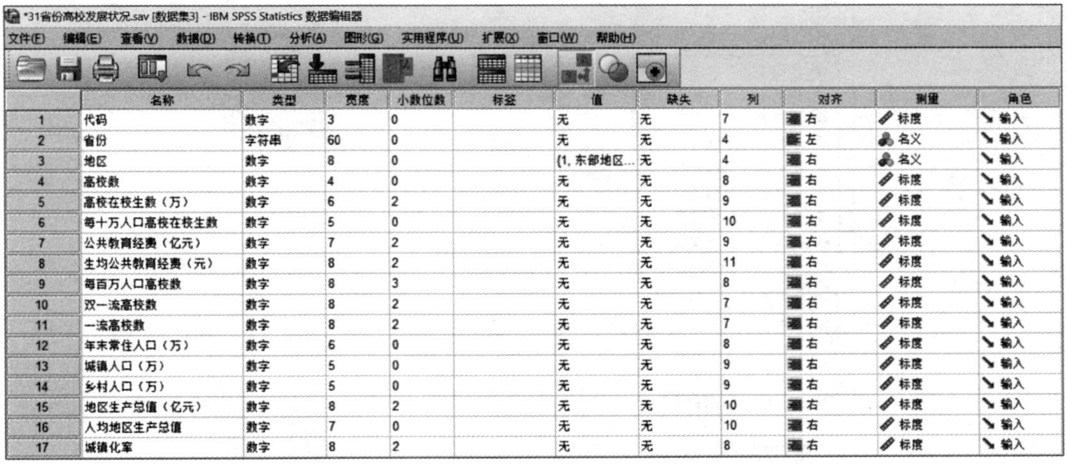

*31省份高校发展状况.sav [数据集3] - IBM SPSS Statistics 数据编辑器

文件(F) 编辑(E) 查看(V) 数据(D) 转换(T) 分析(A) 图形(G) 实用程序(U) 扩展(X) 窗口(W) 帮助(H)

	名称	类型	宽度	小数位数	标签	值	缺失	列	对齐	测量	角色
1	代码	数字	3	0		无	无	7	右	标度	输入
2	省份	字符串	60	0		无	无	4	左	名义	输入
3	地区	数字	8	0		{1, 东部地区...	无	4	右	名义	输入
4	高校数	数字	4	0		无	无	8	右	标度	输入
5	高校在校生数（万）	数字	6	2		无	无	9	右	标度	输入
6	每十万人口高校在校生数	数字	5	0		无	无	10	右	标度	输入
7	公共教育经费（亿元）	数字	7	2		无	无	9	右	标度	输入
8	生均公共教育经费（元）	数字	8	2		无	无	11	右	标度	输入
9	每百万人口高校数	数字	8	3		无	无	8	右	标度	输入
10	双一流高校数	数字	8	2		无	无	7	右	标度	输入
11	一流高校数	数字	8	2		无	无	7	右	标度	输入
12	年末常住人口（万）	数字	6	0		无	无	8	右	标度	输入
13	城镇人口（万）	数字	5	0		无	无	9	右	标度	输入
14	乡村人口（万）	数字	5	0		无	无	9	右	标度	输入
15	地区生产总值（亿元）	数字	8	2		无	无	10	右	标度	输入
16	人均地区生产总值	数字	7	0		无	无	10	右	标度	输入
17	城镇化率	数字	8	2		无	无	8	右	标度	输入

图 9.2.1 数据文件“31 省份高校发展状况 .sav”的变量格式

对于例 9.1，提出以下假设：

原假设 H_0：高校数与其他因素之间无显著的线性相关关系。

备择假设 H_1：高校数与其他因素之间有显著的线性相关关系。

9.2.3 统计分析过程

第 1 步 打开数据文件“31 省份高校发展状况 .sav”。

第 2 步 选择皮尔逊相关分析功能模块。

在 SPSS 的数据窗口中，选择菜单“分析”→“相关”（Correlate）→“双变量”（Bivariate）命令，弹出“双变量相关性”对话框，如图 9.2.2 所示。

第 3 步 设置变量与相关选项。

（1）设置变量

在“双变量相关性”对话框中，将左侧变量列表框中的变量“年末常住人口（万）”“地区生产总值（亿元）”“高校在校生数（万）”“公共教育经费（亿元）”和“高校数”，选入右侧的“变量”框。

在“相关系数”区域，给出了三种相关分析方法，系统默认的相关分析方法为皮尔逊相关分析（即选中“皮尔逊”复选框），其主要用于连续变量之间的相关分析。在本例中，选中该复选框。在“显著性检验”区域，选择“双尾”项。

选中“标记显著性相关性”复选框，表示在输出结果中，如果两个变量的相关性显著，则用 * 号标注。

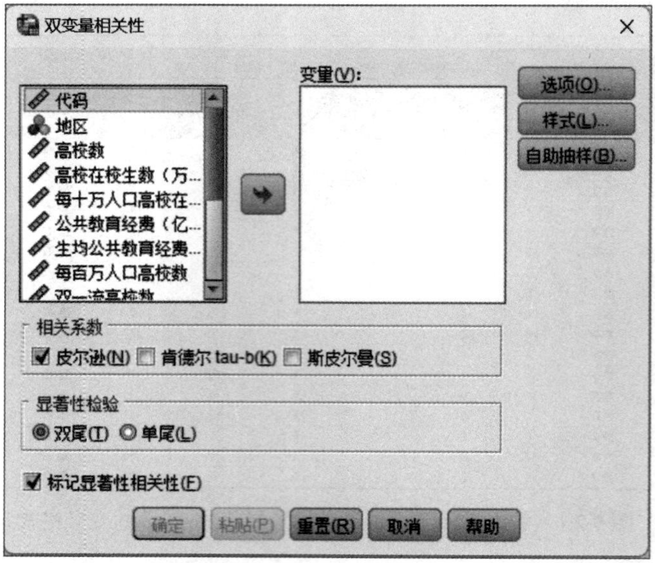

图 9.2.2 “双变量相关性”对话框

具体的变量设置如图 9.2.3 所示。

（2）设置“选项”选项

单击“双变量相关性”对话框中的“选项”按钮，弹出“双变量相关性：选项”对话框，在“统计”区域，选中“平均值和标准差”复选框，如图 9.2.4 所示，这样后面输出的结果中就将出现所选变量的均值和标准差。单击“继续”按钮，返回“双变量相关性”对话框。

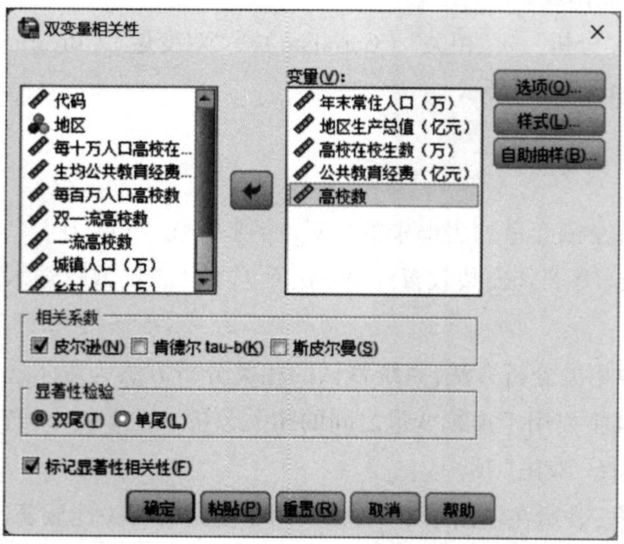

图 9.2.3 设置变量

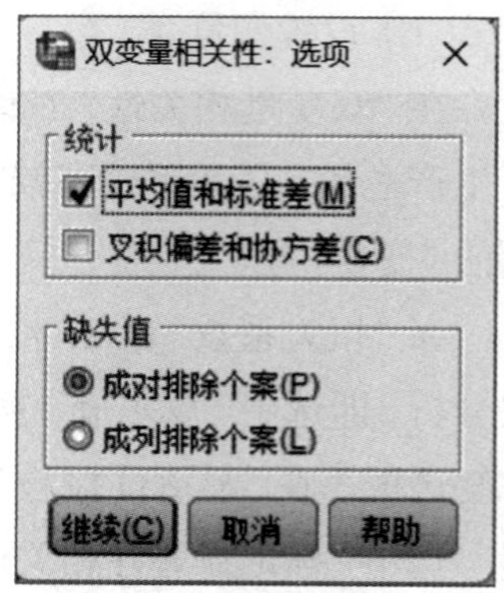

图 9.2.4 “选项”对话框

第 4 步 单击“双变量相关性”对话框中的“确定”按钮，输出结果。

9.2.4 结果与讨论

1. 基本统计结果

图 9.2.5 给出了所选的 5 个变量“年末常住人口(万)”“地区生产总值(亿元)”“高校在校生数(万)”“公共教育经费(亿元)”和“高校数”的描述性统计结果。

	平均值	标准偏差	个案数
年末常住人口(万)	4504.94	2891.081	31
地区生产总值(亿元)	29487.6587	24136.17813	31
高校在校生数(万)	91.3455	57.10793	31
公共教育经费(亿元)	976.9687	589.03828	31
高校数	85.90	41.918	31

图 9.2.5 描述性统计结果

2. 皮尔逊相关系数

图 9.2.6 所示的是相关系数表，用于显示各个变量两两之间的相关系数。由于本例研究变量“高校数”的影响因素，所以这里只关注该表的最下面一部分。这一部分有三行，第一

		年末常住人口(万)	地区生产总值(亿元)	高校在校生数(万)	公共教育经费(亿元)	高校数
年末常住人口(万)	皮尔逊相关性	1	.841**	.970**	.922**	.913**
	Sig.(双尾)		.000	.000	.000	.000
	个案数	31	31	31	31	31
地区生产总值(亿元)	皮尔逊相关性	.841**	1	.834**	.945**	.848**
	Sig.(双尾)	.000		.000	.000	.000
	个案数	31	31	31	31	31
高校在校生数(万)	皮尔逊相关性	.970**	.834**	1	.882**	.943**
	Sig.(双尾)	.000	.000		.000	.000
	个案数	31	31	31	31	31
公共教育经费(亿元)	皮尔逊相关性	.922**	.945**	.882**	1	.865**
	Sig.(双尾)	.000	.000	.000		.000
	个案数	31	31	31	31	31
高校数	皮尔逊相关性	.913**	.848**	.943**	.865**	1
	Sig.(双尾)	.000	.000	.000	.000	
	个案数	31	31	31	31	31

**.在5.01级别(双尾)，相关性显著。

图 9.2.6 相关系数表

行（“皮尔逊相关性”行）为皮尔逊相关系数的值，第二行（“Sig.（双尾）”行）为 t 统计量的双侧检验 p 值，第三行（“个案数”行）为个案数。

本例中共有 31 个个案（省份）；变量“高校数”与变量“年末常住人口（万）”“地区生产总值（亿元）”“高校在校生数（万）”“公共教育经费（亿元）”的相关系数分别为 0.913、0.848、0.943、0.865，且双侧检验的 p 值均为 0，小于显著性水平 0.05，因此拒绝原假设，高校数与其他因素之间有显著的线性相关关系。

可以绘制散点图来进行进一步分析。例如，针对变量“高校数”与变量“年末常住人口（万）”绘制散点图，如图 9.2.7 所示。类似地，可以分别绘制变量“高校数”与变量“地区生产总值（亿元）”“高校在校生数（万）”“公共教育经费（亿元）”的散点图。

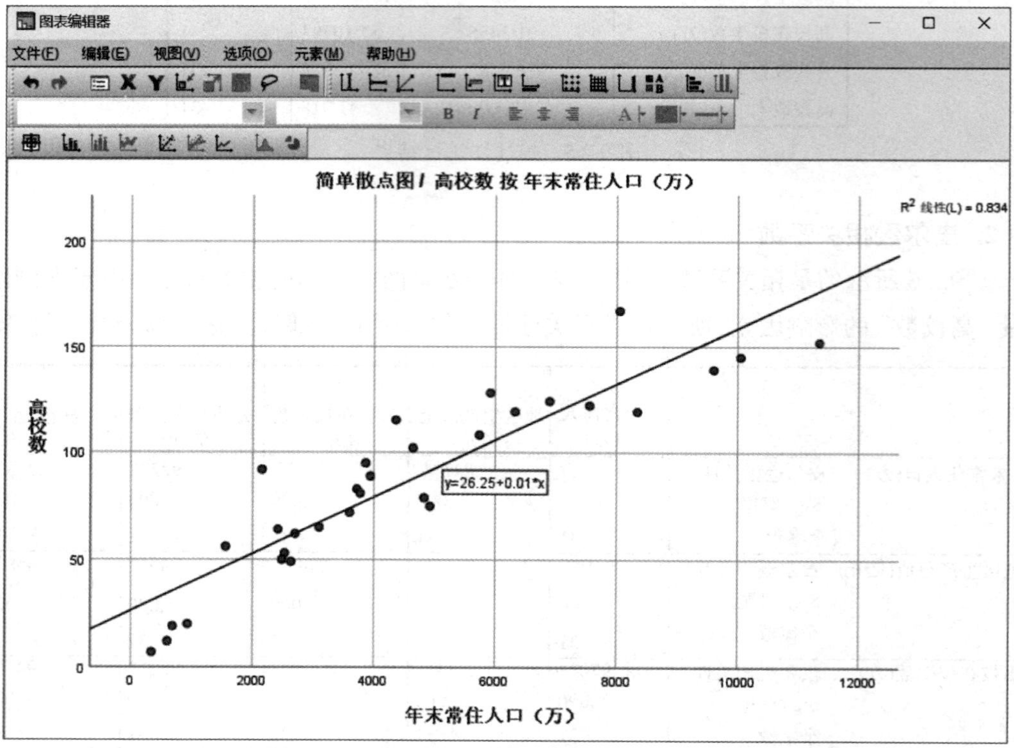

图 9.2.7 变量“高校数”与变量“年末常住人口（万）”的散点图

3. 本例结论

变量“年末常住人口（万）”“地区生产总值（亿元）”“高校在校生数（万）”“公共教育经费（亿元）”都与变量“高校数”显著线性相关，其中变量“年末常住人口（万）”与之的相关程度最高。可以说，对于我国省域高等教育发展来说，人口是与高校数关系最紧密的因素。

9.3 等级变量相关分析

9.3.1 基本概念与方法

等级变量又称为有序变量，它的取值大小能够表示研究对象的某种次序关系（如等级、方位或大小等）。等级变量也是基于“质”因素的变量。例如，变量“最高学历”的取值有：1代表小学及以下，2代表初中，3代表高中、中专、技校，4代表专科，5代表本科，6代表研究生。这6个取值代表了不同的学历层次，它们之间有次序。例如，2比1的学历高，3比2的学历高。但是不能比较等级变量取值的大小差异。例如，对于高中与初中的大小差异，以及本科与专科的大小差异，就不能进行比较了：不能说两者相等，也不能说后者是前者的几倍。因此，可以将等级变量的特点归纳如下：

① 变量只能取有限的几个值。

② 变量的取值代表不同的程度且是有序的。

③ 无法衡量变量值之间的差异。

皮尔逊相关系数一般适用于连续变量，且变量分布服从正态分布或近似正态分布，但实际的教育统计资料往往不能满足上述条件，而且有些变量还是等级变量。

等级相关是依据等级资料来研究变量之间相关关系的方法。等级资料包括：

① 等级评定资料。

② 由连续变量的观测资料转化得到的等级资料。

等级相关的相关系数主要有斯皮尔曼（Spearman）等级相关系数和肯德尔（Kendall）等级相关系数，它们主要用于对有序变量或不满足正态分布假设的等间隔变量之间的线性相关关系进行检验，而且对样本量的大小没有要求。

1. 斯皮尔曼等级相关系数

斯皮尔曼等级相关系数是利用变量的秩构造的线性相关系数，用于非参数检验。由于斯皮尔曼等级相关系数不是通过计算变量的值，而是使用变量的秩得到的，因此不易受极端值的影响。其计算公式如下：

$$R = 1 - \frac{6\sum_{i=1}^{n} d_i^2}{n(n^2-1)}$$

上式中，$\sum_{i=1}^{n} d_i^2 = \sum_{i=1}^{n} (U_i - V_i)^2$（$U_i$、$V_i$ 分别为两个变量排序后的秩），n 为样本量。

对斯皮尔曼等级相关系数的原假设是相关系数等于0。一般来说，如果样本量 $n \leqslant 30$，则可直接利用斯皮尔曼等级相关统计量表，SPSS将自动根据该表给出相应的相关概率值。

如果样本量 $n>30$，则计算 Z 统计量：

$$Z = R\sqrt{n-1}$$

Z 统计量服从近似正态分布，SPSS将依据正态分布表给出相应的 p 值。

2. 肯德尔等级相关系数

肯德尔等级相关系数（Kendall's tau-b）也采用非参数检验方法，检验等级变量之间的线性相关关系，其计算公式为

$$T = 1 - \frac{4V}{n(n-1)}$$

上式中，V 是利用变量的秩计算得到的非一致对数目，n 为样本量。

对肯德尔等级相关系数检验的原假设也是相关系数等于0。一般地，如果样本量 $n \leqslant 30$，将直接利用肯德尔等级相关统计量表，SPSS会自动根据该表给出相应的相关概率值。

如果样本量 $n>30$，则用以下公式计算 Z 统计量：

$$Z = \frac{3T\sqrt{n(n-1)}}{\sqrt{2(2n+5)}}$$

Z 统计量服从近似正态分布，SPSS将依据正态分布表给出相应的 p 值。

9.3.2 案例：专家的评价标准一致吗？

例 9.2 在对课题或研究成果进行评价时，通常会采用专家评审的方式。现有两名专家对9篇学术论文进行评价。论文的等级分为6个级别，分别为1（特等）、2（优秀）、3（良好）、4（一般）、5（较差）、6（非常差）。评价结果如表9.3.1所示。试分析两名专家的评价结果是否一致。

这是一个等级变量相关分析的问题。根据表9.3.1中的数据，建立数据文件“专家评

表 9.3.1 2名专家对9篇学术论文的评价结果

专家	评价结果								
	论文1	论文2	论文3	论文4	论文5	论文6	论文7	论文8	论文9
专家A	2	2	2	4	5	3	5	2	5
专家B	4	1	1	5	4	4	5	2	6

分 .sav”,其中有 2 个变量:“专家 A” 和 “专家 B”,分别表示专家 A 对论文的评价结果和专家 B 对论文的评价结果。两名专家对 9 篇文章中的每 1 篇都进行评价,分析评价结果是否具有一致性,也就是专家评价结果是否具有一致性。在数据文件“专家评分 .sav” 中,将变量的测量尺度设置为有序变量,如图 9.3.1 所示。

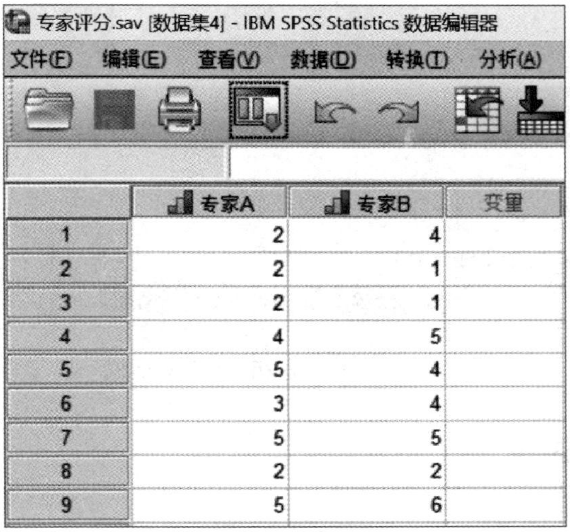

图 9.3.1 数据文件“专家评分 .sav”

对于例 9.2,提出以下假设:

原假设 H_0:两名专家的评价结果之间没有显著的相关关系。

备择假设 H_1:两名专家的评价结果之间有显著的相关关系。

9.3.3 统计分析过程

第 1 步 打开数据文件“专家评分 .sav”。

第 2 步 选择等级变量相关分析功能模块。

在 SPSS 的数据窗口中,选择菜单“分析”→“相关”→“双变量”命令,弹出“双变量相关性”对话框。

第 3 步 设置变量。

在“双变量相关性”对话框中,将左侧变量列表框中的变量“专家 A”和“专家 B”,选入右侧的“变量”框。

在“相关系数”区域,选中“肯德尔 tau-b”复选框和“斯皮尔曼”复选框;在“显著性检验”区域,选择“双尾”项;选中“标记显著性相关性”复选框,如图 9.3.2 所示。

第 4 步 单击“双变量相关性”对话框中的“确定”按钮,输出结果。

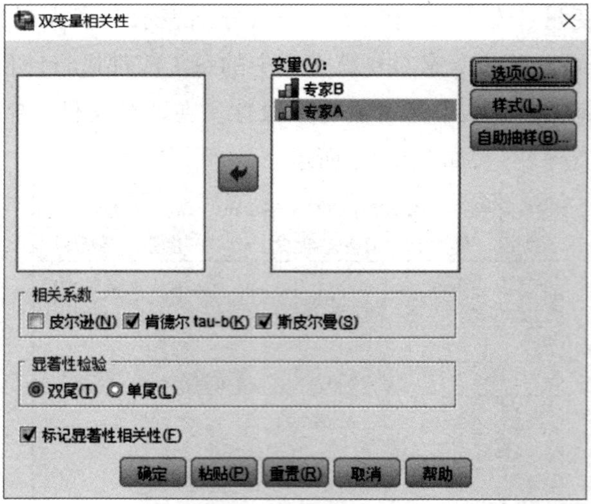

图 9.3.2 “双变量相关性”对话框

9.3.4 结果与讨论

1. 等级变量相关系数

等级变量相关系数如图 9.3.3 所示。

			专家 A	专家 B
肯德尔 tau_b	专家 A	相关系数	1.000	.726*
		Sig. (双尾)	.	.016
		N	9	9
	专家 B	相关系数	.726*	1.000
		Sig. (双尾)	.016	.
		N	9	9
斯皮尔曼 Rho	专家 A	相关系数	1.000	.810**
		Sig. (双尾)	.	.008
		N	9	9
	专家 B	相关系数	.810**	1.000
		Sig. (双尾)	.008	.
		N	9	9

*.在.05级别(双尾)，相关性显著。

**.在.01级别(双尾)，相关性显著。

图 9.3.3 等级变量相关系数

“专家 A”和“专家 B”之间的相关关系以相关系数矩阵的形式表示。从图 9.3.3 中可以看出,“专家 A”与“专家 B”的肯德尔等级相关系数为 0.726,斯皮尔曼等级相关系数为 0.810。前者的旁边有一个 * 号(相应的 p 值小于显著性水平 0.05),后者的旁边有两个 * 号(相应的 p 值小于显著性水平 0.01),p 值均小于显著性水平(0.05 或 0.01),因此,拒绝原假设,两名专家的评价结果之间有显著的相关关系,且为正相关关系。也就是说,专家 A 与专家 B 的评价结果的一致性较高,即对于专家 A 评价高的论文,专家 B 也评价高;对于专家 A 评价低的论文,专家 B 也评价低。

2. 本例结论

两名专家对 9 篇学术论文的评价结果有较高的一致性。

9.4 偏相关分析

9.4.1 基本概念与方法

在定量相关分析中,通过相关系数可以获知变量之间相关关系的方向、强弱。然而,在实际问题中,两个变量之间的相关关系往往还会受其他因素影响。这些影响有时会使结果不那么可靠。例如,房价上涨和儿童体重增加呈现数据上的正相关关系,但是从理论上否定这种相关关系的存在。那么是什么原因导致两者在数据上呈现出相关关系呢?这是因为,儿童体重和房价都随着同一个时间变量增长,与时间变量之间存在正相关关系,从而通过时间变量,使原来不相关的两个变量从数据上看“相关”了。但是,如果去除时间因素,两个变量之间就没有相关关系了。可以看出,相关系数夸大了两个变量间的相关性。再如,对于身高和体重,无论是从理论上还是在实际中都应该呈现出某种相关关系。可是,由于受到年龄这个变量的影响,统计出来的结果有时却是负相关关系或不相关。如果去掉年龄这个变量的影响,身高和体重间的相关性就会增强。这是因为年轻人随着年龄增大,身高与体重都在增加;而老年人随着年龄增大,身高在萎缩,体重也有所减轻。相关系数削弱了两个变量间的相关性,因此需要引入偏相关分析的方法。

1. 偏相关分析的含义

偏相关分析是在研究两个变量之间的相关关系时,对与这两个变量有联系的其他变量进行控制,使其保持不变的统计方法,它采用的工具是偏相关系数。习惯上,将所研究的变量称为检验变量,将进行控制使之保持不变的变量称为控制变量。控制变量的个数称为偏相关系数的阶数,如果控制变量为一个,则称为一阶偏相关系数;如果控制变量为两个,则称为二阶偏相关系数;如果没有控制变量,则称为零阶偏相关系数,也就是皮尔逊相关系数。

在理解偏相关分析中的检验变量与控制变量之间的关系时,通常有两种情况:一种是控制变量同时作用于两个检验变量;另一种是一个检验变量通过控制变量作用于另一个检验变量,即将控制变量作为检验变量的中间变量。

因此,可以说偏相关分析是透过现象看本质,它反映了事物之间的本质联系。偏相关系数的绝对值大小也常用于表示各个变量的相对重要性,其取值范围为 -1 ~ 1。偏相关系数的绝对值越大,偏相关程度越高。

2. 偏相关系数及检验

进行偏相关分析时,通常包括以下两个方面的内容:

(1) 计算偏相关系数

假定有三个变量 x_1、x_2、x_3,求剔除变量 x_3 的影响后,变量 x_1 和 x_2 之间的偏相关系数 $r_{12,3}$:

$$r_{12,3}=\frac{r_{12}-r_{13}r_{23}}{\sqrt{1-r_{13}^2}\sqrt{1-r_{23}^2}}$$

其中:r_{12} 表示变量 x_1 与变量 x_2 的皮尔逊相关系数;r_{13} 表示变量 x_1 与变量 x_3 的皮尔逊相关系数;r_{23} 表示变量 x_2 与变量 x_3 的皮尔逊相关系数。

这个偏相关系数就是在控制变量 x_3 的作用下,检验变量 x_1 和 x_2 之间的相关系数。

(2) 针对样本的观测值,对两个变量的偏相关系数的显著性进行假设检验

原假设 H_0: 偏相关系数为 0。

备择假设 H_1: 偏相关系数不为 0。

相应统计量的计算公式为

$$t=\frac{r\sqrt{n-k-2}}{\sqrt{1-r^2}},\text{服从自由度为 } n-k-2 \text{ 的 } t \text{ 分布}$$

上式中,n 是样本量,k 是剔除了控制变量的变量数,r 是偏相关系数。

偏相关的概念在教育、管理、经济等社会科学领域有着广泛的应用,正确地使用它,对于得出正确的结论至关重要。

9.4.2 案例:省域高校数与其经济规模相关吗?

例 9.3 现收集到 2018 年 31 个省份的高校数、地区生产总值和年末常住人口等数据。高校数、地区生产总值可能都与年末常住人口有相关关系。要分析在剔除了年末常住人口

这个因素之后,高校数和地区生产总值之间是否具有相关关系,如果有相关关系,两者之间的相关程度如何。

具体的数据文件为“31 省份高校发展状况 .sav”,其变量格式如图 9.2.1 所示。

9.4.3 统计分析过程

第 1 步 打开数据文件“31 省份高校发展状况 .sav”。

第 2 步 选定偏相关分析功能模块。

在 SPSS 的数据窗口中,选择菜单“分析”→“相关”→“偏相关”(Partial)命令,弹出“偏相关性”对话框,如图 9.4.1 所示。

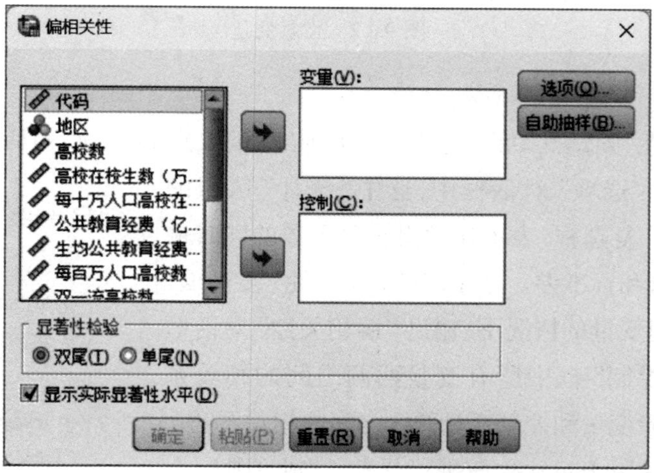

图 9.4.1 “偏相关性”对话框

第 3 步 设置变量及相关选项。

(1)设置变量

在“偏相关性”对话框中,将左侧变量列表框中的检验变量选入“变量”框,将控制变量选入“控制”框。

在本例中,检验变量为“高校数”和“地区生产总值(亿元)”,控制变量为“年末常住人口(万)”。变量设置如图 9.4.2 所示。

在“偏相关性”对话框的“显著性检验”区域选择检验的类型,有两个选项:“双尾”项(即双侧检验)和“单尾”项(即单侧检验)。系统默认选择“双尾”项。本例按系统默认的方式进行设置。

选中“显示实际显著性水平”复选框,表示若变量之间的相关性显著,则显示实际的显著性检验概率。在本例中,选中该复选框。

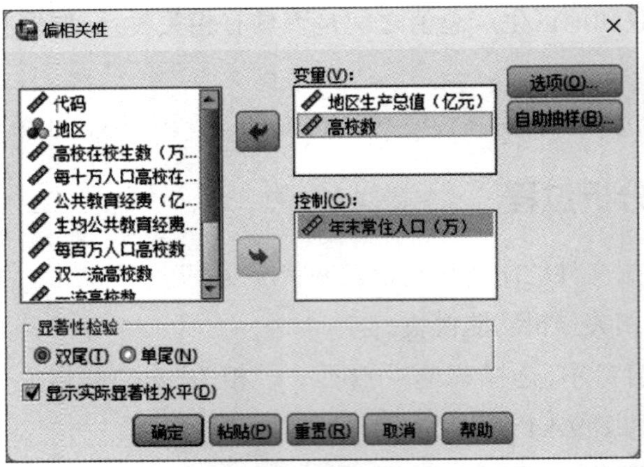

图 9.4.2 设置变量

（2）设置“选项”选项

单击“偏相关性”对话框中的“选项”按钮，弹出“偏相关性：选项”对话框，如图 9.4.3 所示。

在“偏相关性：选项”对话框中，选中“统计”区域的“平均值和标准差”复选框，表示在输出相关系数的同时输出各个变量的均值和标准差。选中“零阶相关性”复选框，表示在不考虑控制变量的情况下，输出“偏相关性”对话框的“变量”框和“控制”框中所有变量两两之间的相关系数，也就是所有检验变量和控制变量两两之间的相关系数。

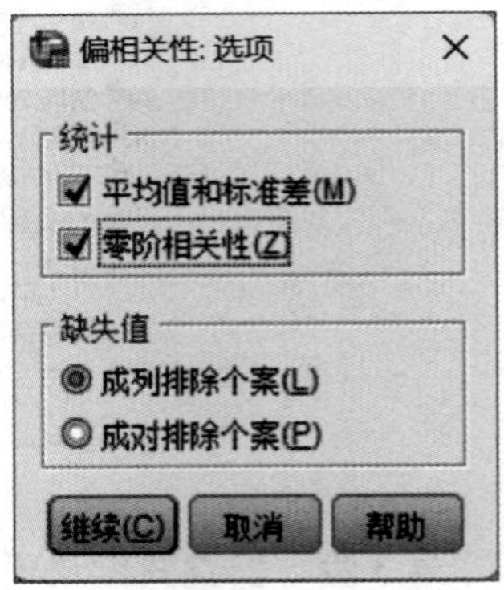

图 9.4.3 “偏相关性：选项”对话框

“缺失值”区域用于对缺失值进行处理，“成列排除个案”项表示如果参与计算的两个变量中有缺失值，则暂时剔除那些在这两个变量上有缺失值的个案；“成对排除个案”项表示剔除所有具有缺失值的个案。

本例中没有缺失值，所有选项的设置如图 9.4.3 所示，单击“继续”按钮，返回“偏相关性”对话框。

第 4 步 输出结果。

单击“偏相关性”对话框中的“确定”按钮，输出结果。

9.4.4 结果与讨论

1. 基本统计结果

图 9.4.4 给出了“地区生产总值（亿元）”“高校数”和“年末常住人口（万）”三个变量

的 31 个个案的描述性统计结果。例如，地区生产总值平均为 29 487.658 7 亿元，高校数平均为 85.903 2 所，年末常住人口平均为 4 504.935 5 万人。

	平均值	标准偏差	个案数
高校数	85.9032	41.91766	31
地区生产总值(亿元)	29487.6587	24136.17813	31
年末常住人口(万)	4504.9355	2891.08105	31

图 9.4.4 描述性统计结果

2. 偏相关系数

偏相关系数如图 9.4.5 所示。

控制变量			高校数	地区生产总值(亿元)	年末常住人口(万)
- 无 -[a]	高校数	相关性	1.000	.848	.913
		显著性(双尾)	.	.000	.000
		自由度	0	29	29
	地区生产总值(亿元)	相关性	.848	1.000	.841
		显著性(双尾)	.000	.	.000
		自由度	29	0	29
	年末常住人口(万)	相关性	.913	.841	1.000
		显著性(双尾)	.000	.000	.
		自由度	29	29	0
年末常住人口(万)	高校数	相关性	1.000	.363	
		显著性(双尾)	.	.049	
		自由度	0	28	
	地区生产总值(亿元)	相关性	.363	1.000	
		显著性(双尾)	.049	.	
		自由度	28	0	

a. 单元格包含零阶(皮尔逊)相关性。

图 9.4.5 偏相关系数

在图 9.4.5 中，上半部分输出的是在无控制的情况下，变量两两之间的皮尔逊相关系数。“高校数”与“地区生产总值（亿元）”、“高校数”与“年末常住人口（万）”、“地区生产总值

(亿元)”与“年末常住人口(万)”之间的相关系数分别为0.848、0.913和0.841。它们对应的 p 值均为0,都远小于显著性水平0.05。因此,它们两两之间具有强正相关关系。

在图9.4.5中,下半部分是偏相关分析的输出结果。其中,控制变量为“年末常住人口(万)”;对于每个变量都有三行输出结果:第一行为偏相关系数,第二行为检验统计量的 p 值,第三行为统计检验的自由度。从中可知,在剔除变量“年末常住人口(万)”影响的情况下,“高校数”与“地区生产总值(亿元)”的偏相关系数为0.363,远小于皮尔逊相关系数(0.848),p 值为0.049,接近于显著性水平0.05。因此,变量“高校数”与“地区生产总值”间的相关性不是那么显著。皮尔逊相关系数和偏相关系数相比,前者有夸大的成分,后者更符合实际。

3. 本例结论

影响省域高校数的主要因素是人口规模,人口规模决定未来高等教育适龄人口规模,进而决定高校的数量。

主要概念与术语

函数关系,统计关系;相关关系,简单相关关系,复相关关系,线性相关关系,非线性相关关系,正相关关系、负相关关系;相关系数,皮尔逊相关系数,斯皮尔曼等级相关系数,肯德尔等级相关系数;偏相关分析,偏相关系数,控制变量,检验变量。

思考与练习

1. 相关分析主要用于解决哪些问题?
2. 简述相关系数的性质。
3. 将本章中的案例重新操作一遍。
4. 使用例9.1中的数据,分析省域拥有一流大学建设高校和一流学科建设高校的数量,与哪些因素密切相关。

第 10 章　卡方检验

本章学习目标：

❶ 理解品质相关问题或定性相关问题的含义。

❷ 理解一般卡方检验的含义和基本原理，熟练掌握一般卡方检验在 SPSS 中的数据组织方式、实现过程，能够解释其输出结果。

❸ 理解分层卡方检验的含义和基本原理，熟练掌握分层卡方检验在 SPSS 中的数据组织方式、实现过程，能够解释其输出结果。

❹ 理解配对卡方与一致性检验的主要用途，熟练掌握它们在 SPSS 中的数据组织方式、实现过程以及输出结果解释。

❺ 熟练掌握对应分析在 SPSS 中的实现过程，并能解释其输出结果。

第 9 章主要讨论了定量变量和等级变量相关分析。在教育实证研究中，经常会遇到如下问题：

- 一个人的文化程度与其对某一政策的态度或工作业绩是否相关？
- 一个家庭的收入情况与该家庭对教育的态度是否相关？
- 一个人所生活的地区与其所持有的价值观是否相关？
- 一种培训方法与企业使用这种培训方法后的业绩增长是否相关？
- 学生的专业背景与他们对某一问题的看法是否相关？
- 毕业生的家庭经济背景或专业背景，与其期望的薪资是否相关？
- 毕业生的家庭经济背景，与其就业岗位是否相关？等等。

上述问题，称为品质相关问题或定性相关问题。其特征是：每个个体至少有 2 个变量（特征），其中至少有一个变量是定性变量。

例如，在问题“一个人所生活的地区与其所持有的价值观是否相关？”中，调查的个体为人，其两个特征分别为“地区”（哪个地区的人）和“价值观”。其中，“地区”是一个定性变量，它的取值范围为若干地区；“价值观”也是一个定性变量，其取值范围为若干价值观。

统计分析主要是分析变量及其之间的关系。除了定量变量,对定性变量进行描述和分析也是各种统计软件的非常重要的功能。在 SPSS 中,用于定性数据描述和分析的过程主要有以下几个：

① 定制表(custom tables)过程。定制表过程主要基于数据生成各种描述性统计表格、汇总报表,其报表生成能力极强,但它只能计算各种描述性指标,基本上没有统计推断功能。

② 交叉表(crosstabs)过程。交叉表过程主要对定性资料进行各种形式的频数分布描述,并进行"简单"的统计推断,包括各种类型的卡方检验(如卡方相关性度量指标、确切概率法等)。

③ 逻辑斯谛回归(logistical regression)过程。逻辑斯谛回归过程主要提供拟合二分类/多分类/有序分类问题的逻辑斯谛回归模型,该模型应用得较为广泛。

④ 对数线性(log-linear)过程。对数线性过程主要提供拟合对数线性模型,该模型是针对分类资料的最严格的建模方法,但使用起来也最复杂。

⑤ 非参数检验过程。非参数检验过程也包括卡方检验。

在以上 5 个过程中,只有交叉表过程既包括强大的描述功能,又提供实用的统计推断功能,在实际教育统计工作中,对定性数据进行统计分析,主要使用交叉表过程。

10.1 基本概念与方法

10.1.1 问题的数学描述

品质相关问题(或定性相关问题)可以用表 10.1.1 所示的模式来概括。

表 10.1.1 为 $k\times s$ 列联表,其中 n_{ij} 表示处于交叉位置的频数(总体中的个体数),$n_{\cdot s}$ 表示处于状态 s 的频数,$n_{k\cdot}$ 表示处于因素水平 k 的频数。列联表又称为交叉表,即由两个或两个以上的变量交叉分类形成的频数表。在表 10.1.1 中,每个个体至少有 2 个特征(变量"状态"和变量"因素水平")。每个特征的取值,可以是名义数据,也可以是有序数据,对于它们只能比较大小,不能进行加减运算。

表 10.1.1 品质相关问题模式

因素水平	频数			
	状态 1	…	状态 s	合计
因素水平 1	n_{11}	…	n_{1s}	$n_{1\cdot}$
…	…	…	…	…
因素水平 k	n_{k1}	…	n_{ks}	$n_{k\cdot}$
合计	$n_{\cdot 1}$	…	$n_{\cdot s}$	n

卡方检验是研究样本分布偏离理论分布的严重程度,即检验的是样本所在的总体的分布,而不是总体的参数,因此它属于非参数检验。卡方检验就是检验样本的观测值与理论值之间的偏离程度,观测值与理论值之间的偏离程度决定了卡方值的大小,卡方值越大,两者之间的偏差越大;反之,两者之间的偏差越小;若两者完全相等,则卡方值为 0,表明观测值与理论值完全相符。

10.1.2 卡方检验过程

1. 提出假设

所谓卡方(χ^2)检验,是指在样本所在的总体 X 分布未知的情况下,根据样本的观测值 $x_1, x_2, \cdots, x_n$ 来检验关于总体分布的假设。

原假设 H_0: 总体 X 的分布函数为 $F(x)$。

备择假设 H_1: 总体 X 的分布函数不为 $F(x)$。

需要注意的是,上述假设在总体分布为离散分布的情况下相当于:

原假设 H_0: 总体 X 的分布律为 $P\{X=x_i\}=p_i, i=1, 2, \cdots$。

备择假设 H_1: 总体 X 的分布律不为 $P\{X=x_i\}=p_i, i=1, 2, \cdots$。

在总体分布为连续分布的情况下,则相当于:

原假设 H_0: 总体 X 的概率密度为 $f(x)$。

备择假设 H_1: 总体 X 的概率密度不为 $f(x)$。

2. 基本方法

① 将总体 X 的取值范围分成 k 个互不相交的小区间 $A_1, A_2, A_3, \cdots, A_k$。小区间的划分视具体情况而定,但要使每个小区间所包含的样本观测值的个数不小于 5,而且小区间的个

数 k 不能太大也不能太小。

② 把落入第 i 个小区间 A_i 的样本观测值的个数记作 f_i，称为组频数（观测频数），所有组频数之和 $f_1+f_2+\cdots+f_k$ 等于样本量 n。

③ 当原假设为真时，根据所假设的总体理论分布，可计算出总体 X 的值落入第 i 个小区间 A_i 的概率 p_i，于是，np_i 就是落入第 i 个小区间 A_i 的样本观测值的理论频数（期望频数）。

④ 当原假设为真时，n 次实验中样本观测值落入第 i 个小区间 A_i 的频数 f_i/n 与概率 p_i 应该很接近；当原假设不为真时，f_i/n 与 p_i 应该相差很大。基于这种思想，皮尔逊使用

$$\chi^2=\sum_{i=1}^{k}\frac{(f_i-np_i)^2}{np_i}$$

作为检验原假设的统计量。在原假设成立的情况下，χ^2 服从自由度为 $k-1$ 的卡方分布。

例如，大学生选择的专业与性别之间的关系。在这种情况下，每名大学生都有两个基本特征：一个是选择的专业，另一个是性别，现在想了解两者之间的关系。这里的原假设为两者无关。

现收集到 200 名大学生选择专业的情况，如表 10.1.2 所示。

表 10.1.2 200 名大学生选择专业的情况

专业	频数		
	男	女	总计
文科专业	15（55）	95（55）	110
理工科专业	85（45）	5（45）	90
总计	100	100	200

表 10.1.2 的主体是一个 2×2 列联表（即四格表）。如果选择的专业和性别没有关系，列联表单元格中的观测频数（即括号外的数值）与期望频数（即括号里的数值，这里是男女大学生选择文科专业和理工科专业的比例一致）差别不大。但实际上观测频数（括号外的数值）与期望频数有明显的差距，两者的差值为卡方值：

$$\chi^2=\sum_{i=1}^{k}\frac{(f_i-np_i)^2}{np_i}=\frac{(95-55)^2}{55}+\frac{(15-55)^2}{55}+\frac{(85-45)^2}{45}+\frac{(5-45)^2}{45}=129.293>10.828$$

这里 p 值为 $P(\chi^2(3)\leqslant 10.828)$，小于0.05，所以原假设不成立，说明选择的专业和性别是有关系的。

3. 卡方检验的适用范围

卡方检验要求样本量大于 40,且四格表中每个单元格中的期望频数不小于 5。当样本量大于 40,但 1 ≤期望频数 <5 时,需要校正卡方值;当样本量小于 40 或期望频数小于 1 时,SPSS 会自动选择合适的方法(如确切概率法)计算检验概率。

10.1.3 两定性变量相关性度量

如果卡方检验拒绝了原假设,则表明两个定性变量不独立,也就是它们之间存在一定的相关性。这时需要进一步度量其相关性,下面给出两个常用的相关系数——Phi 系数和克拉默 V(Cramer's V)系数。

1. Phi 系数

Phi 系数记作 φ,其计算公式为

$$\varphi=\sqrt{\frac{\chi^2}{n}}$$

上式中,n 为样本量,即表 10.1.1 右下角的“n”(当 $k=s=2$ 时)。

Phi 系数的大小,表示两个因素之间相关性的强弱,当它的值小于 0.3 时表示相关性较弱,当它的值大于 0.6 时表示相关性较强。Phi 系数适用于四格表。

2. 克拉默 V 系数

克拉默 V 系数是 Phi 系数的修正值,当列联表的行数和列数大于或等于 2 时,可采用克拉默 V 系数:

$$V=\sqrt{\frac{\chi^2}{n(k-1)}}$$

上式中,k 为行数或列数中较小的数值。例如,若行数为 2,列数为 3,则 k 的取值为 2。

10.1.4 定性变量的记录格式

定性变量的记录格式往往和定量变量不同。对于定量变量,由于各个变量的取值一般互不相同,因此其记录格式为一个变量对应一条记录(枚举格式)。而对于定性变量,由于变量的取值仅限于很少的几个类别,如果还按照定量变量的格式记录数据就非常麻烦。例如,抽样调查 323 名研究生的专业情况,若按照图 10.1.1 所示的格式记录数据,一共要写 323 条记录。

但实际上，相应的变量值只有“法学类”“教育学类”“公共管理类”和“其他类”4 类。为了方便起见，往往采用频数表的格式来记录，如图 10.1.2 所示。在 SPSS 中，使用频数表时，只需要用“个案加权”过程指定频数变量即可。

	A1	A2
1	大学A	其他类
2	大学F	教育学类
3	大学F	法学类
4	大学A	教育学类
5	大学C	法学类
6	大学B	教育学类
7	大学E	法学类
8	大学A	公共管理类
9	大学C	其他类
10	大学B	法学类

图 10.1.1　定量变量的记录格式（原始的数据文件）

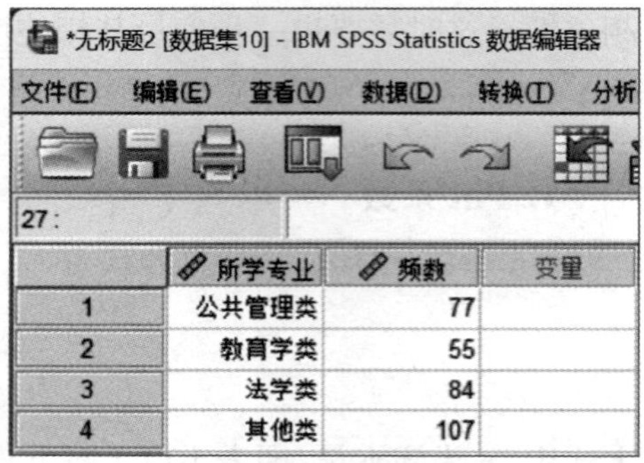

	所学专业	频数	变量
1	公共管理类	77	
2	教育学类	55	
3	法学类	84	
4	其他类	107	

图 10.1.2　频数表格式

这样只需要 4 条记录就可以记录 323 名研究生的专业情况数据，而且传递的总体信息量和图 10.1.1 所示的表格的信息量差不太多，只是无法反映个体的具体取值。这种格式往往应用在基于数据汇总结果进行分析的场合，列联表实际上就是数据汇总的结果。而在原始的数据文件中，出于管理和跟踪记录的需要，一般仍然是一个变量对应一条记录。SPSS 对于这两种记录格式均可识别。

10.2 一般卡方检验

10.2.1　案例：攻读硕士学位的动因与对目前专业的态度

例 10.1　在对文科硕士研究生培养情况的调查中，有两个调查指标或变量，一个是攻读硕士学位的动因，另一个是对目前专业的态度。针对前者设置变量“读硕士动因”，该变量有 4 个取值，分别是“提高学术水平，争取读博，从事学术研究”“迫于就业压力，提高层次，找个好工作”“原先工作不顺心，换个工作岗位”“其他”；针对后者设置变量“对目前专业的态度”，该变量有 3 个取值，分别是“喜欢”“一般”和“不喜欢”。问：“读硕士动因”与“对目前专业的态度”之间的相关性是否显著？研究两者之间的相关关系，对于研究生管理工作的开展具有实际的指导意义。本例的原假设为两者不相关。

本例中的原始数据文件为“文科硕士研究生培养情况 – 例 10.1–1.sav”，如图 10.2.1 所示。

图 10.2.1 原始数据文件“文科硕士研究生培养情况 – 例 10.1–1.sav”

汇总列联表如表 10.2.1 所示，这个表的主体是一个 4 × 3 列联表。将其录入数据文件“文科硕士研究生培养情况 – 例 10.1–2.sav”，如图 10.2.2 所示。

本例主要基于图 10.2.1 所示的原始数据文件，说明一般卡方检验的统计分析过程，并以注释的形式说明汇总列联表数据文件的格式。

表 10.2.1 “读硕士动因”与“对目前专业的态度”汇总列联表

读硕士动因	频数			
	喜欢	一般	不喜欢	总计
提高学术水平，争取读博，从事学术研究	40	20	5	65
迫于就业压力，提高层次，找个好工作	68	83	8	159
原先工作不顺心，换个工作岗位	2	5	4	11
其他	56	26	6	88
总计	166	134	23	323

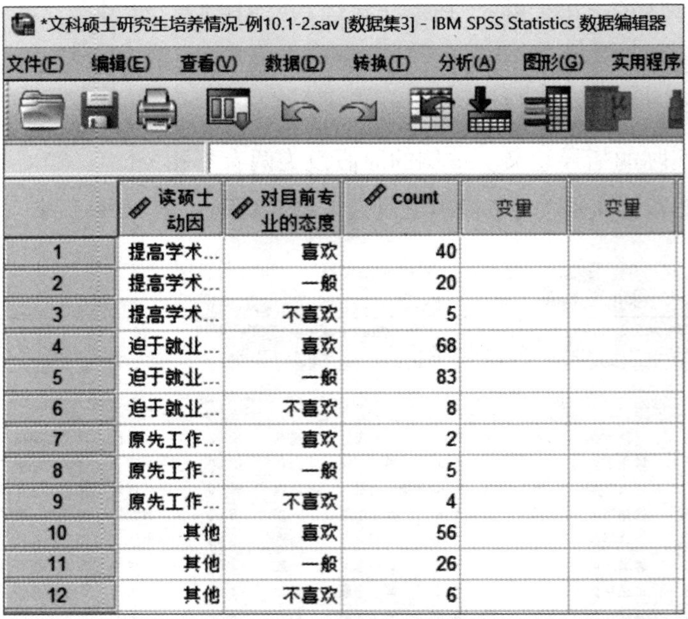

	读硕士动因	对目前专业的态度	count	变量	变量
1	提高学术...	喜欢	40		
2	提高学术...	一般	20		
3	提高学术...	不喜欢	5		
4	迫于就业...	喜欢	68		
5	迫于就业...	一般	83		
6	迫于就业...	不喜欢	8		
7	原先工作...	喜欢	2		
8	原先工作...	一般	5		
9	原先工作...	不喜欢	4		
10	其他	喜欢	56		
11	其他	一般	26		
12	其他	不喜欢	6		

图 10.2.2 汇总列联表数据文件“文科硕士研究生培养情况 – 例 10.1–2.sav”

10.2.2 统计分析过程

1. 基于原始数据文件进行检验

第 1 步 打开数据文件“文科硕士研究生培养情况 – 例 10.1–1.sav”。

第 2 步 选择一般卡方检验功能模块。

在 SPSS 的数据窗口中,选择菜单“分析”→“描述统计”→“交叉表”(Crosstabs)命令,弹出“交叉表”对话框,如图 10.2.3 所示。

在“交叉表”对话框中:

“行”(Row)框:用于选择列联表中的行变量。

“列”(Column)框:用于选择列联表中的列变量。

“层”(Layer)框组:用于设置分层变量,包括分层变量列表框和层按钮组两个部分。

- 分层变量列表框:用于选入分层变量,如果将变量“性别”选入,则会按照性别为男和女的情况分别对行 / 列变量进行描述和分析,但并不给出总计结果。如果选入多个分层变量,则分别进行分层分析。
- 层按钮组:包括“上一个”和“下一个”两个按钮,用于选入分层变量。在将多个变量选入分层变量列表框时默认分别进行分层分析,如果希望进行嵌套的分层分析,如按照不同组

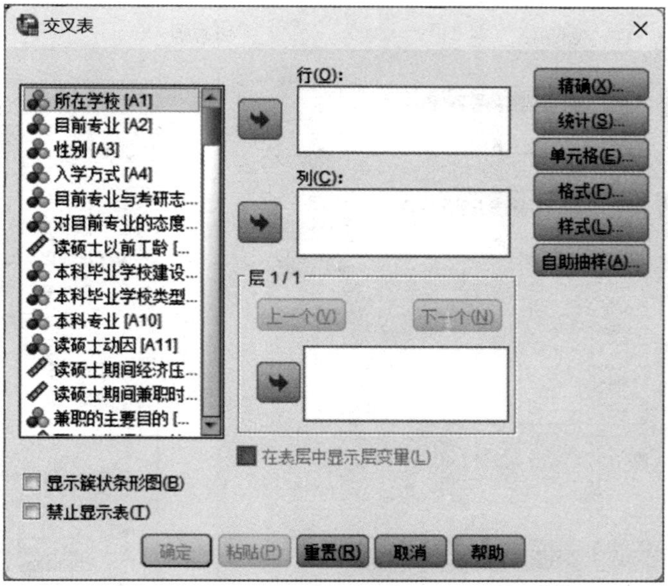

图 10.2.3 “交叉表”对话框

合进行分层分析,则要先将一个分层变量选入分层变量列表框,然后单击“下一个”按钮,跳至第二层,再将另一个分层变量选入分层变量列表框,两个变量就被分配到了不同的层中。

“显示簇状条形图”(Display clustered bar charts)复选框:用于直观地反映列联表的各个单元格中的频数大小。

“禁止显示表”(Suppress tables)复选框:禁止在结果中输出列联表。

第 3 步 设置变量与相关选项。

(1)设置变量

在“交叉表”对话框中,将左侧变量列表框中的变量“读硕士动因”选入右侧的“行”框,将变量“对目前专业的态度”选入“列”框。选中“显示簇状条形图”复选框,如图 10.2.4 所示。

(2)设置“统计”选项

单击“交叉表”对话框中的“统计”按钮,弹出“交叉表:统计”对话框,如图 10.2.5 所示。该对话框中各个选项的意义如下:

- “卡方”复选框:表示进行卡方检验。对于四格表资料还会自动给出校正卡方检验和确切概率法的结果。该检验用于判断行变量和列变量是否相互独立,如果数据不满足卡方检验的要求(不能有期望频数小于 1 的单元格,期望频数小于 5 的单元格数不能超过单元格总数的 20%),则系统会在输出结果的最后给出警告,提示用户采用确切概率法进行分析。

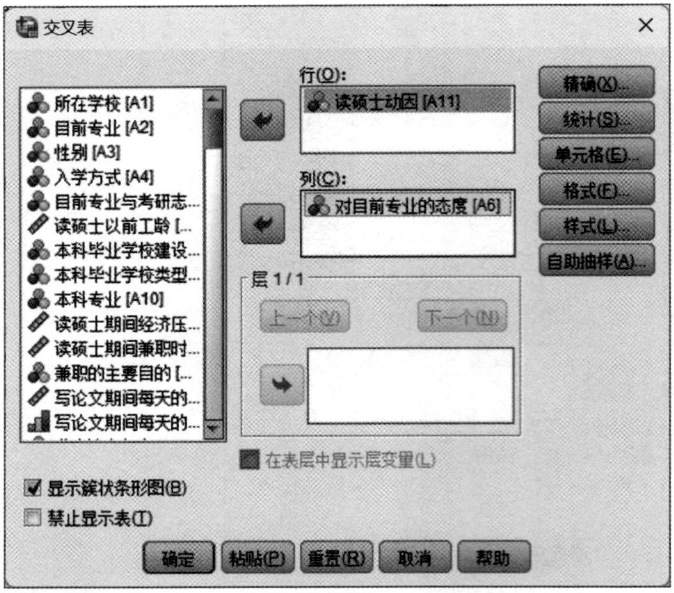

图 10.2.4　设置变量与相关选项

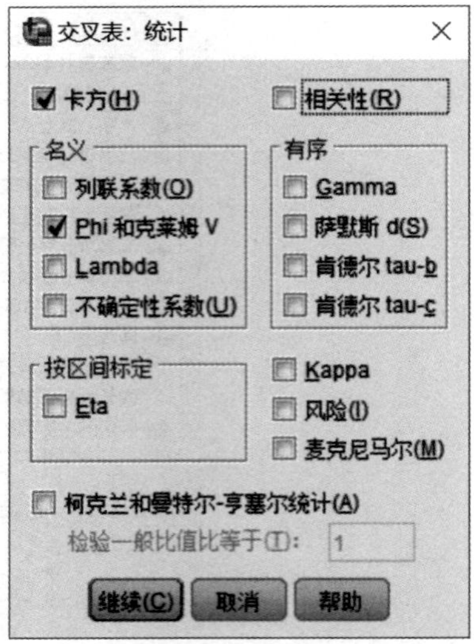

图 10.2.5　“交叉表：统计”对话框

- “名义”区域：包含一组反映定性变量相关性的统计量，这组统计量在变量为有序变量或无序变量时均可使用，但当两个变量均为有序变量时，其效率没有使用“有序”区域的统计量高。
- “有序”区域：包含一组反映有序变量一致性的统计量，这些统计量只能在两个变量均为有序变量时使用。它们均是基于伽马（gamma）统计量衍生出来的。所谓一致性高，是指行变量等级高时列变量等级也高，行变量等级低时列变量等级也低。如果行变量等级高而列变量等级低，则称为不一致。这种情况可参照 9.3 节中的相关内容，在此处用处不大。
- “Kappa”和“麦克尼马尔”复选框的设置，见 10.4 节的有关内容。

在本例中，选中“卡方”复选框，并在“名义”区域选中“Phi 和克莱姆 V”复选框，即采用 Phi 系数或克拉默 V 系数作为相关系数。单击“继续”按钮返回“交叉表”对话框。

（3）设置“单元格”选项

单击“交叉表”对话框中的“单元格”按钮，弹出“交叉表：单元格显示”对话框。该对话框中的相关选项的说明如下：

“计数”区域：“实测”复选框表示观测频数，“期望”复选框表示期望频数。

“百分比”区域：“行”复选框表示输出行百分数，“列”复选框表示输出列百分数，“总计”复选框表示输出总计百分数。

“残差”区域：“未标准化”（Unstandardized）复选框显示观测频数与期望频数的差值；

“标准化”（Standardized）复选框表示经过标准化处理的观测频数与期望频数的差值，并将该差值转化为标准正态分布；“调整后标准化”（Adjusted Standardized）复选框表示经过标准误差处理的观测频数与期望频数的差值。

在本例中，相关选项的设置如图 10.2.6 所示，单击“继续”按钮返回“交叉表”对话框。

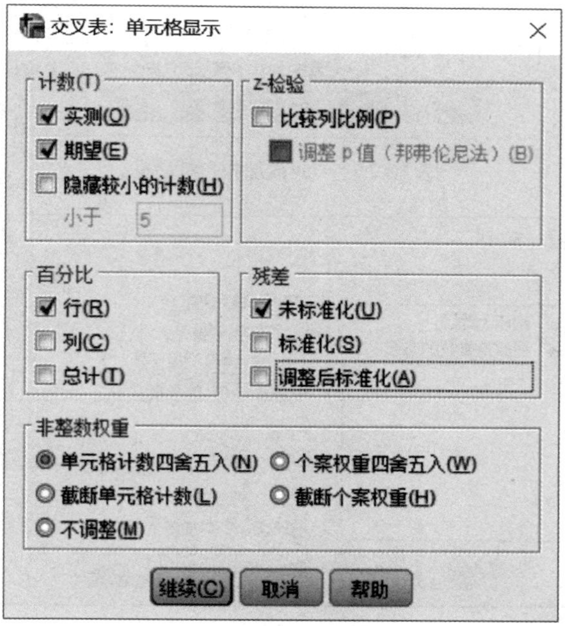

图 10.2.6 “交叉表：单元格显示”对话框

（4）其他选项

“交叉表”对话框中的“精确”“格式”和“样式”选项按照系统默认的方式设置。

第 4 步 在“交叉表”对话框中，单击“确定”按钮，输出结果。

2. 基于汇总列联表进行检验

第 1 步 打开数据文件“文科硕士研究生培养情况 – 例 10.1–2.sav”。

第 2 步 在 SPSS 的数据窗口中，选择菜单“数据”→“个案加权”（Weight Cases）命令，弹出“个案加权”对话框，如图 10.2.7 所示。在该对话框中，选择“个案加权依据”项，然后将左侧变量列表框中的变量“count”选入右侧的“频率变量”框，如图 10.2.8 所示。单击“确定”按钮，指定频数变量。

第 3 步 重复本小节中“1. 基于原始数据文件进行检验”的统计分析过程，不过此时打开的数据文件为“文科硕士研究生培养情况 – 例 10.1–2.sav”，具体操作过程这里不再重复介绍。

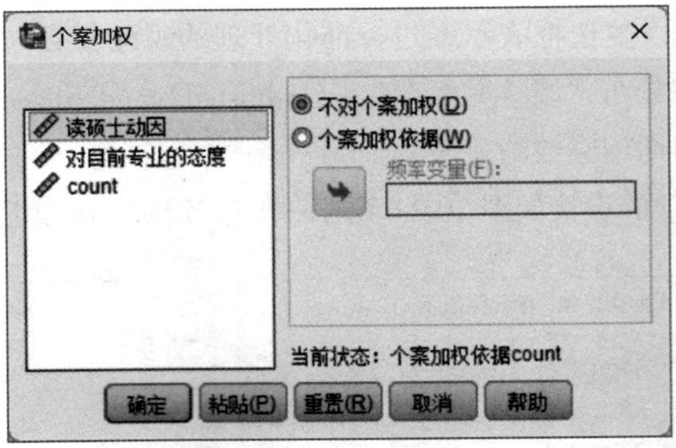

图 10.2.7 “个案加权”对话框

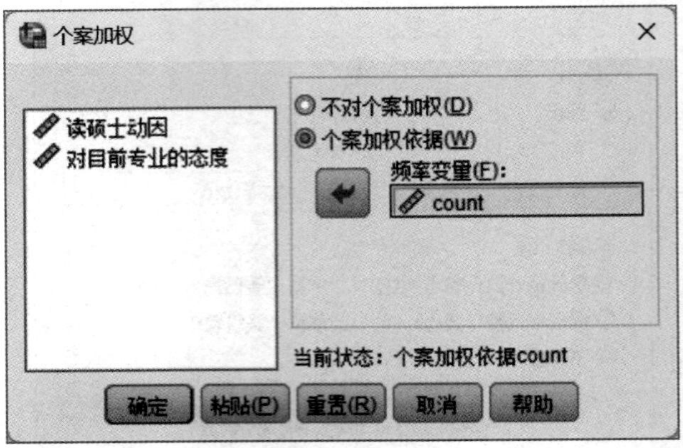

图 10.2.8 设置频数变量

10.2.3 结果与讨论

1. 基本统计结果

图 10.2.9 所示的是反映数据中是否存在缺失值的个案处理摘要，可见 323 个个案均有效。

	个案					
	有效		缺失		总计	
	N	百分比	N	百分比	N	百分比
读硕士动因 * 对目前专业的态度	323	100.0%	0	.0%	323	100.0%

图 10.2.9 个案处理摘要

图 10.2.10 所示的是样本数分布情况的统计图。从图 10.2.10 中可以看出,在以“提高学术水平,争取读博,从事学术研究”和“其他”为“读硕士动因”的学生中,倾向于“喜欢”目前专业的人数,较“一般”喜欢和“不喜欢”目前专业的人数多。具有其他“读硕士动因”的学生倾向于“一般”喜欢目前的专业。

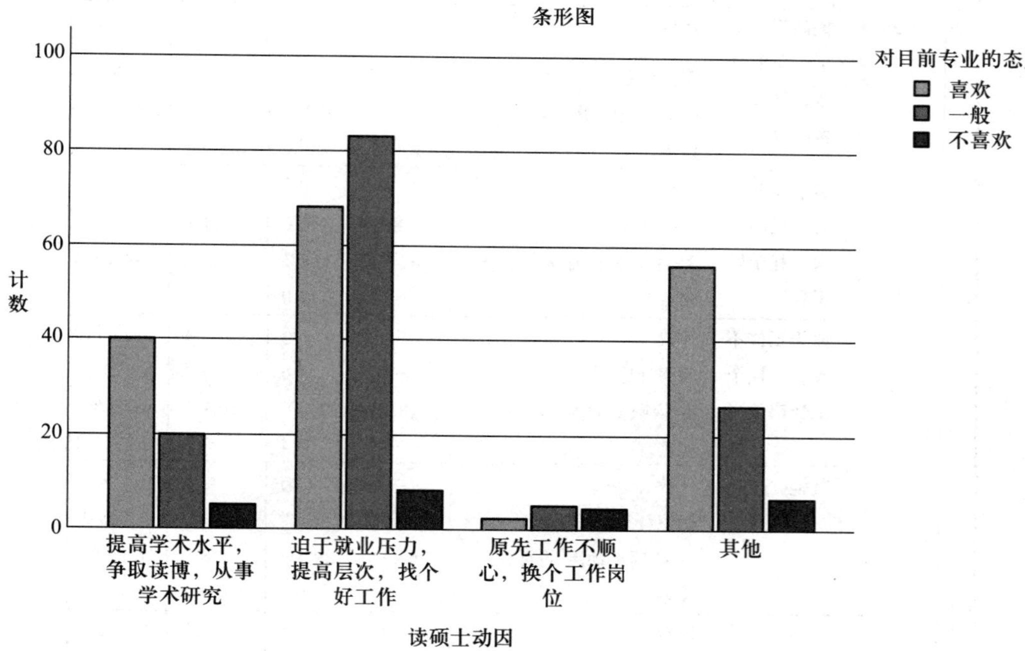

图 10.2.10 样本数分布情况的统计图

2. 交叉表统计结果

图 10.2.11 所示的是变量“读硕士动因”× 变量“对目前专业的态度”列联表。从图 10.2.11 中可以看出:当变量“读硕士动因”的取值为“提高学术水平,争取读博,从事学术研究”时,“对目前专业的态度”分别为“喜欢”“一般”“不喜欢”三个等级的观测频数(实际人数,在 SPSS 中显示为“计数”),从左到右依次为 40 人、20 人、5 人;相互独立的期望频数(理论人数,在 SPSS 中显示为“期望计数”)分别为 33.4、27.0、4.6。这表明,对于“读硕士动因”为“提高学术水平,争取读博,从事学术研究”的学生,“喜欢”目前专业的实际人数明显多于理论人数。由此可以推断变量“读硕士动因”与变量“对目前专业的态度”是相关的。类似地,可以分析其他情况。

3. 统计检验结果

统计检验结果包括两个部分,这两个部分是卡方检验的主要结果。

			对目前专业的态度			总计
			喜欢	一般	不喜欢	
读硕士动因	提高学术水平，争取读博，从事学术研究	计数	40	20	5	65
		期望计数	33.4	27.0	4.6	65.0
		占 读硕士动因 的百分比	61.5%	30.8%	7.7%	100.0%
		残差	6.6	−7.0	0.4	
	迫于就业压力，提高层次，找个好工作	计数	68	83	8	159
		期望计数	81.7	66.0	11.3	159.0
		占 读硕士动因 的百分比	42.8%	52.2%	5.0%	100.0%
		残差	−13.7	17.0	−3.3	
	原先工作不顺心，换个工作岗位	计数	2	5	4	11
		期望计数	5.7	4.6	0.8	11.0
		占 读硕士动因 的百分比	18.2%	45.5%	36.4%	100.0%
		残差	−3.7	0.4	3.2	
	其他	计数	56	26	6	88
		期望计数	45.2	36.5	6.3	88.0
		占 读硕士动因 的百分比	63.6%	29.5%	6.8%	100.0%
		残差	10.8	−10.5	−0.3	
总计		计数	166	134	23	323
		期望计数	166.0	134.0	23.0	323.0
		占 读硕士动因 的百分比	51.4%	41.5%	7.1%	100.0%

图 10.2.11 变量“读硕士动因”× 变量“对目前专业的态度”列联表

第一个部分是图 10.2.12 所示的是卡方检验表,其从左到右依次给出了所采用的卡方检验方法、检验统计量的值、自由度,以及相应的双侧检验的 p 值。该表从上到下依次为:“皮尔逊卡方”(即皮尔逊卡方检验)、“似然比”(likelihood ratio,即对数似然比卡方检验)、“有效个案数”。另外,“皮尔逊卡方”的“值”处标注有“a”,卡方检验表下方有相应的注解:3%个单元格中的期望频数小于 5,最小的期望频数为 0.78。

皮尔逊卡方的双侧检验的 p 值都为 0,小于显著性水平 0.05 或 0.01,所以拒绝原假设,认为变量“读硕士动因”与变量“对目前专业的态度”之间有显著的相关关系。

第二个部分是图 10.2.13 所示的是相关系数表,因为是 4×3 列联表,取克拉默 V(在 SPSS 中显示为“克莱姆 V”)系数为 0.233,因此两者之间的相关性较弱。

	值	自由度	渐进显著性(双侧)
皮尔逊卡方	32.023[a]	6	.000
似然比	26.387	6	.000
有效个案数	323		

a. 3 个单元格 (25.0%) 的期望计数小于 5。最小期望计数为 .78。

图 10.2.12 卡方检验结果

		值	渐进显著性
名义到名义	Phi	.315	.000
	克莱姆 V	.223	.000
有效个案数		323	

图 10.2.13 相关系数表

4. 本例结论

学生攻读硕士学位的动因与其对目前专业的态度之间有显著的相关关系，但相关性较弱。

10.3 分层卡方检验

上一节介绍的是两个定性变量的总体卡方检验。在实际应用中，与定量变量的偏相关分析类似，需要在去除某个重要的控制因素后，再确定两个定性变量的卡方检验结果，这就是分层卡方检验。在这种卡方检验中，控制变量就是分层变量，一般要求其也是定性变量。分层卡方检验又称为 Cochran-Mantel-Haenszel（CMH）检验。CMH 检验以科克伦（Cochran），曼特尔（Mantel）和亨塞尔（Haenszel）三人的名字命名，CMH 检验用于对分层或配对定性数据进行分析，该方法的运算通常基于 $K\times2\times2$ 列联表（其中，K 为分层数），用分层的思想对控制因素进行调整，以消除由数据内部的不均一性造成的偏倚，使数据分析的结果能够更正确地反映所研究的“原因”与“结果”之间的定量关系。

分层卡方检验或 CMH 检验仅适用于 2×2 列联表的情况。对于其他列联表，可以对总体进行卡方检验，或将总体分成几个部分（按照分层变量划分）分别进行卡方检验。

10.3.1　案例：教学方法是否有效与专业有关系吗？

例 10.2　某高校试行教学方法 A（慕课混合教学）与教学方法 B（正常上课）两种教学方法，观测相应的教学效果，考虑到专业是一个可能的控制因素，也将其纳入观测。请分析教学方法与教学效果（减少不合格人数）之间有无关系。两种教学方法的教学效果比较列联表如表 10.3.1 所示。

表 10.3.1　两种教学方法的教学效果比较列联表

教学效果	观测人数			
	理工科专业		文科专业	
	教学方法 A	教学方法 B	教学方法 A	教学方法 B
有效	21	26	18	88
无效	17	59	7	95
合计	38	85	25	183

这是一个 2×2 列联表，建立汇总列联表数据文件“教学方法分层卡方检验 .sav”，其中有 4 个变量：“教学效果”“教学方法”“专业”和“count”。其中，变量“教学效果”表示教学效果，其取值有 2 个，分别为“有效”和“无效”，变量“教学方法”的取值有 2 个，分别为“A”和“B”，变量“专业”的取值有 2 个，分别为“文科专业”和“理工科专业”，变量“count”表示观测频数，如图 10.3.1 所示。

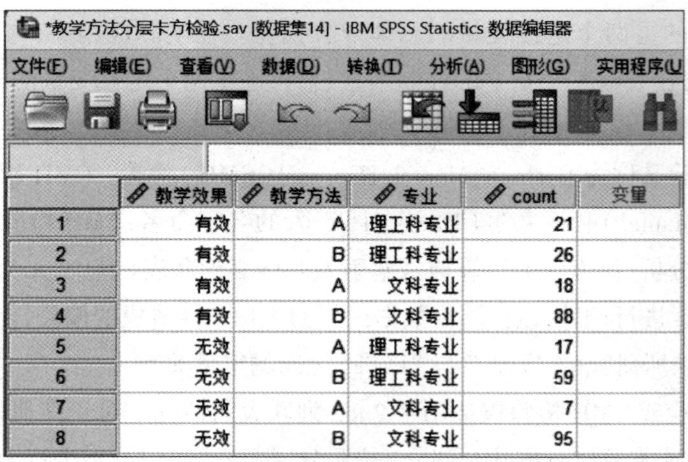

图 10.3.1　汇总列联表数据文件“教学方法分层卡方检验 .sav”

10.3.2 统计分析过程

第 1 步 打开数据文件"教学方法分层卡方检验 sav"。

第 2 步 选择频数变量。

在 SPSS 的数据窗口中,选择菜单"数据"→"个案加权"命令,弹出"个案加权"对话框。选择变量"count"作为频数变量,如图 10.3.2 所示,单击"确定"按钮。

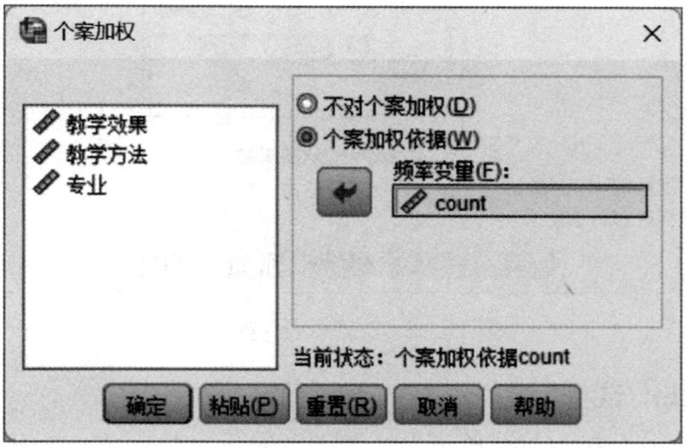

图 10.3.2 "个案加权"对话框

第 3 步 选择分层卡方检验功能模块。

在 SPSS 的数据窗口中,选择菜单"分析"→"描述统计"→"交叉表"命令,弹出"交叉表"对话框。

第 4 步 设置变量及相关选项。

(1)设置变量

在"交叉表"对话框中,将左侧变量列表框中的变量"教学方法"选入"行"框,将变量"教学效果"选入"列"框,将变量"专业"选入"层"区域的分层变量列表框(按专业分层),如图 10.3.3 所示。

(2)设置"统计"选项

单击"交叉表"对话框中的"统计"按钮,弹出"交叉表:统计"对话框。在该对话框中,选中"卡方"复选框和"名义"区域的"Phi 和克莱姆 *V*"复选框,表示进行卡方检验,并采用 Phi 系数或克拉默 *V* 系数作为相关系数。由于要分析变量"专业"的干扰作用,因此需要使用分层卡方检验来完成(即选中"柯克兰和曼特尔 – 亨塞尔统计"复选框);同时利用"风险"复选框得到各层的比值比,以用于比较,相关设置如图 10.3.4 所示。单击"继续"按钮,返回"交叉表"对话框。

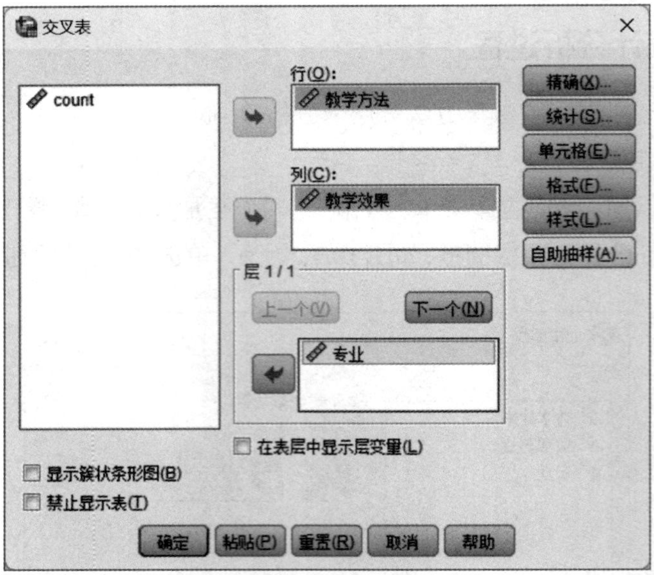

图 10.3.3 “交叉表”对话框

（3）设置“单元格”选项

单击“交叉表”对话框中的“单元格”按钮，弹出“交叉表：单元格显示”对话框，如图 10.3.5 所示。选中“计数”区域的“实测”复选框（即观测频数）和“期望”复选框（即期望频数）；在“百分比”区域选中“行”复选框。单击“继续”按钮，返回“交叉表”对话框。

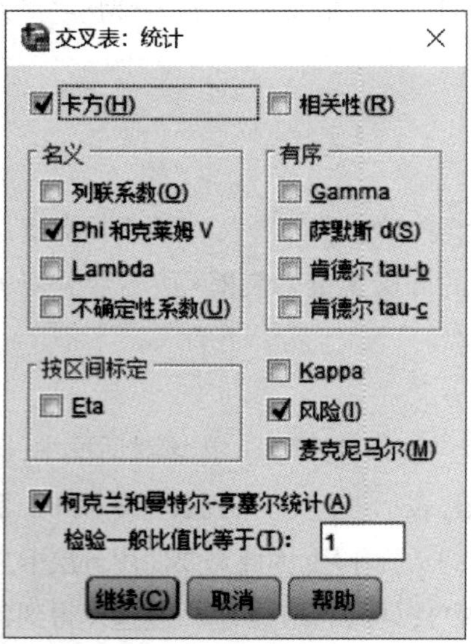

图 10.3.4 “交叉表：统计”对话框

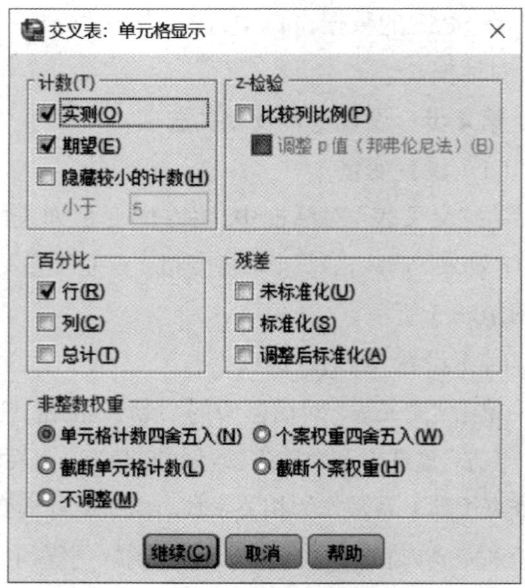

图 10.3.5 “交叉表：单元格显示”对话框

第 5 步 在“交叉表”对话框中单击“确定”按钮,输出结果。

10.3.3 结果与讨论

1. 交叉表统计结果

图 10.3.6 所示的是按变量“专业”的取值分层的 2×2 列联表。

专业				教学效果 有效	教学效果 无效	总计
理工科专业	教学方法	A	计数	21	17	38
			期望计数	14.5	23.5	38.0
			占 教学方法 的百分比	55.3%	44.7%	100.0%
		B	计数	26	59	85
			期望计数	32.5	52.5	85.0
			占 教学方法 的百分比	30.6%	69.4%	100.0%
	总计		计数	47	76	123
			期望计数	47.0	76.0	123.0
			占 教学方法 的百分比	38.2%	61.8%	100.0%
文科专业	教学方法	A	计数	18	7	25
			期望计数	12.7	12.3	25.0
			占 教学方法 的百分比	72.0%	28.0%	100.0%
		B	计数	88	95	183
			期望计数	93.3	89.7	183.0
			占 教学方法 的百分比	48.1%	51.9%	100.0%
	总计		计数	106	102	208
			期望计数	106.0	102.0	208.0
			占 教学方法 的百分比	51.0%	49.0%	100.0%
总计	教学方法	A	计数	39	24	63
			期望计数	29.1	33.9	63.0
			占 教学方法 的百分比	61.9%	38.1%	100.0%
		B	计数	114	154	268
			期望计数	123.9	144.1	268.0
			占 教学方法 的百分比	42.5%	57.5%	100.0%
	总计		计数	153	178	331
			期望计数	153.0	178.0	331.0
			占 教学方法 的百分比	46.2%	53.8%	100.0%

图 10.3.6 按变量“专业”的取值分层的 2×2 列联表

2. 卡方检验结果

图 10.3.7 所示的是卡方检验结果。对于所有检验方法,就文科专业和理工科专业而言,p 值均小于显著性水平 0.05(由第 4~6 列得出)。因为本表是 2×2 列联表,p 值小于显著性水平 0.05,所以无论是文科专业还是理工科专业,教学方法与教学效果之间都有相关关系。从整体(将文科专业和理工科专业混合起来)看,教学方法与教学效果之间有相关关系。

专业		值	自由度	渐进显著性(双侧)	精确显著性(双侧)	精确显著性(单侧)
理工科专业	皮尔逊卡方	6.772[c]	1	.009		
	连续性修正[b]	5.767	1	.016		
	似然比	6.674	1	.010		
	费希尔精确检验				.015	.008
	线性关联	6.717	1	.010		
	有效个案数	123				
文科专业	皮尔逊卡方	5.033[d]	1	.025		
	连续性修正[b]	4.121	1	.042		
	似然比	5.201	1	.023		
	费希尔精确检验				.032	.020
	线性关联	5.009	1	.025		
	有效个案数	208				
总计	皮尔逊卡方	7.697[a]	1	.006		
	连续性修正[b]	6.938	1	.008		
	似然比	7.708	1	.005		
	费希尔精确检验				.007	.004
	线性关联	7.674	1	.006		
	有效个案数	331				

a. 0 个单元格 (0.0%) 的期望计数小于 5。最小期望计数为 29.12。

b. 仅针对 2×2 表进行计算。

c. 0 个单元格 (0.0%) 的期望计数小于 5。最小期望计数为 14.52。

d. 0 个单元格 (0.0%) 的期望计数小于 5。最小期望计数为 12.26。

图 10.3.7 卡方检验结果

3. 相关性分析结果

因为是 2×2 列联表,采用 Phi 系数,如图 10.3.8 所示。从图 10.3.8 中可知,“理工科专业”对应的 Phi 系数为 0.235,“文科专业”对应的 Phi 系数为 0.156,“总计”对应的 Phi 系数为 0.152。因此,对于文科专业、理工科专业,以及整体(将文科专业和理工科专业混合起来)而言,教学方法与教学效果之间都有相关关系,但相关性较弱。

专业			值	渐进显著性
理工科专业	名义到名义	Phi	.235	.009
		克莱姆 V	.235	.009
	有效个案数		123	
文科专业	名义到名义	Phi	.156	.025
		克莱姆 V	.156	.025
	有效个案数		208	
总计	名义到名义	Phi	.152	.006
		克莱姆 V	.152	.006
	有效个案数		331	

图 10.3.8 phi 系数

4. 风险评估结果

图 10.3.9 所示的是教学方法 A 与教学方法 B 之间的有效性比较。

			95% 置信区间	
专业		值	下限	上限
理工科专业	教学方法 (A / B) 的比值比	2.802	1.274	6.167
	对于 cohort 教学效果 = 有效	1.807	1.176	2.776
	对于 cohort 教学效果 = 无效	.645	.441	.943
	有效个案数	123		
文科专业	教学方法 (A/B)的比值比	2.776	1.106	6.965
	对于 cohort 教学效果 = 有效	1.497	1.124	1.995
	对于 cohort 教学效果 = 无效	.539	.283	1.027
	有效个案数	208		
总计	教学方法 (A / B) 的比值比	2.195	1.250	3.855
	对于 cohort 教学效果 = 有效	1.455	1.146	1.847
	对于 cohort 教学效果 = 无效	.663	.476	.923
	有效个案数	331		

图 10.3.9 教学方法 A 与教学方法 B 之间的有效性比较

例如，对于理工科专业来说，教学方法 A 和教学方法 B 的有效率之比如下：

$$cohort_{有效}=\frac{教学方法A_{有效率}}{教学方法B_{有效率}}=\frac{21/38}{26/85}=1.807$$

无效率之比如下：

$$cohort_{无效}=\frac{教学方法A_{无效率}}{教学方法B_{无效率}}=\frac{17/38}{59/85}=0.645$$

比值比（又称为优势比，相关介绍见 11.4.1 小节）为

$$OR=\frac{1.807}{0.645}=2.802$$

说明：教学方法 A 的有效率和无效率，分别是教学方法 B 有效率的 1.807 倍和无效率的 0.645 倍。也就说，教学方法 A 的有效性比教学方法 B 好（1.807 倍）；无效性比教学方法 B 差（0.645 倍）。综合起来看，对于理工科专业来说，教学方法 A 的优势是教学方法 B 的 2.802 倍。类似地，可以分析文科专业以及整体的情况。

5. 分层卡方检验主要结果

图 10.3.10 给出了层次差异检验结果，即考察对于不同的层次（专业），教学方法与教学效果（有效性）之间是否有差异。此处采用两种检验方法，相应的 p 值都大于显著性水平 0.05，说明不同层次的教学方法与教学效果之间的差异不大，因此可以不考虑专业这个因素。

	卡方	自由度	渐进显著性（双侧）
Breslow-Day	.000	1	.987
塔罗内	.000	1	.987

图 10.3.10 层次差异检验结果

图 10.3.10 所示的一致性检验的 p 值为 0.987，大于显著性水平 0.05，表明不同层次的比值比的值相同，即对于理工科专业与文科专业，教学方法 A 与教学方法 B 的有效率之比基本上是相同的，没有显著性差异。

图 10.3.11 给出的是分层卡方检验和一致性的结果。此处采用两种检验方法，即科克伦检验（“柯克兰”行）和曼特尔 – 亨塞尔检验（“曼特尔 – 亨塞尔”行），后者是前者的改进。曼特尔 – 亨塞尔检验的卡方值 χ^2_{MH}=10.729（“曼特尔 – 亨塞尔”行），相应的 p 值为 0.001，小于显著性水平 0.05，表明去除了变量“专业”的控制作用后，教学方法与教学效果之间是相关的。

图 10.3.12 给出的是曼特尔－亨塞尔检验的比值比（OR_{MH}，即去除了变量“专业”的控制作用后的综合比值比）、OR_{MH} 的自然对数、置信区间及其相应的 p 值，可见统计检验结论和前面一致，相应的 $OR_{MH}=2.791$，即去除了变量“专业”的控制作用后，教学方法 A 提高教学效果的效率平均为教学方法 B 的 2.791 倍，其下限为 1.532，上限为 5.084。

	卡方	自由度	渐进显著性(双侧)
柯克兰	11.782	1	.001
曼特尔-亨塞尔	10.729	1	.001

在条件独立性假定下，仅当层数固定，而曼特尔-亨塞尔统计始终渐近分布为 1 自由度卡方分布时，柯克兰统计才渐近分布为 1 自由度卡方分布。请注意，当实测值与期望值之差的总和为 0 时，曼特尔-亨塞尔统计将不会进行连续性修正。

图 10.3.11　分层卡方检验和一致性的结果

估算			2.791
ln(估算值)			1.026
ln(Estimate) 标准误差			.306
渐进显著性(双侧)			.001
渐近 95% 置信区间	一般比值比	下限	1.532
		上限	5.084
	ln(一般比值比)	下限	.427
		上限	1.626

曼特尔-亨塞尔一般比值比估算在假定一般比值比为 1.000 的前提下进行渐近正态分布。自然对数估算也是如此。

图 10.3.12　比值比的值

6. 本例结论

教学方法是否有效与专业没有关系，使用教学方法 A 提高教学效果的可能性是教学方法 B 的 2.791 倍。

10.4 配对卡方检验与一致性检验

在前面介绍的列联表中，行变量与列变量反映的是一个事物的不同属性，但还有一种列联表，其行变量与列变量反映的是一个事物同一属性的同一水平。由于评价主体或评价方法不同，给出的评价结果有可能不同。由于列联表只有行与列两个维度，所以实际上两个评价主体或评价方法对一个事物同一属性的同一水平的评价，类似配对样本 t 检验，所以称为配对卡方检验。根据检验的侧重点的不同，可以将配对卡方检验分为一致性检验和差异性检验。前者侧重考察两者的一致性或相同性程度，后者侧重考察两者的差异性或不同性程度。前者采用 Kappa 检验，后者采用麦克尼马尔（McNemar）检验。

10.4.1 案例：不同专家对高校学科的分级评估标准一致吗？有何差别？

例 10.3 两名专家分别对一批高校学科做出了分级评估，结果如表 10.4.1 所示，问：他们的分级评估标准是否基本上一致？他们的评估标准有无差别？

表 10.4.1 两名专家对高校学科的分级评估结果列联表

专家甲的分级评估结果	频数			
	专家乙的分级评估结果			
	一级	二级	三级	合计
一级	32	15	0	47
二级	1	54	12	67
三级	0	7	45	52
合计	33	76	57	166

这是一个典型的分类数据配对资料，根据研究目的，可以采用 Kappa 检验和麦克尼马尔检验。前者重在研究两名专家的分级评估标准的一致性，希望所有的频数都出现在主对角线上，这样一致性最好；而后者重在研究两者在哪些地方不一致，即评估标准各有怎样的偏好，计算时只利用了不在主对角线上的数据。这里给出两者的分析结果，以回答两个不同方面的问题。本例的原假设为两名专家的分级评估标准不一致。

根据表 10.4.1 中的数据，建立数据文件“专家评估一致性 .sav”，其中有三个变量：“专家甲”“专家乙”和“count”,分别表示专家甲的分级评估结果、专家乙的分级评估结果和观测频数,如图 10.4.1 所示。

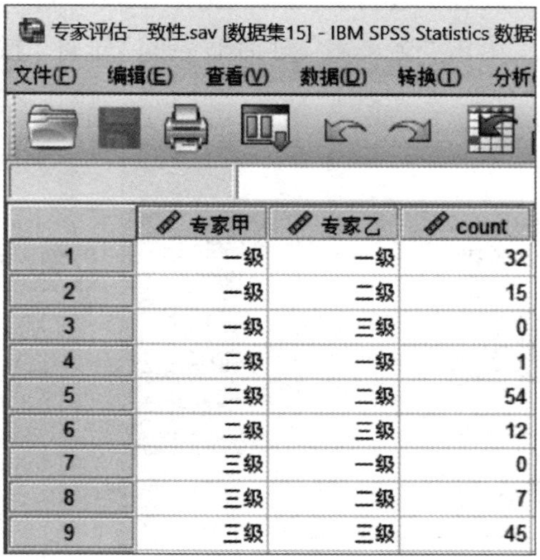

图 10.4.1 数据文件“专家评估一致性 .sav”

10.4.2 统计分析过程

第 1 步 打开数据文件“专家评估一致性 .sav”。

第 2 步 选择频数变量。

在 SPSS 的数据窗口中选择菜单“数据”→“个案加权”命令,弹出“个案加权”对话框,选择“count”作为频数变量,如图 10.4.2 所示。单击“确定”按钮,返回“个案加权”对话框。

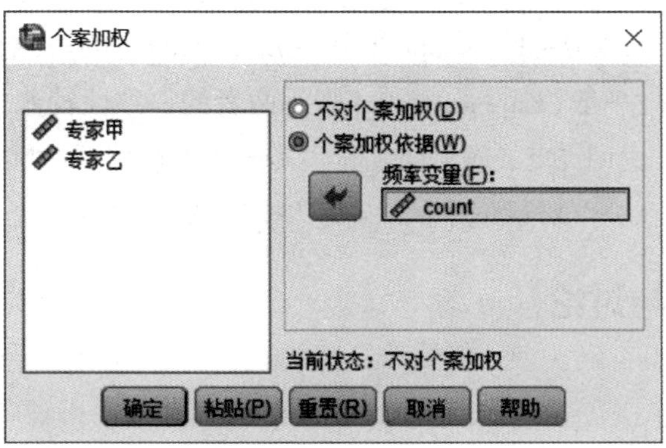

图 10.4.2 “个案加权”对话框

第 3 步 选择交叉表功能模块。

在 SPSS 的数据窗口中，选择菜单“分析”→“描述统计”→“交叉表”命令，弹出“交叉表”对话框。在“交叉表”对话框中，将变量“专家甲”选入“行”框，将变量“专家乙”选入“列”框，如图 10.4.3 所示。单击“交叉表”对话框中的“统计”按钮，弹出“交叉表：统计”对话框，如图 10.4.4 所示。

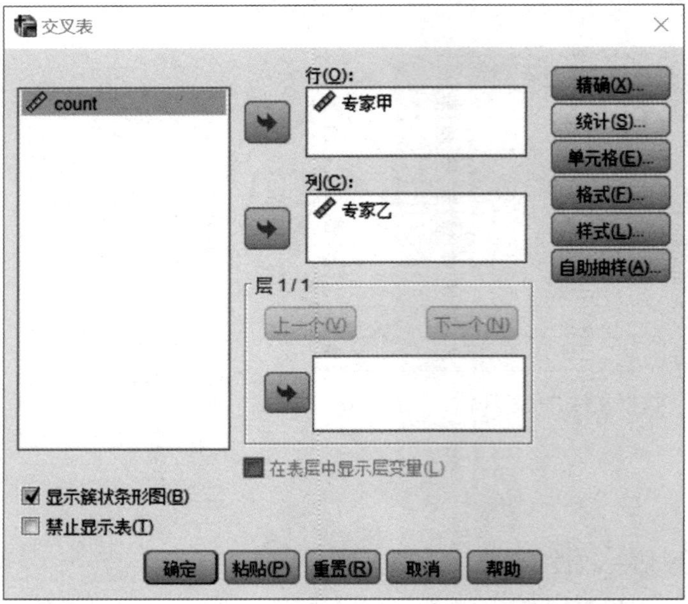

图 10.4.3 “交叉表”对话框

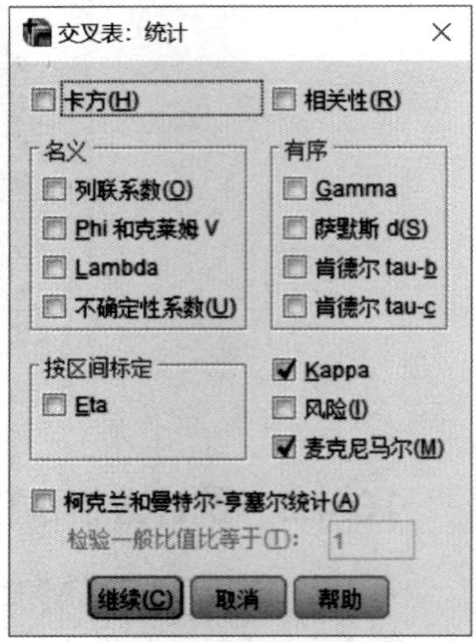

图 10.4.4 “交叉表：统计”对话框

在本例中，选中“Kappa”复选框和“麦克尼马尔”复选框，即进行 Kappa 检验和麦克尼马尔检验。其中，利用 Kappa 检验得到的 Kappa 值，即内部一致性系数，是评价一致性程度的重要指标，其取值范围为 0 ~ 1。Kappa 值≥ 0.75 表示两者的一致性较好；0.4≤Kappa 值 <0.75 表示两者的一致性一般；Kappa 值 <0.4 表示两者的一致性较差。

单击“继续”按钮，返回“交叉表”对话框。其他选项按照系统默认的方式设置。

第 4 步 单击“交叉表”对话框中的“确定”按钮，输出结果。

10.4.3 结果与讨论

1. 基本统计结果

图 10.4.5 所示的为变量“专家甲”× 变量“专家乙”交叉表，给出了两名专家对高校学科的分级评估结果，同表 10.4.1 一致。

计数

		专家乙			总计
		一级	二级	三级	
专家甲	一级	32	15	0	47
	二级	1	54	12	67
	三级	0	7	45	52
总计		33	76	57	166

图 10.4.5 变量“专家甲”× 变量“专家乙”交叉表

2. 麦克尼马尔检验结果

图 10.4.6 所示的是麦克尼马尔检验结果，p 值为 0.001，小于显著性水平 0.05，说明专家甲与专家乙的评估结果是有差异的。观察原始数据，可以发现与专家甲相比专家乙更容易将高校学科的等级评估得偏高。例如，专家甲评为一级的高校学科有 47 个，专家乙将其中 15 个评为二级。而专家乙评为一级的高校学科有 33 个，专家甲只将其中的 1 个评为二级。如果将高校学科水平的高低按一、二、三的次序排序，可以看出，专家乙的评估标准比专家甲高。

	值	自由度	渐进显著性（双侧）
麦克尼马尔检验	13.566	2	.001
有效个案数	166		

图 10.4.6 麦克尼马尔检验结果

3. Kappa 检验结果

图 10.4.7 所示的是 Kappa 检验结果，可见相应的 p 值小于显著性水平 0.01，因此拒绝原假设，认为两名专家的分级评估标准之间存在一致性，结合其 Kappa 值为 0.676，大于 0.4 且小于 0.75，可以认为两者的一致性一般。也就是说，专家甲认为等级高的高校学科，专家乙也认为等级高，反之亦然。

		值	渐近标准误差 a	近似 T^b	渐进显著性
协议测量	Kappa	.676	.049	12.291	.000
有效个案数		166			

a. 未假定原假设。

b. 在假定原假设的情况下使用渐近标准误差。

图 10.4.7 Kappa 检验的结果

4. 本例结论

Kappa 检验结果与麦克尼马尔检验结果不一致，前者显示专家甲和专家乙的分级评估标准具有一般一致性，后者则显示两者的评估标准具有显著的不一致性。如果持“赞赏”态度，就采纳前者；如果持“挑剔”态度，就采纳后者。

10.5 对应分析

当所涉及的分类变量的类别较多时，卡方检验虽然能得出有差异的结论，也可以计算相关系数，但并不能解决实际问题。例如，研究 56 个民族的职业分布规律时，在通过抽样收集到数据后，可以很容易地使用卡方检验得出各个民族的职业分布有差异（或相关性）且相关性很强的结论。但是，这样的结论给出的信息太少，人们希望知道每个民族更倾向于从事何种职业，这样的结论才是有用的。要清晰地呈现分类变量各类别之间的联系，可以使用 SPSS 提供的对应分析工具。

对应分析（correspondence analysis）也称为关联分析，是由法国人 Benzenci 于 1970 年提出的，它是一种可视化的数据分析方法，能够将几组看不出彼此之间有任何联系的数据，通过视觉上可以接受的定位图的方式展现出来。

对应分析采用图形的方式展示两个或两个以上的分类变量各类别之间的相关关系。它将列联表转换为相应的对应分析图，图形化地呈现各类别之间的关系。对应分析的实质是将行变量和列变量的列联表转换为一张散点图，从而将表格所包含的类别关系信息，以反映散点空间位置关系的二维图的形式表现出来，使人们可以很容易地判断各类别之间的关系。对应分析虽然没有设计假设检验，无法得出确切的统计结论，但是其结果更为直观、更易于理解，而且操作也更加简单。

对应分析法的输出结果主要由两个部分组成：对应表和对应分析图。其中，对应表是一个二维表格，由行和列组成。每一行代表事物的一个属性，依次排开；每一列则代表不同的事物，它由若干样本构成，对于样本的排列次序并没有特别的要求。在对应分析图上，各个样本被浓缩为一个点集合，而样本的属性同样也以点集合的形式显示出来。

对应分析法的前提条件是：通过卡方检验得出分类变量之间具有相关性的结论，然后再进行对应分析；每个分类变量的类别数要多于 2 个。若在使用对应分析法的过程中设置了卡方检验的选项，则不用提前进行卡方检验。

10.5.1 案例：学校生源特点

例 10.4 在文科硕士研究生培养情况调查中，希望了解各高校文科硕士研究生的生源特点，这里关注本科毕业学校类型。

数据文件见“文科硕士研究生培养情况 – 例 10.1–1.sav”。

10.5.2 统计分析过程

第 1 步 打开数据文件“文科硕士研究生培养情况 – 例 10.1–1.sav”。

第 2 步 选择对应分析功能模块。

在 SPSS 的数据窗口中，选择菜单“分析”→“降维”（Dimension Reduction）→“对应分析”（Correspondence Analysis）命令，弹出“对应分析”对话框，如图 10.5.1 所示。

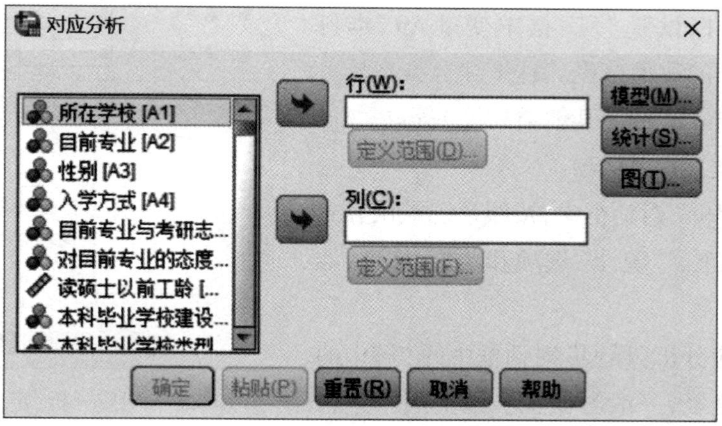

图 10.5.1 “对应分析”对话框

第 3 步 设置变量。

在“对应分析”对话框中，将左侧变量列表框中的变量 A1“所在学校”和变量 A9“本科毕业学校类型”分别选入右侧的“行”框和“列”框，如图 10.5.2 所示。

单击“行”框下方的“定义范围”按钮，打开“对应分析：定义行范围”对话框，定义变量 A1“所在学校”的取值范围。从变量 A1“所在学校”的定义看，其取值范围为“1”（大学 A）、“2”（大学 B）、“3”（大学 C）、“4”（大学 D）、“5”（大学 E）、“6”（大学 F）”这 6 个数值。因此，在“最小值”文本框和“最大值”文本框中分别输入“1”和“6”，单击“更新”按

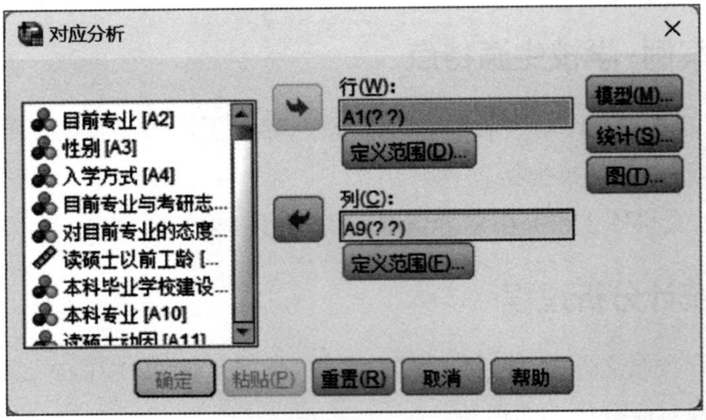

图 10.5.2 选择变量

钮,如图 10.5.3 所示。然后单击“继续”按钮,返回“对应分析”对话框。

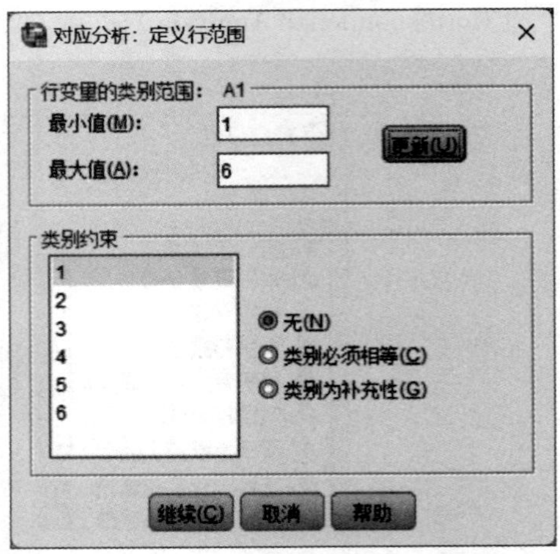

图 10.5.3 “对应分析: 定义行范围”选项

同理,也可以设置“列”框中变量 A9“本科毕业学校类型”的取值范围:“1”(综合类高校)、“2”(理工类高校)、“3”(其他类高校)等。

第 4 步 设置相关选项。

在“对应分析”对话框中,按照系统默认方式设置“模型”选项、“统计”选项和“图”选项,如图 10.5.4 所示。

其中,“对应分析: 模型”对话框中的“解中的维数”为分析维度,一般习惯在二维空间中进行分析,这样直观且易懂。此外,由于考察的是定性变量,因此在“距离测量”区域选中“卡方”复选框,即采用卡方检验。

“对应分析: 统计”对话框中的“对应表”复选框、“行点概述”复选框、“列点概述”复选框,用于给出对应分析的主要结果。系统默认选中这三个复选框。

“对应分析: 图”对话框“散点图”区域的“双标图”复选框,用于给出对应分析的主要图形展示结果。系统默认选中该复选框。

第 5 步 在“对应分析”对话框中单击“确定”按钮,输出结果。

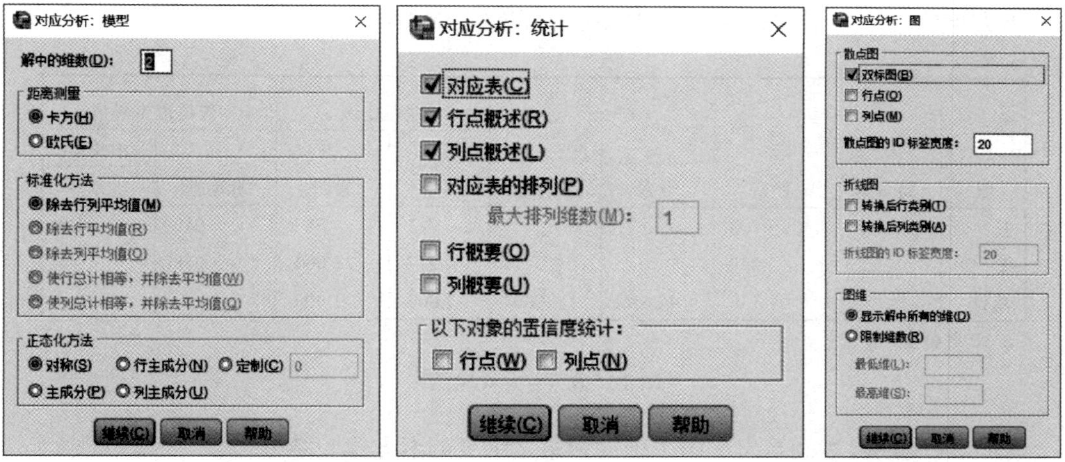

图 10.5.4　设置“对应分析”对话框的“模型”选项、“统计”选项和“图”选项

10.5.3　结果与分析

1. 对应分析结果

图 10.5.5 所示的是对应表,它实际上是原始数据的一个二维列联表。通过此表可以观察变量之间的关系,也可以检查有无数据录入错误。

所在学校	本科毕业学校类型			
	综合类高校	理工类高校	其他类高校	活动边际
大学A	38	7	12	57
大学B	32	11	27	70
大学C	21	15	12	48
大学D	22	23	5	50
大学E	31	3	12	46
大学F	32	8	12	52
活动边际	176	67	80	323

图 10.5.5　对应表

2. 卡方检验结果

在对应分析中,可以提取的最大维度数等于两个变量的最小类别数减 1,本例中最小的类别数为 3,所以提取的维度数为 2。在通常情况下,两个或三个维度就能携带绝大多数信息。

卡方检验结果如图 10.5.6 所示，其主要的观察点如下：

维	奇异值	惯量	卡方	显著性	惯量比例		置信度奇异值	
					占	累积	标准差	相关性 2
1	.329	.108			.783	.783	.049	.041
2	.173	.030			.217	1.000	.058	
总计		.138	44.656	.000[a]	1.000	1.000		

a. 10 自由度。

图 10.5.6 卡方检验结果

“维”列：维度，本例给出了第 1 维度和第 2 维度的卡方检验结果。

“卡方”列：卡方检验的 p 值，在本例中 p 值小于 0.05，所以两个变量间的相关性显著。

“惯量比例”列：方差解释比例，表明每个维度所携带的信息量。从图 10.5.6 中可以看出，第 1 维度占 78.3%，第 2 维度占 21.7%，两个维度之和为 100%。于是，可以用二维空间对结果进行解释，这样既直观又易于理解。

3. 行列变量汇总表

图 10.5.7 所示的为行变量汇总表，即行变量“所在学校”各类别的分析概括表，由于各类别均以散点的形式呈现在空间中，所以又称之为行点汇总表。

在图 10.5.7 所示的行变量汇总表中，主要的观察点如下：

行点总览[a]

所在学校	数量	维得分		惯量	贡献				
					点对维的惯量		维对点的惯量		
		1	2		1	2	1	2	总计
大学A	.176	−.330	−.436	.012	.060	.196	.518	.482	1.000
大学B	.217	−.286	.671	.022	.055	.571	.254	.746	1.000
大学C	.149	.434	.287	.011	.087	.071	.811	.189	1.000
大学D	.155	1.130	−.202	.064	.616	.037	.983	.017	1.000
大学E	.142	−.597	−.293	.018	.158	.071	.886	.114	1.000
大学F	.161	−.213	−.237	.004	.023	.053	.600	.400	1.000
活动总计	1.000			.132	1.000	1.000			

a. 对称正态化。

图 10.5.7 行变量汇总表

“数量”（mass）列：给出了变量“所在学校”各类别的构成比。在本例中，“大学 A”占 17.6%，“大学 B”占 21.7%，“大学 C”占 14.9%，“大学 D”占 15.5%，“大学 E”占 14.2%，“大学 F”占 16.1%。

“维得分”（score in dimension）列：给出了变量“所在学校”的各个值在对应分析图的二维坐标系中的坐标。例如，“大学 A”在二维坐标系中的坐标为（-0.330，-0.436），“大学 B”的坐标为（-0.286，0.671）。

“贡献”（contribution）列：给出了各个维度的信息在各类别之间的分解情况。对于“点对维的惯量”，本例中第 1 维度的信息主要被“大学 D”（0.616）、“大学 E”（0.158）和“大学 C”（0.087）所携带，即这三个类别在第 1 维度上的区分度较好。第 2 维度的信息主要被“大学 B”（0.571）和“大学 A”（0.196）所携带，即这两个类别在第 2 维度上的区分度较好；“大学 F”（0.023，0.053）在两个维度上的区分度均不高。

“维对点的惯量”则给出了变量“所在学校”各类别信息在各个维度上的分布比例。其中，“大学 A”（51.8%）、“大学 C”（81.1%）、“大学 D”（98.3%）、“大学 E”（88.6%）、“大学 F”（60%）的主要信息反映在第 1 维度上，“大学 B”（74.6%）的主要信息反映在第 2 维度上。

图 10.5.8 所示的为列变量汇总表，即列变量“本科毕业学校类型”各类别的分析概括表。具体分析同行变量汇总表。

列点总览[a]

本科毕业学校类型	数量	维得分		惯量	贡献				
					点对维的惯量		维对点的惯量		
		1	2		1	2	1	2	总计
综合类高校	.545	-.231	-.338	.020	.091	.365	.466	.534	1.000
理工类高校	.207	1.097	.106	.080	.779	.014	.995	.005	1.000
其他类高校	.248	-.411	.655	.032	.131	.622	.424	.576	1.000
活动总计	1.000			.132	1.000	1.000			

a. 对称正态化。

图 10.5.8 列变量汇总表

4. 对应分析图与结论

对应分析图如图 10.5.9 所示，对应分析的主要结果都反映在此图中。对应分析报告也是根据这张图来进行描述的。

考察行变量和列变量各类别之间的联系，是对应分析的主要目的。对应分析的一般原则是：落在从对应分析图原点（0，0）处出发的方位大致相同的区域内的不同变量的类别

（散点）彼此之间有联系。散点之间的距离越近，说明关联倾向越明显；散点离原点越远，说明关联倾向越明显。

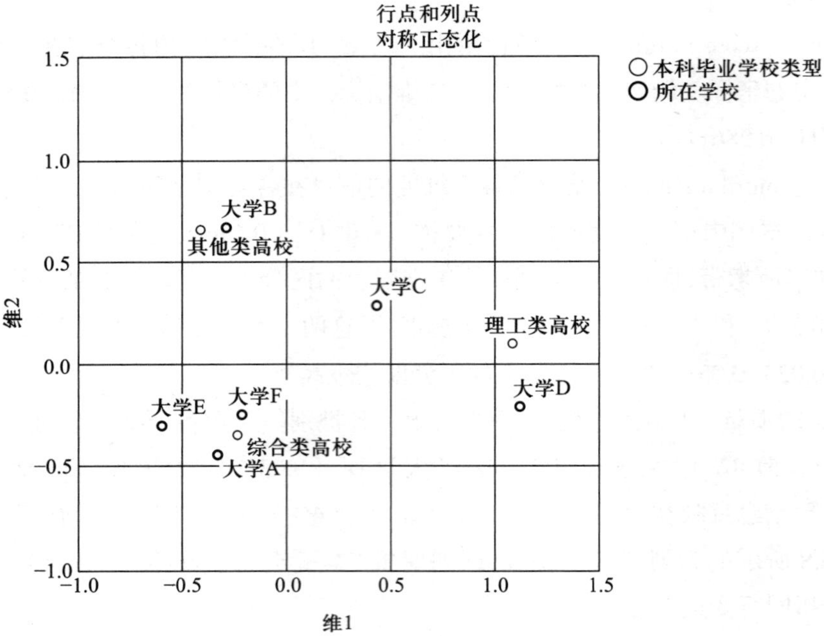

图 10.5.9　对应分析图

从图 10.5.9 中可以清楚地看到，在本例中，“大学 B”与“其他类高校”两个散点最近，说明两者之间存在关联。即“大学 B”招收的文科硕士研究生，主要毕业于“其他类高校”。

“大学 A”“大学 E”和“大学 F”与“综合类高校”比较近，说明这三所高校与“综合类高校”之间存在关联。即“大学 A”“大学 E”和“大学 F”招收的文科硕士研究生主要毕业于“综合类高校”。

同理，“大学 D”招收的文科硕士研究生主要毕业于“理工类高校”。“大学 C”距离表示三类高校的散点都比较远，且距离都差不多，说明其招生倾向性不明显。

这些结论比单纯的卡方检验要深刻、有用得多，这就是对应分析的主要作用。

/ 主要概念与术语 /

观测频数与期望频数；定量变量的枚举格式、频数表；卡方检验，Phi 系数与克拉默 V 系数，皮尔逊卡方检验，对数似然比卡方检验；分层卡方检验，CMH 检验，风险评估，比值比，控制作用；配对卡方检验，Kappa 检验，麦克尼马尔检验；对应分析，对应表，对应分析图。

思考与练习

1. 卡方检验的含义是什么？卡方检验包括哪些检验方法？

2. 测度两个定性变量相关性的统计量有哪些？它们有什么不同？

3. 对于连续变量，如何使用卡方检验进行相关分析？

4. 分层卡方检验的前提条件是什么？在SPSS中进行分层卡方检验的操作步骤是什么？

5. 对应分析的内容是什么？在SPSS中进行对应分析的操作步骤是什么？

6. 将本章中的案例重新做一遍。

7. 利用数据文件“文科硕士研究生培养情况－例 10.1–1. sav”，采用两种数据记录形式，检验变量“本科毕业学校建设目标”与变量“对目前专业的态度”之间的关系，并计算相关系数。

8. 两名专家分别对一批大学生毕业论文做合格与不合格的评判，评判结果如表 10.6.1 所示。

表 10.6.1　两名专家对学生毕业论文的评判结果

甲专家评判结果	频数	
	乙专家评判结果	
	合格	不合格
合格	11	12
不合格	2	33

试判断两名专家的评判标准是否基本一致，以及评判标准有无差别。

9. 在例 10.1 中，将“本科毕业学校建设目标”作为分层变量，分析检验变量“对目前专业的态度”与“读硕士动因”之间的相关关系。

10. 统计学上著名的辛普森悖论（Simpson’s paradox），是英国统计学家 E.H. 辛普森（E.H.Simpson）于 1951 年提出的悖论，即对于某个条件下的两组数据，分别进行讨论时都会满足某种性质，可是一旦合并考虑，就有可能导致相反的结论。

人们在尝试探究两种变量，如新生录取率与性别、报酬与性别等之间是否有相关性时，会进行分组研究。辛普森悖论就是这种研究中在某些前提下有时会产生的一种现象，即在分组比较中占优势的一方，反而在总评中成为失势的一方。该现象于 20 世纪初就有人讨论，但一直到 1951 年在辛普森发表的论文中，该现象才被正式描述和解释，后来人们就以他的名字命名该悖论。

实例：在一所美国高校的法学院和商学院进行新学期招生时，人们怀疑有性别歧视，男生的总体录取率只有女生的 50%，具体数据如表 10.6.2 所示。根据表 10.6.2，男生在两个学院都被优先录取，男生的录取率远高于女生，根本不存在歧视男性的情况；但在汇总后，男生的录取率反而大大低于女生。

表 10.6.2 两个学院的录取数据表

学院	录取数据								
	女生			男生			合计		
	申请	录取	录取率	申请	录取	录取率	申请	录取	录取率
商学院	100	49	49%	20	15	75%	120	64	53.30%
法学院	20	1	5%	100	10	10%	120	11	9.20%
总计	120	50	42%	120	25	21%	240	75	31.30%

这个例子说明,简单地将分组数据汇总不能反映真实的情况。试将学院作为分层变量,利用分层卡方检验来说明两个学院的录取数据不能合并汇总。

第11章　回归分析

本章学习目标：

❶ 了解线性回归分析的主要目标，了解最小二乘法的基本思路。

❷ 熟练掌握线性回归分析在 SPSS 中的实现过程，能够解读输出结果，写出回归方程，并对回归方程进行各种统计检验。

❸ 了解多元线性回归分析中自变量的选择原则，并能根据实际背景合理选择自变量。

❹ 掌握残差分析和多重共线性检验在 SPSS 中的实现过程，并能解释输出结果。

❺ 熟练掌握含虚拟自变量的回归分析，并能解读相应的虚拟自变量的含义。

❻ 熟练掌握曲线拟合在 SPSS 中的实现过程，能够解读输出结果，并写出回归方程。

❼ 熟练掌握二项逻辑斯谛回归分析在 SPSS 中的操作过程，能够解读输出结果，并写出回归方程。

相关分析和回归分析都是研究变量之间关系的统计方法。前者主要研究现象之间是否相关、相关的方向和密切程度，一般不区别自变量和因变量。后者则是在已经知道两种现象相关的前提下，分析两种现象之间相关关系的具体形式：确定其因果关系，并用数学模型来表现其具体关系。例如，根据相关分析，可以知道“学习成绩”和“学习兴趣”这两个变量密切相关，但是这两个变量之间到底是哪个变量受哪个变量的影响、影响程度如何，则要使用回归分析方法来确定。因此，可以将回归分析视为相关分析的后续分析。

回归分析的基本思想和方法以及“回归”（regression）名称的由来都要归功于英国统计学家弗朗西斯·高尔顿（Francis Galton）和他的学生、现代统计学的奠基者之一卡尔·皮尔逊（Karl Pearson）。他们在研究父母身高与其子女身高的遗传问题时，观察了 1 078 对夫妇。以每对夫妇的平均身高作为自变量 x，取他们的一个成年儿子的身高作为因变量 y，将结果在平面直角坐标系中绘成散点图，发现其趋势近乎一条直线，其回归方程为

$$\hat{y}=33.73+0.516x$$

由这种趋势及回归方程可知，父母身高 x 每增加一个单位，其成年儿子的身高 y 就平均增加

0.516 个单位。这个结果表明，虽然高个子父辈的确有生高个子儿子的趋势，但父辈身高增加一个单位，儿子身高仅增加半个单位左右；反之，矮个子父辈的确有生矮个子儿子的趋势，但父辈身高减少一个单位，儿子身高仅减少半个单位左右。平均来说，一群高个子父辈的儿子们在同龄人中平均仅为略高个子；一群矮个子父辈的儿子们在同龄人中平均仅为略矮个子，即父辈偏离中心的部分在子代被拉回来了一些。正是因为子代的身高有回到同龄人平均身高的这种趋势，人类的身高才得以在一定时间内相对稳定，没有出现父辈个子高其子代个子更高，父辈个子矮其子代个子更矮的两极分化现象。高尔顿引进了"回归"这个词来描述父辈身高 x 与子代身高 y 之间的关系。为了纪念高尔顿，人们把研究 x 与 y 之间的统计关系的数学方法称为回归分析。

回归分析主要解决以下几个方面的问题：

① 通过分析大量的样本观测值，确定变量之间的数学关系式。

② 对所确定的数学关系式的可信程度进行各种统计检验，并区分出对某一特定变量影响较为显著的变量和影响不显著的变量。

③ 利用所确定的数学关系式，根据一个或几个变量的值来预测或控制另一个特定变量的值，并给出这种预测或控制的精确度。

回归分析的基本思想是，即使自变量和因变量之间没有严格的、确定的函数关系，但通过回归分析可以设法找出最能代表它们之间关系的数学关系式。

在实际中，根据变量的个数、变量的类型以及变量之间的相关关系，回归分析有很多种类型，如图 11.0.1 所示。

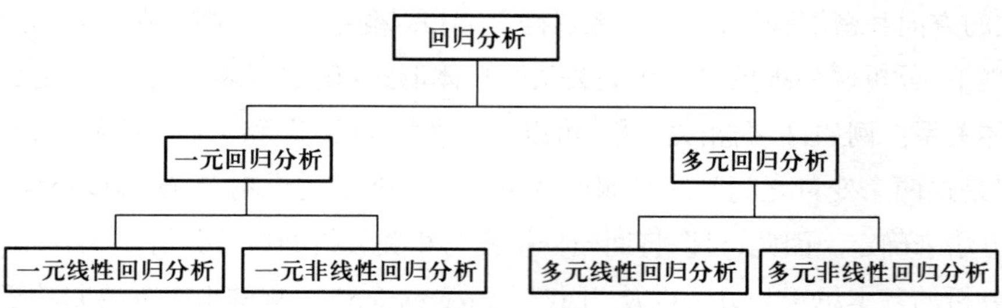

图 11.0.1 回归分析的类型

从统计处理方法来讲，一般按因变量的类型来对回归分析进行划分。因变量有定量变量和定性变量两种情况，它们各自使用的回归分析方法是完全不同的。常用的回归分析方法有多元线性回归分析、曲线拟合、含虚拟自变量的回归分析及逻辑斯谛回归分析等。

在 SPSS 中，回归分析是通过"分析"菜单的"回归"子菜单来实现的。

11.1 多元线性回归分析

11.1.1 基本概念与方法

多元线性回归分析可以视为一元线性回归分析的推广，一元线性回归分析可以看作多元线性回归分析的特殊情况。一元线性回归分析是指在排除其他影响因素或假定其他影响因素确定的条件下，分析一个事物（自变量）是如何影响另一个事物（因变量）的，所进行的分析是比较理想化的。其实，在现实社会生活中，任何一个事物（因变量）都会受到其他多个事物（多个自变量）的影响，因此一般需要进行多元线性回归分析。

为了直观起见，这里考虑一元线性回归分析，多元线性回归分析与之类似。由于只涉及一个自变量的回归问题，因此可以设两个变量 x 和 y，若变量 y 随变量 x 的变化而变化，则称 y 为因变量，x 为自变量。对于这两个变量，通过观测或实验可以得到若干组数据，记为 (x_i, y_i) $(i=1, 2, \cdots, n)$。根据这 n 组数据绘制散点图，可以大致看出它们之间的关系。现在的问题是如何将变量之间的这种关系用一定的数学关系式表示出来。

线性回归分析假设因变量和自变量之间为线性关系，用一定的线性回归模型来拟合因变量和自变量的数据，并通过确定模型参数得到回归方程；当只有一个自变量时，就是一元线性回归分析。

1. 回归方程的确定

一元线性回归分析研究因变量（也称为被解释变量）与一个自变量（也称为解释变量）之间的线性关系，其回归模型为

$$y=a+bx+\varepsilon \tag{11.1.1}$$

上式中，y 为因变量，x 为自变量，a，b 为待定系数（其中 b 称为回归系数）；ε 为误差项，一般要求它要服从均值为 0、方差为 σ^2 的正态分布，且误差项之间相互独立。回归方程的数学期望为

$$E(y)=a+bx \tag{11.1.2}$$

通常采用最小二乘法来确定式（11.1.2）中的两个待定系数，即使观测值 (x_i, y_i) 与利用回归模型得到的拟合值 $(x_i, \hat{y}_i)$（其中，$\hat{y}_i=a+bx_i$）的差值的平方和最小：

$$\sum_{i=1}^{n}(y_i-\hat{y}_i)^2=\sum_{i=1}^{n}[y_i-(a+bx_i)]^2 \tag{11.1.3}$$

将该差值的平方和达到最小时的模型参数作为待定参数的最终取值代入模型,便可以确定回归方程。

解上述方程,可以求得 $a=\hat{\beta}_0$ 和 $b=\hat{\beta}_1$, a 为回归直线的截距(常数项), b 为回归直线的斜率(又称为回归系数),如图 11.1.1 所示,回归方程即为该图中的直线。

2. 决定系数

在判定一条线性回归直线的拟合程度时,决定系数是一个重要的判定指标,它用于检验回归方程对因变量的预测效果,其计算方法如下:

① 根据数据绘制散点图并添加回归直线,如图 11.1.2 所示。

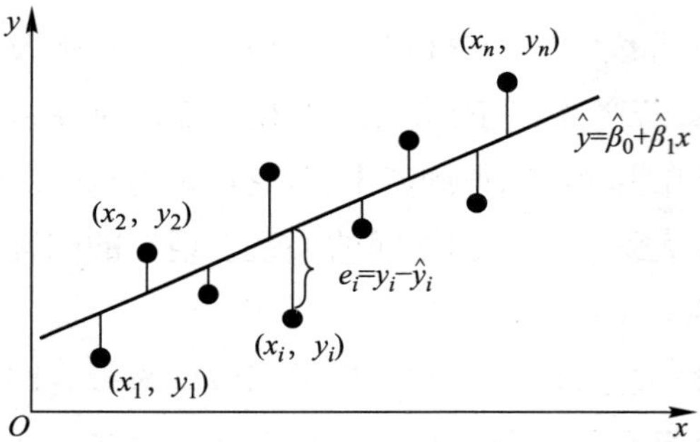

图 11.1.1 回归方程的散点图

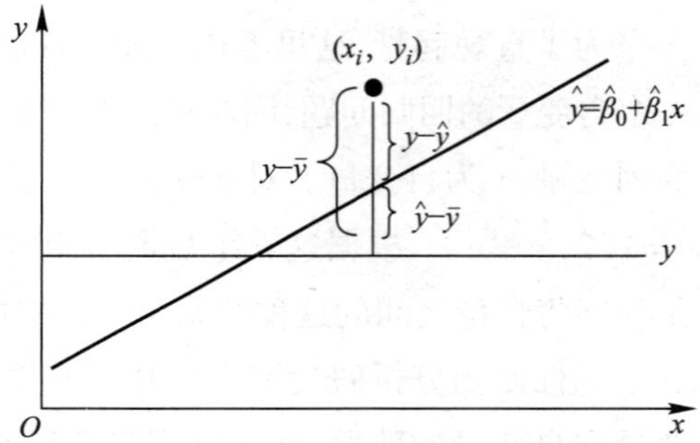

图 11.1.2 绘制散点图并添加回归直线

其中: y_i 表示观测值; $\hat{y}_i$ 表示拟合值,又称为估计值,即根据回归方程计算的值; $\bar{y}$ 表示均值; $y_i-\hat{y}_i$ 即残差,是拟合值和观测值的差值; $\hat{y}_i-\bar{y}$ 表示回归差,即拟合值与观测值均值的偏离程度。为了消除正负号的影响,需要进行平方运算。

② 计算偏差平方和、回归平方和以及误差平方和。

偏差平方和:

$$SS_{\mathrm{T}}=\sum_{i=1}^{n}(y_i-\bar{y})^2$$

回归平方和:

$$SS_{\mathrm{R}}=\sum_{i=1}^{n}(\hat{y}_i-\bar{y})^2$$

误差平方和:

$$SS_E = \sum_{i=1}^{n} (y_i - \hat{y}_i)^2$$

③ 计算决定系数。决定系数的计算公式为

$$R^2 = \frac{SS_R}{SS_T} = \frac{\sum_{i=1}^{n} (\hat{y}_i - \overline{y})^2}{\sum_{i=1}^{n} (y_i - \overline{y})^2} = 1 - \frac{\sum_{i=1}^{n} (y_i - \hat{y})^2}{\sum_{i=1}^{n} (y_i - \overline{y})^2} \tag{11.1.4}$$

R^2 称为决定系数或判定系数，其等于回归平方和在偏差平方和中所占的比例，即回归模型所能解释的因变量变化的百分比。它也反映了回归直线的拟合程度，其取值范围为 0 ~ 1。$R^2 \leqslant 1$，R^2 越接近于 1，说明回归方程拟合得越好；R^2 越接近于 0，说明回归方程拟合得越差。

多元线性回归分析采用校正决定系数（adjusted R^2），它是调整后的拟合系数，用于去除增加解释变量对 R^2 的增大作用：

$$R^2_{\text{adjusted}} = 1 - \frac{(1-R^2)(n-1)}{n-p-1} \tag{11.1.5}$$

上式中，n 为样本量，p 为自变量的数量。

3. 回归方程的检验（F 检验）

在根据原始数据求出回归方程后，就需要对回归方程进行检验。

体现因变量观测值与均值之间差异的偏差平方和 SS_T 由两个部分组成：

$$SS_T = SS_R + SS_E$$

其中，回归平方和 SS_R 反映了自变量 x 的重要程度；误差平方和 SS_E 反映了实验误差以及其他随机因素对实验结果的影响；两者在分别除以各自的自由度后，再相除，即可得到它们的 F 统计量：

$$F = \frac{\sum (\hat{y} - \overline{y})^2 / p}{\sum (y - \hat{y})^2 / (n-p-1)} \tag{11.1.6}$$

上式中，p 为自变量的数量，在一元线性回归方程中 $p=1$。

一般地，原假设 H_0：总体的回归系数为 0（$b=0$）；备择假设 H_1：总体的回归系数不为 0（$b \neq 0$）。

SPSS 将自动计算 F 统计量，并给出相应的 p 值。如果 p 值小于显著性水平 α，则拒绝原假设；如果 p 值大于或等于显著性水平 α，则接受原假设。

回归方差分析表如表 11.1.1 所示。

表 11.1.1 回归方差分析表

<table>
<tr><th>方差来源</th><th>平方和（SS）</th><th>自由度</th><th>均方（MS）</th><th>F</th><th>p</th></tr>
<tr><td>回归</td><td>SS_R</td><td>p</td><td>$MS_R=\frac{SS_R}{p}$</td><td rowspan="3">$\frac{MS_R}{MS_E}$</td><td rowspan="3">P（F 统计量的值 >F）=p</td></tr>
<tr><td>误差</td><td>SS_E</td><td>$n-p-1$</td><td>$MS_E=\frac{SS_E}{n-p-1}$</td></tr>
<tr><td>总计</td><td>SS_T</td><td>$n-1$</td><td></td></tr>
</table>

4. 回归系数和常数项显著性检验（t 检验）

回归系数的显著性检验，主要是检验自变量和因变量之间的线性关系是否显著；常数项检验用于检验常数项是否显著为零。

多元线性回归函数为

$$y=a_0+a_1x_1+a_2x_2+\cdots+a_px_p \tag{11.1.7}$$

其中，y 为根据自变量 x 计算出的估计值，a_0 为常数项，a_1，a_2，…，a_p 称为 y 对应于 x_1，x_2，…，x_p 的偏回归系数。偏回归系数表示假设在其他所有自变量不变的情况下，某一个自变量变化引起因变量变化的比例。回归模型中的各个系数和常数项需要利用式（11.1.3）给出的公式求得。

多元线性回归分析中经常会出现多重共线性问题，也就是某些自变量之间高度相关。其可能会给模型的拟合带来以下影响：

① 导致对回归系数的估计不准确。例如，各个回归系数的正负号有可能与预期的正负号相反，从而使回归模型失去实际意义。

② 导致对回归模型方差的估计偏大。

③ 导致虽然回归方程的 F 检验能获得通过，但许多变量的回归系数的 t 检验却不能获得通过。

④ 导致预测的结果不确定。

常用的多重共线性诊断方法有以下几种：

① 计算回归模型中各个自变量两两之间的相关系数，一般来说，两个自变量之间的相关系数如果超过 0.9，就会对回归模型产生很大的影响，表明存在多重共线性问题。

② 若存在以下情况：回归模型的检验显著（F 检验），而有些回归系数的检验却不显著或回归系数的正负号与预期的相反，就表明存在多重共线性问题。

③ 容忍度（tolerance）：容忍度的取值范围为 0～1，其值越小，自变量 x_i 与其他自变量之间的多重共线性就越强。

④ 方差膨胀因子(variance inflation factor, VIF):方差膨胀因子是容忍度的倒数,其取值范围为 1 到 ∞。其值越大,自变量之间存在多重共线性问题的可能性就越大。一般要求方差膨胀因子的值小于 10,其理想值为 1。

最常用的多重共线性处理方法是逐步回归法。逐步回归法让 SPSS 自动选择合适的自变量建立回归模型,与已选入的变量存在多重共线性的变量会被剔除出回归模型,从而得到一个多重共线性较小的线性拟合方程。

5. 残差的正态性及等方差检验

残差的正态性检验是指检验样本残差,即观测值与回归方程预测值之差:

$$e_i = y_i - \hat{y}_i \tag{11.1.8}$$

是否服从正态分布。最简单的方法是做残差的直方图或累积概率图(P–P 图)。P–P 图用来判断一个变量的分布是否与一个指定的分布(这里特指正态分布)一致。如果两种分布基本上相同,那么在 P–P 图中散点应该围绕在一条斜线的周围。

等方差检验通常利用回归标准化残差与回归标准化预测值的散点图进行分析。

6. 预测分析

利用所得的回归方程进行模拟预测分析。

11.1.2 案例:高等教育毛入学率与其影响因素之间的关系

例 11.1 教育发展规律揭示,经济和社会发展水平是影响高等教育规模的主要因素。通常采用指标“高等教育毛入学率”来表示高等教育的相对规模;采用指标“人均 GDP 国际美元(千)”来表示经济发展水平;采用指标“服务业产值比例”来表示产业发展水平;采用指标“城镇化率”来表示社会发展水平。现从国家统计局编印的《国际统计年鉴》中收集和整理了某年度世界上部分国家的以上 4 个指标的数据。试建立“高等教育毛入学率”与“人均 GDP 国际美元(千)”和“服务业产值比例”之间的线性回归方程,并分析我国高等教育毛入学率水平。数据文件“高等教育毛入学率 .sav”的变量格式如图 11.1.3 所示。

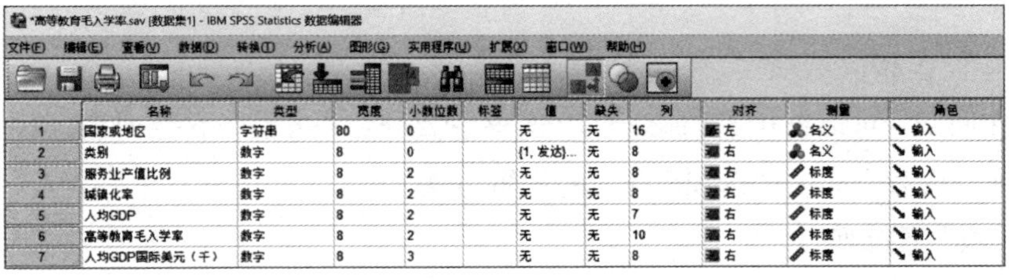
*高等教育毛入学率.sav [数据集1] - IBM SPSS Statistics 数据编辑器

文件(F) 编辑(E) 查看(V) 数据(D) 转换(T) 分析(A) 图形(G) 实用程序(U) 扩展(X) 窗口(W) 帮助(H)

	名称	类型	宽度	小数位数	标签	值	缺失	列	对齐	测量	角色
1	国家或地区	字符串	80	0		无	无	16	左	名义	输入
2	类别	数字	8	0		{1, 发达}...	无	8	右	名义	输入
3	服务业产值比例	数字	8	2		无	无	8	右	标度	输入
4	城镇化率	数字	8	2		无	无	8	右	标度	输入
5	人均GDP	数字	8	2		无	无	7	右	标度	输入
6	高等教育毛入学率	数字	8	2		无	无	10	右	标度	输入
7	人均GDP国际美元(千)	数字	8	3		无	无	8	右	标度	输入

图 11.1.3 数据文件“高等教育毛入学率 .sav”的变量格式

11.1.3 统计分析过程

第 1 步 打开数据文件“高等教育毛入学率.sav”。

第 2 步 选择回归分析功能模块。

在 SPSS 的数据窗口中，选择菜单“分析”→“回归”（Regression）→“线性”（Linear）命令，弹出的“线性回归”（Linear Regression）对话框。

第 3 步 设置变量。

在“线性回归”对话框中，将左侧变量列表框中的“高等教育毛入学率”作为因变量，选入右侧的“因变量”框；将变量“人均 GDP 国际美元（千）”和“服务业产值比例”作为自变量，选入右侧的“自变量”框，如图 11.1.4 所示。

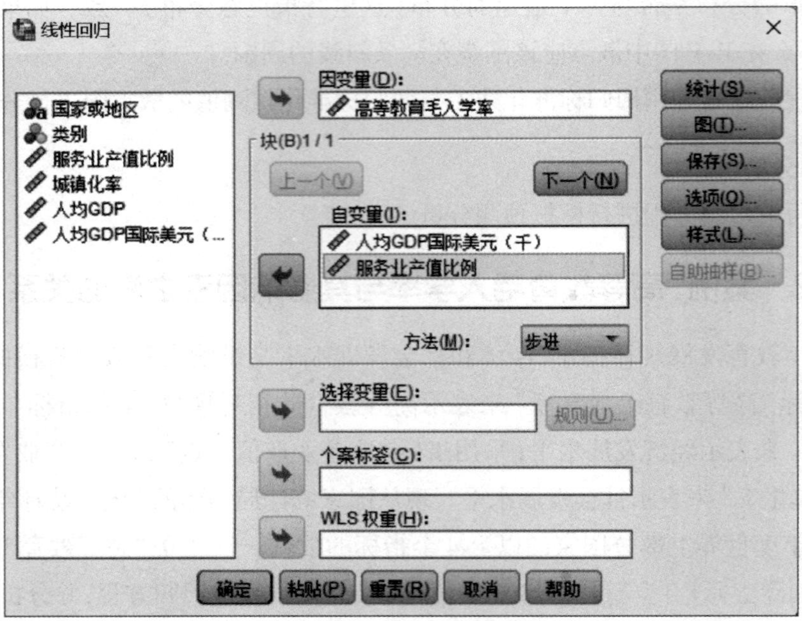

图 11.1.4 “线性回归”对话框

第 4 步 设置相关选项。

在“线性回归”对话框中有许多选项，这里主要介绍“方法”下拉列表，以及“统计”选项、“图”选项、“保存”选项、“选项”选项的设置方法。

（1）“方法”下拉列表

这里的“方法”是指自变量的选择方法，共有 5 个选项，如图 11.1.5 所示。

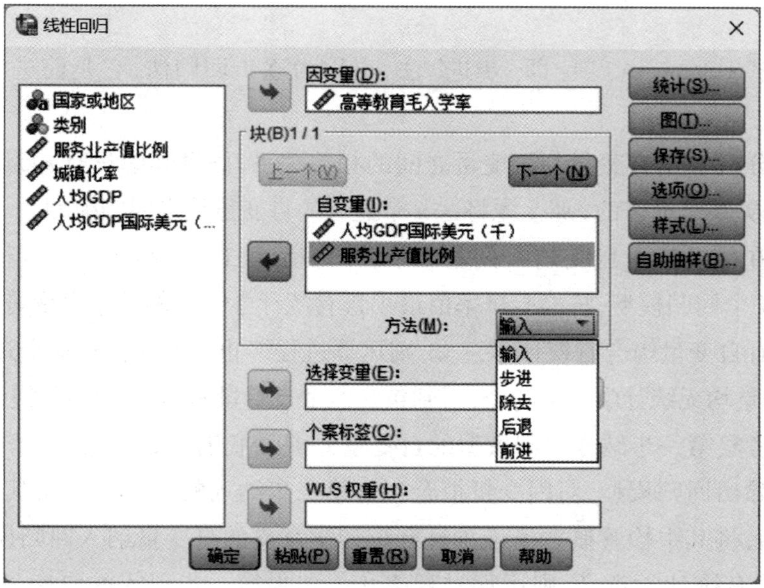

图 11.1.5 “方法”下拉列表

① “输入”（Enter）项：即输入法，是 SPSS 默认的将自变量纳入回归模型的方法。它将变量列表框中的所有变量都纳入回归模型，不涉及自变量的选择问题。

② “前进”（Forward）项：即前进法，是一种瞻前不顾后的自变量选择方法。

第一步，分析 N 个自变量与因变量之间的相关关系，假设其中只有 n 个自变量与因变量之间的相关关系是显著的，那么先将这 n 个显著的自变量纳入回归模型。

第二步，在已经纳入自变量 x_1 的基础上，分别检验自变量组合 $\{x_1, x_2\}$，$\{x_1, x_3\}$，…，$\{x_1, x_n\}$ 的 $n-1$ 个回归模型，将检验概率值（p 值）最小且有统计学意义的那个自变量组合纳入模型，如果没有自变量组合有统计学意义，则运算过程终止。反复执行这个过程，直至模型外的自变量均无统计学意义为止。

③ “除去”（Remove）项：即除去法，这种方法将设定为“除去”的自变量强制剔除出回归模型。但 SPSS 会给出将其纳入模型后的参数估计及检验结果。

④ “后退”（Backward）项：即后退法，它与前进法的过程相反。

第一步，对因变量拟合包含全部 N 个自变量的回归模型，考察其中无统计学意义的 n 个自变量，将其中检验概率值最大的先剔除出模型，如果所有的自变量均有统计学意义，则运算过程终止。

第二步，对因变量拟合包含剩余 $n-1$ 个自变量的回归模型，同样剔除检验概率值最大且无统计学意义的变量。如此反复进行,直至模型中剩余的所有自变量均有统计学意义为止。

⑤ “步进”(Stepwise)项:即“步进”法,也称为逐步回归法,它是前进法和后退法的结合。

第一步,分析 N 个自变量与因变量之间的相关关系,假设其中只有 n 个自变量与因变量之间的相关关系是显著的;那么先将这 n 个显著的自变量纳入回归模型。

第二步,在已经纳入自变量 x_1 的基础上,分别检验自变量组合 $\{x_1, x_2\}$, $\{x_1, x_3\}$, …, $\{x_1, x_n\}$ 的 $n-1$ 个回归模型,将检验概率值最小且有统计学意义的那个自变量组合纳入回归模型,如果没有自变量组合有统计学意义,则运算过程终止。反复执行这个过程,直至回归模型外的自变量均无统计学意义为止,得到包含两个自变量 x_1 和 x_i 的回归模型。

第三步,考察第一步纳入回归模型的自变量 x_1 是否仍有统计学意义,若没有统计学意义,则将其剔除出回归模型,对因变量拟合包含第二步纳入的自变量 x_i 与其他 $n-2$ 个自变量的回归模型,将其中检验概率值最小且有统计学意义的自变量纳入回归模型,若 $n-2$ 个回归模型都没有统计学意义,则运算过程终止。如果第一步引入的自变量 x_1 有意义,那么拟合的是自变量组合 $\{x_1, x_i, x_j\}$ 的 $n-2$ 个回归模型,将其中检验概率值最小且有统计学意义的自变量纳入回归模型,若 $n-2$ 个回归模型都没有统计学意义,则运算过程终止。如此反复,直到回归模型外的自变量都没有统计学意义,而回归模型内的自变量都有统计学意义。

从步进法的过程来看,该方法是一种瞻前顾后的“谨慎”方法,一旦将新的自变量纳入回归模型,就要考察之前纳入的自变量是否依旧有统计学意义,它是最常用的自变量选择方法。

后四种方法一般适用于自变量比较多且存在多重共线性问题的情况,在这种情况下需要去除部分自变量,这时 SPSS 会自动选择合适的变量。最常用的方法是输入法和步进法,前者可以人为处理,后者可以通过软件自动处理。在本例中,选择输入法。

(2)设置“统计”选项

单击“线性回归”对话框中的“统计”按钮,弹出“线性回归:统计”对话框,如图 11.1.6 所示。该对话框用于选择要输出的统计量。在本例中,设置的相关选项如下:

“回归系数”(Regression Coefficients)区域的“估算值”(Estimates)复选框,要求输出回归系数、回归系数的标准误差、标准化回归系数、对回归系数进行检验的 t 统计量以及 t 统计量的双侧检验的 p 值。在本例中,选中该复选框。

“模型拟合”复选框:要求输出决定系数、校正决定系数、回归方程的标准误差,F 检验的方差分析表。系统默认选中该复选框。

"残差"区域的"德宾 – 沃森"复选框:用于检验残差之间的相互独立性,德宾 – 沃森值的范围为 0 ~ 4,一般认为当德宾 – 沃森值在 1.8 至 2.2 之间时,残差之间的相互独立性较强。在本例中,选中该复选框。

单击"继续"按钮,返回"线性回归"对话框。

(3)设置"图"选项

单击"线性回归"对话框中的"图"按钮,弹出"线性回归:图"对话框,如图 11.1.7 所示,选择要输出的图形。

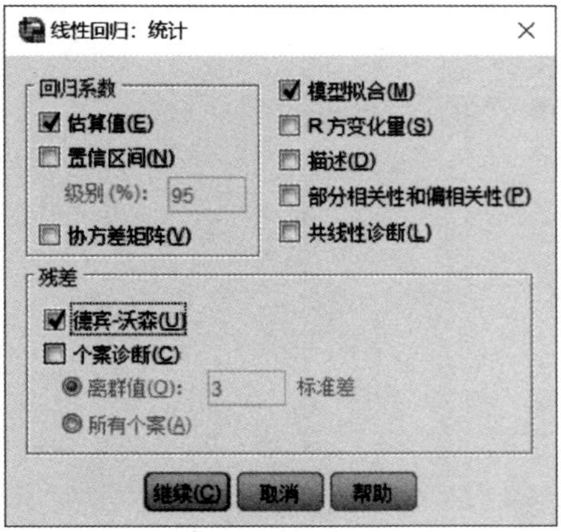

图 11.1.6 "线性回归:统计"对话框

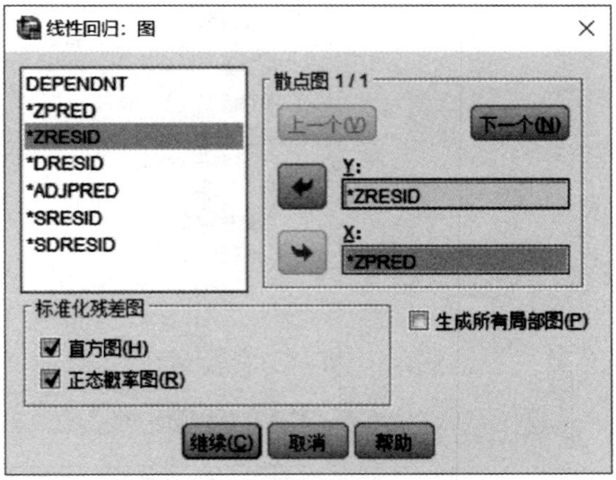

图 11.1.7 "线性回归:图"对话框

"标准化残差图"区域,主要用于检验残差的正态性。在本例中,选中"直方图"和"正态概率图"复选框。

"散点图"区域,主要用于检验残差之间的相互独立性。将左侧变量列表框中的标准化残差"ZRESID"选入"Y"框,将标准化预测"ZPRED"选入"X"框。

单击"继续"按钮,返回"线性回归"对话框。

(4)设置"保存"选项

单击"线性回归"对话框中的"保存"按钮,弹出"线性回归:保存"对话框,如图 11.1.8 所示。该对话框用于指定是否将回归分析的有关结果保存到 SPSS 的数据窗口中。

"预测值"区域的"未标准化"复选框,主要用于显示回归方程的拟合值;"残差"区域的"未标准化"复选框,主要用于显示回归方程的拟合值与观测值之差。在本例中,选中上述两个复选框。

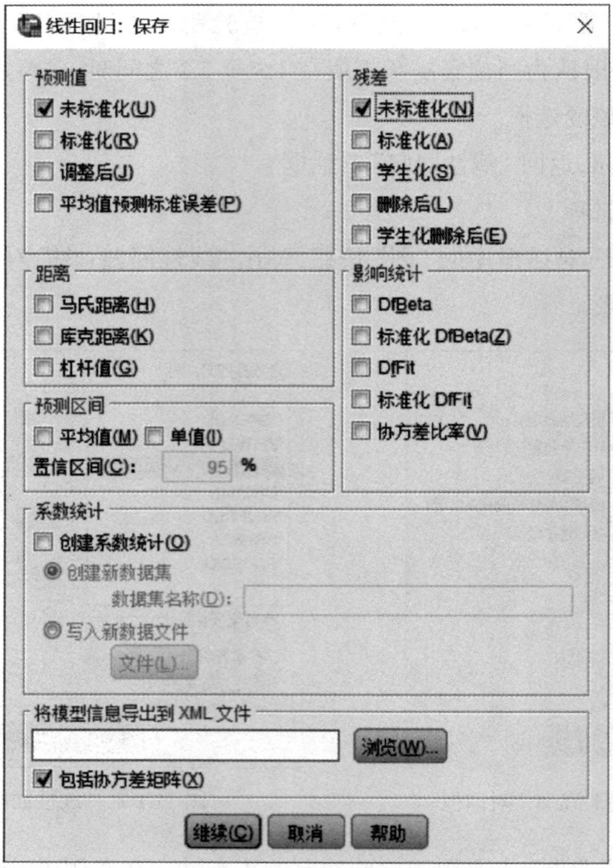

图 11.1.8　“线性回归：保存”对话框

单击“继续”按钮，返回“线性回归”对话框。

（5）设置“选项”选项

单击“线性回归”对话框中的“选项”按钮，弹出”线性回归：选项”对话框，如图 11.1.9 所示。

在该对话框中，可以对与自变量选择有关的参数进行设置，同时也可以设置缺失值的处理方法。在本例中，进行如下设置：

① 在“步进法条件”（Stepping method criteria）区域选择“使用 F 的概率”（Use probability of F）项，表示在回归系数显著性检验中将各个自变量的 *F* 统计量作为自变量

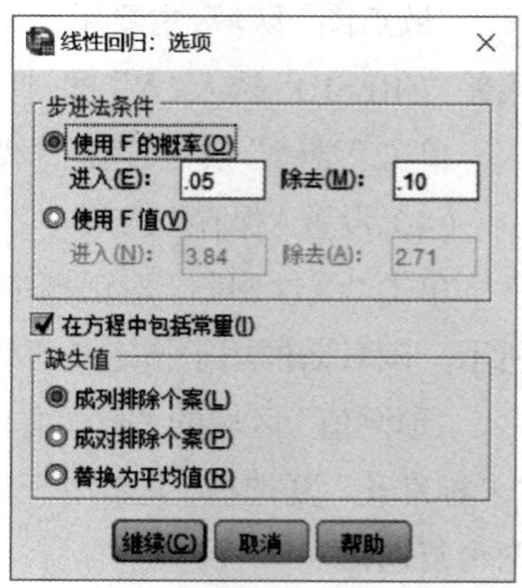

图 11.1.9　“线性回归：选项”对话框

纳入模型或者剔除出模型的标准。

其中，“进入”（默认值为0.05）表示当一个自变量的 F 统计量的 p 值小于显著性水平0.05时，拒绝原假设，认为该自变量对因变量的影响是显著的，应被纳入回归方程。“去除”（默认值为0.1）表示当回归方程中一个自变量的 F 统计量的 p 值大于或等于显著性水平0.10时，不能拒绝原假设，可以认为该自变量对因变量的影响是不显著的，应从回归方程中剔除。

② “在方程中包括常量”（Include constant in equation）复选框，表示回归方程将包含常数项。系统默认选中该复选框，在实际的回归分析中，可根据具体情况去除对此复选框的选择，但一般倾向于保留常数项。

③ “缺失值”区域的“成列排除个案”复选框，表示删除所有带缺失值的样本数据，在本例中选中该复选框。

单击“继续”按钮，返回“线性回归”对话框。

第5步 在“线性回归”对话框中单击“确定”按钮，输出结果。

11.1.4 结果与讨论

1. 变量表及模型摘要

变量表如图11.1.10所示，是对回归分析的一般说明。从图11.1.10中可以看出，本例中进行回归分析所选择的方法是输入法，即将变量列表框中的所有变量都纳入回归模型，纳入模型的自变量为“服务业产值比例”和“人均GDP国际美元（千）”。

输入/除去的变量[a]

模型	输入的变量	除去的变量	方法
1	服务业产值比例，人均GDP国际美元(千)[b]		输入

a. 因变量：高等教育毛入学率。

b. 已输入所请求的所有变量。

图11.1.10 变量表

模型摘要如图11.1.11所示，给出了回归模型的拟合优度检验结果。从图11.1.11中可以看出，决定系数 R^2 为0.595（“R方”列），校正决定系数 R^2 为0.588（“调整后R方”列），说明模型的拟合优度一般，即因变量的变化中有58.8%的信息可以被自变量解释。德宾–沃森值为1.297（“德宾–沃森”列），表明残差之间的相互独立性一般，表明还有重要的因素没有考虑。

模型摘要[b]

模型	R	R方	调整后R方	标准估算的错误	德宾-沃森
1	.771[a]	.595	.588	18.00231	1.297

a. 预测变量：(常量)，服务业产值比例，人均GDP国际美元(千)。

b. 因变量：高等教育毛入学率。

图 11.1.11 模型摘要

2. 回归方程方差分析结果

回归方程方差分析结果如图 11.1.12 所示。从图 11.1.12 中可以看出，该回归方程的 F 统计量的值为 85.229，p 值为 0，小于显著性水平 0.05，可以认为“高等教育毛入学率”与“服务业产值比例”和“人均 GDP 国际美元（千）”之间的线性回归方程成立。

ANOVA[a]

模型		平方和	自由度	均方	F	显著性
1	回归	55242.879	2	27621.440	85.229	.000[b]
	残差	37593.656	116	324.083		
	总计	92836.536	118			

a. 因变量：高等教育毛入学率。

b. 预测变量：(常量)，服务业产值比例，人均GDP国际美元(千)。

图 11.1.12 回归方程方差分析结果

3. 回归系数

多元线性回归的系数表如图 11.1.13 所示。从图 11.1.13 中可以明显看出，所有系数项的 p 值均小于显著性水平 0.05。

系数[a]

模型		未标准化系数		标准化系数	t	显著性
		B	标准错误	Beta		
1	(常量)	−11.432	9.619		−1.188	.237
	人均GDP国际美元(千)	.725	.084	.598	8.676	.000
	服务业产值比例	.627	.161	.268	3.892	.000

a. 因变量：高等教育毛入学率。

图 11.1.13 多元线性回归系数表

可以得到回归方程：

$$高等教育毛入学率=-11.432+0.725\times 人均GDP国际美元（千）+0.627\times 服务业产值比例 \quad (11.1.9)$$

上式表明：当其他变量不变时，人均国内生产总值每增加（或减少）一个单位（一千国际美元），高等教育毛入学率将平均增加（或减少）0.725 个单位（百分点）；服务业产值比例每增加（或减少）一个单位（百分点），高等教育毛入学率将平均增加（或减少）0.627 个单位（百分点）。

从标准化系数看，“人均 GDP 国际美元（千）”的标准化系数为 0.598，“服务业产值比例”的标准化系数为 0.268。也就是说，在这两个自变量中，人均国内生产总值对高等教育毛入学率的影响较大。

4. 残差的正态性检验与异方差

残差的正态性检验图如图 11.1.14 所示。从图 11.1.14（a）中可以看出，直方图的形态基本上呈正态分布。从图 11.1.14（b）中可以看出，标准化残差基本上分布在直线附近。因此，可以认为数据满足正态性的要求。

等方差检验图如图 11.1.15 所示。如果所有残差的散点都在 $-3\leqslant x\leqslant 3$、$-3\leqslant y\leqslant 3$ 的矩形中，可以认为方差相等，即等方差。在本例中，只有一个散点在此矩形外，近似等方差，可以认为式（11.1.9）给出的回归方程满足建模条件。

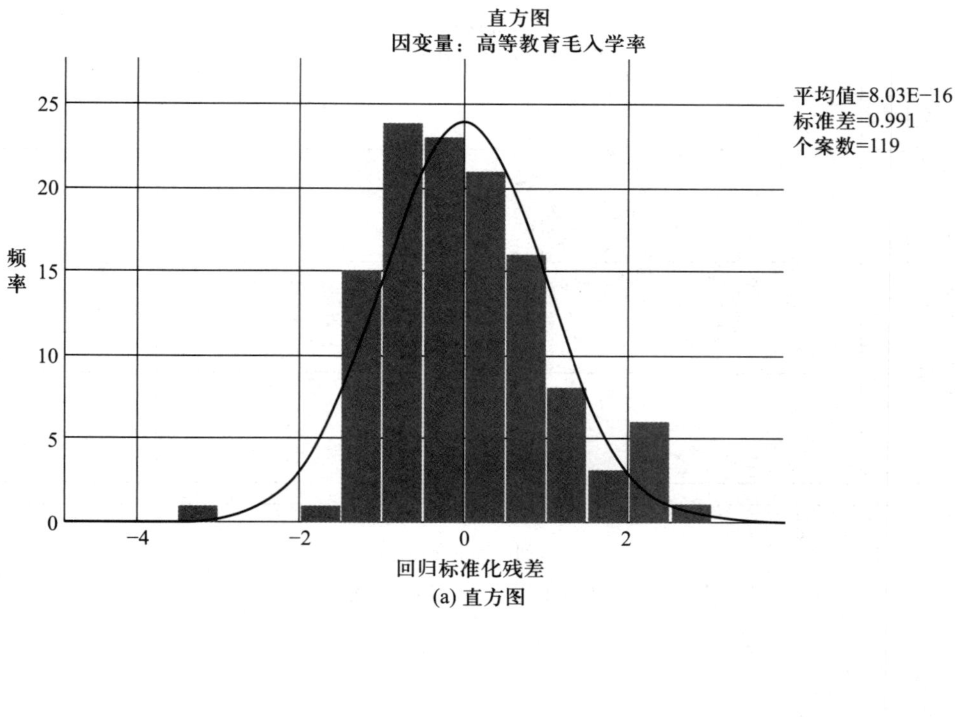

(a) 直方图

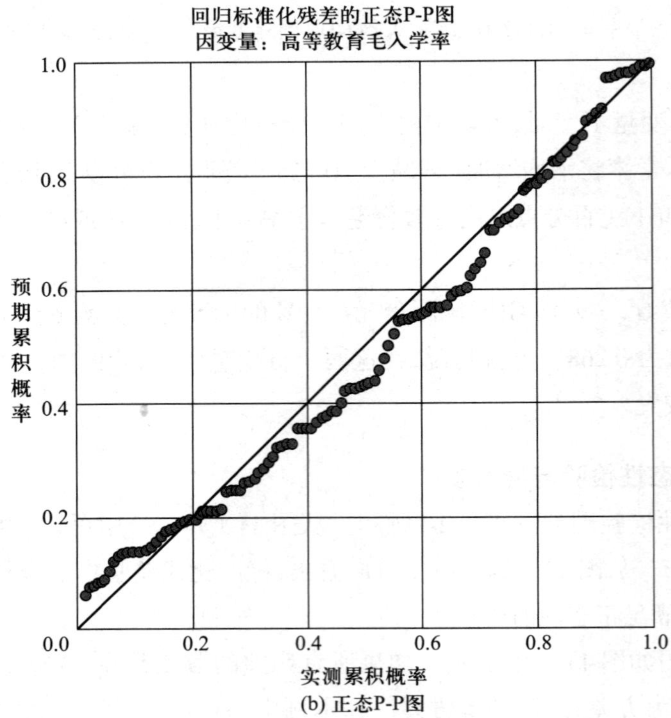

图 11.1.14 残差的正态性检验图

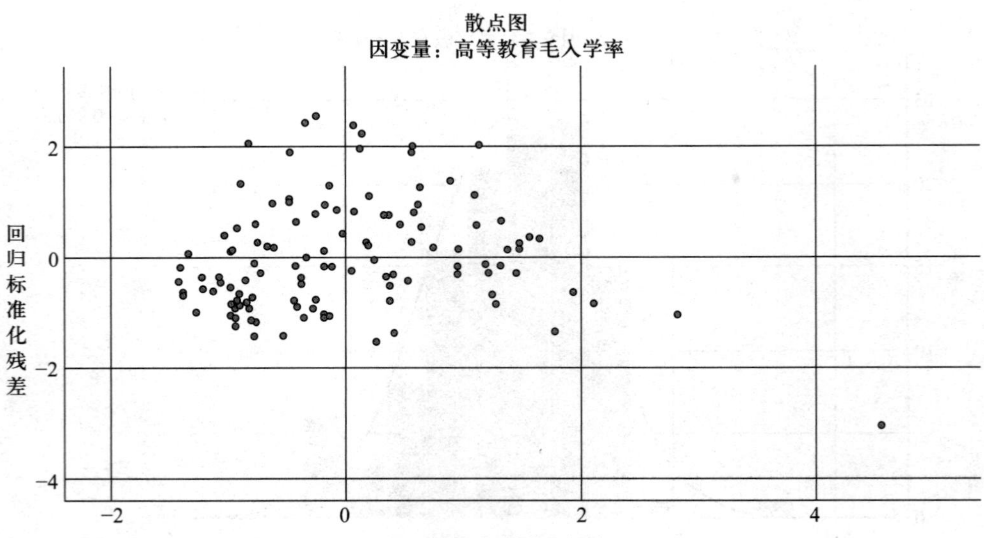

图 11.1.15 等方差检验图

11.1.5 多重共线性

在前面介绍的多元线性回归分析中，图 11.1.11 中的德宾 – 沃森值为 1.297，表明残差之间不具有相互独立性，也说明了回归方程中有重要的因素变量没有考虑。这里只考虑了经济发展因素，没有考虑社会发展因素。现加入社会发展因素，即城镇化率。

1. 统计分析过程

第 1 步 考察变量的散点图，计算各个变量之间的相关关系。

在“图表构建器”对话框中，在“图库”选项卡中选择“散点图 / 点图”项中的“散点图矩阵”，依次将“变量”框中的变量“高等教育毛入学率”“人均 GDP 国际美元(千)”“服务业产值比例”和“城镇化率”依次拖到画布上的 x 轴放置区中，如图 11.1.16 所示。

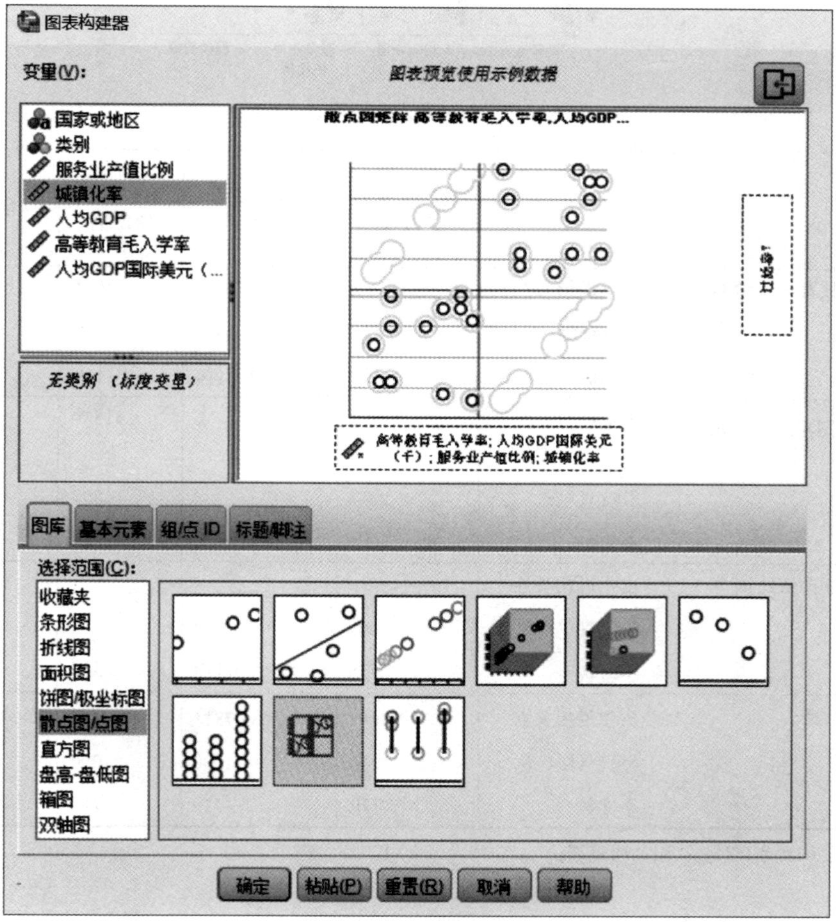

图 11.1.16 设置“散点图矩阵”

然后单击“确定”按钮，输出结果，同时计算相关系数，如图 11.1.17 所示。

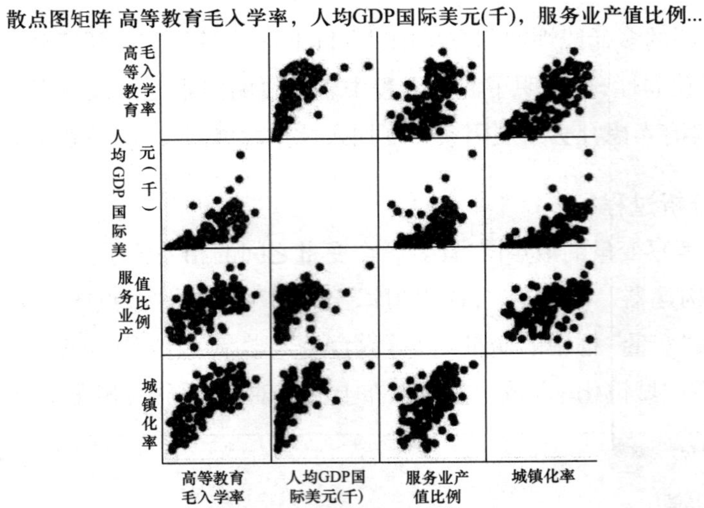

(a) 散点图矩阵

		高等教育毛入学率	人均GDP国际美元(千)	服务业产值比例	城镇化率
高等教育毛入学率	皮尔逊相关性	1	.736**	.576**	.754**
	Sig.(双尾)		.000	.000	.000
	个案数	119	119	119	119
人均GDP国际美元(千)	皮尔逊相关性	.736**	1	.515**	.678**
	Sig.(双尾)	.000		.000	.000
	个案数	119	119	119	119
服务业产值比例	皮尔逊相关性	.576**	.515**	1	.484**
	Sig.(双尾)	.000	.000		.000
	个案数	119	119	119	119
城镇化率	皮尔逊相关性	.754**	.678**	.484**	1
	Sig.(双尾)	.000	.000	.000	
	个案数	119	119	119	119

** . 在.01级别(双尾)，相关性显著。

(b) 相关系数

图 11.1.17 散点图矩阵和变量间的相关系数

从散点图矩阵看，变量“人均 GDP 国际美元（千）”“服务业产值比例”“城镇化率”与“高等教育毛入学率”之间都存在线性相关关系，直观上感觉多元线性回归方程成立。“城镇化率”与“人均 GDP 国际美元（千）”“服务业产值比例”之间也存在线性相关关系。从具体的相关系数看，“城镇化率”与“人均 GDP 国际美元（千）”之间的相关系数为 0.678，可能存在多重共线性问题。

从实际背景看，当变量“人均 GDP 国际美元（千）”“服务业产值比例”和“城镇化率”的值为 0 时，高等教育毛入学率应为 0，所以回归方程的常数项为 0。

第 2 步　设置多重共线性。

按照前面介绍的操作步骤，对“线性回归”对话框进行设置，如图 11.1.18 所示。

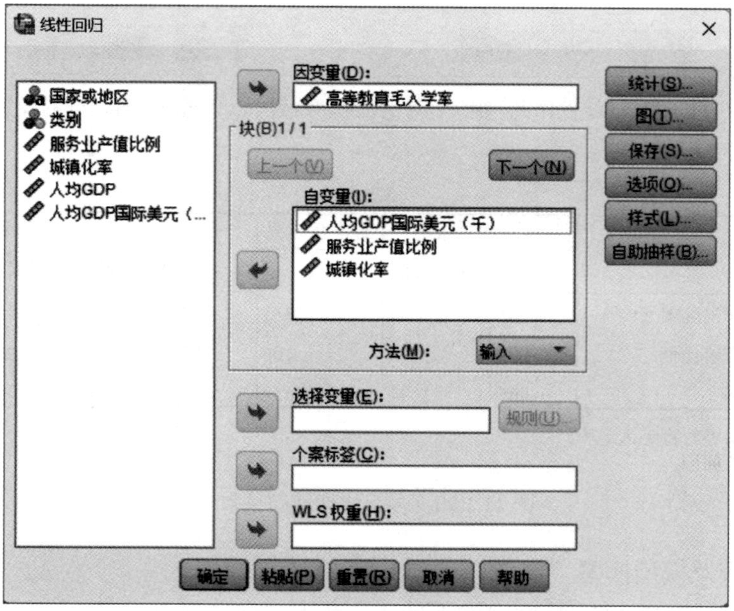

图 11.1.18　“线性回归”对话框的设置

“线性回归：统计”对话框和“线性回归：选项”对话框的设置如图 11.1.19 所示。

2. 结果和讨论

（1）回归系数

多元线性回归的系数表如图 11.1.20 所示。

从图 11.1.20 中可以看出，变量“服务业产值比例”和“城镇化率”对应的方差膨胀因子（VIF）值都大于 10，存在多重共线性问题，需要剔除。在“线性回归”对话框中将变量选择方法由“输入”改为“步进”，其他选项的设置不变，单击“确定”按钮，输出结果。

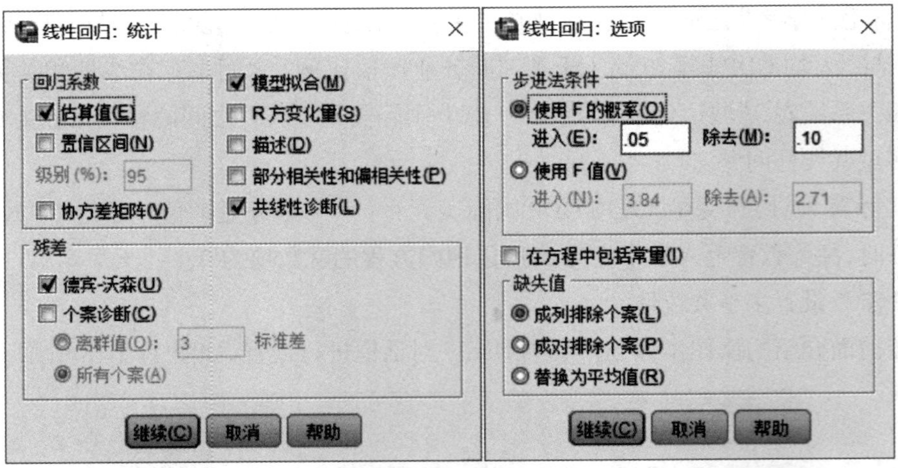

图 11.1.19 “线性回归：统计”对话框和“线性回归：选项”对话框的设置

系数[a,b]

模型		未标准化系统		标准化系统	t	显著性	共线性统计	
		B	标准错误	Beta			容差	VIF
1	人均GDP国际美元(千)	.535	.084	.331	6.377	.000	.280	3.568
	服务业产值比例	.088	.078	.106	1.122	.264	.085	11.743
	城镇化率	.465	.091	.558	5.101	.000	.063	15.824

a. 因变量：高等教育毛入学率。
b. 过原点线性回归。

图 11.1.20 多元线性回归系数表

（2）变量表及模型摘要

从图 11.1.21 中可以看到，模型 1 先纳入自变量“城镇化率”，图 11.1.22～图 11.1.24 中模型 1 所对应的内容，都是自变量“城镇化率”的一元线性回归分析结果。

从图 11.1.21 中可以看到，模型 2 进一步纳入自变量“人均 GDP 国际美元（千）”，图 11.1.22～图 11.1.24 中模型 2 所对应的内容，都是自变量“城镇化率”“人均 GDP 国际美元（千）”的二元线性回归分析结果。

这说明，通过步进法，回归方程最后保留了两个自变量：“城镇化率”和“人均 GDP 国际美元（千）”，剔除自变量“服务业产值比例”。从图 11.1.24 可以看出，“城镇化率”“人均 GDP 国际美元（千）”对应的方差膨胀因子值均为 3.488，消除了多重共线性问题。

输入/除去的变量[a,b]

模型	输入的变量	除去的变量	方法
1	城镇化率		步进(条件：要输入的F的概率 <=.050，要除去的F的概率 >=.100)。
2	人均GDP国际美元(千)		步进(条件：要输入的F的概率 <=.050，要除去的F的概率 >=.100)。

a. 因变量：高等教育毛入学率。
b. 过原点线性回归。

图 11.1.21　变量表

模型摘要[d,e]

模型	R	R方[b]	调整后R方	标准估算的错误	德宾-沃森
1	.939[a]	.881	.880	18.86293	
2	.955[c]	.911	.910	16.38684	1.375

a. 预测变量：城镇化率。

b. 对于过原点回归(无截距模型)，R方用于衡量因变量相对于此回归所解释的原点的可变比例。此R方不能与针对包含截距的模型的R方进行比较。

c. 预测变量：城镇化率，人均GDP国际美元(千)。

d. 因变量：高等教育毛入学率。

e. 过原点线性回归。

图 11.1.22　模型摘要

从图 11.1.22 中可以看出，回归方程的决定系数为 0.910（在一元线性回归分析中该值为 0.880），德宾 – 沃森值为 1.375（在一元线性回归分析中该值为 1.297），各项指标的值都有所提升，但德宾 – 沃森值 1.375 距离理想值 1.8 ~ 2.2 还有差距，说明回归方程还有重要的因素没有考虑。根据图 11.1.24，可以得到具体的回归方程：

$$\text{高等教育毛入学率} = 0.555 \times \text{城镇化率} + 0.521 \times \text{人均 GDP 国际美元（千）} \qquad (11.1.10)$$

从上式可以看出：其他变量不变，城镇化率每增加（或减少）1 个百分点，高等教育毛入学率就平均增加（或减少）0.555 个百分点；人均国内生产总值每增加（或减少）一千国际美元，高等教育毛入学率就平均增加（或减少）0.521 个百分点。从自变量的相对重要性来看，城镇化率对高等教育毛入学率的作用比“人均国内生产总值”大（它们的标准化系数分别为 0.666 和 0.323），说明社会发展是高等教育规模发展最主要的推动力。

ANOVA[a,b]

模型		平方和	自由度	均方	F	显著性
1	回归	312248.966	1	312248.966	877.572	.000[c]
	残差	41985.586	118	355.810		
	总计	354234.552[d]	119			
2	回归	322816.733	2	161408.367	601.085	.000[e]
	残差	31417.819	117	268.528		
	总计	354234.552[d]	119			

a. 因变量：高等教育毛入学率。

b. 过原点线性回归。

c. 预测变量：城镇化率。

d. 对于过原点回归(无截距模型)，R方用于衡量因变量相对于此回归所解释的原点的可变比例，此R方不能与针对包含截距的模型的R方进行比较。

e.预测变量：城镇化率，人均GDP国际美元(千)。

图 11.1.23 回归方程方差分析结果

系数[a,b]

模型		未标准化系数		标准化系数	t	显著性	共线性统计	
		B	标准错误	Beta			容差	VIF
1	城镇化率	.782	.026	.939	29.624	.000	1.000	1.000
2	城镇化率	.555	.043	.666	12.959	.000	.287	3.488
	人均GDP国际美元(千)	.521	.083	.323	6.273	.000	.287	3.488

a. 因变量：高等教育毛入学率。
b. 过原点线性回归。

图 11.1.24 多元线性回归系数表

11.2 含虚拟自变量的回归分析

在实际工作中，经常会遇到一些因变量是数值型变量，而自变量含有分类变量的回归分析问题。例如，工作收入与工龄、学历、职业、性别等因素都有关系，在建立回归方程时，自变量“学历”“职业”“性别”就是分类变量。这时不能直接进行回归分析，要在回归模型中使用虚拟自变量才能进行回归分析，称之为含虚拟自变量的回归分析。

一个分类自变量如果只有两个特征，如变量“性别”有“男”和“女”两个特征，则分别用 1 和 0 表示。这种分类变量称为虚拟自变量，又称为哑变量。一个分类自变量若有 k（>2）个特征，则可以转化为 k 个虚拟自变量，但只能引进 k–1 个虚拟自变量。虽然虚拟自变量可以取某一数值，但这一数值没有任何数量意义，它仅仅用来说明观测单位的性质和属性。含虚拟自变量的回归分析可以使回归分析结果更加细化或精确，也可以称之为分类回归分析。

在 SPSS 中，含虚拟自变量的回归分析过程同线性回归分析过程完全一样，也是通过“分析”菜单的“回归”子菜单来实现的。

11.2.1 案例：高等教育规模与经济发展阶段的关系

例 11.2 根据高等教育与经济发展的相互作用规律，当经济发展到一定水平时，高等教育规模就会有一个跳跃式发展；而随着经济发展到更高水平，高等教育规模发展速度会逐步放缓，甚至停滞发展。本例是例 11.1 的拓展，希望加入跳跃式发展因素，改进式（11.1.10）给出的回归模型，数据文件为例 11.1 中的数据文件“高等教育毛入学率 .sav”。

1. 统计分析过程

第 1 步 考察高等教育规模变量与经济发展变量的散点图，分析跳跃式发展的临界值。

绘制高等教育规模变量（“高等教育毛入学率”）与经济发展变量（“人均 GDP 国际美元（千）”）的散点图，如图 11.2.1（a）所示，然后双击该散点图，打开“图表编辑器”窗口，如图 11.2.1（b）所示。在“图表编辑器”窗口的工具栏中单击“向 X 轴添加参考线”按钮，在打开的“属性”对话框的“参考线”选项卡中进行设置并进行模拟。本例的模拟结果为，人均国内生产总值为 12 000 国际美元（x 轴坐标值为 12.0）是临界值；从图 11.2.1（b）中可以看出，大于此临界值之后，高等教育毛入学率跳跃式升高。

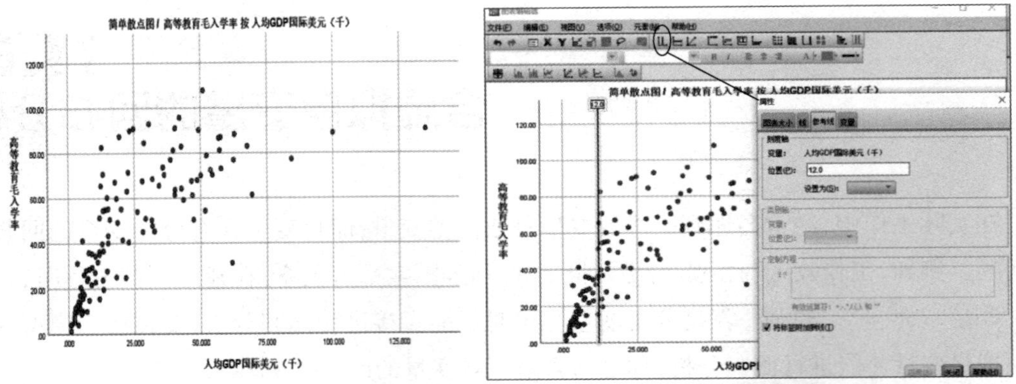

(a) 散点图　　(b)“图表编辑器”窗口

图 11.2.1　高等教育规模与经济发展变量的散点图

第 2 步　设置虚拟自变量（或哑变量）。

将样本国家分为两类，一类是人均国内生产总值大于或等于 12 000 国际美元的国家，即发达国家（取值为“发达”）；另一类是人均国内生产总值小于 12 000 国际美元的国家，包括中等收入发展中国家（取值为“一般”）和低收入发展中国家（取值为“落后”）。这两类国家的高等教育规模发展速度并不相同。设置虚拟自变量：发展水平，对于人均国内生产总值大于或等于 12 000 国际美元的国家，取值为 1，否则取值为 0。

第 3 步　进行线性回归分析。

在 SPSS 的数据窗口中，选择菜单“分析”→“回归”→“线性”命令，弹出的“线性回归”对话框。在该对话框中将左侧变量列表框中的变量“高等教育毛入学率”选入“因变量”框，将变量“人均 GDP 国际美元（千）”“城镇化率”“发展水平”选入“自变量”框；在“方法”下拉列表中选择“步进”项，去掉常数项，如图 11.2.2（a）所示。“线性回归：保存”对话框的设置如图 11.2.2（b）所示，其他选项的设置同例 11.1，将预测结果保存至原数据文件。

第 4 步　在“线性回归”对话框中单击“确定”按钮，输出回归结果。

2. 结果和讨论

模型摘要如图 11.2.3 所示，从中可以看出决定系数为 0.934，高于图 11.1.22 中的 0.910；德宾 – 沃森值为 1.908，接近于理想值 2。图 11.2.4 所示的方差分析结果，说明多元线性回归方程是成立的。

从图 11.2.5 所示的回归系数表中可以看出，各个自变量都具有显著的效应，并且不存在多重共线性问题。这说明，加入虚拟自变量“发展水平”之后，回归方程的解释力大大提高。

用自变量“人均 GDP 国际美元（千）”“城镇化率”和“发展水平”可以很好地解释高等教育规模——因变量“高等教育毛入学率”。

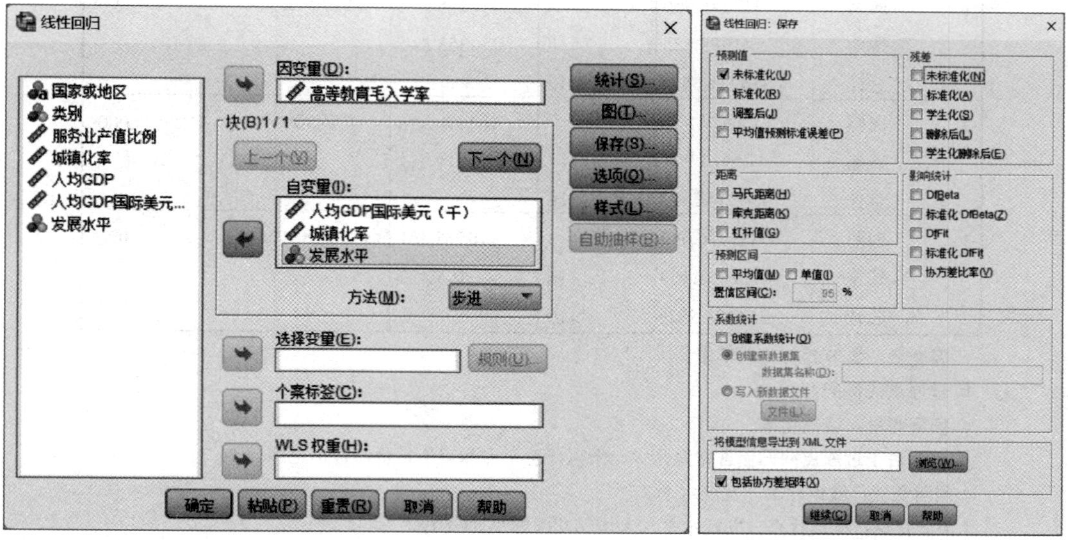

(a) “线性回归”对话框 (b) “线性回归：保存”对话框

图 11.2.2 设置线性回归选项

模型摘要[e,f]

模型	R	R方[b]	调整后R方	标准估算的错误	德宾-沃森
1	.939[a]	.881	.880	18.86293	
2	.963[c]	.928	.927	14.73814	
3	.967[d]	.936	.934	13.97611	1.908

a. 预测变量：城镇化率。

b. 对于过原点回归(无截距模型)，R方用于衡量因变量相对于此回归所解释的原点的可变比例。此R方不能与针对包含截距的模型的R方进行比较。

c. 预测变量：城镇化率，发展水平。

d. 预测变量：城镇化率，发展水平，人均GDP国际美元(千)。

e. 因变量：高等教育毛入学率。

f. 过原点线性回归。

图 11.2.3 模型摘要

ANOVA[a,b]

模型		平方和	自由度	均方	F	显著性
1	回归	312248.966	1	312248.966	877.572	.000[c]
	残差	41985.586	118	355.810		
	总计	354234.552[d]	119			
2	回归	328820.652	2	164410.326	756.909	.000[e]
	残差	25413.901	117	217.213		
	总计	354234.552[d]	119			
3	回归	331576.084	3	110525.361	565.834	.000[f]
	残差	22658.469	116	195.332		
	总计	354234.552[d]	119			

a. 因变量：高等教育毛入学率。

b. 过原点线性回归。

c. 预测变量：城镇化率。

d. 因为对于过原点回归而言常量为零，所以此总平方和对于常量而言不正确。

e.预测变量：城镇化率，发展水平。

f.预测变量：城镇化率，发展水平，人均GDP国际美元(千)。

图 11.2.4 方差分析结果

系数[a,b]

模型		未标准化系数		标准化系数	t	显著性	共线性统计	
		B	标准错误	Beta			容差	VIF
1	城镇化率	.782	.026	.939	29.624	.000	1.000	1.000
2	城镇化率	.459	.042	.552	10.862	.000	.238	4.206
	发展水平	30.898	3.537	.444	8.735	.000	.238	4.206
3	城镇化率	.394	.044	.473	9.000	.000	.200	5.004
	发展水平	24.889	3.717	.357	6.697	.000	.194	5.162
	人均GDP国际美元(千)	.295	.078	.183	3.756	.000	.234	4.282

a. 因变量：高等教育毛入学率。

b. 过原点线性回归。

图 11.2.5 多元线性回归系数表

最后,得到回归方程:

高等教育毛入学率 =0.394 × 城镇化率 +0.295 × 人均 GDP 国际美元(千)+24.889 × 发展水平

(11.2.1)

上式是因变量“高等教育毛入率”相对于自变量“人均 GDP 国际美元(千)”“城镇化率”和“发展水平”的平均变化情况。该式说明:假定其他变量不变,城镇化率每增加 1 个百分点,高等教育毛入学率平均增加 0.394 个百分点;人均国内生产总值每增加一千国际美元,高等教育毛入学率平均增加 0.295 个百分点;发展水平取值为 1 的国家(人均国内生产总值不低于 12 000 国际美元的国家),比发展水平取值为 0 的国家(人均国内生产总值低于 12 000 国际美元的国家)的高等教育毛入学率平均高 24.889 个百分点。这也证明了猜想:当经济发展到一定水平时,高等教育规模会有一个跳跃式发展。

11.2.2 案例:工资影响因素分析

例 11.3 根据教育经济学原理,影响劳动者工资的因素有工作经验(工龄)、人力资本(受教育程度)、性别等。现收集到相关数据,建立数据文件“工资影响因素 .sav”,如图 11.2.6 所示,试建立工资与工龄、受教育程度和性别的线性回归方程。

	月基本工资	工龄	性别	教育水平	大学	高中	初中	受教育年限
1	4350.00	24.00	男	小学及以下	0	0	0	6.00
2	4500.00	72.00	女	初中	0	0	1	9.00
3	7200.00	96.00	男	大学	1	0	0	16.00
4	2700.00	36.00	女	初中	0	0	1	9.00
5	4350.00	24.00	男	小学及以下	0	0	0	6.00
6	7350.00	84.00	男	大学	0	1	0	16.00
7	6300.00	108.00	女	高中	0	1	0	12.00
8	7200.00	96.00	女	大学	1	0	0	16.00
9	6600.00	48.00	男	高中	0	1	0	12.00
10	6750.00	72.00	男	高中	0	1	0	12.00
11	4500.00	24.00	男	小学及以下	0	0	0	6.00
12	4650.00	72.00	女	初中	0	0	1	9.00
13	7200.00	96.00	男	大学	1	0	0	16.00
14	4200.00	36.00	女	高中	0	1	0	12.00
15	4650.00	24.00	男	初中	0	0	1	9.00

图 11.2.6 数据文件“工资影响因素 .sav”

1. 统计分析过程

第 1 步 分析变量类型,设置虚拟自变量。

本例共涉及 4 个变量:“月基本工资”“工龄”“性别”“教育水平”,其中变量“月基本工资”是因变量或被解释变量,其他三个变量都是自变量或解释变量。设置变量“工龄”的变量名标签为“工龄(月)”。此外,由于变量“性别”和“教育水平”是定性变量,不能直接进行回归分析,需要进行虚拟化。

性别取“男”和“女”两个值,在本例中设置一个虚拟自变量“性别”:1 表示“男”,0 表示“女”,比较对象为“女”。

“教育水平”取“大学”“高中”“初中”和“小学及以下”4 个值,本例设置三个虚拟自变量:

① “大学”:1 表示大学,0 表示非大学。

② “高中”:1 表示高中,0 表示非高中。

③ “初中”:1 表示初中,0 表示非初中。

比较对象为“小学及以下”。

第 2 步 建立回归方程。

(1)设置变量

打开数据文件“工资影响因素 .sav”,选择菜单“分析”→“回归”→“线性”命令,弹出“线性回归”对话框。在该对话框中,将左侧变量列表框中的变量“月基本工资”选入“因变量”框,将变量“工龄(月)”“性别”“大学”“高中”和“初中”选入“自变量”框;在“方法”下拉列表中选择“步进”项。

(2)设置相关选项

在“线性回归”对话框中单击“统计”按钮,弹出“线性回归:统计”对话框。在该对话框中设置相关选项,如图 11.2.7 所示。然后,单击“继续”按钮,返回“线性回归”对话框。在“线性回归”对话框中单击“确定”按钮,输出结果。

2. 结果和讨论

图 11.2.8 和图 11.2.9 所示的表格显示,采用步进法,共进行了 4 次自变量选择(根据重要性),最后确定自变量为“工龄(月)”“性别”“大学”和“高中”,回归方程成立,其决定系数(解释力)为 0.832,德宾 – 沃森值为 1.127,说明还有一些重要的因素没有考虑。

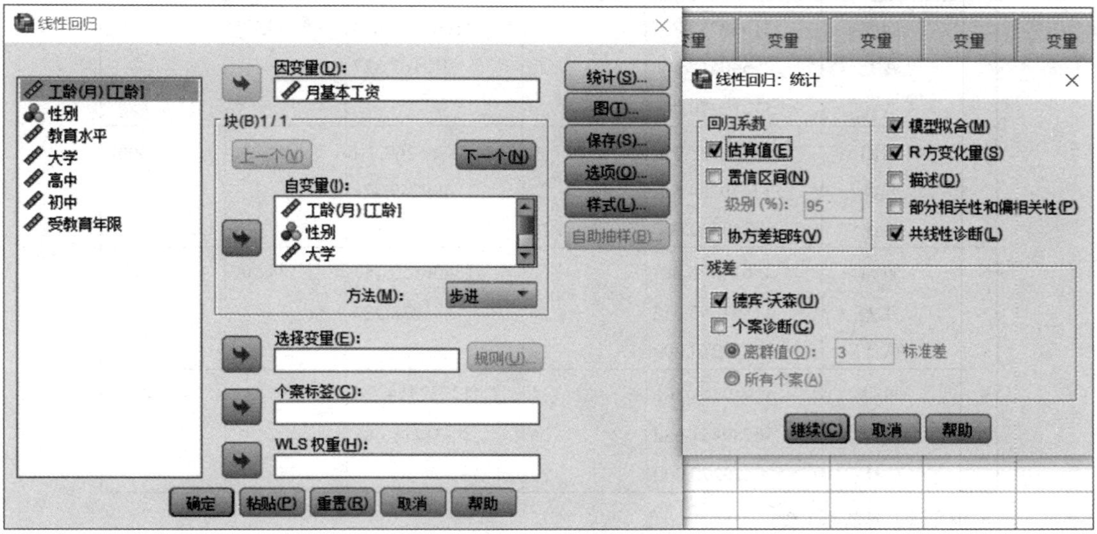

图 11.2.7　设置变量和相关选项

模型摘要[e]

模型	R	R方	调整后R方	标准估算的错误	德宾-沃森
1	.744[a]	.554	.538	955.07137	
2	.874[b]	.764	.747	706.57585	
3	.893[c]	.797	.774	667.71118	
4	.925[d]	.855	.832	575.51548	1.127

a. 预测变量：(常量), 工龄(月)。

b. 预测变量：(常量), 工龄(月), 性别。

c. 预测变量：(常量), 工龄(月), 性别, 大学。

d. 预测变量：(常量), 工龄(月), 性别, 大学, 高中。

e. 因变量：月基本工资。

图 11.2.8　模型摘要

ANOVA[a]

模型		平方和	自由度	均方	F	显著性
1	回归	31669752.834	1	31669752.834	34.719	.000[b]
	残差	25540517.166	28	912161.327		
	总计	57210270.000	29			
2	回归	43730535.432	2	21865267.716	43.796	.000[c]
	残差	13479734.568	27	499249.428		
	总计	57210270.000	29			
3	回归	45618476.287	3	15206158.762	34.107	.000[d]
	残差	11591793.713	26	445838.220		
	总计	57210270.000	29			
4	回归	48929818.368	4	12232454.592	36.932	.000[e]
	残差	8280451.632	25	331218.065		
	总计	57210270.000	29			

a. 因变量：月基本工资。

b. 预测变量：(常量), 工龄(月)。

c. 预测变量：(常量), 工龄(月), 性别。

d. 预测变量：(常量), 工龄(月), 性别, 大学。

e. 预测变量：(常量), 工龄(月), 性别, 大学, 高中。

图 11.2.9 回归方程方差分析结果

图 11.2.10 所示的回归系数表显示，所选择的 4 个自变量的回归系数对应的 p 值均小于显著性水平 0.05，说明 4 个自变量与因变量“月基本工资”之间有显著的线性关系，并且 4 个自变量之间不存在多重共线性问题。

可得线性回归方程：

$$月基本工资 =2\,650.856+32.205\times 工龄 +1\,162.680\times 性别 +1\,131.644\times 大学 +856.461\times 高中 \tag{11.2.2}$$

上式表明：工龄、性别和学历显著影响工资收入。在其他变量不变的情况下，工龄每增加一个月，月基本工资平均增加 32.205 元；男性（性别 =1）的月基本工资平均比女性（性别 =0）的高 1 162.680 元；大学学历（大学 =1）的月基本工资平均比小学及以下学历的高 1 131.644 元，高中学历（高中 =1）的月基本工资平均比小学及以下学历的高 856.461 元。

系数[a]

模型		未标准化系数		标准化系数	t	显著性	共线性统计	
		B	标准错误	Beta			容差	VIF
1	(常量)	3745.261	424.997		8.812	.000		
	工龄(月)	34.813	5.908	.744	5.892	.000	1.000	1.000
2	(常量)	2403.834	416.348		5.774	.000		
	工龄(月)	42.659	4.653	.912	9.167	.000	.882	1.133
	性别	1377.873	280.337	.489	4.915	.000	.882	1.133
3	(常量)	2719.231	422.246		6.440	.000		
	工龄(月)	36.483	5.324	.780	6.852	.000	.602	1.661
	性别	1194.777	279.460	.424	4.275	.000	.793	1.261
	大学	665.427	323.367	.221	2.058	.050	.677	1.478
4	(常量)	2650.856	364.585		7.271	.000		
	工龄(月)	32.205	4.784	.688	6.732	.000	.554	1.806
	性别	1162.680	241.087	.412	4.823	.000	.791	1.263
	大学	1131.644	315.316	.376	3.589	.001	.529	1.891
	高中	856.461	270.871	.274	3.162	.004	.769	1.300

a. 因变量：月基本工资。

图 11.2.10 多元线性回归系数表

11.3 曲线拟合

在实际问题中，绝大部分情况下变量之间的关系都是非线性关系，线性关系由于简单且易于处理，常被用来近似代表非线性关系，但它只是一种理想状态。曲线拟合就是将变量之间的非线性关系用曲线来拟合（回归）。曲线拟合适于解决因变量与自变量都是数值型变量的问题，它的基本思想是构造一个逼近函数，用这个逼近函数来表达样本所在的总体的趋势和特征。进行曲线回归时用得较多的还是最小二乘法，即在观测值与模型拟合值的差值的平方和最小的情况下求得模型参数，得到最佳的拟合函数表达式。

在 SPSS 中，曲线回归是通过“分析”菜单的“回归”子菜单中的“曲线估算”（Curve Estimation）命令来实现的。其具体操作步骤如下：

① 根据经验或通过绘制散点图，选择几种模型进行比较。

② SPSS 自动计算模型对数据的拟合情况，并给出相应统计量的值。

③ 根据决定系数最大的原则，并结合实际的问题背景，选择拟合曲线模型，并根据此模型进行预测分析。

11.3.1 案例：高等教育规模发展趋势

例 11.4 经济发展水平是推动高等教育规模发展的重要因素，人均国内生产总值（GDP）是反映经济发展水平的主要指标，每十万人口高校在校生数是反映高等教育相对规模的重要统计指标。根据国家统计局等部门发布的有关统计数据[①]，现有 2000—2019 年我国每十万人口高校在校生数和人均国内生产总值数据，试建立每十万人口高校在校生数与人均国内生产总值之间的函数关系，由此推算 2020—2030 年我国每十万人口高校在校生数的变化趋势。

考虑通胀因素，这里人均国内生产总值以 2000 年（基年）不变价计量。建立数据文件“高等教育规模发展趋势 .sav”，其变量格式如图 11.3.1 所示。

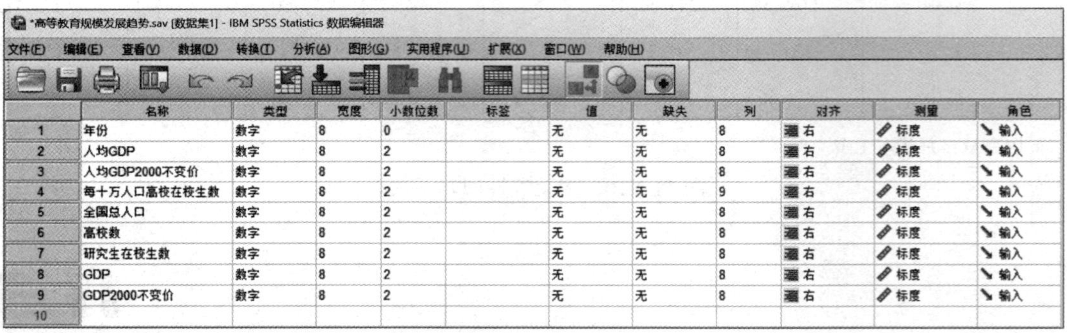

	名称	类型	宽度	小数位数	标签	值	缺失	列	对齐	测量	角色
1	年份	数字	8	0		无	无	8	右	标度	输入
2	人均GDP	数字	8	2		无	无	8	右	标度	输入
3	人均GDP2000不变价	数字	8	2		无	无	8	右	标度	输入
4	每十万人口高校在校生数	数字	8	2		无	无	9	右	标度	输入
5	全国总人口	数字	8	2		无	无	8	右	标度	输入
6	高校数	数字	8	2		无	无	8	右	标度	输入
7	研究生在校生数	数字	8	2		无	无	8	右	标度	输入
8	GDP	数字	8	2		无	无	8	右	标度	输入
9	GDP2000不变价	数字	8	2		无	无	8	右	标度	输入
10											

图 11.3.1 数据文件“高等教育规模发展趋势 .sav”的变量格式

11.3.2 统计分析过程

第 1 步 打开数据文件“高等教育规模发展趋势 .sav”，绘制散点图。

先绘制变量“每十万人口高校在校生数”与“人均 GDP2000 不变价”的散点图。选择菜单“图形”→“图表构建器”命令，弹出“图表构建器”对话框。在该对话框的“图库”选项卡中选择“散点图 / 点图”中的“简单散点图”。将变量“每十万人口高校在校生数”拖入

① 本案例的数据主要来自国家统计局编印的《中国统计年鉴》和教育部发展规划司编印的《中国教育统计年鉴》等资料。

画布上的 y 轴放置区，将“人均 GDP2000 不变价”拖入画布上的 x 轴放置区，如图 11.3.2 所示。单击“确定”按钮，输出图形，如图 11.3.3 所示。

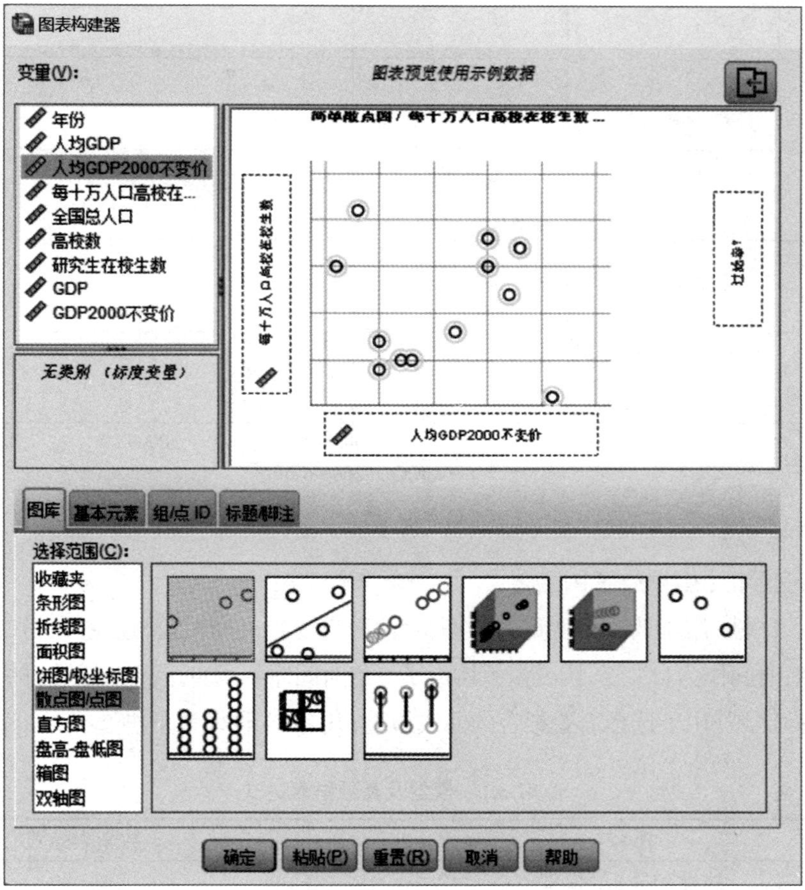

图 11.3.2 “图表构建器”对话框

从图 11.3.3 所示的散点图中可看出，拟合曲线大致呈三次曲线、S 形曲线和对数曲线形状，为后面的模型选择提供了初步方案。

第 2 步 进行曲线拟合操作。

（1）打开“曲线估算”对话框

选择菜单“分析”→“回归”→“曲线估算”（Curve Estimation）命令，弹出“曲线估算”对话框。

“曲线估算”对话框的主要内容如下：

- 变量列表框：用于显示数据文件中的全部变量。

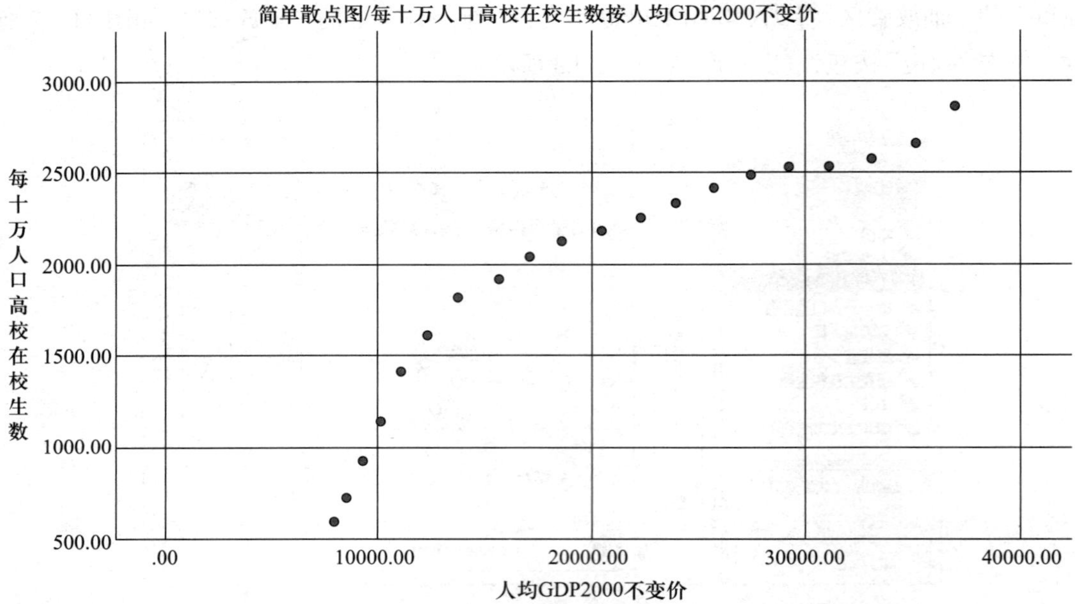

图 11.3.3 散点图

- "因变量"框：用于放置因变量。
- "独立"区域：用于选择自变量的类型，有两种自变量：一种是普通变量，另一种将时间作为自变量，若将时间作为自变量，因变量就构成了一组时间序列，随时间（自变量）的变化而变化。
- "模型"区域：用于选择需要拟合的曲线模型，共有 11 种模型可供选择，如表 11.3.1 所示。

表 11.3.1 模型及其数学表达式

模型	数学表达式
线性（linear）模型	$y=b_0+b_1x$
二次（quadratic）曲线	$y=b_0+b_1x+b_2x^2$
复合（compound）曲线模型	$y=b_0b_1^x$
增长（growth）曲线模型	$y=e^{b_0+b_1x}$
对数（logarithmic）曲线模型	$y=b_0+b_1\ln x$
三次（cubic）曲线模型	$y=b_0+b_1x+b_2x^2+b_3x^3$
S 形曲线模型	$y=e^{b_0+\frac{b_1}{x}}$
指数（exponential）曲线模型	$y=b_0e^{b_1x}$
逆（inverse）函数模型	$y=b_0+b_1/x$
幂（power）曲线模型	$y=b_0x^{b_1}$
逻辑斯谛（logistical）曲线模型（要求输入上限）	$y=1/(1/u+b_0x^{b_1})$

• “在方程中包含常量”复选框：确定方程是否包含常数项，系统默认选中此复选框。

• “模型绘图”复选框：要求针对模型绘制统计图，包括原始数值的线图和拟合模型的曲线图，这对于确定采用何种曲线拟合方法是非常重要的。系统默认选中此复选框。

• “显示 ANOVA 表”复选框：要求显示所选择的曲线模型的方差分析表，主要检验回归方程是否成立以及自变量的作用是否显著。

• “保存”按钮：单击该按钮，可以弹出“曲线估算：保存”对话框，该对话框用于保存回归方程的预测值、残差（预测值与样本值之差）以及预测区间等。对相关选项进行设置，如图 11.3.4 所示。单击“继续”按钮，返回“曲线估算”对话框。

（2）设置变量和相关选项

在“曲线估算”对话框中，将左侧变量列表框中的变量“每十万人口高校在校生数”作为因变量，选入“因变量”框；将变量“人均 GDP2000 不变价”作为自变量，选入“独立”区域的“变量”框。在“模型”区域，选中“对数”复选框、“三次”复选框和“S”复选框，即选择对数曲线模型、三次曲线模型、S 形曲线模型。相关选项的设置，如图 11.3.5 所示。

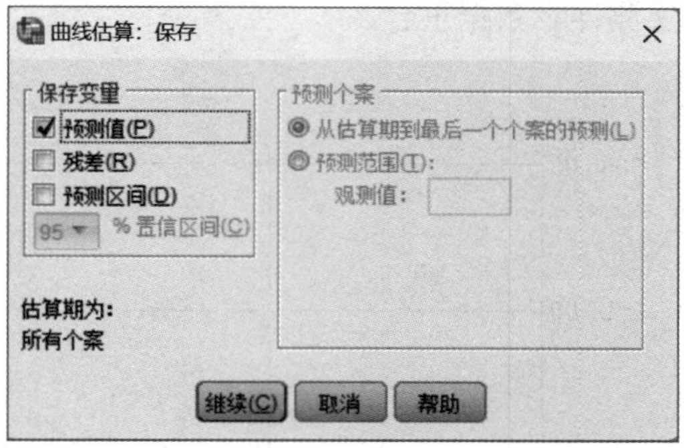

图 11.3.4 “曲线估算：保存”对话框

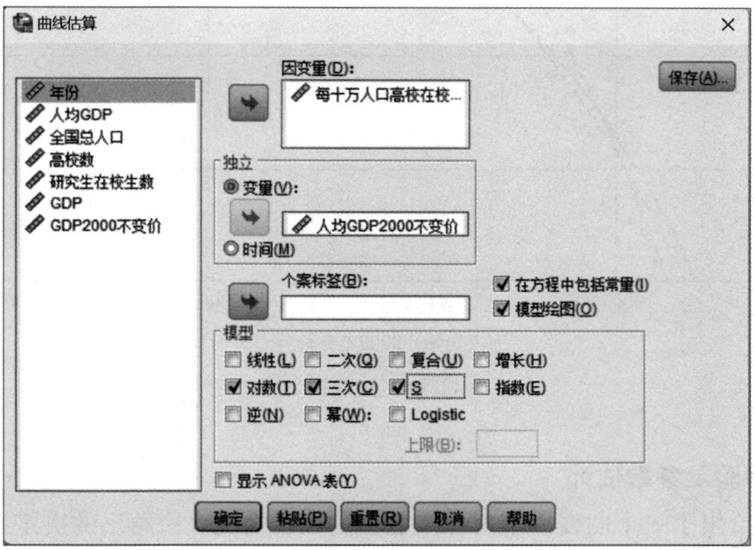

图 11.3.5 “曲线估算”对话框

（3）输出结果

单击“曲线估算”对话框中的“确定”按钮，输出结果。

11.3.3　结果与讨论

1. 曲线拟合图

输出的曲线拟合图如图 11.3.6 所示。该图的纵坐标为变量“每十万人口高校在校生数”，横坐标为“人均 GDP2000 不变价”。该图显示的是三条曲线拟合样本数据的对比图。三条曲线对实测样本数据的拟合效果都不错，其中三次曲线的拟合效果似乎更好些，几乎与实测样本数据重合。

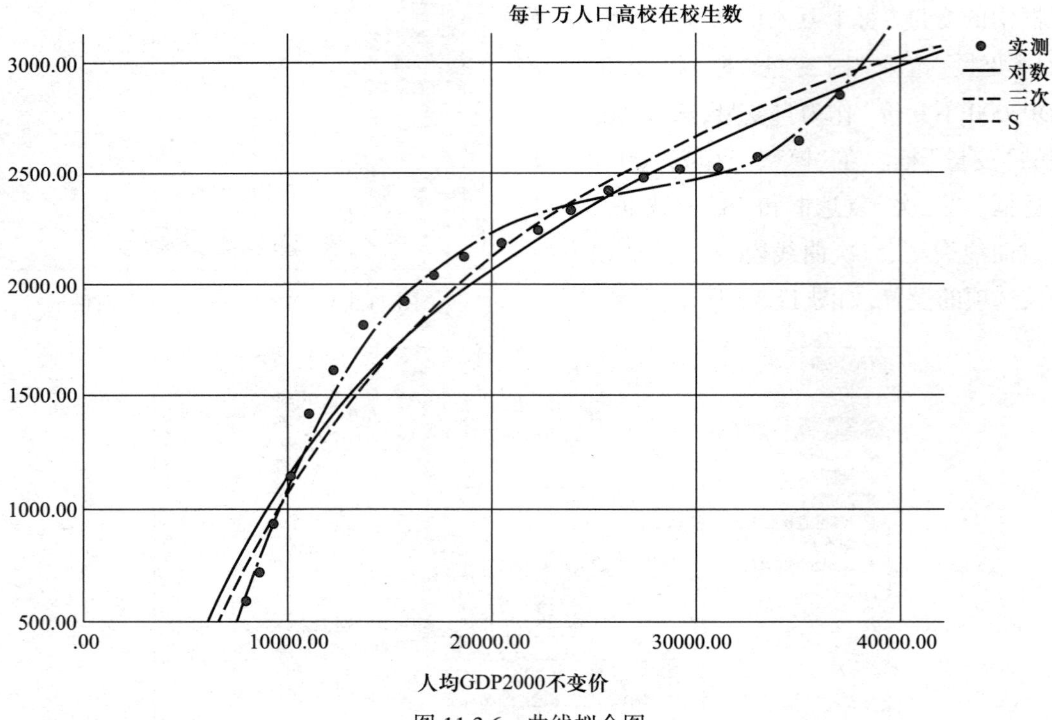

图 11.3.6　曲线拟合图

2. 模型检验及参数估计

图 11.3.7 给出了三个曲线模型对样本数据的拟合情况。由给出的决定系数可知，三次曲线模型的决定系数为 0.993，高于 S 形曲线模型和对数曲线模型，与图 11.3.6 所示的曲线拟合图的结果一致。从图 11.3.7 中可以看出，三个非线性回归模型都显著成立。

方程	模型摘要					参数估算值			
	R 方	F	自由度 1	自由度 2	显著性	常量	b1	b2	b3
对数	.953	366.734	1	18	.000	−10945.554	1314.824		
三次	.993	797.509	3	16	.000	−2355.314	.511	−1.880E−5	2.378E−10
S	.951	350.711	1	18	.000	8.360	−13945.498		

自变量为人均GDP2000 不变价。

图 11.3.7 模型摘要和参数估计值(因变量:每十万人口高校在校生数)

根据各个系数的取值,三个非线性的拟合曲线方程如下:

对数曲线方程:$y=-10\,945.554+1\,314.824\ln x$ (11.3.1)

三次曲线方程:$y=-2\,355.314+0.511x-1.88\times10^{-5}x^2+2.378\times10^{-10}x^3$ (11.3.2)

S 形曲线方程:$y=\mathrm{e}^{8.36-\frac{13\,945.498}{x}}$ (11.3.3)

3. 曲线拟合预测值

SPSS 自动将三个模型的预测变量保存在数据文件“高等教育规模发展趋势 .sav”中,如图 11.3.8 所示。

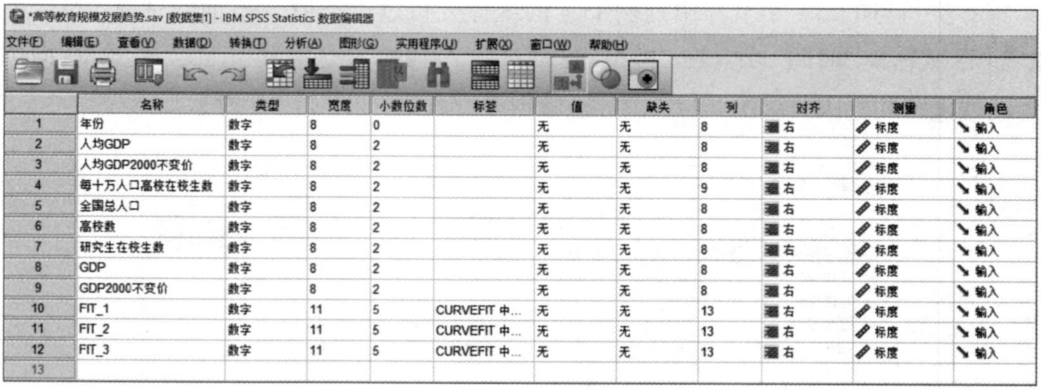

	名称	类型	宽度	小数位数	标签	值	缺失	列	对齐	测量	角色
1	年份	数字	8	0		无	无	8	右	标度	输入
2	人均GDP	数字	8	2		无	无	8	右	标度	输入
3	人均GDP2000不变价	数字	8	2		无	无	8	右	标度	输入
4	每十万人口高校在校生数	数字	8	2		无	无	9	右	标度	输入
5	全国总人口	数字	8	2		无	无	8	右	标度	输入
6	高校数	数字	8	2		无	无	8	右	标度	输入
7	研究生在校生数	数字	8	2		无	无	8	右	标度	输入
8	GDP	数字	8	2		无	无	8	右	标度	输入
9	GDP2000不变价	数字	8	2		无	无	8	右	标度	输入
10	FIT_1	数字	11	5	CURVEFIT 中...	无	无	13	右	标度	输入
11	FIT_2	数字	11	5	CURVEFIT 中...	无	无	13	右	标度	输入
12	FIT_3	数字	11	5	CURVEFIT 中...	无	无	13	右	标度	输入
13											

图 11.3.8 曲线拟合预测变量

图 11.3.8 显示了对数曲线模型、三次曲线模型和 S 形曲线模型的预测变量,分别为 FIT_1、FIT_2 和 FIT_3。通过将其与变量“每十万人口高校在校生数”的实测样本值进行比较可知,三次曲线的数据拟合效果更好一些。

4. 预测模型选择

但从实际情况看,随着经济发展到更高水平,高等教育规模发展速度会逐步放缓,到后期增长极其缓慢,甚至停滞。三次曲线模型虽然对于已有样本数据拟合得较好,但不具有这种特性，随着自变量不断增大，其因变量将快速增大。而对数曲线模型和 S 形曲线模型却具有这种特性，其自变量越大，因变量增长得越缓慢。因此，对于近期（5 年内）采用三次曲线模型，对于远期则采用对数曲线模型、S 形曲线模型或者两者综合的模型，对我国高等教育规模发展进行预测分析。只要确定 2020—2030 年的人均国内生产总值和人口数据，就能预测各年份的每十万人口高校在校生数。

11.3.4　时间序列的曲线拟合

在例 11.4 中，如果将自变量设置为时间，则变量“每十万人口高校在校生数”将随时间（年份）的变化而变化，此时将变量“每十万人口高校在校生数”称为时间序列。时间序列的曲线拟合在教育统计中也是经常用到的一种曲线拟合方法。通常将时间设置为自变量，将反映另一个具体现象（或事物）的变量设置为因变量。

下面对时间序列“每十万人口高校在校生数”进行曲线拟合。

1. 统计分析过程

第 1 步　打开数据文件“高等教育规模发展趋势 .sav”。

第 2 步　与 11.3.2 小节介绍的例 11.4 的统计分析过程类似，在“曲线估算”对话框的“独立”区域选择“时间”项。在“模型”区域选中“对数”复选框和“三次”复选框，即选择对数曲线模型和三次曲线模型与实测样本数据进行对比，如图 11.3.9 所示。

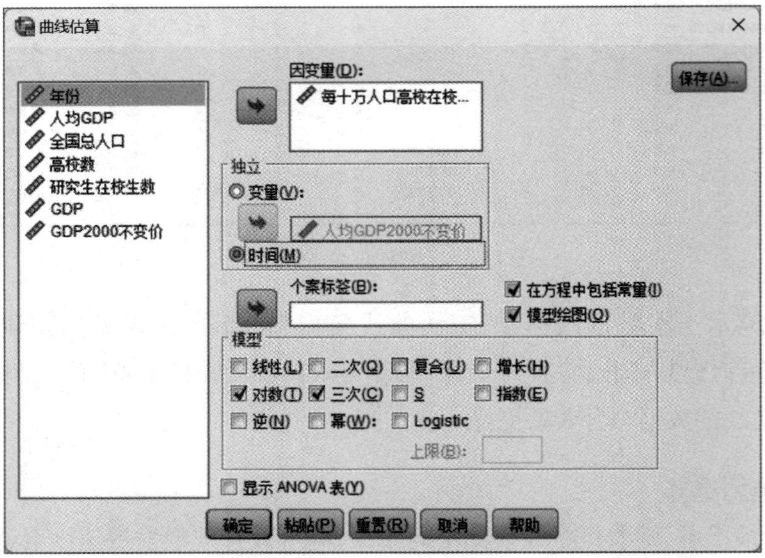

图 11.3.9　“曲线估算”对话框的相关设置

单击“保存”按钮,打开“曲线估算:保存”对话框,如图 11.3.10 所示。

在“保存变量”区域选中“预测值”复选框;在“预测个案”区域选中“预测范围”项,并将“观测值”设置为 31,也就是要预测 31 个观测值。原始样本序列 2000—2019 年共有 20 个样本数据,用于建立曲线拟合模型,然后根据此模型估算 2000—2030 年“每十万人口高校在校生数”的值。

时间序列具有自动预测功能;而普通变量需要人为设置自变量的值,才能得到因变量的预测值。这是 SPSS 的“曲线估算”功能中的时间序列拟合与普通变量拟合之间的重要区别。

单击“继续”按钮,返回“曲线估算”对话框,然后单击“确定”按钮,输出结果。

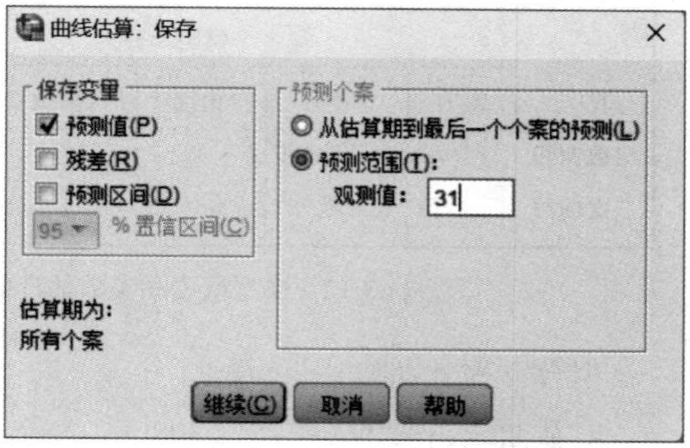

图 11.3.10　“曲线估算:保存”对话框

2. 结果与讨论

曲线拟合图如图 11.3.11 所示。

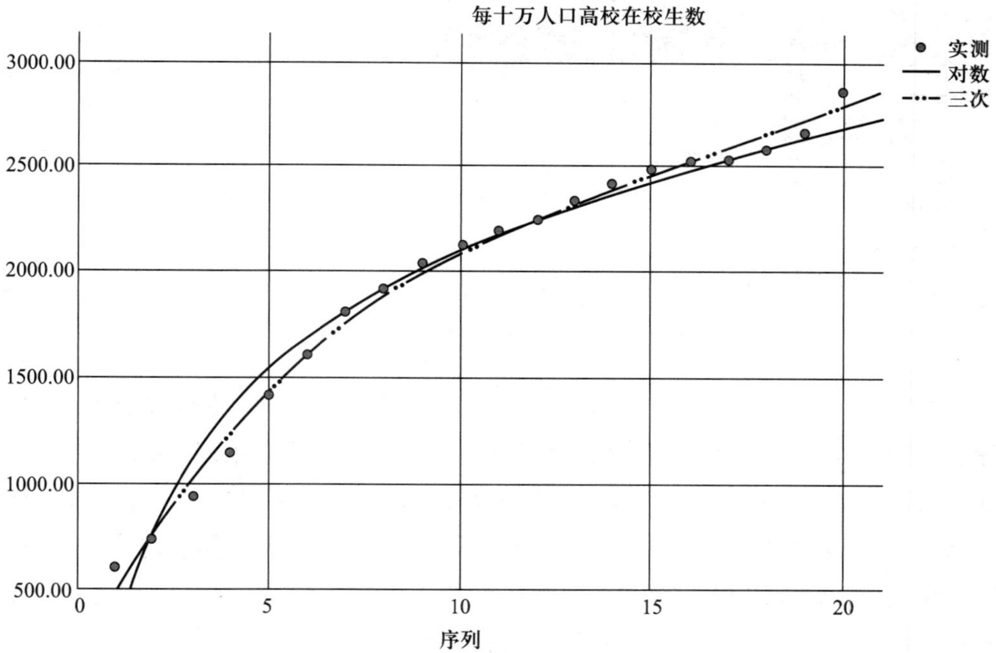

图 11.3.11　曲线拟合图

图 11.3.12 显示了对数曲线模型和三次曲线模型对样本数据的拟合情况。从图 11.3.12 中可以看出,两种模型的拟合效果都不错:对数曲线和三次曲线的决定系数分别为 0.967 和 0.994。图 11.3.12 中的“参数估算值”列区是模型参数的估计值。

方程	模型摘要					参数估算值			
	R 方	F	自由度 1	自由度 2	显著性	常量	b1	b2	b3
对数曲线	.967	532.609	1	18	.000	227.997	817.398		
三次曲线	.994	890.782	3	16	.000	169.831	329.069	−17.125	.359

图 11.3.12 模型摘要和参数估计值(因变量:每十万人口高校在校生数)

拟合方程分别为

对数曲线:y=227.997+817.398ln t

三次曲线:y=169.831+329.069t−17.125t^2+0.359t^3

SPSS 自动将两种模型的预测值保存在数据文件“高等教育规模发展趋势 .sav”中,如图 11.3.13 所示。

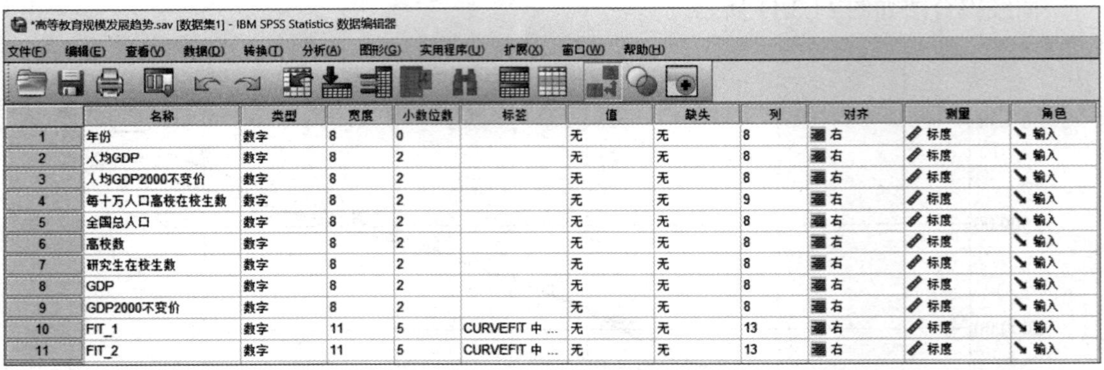

*高等教育规模发展趋势.sav [数据集1] - IBM SPSS Statistics 数据编辑器

文件(F) 编辑(E) 查看(V) 数据(D) 转换(T) 分析(A) 图形(G) 实用程序(U) 扩展(X) 窗口(W) 帮助(H)

	名称	类型	宽度	小数位数	标签	值	缺失	列	对齐	测量	角色
1	年份	数字	8	0		无	无	8	右	标度	输入
2	人均GDP	数字	8	2		无	无	8	右	标度	输入
3	人均GDP2000不变价	数字	8	2		无	无	8	右	标度	输入
4	每十万人口高校在校生数	数字	8	2		无	无	9	右	标度	输入
5	全国总人口	数字	8	2		无	无	8	右	标度	输入
6	高校数	数字	8	2		无	无	8	右	标度	输入
7	研究生在校生数	数字	8	2		无	无	8	右	标度	输入
8	GDP	数字	8	2		无	无	8	右	标度	输入
9	GDP2000不变价	数字	8	2		无	无	8	右	标度	输入
10	FIT_1	数字	11	5	CURVEFIT 中 ...	无	无	13	右	标度	输入
11	FIT_2	数字	11	5	CURVEFIT 中 ...	无	无	13	右	标度	输入

图 11.3.13 保存曲线拟合预测变量

图 11.3.13 中的 FIT_1 和 FIT_2 分别表示对数曲线模型和三次曲线模型的预测变量。两者的总体趋势都是每十万人口高校在校生数越来越多,但两者预测结果的差距较大。例如,2030 年,对数曲线模型预测的每十万人口高校在校生数为 3 035 人,三次曲线模型预测的为 4 596 人,两者的绝对差值为 1 561。具体采用哪个预测结果,还需要进一步分析。也可以对两种预测结果进行加权合并。利用散点图中的简单散点图,可以绘制两种曲线模型 2020—2030 年的变化趋势预测图,如图 11.3.14 所示。

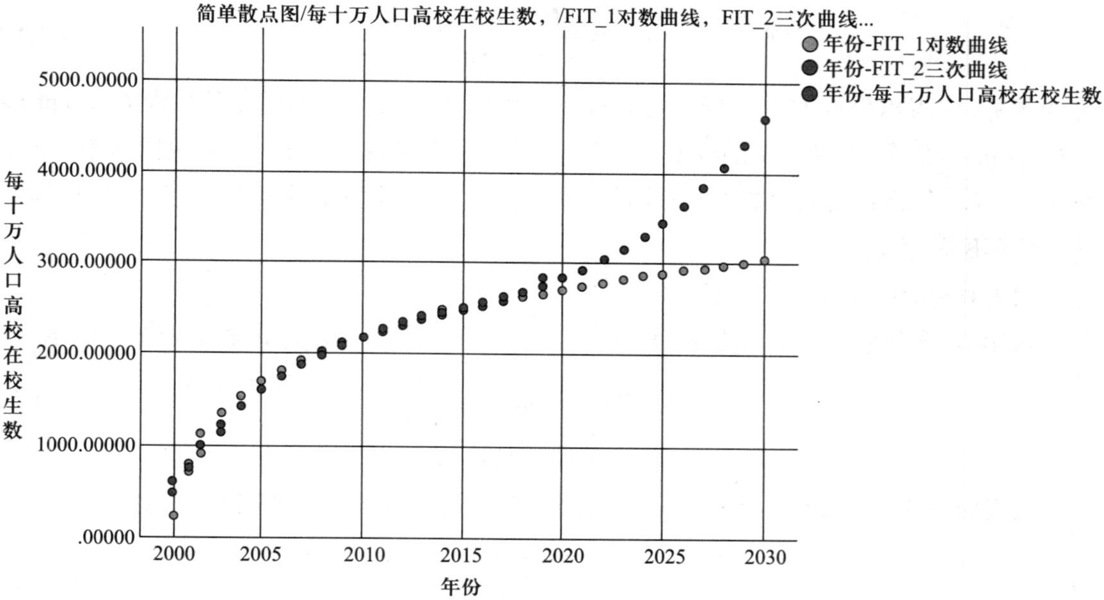

图 11.3.14 变化趋势预测图

11.4 二项逻辑斯谛回归分析

前面回归分析中的因变量都是定量变量，但在实际问题中，特别是在社会科学研究中，我们常常会遇到因变量是分类变量的回归问题，一般称为逻辑斯谛回归（logistical regression）模型。例如，在学生辍学及其影响因素问题中，因变量就是二分类变量：辍学与在学；在大学生贷款及其影响因素问题中，因变量也是二分类变量：贷与不贷；在毕业生就业去向及其影响因素问题中，因变量是多分类变量：政府机关、企业、创业等；而所有的影响因素都构成了自变量。

SPSS 提供了专门的统计分析模块，用来处理因变量是二分类变量的逻辑斯谛回归问题（二项逻辑斯谛回归问题）。

11.4.1 二项逻辑斯谛回归模型

设某一事件（event）只产生两个结果：发生或不发生。例如，学习状态有两个结果：辍学或在学。假设 event 发生的概率为 P（event），其不发生的概率为 1–P（event），则将

$$odds=\frac{P(\text{event})}{1-P(\text{event})} \tag{11.4.1}$$

称为优势,它表示事件发生的概率与事件不发生的概率之比。*odds* 大于 1,即 $P(\text{event})>1-P(\text{event})$,表示“事件发生的概率”大于“事件不发生的概率”,此时人们更倾向于“事件发生”;*odds* 小于 1,则表示“事件发生的概率”小于“事件不发生的概率”,此时人们更倾向于“事件不发生”。

因为 $0 \leqslant P(\text{event}) \leqslant 1$,所以 $0 \leqslant odds<+\infty$。

1970 年,英国统计学家考克斯(D. R. Cox)引入人口学中的对数单位(logit)变换,有

$$\text{logit}(P)=\ln odds=\ln\frac{P}{1-P} \tag{11.4.2}$$

$$-\infty<\text{logit}(P)<+\infty$$

假设影响此事件发生的因素有 p 个,也就是 p 个自变量,则逻辑斯谛回归模型为

$$\text{logit}(P)=b_0+b_1x_1+b_2x_2+\cdots+b_px_p$$

或

$$P=\frac{\exp(b_0+b_1x_1+b_2x_2+\cdots+b_px_p)}{1+\exp(b_0+b_1x_1+b_2x_2+\cdots+b_px_p)} \tag{11.4.3}$$

上式中,b_0 为常数项,$b_1 \sim b_p$ 为模型的回归系数。

这就是二项逻辑斯谛回归模型。其中:自变量可以是定量变量,也可以是分类变量;因变量则必须是二分类变量,且取值为 1 或 0;回归方程的残差要服从二项分布。二项逻辑斯谛回归模型使用最大似然法来估计和检验模型参数。

比值比(odds ratio,又称为优势比)为

$$OR=\frac{odds_1}{odds_2}$$

如果 $P_1>P_2$,则有

$$odds_1=\frac{P_1}{1-P_1}>\frac{P_2}{1-P_2}=odds_2$$

因此,通过比值比是否大于 1,可以判断两种情况下事件发生概率的大小。

在使用逻辑斯谛回归模型之前,需要判断以下几个条件是否满足:

条件 1:因变量是二分类变量。

条件 2:至少有一个自变量,自变量可以是定量变量,也可以是分类变量。

条件 3:最小样本量一般要求为自变量数量的 15 倍。

条件 4:连续的自变量与因变量的对数单位变换之间存在线性关系。

条件 5:自变量之间不存在多重共线性问题。

条件 6：没有明显的离群值或奇异值。

在进行二项逻辑斯谛回归分析之前，一般要通过单变量分析（如 t 检验、卡方检验等）考察所有自变量与因变量之间的关系，筛掉一些可能无意义的变量，再进行多因素分析，这样可以保证结果更加可靠。需要注意的是，一定要先弄清楚各个变量之间的关系，确定将自变量纳入模型的方法，这样才能进行有效的分析。

11.4.2　案例：文科硕士研究生继续深造影响因素

例 11.5　博士研究生教育是我国培养高层次创新人才的主要途径，也是硕士研究生毕业后的一种重要选择。分析影响硕士研究生毕业后继续深造的因素，对于就业及高层次创新人才培养和管理工作具有现实意义。现通过随机调查收集到几所高校文科硕士研究生的就业倾向及其影响因素数据，数据文件“文科硕士研究生培养情况 .sav”如图 11.4.1 所示。

*文科硕士研究生培养情况.sav [数据集2] - IBM SPSS Statistics 数据编辑器

文件(F) 编辑(E) 查看(V) 数据(D) 转换(T) 分析(A) 图形(G) 实用程序(U) 扩展(X) 窗口(W) 帮助

25 : A14　1

	A1	A2	A3	A4	A5	A6	A7	A8	A9	A10	A11
1	大学A	其他类	男	单独考试	第一...	喜欢	12.00	其他	其他...	与现...	其他
2	大学F	教育学类	女	统一考试	第一...	不...	12.00	一...	综合...	其他...	原先工作不...
3	大学F	法学类	男	统一考试	非第...	不...	10.00	其他	其他...	其他...	原先工作不...
4	大学A	教育学类	男	统一考试	第一...	一般	8.00	一...	其他...	与现...	提高学术水...
5	大学C	法学类	女	统一考试	第一...	喜欢	5.00	一...	理工...	理工...	迫于就业压...
6	大学B	教育学类	男	统一考试	第一...	一般	4.00	其他	其他...	其他...	其他
7	大学E	法学类	女	统一考试	第一...	不...	4.00	一...	综合...	与现...	其他
8	大学A	公共管...	女	统一考试	第一...	喜欢	4.00	其他	综合...	理工...	迫于就业压...
9	大学C	其他类	女	统一考试	第一...	喜欢	4.00	其他	综合...	与现...	其他
10	大学B	法学类	女	统一考试	非第...	一般	4.00	其他	其他...	其他...	其他
11	大学B	教育学类	男	统一考试	第一...	喜欢	4.00	一...	综合...	其他...	其他
12	大学C	其他类	男	统一考试	第一...	喜欢	4.00	其他	其他...	其他...	其他

图 11.4.1　数据文件“文科硕士研究生培养情况 .sav”

在本次调查中，将硕士研究生的就业倾向分为“企业就业”“在高校、科研机构工作”“做公务员”“继续考博”“自由职业”“出国留学”和“其他”7 项。本例将“继续考博”和“出国留学”项合并为一类，称为“继续深造”，其余项合并为一类，称为“其他”；这样构造二分类变量“继续深造”：1 表示继续深造，0 表示其他。

影响硕士研究生就业倾向的因素有性别、目前专业、本科毕业学校建设目标、攻读硕士学位的动因、在硕士研究生学习期间已发表的论文（第一作者）数。试分析这 5 个因素对硕士研究生继续深造的影响。这实际上是一个建立因变量“继续深造”与自变量“性别”“目前专业”“本科毕业学校建设目标”“读硕士动因”和“在硕士研究生学习期间，已发表的论文（第一作者）数”之间的多元线性回归模型的问题。由于因变量“继续深造”是一个二分类变量（是或否），所以这是一个二项逻辑斯谛回归问题。

11.4.3 统计分析过程

第1步 打开数据文件“文科研究生培养情况.sav”。

第2步 选择二项逻辑斯谛回归分析功能模块。

在SPSS的数据窗口中，选择菜单“分析”→“回归”→“二元Logistic”（Binary Logistic）命令，弹出“Logistic回归”对话框。

第3步 设置变量。

在“Logistic回归”对话框中，将左侧变量列表框中的变量“继续深造”作为因变量，选入右侧的“因变量”框；将变量A3“性别”、变量A2“目前专业”、变量A8“本科毕业学校建设目标”、变量A11“读硕士动因”和变量F21“在硕士研究生学生期间，已发表的论文（第一作者）数”，选入“块”区域的“协变量”（Covariates）框，如图11.4.2所示。

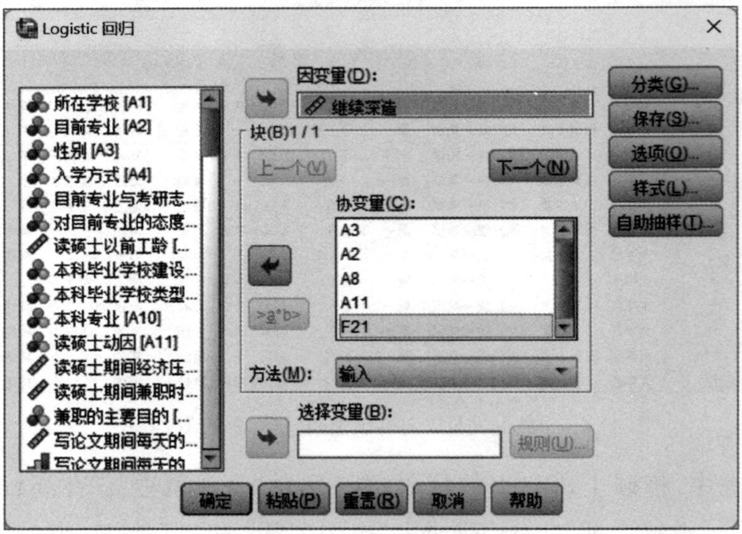

图11.4.2 “Logistic回归”对话框

当自变量中有分类变量时，需要设置虚拟自变量。本例中的变量A3“性别”、变量A2“目前专业”、变量A8“本科毕业学校建设目标”、变量A11“读硕士动因”都是分类变量，因此需要设置虚拟自变量，具体操作如下：

单击“Logistic回归”对话框中的“分类”按钮，弹出“Logistic回归：定义分类变量”对话框，如图11.4.3所示。

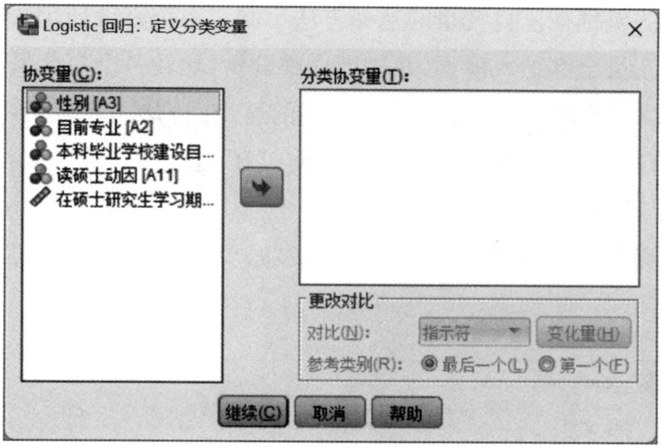

图 11.4.3 “Logistic 回归：定义分类变量”对话框

在“Logistic 回归：定义分类变量”对话框中，将变量 A3“性别”、变量 A2“目前专业”、变量 A8“本科毕业学校建设目标”、变量 A11“读硕士动因”，选入“分类协变量”框。在“更改对比”区域，设置虚拟自变量的参考类别(即对比基准值)，选择“最后一个”项。例如，对于变量 A3“性别”，其最后一个类别为“女”。在本例中，对于所有分类变量，均按系统默认的方式设置。单击“继续”按钮，返回“Logistic 回归”对话框。

第 4 步 选择方法。

在“Logistic 回归”对话框的“方法”下拉列表中，SPSS 提供了 7 种方法，如图 11.4.4 所示，使用不同方法的结果略有不同。

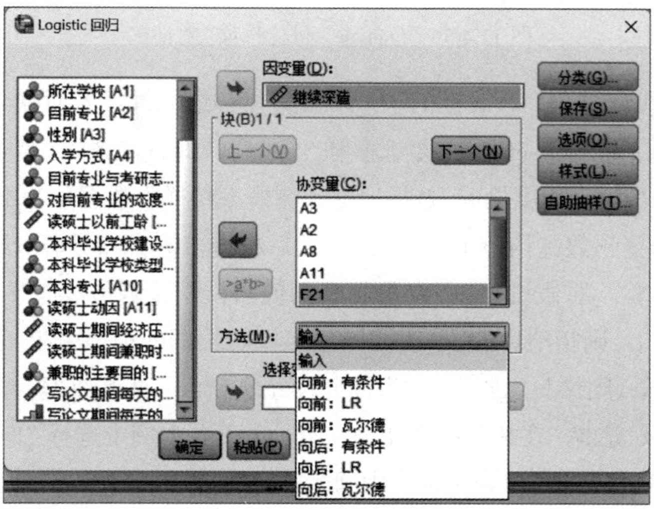

图 11.4.4 选择方法

各种方法之间的差别在于自变量的选择方法不同。系统默认使用“输入”法,它可以将用户认为重要的自变量全部纳入模型,并进行详细分析,比较各个自变量的作用。在这7种方法中,“向前:LR”法(基于最大似然估计的向前逐步回归法)比较常用,它可以自动选择和保留显著相关的自变量。在本例中,选择“向前:LR”法。

第5步 设置“选项”选项。

在“Logistic回归”对话框中,单击“选项”按钮,弹出“Logistic回归:选项”对话框,如图11.4.5所示。

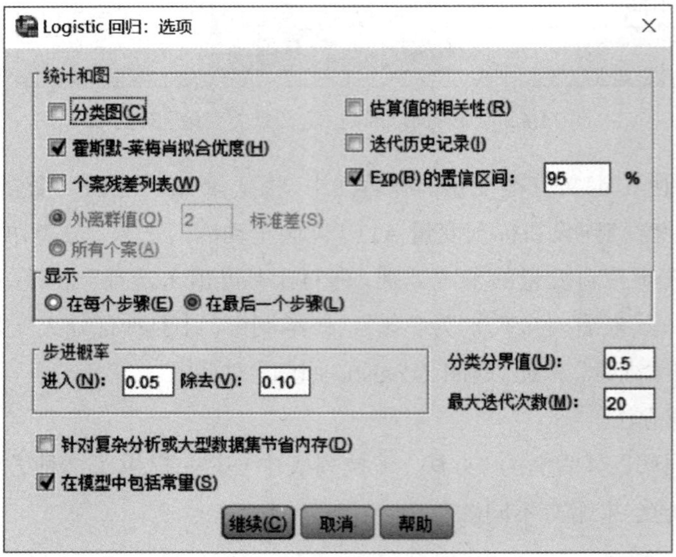

图11.4.5 “Logistic回归:选项”对话框

在“Logistic回归:选项”对话框的“统计和图”区域,选中“霍斯默-莱梅肖拟合优度(Hosmer–Lemeshow goodness–of–fit)”复选框和“Exp(B)的置信区间”复选框。

霍斯默-莱梅肖拟合优度检验,是指根据预测概率将样本数据分为不同的组,计算每一组的观测频数和期望频数并构造卡方统计量,然后根据卡方分布计算p值并对二项逻辑斯谛回归模型进行检验。原假设为:因变量的观测值与模型预测值没有显著性差异。如果p值小于显著性水平α,则拒绝原假设,表明模型对原始数据的拟合效果不好;如果p值大于或等于显著性水平α,则接受原假设,认为模型较好地拟合了样本数据。

在“显示”区域,选择“在最后一个步骤”项。由于在本例中选择“向前:LR”法作为自变量选择方法,选择此方法可以舍去很多中间步骤,而直接看最后的结果。

单击“继续”按钮,返回“Logistic回归”对话框。

第 6 步 在“Logistic 回归”对话框中单击“确定”按钮,输出结果。

11.4.4 结果与讨论

输出结果包含两个模型,一个是初始模型结果,另一个是最终模型结果。这里仅给出最终模型的相关结果。

1. 个案处理

个案处理摘要如图 11.4.6 所示,说明有 323 个个案被选入回归分析,缺失个案为 0 个。

2. 因变量编码

因变量“继续深造”的编码如图 11.4.7 所示,其中 0 表示其他,1 表示深造。

未加权个案数[a]		个案数	百分比
选定的个案	包括在分析中的个案数	323	100.0
	缺失个案数	0	.0
	总计	323	100.0
未选定的个案		0	.0
总计		323	100.0

a. 如果权重为生效状态，请参阅分类表以了解个案总数。

图 11.4.6 个案处理摘要

原值	内部值
其他	0
深造	1

图 11.4.7 因变量编码

3. 自变量编码

各个自变量的编码如图 11.4.8 所示。从图 11.4.8 中可以看出:

自变量“读硕士动因”被转化为 4 个虚拟自变量,它们的取值分别为(1,0,0)、(0,1,0)、(0,0,1)和(0,0,0),分别表示“提高学术水平,争取读博,从事学术研究”“迫于就业压力,提高层次,找个好工作”“原先工作不顺心,换个工作岗位”“其他”;参照类别为最后一类:“其他”。

自变量“目前专业”被转化为 4 个虚拟自变量,它们的取值分别为(1,0,0)、(0,1,0)、(0,0,1)和(0,0,0),分别表示“公共管理类”“教育学类”“法学类”“其他类”;参照类别为最后一类:“其他类”。

自变量“本科毕业学校建设目标”被转化为三个虚拟自变量,它们的取值为(1,0)、(0,1)、(0,0),分别表示“一流大学建设高校”“一流学科建设高校”“其他”;参照类别为最后一类:“其他”。

		频率	参数编码		
			(1)	(2)	(3)
读硕士动因	提高学术水平，争取读博，从事学术研究	65	1.000	.000	.000
	迫于就业压力，提高层次，找个好工作	159	.000	1.000	.000
	原先工作不顺心，换个工作岗位	11	.000	.000	1.000
	其他	88	.000	.000	.000
目前专业	公共管理类	77	1.000	.000	.000
	教育学类	55	.000	1.000	.000
	法学类	84	.000	.000	1.000
	其他类	107	.000	.000	.000
本科毕业学校建设目标	一流大学建设高校	96	1.000	.000	
	一流学科建设高校	112	.000	1.000	
	其他	115	.000	.000	
性别	男	71	1.000		
	女	252	.000		

图 11.4.8 自变量编码

自变量“性别”被转化为一个虚拟自变量，它们取值为 1 和 0，分别表示“男”和“女”；参照类别为最后一类：“女”。

4. 最终模型检验

模型系数的多项（omnibus）检验结果如图 11.4.9 所示，给出了将所有自变量全部纳入回归方程后，回归方程的显著性检验情况，这里使用似然比卡方检验，对应的 p 值均小于 0.05，说明回归系数不会同时为零，该模型具有合理性。

		卡方	自由度	显著性
步骤 2	步骤	18.369	2	.000
	块	33.564	5	.000
	模型	33.564	5	.000

图 11.4.9 模型系数的多项检验结果

模型摘要如图 11.4.10 所示，给出了模型拟合优度统计量。从该图中可以看出，“–2 对数似然”值为 121.832（此值最佳为 1），说明模型拟合程度一般。“考克斯 – 斯奈尔 R 方”（Cox & Snell R Square）和“内戈尔科 R 方”（Nagelkerke R Square）的值分别为 0.099 与 0.258（这两个值越接近于 1，表明拟合程度越高），说明模型的解释力一般。

5. 霍斯默 – 莱梅肖拟合优度检验结果

图 11.4.11 和图 11.4.12 所示的分别是霍斯默 – 莱梅肖拟合优度检验结果和列联表。需要注意的是，图 11.4.11 中的 p 值为 0.984（远大于显著性水平 0.05），说明观测值与预测值的差异不显著，模型拟合程度较高，与图 11.4.10 给出的结果不太一致，但该结果更准确。

步骤	−2 对数似然	考克斯−斯奈尔R方	内戈尔科R方
2	121.832[a]	.099	.258

a.由于参数估算值的变化不足.001，因此估算在第7次迭代时终止。

图 11.4.10 模型摘要

步骤	卡方	自由度	显著性
2	1.881	8	.984

图 11.4.11 霍斯默 – 莱梅肖拟合优度检验结果

		继续深造=其他		继续深造=深造		
		实测	期望	实测	期望	总计
步骤 2	1	27	26.947	0	.053	27
	2	39	38.792	0	.208	39
	3	26	25.817	0	.183	26
	4	24	23.686	0	.314	24
	5	28	27.472	0	.528	28
	6	23	23.237	1	.763	24
	7	36	36.277	2	1.723	38
	8	23	23.575	2	1.425	25
	9	36	36.735	4	3.265	40
	10	40	39.462	12	12.538	52

图 11.4.12 霍斯默 – 莱梅肖拟合优度检验列联表

6. 最终的观测分类表

最终的观测分类表如图 11.4.13 所示，该表给出了模型预测值与观测值的比较，能够反映回归模型的拟合效果。可以看到：296 个就业倾向为“其他”的样本被正确预测，6 个就业倾向为“其他”的样本被预测为“深造”，正确率为 98%；4 个就业倾向为“深造”的样本被正确预测，17 个就业倾向为“深造”的样本被预测为“其他”，正确率为 19%；总的正确率为 92.9%。这个回归方程的拟合效果总体较好，但对就业倾向为“深造”的预测效果较差，可能是此例中就业倾向为“深造”的样本太少，只有 21 个，仅占总样本数的 6.5%。一般要求二项中任一项的个数至少占总数的 15%。

分类表[a]

实测			预测		
			继续深造		正确百分比
			其他	深造	
步骤 2	继续深造	其他	296	6	98.0
		深造	17	4	19.0
	总体百分比				92.9

a. 分界值为.500。

图 11.4.13 最终的观测分类表

7. 最终的回归结果

未包括在方程中的变量如图 11.4.14 所示，也就是使用逐步回归法去除的变量：“性别”“读硕士动因”和“在硕士研究生学习期间，已发表的论文（第一作者）数”，它们均与是否“深造”没有显著性关系。

			得分	自由度	显著性
步骤 2	变量	性别(1)	.423	1	.515
		读硕士动因	5.381	3	.146
		读硕士动因(1)	2.990	1	.084
		读硕士动因(2)	3.701	1	.054
		读硕士动因(3)	.617	1	.432
		在硕士研究生学习期间，已发表的论文（第一作者）数	.357	1	.550
	总体统计		6.021	5	.304

图 11.4.14 使用逐步回归法去除的变量

方程中的变量如图 11.4.15 所示，也就是最终模型的各个自变量的相关统计量，这是最重要的一个结果，它显示了使用逐步回归法后保留的自变量以及各个自变量的影响程度。

		B	标准误差	瓦尔德	自由度	显著性	Exp(B)	EXP(B)的95%置信区间	
								下限	上限
步骤 2[a]	目前专业			18.075	3	.000			
	目前专业(1)	−.995	1.138	.764	1	.382	.370	.040	3.441
	目前专业(2)	2.424	.686	12.490	1	.000	11.293	2.944	43.322
	目前专业(3)	.905	.686	1.739	1	.187	2.473	.644	9.495
	本科毕业学校建设目标			14.492	2	.001			
	本科毕业学校建设目标(1)	2.809	.827	11.535	1	.001	16.598	3.281	83.975
	本科毕业学校建设目标(2)	1.278	.849	2.266	1	.132	3.588	.680	18.936
	常量	−5.230	.920	32.287	1	.000	.005		

a. 在步骤 2 输入的变量：本科毕业学校建设目标。

图 11.4.15　方程中的变量

在图 11.4.15 中，主要关注以下几列：

①“B”：表示各个自变量的回归系数。

②“显著性”：表示显著性检验的概率，即 p 值。

③“Exp（B）”：表示各个自变量的比值比。

从图 11.4.15 中可以看出，“目前专业”“本科毕业学校建设目标”和“常量”的 p 值均小于显著性水平 0.05，说明这些变量的各个子变量中至少有一个与“深造”显著相关。其中，子变量“目前专业（2）”“本科毕业学校建设目标（1）”的 p 值均小于显著性水平 0.05，说明它们与因变量显著相关。

“目前专业（2）”为“教育学类”，其比较对象为“其他类”；“目前专业（2）”的回归系数（2.424）为正，说明“教育学类”专业的学生较“其他类”专业的学生更倾向于“深造”；比值比为 $e^{2.424}$=11.293，说明前者倾向于“深造”的可能性平均是后者的 11.293 倍，最小为 2.944 倍，最大为 43.322 倍。同理可分析“公共管理类”专业、“法学类”专业与“其他类”专业的比较，“公共管理类”专业的学生倾向于“深造”的可能性小于“其他类”专业的学生，“法学类”专业的学生倾向于“深造”的可能性大于“其他类”专业的学生，但 p 值不具有显著性，这里不做讨论。

类似地，“本科毕业学校建设目标（1）”表示一流大学建设高校，其比较对象为“其他”高校。“本科毕业学校建设目标（1）”的回归系数（2.809）为正，说明本科毕业于一流大学建设高校的学生较本科毕业于“其他”高校的学生更倾向于“深造”；比值比为 $e^{2.809}$=16.598，说明前者倾向于“深造”的可能性平均是后者的 16.598 倍，最小为 3.281 倍，最大为 83.975 倍。

综合以上结果可以得出，变量“本科毕业学校建设目标”和“目前专业”是“深造”的主要解释变量，其中本科毕业于一流大学建设高校、目前专业为“教育学类”的硕士生是倾向于“深造”的主要人群。

最后，可以将“深造”可能性的回归方程表示如下：

$$\text{logit}(P)=-5.230+2.809\times \text{本科毕业学校建设目标}(1)+1.278\times \text{本科毕业学校建设目标}(2)$$
$$-0.995\times \text{目前专业}(1)+2.424\times \text{目前专业}(2)+0.905\times \text{目前专业}(3)$$

/ 主要概念与术语 /

一元线性回归分析，多元线性回归分析，最小二乘法，回归方程，回归系数，决定系数，校正决定系数，多重共线性，容忍度，方差膨胀因子，输入法，逐步回归法，样本残差；虚拟自变量；曲线拟合，时间序列的曲线拟合；二项逻辑斯谛回归分析，比值比，霍斯默－莱梅肖拟合优度检验。

/ 思考与练习 /

1. 回归分析主要用于解决什么问题？其基本思想是什么？相关分析与回归分析之间的关系是什么？

2. 多元线性回归分析的一般步骤是什么？校正决定系数的含义和作用是什么？

3. 多元线性回归分析中多重共线性的含义是什么？一般如何诊断和处理多重共线性问题？

4. 在多元线性回归分析中，选择自变量的方法有哪些？

5. 当自变量是分类变量时，如何建立回归方程？如何解释其回归参数？

6. 曲线拟合的基本步骤是什么？

7. 二项逻辑斯谛回归模型主要解决哪些类型的问题？它一般要求满足什么条件？判断回归模型好坏的标准有哪些？

8. 将本章中的案例重新做一遍。

9. 采用例 11.1、例 11.2 和例 11.4 的方法，预测 2035 年前我国高等教育毛入学率、高等教育（分为专科生、本科生、研究生及总体）规模以及高校（分为普通高校和成人高校）数量。

10. 利用例 11.5 中的数据文件“文科硕士研究生培养情况 .sav”，将“总体来说，在知识及能力方面，硕士研究生阶段的学习使我有所收获”作为目标变量，其值有 5 个：“很小”“较小”“一般”“较大”“很大”。将其转化为二分类变量 Z：取值为 1（当目标变量的值为“较大”和“很大”时，表示收获显著），取值为 0（当目标变量的值为其他时，表示收获一般及以下）。试分析变量 Z 的影响因素，并利用二项逻辑斯谛回归模型进行验证。

第 12 章　聚类分析

本章学习目标：

❶ 了解聚类分析的主要目标和步骤。

❷ 了解两步聚类分析的基本原理，熟练掌握其在 SPSS 中的实现过程，并能够解释输出结果，以及应用此方法解决实际问题。

人们在认识某类事物时往往会先对这类事物的各个对象进行分类，以便寻找不同对象之间的相同与不同的特征。在教育经济学中研究教育经济区划问题时，就是根据经济特点、产业结构、生产总值、人口、人均收入、消费特点、人均教育经费等因素将全国分成几个区域，如分成经济发达地区、经济欠发达地区、教育发达地区、教育欠发达地区等。这样划分区域的好处，就是对于同一区域，国家可以采用类似的教育经济政策。

聚类分析（cluster analysis）是一种研究上述“物以类聚”问题的有效方法，它属于统计分析的范畴。所谓聚类，就是将一批物理的或抽象的对象，根据彼此之间的相似程度，分成若干组，使得同一个组内的对象具有较高的相似性，而不同组的对象则是不相似的。聚类分析的实质就是建立一种分类方法，这种分类方法能够在没有先验知识的情况下，对一批观测值按照它们在性质上的亲疏程度自动进行分类。这里所说的类，是一个由具有相同性质的个体组成的集合，不同类之间具有明显的区别。

在进行聚类分类的过程中，人们不必事先给出一个分类标准，聚类分析能够从观测值出发自动进行分类。在进行聚类分析时，使用不同的方法往往会得出不同的结论。不同的研究者对同一组观测值进行聚类分析，所得到的聚类数未必一致，因此聚类分析是一种探索性分析方法。

聚类分析方法主要有三种：第一种是层次聚类分析（hierarchical cluster analysis）方法，根据聚类对象的不同，可以将它分为样本型聚类和变量指标型聚类。第二种是 k 均值聚类分析（k-means cluster analysis）方法，是一种快速聚类分析方法，如果观测值的数量多或文件非常庞大（通常观测值的数量大于 200 个），则宜采用快速聚类分析方法。这两种方法从严格意义上讲，都不属于统计方法。第三种是两步聚类分析（two-step cluster analysis）方法，用于解决具有海量数据、复杂类别结构的聚类分析问题。从应用的角度看，两步聚类分析方法的适用范围更广。本章主要介绍两步聚类分析方法，这种方法简称两步聚类法。

12.1 两步聚类法

两步聚类法是分层聚类算法的一种形式，对不同测量尺度的变量都适用。

12.1.1 两步聚类法的特点

两步聚类法作为一种探索性分析工具，可以对一个未知的数据集进行自然分组和聚类。两步聚类法所使用的方法与其他传统的聚类分析方法有显著的区别，它具有以下几个特点：

① 能同时处理基于分类变量和连续变量的聚类分析问题。而层次聚类分析方法只能对分类变量或者连续变量进行聚类分析，k 均值聚类分析方法只能对连续变量进行聚类分析。

② 它将统计量作为距离指标进行聚类，同时又可以根据一定的统计标准来“自动地”建议甚至确定最佳的聚类数，使结果的正确性更有保障。

③ 对于具有不同量纲、不同数量级的连续变量，它可以自动进行标准化处理，不像层次聚类分析方法那样需要人为设置。

12.1.2 基本原理

假设在聚类模型中变量之间是相互独立的，两步聚类法默认采用对数似然距离方法来处理分类变量和连续变量（如果只有连续变量，则也可以采用欧几里得距离方法）。同时，假设模型中的每个连续变量都服从正态分布，每个分类变量都服从多项分布（二项分布的推广）。

可以将两步聚类法简单地概括为以下两个步骤：

（1）预聚类

预聚类，即对样本（记录）进行初步的归类。首先，建立聚类特征树（cluster features tree）。把数据集中的第一条记录放在由树根发起的一个叶结点上，该结点包含了这条记录中的所有变量信息。其次，相似性度量。将距离测量作为相似性度量准则，根据后续每条记录与现有结点的相似性或距离，将其加到现有的结点上或者形成一个新的结点。最后，归纳变量信息。若一个结点包含了多条记录，则这些记录中的变量信息都是相同的，这样各个结点所记录的变量信息就可以被归纳出来。通过上述过程，所建立的聚类特征树就提供了该数据集的变量信息概要。

（2）正式聚类

对经过预聚类的初步聚类结果进行再聚类。利用合并聚类算法对聚类特征树上的每个叶结点进行组合，从而产生一组具有不同聚类数的聚类方案。

在两步聚类法的每一个步骤中，都会计算反映分类是否适合现有数据的统计指标：赤池信息准则（Akaike information criterion，AIC）或者施瓦茨（Schwarz）贝叶斯信息准则（Bayesian information criterion，BIC），这两个指标的值越小，说明聚类效果越好，两步聚类法会根据 AIC 值和 BIC 值的大小，以及类间最短距离的变化情况来确定最优的聚类数。

12.2 案例：高等教育资源发展水平分析

例 12.1 建立高等教育资源发展水平测度指标体系，科学评价省域高等教育资源发展水平的基本状态及区位差异，可以为解决我国高等教育资源发展不充分、不平衡问题提供决策参考。

对高等教育资源发展水平进行测度有很多指标，在此例中选择以下指标：

x_1：每十万人口高校在校生数；

x_2：生均公共教育经费（元）；

x_3：“双一流”高校数；

x_4：人口规模。

其中：x_1 反映了人均就学机会资源，x_2 反映了教育支撑条件，x_3 反映了优质高等教育资源，这些指标都是连续变量；x_4 反映了相应人口的资源分布，该指标是分类变量。现根据这个指标体系对 31 个省份的相关数据进行聚类分析。

现收集到 2018 年 31 个省份上述指标的有关数据[①]，建立数据文件“高等教育资源发展水平 .sav”，如图 12.2.1 所示。

① 本案例的数据源同第 4 章中的例 4.1。

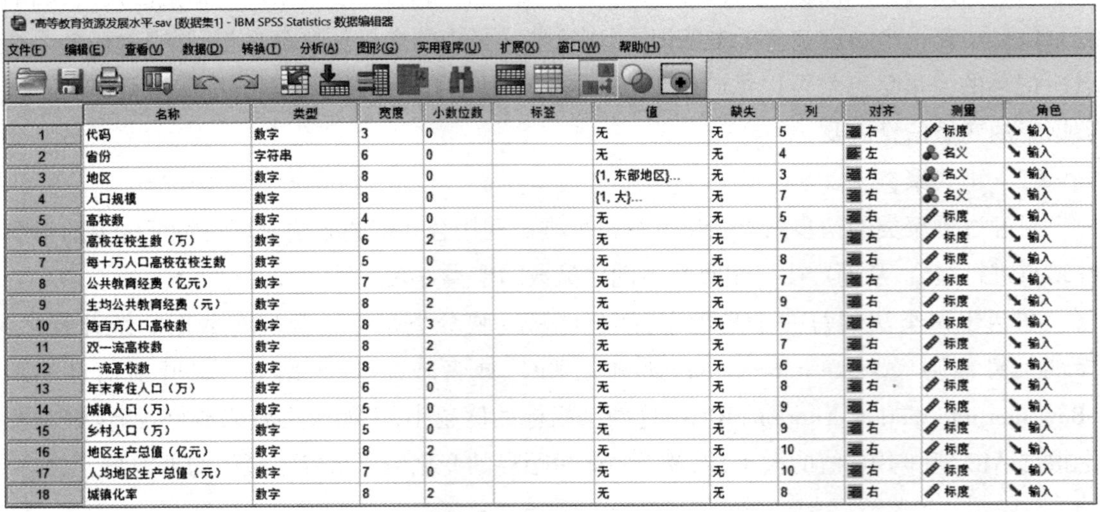

	名称	类型	宽度	小数位数	标签	值	缺失	列	对齐	测量	角色
1	代码	数字	3	0		无	无	5	右	标度	输入
2	省份	字符串	6	0		无	无	4	左	名义	输入
3	地区	数字	8	0		{1, 东部地区}...	无	3	右	名义	输入
4	人口规模	数字	8	0		{1, 大}...	无	7	右	名义	输入
5	高校数	数字	4	0		无	无	5	右	标度	输入
6	高校在校生数（万）	数字	6	2		无	无	7	右	标度	输入
7	每十万人口高校在校生数	数字	5	0		无	无	8	右	标度	输入
8	公共教育经费（亿元）	数字	7	2		无	无	7	右	标度	输入
9	生均公共教育经费（元）	数字	8	2		无	无	9	右	标度	输入
10	每百万人口高校数	数字	8	3		无	无	7	右	标度	输入
11	双一流高校数	数字	8	2		无	无	7	右	标度	输入
12	一流高校数	数字	8	2		无	无	6	右	标度	输入
13	年末常住人口（万）	数字	6	0		无	无	8	右	标度	输入
14	城镇人口（万）	数字	5	0		无	无	9	右	标度	输入
15	乡村人口（万）	数字	5	0		无	无	9	右	标度	输入
16	地区生产总值（亿元）	数字	8	2		无	无	10	右	标度	输入
17	人均地区生产总值（元）	数字	7	0		无	无	10	右	标度	输入
18	城镇化率	数字	8	2		无	无	8	右	标度	输入

图 12.2.1 数据文件“高等教育资源发展水平 .sav”

12.3 统计分析过程

第 1 步 打开数据文件“高等教育资源发展水平 .sav”。

第 2 步 选择聚类分析功能模块。

在 SPSS 的数据窗口中，单击菜单“分析”→“分类”→“二阶聚类”（Two Step Cluster）命令，弹出“二阶聚类分析”对话框，如图 12.3.1 所示。

在“二阶聚类分析”对话框中，将左侧变量列表框中的变量“每十万人口高校在校生数（万）”“生均公共教育经费（元）”“双一流高校数”选入“连续变量”框；将变量“人口规模”选入“分类变量”框。

在使用 SPSS 进行两步聚类分析时，需要注意以下问题：

① 两步聚类法可同时处理连续变量和分类变量。在“二阶聚类分析”对话框中，要将连续变量和分类变量分别放入相应的变量框。需要注意的是，虽然无法将分类变量选入“连续变量”框，但是却可以将连续变量（如变量“双一流高校数”）选入“分类变量”框，这时把连续变量当作分类变量来处理，但这样做的结果往往并不是人们期望的结果。

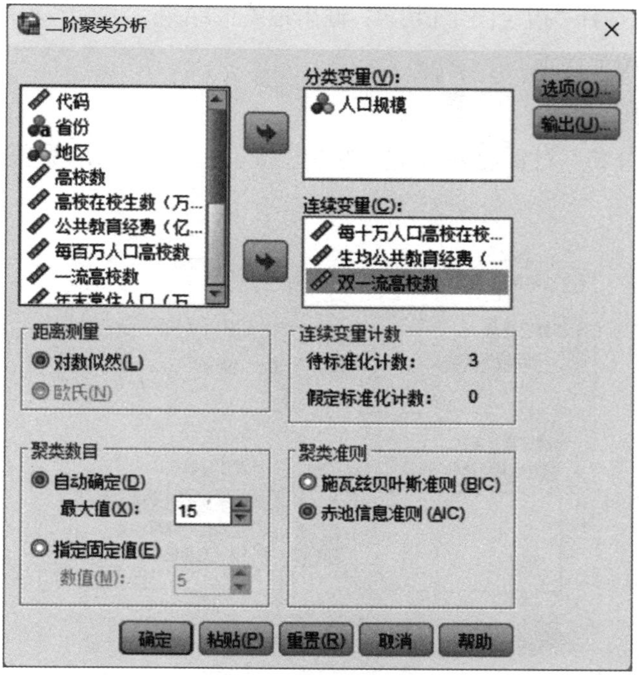

图 12.3.1 “二阶聚类分析”对话框

② 如果只对连续变量进行聚类分析，则在描述样本（记录）之间的距离时，可以在“二阶聚类分析”对话框的“距离测量”区域选择“欧氏”（Euclidean）项，即选择欧几里得距离方法，也可以选择“对数似然”（Log-likelihood）项，即选择对数似然距离方法。如果使用前者，则该方法和传统的聚类分析方法并无太大的区别；但是若进行聚类分析的还有分类变量，那么就只能使用对数似然距离方法来度量样本间的差异。这里选择“对数似然”项。

③ 在“聚类准则”区域，有两个选项：“施瓦兹贝叶斯准则（BIC）”项和“赤池信息准则（AIC）”项，前者表示施瓦茨贝叶斯信息准则（BIC），后者表示赤池信息准则（AIC）。这里选择“赤池信息准则（AIC）”项。

第 3 步 选择聚类数。

在“二阶聚类分析”对话框的“聚类数目”区域有两个选项：

①“自动确定”项：系统根据相关统计方法和所给的变量数据，自动给出聚类结果，包括聚类数和聚类成员。

②“指定固定值”项：自动聚类的结果有可能满足不了实际需求，这就需要根据经验来人为确定具体的聚类数。选择该项可以解决这个问题。

一般先按系统默认设置选择“自动确定”项，将初步的输出结果作为参考，然后确定最终的聚类数，最后再选择“指定固定值”项，输出最终的结果。

第 4 步 设置相关选项。

（1）设置“选项”选项

在“二阶聚类分析”对话框中单击“选项”按钮，弹出“二阶聚类：选项”对话框，如图 12.3.2 所示。

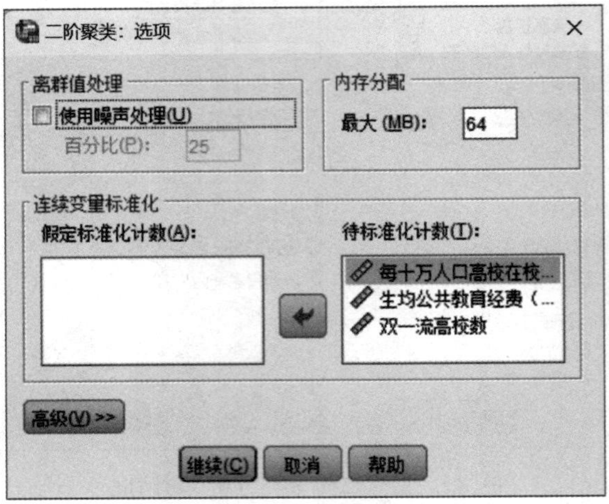

图 12.3.2 “二阶聚类：选项”对话框

在“二阶聚类：选项”对话框中，当连续变量取值的差异较大时，应该把数据选入“连续变量标准化”区域的“假定标准化计数”（Assumed Standardized）框，对其进行标准化处理。实际上，系统默认对所有连续变量进行标准化处理。另外，“离群值处理”区域的“使用噪声处理”复选框，表示将变量取值特别大或特别小的样本删除（或部分删除），使它们不参加聚类分析。本例不选中此复选框。

此外，还可以通过“高级”选项对聚类特征树的构建进行设置，本例按系统默认的方式进行设置。

（2）设置“输出”选项

在“二阶聚类分析”对话框中单击“输出”按钮，弹出“二阶聚类：输出”对话框，如图 12.3.3 所示，该对话框的“输出”区域的相关选项如下：

“透视表”复选框：给出具体聚类分析过程中的相关统计信息。

“图表和表（在模型查看器中）”复选框：为系统默认选项，它会输出各个变量的描述性统计结果和类别频数分布，以及聚类时各个变量的重要性。

在本例中，选中上述两个复选框。

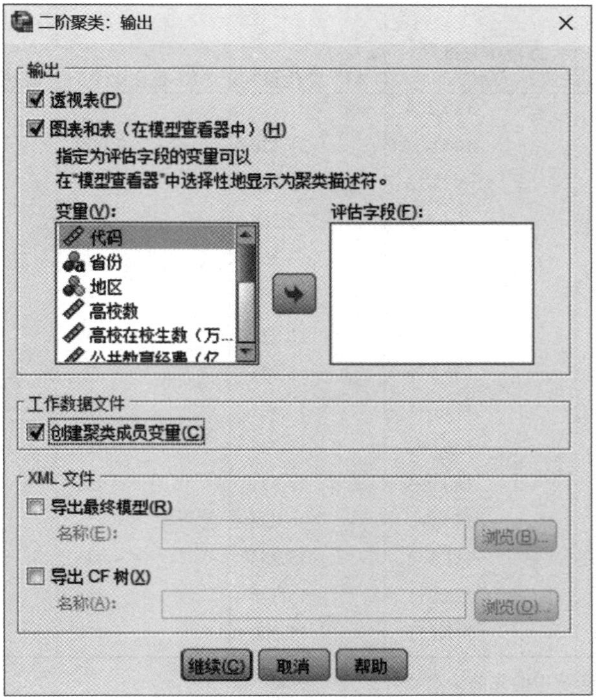

图 12.3.3　“二阶聚类：输出”对话框

选中该对话框的“工作数据文件”区域的“创建聚类成员变量”复选框，即可在所分析的数据文件（本例为数据文件“高等教育资源发展水平 .sav”）中建立新变量，用来存储各个样本的类别归属。在本例中，选中此复选框。

单击“继续”按钮，返回“二阶聚类分析”对话框。

第 5 步　在“二阶聚类分析”对话框中单击“确定”按钮，输出结果。

12.4 结果与讨论

12.4.1　自动聚类结果

1. 自动聚类表

自动聚类统计表如图 12.4.1 所示，它是整个输出结果中最重要的表格。

聚类数目	赤池信息准则 (AIC)	AIC 变化量[a]	AIC 变化比率[b]	距离测量比率[c]
1	139.884			
2	104.564	−35.320	1.000	2.236
3	97.613	−6.950	.197	1.185
4	94.247	−3.366	.095	2.010
5	100.611	6.364	−.180	1.632
6	110.705	10.095	−.286	1.468
7	122.683	11.977	−.339	1.966
8	136.636	13.954	−.395	1.552
9	151.318	14.681	−.416	1.051
10	166.062	14.745	−.417	1.112
11	180.933	14.871	−.421	1.168
12	195.967	15.034	−.426	1.525
13	211.333	15.366	−.435	1.020
14	226.711	15.378	−.435	1.242
15	242.211	15.500	−.439	1.259

a. 变化量基于表中的先前聚类数目。

b. 变化比率相对于双聚类解的变化。

c. 距离测量比率基于当前聚类数目而不是先前聚类数目。

图 12.4.1 自动聚类统计表

此表给出了将样本聚类成 1 ~ 15 类时 AIC 等相关统计指标的具体数值,依次解释如下:

“AIC”,即赤池信息准则,是确认最佳聚类数时最重要的指标,而其右侧的“AIC 变化量”则反映了相邻两种结果的 AIC 值之差。例如,第 1 类与第 2 类相差 −35.320,第 2 类与第 3 类相差 −6.950,以此类推。最佳聚类为“相邻两类之差的绝对值最小”的那一类。在本例中,第 3 类与第 4 类相差 −3.366,其绝对值最小,所以将样本聚类成 4 类为最佳。

实际上,SPSS 会在计算中最终确认一个最佳聚类数,并用该聚类数进行后续分析,在本例中,该值被确定为 4。

2. 聚类分布

系统自动给出了聚类分布表,如图 12.4.2 所示。

SPSS 自动确定聚类成 4 类后,以频数表的格式给出了各个聚类所包含的观测值数,可以看出各个聚类之间的差别很大。第 1 类包含 1 个省份,第 2 类包含 16 个省份,第 3 类包含 5 个省份,第 4 类包含 9 个省份。

		个案数	占组合的百分比	占总计的百分比
聚类	1	1	3.2%	3.2%
	2	16	51.6%	51.6%
	3	5	16.1%	16.1%
	4	9	29.0%	29.0%
	组合	31	100.0%	100.0%
总计		31		100.0%

图 12.4.2 聚类分布表

3. 聚类特征

图 12.4.3 和图 12.4.4 所示的为按照聚类成 4 类的标准，对用于聚类的各个变量的类间差异进行描述。其中，图 12.4.3 显示了各个连续变量的均值（“平均值”列）和标准差（“标准偏差”列），图 12.4.4 给出了分类变量“人口规模”的样本统计。结合图 12.4.3 和图 12.4.4 可知，第 1 类有 1 个人口规模小的省份，“每十万人口高校在校生数”平均为 5 268.00 人，“生均公共教育经费（元）”平均为 63 273.240 0，“双一流高校数”平均为 32.000 0；第 2 类有 16 个人口规模小的省份，“每十万人口高校在校生数”平均为 2 547.50，“生均公共教育经费（元）”平均为 24 181.708 8，“双一流高校数”平均为 3.000 0。对第 3 类和第 4 类的分析类似，这里不再赘述。

		每十万人口高校在校生数		生均公共教育经费（元）		双一流高校数	
		平均值	标准偏差	平均值	标准偏差	平均值	标准偏差
聚类	1	5268.00	.	63273.2400	.	32.0000	.
	2	2547.50	743.821	24181.7088	10025.14964	3.0000	3.52136
	3	2667.00	280.714	19386.2920	6360.01030	6.2000	5.01996
	4	2575.00	300.073	16920.4200	2652.18172	2.8889	2.14735
	组合	2662.52	739.456	22561.1555	11198.03349	4.4194	6.20094

图 12.4.3 聚类中心

		大		中		小	
		频率	百分比	频率	百分比	频率	百分比
聚类	1	0	0.0%	0	0.0%	1	5.9%
	2	0	0.0%	0	0.0%	16	94.1%
	3	5	100.0%	0	0.0%	0	0.0%
	4	0	0.0%	9	100.0%	0	0.0%
	组合	5	100.0%	9	100.0%	17	100.0%

图 12.4.4 分类变量“人口规模”的样本统计

具体聚类结果以及每个成员的归属均可在数据文件中查看。这一结果显然与实际有差距,需要改进。

12.4.2　设置聚类结果

在图 12.4.1 所示的自动聚类统计表中, AIC 值在聚类成 4 类时最小,但在聚类成 6 类以后,“AIC 变化量”基本上不变。通过综合观察,可以认为聚类成 7 类是可以考虑的。

除 AIC 外,两步聚类法还会利用相邻两步的最小类间距离比——“距离测量比率”来进一步确认最佳聚类数,即图 12.4.1 中的最后一列。从相应的结果可见,最小类间距离比共有三个高峰,分别对应了 2 类、4 类和 7 类的情形。结合 AIC 值的大小,对于本例而言,可以认为 7 类是最佳聚类数。显然,基于统计方法给出最佳聚类数的建议,是两步聚类法的一大优势,这是传统聚类分析方法所不能比拟的。

设定为 7 类后,在“二阶聚类分析”对话框中,将“指定固定值”设置为 7,然后单击“确定”按钮,输出结果。

1. 聚类分布

聚类分布如图 12.4.5 所示。在图 12.4.5 中,将聚类数设置成 7 后,通过频数表的格式给出了各个聚类所包含的样本数目,第 1 类包含 1 个省份,第 2 类包含 1 个省份,第 3 类包含 5 个省份,第 4 类包含 9 个省份,第 5 类包含 4 个省份,第 6 类包含 9 个省份,第 7 类包含 2 个省份。

		个案数	占组合的百分比	占总计的百分比
聚类	1	1	3.2%	3.2%
	2	1	3.2%	3.2%
	3	5	16.1%	16.1%
	4	9	29.0%	29.0%
	5	4	12.9%	12.9%
	6	9	29.0%	29.0%
	7	2	6.5%	6.5%
	组合	31	100.0%	100.0%
总计		31		100.0%

图 12.4.5　聚类分布

2. 聚类特征

图 12.4.6 和图 12.4.7 所示的为 SPSS 按照聚类成 7 类的标准,对用于聚类的各个变量的

类间差异进行描述。其中,图 12.4.6 显示了各个连续变量的均值和标准差,图 12.4.7 给出了分类变量“人口规模”的样本统计。具体聚类结果以及每个成员的归属可在数据文件中查看。

		每十万人口高校在校生数		生均公共教育经费（元）		双一流高校数	
		平均值	标准偏差	平均值	标准偏差	平均值	标准偏差
聚类	1	5268.00	.	63273.2400	.	32.0000	.
	2	3517.00	.	42004.4100	.	14.0000	.
	3	2667.00	280.714	19386.2920	6360.01030	6.2000	5.01996
	4	2575.00	300.073	16920.4200	2652.18172	2.8889	2.14735
	5	3481.00	495.521	18804.6125	3097.61719	4.5000	2.64575
	6	2253.00	169.844	20527.1144	3659.16143	1.5556	1.01379
	7	1521.00	134.350	42470.2250	12215.05044	1.0000	.00000
	组合	2662.52	739.456	22561.1555	11198.03349	4.4194	6.20094

图 12.4.6 聚类中心

		大		中		小	
		频率	百分比	频率	百分比	频率	百分比
聚类	1	0	0.0%	0	0.0%	1	5.9%
	2	0	0.0%	0	0.0%	1	5.9%
	3	5	100.0%	0	0.0%	0	0.0%
	4	0	0.0%	9	100.0%	0	0.0%
	5	0	0.0%	0	0.0%	4	23.5%
	6	0	0.0%	0	0.0%	9	52.9%
	7	0	0.0%	0	0.0%	2	11.8%
	组合	5	100.0%	9	100.0%	17	100.0%

图 12.4.7 分类变量“人口规模”的样本统计

3. 本例结论

如果设置以下层次:

① x_1: 变量“每十万人口高校在校生数”。

x_1 反映了人均就学机会资源: x_1 >3 500,表示高就学机会; 2 500< x_1 ≤ 3 500,表示中等就学机会; x_1<2 500,表示低就学机会。

② x_2: 变量“生均公共教育经费(元)”。

x_2 反映了教育支撑条件: x_2>40 000 表示高水平教育支撑条件; 18 000< x_2 ≤ 4 000,表示

中等水平教育支撑条件：$x_2 \leq 18\,000$，表示低水平教育支撑条件。

③ x_3：变量“双一流高校数”。

x_3 反映了优质高等教育资源：$x_3>10$，表示优质高等教育资源充裕；$4< x_3 \leq 10$，表示优质高等教育资源一般；$x_3 \leq 4$，表示优质高等教育资源不充裕。

可得到以下结果：

第一类省份只有1个，为高度发达省份，其各项指标远超其他省份，为人口规模小的省份。第二类省份只有1个，为次高度发达省份，其各项指标绝大部分超过除第一类省份外的其他省份，为人口规模小的省份。第三类省份，为中等就学机会、中等水平教育支撑条件和优质高等教育资源一般的省份，有5个，均为人口规模大的省份。第四类省份，为中等就学机会、低水平教育支撑条件和优质高等教育资源不充裕的省份，包括9个，均为人口规模中等的省份。第五类省份，为中等就学机会、中等水平教育支撑条件和优质高等教育资源一般的省份，包括4个，均为人口规模小的省份。第六类省份，为低就学机会、中等水平教育支撑条件和优质高等教育资源不充裕的省份，包括9个，均为人口规模小的省份。第七类省份，为低就学机会、高水平教育支撑条件和优质高等教育资源不充裕的省份，包括2个，均为人口规模小的省份。

实际上，可以将第一类和第二类省份合并，共分为6类省份。

4. 聚类模型及变量分析

聚类模型概要如图12.4.8所示。从中可以看出，此两步聚类模型有4个输入变量、7个聚类结果。聚类质量如图12.4.9所示，该聚类模型的聚类效果为良好。

算法	两步
输入	4
聚类	7

图12.4.8 聚类模型概要

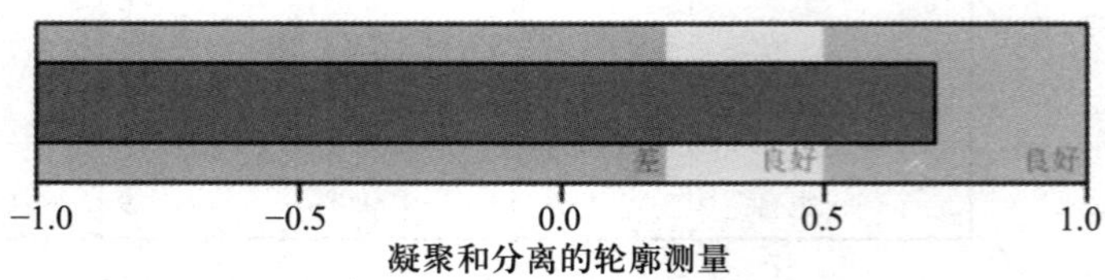

图12.4.9 聚类质量

双击图12.4.9所示的“聚类质量”图，打开“模型查看器”窗口，如图12.4.10所示。

“模型查看器”窗口分为左侧和右侧两个部分，左侧用于查看总体情况，右侧用于查看具体细节。

左侧“查看”栏中有2个选项：“模型概要”和“聚类”；右侧“查看”栏中有4个选项：“预测变量重要性”“聚类大小”“单元格分布”和“聚类比较”。其中，“模型概要”对应“聚类大小”和“预测变量重要性”，“聚类”对应“单元格分布”和“聚类比较”。

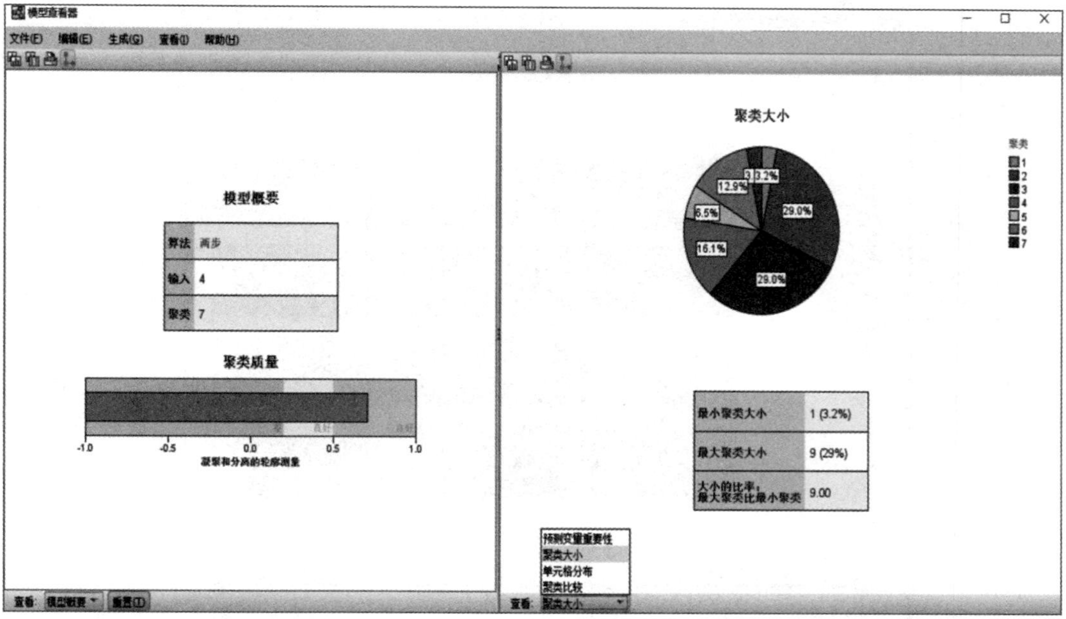

图 12.4.10 “模型查看器”窗口

（1）“模型概要”显示方式

在“模型查看器”窗口左侧“查看”栏中选择“模型概要”项，在右侧“查看”栏中选择“聚类大小”项，可以看到：聚类数（7 类），以及每类包含的观测值数在总观测值数中所占的比例；最小聚类中的观测值数是 1 个，占总观测值数的 3.2%；最大聚类中的观测值数是 9 个，占总观测值数的 29.0%；两者之比约为 9，还是偏大，一般倾向于各个聚类所包含的观测值数相差不大。

选择“预测变量重要性”项，各个变量对于整个聚类过程的重要性如图 12.4.11 所示。

从图 12.4.11 中可以看出，在聚类中按所起作用的大小排序，依次为“每十万人口高校在校生数”“生均公共教育经费（元）”“双一流高校数”和“人口规模”。

（2）“聚类”显示方式

在“模型查看器”窗口左侧“查看”栏中选择“聚类”项，在右侧“查看”栏中选择“单元格分布”项，就可以分析每个聚类中每个变量的分布情况，如图 12.4.12 所示。

在图 12.4.12 中，左侧“查看”栏的上方是特征显示模块栏，可以任意选择一个模块进行分析。例如，单击“按聚类内重要性对输入变量重要性排序”按钮，这时对于聚类 1 来说，将输入变量按重要性由大到小排序，依次为“人口规模”“双一流高校数”“每十万人口高校在校生数”和“生均公共教育经费（元）”。可以用类似的方法分析其他聚类。

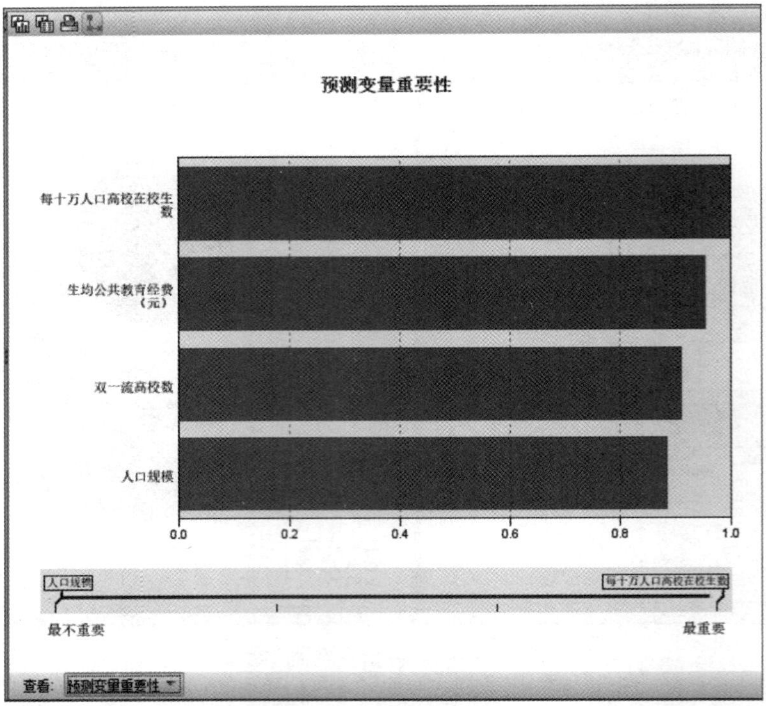

图 12.4.11 预测变量的重要性

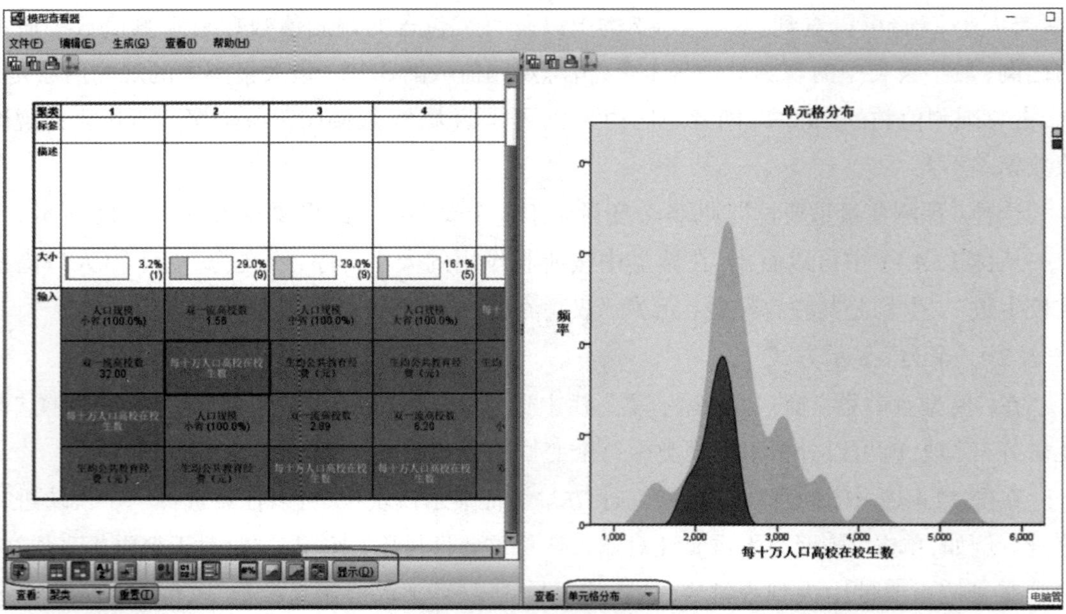

图 12.4.12 聚类 – 单元格分布

单击图 12.4.12 左侧表格中的每一个单元格,右侧都有分布图与之对应。例如,单击左侧表格中聚类 2 的变量"每十万人口高校在校生数",则右侧将其分布图以深色显示。对于这项指标,聚类 2 中的观测值主要分布在 1 600至2 800 之间,浅色分布图显示的是全部观测值的分布情况;变量的重要性用深色部分在浅色部分中所占的比例表示,比例越大,重要性就越大。

12.5 聚类分析的注意事项

前面介绍过,聚类分析是一种探索性分析方法,判断其结果好坏的重要原则就是:如果得到的聚类结果区分度足够大,又能够结合问题很好地总结出各个聚类的特征,那么这种聚类分析方法就是好的、有效的。

12.5.1 聚类结果的检验

聚类分析不像其他统计方法那样,可以通过一定的统计量对聚类结果进行检验,更多的时候,聚类分析的结果是由有用性和可靠性来决定的。而聚类分析的有用性和可靠性却可以通过一定的比较去感性认识:

① 一般除非针对特定的目的(如发现离群值),总是希望聚类结果中各个聚类所包含的观测值数大致相当,如果在某一聚类结果中观测值集中于某个聚类,就有理由怀疑该聚类结果的"有用性"。

② 如果数据量较大,则可以把一个数据集按照一定的比例(如 1∶1)随机拆分成两个子集,然后分别对两个子集用同一种方法进行聚类。如果两者的聚类结果在聚类数、聚类特征等方面有很大的差异,则有理由怀疑该聚类结果的"可靠性"。

12.5.2 聚类结果的解释和描述

进行聚类是为了将聚类结果加以应用,因此对聚类结果进行解释和描述,无疑是一个非常关键的环节。在这个环节中,有两个很重要的问题需要特别注意:

1. 变量对于聚类结果的重要性

对于聚类结果,将聚类作为区分水平,对各个变量进行单因素方差分析,通过比较 F 统计量的值的大小得到各个变量的相对重要性，变量的 F 统计量的值越大，或者 p 值越小，对聚类结果的影响也越大。

2. 对于聚类特征的描述

对于聚类特征的描述，主要是通过描述性统计量和各种统计图来进行的，但这并不意味着忽视统计检验的作用。一般而言，在样本量较大的情形下，如果某变量在各组中无统计学意义，则可以认为该变量对聚类无贡献，从而可以在分析中将该变量剔除，以简化问题。

12.5.3 聚类分析中应该注意的其他问题

在进行样本聚类时，应该尽可能地根据变量之间的相关性来选取聚类变量。如果两个强相关的变量同时进入聚类分析，就相当于它们所共同代表的这一因素的权重远远高于其他变量，这样就很容易造成聚类结果的区分度不强或者意义不大。因此，如果存在多重共线性问题，最好先对变量进行预处理（剔除或者提取主成分），再进行聚类分析。

/ 主要概念与术语 /

聚类分析，探索性分析，二步聚类法；AIC，BIC，AIC 变化量、BIC 变化量，距离测量比率；欧几里得距离方法，对数似然距离方法。

/ 思考与练习 /

1. 聚类分析的概念和原理是什么？
2. 在聚类分析中测度观测值亲疏程度的方法有哪几种？
3. 两步聚类法中的“两步”指的是什么？
4. 在进行聚类分析时应该注意哪些事项？
5. 如何判定变量的重要性？
6. 将本章中的案例重新做一遍。
7. 在例 12.1 中，利用方差分析法，分析第 4 类、第 7 类省份在哪些高等教育资源发展水平指标上存在显著性差异？
8. 将例 12.1 中的分类变量“人口规模”去掉，采用不同的距离测量方法，重新进行聚类分析。

第 13 章　因子分析与主成分分析

本章学习目标：

❶ 掌握因子分析的主要目标和主要步骤。

❷ 掌握因子分析的主要原理，了解因子分析与主成分分析之间的关系。

❸ 熟练掌握因子分析在 SPSS 中的实现过程，并能够解释输出结果，以及进行实际的数据分析。

❹ 掌握典型相关分析的基本概念和原理，熟练掌握其在 SPSS 中的实现过程，并能解释输出结果。

在社会、经济、教育等领域进行研究时往往需要对反映事物（研究对象）的多个指标进行观测，并收集大量的数据，以便进行分析，寻找规律。在实际问题中，人们一般是通过调查表来收集指标数据的。在大多数情况下，这些指标之间不是相互独立的，而是存在一定的相关关系。例如，某一地区的学校数、在校生数、教师数、教育经费等彼此之间是明显相关的。人们需要在这众多的指标中找出少数几个综合指标，来反映原始指标的主要信息，使问题简化。反映原始指标信息的综合指标称为因子，因子分析就是一种用少数几个因子来描述多个指标之间的关系，并反映原始资料的大部分信息的统计方法。

因子分析最初是由英国心理学家斯皮尔曼（C. Spearman）于 1904 年提出的，之后逐步得到发展和完善。1961 年，英国统计学家斯科特（M. Scott）在对英国的 157 个城镇的发展水平进行调查时，测量的原始变量有 57 个，而通过因子分析发现，只需要用 5 个新的综合变量（它们是原始变量的线性组合）就可以解释 95% 的原始信息。这样问题的研究维度就从 57 个降低到 5 个，使人们可以更容易分析问题。后来随着计算机技术的发展和普及，因子分析在社会学、经济学、教育学、管理学、医学、地质学、气象学等领域得到了广泛的应用。

13.1 基本原理

13.1.1 因子分析

1. 因子分析的作用

① 寻求基本结构：在多元统计分析中，人们经常会遇到诸多变量之间存在强相关的问题，这类问题会给统计分析带来麻烦。通过因子分析，人们可以利用较少的（一般来说）有实际意义的因子变量，来了解原始变量的基本结构。

② 数据化简：通过因子分析，人们可以找出少数几个因子变量来代替原始变量进行回归分析、聚类分析等。

2. 因子分析的特点

① 因子变量的数量远少于原始变量的数量，仅对因子变量进行分析能够减少计算量。

② 因子变量不是通过对原始变量进行取舍获得的，而是根据原始变量的信息重新建构的，它能够反映原始变量的大部分信息。

③ 因子变量之间不存在线性相关关系，因此人们能够较方便地对其进行分析。

④ 因子变量具有命名解释性，即一个因子变量是对某些原始变量信息的综合和反映。

⑤ 因子分析在保证原始变量信息丢失最少的原则下，对高维变量空间进行降维处理。而在低维变量空间中解释和分析问题，要比在高维变量空间中容易得多。

3. 因子模型

因子分析的出发点，是用较少的相互独立的因子变量来代替原始变量的大部分信息。因子变量可以用下面的因子模型来表示：

$$\begin{cases} x_1 = a_{11}F_1 + a_{12}F_2 + \cdots + a_{1m}F_m + a_1\varepsilon_1 \\ x_2 = a_{21}F_1 + a_{22}F_2 + \cdots + a_{2m}F_m + a_2\varepsilon_2 \\ \cdots\cdots\cdots\cdots \\ x_p = a_{p1}F_1 + a_{p2}F_2 + \cdots + a_{pm}F_m + a_p\varepsilon_1 \end{cases}$$

其中，x_1、x_2、…、x_p 为 p 个原始变量的均值为0、标准差为1的标准化变量，F_1、F_2、…、F_m 为 m 个因子变量，$m<p$。可以将因子模型表示成矩阵：

$$X=AF+\varepsilon$$

这里:

$$X=\begin{bmatrix}x_1\\x_2\\\vdots\\x_p\end{bmatrix},\quad A=\begin{bmatrix}a_{11}&\cdots&a_{1m}\\\vdots&&\vdots\\a_{p1}&\cdots&a_{pm}\end{bmatrix},\quad F=\begin{bmatrix}f_1\\f_2\\\vdots\\f_m\end{bmatrix},\quad \varepsilon=\begin{bmatrix}\varepsilon_1\\\varepsilon_2\\\vdots\\\varepsilon_p\end{bmatrix}$$

其中,F 为因子变量或公共因子,A 为因子载荷矩阵,a_{ij} 为因子载荷,是第 i 个原始变量在第 j 个因子变量上的载荷,它等于第 i 个原始变量与第 j 个因子变量之间的简单相关系数;ε 为特殊因子,表示原始变量不能被因子变量解释的部分,相当于多元线性回归分析中的残差。

4. 因子分析的步骤

因子分析有两个核心问题:一是如何构造因子变量;二是如何对因子变量进行命名解释。这决定了因子分析包括以下 4 个基本步骤:

(1)确定是否适合进行因子分析

这一步骤是确定待分析的原始变量是否适合进行因子分析。在进行因子分析时要基于众多原始变量构造出少数几个具有代表意义的因子变量,这里有一个要求,就是各个原始变量之间要有较强的相关关系。如果各个原始变量之间不存在较强的相关关系,那么就无法从中找出因子变量。因此,在进行因子分析时,需要先对原始变量进行相关分析。

SPSS 在因子分析过程中提供了几种检验方法来判断原始变量是否适合进行因子分析,其中主要的检验方法有以下两种:

① 巴特利特球形度检验。巴特利特球形度检验以原始变量的相关矩阵为出发点。它的原假设为:相关矩阵是一个单位矩阵。如果巴特利特球形度检验的统计量的值较大,且其对应的 p 值小于显著性水平 α,那么拒绝原假设;否则,不能拒绝原假设,认为相关矩阵是单位矩阵,不宜于进行因子分析。

② KMO(Kaiser-Meyer-Olkin)检验。KMO 检验用于比较变量之间的简单相关系数和偏相关系数。KMO 统计量的取值范围为 0~1。统计学家凯泽(Kaiser)给出了一个常用的 KMO 度量标准:KMO 值≥ 0.9,表示非常适合进行因子分析;0.8 ≤ KMO 值 <0.9,表示适合进行因子分析;0.7 ≤ KMO 值 <0.8,表示一般适合进行因子分析;0.6 ≤ KMO 值 <0.7:表示勉强适合进行因子分析;0.5 ≤ KMO 值 <0.6:表示不太适合进行因子分析;KMO 值 <0.5:不适合进行因子分析。

（2）构造因子变量

构造因子变量是因子分析的一个核心问题。因子分析提供了多种构造因子变量的方法，如主成分分析法、主轴因子法、最大似然法和最小二乘法等，其中主成分分析法最为常用。

（3）因子变量的命名解释

因子变量的命名解释是指利用旋转使因子变量更具有可解释性，这是因子分析的另一个核心问题。利用某种因子变量构造方法（如主成分分析法）得到的 $y_1, y_2, \cdots, y_m$，是对原始变量的综合。原始变量是具有实际含义的变量，那么对它们进行线性变换后，得到的新的综合变量的含义是什么呢？这就需要对因子变量进行命名解释，以进一步说明原始变量系统的特征及影响其构成的主要因素。在实际的分析工作中，主要是通过对因子载荷矩阵 $\boldsymbol{A}$ 的值进行分析，得到因子变量和原始变量之间的关系，从而对新的因子变量进行命名解释。

因子载荷矩阵 $\boldsymbol{A}$ 的某一行中如果有多个因子载荷比较大，说明某个原始变量可能同时与几个因子变量有比较强的相关关系。因子载荷矩阵 $\boldsymbol{A}$ 的某一列中如果有多个因子载荷比较大，说明某个因子变量可能解释了多个原始变量的信息，但它只能解释其中每个原始变量的一小部分信息，不是任何一个原始变量的典型代表。这样的情况必然使某个因子变量的实际含义模糊不清，而人们却希望对因子变量的含义有比较清晰的认识。这时，可以通过旋转因子载荷矩阵，来使每个原始变量在尽可能少的因子变量上有比较高的载荷，即在理想状态下，让某个原始变量在某个因子变量上的载荷趋于1，而在其他因子变量上的载荷趋于0。旋转的方法有正交旋转、斜交旋转、最大方差法，其中最常用的是最大方差法。

（4）计算因子变量的得分

计算因子变量的得分是因子分析的最后一步。确定因子变量以后，对于每一个样本数据，人们希望得到它们在不同因子变量上的表现所对应的数值，这些数值就是因子变量的得分，即因子得分。因子得分和原始变量的得分相对应，有了因子得分，人们在以后的研究中就可以针对维数少的因子得分进行分析了。

在计算因子得分时，可先将因子变量表示为原始变量的线性组合，即因子得分函数：

$$F_j=\beta_{j1}x_1+\beta_{j2}x_2+\cdots+\beta_{jp}x_p \quad (j=1,2,\cdots,m,\ m<p)$$

如果求得 $\beta_{ji}(i=1,2,\cdots,p)$，就能估计因子得分。估计因子得分的方法有回归分析法、巴特利特法、安德森－鲁宾（Anderson–Rubin）法等。

13.1.2　主成分分析

主成分（principal component）分析是寻找因子变量的主要方法。它是一种数学变换方法，把给定的一组变量 $x_1, x_2, \cdots, x_p$，通过线性变换，转换为一组不相关的变量 $y_1, y_2, \cdots,$

y_p（即彼此之间的相关系数为 0 的随机变量，或者样本向量彼此相互垂直的随机变量）。在这种变换中，保持变量的总方差（即 $x_1, x_2, \cdots, x_p$ 的方差之和）不变，使 y_1 具有最大方差，称之为第一主成分；使 y_2 具有次大方差，称之为第二主成分；以此类推，有 p 个原始变量，就可以转换成 p 个主成分。在实际应用中，为了简化问题，通常不是找出 p 个主成分，而是找出 m（$m<p$）个主成分就够了，只要这 m 个主成分能够反映 p 个原始变量绝大部分的方差即可。这 m 个主成分就是人们要找的 m 个因子变量。

13.2 案例：高等教育发展实力分析

例 13.1 对 31 个省份的高等教育发展实力进行因子分析。实力是规模与水平的综合表现，本例用以下 7 个指标来评价高等教育发展实力，分别是“高校数”“高校在校生数（万）”“每十万人口高校在校生数”“生均公共教育经费（元）”“每百万人口高校数”“双一流高校数”和“一流高校数”。现采集到 2018 年 31 个省份的这 7 个指标的数据[①]，欲对其进行因子分析，数据文件为“高等教育发展实力分析 .sav”，其变量格式如图 13.2.1 所示。

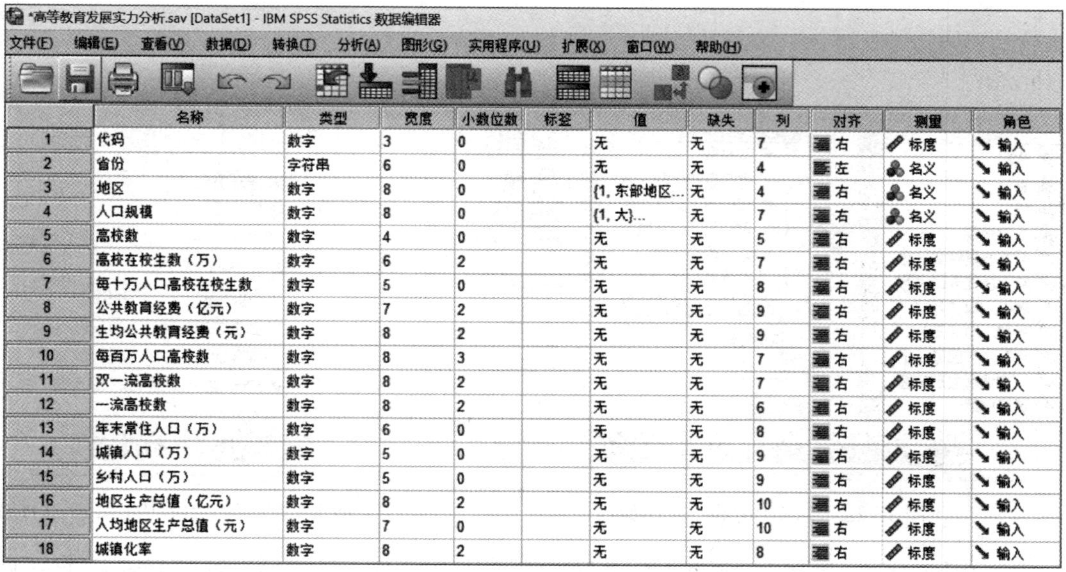
*高等教育发展实力分析.sav [DataSet1] - IBM SPSS Statistics 数据编辑器

文件(F) 编辑(E) 查看(V) 数据(D) 转换(T) 分析(A) 图形(G) 实用程序(U) 扩展(X) 窗口(W) 帮助(H)

	名称	类型	宽度	小数位数	标签	值	缺失	列	对齐	测量	角色
1	代码	数字	3	0		无	无	7	右	标度	输入
2	省份	字符串	6	0		无	无	4	左	名义	输入
3	地区	数字	8	0		{1, 东部地区...	无	4	右	名义	输入
4	人口规模	数字	8	0		{1, 大}...	无	7	右	名义	输入
5	高校数	数字	4	0		无	无	5	右	标度	输入
6	高校在校生数（万）	数字	6	2		无	无	7	右	标度	输入
7	每十万人口高校在校生数	数字	5	0		无	无	8	右	标度	输入
8	公共教育经费（亿元）	数字	7	2		无	无	9	右	标度	输入
9	生均公共教育经费（元）	数字	8	2		无	无	9	右	标度	输入
10	每百万人口高校数	数字	8	3		无	无	7	右	标度	输入
11	双一流高校数	数字	8	2		无	无	7	右	标度	输入
12	一流高校数	数字	8	2		无	无	6	右	标度	输入
13	年末常住人口（万）	数字	6	0		无	无	8	右	标度	输入
14	城镇人口（万）	数字	5	0		无	无	9	右	标度	输入
15	乡村人口（万）	数字	5	0		无	无	9	右	标度	输入
16	地区生产总值（亿元）	数字	8	2		无	无	10	右	标度	输入
17	人均地区生产总值（元）	数字	7	0		无	无	10	右	标度	输入
18	城镇化率	数字	8	2		无	无	8	右	标度	输入

图 13.2.1 数据文件“高等教育发展实力分析 .sav”的变量格式

① 本案例的数据源同第 4 章中的例 4.1。

13.2.1　统计分析过程

由于因子分析是一个不断尝试和选择的过程，一般分两步进行。

1. 初步选择

初步选择的主要目的：一是判断原始变量是否适合进行因子分析，二是选择几个因子变量比较合适。

第1步　打开数据文件“高等教育发展实力分析.sav”。

第2步　选择因子分析功能模块。

在SPSS的数据窗口中，选择菜单“分析”→“降维”（Dimension Reduction）→“因子”（Factor）命令，弹出“因子分析”（Factor Analysis）对话框。

第3步　设置变量。

在“因子分析”对话框中，将左侧变量列表框中的7个指标变量，选入右侧的“变量”框，如图13.2.2所示。

第4步　设置相关选项。

（1）设置“描述”选项

单击“因子分析”对话框中的“描述”按钮，弹出“因子分析：描述”对话框，如图13.2.3所示。

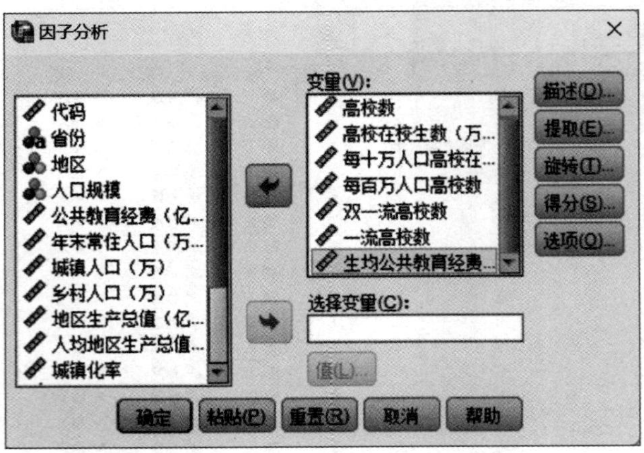

图13.2.2　“因子分析”对话框

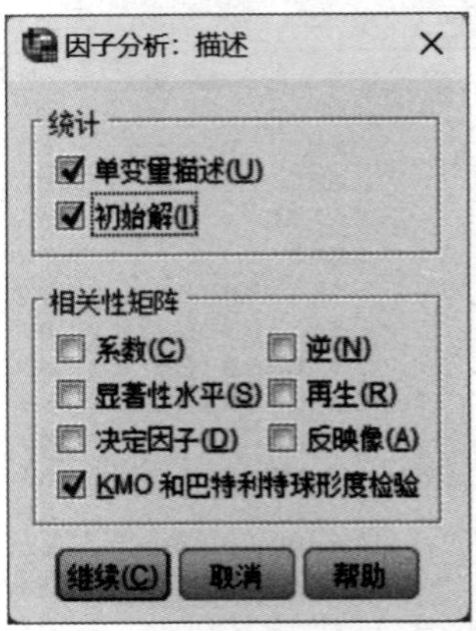

图13.2.3　“因子分析：描述”对话框

在“因子分析：描述”对话框的“统计”区域，选中“单变量描述”和“初始解”复选框，表示输出各个变量的基本统计量信息。

在“相关性矩阵”区域，选中“KMO和巴特利特球形度检验”复选框，目的是判断原始变量是否适合进行因子分析。

单击“继续”按钮，返回“因子分析”对话框。

（2）设置“提取”选项

单击“因子分析”对话框中的“提取”按钮，弹出“因子分析：提取”对话框，相关选项的设置如图 13.2.4 所示。

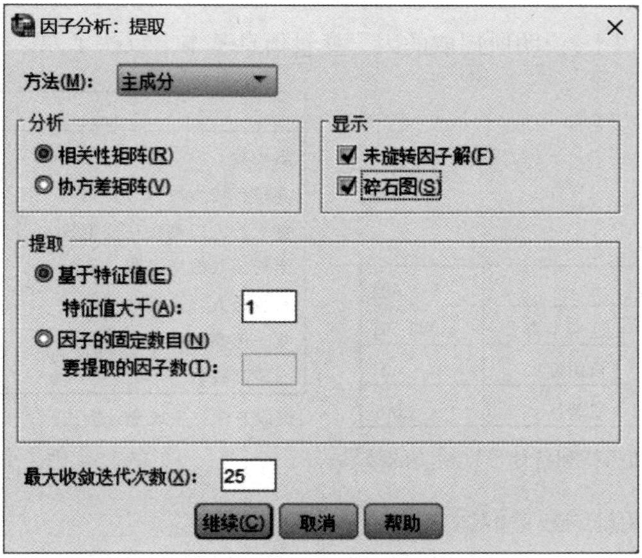

图 13.2.4 “因子分析：提取”对话框

“因子分析：提取”对话框的“方法”下拉列表有 7 个选项，系统默认选择“主成分”项，即选择主成分分析法，这是最常用的方法，在本例中选择此项。

在“提取”区域，系统默认选择“基于特征值”项，设置特征值大于“1”，即将特征值大于“1”的因子变量全部提取出来。也可以选择“因子的固定数目”项，即根据因子变量的累积方差贡献率来确定因子变量的数量，通常要求累积方差贡献率大于 85%。若达不到，则需要增加因子变量的数量。因此，这是一个不断尝试的过程。

单击“继续”按钮，返回“因子分析”对话框。单击“因子分析”对话框中的“确定”按钮，输出初步结果。

第 5 步 输出初步结果。

（1）因子分析的适合性与代表性

图 13.2.5 主要用来说明原始变量是否适合进行因子分析，它给出了 KMO 检验和巴特利特球形度检验的结果。其中，KMO 值为 0.602，根据统计学家凯泽给出的 KMO 度量标准，原

始变量勉强适合进行因子分析。巴特利特球形度检验给出的判断概率为 0,小于显著性水平 0.05,可认为原始变量适合进行因子分析。

图 13.2.6 所示的为因子变量的方差,表示所提取的因子变量对原始变量的代表性。图 13.2.6 中的第二列(“初始”列),给出了原始变量的代表性,显然为 100%。第三列(“提取”列)给出了提取的因子变量对原始变量的代表性,一般认为应大于 0.7。在本例中,对原始变量“一流高校数”的代表性稍差(只有 0.659),这也说明提取的因子变量数量可能还不够多;其余都在 0.7 以上,说明所提取的因子变量信息基本上反映了原始变量的信息。

KMO 取样适切性量数。		.602
巴特利特球形度检验	近似卡方	242.101
	自由度	21
	显著性	.000

图 13.2.5 KMO 检验和巴特利特球形度检验的结果

	初始	提取
高校数	1.000	.961
高校在校生数(万)	1.000	.959
每十万人口高校在校生数	1.000	.827
生均公共教育经费(元)	1.000	.815
每百万人口高校数	1.000	.923
双一流高校数	1.000	.905
一流高校数	1.000	.659

提取方法:主成分分析法。

图 13.2.6 因子变量的方差

(2)提取因子变量的数量的适合性

图 13.2.7 和图 13.2.8 用来说明提取的因子变量的数量是否合适。其中,图 13.2.7 所示的是总方差解释,表明提取了 2 个因子变量后,原始变量的大部分信息能够得到反映,2 个因子变量的累积方差贡献率为 86.409%,略超过 85%。因此,提取 2 个因子变量基本上能满足要求,但要更好地反映原始变量的信息,还可以增加因子变量的数量。

成分	初始特征值			提取载荷平方和		
	总计	方差百分比	累积%	总计	方差百分比	累积%
1	3.627	51.809	51.809	3.627	51.809	51.809
2	2.422	34.599	86.409	2.422	34.599	86.409
3	0.601	8.592	95.001			
4	0.158	2.253	97.254			
5	0.108	1.543	98.797			
6	0.063	0.898	99.695			
7	0.021	0.305	100.000			

提取方法:主成分分析法。

图 13.2.7 总方差解释

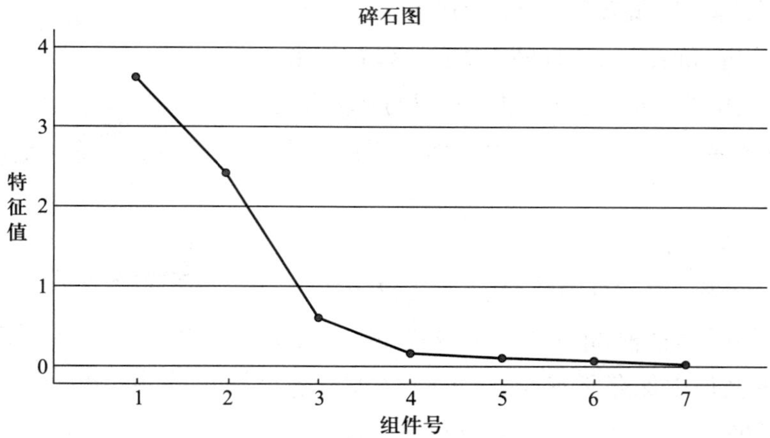

图 13.2.8 碎石图

因子变量的第一特征值为 3.627，第二特征值为 2.422，第三特征值为 0.601，……共 7 个。在系统输出的碎石图（如图 13.2.8 所示）中，横坐标为因子变量的数量（图中显示为“组件号”），纵坐标为因子变量的特征值。可见，前面 3 个因子变量的特征值的变化非常明显，之后的因子变量的特征值的变化趋于平稳，说明提取 3 个因子变量，对反映原始变量的信息有显著的作用。从图 13.2.7 中也可以看出，如果提取 3 个因子变量，95.001% 的原始变量信息将会得到反映。因此，最好提取 3 个因子变量。

2. 最终选择

第 1 步 提取因子变量的数量。

在“因子分析：提取”对话框中，在“提取”区域选择“因子的固定数目”项，并在“要提取的因子数”项中输入“3”，即提取 3 个因子变量，其他设置如图 13.2.9 所示。单击“继续”按钮，返回“因子分析”对话框。

第 2 步 对因子变量进行旋转。

在“因子分析”对话框中，单击“旋转”按钮，弹出“因子分析：旋转”对话框，如图 13.2.10 所示。设置“旋转”选项的目的，是使提取的因子变量对实际背景更

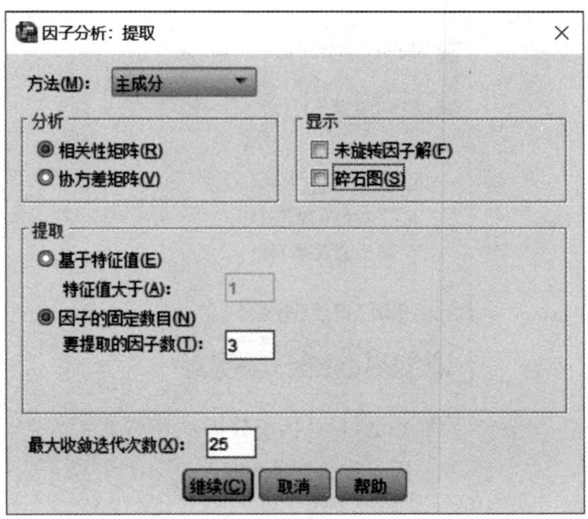

图 13.2.9 “因子分析：提取”对话框

具解释力,一般都要对“旋转”选项进行设置。

在“因子分析:旋转”对话框的“方法”区域,给出了5种旋转方法,其中“最大方差法”是最常用的旋转方法,在本例中选择这种方法。单击“继续”按钮,返回“因子分析”对话框。

第3步　保存因子得分。

单击“因子分析”对话框中的“得分”按钮,弹出“因子分析:因子得分”对话框,相关选项的设置如图13.2.11所示,即在数据文件中保存所有被提取的因子变量的因子得分,供以后使用。一般情况下,只有在完全确定要提取的因子变量的数量的情况下,才选择此项。

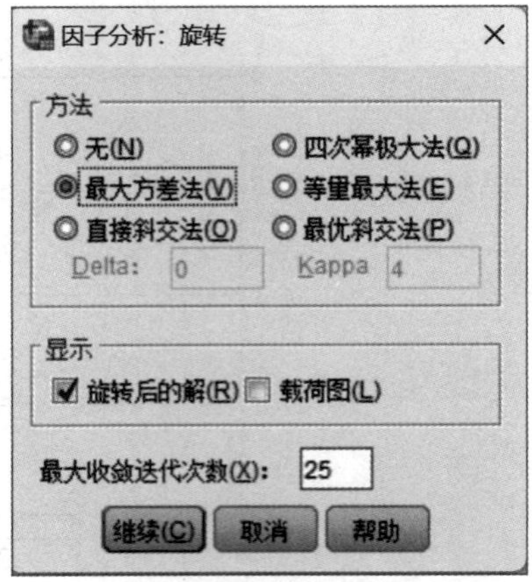

图13.2.10　“因子分析:旋转”对话框

第4步　设置“选项”选项。

单击“因子分析”对话框中的“选项”按钮,弹出“因子分析:选项”对话框,相关选项的设置如图13.2.12所示。其中,在“系数显示格式”区域选中“按大小排序”复选框,可以使输出结果中因子变量间的相关系数按大小排序,以便对各个因子变量进行归类。单击“继续”按钮,返回“因子分析”对话框。

第5步　单击“因子分析”对话框中的“确定”按钮,输出结果。

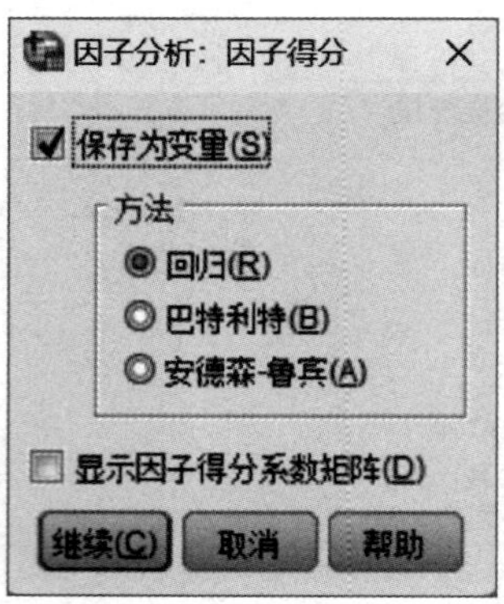

图13.2.11　“因子分析:因子得分”对话框

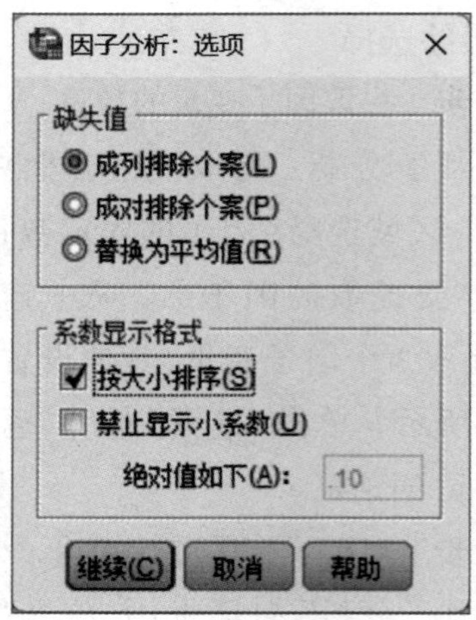

图13.2.12　“因子分析:选项”对话框

13.2.2 结果与讨论

1. 原始变量的基本统计结果

图 13.2.13 所示的是 7 个原始变量的基本统计结果，包括均值（"平均值"列）、标准差（"标准偏差"列）和分析的个案数（"分析个案数"列）。

	平均值	标准偏差	分析个案数
高校数	85.90	41.918	31
高校在校生数（万）	91.3455	57.10793	31
每十万人口高校在校生数	2662.52	739.456	31
生均公共教育经费（元）	22561.1555	11198.03349	31
每百万人口高校数	2.12694	.608523	31
双一流高校数	4.4194	6.20094	31
一流高校数	1.3548	1.62375	31

图 13.2.13 原始变量的基本统计结果

2. 对原始变量的代表性

图 13.2.14 所示的是因子变量的方差，给出了所提取的 3 个因子变量对原始变量的代表性。可以看出，这 3 个因子变量对原始变量的代表性均在 0.9（即 90%）以上。与提取 2 个因子变量的情况（见图 13.2.6）进行对照，可见代表性大大提高。

	初始	提取
高校数	1.000	.962
高校在校生数（万）	1.000	.969
每十万人口高校在校生数	1.000	.946
生均公共教育经费（元）	1.000	.960
每百万人口高校数	1.000	.950
双一流高校数	1.000	.949
一流高校数	1.000	.914

提取方法：主成分分析法。

图 13.2.14 因子变量的方差

3. 因子变量的数量及解释力

总方差解释如图 13.2.15 所示，3 个因子变量的累积方差贡献率达 95.001%，可见提取了 3 个因子变量后，原始变量的大部分信息得以反映。这是进行旋转后得到的结果，此时各个因子变量的特征值均有所改变，但反映 95.001% 的原始变量信息的状况没有改变。

成分	初始特征值			提取载荷平方和			旋转载荷平方和		
	总计	方差百分比	累积%	总计	方差百分比	累积%	总计	方差百分比	累积%
1	3.627	51.809	51.809	3.627	51.809	51.809	2.871	41.007	41.007
2	2.422	34.599	86.409	2.422	34.599	86.409	2.362	33.739	74.746
3	0.601	8.592	95.001	0.601	8.592	95.001	1.418	20.255	95.001
4	0.158	2.253	97.254						
5	0.108	1.543	98.797						
6	0.063	0.898	99.695						
7	0.021	0.305	100.000						

提取方法：主成分分析法。

图 13.2.15 总方差解释

4. 旋转后的因子载荷矩阵与因子变量的含义说明

图 13.2.16 所示的是按照前面设置的最大方差法对因子载荷矩阵进行旋转后的结果。经过旋转，因子变量 F_1 的含义清楚，其主要成分为“每十万人口高校在校生数”“每百万人口高校数”“一流高校数”“双一流高校数”，表示高等教育资源发展水平，称为“水平因子”；因子变量 F_2 的主要成分为“高校在校生数（万）”和“高校数”，表示高等教育资源的规模，称为“规模因子”；因子变量 F_3 的主要成分为“生均公共教育经费（元）”，表示拥有高等教育资源的广度，称“广度因子”。“生均公共教育经费（元）”与“高校在校生数（万）”“高校数”的因子载荷符号相反，说明高等教育资源分布越广，生均资源越少。于是，高等教育资源发展实力可以分解为三个主要成分：水平因子、规模因子和广度因子。这就是指标体

旋转后的成分矩阵[a]

	成分		
	1	2	3
每十万人口高校在校生数	0.953	0.153	0.117
每百万人口高校数	0.846	−0.458	0.159
一流高校数	0.766	0.272	0.503
双一流高校数	0.754	0.191	0.586
高校在校生数（万）	−0.013	0.980	−0.098
高校数	0.153	0.966	−0.079
生均公共教育经费（元）	0.262	−0.355	0.875

提取方法：主成分分析法。
旋转方法：凯撒正态化最大方差法。
a. 旋转在5次迭代后已收敛。

图 13.2.16 对因子载荷矩阵进行旋转后的结果

系的结构分解（又称为指标归类），是因子分析及主成分分析方法的重要用途之一。例如，用于进行问卷量表的结构效度分析。

5. 因子得分

SPSS 将根据这 3 个因子得分函数，自动计算 31 个省份的 3 个因子得分，并且将这 3 个因子得分作为新变量（分别为 FAC1_1、FAC2_1、FAC3_1），保存在原数据文件中，如图 13.2.17 所示。

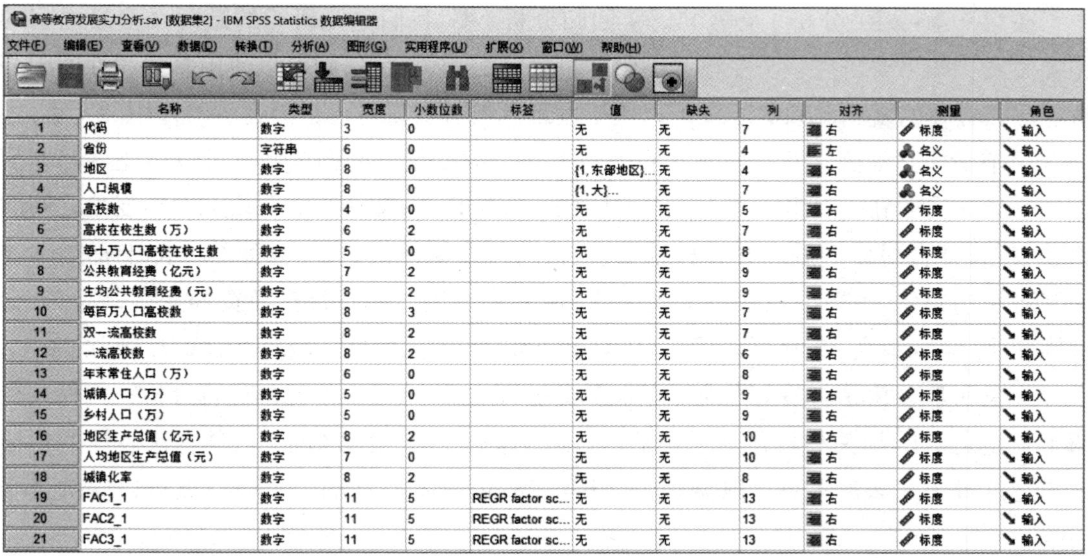

高等教育发展实力分析.sav [数据集2] - IBM SPSS Statistics 数据编辑器

文件(F) 编辑(E) 查看(V) 数据(D) 转换(T) 分析(A) 图形(G) 实用程序(U) 扩展(X) 窗口(W) 帮助(H)

	名称	类型	宽度	小数位数	标签	值	缺失	列	对齐	测量	角色
1	代码	数字	3	0		无	无	7	右	标度	输入
2	省份	字符串	6	0		无	无	4	左	名义	输入
3	地区	数字	8	0		{1, 东部地区}...	无	4	右	名义	输入
4	人口规模	数字	8	0		{1, 大}...	无	7	右	名义	输入
5	高校数	数字	4	0		无	无	5	右	标度	输入
6	高校在校生数（万）	数字	6	2		无	无	7	右	标度	输入
7	每十万人口高校在校生数	数字	5	0		无	无	8	右	标度	输入
8	公共教育经费（亿元）	数字	7	2		无	无	9	右	标度	输入
9	生均公共教育经费（元）	数字	8	2		无	无	9	右	标度	输入
10	每百万人口高校数	数字	8	3		无	无	7	右	标度	输入
11	双一流高校数	数字	8	2		无	无	7	右	标度	输入
12	一流高校数	数字	8	2		无	无	6	右	标度	输入
13	年末常住人口（万）	数字	6	0		无	无	8	右	标度	输入
14	城镇人口（万）	数字	5	0		无	无	9	右	标度	输入
15	乡村人口（万）	数字	5	0		无	无	9	右	标度	输入
16	地区生产总值（亿元）	数字	8	2		无	无	10	右	标度	输入
17	人均地区生产总值（元）	数字	7	0		无	无	10	右	标度	输入
18	城镇化率	数字	8	2		无	无	8	右	标度	输入
19	FAC1_1	数字	11	5	REGR factor sc...	无	无	13	右	标度	输入
20	FAC2_1	数字	11	5	REGR factor sc...	无	无	13	右	标度	输入
21	FAC3_1	数字	11	5	REGR factor sc...	无	无	13	右	标度	输入

图 13.2.17 保存 3 个因子得分变量

在图 13.2.17 中，FAC1_1 为水平因子，FAC2_1 为规模因子，FAC3_1 为广度因子。在图 13.2.17 所示的数据文件中，可以对 31 个省份的因子得分按分值大小进行排序，以分析每个省份的特点。

也可以按照各个因子得分进行加权，对 31 个省份的高等教育资源发展实力进行综合排序：

$$E=\text{贡献率}\,1\times \text{FAC1\_1}+\text{贡献率}\,2\times \text{FAC2\_1}+\text{贡献率}\,3\times \text{FAC3\_1}$$

根据图 13.2.15，在本例中：

$$E=0.410\,07\times \text{Fac1\_1}+0.337\,39\times \text{Fac2\_1}+0.202\,55\times \text{Fac3\_1}$$

当然，每个因子变量的权重“贡献率 1”“贡献率 2”“贡献率 3”也可以通过专家咨询的方式来确定。

根据 E 值的大小，可以将 31 个省份的高等教育发展实力由高到低进行排序，这也是因子分析及主成分分析方法的重要用途之一。

13.3 典型相关分析

在第 9 章（相关分析）及第 11 章（回归分析）中，我们主要研究的是两个变量之间的相关关系。如果要研究一个变量和一组变量之间的相关关系，则可以使用多元线性回归分析。回归方程的复相关系数不仅可以用于度量一组自变量对一个因变量的作用的大小，还可以用于描述其他因素不变时某个自变量和一个因变量之间的关系。可以将这些问题简称为一对一问题和一对多问题。但在实际的研究工作中，却往往需要研究两组变量之间的相关关系，即多对多问题。在分析社会、经济与教育系统时，大多数系统实际上都是多输入 - 多输出系统。例如，就高校系统而言，输入有学生、教师、教育经费等变量，输出有合格毕业生、学术论文、专利等变量。再如，要研究学生的学习环境与学习状况之间的关系，学习环境和学习状况这两个方面都有很多变量，在这种情况下如何来进行分析？仅仅进行两个变量之间的相关分析是远远不够的。人们需要寻找更加综合、更具有代表性的指标来描述这种多对多的关系。典型相关分析（canonical correlation analysis）就可以解决这个问题。

13.3.1 基本原理

典型相关分析是研究两组变量之间的相关关系的一种多元统计方法，它的基本思想也是降维，与主成分分析非常相似。它根据变量之间的相关关系，在每组变量中提取一个或少数几个综合变量（原始变量的线性组合）来替代原始变量，从而将两组变量之间的相关关系集中到少数几对综合变量之间的相关关系上，提取时要求第一对综合变量之间的相关性最强，第二对综合变量次之，以此类推。这些综合变量称为典型变量，第一对典型变量之间的相关系数称为第一典型相关系数。一般来说，只需要提取 1 ~ 2 对典型变量即可较为充分地概括样本信息。当两组变量中各只有一个变量时，典型相关系数即为简单相关系数；当仅一组变量中只有一个变量时，典型相关系数即为复相关系数。可以认为典型相关系数是简单相关系数、复相关系数的推广，或者说简单相关系数、复相关系数是典型相关系数的特例。

典型相关分析的基本思想是按照提取主成分的思路，从第一组变量 X 中提取典型成分 F_i，F_i 是第一组变量 $x_1, x_2, \cdots, x_p$ 的线性组合；再从第二组变量 Y 中提取典型成分 G_i，G_i 是第二组变量 $y_1, y_2, \cdots, y_q$ 的线性组合。在提取过程中，要求 F_i 与 G_i 之间的相关性最强。这时，F_i 与 G_i 之间的相关性就可以大致反映 X 与 Y 之间的相关关系。

典型相关分析是分析两组变量之间相关关系的一种方法，它不区分哪一组变量为自变量或因变量，而是称之为第一组变量或第二组变量，但研究人员时常有隐含的因果假设，即一组变量代表自变量，另一组变量代表因变量。

1. 典型相关分析的基本概念

典型相关分析并没有将一组变量中的每个变量，分别与另一组变量中的多个变量进行多元相关分析或多元回归分析，因为这样做以后，仍然不能得到两组变量之间的整体相关信息。典型相关分析是将各组变量都作为整体来对待，因此它所描述的是两组变量之间的整体相关性，而不是两组变量中个别变量之间的相关性。

典型相关分析与主成分分析类似。主成分分析是从一组变量中寻找若干因子变量，然后利用这些因子变量来分析一组变量之间的相关关系。而典型相关分析则侧重于分析两组变量之间的相关关系，它是在两组变量中分别寻找若干因子变量，所以典型相关分析是一种“双管的主成分分析”，它是指提取一组变量的“成分”，使其另一组变量的“成分”之间的线性相关关系最强。

典型相关分析模型的基本假设是两组变量之间存在线性相关关系，即每对典型变量之间存在线性相关关系。并且，每个典型变量与同组其他所有变量之间也存在线性相关关系。为了保证上述假设成立，要求典型相关分析模型中的所有变量都是定量变量。

在典型相关分析中，通常将自变量和因变量分别称为预测变量和准则变量。两组变量是对称的，只要每组变量中的变量不变，不论其是自变量还是因变量，都能够得出同样的分析结果。只有在有明确的因果关系假设的情况下，才需要指定哪一组变量是自变量，哪一组变量是因变量。

典型相关分析的相关概念如下：

（1）典型变量与典型相关系数

典型相关分析要找出一组变量的线性组合 $x^* = \sum a_i x_i$ 与另一组变量线性组合 $y^* = \sum b_j y_j$（两者均称为典型变量，canonical variate，CV），以使两个典型变量之间所能获得的相关系数达到最大，这一相关系数称为典型相关系数（canonical correlation coefficient，CR），典型相关系数的平方称为特征值（eigenvalue）或典型根（canonical root）。

（2）典型系数

典型变量所对应的线性组合的系数称为典型系数（canonical coefficient）或典型权重（canonical weight）。如果在对变量进行标准化后再进行上述操作，得到的典型系数就是标准化典型系数，其类似标准化回归系数，有利于比较各个原始变量对典型变量的作用的相对大小。这时典型变量中也不再有常数项，典型变量本身也是标准化的，即标准差等于1。

（3）典型变量的个数

典型相关分析所建立的第一对典型变量，可以使两个典型变量之间的相关系数达到最大。即先在两组变量各自的总变异中寻求它们之间最大的一部分共变关系（共变关系是指两个变量同时随着时间或其他因素的变化而变化，但不能确定它们之间的因果关系），这时的相关系数就是两组变量的第一典型相关系数（CR_1）。此时上述的共变部分已经被提取出来。然后，再在上述共变部分被提取出来后的剩余变异中寻找第二个最大的共变部分，形成第二对典型变量。这样的过程不断地进行，直到提取出两组变量的全部信息。这样，两组变量之间的相关关系就可以用若干对典型变量来代表，各对典型变量之间的典型相关性依序下降（即典型相关系数的值依序递减：$CR_1>CR_2>CR_3>\cdots$）。两组典型变量之间的典型相关系数并不是只有一个，其数量取决于两组变量中的变量数量。由于每一对典型变量都是根据两组变量计算出来的，因此实际上能够得到的典型相关系数个数，等于两组变量中数量较少的一组的变量数量，也就是最多可以得出 $\min(c_1, c_2)$ 个典型相关系数，其中 c_1 与 c_2 分别表示两组变量的变量数量。

（4）典型载荷系数与交叉载荷系数

典型载荷系数（canonical load coefficient）有时也称为结构相关系数（structure correlation coefficient），是典型变量与同组的每一个变量之间的简单相关系数。而交叉载荷系数（cross load coefficient）是典型变量与另一组的每一个变量之间的简单相关系数。变量与典型变量之间的相关系数越大，两者之间的相关性就越强，在对典型变量进行解释时重要性也越大。

需要注意的是，典型载荷系数反映了典型变量与变量之间的简单相关关系，而典型系数则反映了每个变量对典型变量的独特贡献，隐含着偏相关的意义，两者有很大的不同。

2. 典型变量的性质

经过典型相关分析，每个典型变量都只与一个对应的典型变量相关，而与其他典型变量不相关。这意味着，原始变量的总变异通过典型变量被划分为几个相互独立的维度，即典型相关分析有多个维度而不是只有一个维度。严格地说，一个典型相关系数描述的只是两个典型变量之间的相关关系，而不是两组变量之间的相关关系，所以各对典型变量之间的多维典型相关关系，共同代表了两组变量之间的整体相关关系。也就是说，典型相关系数是两组变量所对应的两个典型变量之间的简单相关系数，不能把一个典型相关系数理解为两组变量之间的相关系数，两者有很大的差别。由于这些典型相关系数的值是依序递减的，因此在进行统计检验时，往往只有第一对与第二对典型变量能够达到显著性水平，排序在后的典型变量因无法达到显著性水平而被排除。根据典型变量的特点，排序在前的典型变量，代表了所能解释的两组变量间典型相关关系的绝大部分信息，而那些没有统计学意义的维度与无用的信息则可以忽略不计。

3. 冗余指数

在统计上，如果一组变量的部分变异可以由另一组变量的变异来解释或预测，就可以说这部分变异是冗余的（redundant with），或可由另一组变量所解释（explained by）。

典型相关系数的大小代表各对典型变量之间的相关性的强弱，相关系数越大表示相关性越强。在把冗余的概念用于两个典型变量之间的典型相关分析时，只要简单地对典型相关系数取平方（CR^2），就可以得到这对典型变量的共同变异所占的比例，表示一个典型变量的变异可由另一个典型变量解释的比例。如果将此比例再乘以典型变量解释同组变量变异的百分比（%），就可以将这组典型变量与另一组变量连接起来，并得到冗余指数（redundancy index）。冗余指数相当于回归分析中的决定系数 R^2，因为 R^2 代表自变量解释因变量的能力，所以冗余指数表示一组变量的变异能够由另一组变量的典型变量解释的部分。典型相关系数的平方只能表示同一对典型变量之间的关系，而冗余指数表示的才是一个典型变量与另一组变量之间的关系。

由此可知，冗余指数是典型相关系数的平方与典型变量解释同组变量变异的百分比这两个分量的乘积。可见，典型相关系数的平方只是决定冗余指数的一个因素，与此同时冗余指数还受另一个因素的影响，即这组变量的典型变量到底在多大程度上代表了同组变量。人们需要对这些指标进行仔细分析，以了解典型变量与一组变量之间的关系。

冗余指数在研究模型中有因果假设时尤其重要，因为它能够反映自变量组的各个典型变量对因变量组的解释能力。冗余指数是对典型变量与一组变量之间关系的测量，它可以用来评估两组变量之间的相关性。在典型相关分析中，需要使用冗余指数来分析典型变量对两组变量的解释能力，以正确评价典型相关的意义。

在进行典型相关分析时，人们通常会计算多个典型相关系数和冗余指数，通过比较不同典型相关系数的大小和冗余指数的差异，可以确定哪些典型变量与两组变量的相关性最强，对原始变量的解释能力最强。

需要注意的是，冗余指数只是评估典型相关意义的一个指标，还需要结合其他指标和统计方法来全面评估典型相关的显著性和实际意义。同时，在实践中，需要根据具体的研究问题和数据特点来选择合适的冗余指数阈值，以避免出现过度拟合或欠拟合的问题。

在 SPSS 中，典型相关分析是通过“分析”菜单的“相关”子菜单中的“典型相关性”命令来实现的。

13.3.2 案例：经济社会发展与高等教育发展的关系

例 13.2 经济社会发展与高等教育发展之间是一种相互依赖、相互促进的关系。但一般更多地关注“经济社会发展对高等教育发展的作用”，将“经济社会发展”和“高等教育发展”分别视为自变量和因变量。对于经济社会系统的发展，这里用“年末常住人口(万)”“城镇人口(万)”“地区生产总值(亿元)”“人均地区生产总值(元)”“城镇化率”和“地级市数”6 个变量来描述；对于高等教育系统发展，这里用“高校数”“高校在校生数(万)”“每十万人口高校在校生数”“生均公共教育经费(元)”“每百万人口高校数”“双一流高校数”和“一流高校数”7 个指标来描述。现收集到 2018 年 31 个省份的上述指标数据[①]，建立数据文件“经济社会与高等教育发展状况 .sav”，其变量格式如图 13.3.1 所示。应用典型相关方法，来分析这两个系统之间的相关关系。

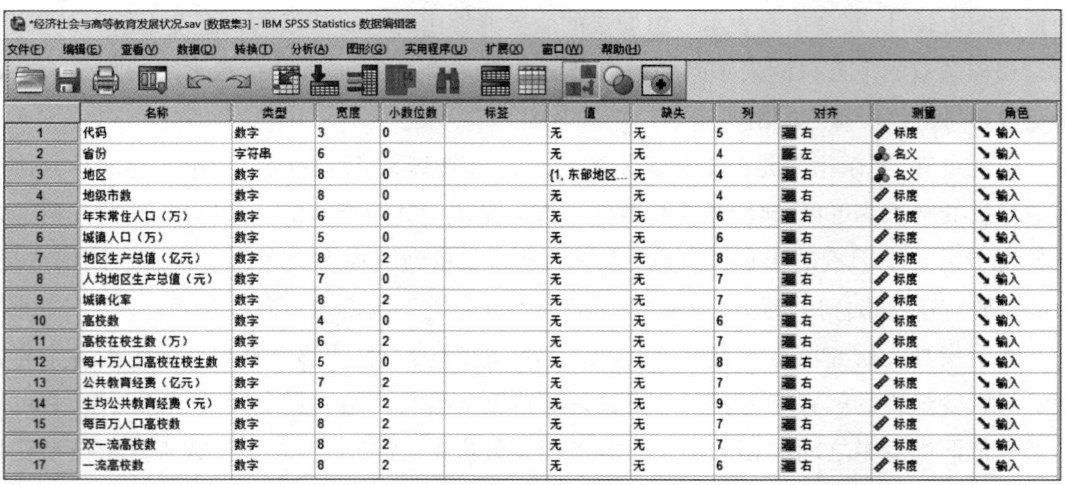

	名称	类型	宽度	小数位数	标签	值	缺失	列	对齐	测量	角色
1	代码	数字	3	0		无	无	5	右	标度	输入
2	省份	字符串	6	0		无	无	4	左	名义	输入
3	地区	数字	8	0		{1, 东部地区...	无	4	右	名义	输入
4	地级市数	数字	8	0		无	无	4	右	标度	输入
5	年末常住人口（万）	数字	6	0		无	无	6	右	标度	输入
6	城镇人口（万）	数字	5	0		无	无	6	右	标度	输入
7	地区生产总值（亿元）	数字	8	2		无	无	8	右	标度	输入
8	人均地区生产总值（元）	数字	7	0		无	无	7	右	标度	输入
9	城镇化率	数字	8	2		无	无	7	右	标度	输入
10	高校数	数字	4	0		无	无	6	右	标度	输入
11	高校在校生数（万）	数字	6	2		无	无	7	右	标度	输入
12	每十万人口高校在校生数	数字	5	0		无	无	8	右	标度	输入
13	公共教育经费（亿元）	数字	7	2		无	无	7	右	标度	输入
14	生均公共教育经费（元）	数字	8	2		无	无	9	右	标度	输入
15	每百万人口高校数	数字	8	2		无	无	7	右	标度	输入
16	双一流高校数	数字	8	2		无	无	7	右	标度	输入
17	一流高校数	数字	8	2		无	无	6	右	标度	输入

图 13.3.1 数据文件“经济社会与高等教育发展状况 .sav”变量格式

---

① 本案例的数据来源同第 4 章的例 4.1。

13.3.3 统计分析过程

第 1 步 打开数据文件“经济社会与高等教育发展状况 .sav”。

第 2 步 选择典型相关分析功能模块。

在 SPSS 的数据窗口中，选择菜单“分析”→“相关”→“典型相关性”命令，弹出“典型相关性”对话框。

第 3 步 设置变量。

在“典型相关性”对话框中，将左侧变量列表框中的经济社会系统的 6 个变量选入右侧的“集合 1”框，将高等教育系统的 7 个变量选入“集合 2”框，分别表示“经济社会系统组”和“高等教育系统组”，如图 13.3.2 所示。前者一般表示“因”，后者一般表示“果”。

第 4 步 设置“选项”选项。

单击“典型相关性”对话框中的“选项”按钮，打开“选项”对话框，如图 13.3.3 所示。

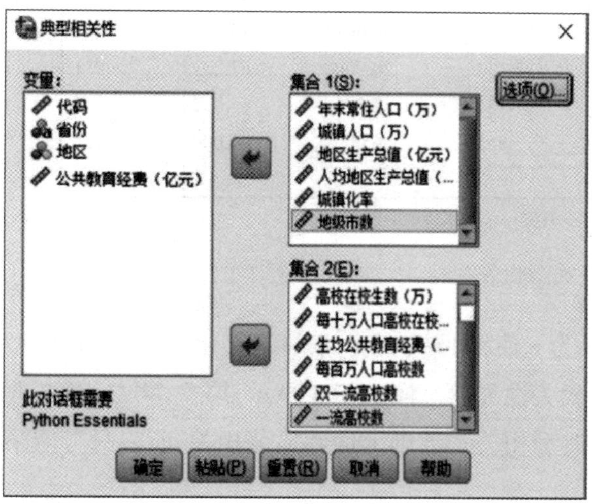

图 13.3.2 “典型相关性”对话框

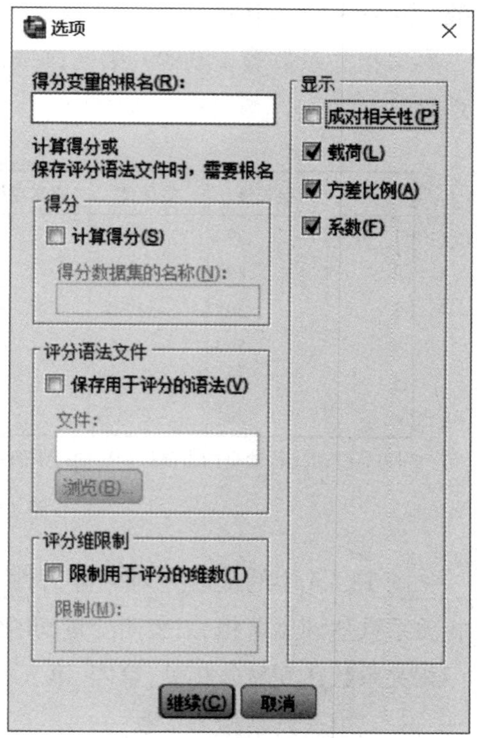

图 13.3.3 “选项”对话框

“选项”对话框的“显示”区域有 4 个复选框，其中“成对相关性”复选框，是计算所选择的各个变量两两之间的线性相关系数。如果变量很多，如本例中的两个系统共有 13 个变量，相关系数矩阵就会很庞大，因此在本例中不选中此复选框。

系统默认选中“载荷”“方差比例”和“系数”复选框，它们在输出结果中体现为前面所介绍的典型载荷系数与交叉载荷系数、冗余指数和典型系数等相关内容。本例按系统默认的方式进行设置。单击“继续”按钮，返回“典型相关性”对话框。

第 5 步 在“典型相关性”对话框中单击“确定”按钮，输出结果。

13.3.4 结果与讨论

这里主要给出三个结果。

1. 达到显著相关的典型相关系数的个数

典型相关性表如图 13.3.4 所示。由于“集合 1”组有 6 个变量，“集合 2”组有 7 个变量，因此典型相关系数最多有 6 个，图 13.3.4 中从大到小依次列出 6 个典型相关系数。从图 13.3.4 中的第二列（“相关性”列）可以看出：第一典型相关系数等于 0.992，第二典型相关系数等于 0.899，第三典型相关系数等于 0.802；类似地有第四到第六典型相关系数。

	相关性	特征值	威尔克统计	F	分子自由度	分母自由度	显著性
1	.992	60.884	.001	8.049	42.000	87.880	.000
2	.899	4.199	.038	3.300	30.000	78.000	.000
3	.802	1.800	.196	2.134	20.000	67.282	.011
4	.560	.457	.549	1.184	12.000	55.852	.317
5	.384	.173	.800	.865	6.000	44.000	.528
6	.247	.065	.939	.	.	.	.

H0 for Wilks 检验是指当前行和后续行中的相关性均为零。

图 13.3.4 典型相关性表

图 13.3.4 中的最后一列（“显著性”列）为 p 值，如果 p 值小于显著性水平 0.05，则典型相关系数达到显著相关，表明变量间的线性相关性显著。图 13.3.4 显示，第一、第二、第三典型相关系数达到显著相关，第四、第五、第六典型相关系数则未达到显著相关，所以只考虑第一、第二、第三典型相关系数。

2. 典型对应关系

根据通过了显著性检验的典型相关系数，分析经济社会系统组中的各个变量与高等教育系统组中的各个变量之间的对应关系，得出分析结论。

前面介绍过，典型载荷系数表示典型变量与同组的每一个变量之间的简单相关系数，相当于主成分分析中的因子载荷。图 13.3.5 表示从经济社会系统组（“集合 1”组）中提取的典型变量，与同组各个变量之间的简单相关系数。图 13.3.6 表示从高等教育系统组（“集合 2”组）中提取的典型变量，与同组各个变量之间的简单相关系数。

变量	1	2	3	4	5	6
年末常住人口（万）	-.991	.065	-.096	-.064	.012	-.007
城镇人口（万）	-.961	-.082	-.161	-.073	.161	-.112
地区生产总值（亿元）	-.850	-.265	-.226	.173	.229	-.272
人均地区生产总值（元）	-.056	-.716	-.586	.263	.060	-.260
城镇化率	.049	-.403	-.829	-.124	.253	-.263
地级市数	-.836	.234	.113	.007	.297	.381

图 13.3.5 经济社会系统组的典型载荷系数

变量	1	2	3	4	5	6
高校数	-.900	-.034	-.374	-.017	.193	.038
高校在校生数（万）	-.961	.085	-.238	-.044	-.006	-.085
每十万人口高校在校生数	.054	-.389	-.871	-.120	-.125	-.236
生均公共教育经费（元）	.354	-.857	.051	.239	-.112	-.160
每百万人口高校数	.620	-.393	-.627	-.029	.183	-.093
双一流高校数	-.012	-.646	-.664	.363	-.099	.008
一流高校数	-.092	-.638	-.687	.065	-.228	.219

图 13.3.6 高等教育系统组的典型载荷系数

结合图 13.3.4 可以看到，从经济社会系统组中提取的第一个典型变量 V_1 与从高等教育系统组中提取的第一个典型变量 W_1，构成了第一典型相关系数，为 0.992。也就是说，这两个典型变量之间高度线性相关。

从经济社会系统组中提取的第二个典型变量 V_2 与从高等教育系统组中提取的第二个典型变量 W_2，构成了第二典型相关系数，为 0.899。也就是说，这两个典型变量之间也高度线性相关。

从经济社会系统组中提取的第三个典型变量 V_3 与从高等教育系统组中提取的第三个典型变量 W_3，构成了第三典型相关系数，为 0.802。也就是说，这两个典型变量之间中度线性相关。

如果在图 13.3.5 和图 13.3.6 中关注绝对值大于 0.5 的典型载荷系数，可以看出：

第一对典型变量（V_1，W_1）："集合 1" 组的第一典型变量 V_1 的主要相关变量为 "年末常住人口（万）" "城镇人口（万）" "地区生产总值（亿元）" "地级市数"；"集合 2" 组的第一典型变量 W_1 的主要相关变量为 "高校数" "高校在校生数（万）" "每百万人口高校数"。两者之间关系密切，典型相关系数为 0.992，且 V_1 的主要相关变量与 "高校数" "高校在校生数（万）" 的典型载荷系数符号相同，与 "每百万人口高校数" 的典型载荷系数符号相反。从作用关系来看，"年末常住人口（万）" "城镇人口（万）" "地区生产总值（亿元）" "地级市数" 与 "高校数" 和 "高校在校生数（万）" 正相关，与 "每百万人口高校数" 负相关。

第二对典型变量（V_2，W_2）："集合 1" 组的第二典型变量 V_2 的主要相关变量为 "人均地区生产总值（元）"；"集合 2" 组的第二典型变量 W_2 的主要相关变量为 "生均公共教育经费（元）" "双一流高校数" 和 "一流高校数"。两者之间关系密切，典型相关系数为 0.899，且典型载荷系数符号相同，说明 "人均地区生产总值（元）" 与 "生均公共教育经费（元）" "双一流高校数" 和 "一流高校数" 正相关。

第三对典型变量（V_3，W_3）："集合 1" 组的第三典型变量 V_3 的主要相关变量为 "人均地区生产总值（元）" "城镇化率"；"集合 2" 组的第三典型变量 W_3 的主要相关变量为 "每十万人口高校在校生数" "每百万人口高校数" "双一流高校数" "一流高校数"。两者之间关系密切，典型相关系数为 0.802，且典型载荷系数符号相同，说明 "人均地区生产总值（元）" "城镇化率" 与 "每十万人口高校在校生数" "每百万人口高校数" "双一流高校数" "一流高校数" 正相关。

3. 典型变量对原始变量系统的代表性

因为每对典型变量都是从各自的原始变量系统中提取出来的，所以它们都包含各自原始变量系统的部分信息。由于是成对出现的，所以其中一个典型变量既可以反映本变量系统的信息，也可以反映对应变量系统的信息。图 13.3.7 给出了这些结果。

典型变量	集合1*自身	集合1*集合2	集合2*自身	集合2*集合1
1	.556	.547	.322	.317
2	.135	.109	.267	.216
3	.188	.121	.323	.208
4	.021	.006	.030	.009
5	.039	.006	.023	.003
6	.061	.004	.021	.001

图 13.3.7　已解释的方差比例

在图 13.3.7 中：

第二列："集合 1" 组内解释的比例，即"集合 1" 组的变量由"集合 1" 组的典型变量解释的比例。由第一典型变量解释的比例为 55.6%（0.556），由第二典型变量解释的比例为 13.5%（0.135），由第三典型变量解释的比例为 18.8%（0.188），由第四、第五、第六典型变量解释的比例很小。前三个典型变量解释的比例合计为 87.9%。

第三列："集合 1" 组的变量由"集合 2" 组的典型变量解释的比例。由第一典型变量解释的比例为 54.7%，由第二典型变量解释的比例为 10.9%，由第三典型变量解释的比例为 12.1%，由第四、第五、第六典型变量解释的比例很小。总体合计 79.3%，其中前三个典型变量解释的比例合计为 77.7%。

第四列："集合 2" 组内解释的比例，即"集合 2" 组的变量由"集合 2" 组的典型变量解释的比例。由第一典型变量解释的比例为 32.2%，由第二典型变量解释的比例为 26.7%，由第三典型变量解释的比例为 32.3%，由其余典型变量解释的比例都很小。前三个典型变量解释的比例合计为 91.2%。

第五列："集合 2" 组的变量由"集合 1" 组的典型变量解释的比例。由第一典型变量解释的比例为 31.7%，由第二典型变量解释的比例为 21.6%，由第三典型变量解释的比例为 20.8%，由其余典型变量解释的比例很小。也就是说，可以用经济社会系统组的三个典型变量解释高等教育系统组变化的 74.1%。

4. 显示典型变量

"集合 1" 组标准化典型相关系数表和"集合 2" 组标准化典型相关系数表，分别如图 13.3.8 和图 13.3.9 所示。

变量	1	2	3	4	5	6
年末常住人口（万）	−.656	4.037	−3.782	3.504	−3.921	.190
城镇人口（万）	−.410	−7.030	5.009	−7.965	1.965	.555
地区生产总值（亿元）	.097	3.513	−1.066	4.214	1.312	−2.733
人均地区生产总值（元）	−.207	−2.485	.359	−.232	−1.020	1.767
城镇化率	.273	1.703	−1.752	.265	.592	−.393
地级市数	−.016	−.012	−.317	.747	1.157	1.775

图 13.3.8 "集合 1" 组标准化典型相关系数表

根据图 13.3.8 和图 13.3.9，可以写出各对典型变量的线性组合的表达式。例如，第一对典型变量与原始变量的线性组合关系为

变量	1	2	3	4	5	6
高校数	-.420	-1.586	.488	-1.257	2.256	.585
高校在校生数（万）	-.534	1.318	-.521	1.003	-.992	-.963
每十万人口高校在校生数	.080	-.438	-.164	-1.221	-.888	-1.476
生均公共教育经费（元）	-.233	-1.341	.842	-.739	.353	-.751
每百万人口高校数	.288	.487	-.589	.122	1.486	.210
双一流高校数	.137	.949	-.683	3.141	-.272	-.430
一流高校数	-.101	-.498	-.072	-1.316	-.825	2.054

图 13.3.9 “集合 2”组标准化典型相关系数表

$$V_1=-0.656\times 年末常住人口(万)-0.410\times 城镇人口(万)+\cdots+$$
$$0.273\times 城镇化率-0.016\times 地级市数$$
$$W_1=-0.420\times 高校数-0.534\times 高校在校生数(万)+\cdots+$$
$$0.137\times 双一流高校数-0.101\times 一流高校数$$

类似地，可以写出第二对、第三对典型变量的线性组合的表达式。需要说明的是，这里的典型变量都是经过标准化处理的典型变量，这里的标准化是指每个原始变量，如“地级市数”“高校数”，都是经过标准化处理的变量（均值为 0、标准差为 1），而非原始变量。

当然系统的输出结果中也会给出非标准化典型相关系数表，如图 13.3.10 和图 13.3.11 所示。读者可以仿照上面的式子写出典型变量的线性组合的表达式结果，这里的系数显示为 0，并不是真为 0，而是因为这些变量相对于其他变量，单位量纲不一样，数量级太小，数值太小，系统无法显示（系统只显示三位小数）。因此，通常选择采用标准化典型变量。

变量	1	2	3	4	5	6
年末常住人口（万）	.000	.001	-.001	.001	-.001	.000
城镇人口（万）	.000	-.004	.003	-.004	.001	.000
地区生产总值（亿元）	.000	.000	.000	.000	.000	.000
人均地区生产总值（元）	.000	.000	.000	.000	.000	.000
城镇化率	.023	.144	-.149	.022	.050	-.033
地级市数	-.003	-.002	-.058	.137	.212	.325

图 13.3.10 “集合 1”组非标准化典型相关系数表

5. 本例结论

① “高校数”和“高校在校生数（万）”主要取决于“年末常住人口（万）”“城镇人口（万）”“地区生产总值（亿元）”“地级市数”，也就是说经济社会发展规模决定高等教育发

变量	1	2	3	4	5	6
高校数	-.010	-.038	.012	-.030	.054	.014
高校在校生数（万）	-.009	.023	-.009	.018	-.017	-.017
每十万人口高校在校生数	.000	-.001	.000	-.002	-.001	-.002
生均公共教育经费（元）	.000	.000	.000	.000	.000	.000
每百万人口高校数	.474	.800	-.967	.200	2.442	.346
双一流高校数	.022	.153	-.110	.506	-.044	-.069
一流高校数	-.062	-.307	-.044	-.811	-.508	1.265

图 13.3.11 “集合 2”组非标准化典型相关系数表

展规模。“每百万人口高校数”与“年末常住人口（万）”“城镇人口（万）”“地区生产总值（亿元）”“地级市数”呈反向变化。

② “生均公共教育经费（元）”“双一流高校数”“一流高校数”主要取决于“人均地区生产总值（元）”，也就是说经济社会发展水平决定高等教育发展水平。

③ “每十万人口高校在校生数”“每百万人口高校数”“双一流高校数”和“一流高校数”主要取决于“人均地区生产总值（元）”和“城镇化率”，也就是说经济社会发展水平决定高等教育资源发展水平和优质资源规模。

④ 在本例中，可以用“经济社会系统组”的三个典型变量，解释高等教育系统组变化的74.1%。

主要概念与术语

因子及因子分析，因子载荷，因子载荷矩阵，巴特利特球形度检验，KMO 检验，碎石图，最大方差法，因子得分，因子变量的命名解释，主成分及主成分分析；典型相关分析，典型变量，典型相关系数，典型系数，典型载荷系数，交叉载荷系数，冗余指数。

思考与练习

1. 主成分分析与因子分析之间的异同是什么？因子分析的步骤是什么？

2. 因子载荷的统计学意义是什么？

3. 将本章中的案例重新操作一遍。在例 13.1 中，对比未旋转的因子载荷矩阵和利用最大方差法进行旋转后的因子载荷矩阵，直观理解因子载荷矩阵旋转对因子变量的命名解释的作用。

4. 自己设计一套高校评价指标体系，选择“双一流”建设高校，收集最新的数据，应用因子分析与主成分分析方法对其进行排名。

5. 试分析典型相关分析的基本思想，并举例说明该方法在实际中的应用。

6. 什么是典型变量和典型相关系数？

7. 典型系数与典型载荷系数之间的区别是什么？

8. 有 X 与 Y 两组变量，如果其中 Y 组变量中只有一个变量 y，那么 X 组变量与 Y 组变量之间的典型相关系数有几个？其实际含义是什么？

9. 高校转专业政策的初衷是满足学生的需求，但也要满足专业的基本要求。转专业一般在学生完成大学一年级基础课后的二年级期间进行。现分析基础课各科成绩与专业主干课程之间的关系，以为制定转专业接收标准提供依据。通过制定转专业接收标准，可以细化学校的管理工作，使之更加科学化、合理化，从而促进符合专业要求的高质量人才的培养。

调查一组大学生的一年级基础课成绩和他们的高年级专业主干课成绩，试对这组大学生的一年级基础课成绩与高年级专业主干课成绩进行典型相关分析，可将基础课成绩组视为自变量 x，将高年级专业主干课成绩组视为因变量 y，试分析 x 对 y 的作用。

第 14 章　信度与效度

本章学习目标：

❶ 掌握信度分析的原理及其在 SPSS 中的实现过程，并能够解释输出结果。

❷ 了解信度的种类和适用范围。

❸ 掌握效度分析的原理及其在 SPSS 中的实现过程，并能够解释输出结果。

❹ 了解效度的种类和适用范围。

在现实世界中有大量的事物，需要人们使用不同的物理工具对其特征进行测量。例如，对于身高，可以使用量尺进行测量；对于体重，可以使用磅秤进行测量；对于血压，可以使用血压计进行测量；对于学校规模，可以使用师生人数来测量。这些事物有一个共同点，就是有物理背景，是能够看得见或摸得着的。同样，对于人类社会，也有大量的社会及心理方面的特征需要测量，如一所大学的学术氛围、一个人的经济社会地位、学生的创业意识等。这些事物也有一个共同点，那就是看不见、摸不着，只能意识到。这时使用的测量工具就有别于物理工具，称为量表。量表包含问卷和测验。

一个测量工具的好坏，除了要难度适中和具有较高的鉴别度，最重要的是要有信度（reliability）和效度（validity）。一个量表若信度低或效度差，就不可靠，要准确地对目标特征进行测量，就需要重新设计量表。在信度分析和效度分析中，一般将需要分析的变量称为项目（item）或题项。本章主要介绍信度分析和效度分析的原理。

14.1 信度分析原理

14.1.1 信度的概念

评估一个系统的信度,要以组成此系统的各个项目以及它们之间的相关系数为基础。项目之间的相关系数越大,表示它们的一致性越高,信度越高。一般情况下,在测量同一个系统时,项目越多信度就会越高。因此,增加项目数量可以提高信度,但同时也增加了测量成本。因此,在建立一张量表时,就需要找出信度与项目数量之间的平衡点。例如,对某个系统进行测量时,可以根据其特征,用很多项目从多个角度来描述它,项目越多,对它的描述就越清楚,越接近实际情况,信度也就越高。但为了降低测量成本,需要用最少的项目来描述系统最核心的特征。

信度也称为可靠性,是指量表所测量的分数的一致性与稳定性。信度分析也称为可靠性分析(reliability analysis),是指在采用同样的方法对同一对象进行重复测量时,调查和测度结果的稳定性和一致性程度,即测度一个测量工具是否能稳定地表现所测量的事物或变量的特征。一个测量工具,在对同一事物进行反复多次测量时,只有在其结果始终保持不变的情况下才可信。在教育领域,信度分析一般在考试、学生评教、学科评估、心理研究中应用得较多,它主要用来评价问卷或量表的一致性、稳定性等特征。

在社会与行为科学研究中,一般很难测量理论模型中的概念变量,这种变量被称为潜变量(latent variable),如绩效、忠诚度、学术氛围等,必须设计出测量这些潜变量的测量变量(measurement variable),测量变量也称为显变量(manifest variable)或测量指标。信度分析主要用来判断测量变量(项目)是否能一致、稳定地反映潜变量。

假设在测量潜变量时,测量分数为 x,与真实分数 T 不相等,其误差项为 E,有 $x=T+E$。则误差项 E 越小,信度就越高。信度通常用信度系数来表示。在经典测量理论中,信度系数被定义为

① 测量分数 x 与真实分数 T 之间的相关系数的平方:$\rho_{x,T}^2$。

② 真实分数 T 的方差在测量分数 x 的方差中所占的比例:$\rho_{x,T}^2=\dfrac{S_T^2}{S_x^2}$。

14.1.2 信度的种类

信度测量是有条件限制的:第一,要求测量工具彼此之间是线性相关的;第二,要求对

于不同的测量工具，误差之间是不相关的；第三，要求被测量的各个部分一定是可比的。

信度主要有以下几种：

1. 重测信度

重测信度（test-retest reliability），是指在一定的时间间隔内运用同一张量表，对同一组受试者进行重复测量得到的信度系数，具体表现为两次测量分数之间的相关系数，其值越大，量表的信度就越高，但它会受到人的记忆力的影响。重测信度反映了在不同的时间用同一测量指标对同一组受试进行多次测量所得到的结果的一致性程度。

2. 复本信度

复本信度（alternate-form reliability），是指基于两张等效的量表，分别对同一组受试者进行测量得到的信度系数，具体表现为两次测量分数之间的相关系数。复本信度反映了同一组受试者在不同的时间接受两张不同的量表的测量，所得到的测量分数的一致性程度。两张量表在形式、性质、内容、题型、题数、难度等方面应一致。其优点是不会受到人的记忆力的影响。

3. 内部一致性信度

内部一致性信度（internal consistency reliability），是指从量表层次化、结构化入手，使量表内的项目形成一定的结构，并用结构的一致性程度来评定测量的信度。内部一致性信度反映了测量同一个概念的多个测量指标之间的一致性程度。内部一致性信度主要有以下两种：

（1）分半信度

分半信度（split-half reliability），反映了将一张量表分成对等的两个部分，受试者在这两个部分上所得的分数的一致性程度。在对量表进行分半时，可以将其项目分成两个部分。例如，按照奇数项目、偶数项目将项目分成两个部分，用这两个部分分别对同一组受试者进行测量并记分，以这两个部分的测量分数之间的相关系数作为信度系数，称之为分半信度系数。分半信度与复本信度相似，只不过它是将一张量表一分为二，等同于两张量表，因此要求两个部分的项目在形式、性质、内容、难度等方面一致。其优点是不会受到人的记忆力的影响，节约成本；缺点是项目的数量减少一半，比整体量表的信度低。

（2）同质性信度

同质性信度（homogeneity reliability），是指用量表的不同组成部分以同等程度测量受试者的同一种属性，测量所使用的各个项目之间高度相关。同质性信度反映了量表内各个项目之间的一致性程度，它与分半信度在本质上是一致的。同质性信度有库德－理查逊（Kuder-Richardson）信度、克龙巴赫（Cronbach）α 系数。下面对克龙巴赫 α 系数进行介绍。

克龙巴赫 α 系数是由美国心理学家和教育学家克龙巴赫于 1951 年提出的针对测量工具的信度测量方法。克龙巴赫 α 系数是通过所有可能的项目划分方法得到的分半信度系数的均值,是目前社会科学研究中最常用的信度系数。

假设用一张量表测量同一个概念变量,该量表有 n 个项目,它们之间高度相关,且总方差大于各个项目的方差之和,克龙巴赫 α 系数的计算公式为

$$\alpha=\frac{n}{n-1}\left(1-\frac{\sum S_i^2}{S_{\mathrm{H}}^2}\right)$$

其中,S_{H}^2 表示总方差,S_i^2 表示项目 i 的方差。

克龙巴赫 α 系数多大比较好?一般认为,如果是进行量表设计研究:$\alpha \geqslant 0.8$ 表示量表的信度可接受,其中 $\alpha>0.9$ 表示量表的信度很高;$0.7 \leqslant \alpha<0.8$ 表示量表的信度有一定的参考价值;$\alpha<0.7$ 则表示量表需要重新设计。如果是进行探索性研究,则 $\alpha \geqslant 0.7$ 表示量表的信度可接受。而如果是将已有的量表应用在实际研究中,则 α 只需达到 0.6 即可。克龙巴赫 α 系数的量表的信度标准如表 14.1.1 所示。

表 14.1.1 克龙巴赫 α 系数的量表的信度标准

适用情况	克龙巴赫 α 系数
量表设计研究	$\alpha \geqslant 0.8$: 量表的信度可接受,其中,$\alpha>0.9$: 量表的信度很高; $0.7 \leqslant \alpha<0.8$: 量表的信度有一定的参考价值; $\alpha<0.7$: 量表需要重新设计
探索性研究	$\alpha \geqslant 0.7$: 量表的信度可接受
实际研究	$\alpha \geqslant 0.8$: 量表的信度很高; $0.6 \leqslant \alpha<0.8$: 量表的信度可接受; $\alpha<0.6$: 量表信度不可接受

在进行信度分析时,要求所有的项目都是同方向的,即都采用正面提问法,也就是项目之间的相关系数为正数。克龙巴赫 α 系数的大小与受试者(测量样本)的数量、量表的项目数量以及项目之间相关系数的均值都有正向关系。因此,在判断量表的信度时,先要了解受试者和项目的数量,然后以此为基础,判断信度系数是否达到了可以接受的水平。

在 SPSS 中,信度分析是通过"分析"菜单的"刻度"子菜单中的"可靠性分析"命令来实现的。

14.1.3 案例:研究生课程教学适应度评价量表的信度

例 14.1 研究生课程教学适应度评价量表的信度分析(可靠性分析)。研究生课程教学

适应度评价量表（如表 14.1.2 所示）给出了 5 个题目，随机从某校选取了 323 名研究生进行问卷调查。测量采用 5 级利克特（Likert）量度，这是量表内部一致性信度测量问题，考察的是量表的各个项目是否测量了相同的内容或特质。本例采取克龙巴赫 α 系数测量。建立数据文件“研究生课程教学适应度情况调查 .sav”，如图 14.1.1 所示。试分析此量表的信度。

表 14.1.2 研究生课程教学适应度评价量表

项目	评价等级				
	完全不符合	有点符合	符合	较多符合	完全符合
D1：所学课程的设计和管理制度有助于学科间的交叉与融合	1	2	3	4	5
D2：所学课程有助于了解本学科学术或技术发展的前沿	1	2	3	4	5
D3：所学课程的教学方式有助于启发思维	1	2	3	4	5
D4：教学内容有利于拓宽视野	1	2	3	4	5
D5：专业课程对写毕业论文很有帮助	1	2	3	4	5

	A2	A3	D1	D2	D3	D4	D5
1	其他类	男	完全符合	完全符合	完全符合	完全符合	完全符合
2	教育学类	女	符合	有点符合	符合	有点符合	符合
3	法学类	男	有点符合	有点符合	符合	符合	符合
4	教育学类	男	有点符合	有点符合	有点符合	较多符合	较多符合
5	法学类	女	符合	较多符合	符合	有点符合	符合
6	公共管理类	女	完全符合	完全符合	完全符合	完全符合	完全符合
7	教育学类	男	符合	符合	符合	符合	符合
8	法学类	女	有点符合	较多符合	有点符合	完全符合	符合
9	其他类	女	有点符合	有点符合	有点符合	有点符合	有点符合
10	教育学类	男	完全不符	完全不符	完全不符	完全不符	完全不符
11	其他类	男	符合	有点符合	较多符合	完全符合	较多符合
12	法学类	女	较多符合	符合	有点符合	较多符合	符合
13	公共管理类	男	有点符合	有点符合	符合	符合	较多符合
14	其他类	女	符合	较多符合	较多符合	符合	较多符合
15	教育学类	女	符合	有点符合	有点符合	有点符合	有点符合

图 14.1.1 数据文件“研究生课程教学适应度情况调查 .sav”

14.1.4 统计分析过程

第 1 步 打开数据文件“研究生课程教学适应度情况调查 .sav”。

第 2 步 选择信度分析(可靠性分析)功能模块。

在 SPSS 的数据窗口中,选择菜单“分析”→“刻度”(Scale)→“可靠性分析”(Reliability Analysis)命令,弹出“可靠性分析”对话框,如图 14.1.2 所示。

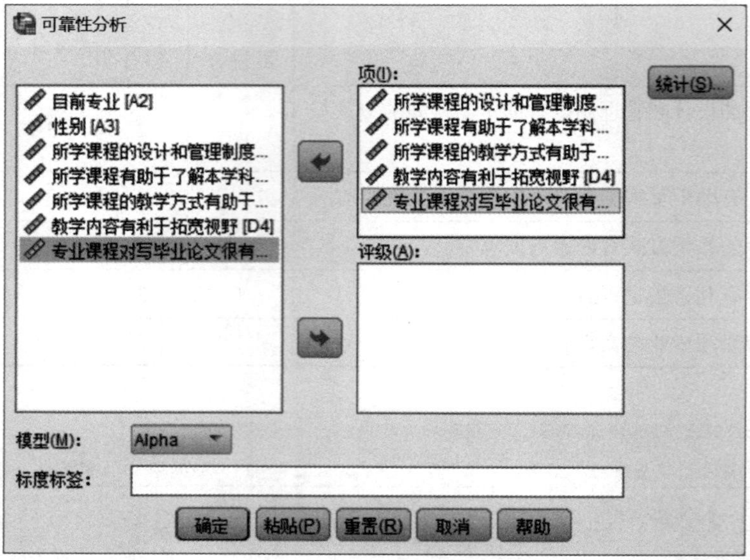

图 14.1.2 “可靠性分析”对话框

第 3 步 设置变量。

在“可靠性分析”对话框中,将左侧变量列表框中的 D1 ~ D5 共 5 个变量,选入右侧的“项”框。

第 4 步 选择模型。

在“可靠性分析”对话框的“模型”下拉列表中,选择所需的可靠性分析模型。在“模型”下拉列表中,系统提供了 5 个选项:

“Alpha”项:采用度量内部一致性的克龙巴赫 α 系数;

“折半”项:采用分半信度,即将项目分成对等的两个部分,计算这两个部分测量分数之间的相关系数;

“格特曼”(Guttman)项:采用计算最低下限的信度测量方法,在输出结果中有 6 个信度系数,即 lambda1 ~ lambda6;

“平行”项：基于并行模型假定的最大似然可靠性估计法；

“严格平行”项：基于严格并行模型假定的最大似然可靠性估计法。

系统默认选择“Alpha”项，在本例中按照系统默认的方式进行设置。

第 5 步 设置“统计”选项。

在“可靠性分析”对话框中单击“统计”按钮，弹出“可靠性分析：统计”对话框，如图 14.1.3 所示。在该对话框中，可以选择用于描述信度和评估项目的统计量。

“可靠性分析：统计”对话框有以下内容：

“描述”区域有“项目”“标度”和“删除项后的标度”三个复选框：

“项目”复选框：用于输出单个项目的描述性统计量，包括项内均值和标准差、样本量等；

“标度”复选框：用于输出所有项目的描述性统计量，包括均值、方差等；

“删除项后的标度”复选框：用于输出剔除某个项目后的相关描述性统计量，以便分析是否保留该项目。

“项之间”区域包括“相关性”和“协方差”两个选项：前者用于计算各个项目两两之间的相关系数，后者用于计算各个项目两两之间的协方差。在本例中，选中“相关性”复选框。

“摘要”区域包括“平均值”“方差”“协方差”和“相关性”4 个复选框，分别用于输出在“描述”区域和“项之间”区域指定的项目的均值、方差、协方差和相关系数。

“ANOVA 表”区域用于检验评分者信度（scorer reliability），也就是检验量表评分者评分的一致性，以衡量评分者主观评分的可靠性。此区域包括“无”“*F* 检验”“傅莱德曼卡方”“柯克兰卡方”4 个选项，用于选择方差分析方法。这 4 个选项的意义分别是不进行方差分析、进行重复度量的方差分析（*F* 检验）、弗里德曼卡方检验和科克伦 *Q* 检验（适用于所有项目均为二分类变量的情况）。

“霍特林 T 平方”（Hotelling's T–square）复选框：指进行霍特林 T^2 检验，即进行各个项目均值的一致性检验。在本例中选中该复选框。

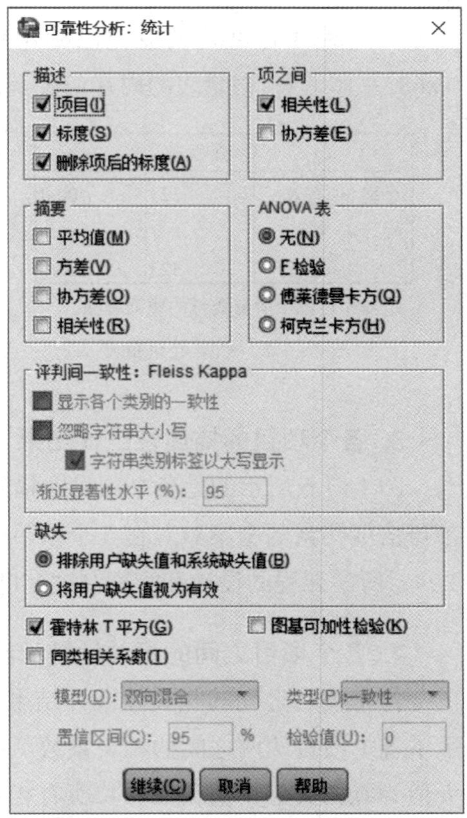

图 14.1.3 “可靠性分析：统计”对话框

具体设置如图14.1.3所示。设置完毕后单击“继续”按钮,返回“可靠性分析”对话框。

第6步 在“可靠性分析”对话框中单击“确定”按钮,输出结果。

14.1.5 结果与讨论

1. 个案处理摘要

图14.1.4显示了本例中参与信度测量的个案数和缺失值数。在本次信度测量中共有323个个案参与分析,全部为有效个案,不含缺失值。

2. 可靠性统计结果

可靠性统计结果是信度测量的一个重要的输出结果。克龙巴赫α系数是最重要的信度测量统计量,图14.1.5给出了未标准化的克龙巴赫α系数(图中显示为“克隆巴赫Alpha”)和基于标准化项目的克龙巴赫α系数(图中显示为“基于标准化项的克隆巴赫Alpha”)的值。通常使用未标准化的克龙巴赫α系数,但当各个项目的均值和标准差相差较大时使用标准化的克龙巴赫α系数。在本例中,共有5个项目,克龙巴赫α系数为0.868,总体上看,该量表的内在信度是比较理想的。

		个案数	%
个案	有效	323	100.0
	排除[a]	0	.0
	总计	323	100.0

a. 基于过程中所有变量的成列删除。

图14.1.4 个案处理摘要

克隆巴赫Alpha	基于标准化项的克隆巴赫Alpha	项数
.868	.869	5

图14.1.5 可靠性统计结果

3. 各个项目的描述性统计结果

图14.1.6所示的是各个项目的描述性统计结果,其给出了所有项目的均值、标准差以及参与信度测量的个案数。在5个项目中,“教学内容有利于拓宽视野”的测量分数较高,为3.24;“所学课程的设计和管理制度有助于学科间的交叉与融合”的测量分数较低,为2.83。

4. 各个项目之间的相关性统计结果

各个项目之间的相关性统计结果,是信度测量的另一个重要的输出结果。图14.1.7显示了各个项目两两之间的相关系数。图14.1.8给出了摘要项统计结果,其中相关系数的最大值为0.731,最小值为0.454,所有相关系数的均值为0.569;“所学课程的设计和管理制度有助于学科间的交叉与融合”与“专业课程对写毕业论文很有帮助”之间的相关系数最小;

	平均值	标准偏差	个案数
所学课程的设计和管理制度有助于学科间的交叉与融合	2.83	1.023	323
所学课程有助于了解本学科学术或技术发展的前沿	3.04	1.036	323
所学课程的教学方式有助于启发思维	3.09	1.055	323
教学内容有利于拓宽视野	3.24	1.059	323
专业课程对写毕业论文很有帮助	2.94	1.095	323

图 14.1.6 各个项目的描述性统计结果

	所学课程的设计和管理制度有助于学科间的交叉与融合	所学课程有助于了解本学科学术或技术发展的前沿	所学课程的教学方式有助于启发思维	教学内容有利于拓宽视野	专业课程对写毕业论文很有帮助
所学课程的设计和管理制度有助于学科间的交叉与融合	1.000	.576	.529	.476	.454
所学课程有助于了解本学科学术或技术发展的前沿	.576	1.000	.653	.627	.501
所学课程的教学方式有助于启发思维	.529	.653	1.000	.731	.548
教学内容有利于拓宽视野	.476	.627	.731	1.000	.599
专业课程对写毕业论文很有帮助	.454	.501	.548	.599	1.000

图 14.1.7 各个项目两两之间的相关系数

	平均值	最小值	最大值	全距	最大值/最小值	方差	项数
项平均值	3.030	2.833	3.241	.409	1.144	.024	5
项方差	1.110	1.046	1.198	.152	1.145	.003	5
项间协方差	.632	.509	.817	.308	1.605	.009	5
项间相关性	.569	.454	.731	.277	1.609	.007	5

图 14.1.8 摘要项统计结果

“教学内容有利于拓宽视野”与“所学课程的教学方式有助于启发思维”之间的相关系数最大。

5. 各个项目的总计统计结果

各个项目的总计统计结果是可靠性分析的第三个输出结果，如图 14.1.9 所示。图 14.1.9 给出了将某个项目从量表中剔除后，量表各个项目的均值（图中显示为“删除项后的标度平均值”）、方差（图中显示为“删除项后的标度方差”），每个项目与其他项目总和之间的相关系数（图中显示为“修正后的项与总计相关性”），以该项目为自变量、其他所有项目为因变量建立的回归方程的 R^2 值（图中显示为“平方多重相关性”），以及克龙巴赫 α 系数的值（图中显示为“删除项后的克隆巴赫 Alpha”）。

	删除项后的标度平均值	删除项后的标度方差	修正后的项与总计相关性	平方多重相关性	删除项后的克隆巴赫Alpha
所学课程的设计和管理制度有助于学科间的交叉与融合	12.32	12.732	.604	.389	.861
所学课程有助于了解本学科学术或技术发展的前沿	12.11	11.958	.720	.536	.834
所学课程的教学方式有助于启发思维	12.06	11.608	.761	.615	.823
教学内容有利于拓宽视野	11.91	11.637	.751	.613	.826
专业课程对写毕业论文很有帮助	12.21	12.184	.629	.411	.857

图 14.1.9 各个项目的总计统计结果

如果一个项目与其他项目的总和之间的相关性为中等强度以上（如 0.40 以上），则该项目是总计评分尺度的一个好的成分。如果两者之间的相关性较弱，则可以考虑将此项目删除。例如，在本例中，项目 D3（“所学课程的教学方式有助于启发思维”）与其他项目总和之间的相关系数最大，为 0.761，表明该项目与其他项目之间的关系最密切；而项目 D1（“所学课程的设计和管理制度有助于学科间的交叉与融合”）与其他项目的总和之间的相关系数最小，为 0.604，表明该项目与其他项目之间的关系最不密切。又如 R^2 值，以项目 D3（“所学课程的教学方式有助于启发思维”）为自变量、其他所有项目为因变量建立的回归方程的 R^2 值最大，为 0.615，表明其含义有 61.5% 可由其他项目解释，而以项目 D1（“所学课程的设计和管理制度有助于学科间的交叉与融合”）为自变量、其他所有项目为因变量建立的回归方程的 R^2 值最小，为 0.389，表明其含义仅有 38.9% 可由其他项目解释。

图 14.1.9 中的最后一列给出了删除项目后的克龙巴赫 α 系数的值，这一列十分重要。将它与图 14.1.5 给出的克龙巴赫 α 系数的值进行比较，是判断在该量表中保留或去除某个项目的重要标准。如果某个项目对应的克龙巴赫 α 系数的值大于总体克龙巴赫 α 系数的值（0.868），则剔除该项目后总体克龙巴赫 α 系数的值会增加，表示该项目应该被剔除。在本例中，所有克龙巴赫 α 系数的值均小于总体克龙巴赫 α 系数的值，没有要剔除的项目。

实际上，删除项目后的克龙巴赫 α 系数的值越小越好，最小值对应的项目是该量表的最佳项目，在本例中是项目 D3"所学课程的教学方式有助于启发思维"。

6. 其他描述性统计结果

图 14.1.10 所示的是评价尺度的描述性统计结果。在本例中，323 名受试者在 5 个项目上的测量分数的均值为 15.15，方差为 18.189，标准差为 4.265。

平均值	方差	标准偏差	项数
15.15	18.189	4.265	5

图 14.1.10 评价尺度的描述性统计结果

图 14.1.11 所示的是 323 名受试者在 5 个项目上的测量分数的均值的一致性检验，通过霍特林 T^2（图中显示为"霍特林 T 方"）检验可知，p 值小于显著性水平 0.05，说明 323 名受试者在该量表的 5 个项目上的测量分数的均值之间有显著性差异，这一点从图 14.1.6 中也可以看出来。

霍特林T方	F	自由度1	自由度2	显著性
56.831	14.075	4	319	.000

图 14.1.11 霍特林 T^2 检验结果

7. 本例结论

该研究生课程教学适应度评价量表的克龙巴赫 α 系数的值为 0.868，通过了相关系数显著性检验，说明该研究生课程教学适应度评价量表的信度较高。

14.2 效度分析原理

效度是指测量的有效性程度，有效性是指测量目标的正确性。例如，用一张量表测量大学生的创新能力，有效性是指此量表是否能测量出大学生创新能力的核心特征，效度则是指此量表测量大学生创新能力的有效性程度。一张量表测量的效度只是反映了测量有效性程度的高低，而不是全部项目无效或全部项目有效。

14.2.1 效度的种类

效度分为内容效度、效标关联效度和结构效度。按照不同的效度考察量表的有效性，结果会有所不同。

1. 内容效度

内容效度（content validity）又称为逻辑效度，是指项目从欲测量的内容或行为范围中取样的适当程度，即测量内容的适当性和相符性。例如，教师为了了解学生对某一学科或某一课程知识的掌握情况，从学科或课程的总体知识范围内选择一个样本，也就是从所有可能的题目中取样来进行测验，并根据测验分数推断学生对该总体知识的掌握程度。若题目是这个范围内的好样本，则推断有效；若题目有偏差，则推断无效。由于这种测验的效度主要与测验内容有关，所以称之为内容效度。

如果是问卷量表，则需要以相应的理论为基础来确定其内容效度。由于内容效度的检验比较主观，并没有可对其进行测量的统计量，所以一般通过专家来判断问卷量表内容效度的高低。

2. 效标关联效度

效标关联效度（criteria-related validity）是指用量表测量得到的结果与作为效标的另一个独立的测量结果之间的相关性，一般用相关系数来度量这种相关性的强弱。所谓效标，是反映测量结果有效性的外部参照标准。效标可以根据相关理论来设定，也可以根据常识和经验来确定，最好采用客观指标。

效标关联效度是一种用于事后统计分析的效度，所以也称为实证效度或统计效度。它通常可以分为同时效度（concurrent validity）和预测效度（predictive validity）。

（1）同时效度

同时效度，是指量表测量结果与当前效标之间的相关性，适用于现状调查。为了测量问卷量表的同时效度，一般建议在问卷量表的每个维度后面设计一个整体项目，例如："总体而言，你们觉得……如何？"

（2）预测效度

预测效度是指量表测量结果与未来效标之间的相关性，目的是预测调查对象在未来一段时间的表现。例如，大学生毕业成绩与未来发展成就，前者指量表测量结果，后者指未来效标；可以用大学生毕业成绩来预测其未来发展成就。

3. 结构效度

结构效度（construct validity）是指量表能够测量出理论上的构想或特质的程度。研究者在测量某个概念变量时，要先给出其操作性定义，构想其内在结构，然后依据关于内在结构的构想编制量表，最后通过实施调查，考察此量表是否测量出了所需要的内在结构。结构效度就是指量表测量出这种内在结构的程度，也称为建构效度。

量表的设计必须以理论或经验为基础，同时要根据实际数据，通过统计分析来检验构想。目前统计学上常用的结构效度检验方法是因子分析法。

14.2.2 案例：研究生培养适应度评价量表的效度

例 14.2 研究生培养适应度是对研究生培养机构培养水平的测量。我国研究生培养过程主要包括课程教学、导师指导、学术氛围以及培养管理 4 个部分，据此建立研究生培养适应度评价量表，所有的项目均为正面陈述，测量采用 5 级利克特（Likert）量度，如表 14.2.1 所示。完善数据文件 "研究生培养适应度情况调查 .sav" 的数据，试分析此量表的效度。

表 14.2.1 研究生培养适应度评价量表

项目	评价等级				
	完全不符合	有点符合	符合	较多符合	完全符合
D1：所学课程的设计和管理制度有助于学科间的交叉与融合	1	2	3	4	5
D2：所学课程有助于了解本学科学术或技术发展的前沿	1	2	3	4	5
D3：所学课程的教学方式有助于启发思维	1	2	3	4	5
D4：教学内容有利于拓宽视野	1	2	3	4	5

续表

项目	评价等级				
	完全不符合	有点符合	符合	较多符合	完全符合
D5：专业课程对写毕业论文很有帮助	1	2	3	4	5
D6：导师具有很高的学术水平	1	2	3	4	5
D7：导师认真负责，对我的学术指导很有力	1	2	3	4	5
D8：在毕业论文写作的过程中，导师在学术上对我的帮助很大	1	2	3	4	5
D9：我经常和周围的同学交流与探讨相关学术问题	1	2	3	4	5
D10：我们学院的学术氛围很浓	1	2	3	4	5
E1：我在硕士研究生学习期间完善了知识结构	1	2	3	4	5
E2：我对硕士研究生学习期间的总体收获很满意	1	2	3	4	5

14.2.3 统计分析过程

第 1 步 内容效度分析。

根据研究生培养经验及专家访谈，项目 D1 ~ D10 均能反映研究生培养适应度，并且表达清楚、简洁，没有歧义，内容效度较高。

第 2 步 效标关联效度分析。

采用同时效度，在表 14.2.1 中加入效标项目 E1 "我在硕士研究生学习期间完善了知识结构" 和 E2 "我对硕士研究生学习期间的总体收获很满意"，与研究生培养适应度同步调查，得到实际调查的数据文件 "研究生培养适应度情况调查 .sav"。

（1）计算 "适应度"

① 打开数据文件 "研究生培养适应度情况调查 .sav"。

② 在 SPSS 的数据窗口中，选择菜单 "转换" → "计算变量" 命令，弹出 "计算变量" 对话框，在该对话框中设置变量 "适应度"，并将其定义为项目 D1 ~ D10 的测量分数之和。

（2）将 "适应度" 与效标项目做相关分析

选择菜单 "分析" → "相关" → "双变量" 命令，弹出 "双变量相关性" 对话框，利用该对话框，将变量 "适应度" 与效标项目 E1 "我在硕士研究生学习期间完善了知识结构" 和 E2 "我对硕士研究生学习期间的总体收获很满意" 进行相关分析，得到如图 14.2.1 所示的结果。

从图 14.2.1 中可以看出，变量 "适应度" 与效标项目显著正相关，相关系数都在 0.6 左右，说明效度中等偏上。

		我在硕士研究生学习期间完善了知识结构	我对硕士研究生学习期间的总体收获很满意	适应度
我在硕士研究生学习期间完善了知识结构	皮尔逊相关性	1	.518**	.571**
	Sig.（双尾）		.000	.000
	个案数	323	323	323
我对硕士研究生学习期间的总体收获很满意	皮尔逊相关性	.518**	1	.635**
	Sig.（双尾）	.000		.000
	个案数	323	323	323
适应度	皮尔逊相关性	.571**	.635**	1
	Sig.（双尾）	.000	.000	
	个案数	323	323	323

**. 在 .01 级别（双尾），相关性显著。

图 14.2.1 变量“适应度”与效标项目之间的相关系数

第 3 步 结构效度分析。

按照如下步骤进行因子分析：

① 打开数据文件“研究生培养适应度情况调查 .sav”。

② 在 SPSS 的数据窗口中，选择菜单“分析”→“降维”→“因子”命令，弹出“因子分析”对话框，将项目 D1 ~ D10 纳入因子分析。经过提取因子变量、对因子载荷矩阵进行旋转等过程，得到如图 14.2.2 和图 14.2.3 所示的结果。

成分	初始特征值			提取载荷平方和			旋转载荷平方和		
	总计	方差百分比	累积%	总计	方差百分比	累积%	总计	方差百分比	累积%
1	5.140	51.400	51.400	5.140	51.400	51.400	2.633	26.332	26.332
2	1.290	12.900	64.301	1.290	12.900	64.301	2.458	24.582	50.914
3	.860	8.600	72.901	.860	8.600	72.901	1.676	16.760	67.673
4	.623	6.234	79.134	.623	6.234	79.134	1.146	11.461	79.134
5	.545	5.445	84.580						
6	.453	4.534	89.114						
7	.348	3.484	92.597						
8	.314	3.144	95.741						
9	.249	2.494	98.235						
10	.177	1.765	100.000						

提取方法：主成分分析法。

图 14.2.2 总方差解释

旋转后的成分矩阵[a]

	成分			
	1	2	3	4
教学内容有利于拓宽视野	.854	.255	.143	.118
所学课程的教学方式有助于启发思维	.823	.159	.221	.221
所学课程有助于了解本学科学术或技术发展的前沿	.647	.193	.274	.420
专业课程对写毕业论文很有帮助	.619	.298	.311	.136
导师认真负责,对我的学术指导很有力	.150	.873	.180	.263
在毕业论文写作的过程中，导师在学术上对我的帮助很大	.176	.866	.188	.160
导师具有很高的学术水平	.361	.800	.068	−.076
我经常和周围的同学交流与探讨相关学术问题	.187	.109	.849	.203
我们学院的学术氛围很浓	.297	.214	.782	.034
所学课程的设计和管理制度有助于学科间的交叉与融合	.343	.182	.172	.864

提取方法：主成分分析法。

旋转方法：凯撒正态化最大方差法。

a. 旋转在 5 次迭代后已收敛。

图 14.2.3 对因子载荷矩阵进行旋转后的结果

从图 14.2.2 中可以看出,提取了 4 个因子变量,它们的累积方差贡献率(反映原始变量信息)接近于 80%。从图 14.2.3 中可以看出,提取的 4 个因子变量,分别代表“课程教学”“导师指导”“学术氛围”和“培养管理”4 个维度,说明此量表具有较好的结构效度。

第 4 步 本例结论。

此研究生培养适应度量表具有较高的效度。

14.2.4 量表设计的注意事项

量表设计的目的就是提高它的信度和效度,提高其信度和效度的最好途径不是增加项目的数量,而是提高量表设计的严谨性和量表内容的精确性,力求用最少的项目来反映最广泛的内容。

1. 提出足够的项目

项目是量表的主要部分。从理论上讲,提出的与理论构想(或考察内容)有关的项目越多越好,也就是必须有足够的内容广度,使其有足够的内容效度。通常初始提出的项目数应为最终项目数的 2 倍。

2. 删除不良的项目

要删除不良的项目,一是请专家评估量表的内容效度,去除不良的项目;二是对样本进行实测,剔除区分度较低的项目。具体过程是,将量表各个项目的测量分数之和从高到低排列,取前 27% 和后 27% 的样本,将它们分别记录为高分类和低分类,然后对所有项目进行高分类和低分类的独立样本 t 检验;如果对于某个项目,高分类与低分类的差异不显著,则说明此项目的填答情况比较一致,区分度不高,应将其剔除。

3. 选择内部一致性高的项目

对样本进行实测,然后通过信度分析,剔除内部一致性不高的项目。

4. 提高项目的精确性

要提高项目的精确性,就要做到以下几点:

① 项目的内容简洁,易于阅读。

② 描述浅显易懂,不超出受试者的理解范围。

③ 项目的内容不超出受试者的知识和能力范围。

④ 项目的内容没有多重含义。例如,对于"你对教学方法满意吗?"这个项目,由于教学方法有很多,要具体说明是哪种(或哪些)教学方法。

⑤ 尽量使每个项目都只包含一个问题。

⑥ 尽量使每个项目的答案都是封闭式的,即包含所有的情况。

⑦ 项目的表述要保持客观中立的态度。

⑧ 项目要避免诱导和暗示。

⑨ 为了避免恶意或草率的回答,适当加入反面问题。

主要概念与术语

量表,项目,潜变量,测量变量;信度,测量分数,真实分数,重测信度,复本信度,同质性信度、内部一致性信度、分半信度,克龙巴赫 α 系数;效度,内容效度,效标关联效度,同时效度,预测效度,结构效度。

/思考与练习/

1. 什么是量表？量表有何用处？

2. 什么是信度分析？信度测量方法主要有哪几种？

3. 什么是克龙巴赫 α 系数法？

4. 什么是效度？效度有哪几种？如何评估各类效度？

5. 应用例2.1中的数据，分析和完善表14.2.1所示的“研究生培养适应度评价量表”。

6. 根据自己构想的维度，设计一套试卷（量表），对学生进行测验。根据考试成绩，分析该试卷的整体质量（信度和效度），包括哪些题目的质量高（区分度高），哪些题目的质量低，并提出改进方案。

第 15 章　综合问题

本章学习目标：

❶ 掌握教育统计的基本要素和步骤。

❷ 能够综合运用前面所学的知识，分析和解决实际问题。

15.1 研究的基本要素

教育统计学以解决现实教育问题为目标，和其他学科一样，其研究方法是：观测现实世界或进行实验，得到数据，提出可以解释观测结果或实验结果的假说或理论，并试图找出尽可能接近现实世界的规律。当出现理论或假说无法解释的现象（数据）时，就需要对原有理论进行修正或代之以新的理论。通常将统计学的假说或理论称为模型，它一般与研究问题相关联。

1. 研究问题

研究问题主要考虑三个维度：第一个维度是研究变量，主要关注有哪些变量；第二个维度是研究对象，主要关注研究的是个人、团体，还是组织；第三个维度是研究关系，主要关注是只研究一个变量，还是研究两个或两个以上的变量之间的关系。

所谓研究问题，就是对变量以及变量之间关系的一种陈述。几乎所有的研究都会涉及两个或两个以上的变量。

2. 研究假设

研究假设是指根据一定的理论或经验，对变量之间的关系进行预测。研究假设与研究问题类似，只是它们陈述问题的形式不同。研究问题，不对问题进行具体、详细的预测，而是通过提问的方式对问题进行简要描述。对于任何研究问题，包括两个或两个以上的变量之间是否相关的问题，都可以用简短的语句描述。例如，研究问题“教育能够促进社会进步吗？”涉及两个变量：教育和社会进步。针对该问题所做的研究假设是："教育可以促进社会进步。"

研究假设从研究问题的角度看，就是一个变量之间的关联问题。

3. 变量

变量是研究问题的关键元素。所谓变量，是指一项研究中对研究对象的特征的描述（也包括潜变量），它是对研究问题中的主要概念的测度。例如，"教育"与"社会进步"就是两个抽象的潜变量。变量必须是可变的，有不同的取值或水平。在量化研究中，变量有不同的分类，通常将变量分为自变量和因变量。

自变量分为两类：可控自变量和非可控自变量。可控自变量是研究期间施加给受试者的变量。例如，研究者想对新的教学方法与传统教学方法进行比较，教学方法就是可控自变量，它只有两个取值：新方法和传统方法。非可控自变量是指如果一个变量不能被控制，但它又是研究的重点，则该变量的值事先存在于人的属性或者其所在的环境中，在研究期间不能被改变。例如，性别、年龄、智商都能够用来作为非可控自变量。

因变量是用来测量或评估自变量效果的变量，也可以将其视为假设的结果或指标。因变量和自变量一样至少要有两个取值。

4. 研究设计与实证检验

研究设计是指针对研究问题提出的研究假设，给出验证的步骤和方法。实证检验是指根据给定的步骤和方法选择合适的样本，并采集变量或指标数据，应用统计方法或其他方法，对提出的研究假设进行验证。

15.2 案例：研究生教育有效吗？

例 15.1 研究生教育是培养高层次人才，特别是培养学术型人才的主要途径。研究生教育的有效性主要体现在是否能提高研究生的学术能力上。

15.2.1 研究问题与研究假设

研究问题：研究生教育对提高研究生的学术能力有作用吗？

研究假设：研究生教育对提高研究生的学术能力有显著的作用。

一般认为，影响研究生学术能力提高的因素主要有两个：一是研究生自身因素，二是研究生所在的学习机构的培养环境，即研究生培养环境。研究生的学术能力是因变量，研究生培养环境是可控自变量，研究生自身因素（即个人因素）是非可控自变量。

本研究的目的是验证研究假设：研究生培养环境对提高研究生的学术能力有显著的作用。

这里的研究对象是研究生个人，于是建立如图 15.2.1 所示的研究分析框架图。

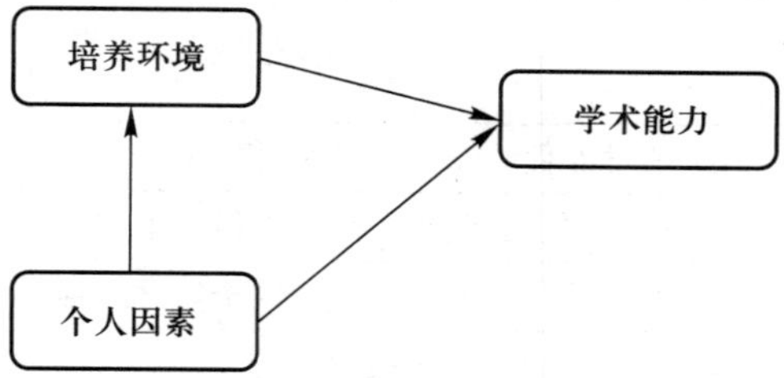

图 15.2.1 研究分析框架图

15.2.2 研究设计

1. 定义变量

定义三个变量，分别是变量"学术能力"（因变量）、变量"培养环境"（可控自变量）、变量"个人因素"（非可控自变量）。这三个变量都是比较抽象的潜变量，需要给出操作性定义：

变量"学术能力"：包括"基础和专业知识水平""相关学科知识水平""分析能力和批判性思维能力"和"科研能力"。

变量"培养环境"：包括"课程教学""导师指导""学术氛围"和"培养管理"4 个部分，这 4 个部分又由多个项目构成，相关内容参见第 14 章中的例 14.2。

变量"个人因素"：包括"性别""目前专业""对目前专业的态度""本科毕业学校建设目标""读硕士动因""读硕士期间经济压力"等。

2. 变量测量

对于变量"学术能力"的评价量表，采用测试的方法来确定比较科学；但受量表本身制定难度及测试工作量的限制，采用测试的方法确定基本上不可行。因此，采用利克特量表，由学生根据自身的感觉来确定。同样地，变量"培养环境"和变量"个人因素"的评价量表也都由学生根据自身的感觉来确定。各变量的评价量表如表 15.2.1 ~ 表 15.2.3 所示。

表 15.2.1 学术能力的评价量表

学术能力	提高很小	提高较小	提高一般	提高较大	提高很大
1. 基础和专业知识水平	1	2	3	4	5
2. 相关学科知识水平	1	2	3	4	5
3. 分析能力和批判性思维能力	1	2	3	4	5
4. 科研能力	1	2	3	4	5

表 15.2.2 培养环境的评价量表

培养环境	完全不符	有点符合	符合	较多符合	完全符合
1. 所学课程的设计和管理制度有助于学科间的交叉与融合	1	2	3	4	5
2. 所学课程有助于了解本学科学术或技术发展的前沿	1	2	3	4	5
3. 所学课程的教学方式有助于启发思维	1	2	3	4	5
4. 教学内容有利于拓宽视野	1	2	3	4	5
5. 专业课程对写毕业论文很有帮助	1	2	3	4	5
6. 导师具有很高的学术水平	1	2	3	4	5
7. 导师认真负责，对我的学术指导很有力	1	2	3	4	5
8. 在毕业论文写作的过程中，导师在学术上对我的帮助很大	1	2	3	4	5
9. 我经常和周围的同学交流与探讨相关学术问题	1	2	3	4	5
10. 我们学院的学术氛围很浓	1	2	3	4	5

表 15.2.3 个人因素的评价量表

学生特征	取值
1. 性别	(1) 男；(2) 女
2. 目前专业	(1) 公共管理类；(2) 教育学类；(3) 法学类；(4) 其他类
3. 对目前专业的态度	(1) 喜欢；(2) 一般；(3) 不喜欢
4. 本科毕业学校建设目标	(1) 一流大学建设高校；(2) 一流学科建设高校；(3) 其他
5. 读硕士动因	(1) 提高学术水平，争取读博，从事学术研究；(2) 迫于就业压力，提高层次，找个好工作；(3) 原先工作不顺心，换个工作岗位；(4) 其他
6. 读硕士期间经济压力	(1) 压力较大；(2) 有些压力；(3) 没有压力

3. 研究方法

因为研究的问题是个人因素、培养环境与学术能力之间的关联问题，所以采用回归分析方法。

将以上三类变量设计成调查问卷的形式，在6所高校发放调查问卷。将回收的数据录入系统，形成数据文件“培养环境与学术能力.sav”。

15.2.3 统计验证

1. 调查样本的基本情况

调查样本在6所高校按性别、目前专业的分布情况，如图15.2.2所示（制表方法参见4.2节）。

			性别		目前专业				
			男	女	公共管理类	教育学类	法学类	其他类	小计
所在学校	大学A	计数	17	40	4	4	25	24	57
		行 N %	29.8%	70.2%	7.0%	7.0%	43.9%	42.1%	100.0%
	大学B	计数	13	57	16	26	15	13	70
		行 N %	18.6%	81.4%	22.9%	37.1%	21.4%	18.6%	100.0%
	大学C	计数	13	35	26	9	2	11	48
		行 N %	27.1%	72.9%	54.2%	18.8%	4.2%	22.9%	100.0%
	大学D	计数	13	37	17	2	1	30	50
		行 N %	26.0%	74.0%	34.0%	4.0%	2.0%	60.0%	100.0%
	大学E	计数	0	46	0	1	24	21	46
		行 N %	0.0%	100.0%	0.0%	2.2%	52.2%	45.7%	100.0%
	大学F	计数	15	37	14	13	17	8	52
		行 N %	28.8%	71.2%	26.9%	25.0%	32.7%	15.4%	100.0%
	小计	计数	71	252	77	55	84	107	323
		行 N %	22.0%	78.0%	23.8%	17.0%	26.0%	33.1%	100.0%

图 15.2.2　调查样本的分布情况

2. 效度分析和信度分析

因变量“学术能力”是用包含 4 个项目的量表来测量的概念，其内容效度已由 4 个项目（“基础和专业知识水平”“相关学科知识水平”“分析能力和批判性思维能力”和“科研能力”）阐述。以“总体来说，在知识及能力方面，硕士研究生阶段的学习使我有所收获”作为效标项目，检验关联效度，结果如图 15.2.3 所示。

利用因子分析和主成分分析确定量表的结构效度，变量“学术能力”由两个维度构成：“科研能力”和“分析能力和批判性思维能力”，如图 15.2.4 所示。

利用信度分析，可得该量表的信度为 0.857，满足要求，如图 15.2.5 所示。

类似地，也可对自变量“培养环境”进行效度分析和信度分析，这里不再详述。

3. 区分度分析

区分度分析，也称为鉴别力分析，其主要目的是分析所设计的调查问卷，是否能够有效地区分高分类和低分类。在本例中，是指区分高学术能力与低学术能力。区分度分析的具体操作步骤如下：

① 计算变量“学术能力”的测量分数：选择菜单“转换”→“计算变量”命令，计算 4 个项目的测量分数之和。

		基础和专业知识水平	相关学科知识水平	分析能力和批判性思维能力	科研能力	总体来说，在知识及能力方面，硕士研究生阶段的学习使我有所收获
基础和专业知识水平	皮尔逊相关性	1	.788**	.552**	.601**	.605**
	Sig.（双尾）		.000	.000	.000	.000
	个案数	323	323	322	323	323
相关学科知识水平	皮尔逊相关性	.788**	1	.566**	.607**	.575**
	Sig.（双尾）	.000		.000	.000	.000
	个案数	323	323	322	323	323
分析能力和批判性思维能力	皮尔逊相关性	.552**	.566**	1	.478**	.581**
	Sig.（双尾）	.000	.000		.000	.000
	个案数	322	322	322	322	322
科研能力	皮尔逊相关性	.601**	.607**	.478**	1	.533**
	Sig.（双尾）	.000	.000	.000		0.000
	个案数	323	323	322	323	323
总体来说，在知识及能力方面，硕士研究生阶段的学习使我有所收获	皮尔逊相关性	.605**	.575**	.581**	.533**	1
	Sig.（双尾）	.000	.000	.000	.000	
	个案数	323	323	322	323	323

**. 在 .01 级别（双尾），相关性显著。

图 15.2.3 关联效度检验结果

旋转后的成分矩阵[a]

	成分	
	1	2
科研能力	.847	.161
基础和专业知识水平	.816	.375
相关学科知识水平	.810	.395
分析能力和批判性思维能力	.295	.944

提取方法：主成分分析法。

旋转方法：凯撒正态化最大方差法。

a. 旋转在3次迭代后已收敛。

图 15.2.4 因子分析和主成分分析结果

克隆巴赫Alpha	基于标准化项的克隆巴赫 Alpha	项数
.857	.856	4

图 15.2.5 信度分析结果

② 高分类和低分类：将变量“学术能力”的测量分数由高到低排列，取前 27% 的样本为高分类 1，取后 27% 的样本为低分类 2。

③ 对每个项目进行独立样本 t 检验，其结果如图 15.2.6 所示。统计结果如图 15.2.7 所示，观察高分类 1 与低分类 2 的测量分数是否有显著性差异。

由图 15.2.6 和图 15.2.7 可知，高分类 1 与低分类 2 的测量分数有显著性差异，说明测量变量“学术能力”的 4 个项目具有较好的区分度。

		莱文方差等同性检验		平均值等同性t检验						
							平均值	标准误差	差值95%置信区间	
		F	显著性	t	自由度	Sig.(双尾)	差值	差值	下限	上限
基础和专业知识水平	假定等方差	44.664	.000	18.239	170	.000	1.907	.105	1.701	2.113
	不假定等方差			18.239	137.074	.000	1.907	.105	1.700	2.114
相关学科知识水平	假定等方差	27.539	.000	18.291	170	.000	1.756	.096	1.566	1.945
	不假定等方差			18.291	145.538	.000	1.756	.096	1.566	1.946
分析能力和批判性思维能力	假定等方差	1.161	.283	13.682	170	.000	1.419	.104	1.214	1.623
	不假定等方差			13.682	143.810	.000	1.419	.104	1.214	1.624
科研能力	假定等方差	16.128	.000	16.872	170	.000	1.849	.110	1.633	2.065
	不假定等方差			16.872	152.134	.000	1.849	.110	1.632	2.065

图 15.2.6 高分类 1 和低分类 2 差异检验结果

	类别	个案数	平均值	标准偏差	标准误差平均值
基础和专业知识水平	高分类	86	4.26	.490	.053
	低分类	86	2.35	.837	.090
相关学科知识水平	高分类	86	4.24	.484	.052
	低分类	86	2.49	.747	.081
分析能力和批判性思维能力	高分类	86	4.31	.515	.056
	低分类	86	2.90	.812	.088
科研能力	高分类	86	4.27	.583	.063
	低分类	86	2.42	.833	.090

图 15.2.7 高分类 1 和低分类 2 差异统计结果

类似地，可以分析变量“培养环境”各个项目之间的区分度。

4. 描述性统计分析

将变量“学术能力”及其组成部分“科研能力”和“分析能力和批判性思维能力”设置为因变量，其值为对应的各个项目的测量分数之和。

将变量“培养环境”及其组成部分“课程教学”“导师指导”“学术氛围”和“培养管理”设置为自变量，其值为对应的各个项目的测量分数之和，参见 14.2 小节中的有关内容。

将变量“个人因素”及其组成部分“性别”“目前专业”“对目前专业的态度”“本科毕业学校建设目标”“读硕士动因”和“读硕士期间经济压力”设置为自变量，它们均为分类变量。

在 SPSS 的数据窗口中，选择菜单“分析”→“描述性统计”→“描述”命令，可以得到变量“学术能力”和“培养环境”以及各个维度的描述性统计结果，如图 15.2.8 所示。

	N	最小值	最大值	平均值		标准偏差	方差
	统计	统计	统计	统计	标准误	统计	统计
学术能力	323	4.00	20.00	13.6780	.16746	3.00957	9.057
科研能力	323	3.00	15.00	10.0619	.13354	2.40003	5.760
分析能力和批判性思维能力	323	1.00	5.00	3.6440	.04515	.81152	.659
培养环境	323	10.00	50.00	31.4149	.43033	7.73401	59.815
课程教学	323	4.00	20.00	12.3158	.19854	3.56823	12.732
导师指导	323	3.00	15.00	10.6563	.16838	3.02621	9.158
学术氛围	323	2.00	10.00	5.6099	.10646	1.91338	3.661
培养管理	323	1.00	5.00	2.8328	.05692	1.02298	1.046
有效个案数（成列）	323						

图 15.2.8 描述性统计结果

类似地，选择菜单“分析”→“描述性统计”→“频率”命令，可以得到变量“个人因素”的频数分布。

5. 回归分析

在 SPSS 的数据窗口中，选择菜单“分析”→“回归”→“线性”命令，弹出“线性回归”对话框，将变量“学术能力”作为因变量，将变量“培养环境”作为自变量，对自变量“个人因素”的相关分类变量进行虚拟化（具体方法参见第 11 章），然后进行回归分析，得到的结果如图 15.2.9 ~ 图 15.2.11 所示。

					更改统计				
模型	R	R 方	调整后 R 方	标准估算的错误	R 方变化量	F 变化量	自由度 1	自由度 2	显著性 F 变化量
1	.591[a]	.350	.320	2.48167	.350	11.826	14	308	.000

a. 预测变量：（常量），有些压力，提高学术水平，争取读博，从事学术研究，公共管理类，一流学科建设高校，培养环境，性别，一般，原先工作不顺心，换个工作岗位，教育学类，法学类，一流大学建设高校，迫于就业压力，提高层次，找个好工作，没有压力，喜欢。

图 15.2.9 模型摘要

其中，图 15.2.9 显示自变量对因变量的解释力为 32%，不是很高；图 15.2.10 显示 p 值小于显著性水平 0.05，说明线性回归方程成立。

ANOVA[a]

模型		平方和	自由度	均方	F	显著性
1	回归	1019.643	14	72.832	11.826	.000[b]
	残差	1896.870	308	6.159		
	总计	2916.514	322			

a. 因变量：学术能力。
b. 预测变量：(常量)，有些压力，提高学术水平，争取读博，从事学术研究，公共管理类，一流学科建设高校，培养环境，性别，一般，原先工作不顺心，换个工作岗位，教育学类，法学类，一流大学建设高校，迫于就业压力，提高层次，找个好工作，没有压力，喜欢。

图 15.2.10 方差检验结果

系数[a]

模型		未标准化系数		标准化系数	t	显著性	共线性统计	
		B	标准错误	Beta			容差	VIF
1	(常量)	5.713	.923		6.186	.000		
	培养环境	.154	.019	.396	8.217	.000	.910	1.099
	性别	.765	.343	.105	2.231	.026	.946	1.057
	公共管理类	−.609	.373	−.086	−1.634	.103	.755	1.325
	教育学类	.544	.437	.068	1.246	.214	.707	1.413
	法学类	−.230	.376	−.034	−.612	.541	.699	1.430
	喜欢	2.794	.601	.465	4.646	.000	.211	4.738
	一般	1.678	.598	.275	2.807	.005	.220	4.546
	一流大学建设高校	.590	.359	.090	1.640	.102	.706	1.416
	一流学科建设高校	.484	.335	.077	1.444	.150	.749	1.335
	提高学术水平，争取读博，从事学术研究	1.164	.419	.155	2.778	.006	.676	1.480
	迫于就业压力，提高层次，找个好工作	.591	.343	.098	1.722	.086	.649	1.542
	原先工作不顺心，换个工作岗位	−.491	.838	−.030	−.586	.558	.824	1.213
	没有压力	.365	.418	.061	.875	.382	.441	2.267
	有些压力	−.202	.417	−.033	−.484	.628	.463	2.161

a. 因变量：学术能力。

图 15.2.11 多元线性回归的系数表

图 15.2.11 给出的结果最重要。如果按照“显著性”列给出的 p 值小于显著性水平 0.05 的标准，变量“学术能力”与变量“培养环境”“性别”“对目前专业的态度”“读硕士动因”

有关；与变量“目前专业”“本科毕业学校建设目标”和“读硕士期间经济压力”没有关系。其中，“培养环境”每提高 1 个单位，“学术能力”就提高 0.154 个单位（在其他变量不变时）；男性的“学术能力”比女性的高 0.765 个单位；“喜欢”和“一般”喜欢本专业的学生相对于“不喜欢”本专业的学生，“学术能力”分别高 2.794 和 1.678 个单位；为学术目的攻读硕士学位的学生，其“学术能力”比其他学生高 1.164 个单位。

从图 15.2.11 的“标准化系数”列可以看出，“喜欢”的系数最大，为 0.465，“培养环境”的系数次之，为 0.396。这说明：对于提高学术能力而言，喜欢本专业比培养过程本身更重要。

类似地，还可以分析变量“培养环境”的每一个维度对变量“学术能力”的作用。其中，“课程教学”“导师指导”和“学术氛围”对“学术能力”提高有显著的正向作用，“导师指导”的作用最大，“培养管理”的作用不明显。输出结果如图 15.2.12 所示。

系数[a]

模型		未标准化系数		标准化系数	t	显著性	共线性统计	
		B	标准错误	Beta			容差	VIF
1	(常量)	5.703	.933		6.116	.000		
	性别	.786	.346	.108	2.275	.024	.934	1.071
	公共管理类	−.586	.374	−.083	−1.564	.119	.752	1.330
	教育学类	.509	.442	.064	1.153	.250	.694	1.440
	法学类	−.245	.381	−.036	−.644	.520	.687	1.456
	喜欢	2.754	.608	.458	4.530	.000	.207	4.823
	一般	1.645	.605	.270	2.721	.007	.216	4.635
	一流大学建设高校	.586	.361	.089	1.622	.106	.701	1.426
	一流学科建设高校	.500	.338	.079	1.481	.140	.742	1.348
	提高学术水平，争取读博，从事学术研究	1.173	.426	.157	2.756	.006	.657	1.521
	迫于就业压力，提高层次，找个好工作	.580	.344	.096	1.686	.093	.648	1.544
	原先工作不顺心，换个工作岗位	−.464	.843	−.028	−.550	.583	.818	1.222
	没有压力	.394	.420	.065	.940	.348	.439	2.278
	有些压力	−.179	.418	−.029	−.429	.668	.461	2.171
	课程教学	.132	.059	.156	2.236	.026	.433	2.309
	导师指导	.177	.057	.178	3.079	.002	.637	1.569
	学术氛围	.240	.092	.153	2.612	.009	.618	1.617
	培养管理	.001	.176	.000	.005	.996	.593	1.686

a. 因变量：学术能力。

图 15.2.12　各个维度的回归系数

6. 本例结论

研究生培养对学术能力提高有显著的正向作用,样本调查单位相关专业的研究生培养是有效的。在研究生培养中,导师指导对研究生学术能力提高的作用最大。研究生学术能力的提高,不仅取决于培养环境,更重要的是让学生喜欢所学的专业。

15.3 案例:人力资源发展分析

例 15.2 优先发展教育,建设人力资源强国,是我国基于国情而实施的重要发展战略。其关键问题是如何制定人力资源强国的测度标准。

这里主要关心一个变量,即人力资源强国的概念及其测量。

15.3.1 确定概念

"强国"是指一国在某一发展领域的总体水平具有竞争力,且在世界范围内处于一流和前列地位。竞争力,是指不同竞争主体在竞争过程中表现出来的竞争优势以及获得比较优势的能力。因此,"强国"是在与其他多个国家的比较中具有相对优势的国家,只有在相对优势的排序中才能体现出"强"的含义。例如,在世界各国中,可以将在某一发展领域排名前 10 或 20 位的国家定义为"强国"。关键是用哪些标准来体现一个国家在某一发展领域的竞争力,即如何制定所关注的发展领域的竞争力评价标准。

人力资源强国是指全世界范围内在人力资源竞争能力和开发水平上处于领先水平的国家。

15.3.2 概念测量

要进行概念测量,一是需要构建概念模型,即从哪些方面来测量人力资源强国?也就是说,人力资源强国主要包含哪几个维度或要素?二是制定指标体系,即用哪些指标来体现这些维度或要素?

1. 构建概念模型

根据美国经济学家舒尔茨等人创立的人力资本理论,经济增长不仅要依靠人力资源(劳动力)数量,还要依靠人力资源质量(如体能、知识、技能等教育素质)。人力资源质量提高主要通过人力资源开发来实现,而人力资本投入(主要是教育投入)是人力资源开发的主要手段。根据美国经济学家保尔·罗默提出的内生经济增长理论,一个国家的经济增长主要取决于其知识积累、技术进步和人力资本水平,其中知识积累是最重要的因素。

人力资源强国也是数量和质量的综合,其不仅要在人力资源数量上占优势,更要在人力资源质量上领先。人力资源强国的形成和发展,最终要靠具有专业知识和创新能力的高素质人才。人力资源强国最终体现为在人力资源发展水平、人力资源发展能力和人力资源发展贡献等方面的综合排名位于世界前列。人力资源强国的概念模型如图15.3.1所示。

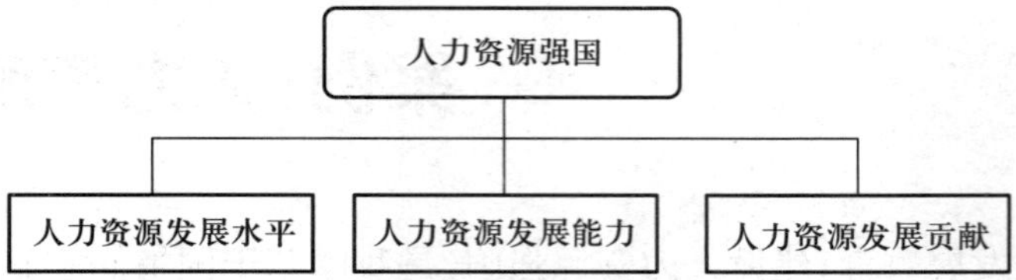

图15.3.1 人力资源强国的概念模型

2. 制定指标体系

依据每个维度的含义设置人力资源强国指标体系,如表15.3.1所示。在进行实证评价前,一般先利用专家调查法,对该指标体系的各个维度进行赋权,确定各个维度的重要性;然后再确定各个维度的指标的重要性。本例采用统计方法,暂不考虑人为确定权重。

表15.3.1 人力资源强国指标体系

维度	指标名称	指标含义	指标类别
人力资源发展水平	1. 劳动力总数	劳动力总数/万人	人力资源规模
	2. 平均受教育年限25岁以上	25岁以上人口的人均受教育年限/年	人口素质综合水平
	3. 每百万人口研究人员数	每百万人口的研究人员数/人年	人口创新素质水平
人力资源发展能力	4. 预期受教育年限	预期受教育年限/年	教育发展综合水平
	5. 高等教育毛入学率	高等教育毛入学率/%	高等教育普及率
	6. 高等教育在学人数	高等教育在学人数/亿人	高等教育规模
	7. 在学博士生人数	在学的博士生人数/人	创新人才培养规模
	8. 人均公共教育经费	人均公共教育经费/国际美元	教育资本投入
人力资源发展贡献	9. 每百万人口专利数	每百万人口的专利数量/件	技术创新贡献
	10. 每百万人口科技论文数	每百万人口的科技论文数量/篇	知识创新贡献
	11. 人均国内生产总值	人均国内生产总值/国际美元	经济贡献效率

15.3.3 实证分析

1. 选择比较国家及数据采集

本例选择世界上最主要的国家进行比较。这些国家具有以下特点：一是具有国际影响力，是著名国际组织的成员；二是代表不同的经济发展水平（按照世界银行的分类，可将国家分为低收入、中低收入、中上收入和高收入国家）；三是既有发达国家也有发展中国家，特别是新兴经济体；四是考虑人口规模，人口规模要在500万人以上。最后确定了44个国家，根据其各个指标的数据建立数据文件“人力资源发展分析.sav”①。

2. 指标处理

人力资源强国主要关注的是质量指标和规模指标，其中规模指标一般服从规模效益递减规律，所以对三个规模指标“劳动力总数”“高等教育在学人数”和“在学博士生人数”取对数，一是体现规模效益递减规律，二是使其服从近似正态分布。

3. 各个维度的得分

对于人力资源发展水平维度，采用因子分析和主成分分析方法对其各个指标的得分进行测算。在SPSS的数据窗口中，选择菜单“分析”→“降维”→“因子”命令，弹出“因子分析”对话框，利用该对话框，对此维度的三个指标“劳动力总数”“每百万人口研究人员数”“平均受教育年限25岁以上”（其中对“劳动力总数”取对数）进行因子分析，结果如图15.3.2和图15.3.3所示。

成分	初始特征值			提取载荷平方和			旋转载荷平方和		
	总计	方差百分比	累积%	总计	方差百分比	累积%	总计	方差百分比	累积%
1	2.223	74.100	74.100	2.223	74.100	74.100	1.672	55.724	55.724
2	.519	17.308	91.407	.519	17.308	91.407	1.071	35.683	91.407
3	.258	8.593	100.000						

提取方法：主成分分析法。

图15.3.2 总方差解释

从图15.3.2中可以看出，提取了2个因子变量，它们的累积方差贡献率（反映原始变量信息）为91.407%。从图15.3.3中可看出，提取的2个因子变量，一个是质量因子F_1（主要代表变量“每百万人口研究人员数”和“平均受教育年限25岁以上”，另一个是规模因子F_2（主

① 数据主要采集自国家统计局编印的《国际统计年鉴》，数据采集年份为2018—2019年。

要代表变量“劳动力总数”)。两个因子的得分保存在数据文件“人力资源发展分析 .sav”中。

旋转后的成分矩阵[a]

	成分	
	1	2
平均受教育年限25岁以上	.897	-.267
每百万人口研究人员数	.880	-.304
劳动力总数对数	-.305	.952

提取方法：主成分分析法。
旋转方法：凯撒正态化最大方差法。
a. 旋转在3次迭代后已收敛。

图 15.3.3 对因子载荷矩阵进行旋转后的结果

于是,可得 44 个样本国家的“人力资源发展水平”得分：

$$F=0.557\,24F_1+0.356\,83F_2$$

然后,将其转化为标准化的“人力资源发展水平”得分：

$$I_1=10F+50$$

类似地,可以得到“人力资源发展能力”得分 I_2 和“人力资源发展贡献”得分 I_3。

4. 总体得分

可以认为人力资源强国的三个维度具有相同的重要性,从而得到“人力资源强国”得分：

$$I=(I_1+I_2+I_3)/3$$

将“人力资源强国”得分排名前 10 位的国家定义为人力资源强国,它们都是发达国家。

5. 聚类

将“人力资源发展水平”得分 I_1、“人力资源发展能力”得分 I_2 和“人力资源发展贡献”得分 I_3 作为分类判别标准,采用二步聚类法(选择菜单“分析”→“分类”→“二阶聚类”命令),得到如图 15.3.4 和图 15.3.5 所示的结果。

由图 15.3.4 和图 15.3.5 可知,将样本聚类成 4 类。设定每个维度的得分 I:强($I \geqslant 55$),中($50 \leqslant I<55$),弱($I<50$),则第一类为“强－强－强”型国家,有 6 个国家,属于第一梯队;第二类为“中－中－中”型国家,有 19 个国家,属于第二梯队;第三类为“弱－弱－弱”型国家,有 15 个国家,属于第四梯队;第四类为“弱－中－弱”型国家,有 4 个国家,属于第三梯队。见数据文件“人力资源发展分析 .sav”中的“聚类结果”变量。

		个案数	占组合的百分比	占总计的百分比
聚类	1	6	13.6%	13.6%
	2	19	43.2%	43.2%
	3	15	34.1%	34.1%
	4	4	9.1%	9.1%
	组合	44	100.0%	100.0%
总计		44		100.0%

图 15.3.4　聚类分布表

		发展水平指数		发展能力指数		发展贡献指数	
		平均值	标准偏差	平均值	标准偏差	平均值	标准偏差
聚类	1	61.5746	4.34450	57.7961	4.49448	58.6350	4.51362
	2	52.0478	3.20134	51.1963	3.07402	53.9975	4.98554
	3	44.2281	2.79237	44.0365	3.18968	43.0434	2.37627
	4	44.5559	2.30785	54.9864	2.65285	44.1464	2.31494
	组合	50.0000	6.65733	50.0000	5.82580	50.0000	7.24707

图 15.3.5　聚类中心

6. 主要结论

通过对具体评价指标的得分进行比较可知，我国为“中－中－中”型国家，属于第二梯队。我国在规模指标（“劳动力总数”“高等教育在学人数”“在学博士生人数”）方面的得分远超“强－强－强”型国家；在“每百万人口专利数”方面的得分也超过“强－强－强”型国家的均值；但在其他人均指标方面的得分还有较大的差距，如“人均公共教育经费”“人均国内生产总值”等。

主要概念与术语

研究问题；研究假设；研究设计；实证检验

思考与练习

1. 试述应用统计方法进行教育研究的基本要素和步骤。
2. 将例 15.1 重新操作一遍，并分析 6 所高校在培养研究生学术能力方面是否有显著性差异，如果有显著性差异,试说明原因。

3. 对于例 15.1,分析“培养环境”对提高“科研能力”和“分析能力和批判性思维能力”的影响;进一步地,在“培养环境”中,“课程教学”“导师指导”“学术氛围”和“培养管理”中的哪个因素,对提高“科研能力”和“分析能力和批判性思维能力”的作用最大?

4. 表 15.3.1 所示的指标体系与有关“学术能力”“培养环境”的评价量表都是对概念的测度,它们有何不同?

5. 利用例 15.2 所使用的方法,分别比较 31 个省份的学前教育、义务教育、职业教育、普通高中教育和高等教育的发展水平。

6. 试卷是测量学习效果的主要工具,试题的难度和区分度是检验试卷质量的重要内容。假设一份试卷有若干道试题,共有 M 名学生参加测试,每名学生均有总分,由总分排名前 27% 的学生组成的集合称为高分组,由总分排名后 27% 的学生组成的集合称为低分组。假设该试卷中某道试题的满分为 E。

(1)难度

难度又称为难度系数或难度值,是对试题难易程度的测度,其计算公式为

$$P = \left(\frac{\overline{X}_H + \overline{X}_L}{E}\right) \Big/ 2$$

其中,$\overline{X}_H$,$\overline{X}_L$ 分别为高分组和低分组在该试题上的平均分数。可以看出,$0 \leqslant P \leqslant 1$,$P$ 越大,说明该试题越容易,反之越难。判定试题难度的一般标准是:$P \geqslant 0.7$,表示容易题;$0.4 \leqslant P<0.7$,表示中等难度题;$P<0.4$,表示难题。

(2)区分度

区分度又称为鉴别力,它反映了一道试题的效度,也反映了该试题的分数与其他试题的分数及测试总分之间是否具有一致性,区分度的计算公式为

$$D = \left(\frac{\overline{X}_H - \overline{X}_L}{E}\right)$$

判定试题区分度的一般标准是:$D \geqslant 0.4$,表示区分度优良;$0.3 \leqslant D<0.4$,表示区分度合格;$0.2 \leqslant D<0.3$,表示区分度尚可;$D<0.2$,表示试题太难,学生基本上都不会做,或试题太容易,学生都会做,无法区分学生之间的真实差距,应剔除该试题。

采集自己所在班级或年级关于某门课程的考试成绩,对试卷中的试题进行难度和区分度分析。试题表面上是考查学生对某些知识点的掌握情况,实际上反映了学生掌握知识点背后的“潜变量”——某种能力,试寻找这个能力,并给出此能力的含义。

7. 针对一所学校,设计学生满意度问卷,并进行调查,分析学生满意度与哪些因素有关?采用实证研究的方法分析其中最主要的因素。

参考文献

1. 袁卫，庞皓，贾俊平，等．统计学［M］．5 版．北京：高等教育出版社，2019.

2. 贾俊平．统计学：基于 SPSS［M］．3 版．北京：中国人民大学出版社，2019.

3. 薛薇．统计分析与 SPSS 的应用［M］．5 版．北京：中国人民大学出版社，2017.

4. 张文彤．SPSS 统计分析基础教程［M］．3 版．北京：高等教育出版社，2017.

5. 张文彤，董伟．SPSS 统计分析高级教程［M］．3 版．北京：高等教育出版社，2018.

6. 林震岩．多变量分析：SPSS 的操作与应用［M］．北京：北京大学出版社，2007.

7. 马庆国．管理统计［M］．北京：科学出版社，2003.

8. 曾满超，魏新，萧今．教育政策的经济分析［M］．北京：人民教育出版社，2000.

9. 孙绍荣．科技、教育、经济协调发展的研究［M］．上海：上海科技教育出版社，2001.

10. 黄光扬．教育测量与评价［M］．3 版．上海：华东师范大学出版社，2012.

11. 张厚粲，徐建平．现代心理与教育统计学［M］．5 版．北京：北京师范大学出版社，2021.

12. 杨晓明．中国人力资源开发：基于人口、健康与教育视角［M］．北京：知识产权出版社，2019.

13. 杨晓明．基于高校学生满意度的教学质量评价研究：以北京科技大学为例［J］．北京科技大学学报（社会科学版），2015，31（3）：102–113.

防伪查询说明

用户购书后刮开封底防伪涂层，利用手机微信等软件扫描二维码，会跳转至防伪查询网页，获得所购图书详细信息。

防伪客服电话 （010）58582300

新形态教材网使用说明

1. 通过计算机访问 https://abooks.hep.com.cn/61599。
2. 注册并登录，进入"个人中心"，点击"绑定防伪码"。
3. 输入教材封底的防伪码（20 位密码，刮开涂层可见），完成课程绑定。
4. 在"个人中心"→"我的图书"中选择本书，开始学习。

绑定成功后，课程使用有效期为一年，受硬件限制，部分内容无法在手机端显示，请按提示通过计算机访问学习。

如有账号问题，请发邮件至：abook@hep.com.cn。